Dictionnaire des sports
Anglais-Français / Français-Anglais

Dictionary of Sport
English-French / French-English

Ian Pickup

Département d'Etudes françaises,
Université de Birmingham, Angleterre.

TO
Anne, Richard and Mark

© COPYRIGHT 1995

EDITION MARKETING
EDITEUR DES PREPARATIONS
GRANDES ECOLES MEDECINE
32, rue Bargue 75015 PARIS

ISBN 2-7298-9502-7

REMERCIEMENTS /ACKNOWLEDGEMENTS

Je tiens à remercier tout d'abord mes très chers amis, Alain et Monique Perrier. Monique m'a fourni des documents indispensables et Alain a répondu avec beaucoup de patience aux innombrables questions techniques que je lui ai posées pendant les six années qu'a duré mon travail.

Je tiens à remercier aussi l'Université de Birmingham qui m'a accordé deux congés, chacun d'un trimestre, pour me permettre de travailler exclusivement sur cet ouvrage.

Je remercie également Barry Parker d'Agence France Presse ; Ron Hallmark, collègue et ami ; Paul Rowe, linguiste et athlète, et Garth et Gillian Freeman, grands amateurs de pétanque.

Finalement et surtout, je remercie ma femme, Anne, et mes fils, Richard et Mark, qui ont pris patience pendant de longues heures de travail à la maison.

I wish to thank first of all my very dear friends, Alain and Monique Perrier. Monique provided me with indispensable source material and Alain answered with great patience the countless technical questions I asked him throughout the six years I worked on this dictionary.

I wish to thank also the University of Birmingham which gave me two study leaves, each of one term, in order to allow me to work exclusively on the present volume.

I wish to thank also Barry Parker of Agence France Presse; Ron Hallmark, colleague and friend; Paul Rowe, linguist and athlete, and Garth and Gillian Freeman, great lovers of pétanque.

Finally and above all, I thank my wife, Anne, and my sons, Richard and Mark, who showed so much patience during the long hours I worked at home.

INTRODUCTION

This dictionary is intended to fill a rather large gap left by existing bilingual, English/French dictionaries. Although some of the most common sporting expressions are to be found in works already available, they tend to be the most obvious textbook expressions. The more technical vocabulary used by specialists and the everyday expressions used by sports practitioners and journalists have – sadly – not until now found their way into English-French, French-English dictionaries. This has meant that athletes and sportsmen on both sides of the Channel have found it difficult to communicate in their own particular jargon across a range of disciplines and sports. The compiler of this dictionary – a life-long sports enthusiast with no great claims to sporting expertise – has, on numerous occasions, been saddened by the realization that English and French students participating in sporting activities on the "wrong" side of the Channel have had very little help from bilingual reference works when attempting to speak the language of sport with their foreign counterparts. The linguistic gulf that separates North America from 'l'Hexagone', in a sporting context, is an even greater one.

The compilation of this dictionary has, therefore, been a labour of love – an ambition long since conceived and finally realized.

It would, of course, be ludicrous to claim that this first, specialized English-French, French-English Dictionary of Sport is a comprehensive one. There are many reasons why this is so. Firstly, not all sports are universally practised, enjoyed or, indeed, understood. Cricket is almost a way of life in Great Britain but it is a source of amusement, if not of total incomprehension, in France. Baseball gives rise to passionate commitment in North America but has had very limited success in Europe. American football is – increasingly – gaining in popularity in Europe and *pétanque* is taking an ever-increasing hold in Great Britain; both of these sports, however, have some way to go before they can truly be classed as "popular" in both continents or countries.

The above facts, in themselves, highlight one of the major problems faced by the compiler of the present work: is it a worthwhile or even valid exercise to attempt to express in either English or in French the jargon or specialist vocabulary of a sport (pelota, cricket) whose popularity is restricted to one area or country in a given continent or of a sport which is in the process of "translating" itself from one continent to another (American football)? I have, in the main, concluded that meaningful translations and specialist references can be given only where a particular sport is practised in a meaningful (that is to say popular) fashion in both French- and English-speaking countries or where existing monolingual reference works published in the "wrong" language supply enough information for comprehensible words and phrases to be included here in two languages. It might well be an amusing linguistic exercise to attempt to translate into French a report of a cricket match (bristling with technical expressions, "British" humour and philosophical adages) but it is none the less the case that even the most avid of French sporting enthusiasts would find even a "polished" translation strangely devoid of **points de repère sportifs** and, indeed, of basic intelligibility. There is, after all, only one recorded cricket club in France (the Standard Athletic Club in Meudon-la-Forêt; not surprisingly, it was founded by a group of Englishmen).

There is, however, occasionally a middle ground where a particular sport (*pétanque*, for example) has been imported from one country to another with growing success. Where such a phenomenon exists, it has been deemed imperative to give as many references as possible, even when expressions have been "transliterated" rather than "translated" by the relevant practitioners. In the case of *pétanque*, I am most grateful to Gillian and Garth Freeman who supplied me with Mr Freeman's (definitive) work on the sport in English.

And this brings us on to another problem – that of anglicisms in French. The origins of modern sporting competitions are well documented and it is widely accepted that Great Britain played a dominant role, resurrecting the sports practised by the Ancient Greeks and Romans and creating such games as football, rugby and golf. This inevitably led to the adoption in French (and other languages) of the specialist English vocabulary of certain sports, once a particular game was successfully exported. The Académie Française seems to be fighting a losing battle in its attempts to gallicize the language of sport – certainly if one is to judge by the French sporting press. Where anglicisms are officially frowned on, and where an acceptable French expression exists, I have issued a linguistic health warning by using inverted commas. This serves to signal the fact that, although in common usage, the word or phrase should be used sparingly, if at all, by the non-native speaker.

It is, of course, not only the case that sporting anglicisms litter the French language; fencing is a very good example of a sport in which gallicisms predominate in English.

Yet another problem is that posed by the specialist vocabulary, both of the professional practitioner and of the sports journalist. Some of the most difficult decisions which have constantly had to be made during the compilation of this dictionary concern the inclusion or non-inclusion of words and phrases which might well be peculiar to an individual journalist, commentator or practitioner. It has been felt necessary to include what might well appear to be idiosyncratic expressions when they have been found in a number of different contexts. The sporting press – in the United Kingdom and in France – is very fond of puns, metaphors and figurative expressions of an extremely varied nature. The journalists of *L'Equipe*, for example, have constant recourse to puns which range from those which are in keeping with schoolboy humour to those which can best be described as esoteric or erudite. Metaphors are used most liberally by sports journalists and commentators in both English and in French. Whereas there is no place for puns in the present dictionary, figurative expressions have been included where they obviously enhance the language of sport.

It is very much hoped that this work will be updated and, where necessary, corrected in future editions. The author would, therefore, be most happy to hear from anyone who can be of assistance in this respect.

INTRODUCTION

Ce dictionnaire a pour but de combler les graves lacunes des dictionnaires bilingues anglais-français déjà existants. Quoique l'on trouve dans certains ouvrages disponibles quelques-unes des expressions sportives les plus usitées, celles-ci sont pour la plupart les locutions les plus évidentes que l'on rencontre dans les manuels de sport. Il est fort regrettable que, jusqu'à présent, le vocabulaire plus technique employé par les spécialistes et les tournures de phrase auxquelles sportifs et journalistes sportifs ont sans cesse recours n'aient pas trouvé leur place dans les dictionnaires anglais-français/français-anglais. Il en résulte que, de chaque côté de la Manche, athlètes et sportifs de diverses disciplines ont toujours eu du mal à s'exprimer (et à se faire comprendre) dans leur propre jargon. Le compilateur de ce dictionnaire – de toujours grand amateur de sport mais qui ne prétend pas avoir de talent dans ce domaine – s'est attristé maintes et maintes fois de ce que les étudiants anglais et français qui prennent part à des manifestations sportives du "mauvais" côté de la Manche n'ont pas obtenu grand secours de la part des ouvrages de référence bilingues qu'ils ont consultés quand ils voulaient parler métier avec leurs homologues étrangers. L'abîme linguistique qui sépare l'Amérique du Nord de l'Hexagone est, à ce propos, encore plus profond.

La rédaction de ce dictionnaire a donc été entreprise avec plaisir – projet de longue date enfin concrétisé.

Il serait ridicule de prétendre que ce dictionnaire spécialisé des sports, le premier dans son genre à fournir des traductions d'anglais en français et de français en anglais, embrasse toutes les expressions sportives. Et ceci pour plusieurs raisons. Premièrement, tous les sports ne sont pas perçus de la même façon dans tous les pays, ils sont pratiqués, appréciés ou (in)compris différemment. Le cricket constitue, pour bon nombre de Britanniques, un véritable mode de vie, mais en France, par contre, il provoque le rire, voire l'incompréhension. Le baseball a ses fanatiques en Amérique du Nord mais connaît en Europe un succès plutôt limité. Le football américain est de plus en plus populaire en Europe et, en Grande-Bretagne, le nombre des adeptes de la pétanque va toujours croissant, néanmoins ces deux disciplines sont encore bien loin de faire partie des sports vraiment "populaires" dans chacun de ces continents ou pays.

Les faits énumérés ci-dessus mettent en lumière l'un des principaux problèmes auxquels le compilateur de ce dictionnaire a été confronté : cela vaut-il la peine d'essayer de traduire en anglais ou en français le jargon ou le vocabulaire spécialisé d'un sport (la pelote ou le cricket) dont la popularité se limite à une région ou à un pays dans un continent donné ? Y a-t-il des raisons valables d'essayer d'exprimer en anglais ou en français le vocabulaire spécialisé d'un sport qui est en passe de se "traduire" quand il change de continent (le football américain) ? En somme, j'ai conclu que l'on peut donner des traductions pleines de sens et des références spécialisées dans les seuls cas où un sport est pratiqué sérieusement (c'est-à-dire là où il est populaire) à la *fois dans des pays anglophones et francophones, ou bien dans les cas où des ouvrages de référence monolingues fournissent suffisamment de renseignements pour que ce dictionnaire puisse comporter des mots et des phrases compréhensibles dans les deux langues. Il serait peut-être amusant du point de vue linguistique d'essayer de traduire en français un reportage sur un match de cricket (qui contiendrait en abondance des expressions techniques, des exemples d'humour britannique et des adages philosophiques), mais il est néanmoins vrai que même les plus fervents des amateurs de sport français trouveraient que la traduction la plus peaufinée manque de points de repère sportifs et, à vrai dire, d'intelligibilité. Après tout, il existe un seul **cricket club** en France (le Standard Athletic Club de Meudon-la-Forêt ; il n'est guère étonnant que celui-ci ait été fondé par des Anglais).*

Pourtant, il y a parfois une position intermédiaire où un sport (la pétanque, par exemple) a été importé d'un pays dans un autre avec un succès toujours grandissant. Là où un tel phénomène se produit, j'ai jugé absolument nécessaire de fournir autant de références que possible, même quand certaines expressions ont été "translittérées" plutôt que "traduites" par les pratiquants du sport en question. En ce qui concerne la pétanque, je suis particulièrement reconnaissant envers Gillian et Garth Freeman qui m'ont offert un exemplaire de l'ouvrage de M. Freeman (qui fait autorité) sur ce sport en anglais.

Et ceci nous amène à parler d'un autre problème : les anglicismes. Les origines des compétitions sportives des temps modernes sont solidement documentées et il est généralement admis que la Grande-Bretagne y a joué un rôle dominant : non seulement les Britanniques ont ressuscité les sports que pratiquaient les anciens, Grecs et Romains, mais ils en ont aussi créé de nouveaux, tels le football, le rugby et le golf. Inévitablement, ceci a eu pour résultat, une fois que tel ou tel sport avait été exporté avec succès, l'emprunt en français (et dans d'autres langues) du vocabulaire anglais spécialisé. L'Académie Française voudrait bien franciser le vocabulaire des sports, mais il semble que la bataille soit perdue d'avance si l'on en juge par les articles qui paraissent dans la presse sportive française. Là où l'Académie a mis son veto, et quand une expression adéquate existe en français, j'ai posé une sorte de "garde-fou" linguistique par l'intermédiaire de guillemets. Ceci a pour but d'indiquer que, quoique le mot ou la locution en question soit consacré par l'usage, on doit l'utiliser avec discrétion ou ne pas l'utiliser du tout, surtout quand il ne s'agit pas de sa langue maternelle.

Bien entendu, si les anglicismes sportifs abondent en français, il est également vrai que l'escrime fournit un très bon exemple d'un sport où les gallicismes prédominent en anglais.

Le vocabulaire des sportifs professionnels et celui utilisé dans la presse spécialisée posent un autre problème. Tout au long de la rédaction de ce dictionnaire, il a été particulièrement difficile de décider si celui-ci devrait comporter ou non des mots ou des locutions qui sont propres à un seul journaliste, commentateur ou sportif. Il m'a semblé nécessaire d'insérer certaines locutions pouvant paraître caractéristiques de l'un de ceux-ci en particulier chaque fois que j'ai trouvé ces locutions dans différents contextes. La presse sportive, britannique et française, a une prédilection pour toutes sortes de calembours, de métaphores et de tournures employées au sens figuré. Les journalistes de **L'Équipe***, par exemple, ont constamment recours à des calembours qui vont de ceux propres à l'humour potache à d'autres qui, il faut bien le reconnaître, ne sont rien moins qu'ésotériques ou érudits. Les métaphores sont employées abondamment par journalistes et commentateurs sportifs, aussi bien en anglais qu'en français. Si les calembours n'ont pas leur place dans ce dictionnaire, les tournures employées au sens figuré ont été insérées chaque fois qu'elles mettaient en valeur la richesse du langage des sports.*

Nous espérons que cet ouvrage sera mis à jour et, si besoin est, corrigé dans des éditions ultérieures. L'auteur accueillera donc avec gratitude toutes suggestions susceptibles de l'aider dans sa tâche.

ABBREVIATIONS - ABREVIATIONS

abr } abbr }	abbreviation	*abréviation*
adj phr	adjectival phrase	*locution adjective*
adv	adverb	*adverbe*
adv phr	adverbial phrase	*locution adverbiale*
Am	America(n)	*Amérique/américain*
arc	archery	*tir à l'arc*
athl	athletics	*athlétisme*
aut	car/motor racing	*courses d'automobiles*
av	rowing	*aviron*
bd	billiards	*billard*
bkt	basketball	*basket-ball*
bls	bowls/pétanque	*boules/pétanque*
bsb	baseball	*base-ball*
bx	boxing	*boxe*
ckt	cricket	*cricket*
cpd	compound words and set expressions	*mots composés et expressions figées*
cq	croquet	*croquet*
cycl	cycling	*cyclisme*
dt	darts	*fléchettes*
eq } éq }	equestrianism	*sports équestres*
esc	fencing	*escrime*
F	France	*France*
f	feminine	*féminin*
fg	figuratively	*sens figuré*
flé	darts	*fléchettes*
fm	familiar	*expression familière*
fn	fencing	*escrime*
ft	football	*football*
GB	Great Britain	*Grande-Bretagne*
gen } gén }	in general	*en général*
gf	golf	*golf*
gym	gymnastics	*gymnastique*
hd	handball	*hand-ball*
hk	hockey	*hockey*
hkg	ice hockey	*hockey sur glace*
hlt	weightlifting	*haltérophilie*
hps	horse racing	*hippisme/courses de chevaux*
hrg	horse racing	*hippisme/courses de chevaux*
ihk	ice hockey	*hockey sur glace*
inv.	invariable	*invariable*
Ir	Ireland	*Irlande*
jXIII	rugby league	*jeu à XIII*
jd	judo	*judo*
jn	journalistic usage	*journalisme/style journalistique*
krt	karate	*karaté*
loc adj	adjectival phrase	*locution adjective*
loc adv	adverbial phrase	*locution adverbiale*
loc prép	prepositional phrase	*locution prépositive*

loc verb	verbal phrase	*locution verbale*
lte	wrestling	*lutte*
m	masculin	*masculin*
med méd }	medicine	*médecine*
mt	motor cycling/motor cycle racing	*motocyclisme/ courses de moto*
n	noun	*nom*
nt	swimming	*natation*
pharm	pharmacy	*pharmacie*
pl	plural	*pluriel*
pp	past participle	*participe passé*
prep prép }	preposition	*préposition*
prep phr	prepositional phrase	*locution prépositive*
pron	pronoun	*pronom*
qn		*quelqu'un*
qqch.		*quelque chose*
rb	rugby	*rugby*
rbl	rugby league	*jeu à XIII*
rw	rowing	*aviron*
sk	skiing	*ski*
slg	sailing	*voile*
smth.	something	
s.o.	someone	
sp	sport	*sport*
sq	squash	*squash*
sw	swimming	*natation*
tn	tennis	*tennis*
ttn	table tennis	*tennis de table/ping-pong*
TV	television	*télévision*
v	verb	*verbe*
v.	see	*voir*
vb	volleyball	*volley-ball*
vle	sailing	*voile*
vphr	verbal phrase	*locution verbale*
vpr	pronominal verb	*verbe pronominal*
wgt	weightlifting	*haltérophilie*
wr	wrestling	*lutte*
X,Y,Z	person/team	*personne/équipe*
«...» "..." }	familiar/journalistic - inadvisable	*expression familière ou* *journalistique - déconseillée*
/.../	alternative translation	*autre traduction*
~	repetition of the headword	*répétition du mot dans l'article*

ENGLISH-FRENCH DICTIONARY

DICTIONNAIRE ANGLAIS-FRANÇAIS

A

AAA (*G B*) (*abbr of Amateur Athletic Association*) Fédération Britannique d'Athlétisme

AAU (*USA*) (*abbr of Amateur Athletic Union*) Fédération Américaine d'Athlétisme

ABA (*GB*) (*abbr of Amateur Boxing Association*) Fédération Britannique de Boxe Amateur

abdomen *n* (*anatomy*) abdomen *m*

abdominal *adj* abdominal(e) *m f* ; ~ **muscles** abdominaux *mpl*

abduction *n* (*movement*) abduction *f*

abductor *n* (*muscle*) abducteur *m*

abeam *adv* (*slg*) par le travers

ability *n* (*ft, etc.*) **technical** ~ aptitude(s) *f* technique(s)

abuse *n* v. solvent

accelerate *v* (*gen*) accélérer

acceleration *n* accélération *f* ; **a burst of** ~ une pointe de vitesse

acceptance *n* (*eq*) ~ **of the bridle** soumission *f* au mors

accurate *adj* (*ft, etc.*) **an** ~ **pass** une passe précise

ace *n* (*tn*) (*service*) ace *m*

achieve *v* (*athl*) **to** ~ **a time of 44.6 secs** réaliser 44"60 ; **he ~d a throw of 76 metres 68 in the hammer** il réalisa un jet de 76.68 au marteau

Achilles *n* v. heel

acrobatic *adj* (*ft*) ~ **dive** plongeon *m* acrobatique

action *n* (*gen*) action *f*, (*of horse, etc.*) train *m* ; (*fn*) ~ **of the blade** attaque *f* au fer ; (*gen*) **analysis of body** ~ analyse *f* gestuelle ; (*gym*) **leg beat** ~ balancement *m* de retour ; (*rw*) **wrist** ~ travail *m* du poignet ; (*ft, rb etc.*) **to be in the thick of the** ~ être à la pointe du combat

acupuncture *n* (*med*) acuponcture *f*, acupuncture *f*

acupuncturist *n* (*med*) acuponcteur *m*, acupuncteur *m*

adaptability *n* (*ft, rb etc.*) faculté *f* d'adaptation

adaptable *adj* (*play, etc.*) adaptable

add *v* (*ft, rb, etc.*) **to** ~ **to the score** (*jn*) aggraver la marque

addict *n* **drug / dope /** ~ toxicomane *mf*

additional *adj* (*toboggan, bobsleigh*) ~ **weight** poids *mpl* complémentaires

address *n* **public** ~ **system** sonorisation *f*, (*fm*) sono *f*

adduction *n* (*movement*) adduction *f*

adductor muscle *cpd* adducteur *m*

adjustable *adj* (*athl*) (*starting blocks*) réglable

adjustment (*speed skating*) (*draw*) ~ **of pairs** répartition *f* de paires

admission *n* (*gen*) ~ **or** ~ **fee** entrée *f*

admit *v* (*bx*) **to** ~ **defeat** s'incliner

adrenalin(e) *n* adrénaline *f* ; **competition gets the** ~ **going / flowing** la compétition fait monter l'adrénaline

advantage *n* (*gen, tn*) avantage *m* ; (*ft, rb, etc.*) **the** ~ **rule** la règle de l'avantage ; (*ft, rb, etc.*) **with ground** ~ avec l'avantage du terrain

aerials *npl* (*sk*) (*ski artistique et acrobatique*) saut *m* ; **aerials stadium** *cpd* (*sk*) (*ski artistique et acrobatique*) stade *m* de saut

aerofoil *n* (*aut*) aileron *m*

AGA (*GB*) (*abbr of Amateur Gymnastics Association*) Fédération Britannique de Gymnastique

against *prep* (*cycl, etc.*) ~ **the clock** contre la montre ; (*ft*) **to shoot** ~ **the bar** tirer sur la transversale ; v. score

agent *n* (*tn, etc.*) agent *m*

ahead *adv* (*ft, rb etc.*) **to be** ~ **(on the scoreboard)** mener à la marque ; **to be** ~ **of s.o.** devancer qn ; **to be two goals** ~ avoir deux buts d'avance ;

to go ~ (*athl*) prendre la tête, (*ft, rb etc. jn*) réussir le break ; **to stay one point** ~ **of X** conserver un point d'avance sur X ; (*rw*) ~! en avant !

AIBA (*abbr of Association Internationale de Boxe Amateur*) International Amateur Boxing Association

aid *n* (*gen*) **medical** ~ soins *mpl* médicaux ; (*eq*) ~**s** aides *fpl* ; (*eq*) **use of** ~**s** emploi *m* des aides ; (*eq*) **correct use of the** ~**s** correction *f* dans l'emploi des aides

aikido *n* (*sp*) aïkido *m*

aileron *n* (*of glider*) aileron *m*

aim 1. *n* (*shooting, etc.*) **to take** ~ viser ; **taking** ~ visée *f* 2. *v* (*rifle, etc.*) pointer ; (*arc ; rifle, etc., at target*) viser ; (*ft, etc.*) **to** ~ **a shot** ajuster une frappe

aiming *n* (*rifle, etc.*) visée *f* ; (*rifle, etc.*) ~ **off** déplacement *m* du point de mire

air *n* (*sk*) (*ski artistique et acrobatique*) hauteur *f* (*d'un saut*), (*bosses*) saut *m* ; v. compressed-air *adj phr* ; **air brake** *cpd* (*glider, etc.*) aérofrein *m* ; **air rifle** *cpd* (*rifle shooting*) carabine *f* à air comprimé

airframe *n* (*hang-glider*) trapèze *m*

airspeed indicator *cpd* (*glider*) anénomètre *m*, badin *m*

albatross *n* (*gf*) (= *three under par for a hole*) albatros *m*

aligner *n* (*rw*) aligneur *m*

all *pron* (*tn*) **forty** ~ quarante à, 40 A, quarante partout, égalité ; (*jd*) **that is** ~! (*sore-made!*) combat *m* terminé ! ; (*shooting*) ~ **clear!** prêt !

All-Blacks *cpd, pl* (*rb*) All-Blacks *mpl*

all-comers' record *cpd* (*athl, etc.*) = meilleur temps / jet / saut / etc. réalisé dans un pays donné, soit par un originaire de ce pays, soit par un étranger

alley *n* (*tn etc.*) couloir *m*

all-in wrestling *cpd* lutte *f* libre

all-round *adj phr* ~ **athlete** athlète complet(ète) *mf* ; (*sk*) (*speed skating*) ~ **championship** championnat *m* toutes distances

all-rounder *c p d* (*athl*) athlète complet(ète) *mf* ; (*ft, etc.*) (= *utility player*) polyvalent *m* ; (*bls*) (*pétanque*) (= *player who can shoot and "point"*) milieu *m*

all-seater *adj phr* ~ **stadium** stade *m* où tous les spectateurs sont assis

all-weather *adj phr* (*track, pitch, etc.*) pour tous les temps

alpine *adj* (*sk*) ~ **skier** skieur *m* alpin ; (*sk*) ~ **skiing** ski *m* alpin ; v. combination

alpinist *n* alpiniste *mf*

alter *v* (*slg*) **to** ~ **the course** changer de cap

alternate *a d j* (*sw*) **breathing on** ~ **sides** respiration *f* alternative

alternating *a d j* (*s k*) (*cross-country skiing*) ~ **step** pas *m* alternatif

altimeter *n* (*glider*) altimètre *m*

altitude (*athl*) ~ **training** entraînement *m* en altitude

amateur *n* amateur *m* ; ~ **team** équipe *f* amateur ; (*GB*) **Amateur Athletic Association** Fédération *f* Britannique d'Athlétisme ; (*USA*) **Amateur Athletic Union** Fédération Américaine d'Athlétisme ; (*G B*) **Amateur Boxing Association** Fédération Britannique de Boxe Amateur ; (*GB*) **Amateur Gymnastics Association** Fédération Britannique de Gymnastique

amateurism *n* amateurisme *m*

amazing *a d j* (*performance*) époustouflant(e) ; (*ft*) **their performance against Naples was** ~ leur démonstration contre Naples fut époustouflante

America *n* (*slg*) **the** ~**'s Cup** la Coupe

de l'America, l'America's Cup *f*

ammunition *n* (*pistol, etc.*) munitions *fpl*

amphetamine *n* (*pharm*) amphétamine *f*

anabolic steroid *cpd* stéroïde *m* anabolisant, anabolisant *m*

analeptic *n* (*pharm*) analeptique *m*

analgesia *n* (*med*) analgésie *f*

analgesic *adj* & *n* (*pharm*) analgésique *m*

analysis *n* ~ **of body action** / **movement** analyse *f* gestuelle

anatomy *n* anatomie *f* ; **morbid** ~ anatomie pathologique

anchor *n* (*slg*) ancre *f* ; (*slg*) **to drop the** ~ mouiller ;
   anchor point (*arc*) point *m* d'accrochage

androgen (*male hormone*) androgène *m*

angle *n* (*fn*) **feet at right** ~s les pieds *mpl* à l'équerre

angled *adj* (*gen*) ~ **shot** coup *m* / tir *m* / en diagonale ; ~ **shots** tirs *mpl* des angles / en diagonale

ankle *n* (*anatomy*) cheville *f*

announcer *n* (*in a stadium etc.*) annonceur(euse) *mf*

anoretic *n* (*pharm*) anorexigène *m*

anorexiant *n* (*pharm*) anorexigène *m*

antenna *n* (*vb*) antenne *f*

anthropometric *adj* anthropométrique

anthropometry *n* anthropométrie *f*

anti-depressant *adj* & *n* (*pharm*) antidépresseur *m*

antidoping *a d j* antidopage, « antidoping »

apart *adv* (*rw*) 'keep ~!' 'écartez-vous !' v. leg, foot

aperture *n* (*shooting*) ~ **fore-sight disc** disque *m* de dioptre ; (*shooting*) ~ **sight** dioptre *m* ; (*shooting*) ~ **sight bar** curseur *m* de dioptre ;
   aperture-sight screw *cpd* (*shooting*) vis *f* du dioptre
   aperture-sight support *c p d* (*shooting*) support *m* du dioptre

apex block *cpd* (*speed skating*) cône *m* de sommet de virage

apparatus *n* (*gym*) agrès *mpl* ; (*gym*) **gymnastic** ~ engins *mpl* gymnastiques ; ~ **work** gymnastique *f* / exercices *mpl* / aux agrès / engins

appeal *v* (*ft, etc.*) **to** ~ **for a penalty** réclamer un penalty

appel *n* (*fn*) appel *m*

appetite *n* (*pharm*) ~ **depressant** anorexigène *m*

applaud *v* applaudir (*qn*)

apply *v* **to** ~ **constant pressure** (*jn*) exercer un pressing constant

approach 1. *adj* ~ **play** (*ft*) travail *m* d'approche, (*gf*) jeu *m* d'approche ; (*gf*) ~ **shot** approche *f* ; (*athl*) (*high jump run-up*) ~ **area** aire *f* d'élan 2. *v* (*eq*) **to** ~ **an obstacle** aborder un obstacle

arabesque *n* (*ice dancing*) arabesque *f*

arch *v* **to** ~ **one's back** cambrer le corps / les reins

archer *n* archer *m*

archery *n* tir *m* à l'arc ; (*arc*) ~ **range** stand *m* de tir à l'arc

area *n* (*ft, etc.*) **playing** ~ surface *f* de jeu ; (*hd*) **goal** ~ **line** ligne *f* de surface de but ; **penalty** ~ (*ft*) surface *f* de réparation, (*ft*) (*jn*) les seize mètres, (*eq*) zone *f* de pénalité ; (*bkt*) **restricted** ~ zone réservée ; (*slg*) **sail** ~ surface *f* de la voile / des voiles ; (*vb*) **service** ~ zone *f* de service ; (*sk*) **start** / **finish** / ~ aire *f* de départ / d'arrivée ; (*rb*) **twenty-two metres** ~ les vingt-deux mètres, (*rb, jn*) le petit périmètre ; (*ft*) **midfield** / **attacking** / **defensive** ~ zone *f* de manœuvre / d'attaque / de défense ; (*athl*) **change-over** / **hand-over** / **take-over** / ~ zone *f* de relais ; **landing** ~ (*athl*) (*long / high / jump, etc.*) surface *f* / aire *f* / de réception, (*athl*) (*javelin, etc.*) secteur *m* de chute ; v. goal area, hitting area, service area

arena *n* (*eq*) ~ **for dressage competitions** terrain *m* de dressage ; (*eq*) **warm-up / warming-up** ~ place *f* d'entraînement

argy-bargy *n* (*ft, etc.*) (*jn, fm*) chamaillerie *f*

arm *n* (*anatomy*) bras *m* ; (*weapon*) arme *f* ; (*wr*) **double** ~ **hip throw** double prise *f* de bras hanchée ; (*gym*) **upper** ~ **upstart** bascule *f* depuis l'appui sur les bras ; (*wr*) ~ **drag** tirade *f* de bras ; (*wr*) ~ **grip** prise *f* de bras ; (*jd, wr*) ~ **lock** clef *f* / clé *f* / de bras, (*wr*) clé *f* au bras ; (*ckt*) (*bowler*) **straight** ~ bras *m* tendu ; (*jd*) **straight** ~ **lock** (= *juji-gatame*) clé *f* de bras en hyper-extension par le pubis ; (*gym*) ~**s sideways** position *f* bras *mpl* latéraux ; **arm band** *cpd* (*ft, sk*) brassard *m* ;

arm guard or **armguard** *c p d* (*American football*) brassard *m*, (*arc*) bracelet *m* ;

arm pad *cpd* (*ihk*) brassard *m* ;

arm swing(ing) *cpd* (*speed skating*) balancement *m* des bras

armstand *n* (*diving*) (position *f*) en équilibre ; (*diving*) ~ **dive** plongeon *m* en équilibre

arrow *n* (*arc*) flèche *f* ; (*fm*) (= *dart*) fléchette *f* ; (*arc*) **sighter** ~ flèche *f* d'essai ;

arrow case *cpd* (*arc*) boîte *f* à flèches ;

arrow hole *cpd* (*arc*) impact *m* ;

arrow nock *cpd* (*arc*) encoche *f* de la flèche ;

arrow pile *cpd* (*arc*) pointe *f* (*de la flèche*) ;

arrow rest *cpd* repose-flèche *m* ;

arrow shaft *cpd* tube *m* de la flèche

art *n* **martial** ~**s** arts *mpl* martiaux

artifical *adj* (*canoeing*) ~ **obstacle** obstacle *m* artificiel ; (*athl, etc.*) ~ **sur-**

face surface *f* synthétique ; (*skating*) ~ **ice rink** patinoire *f* artificielle ; (*toboggan, bobsleigh*) ~ **refrigerated track** piste artificielle réfrigérée

ASA (*abbr of Amateur Swimming Association*) (*G B*) Fédération Anglaise / Britannique / de Natation

ascent *n* (*eq*) **steep** ~ grimpette *f*

assault *n* (*fn*) assaut *m*

assembling *adj* (*cycl*) ~ **place / point** lieu *m* de rassemblement

assembly *n* (*cycl*) ~ **point** lieu *m* de rassemblement

assertive *adj* (*gen*) (*team, individual*) **to become more** ~ devenir plus tranchant

"assist" *n* (*bkt, ft*) (*jn*) «assistance» *f*, passe *f* (décisive), (*ihk*) assistance *f* sur un but

assistance *n* (*eq*) **authorised** ~ assistance *f* autorisée ; (*eq*) **unauthorised** ~ assistance *f* non autorisée

assistant *n* (*rw*) **starter's** ~ suppléant *m* du starter ;

assistant referee (*shooting*) juge *m* auxiliaire ;

assistant second (*bx*) assistant-soigneur *m*

assisted jump *cpd* (*ice dancing*) saut *m* assisté

association *n* (*sp*) (*gen*) fédération *f*, association *f* ; **Football Association** ≈ Fédération Anglaise de Football ; **Football Association of Ireland** ≈ Fédération Irlandaise de Football ; **International Amateur Boxing Association** Association Internationale de Boxe Amateur ; (*GB*) **Amateur Gymnastics Association** ≈ Fédération Britannique de Gymnastique ; **European Amateur Boxing Association** Association Européenne de Boxe Amateur ; **Scottish Football Association** Fédération Ecossaise de Football ; v. amateur

at *prep* v. right angles (*at*)

athlete *n* athlète *mf*

athletic athlétique ; **to be very ~** être un sportif *m* / une sportive *f*

athletics *n* athlétisme *m* ; **~ track** piste *f* d'athlétisme

Atlantic *n* **the ~** / **the ~ Ocean** l'océan Atlantique ; **the single-handed ~ yacht race** la course en solitaire à travers l'Atlantique

attack 1. *n* (*ft, rb, etc.*) attaque *f*, offensive *f*, (*jn*) raid *m* ; (*vb*) **~ line** ligne *f* d'attaque ; (*cycl*) **~ from the rear** attaque partie de l'arrière ; (*bkt*) **set-play ~** attaque organisée ; (*fn*) **composed ~** attaque composée ; (*fn*) **direct ~** attaque directe ; (*fn*) **indirect ~** attaque indirecte ; (*fn*) **~ preceded by a feint** / **two feints** attaque précédée d'une feinte / de deux feintes ; (*fn*) **simple ~** attaque simple ; (*hd*) **~ with interchanging positions** attaque en permutation ; **our rugby is based on attack** notre rugby est basé devant **2.** *v* (*gen*) attaquer ; (*ft, hk, rb, etc.*) attaquer ; (*cycl, etc.*) **to ~ from the front** attaquer de devant

attacker *n* (*fb, etc.*) attaquant(e) *m(f)* ; (*hd*) **lead ~** joueur *m* avancé

attacking *adj* (*gen*) offensif(ive) *m(f)* ; **(to plan for) an ~ game** (préparer) un match offensif ; (*vb, etc.*) **~ pass** passe *f* d'attaque ; (*ttn*) **~ play** jeu *m* d'attaque ; (*ft, hd, etc.*) **~ player** attaquant *m* ; (*tn*) **he has improved his ~ play** il a enrichi son jeu d'options offensives ; (*ft, rb, etc.*) **~ position** poste *m* de pointe, zone *f* d'attaque ; **~ zone** *cpd* (*ihk*) zone *f* d'attaque

attempt *n* (*athl*) (*throw, jump*) essai *m* ; (*wgt*) essai *m* ; (*wgt*) **extra ~** essai supplémentaire ; (*athl*) **at the first ~** au premier essai ; (*athl*) (*high jump, etc.*) **the ~ is invalid** l'essai est fautif ; (*rb*) **~ at goal** tentative *f* de but ;

(*cycl*) **breakaway ~** / **~ to break away** tentative *f* d'échappée

attendance *n* assistance *f* ; **a poor ~** une assistance clairsemée ; **the worst** / **lowest** / **~ of the season** la plus faible assistance de la saison ; **the ~ records** les records d'affluence ; **a record ~** une affluence record ; (*bx*) **~ of a doctor** présence *f* d'un médecin

attendant *n* (*in a ground*) appariteur *m*

attention *n* (*eq*) attention *f*

attractive *adj* (*play, team*) attractif(ive) *m(f)*

audience *n* (*crowd*) audience *f*, public *m*

Australian *adj* **~ football** football *m* australien

authority (*pl* **authorities**) *n* (*slg*) **the port authorities** les autorités *fpl* portuaires

automatic *adj* (*ft, etc.*) (*jn*) **he's an ~ choice on the wing** c'est l'indéracinable titulaire du poste d'ailier

average *adj* (*ft, etc.*) **~ gate** / **crowd** moyenne *f* de spectateurs

avoid *v* (*ft*) **to ~ X's tackle** éviter l'intervention de X

award 1. *n* (*ft, rb, etc.*) **the ~ of a free kick** l'octroi d'un coup franc **2.** *v* (*athl*) (*points*) accorder ; (*ft, etc.*) (*referee*) **to ~ a free kick** accorder un coup franc

awarding *n* (*ft, rb, etc.*) **the ~ of a free kick** l'octroi d'un coup franc ; (*bx*) **~ of points** notation *f*

away 1. *adv* **to play ~ from home** / **to play ~** jouer à l'extérieur ; **to win ~ from home** gagner à l'extérieur **2.** *adj* (*ft, etc.*) **an ~ match** un match à l'extérieur ; (*ft, etc.*) **an ~ win** une victoire à l'extérieur, (*jn*) un succès obtenu en déplacement ; (*ft, etc.*) **we have three ~ matches left** il nous reste trois déplacements ; **the ~ team** les visiteurs *mpl* ;

away goal *cpd* (*ft*) but marqué à l'extérieur ;
away goals' rule (*ft*) (*European competitions*) la règle concernant les buts marqués à l'extérieur ;
away ground (*ft, etc.*) terrain *m* adverse ;

"away strip" *cpd* (*ft, etc.*) (= *set of shirts worn away from home*) jeu *m* de maillots portés à l'extérieur
Axel *n* (*figure skating*) Axel *m* ; (*figure skating*) **delayed** ~ Axel retardé
axle *n* (*cycl*) axe *m*

B

BA (*GB*) (*abbr of Badminton Association*) Fédération Britannique de Badminton
back 1. *n* (*anatomy*) dos *m* ; (*ft, rb, etc.*) (*player*) arrière *m* ; (*ft*) **left / right** ~ arrière *m* gauche / droit ; (*rb*) **one-handed pass behind one's / his / ~ chistera** *f* ; **to arch one's** ~ cambrer le corps / les reins ; (*ft*) **to place the ball in the** ~ **of the net** placer le ballon au fond des filets ; (*ft*) **to play square at the** ~ opérer en ligne ; (*ft*) **we played it tight at the** ~ nous avons été sécurisés par notre défense ; (*rb*) **at the** ~ **of the line-out** en fond de touche ; (*rb*) **X is very effective at the** ~ **of the line-out** X est très efficace en fond de touche ; (*leapfrog*) **to make a** ~ faire le mouton ; v. back *adj* **2.** *adj* (*badminton*) ~ **boundary line** ligne *f* de fond ; (*ft*) ~ **four / line** la ligne arrière ; (*sk*) (*freestyle skiing*) ~ **full twist** or ~ **somersault with twist** saut *m* périlleux arrière avec vrille *f* complète ; (*curling*) ~ **line** or ~ **score line** ligne *f* arrière ; (*race, classification*) ~ **marker** lanterne *f* rouge ; (*curling*) ~ **of the house** fond *m* de la maison ; (*gym*) ~ **upstart** bascule *f* en arrière ; (*ft*) (*jn*) **flat** ~ **four** défense *f* en ligne ; (*speed skating*) ~ **straight** ligne *f* droite opposée ; v. backheel, backheeling, backlift, backpass etc. ;

back court (*tn*) arrière court *m* ;
back crawl (*sw*) dos *m* crawlé ;
back judge (*American football*) juge *m* de champ arrière ;
back pad (*ihk*) bouclier *m* ;
back wall (*squash, racquetball*) mur *m* arrière ;
back zone (*vb*) zone *f* de défense **3.** *adv* (*bx*) **to be** ~ **in action** (*jn*) revenir à l'affiche **4.** *v* (*hrg*) **to** ~ **a horse** parier / miser / sur un cheval ; (*ft, etc.*) **to** ~ **a team** parier / miser / sur une équipe ; (*slg*) **to** ~ **and fill** slalomer
backboard *n* (*bkt*) panneau *m* ; (*bkt*) ~ **support** support *m* de panneau
backbone *n* colonne *f* vertébrale
backchecking *n* (*ihk*) échec *m* arrière
backhand *n* (*tn*) (*shot*) revers *m* ; (*tn*) ~ **(stroke)** (coup *m* d')arrière-main ; (*tn*) ~ **volley** volée *f* de revers
backheel *n* talonnade *f*
backheeling *n* (*rb*) talonnage *m*
backlift *n* (*ft*) (when kicking) armé *m*
backpass *n* (*ft*) passe *f* en retrait
back-pedal *vphr* (*ft*) (*fg, jn*) (*defence*) reculer, se replier
back-row *adj phr* (*rb*) ~ **forward** avant *m* de troisième ligne
backspin *n* (*bd, bls*) (*billiards, pool, snooker, pétanque*) effet *m* rétrograde, rétro *m* ; (*tn, etc.*) effet *m* de coupe
backspun lob *cpd* (*tn*) lob *m* coupé ; (*bls*) (*pétanque*) **high** ~ portée *f*, plombée *f*

backstay *n* (*slg*) étai *m* arrière

backstop *n* (*bsb*) filet *m* d'arrêt ; (*rw*) butée *f*

backstroke *n* (*sw*) nage *f* sur le dos, dos crawlé, dos *m* ; (*sw*) ~ **turn indicator** repère *m* de virage *m* de dos ; (*sw*) ~ **start** départ *m* de dos

back-to-back *adj phr* (*ft, etc.*) **two ~ titles** deux championnats *mpl* consécutifs ; (*ft, etc.*) **three ~ victories** trois victoires *fpl* consécutives

backward *adj* (*sw*) ~ **dive** plongeon *m* en arrière ; (*figure skating*) ~ **glide** en-arrière *m* ; (*gym*) ~ **somersault** salto *m* en arrière ; v. roll

backwards *adv* (*gen*) **to walk ~** marcher à reculons

bad *adj* & *n* (*figure skating*) (= *a mark of two out of 6*) mauvais ; (*figure skating*) **very ~** (= *a mark of one out of 6*) très mauvais ; (*ft, hd, etc.*) ~ **pass** / (*fm*) **ball** passe *f* manquée ; (*rb*) ~ **handling** fautes *fpl* de main ; v. bounce, mistake, patch, performance

badly *adv* v. muscle

badminton *n* badminton *m* ; (*G B*) **Badminton Association** Fédération Britannique de Badminton

bag *n* (*bsb*) coussin *m*, (*gf*) sac *m*

bail *n* (*ckt*) ~**s** barrettes *fpl*, bâtonnets *mpl*

bailer *n* (*rw*) écope *f*

balance 1. *n* (*gym, etc.*) équilibre *m* ; (*gym*) ~ **beam** poutre *f* d'équilibre ; (*jd*) **breaking of ~** (*kuzushi*) déséquilibres *mpl* 2. *v* (*rw*) **the boat is evenly ~d** le bateau est lesté

ball *n* (*ft, rb, etc.*) ballon *m* ; (*ft, polo, tn, ttn, etc.*) balle *f* ; (*bls, cq*) boule *f* ; (*bd*) (*billiards, pool, snooker*) bille *f* ; (*bd*) **cue ~** bille *f* de queue ; (*bd*) (*pool*) **object / numbered / ~s** billes numérotées ; **dead ~** (*ft, etc.*) balle *f* morte, (*bkt*) ballon *m* mort ; (*ft, etc.*) (*fm, jn*) **bad ~** (= *bad pass*) passe *f*

manquée ; (*bkt*) **held ~** ballon tenu ; (*bkt*) **jump ~** entre-deux *m* ; (*bkt*) **live ~** ballon vivant ; (*bkt*) ~ **out of bounds** ballon hors jeu ; (*bx*) **floor-to-ceiling ~** punching-ball *m* monté ; ~ **of the foot** éminence *f* métatarsienne (*du pied*) ; **billiard ~** bille *f* (*fg*) boule *f* de billard ; (*ft, rb, etc.*) **the ~ is in play** le ballon / la balle / est en jeu ; (*ft*) **poor ~ control** contrôle *m* approximatif ; **perfect ~ control** conduite *f* de balle parfaite ; (*rb*) **the opponents' dead-~ line** la ligne de ballon mort adverse ; (*bkt*) **to freeze the ~** garder le ballon ; v. ball(-)winner, bounce, carry, dead, header, high, lost ;

ball bearings (*cycl*) roulement *m* à billes ;

ballboy / ballgirl (*ft, tn*) ramasseur *m* / ramasseuse *f* / de balles

ball games (*gen*) sports *mpl* de balle, (*bd, bls, cq, hk*) jeux *mpl* de boule

ballast *n* (*slg*) lest *m*

ballplayer *cpd* (*ft*) **a good / skilful / ~** un bon technicien balle au pied

ball(-)winner *cpd* (*ft*) (*player*) récupérateur *m* de ballon

ballet *n* (*freestyle skiing*) ballet *m* ; (*freestyle skiing*) ~ **course** piste *f* de ballet

balloon *n* (*slg*) ballon *m*

bandages *npl* (*bx*) bandes *fpl* ; **to put on the ~** rouler les bandes

bandy *n* (*type of ice hockey*) bandy *m*

bank 1. *n* (*eq*) talus *m* 2. *v* **to ~ on (defensive tactics)** tabler sur (une tactique défensive)

banking *n* (*cycl*) virage *m* penché

banner *n* (*ft*) (*held by spectators*) écriteau *m* (*pl* écriteaux)

bantam-weight or **bantamweight** *cpd* (*bx, wgt, wr*) poids *m* coq, (*bx*) bantam *m*

bar *n* (*ft, gym, wgt*) barre *f*, (*ft, rb*)

transversale *f*, barre transversale ; (*athl*) (*high jump*) barre *f* ; (*hang-glider*) **control** ~ barre *f* de commande ; (*gym*) **horizontal** ~ barre *f* fixe ; (*gym*) **asymetric / uneven / ~s** barres *fpl* asymétriques ; **parallel ~s** (*eq*) (*obstacle*) montants *mpl* parallèles, (*gym*) barres parallèles ; (*water skiing*) **tow** ~ barre *f* ; (*eq*) **triple ~s** triples barres *fpl*, barres *fpl* de spa ; (*ft*) **a powerful shot under the** ~ un tir puissant sous la barre ; v. rudder bar

barbell *n* haltère *m*, barre *f* à disques

barbiturate *n* (*pharm*) barbiturique *m*

barograph *n* (*in glider*) barographe *m*

barrage *n* (*fn*) barrage *m* ; (*fn*) **to fence a** ~ tirer un barrage

barrel *n* (*of pistol etc.*) canon *m* ; (*eq*) milieu *m* ; (*shooting*) ~ **brush** écouvillon *m*

barrier *n* (*sw*) **to beat the one-minute** ~ battre la minute, (*jn*) passer le cap de la minute

base *n* (*bsb*) but *m*, base *f* ; **first / second / third / base** premier / deuxième / troisième / but ; (*shooting*) **front-sight** ~ base *f* du guidon ; (*bsb*) **home** ~ quatrième but *m* / base *f*

baseball *n* base-ball *m*, baseball *m*

baseline or **base line** *cpd* (*tn*) ligne *f* de fond ;
baseline player (*tn*) joueur *m* de fond de court

basket *n* (*bkt*) panier *m* ; (*sk*) (*on ski*) rondelle *f* ; (*bkt*) **own** ~ propre panier ; (*bkt*) **to tip in the** ~ claquer dans le panier

basketball *n* basket-ball *m*, basket *m* ; ~ **(ball)** ballon *m* de basket-ball ; ~ **boots / shoes** baskets *mpl*, chaussures *fpl* de basket ; ~ **player** basketteur(euse) *m(f)*, joueur(euse) *m(f)* de basket-ball ; ~ **court** terrain *m* de basket

bat *n* (*bsb, ckt*) bâton *m*, batte *f*, «bat» *f*, (*ttn*) raquette *f*, (*the surface used for hitting the ball*) palette *f*

bathing cap *cpd* (*sw*) bonnet *m* de bain

baton *n* (*athl*) (*relay race*) témoin *m* ; **to hand on / pass / the** ~ passer / transmettre / le témoin

batsman *n* (*ckt*) batteur *m*, frappeur *m*

batten *n* (*slg*) latte *f* ; (*slg*) ~ **pocket** gousset *m* / gaine *f* / de latte

batter *n* (*bsb*) frappeur *m* ; (*ckt*) (*fm*) (= *batsman*) batteur *m*, frappeur *m* ; v. helmet ;
batter's box (*bsb*) rectangle *m* du frappeur

batting *n* (*ckt*) **the** ~ **side** l'équipe *f* du batteur ;
batting glove (*bsb, ckt*) gant *m* de frappeur / (*ckt*) de batteur

battle 1. *n* bataille *f* ; (*bx, etc.*) **a** ~ **of strength** une épreuve de force **2.** *v* batailler ; (*ft, etc.*) **we had to** ~ **away until the very end** il fallut batailler jusqu'au bout ; (*ft*) **Liverpool and Arsenal are battling it out for the championship / title** Liverpool et Arsenal se disputent le titre de champion

bay *n* (*eq*) bai *m*

be (was, been) *v* être ; **to** ~ **a boxer** boxer ; (*athl, etc.*) **to** ~ **ahead of s.o.** devancer qn ; (*ft, etc.*) (*knock-out competition*) **to** ~ **in the last sixteen / eight** être en huitième / quart / de finale ; (*bkt, etc.*) **to** ~ **twenty points behind** être distancé de vingt points ; (*tn*) (*ball*) **to** ~ **out (of play)** déborder la ligne ; (*ft*) **to** ~ **under pressure** se laisser dominer ; (*ft, etc.*) **the ball is out** le ballon est sorti

beam *n* (*gym*) poutre *f* ; (*slg*) ~ **wind** vent *m* portant

bear away *vphr* (*slg*) laisser porter

bearing *n* (*slg*) relèvement *m* ; v. ball bearings

beat 1. *n* (*fn*) battement *m* ; (*ice dancing*) temps *m* **2.** **(beaten)** *v* (*gen*) battre ; (*slg*) **to ~ (to windward)** louvoyer ; (*ft*) (*jn*) **to ~ the goalkeeper** battre le gardien de but ; (*ft*) **to ~ the offside tactics of the opposing defence** exploiter une montée collective de la défense adverse voulant jouer le hors-jeu ; (*ft*) (*outfield player*) **X beaten by Y** X dépassé par Y ; (*ft*) (*goalkeeper*) **he was beaten twice** il s'inclina à deux reprises ; (*ft*) **to be beaten by a penalty** s'incliner sur penalty ; (*sw*) **to ~ the one-minute barrier** battre la minute, (*jn*) passer le cap de la minute

become *v* (*gen*) devenir ; (*gen*) **to ~ a champion** devenir champion *m* / championne *f*, (*jn*) être sacré champion / championne

begin *v* (*bx*) **to ~ the count** entamer le compte

beginner *n* (*gen*) débutant(e) *m(f)* ; **training session for beginners** séance *f* d'initiation

beginning *n* début *m* ; (*ft, etc.*) **we played better at the ~ of the season** on a mieux joué en début de saison

behind 1. *adv* (X) **three points ~ after the first leg** (X) mené de trois points après le match aller ; (*bkt, etc.*) **to be twenty points ~** être distancé de vingt points ; v. cross, leave *v* **2.** *prep* (*rb*) **one-handed pass ~ one's / his / back** chistera *f*

bell *n* (*bx*) gong *m* ; (*speed skating*) **~ lap** dernier tour *m* ; (*rw*) **starter's ~** cloche *f* de départ ;
bell ringer (*cycl*) officiel *m* chargé de la cloche

below *prep* (*bx*) **to hit ~ the belt** frapper au-dessous de la ceinture ; (*gf*) **six ~ par** six sous le par ; (*ft, rb, tn, etc.*) **performance that is ~ par** contre-performance *f*

below-average *adj phr* (*gen*) **~ performance** contre-performance *f* (*pl* contre-performances)

belt *n* (*gen*) ceinture *f* ; (*jd*) (*for classification*) ceinture *f* ; (*jd*) **black ~** (*kuro-obi*) ceinture noire ; (*jd*) **blue ~** (*aoiro-obi*) ceinture bleue ; (*jd*) **brown ~** (*kuriro-obi*) ceinture marron ; (*jd*) **green ~** (*midori-obi*) ceinture verte ; (*jd*) **orange ~** (*daidaiiro-obi*) ceinture orange ; (*jd*) **red ~** (*aka-obi*) ceinture *f* rouge ; (*jd*) **red-white ~** (*shima-obi*) ceinture rouge-blanche ; (*jd*) **white ~** (*shiro -obi*) ceinture blanche ; (*jd*) **yellow ~** (*kiiro-obi*) ceinture jaune ; (*jd*) **~ knot** nœud *m* de ceinture ; (*bx*) **to hit below the ~** frapper au-dessous de la ceinture ; (*bx*) **to duck below the ~** esquiver en abaissant la tête au-dessous du niveau de la ceinture ; (*aut*) courroie *f* ; **fan ~** courroie de ventilateur

belt-quiver *cpd* (*arc*) carquois *m* à la ceinture

bench *n* (*ft, rb, etc.*) (= *touchbench*) banc *m* de touche ; (*ihk*) **penalty ~** banc *m* des pénalités ; (*bsb, ihk*) **players' ~** banc *m* des joueurs

bend 1. *n* (*aut, athl, etc.*) virage *m* ; **hairpin ~** (*virage en*) épingle *f* à cheveux ; (*aut*) **to take a ~** prendre un virage, virer ; (*eq*) **to change the ~** changer le pli **2.** **(bent)** *v* (*knee*) fléchir, (*head*) baisser, (*back*) arquer ; (*hd*) **shot ~ing sideways** tir *m* désaxé

bending *n* (*gen*) flexion *f* ; **a slight ~ of the legs** une légère flexion des jambes

bent *adj* v. support

best 1. *adj* (*athl*) **~ jump** meilleur saut *m* **2.** *n* (*athl*) **personal ~** record *m* personnel

bet *v* (*hrg*) **to ~ on a horse** miser sur un cheval, jouer un cheval

beta-blocker (*pharm*) bêtabloquant *m*,

bêta-bloqueur *m*, ß-bloqueur *m*

bevel *n* (*tn*) (*on racket*) chanfrein *m*

biathlete *n* biathlète *mf*

biathlon *n* biathlon *m*

bib *n* (*fn*) bavette *f* ; (*sk*) dossard *m*

biceps *n* biceps *m*

bicycle *n* vélo *m* ; (*ft*) **to do a ~ kick** faire une bicyclette ;
bicycle touring cyclotourisme *m*

Bielmann spin *cpd* pirouette *f* Bielmann

big *adj* (*ft, etc.*) **the ~ match** le grand match ; (*hrg*) **~ field** (*of starters*) champ *m* fourni ; (*bx*) v. hitter

bigger *adj* (*gen*) **the ~ you are the harder you fall** plus on tombe de haut, plus on risque de se faire mal

bike *n* vélo *m* ; **mountain ~** vélo *m* tout-terrain, VTT *m* ; (*cycl*) **racing ~** vélo *m* de course ; (*cycl*) **road ~** vélo *m* de route

bill *n* affiche *f* ; (*bx*) **top-of-the ~ fight / contest** combat *m* en tête d'affiche

billiard *n* (*bd*) **~s** billard *m* ; **~ table** billard *m* ; **~ room** salle *f* de billard ; **~ ball** bille *f*, (*fg*) boule *f* de billard

bin *n* (*ihk*) **sin ~** prison *f*

bind *n* (*fn*) engagement *m*

binding *n* (*sk*) (*on ski*) **safety ~** fixation *f* de sécurité

biological *adj* biologique

biology *n* biologie *f*

biomechanics *n* biomécanique *f*

biopsy *n* biopsie *f*

biorhythm *n* biorythme *m*

birdie *n* (*gf*) birdie *m* ; **he had a ~ at the eleventh (hole)** il a réussi un birdie au onze

bit *n* (*eq, hrg*) mors *m* ; (*eq, hrg*) **curb ~** mors *m* de bride ; (*eq, hrg*) **snaffle ~** mors brisé / de filet ; (*cycl*) **~ and ~** relais *m* ; v. rein

black 1. *adj* (*jd*) **~ belt** ceinture noire ; v. zone 2. *n* (*eq*) noir *m*

blacksmith *n* (*eq*) maréchal-ferrant *m*

bladder *n* (*ball*) vessie *f*

blade *n* (*fn*) (*of sword*) lame *f*, (*skating*) (*of skate*) lame *f*, (*hk, ihk*) (*of stick*) lame *f* ; (*fn*) **~ position** position *f* du fer ; (*rw*) **~ of the oar** pelle *f* de l'aviron ; v. shoulder blade

blanketing *n* (*slg*) déventement *m*

blast *v* (*ft*) (*jn, fm*) **to ~ (in) a shot** déclencher un tir percutant / tendu

bleeding *n* hémorragie *f* ; **external ~** hémorragie externe

blind *adj* (*bkt*) **~ pass** passe *f* aveugle ; (*rb*) **the ~ side** le côté fermé

blinkers *npl* (*eq, hrg*) œillères *fpl*

block 1. *n* (*ft, bx, hd*) blocage *m* ; (*vb*) contre *m* ; (*slg*) poulie *f* ; v. starting block 2. *v* (*bx*) **to ~ a blow / punch** parer un coup ; (*ft*) (*goalkeeper*) **to ~ the ball** bloquer le ballon

blocking *n* (*bkt, bx, ft, hd*) blocage *m*

blood *n* sang *m* ; (*med*) **~-vascular system** système *m* vasculaire sanguin ; **~ sugar** glucose *m* sanguin ; (*eq*) **warm ~** cheval *m* à sang chaud ; **blood doping** (*athl, etc.*) (*where athlete etc. is given a transfusion of his / her / red corpuscles*) autotransfusion *f* ;
blood group groupe *m* sanguin ;
blood pressure (*med*) tension *f* artérielle / du sang ; **to suffer from high ~ pressure** avoir / faire / de la tension, avoir trop de tension ;
blood transfusion transfusion *f* sanguine / de sang ; (*= blood doping ; where athlete etc. is given a transfusion of his / her own red corpuscles*) autotransfusion *f*

blot out *vphr* (*ft, etc.*) **to ~ one's opponent** neutraliser / effacer / son adversaire

blouse *n* (*tn*) chemise *f*

blow 1. *n* (*bx*) coup *m* ; (*bx*) **decisive ~** coup décisif ; (*bx*) **foul ~** coup irrégulier ; (*bx*) **fundamental ~s** coups *mpl* fondamentaux ; (*bx*) **leading-off ~** coup préparatoire ; (*bx*) **a low**

~ un coup bas ; (*bx*) **straight** ~ direct *m* ; (bx etc.) **telling** ~ coup *m* bien asséné ; (*bx*) ~ **with the inside of the glove** coup *m* par l'intérieur du gant ; (*bx*) ~ **with the open glove** coup *m* avec le gant ouvert **2.** *v* (*ft, etc.*) (*referee*) **to ~ for a foul** siffler une faute

blue *adj* (*water polo*) ~ **flag** drapeau *m* bleu ; (*ihk*) ~ **line** ligne *f* bleue ; (*curling*) ~ **outer circle** cercle *m* extérieur bleu ; v. cap, zone

blues *n* (*ice dancing*) blues *m*

blunder 1. *n* (*gen*) bévue *f*, «toile» *f* ; (*ft, etc.*) (*defender, etc.*) **to make a** ~ faire une bévue / une «toile» **2.** *v* (*ft, etc.*) (*defender, etc.*) faire une bévue / une «toile»

boar *n* (*shooting*) sanglier *m*

board *n* (*ihk*) (*around the rink*) ~ **or** ~s bande *f*, rambarde *f* ; (*athl*) (*long jump*) **take-off** ~ planche *f* d'appel ; v. centre board, Reuther board ; **board checking** (*ihk*) charge *f* contre la bande

boat *n* bateau *m* ; (**open** ~) canot *m* ; (**small** ~) embarcation *f* ; (*canoeing*) embarcation *f* ; **sailing** ~ voilier *m*, yacht *m* ; v. pleasure boat ; (*rw*) ~ **with oars** embarcation *f* de pointe ; (*canoeing*) ~ **control** maîtrise *f* de l'embarcation ; ~ **cover** (*canoeing*) housse *f* de protection, (*rw*) bâche *f*, (*slg*) taud *m* ; (*rw*) ~ **designer** constructeur *m* de bateaux ; (*canoeing*) ~ **inspection** vérification *f* des embarcations ; (*canoeing*) ~ **scrutineer** vérificateur *m* aux embarcations ; (*canoeing*) ~ **trailer** chariot *m* ; (*rw*) **keelless** ~ embarcation *f* à coque lisse ; (*canoeing*) **moulded** ~ embarcation *f* monocoque ; (*rw*) **umpires'** ~ bateau *m* des juges ; (*rw*) **the ~ is evenly balanced** l'embarcation est lestée ; (*slg*) **to trim the** ~ régler le bateau ;

boat rack (*rw*) tréteau *m* ; **boat trolley** (*rw*) chariot *m*

boathook *n* (*slg*) gaffe *f*, croc *m* de marinier

boathouse *n* hangar *m* à bateaux ; (*for canoes*) garage *m* à bateaux

boatman *n* (*rw*) chef *m* du matériel

boatyard *cpd* (*canoeing, etc.*) atelier *m* de construction

bob *n* bobsleigh *m* ; (*runner*) patin *m*

"bobble" *v* (*ft*) (*jn*) **the ball** ~d **when he was about to shoot** le ballon a fait un faux rebond / a dévié un petit peu / quand il était sur le point de tirer

bobsled 1. *n* bobsleigh *m* **2.** *v* faire du bob / bobsleigh

bobsleigh 1. *n* bobsleigh *m* **2.** *v* faire du bob / bobsleigh

body *n* corps *m* ; (*gen*) **analysis of** ~ **action** / **movement** analyse *f* gestuelle ; (*rw*) ~ **action** travail *m* du corps ; (*jd*) ~ **drop** (*tai-otoshi*) renversement *m* du corps par barrage ; (*bx*) **good work to the** ~ bon travail au corps ; (*gen*) ~ **exercises** exercices *mpl* corporels ; (*cycl, athl*) (*group*) **the main** ~ **of riders** (*cycl*) / **runners** (*athl*) le peloton ; (*aut*) ~ **or** ~ **shell** coque *f* ; (*hk*) (*foul play*) **use of the** ~ faute *f* de corps ; (*fn*) ~ **wire** fil *m* de corps ; v. bodycheck ; **body builder** culturiste *mf* ; **body building** culturisme *m*, musculation *f* ; **body swerve** crochet *m* ; (*ft*) **a** ~ **on the inside** un crochet intérieur

bodycheck *n* (*ihk*) mise *f* en échec ; (*wr*) coup *m* de bélier

bog down *v* (*rb*) **they were** / **got** / **bogged down in their own 22 metres area** (*jn*) ils s'enfluèrent dans le petit périmètre

bogey *n* (*gf*) (= *one over par for a hole*) bogey *m*, un au-dessus du par pour un trou donné

bolt *n* (*curling*) (*on curling stone*) boulon *m*

bone *n* os *m* ; ~ **tissue** tissu *m* osseux ; v. thigh bone

bonspiel *n* (*curling*) tournoi *m* de curling

bonus *n* (*cycl*) (*time, points*) bonification *f*, prime *f* ; (*jn*) «boni» *m*

boo *v* (ft etc.) (*jn*) X ~**ed by the crowd** X chahuté par le public ; (*ft, etc.*) **he was ~ed by his own crowd / supporters** ≈ il fut chahuté / sifflé / par son propre public

"boob" *v* (*ft, etc.*) (*defender, etc.*) faire une «toile»

book *v* (*ft*) **to ~ a player guilty of foul play** avertir un joueur incorrect ; (*ft, etc.*) (*jn*) **to get oneself ~ed** écoper d'un avertissement

booking *n* (*ft, etc.*) avertissement *m* ; ~ **office** *cpd* les guichets *mpl* de location

boom *n* (*slg*) bôme *f* ; (*slg*) ~ **crutch** support *m* de bôme ; (*slg*) **spinnaker** ~ tangon *m* de spi ; (*slg*) **wishbone** ~ wishbone *m*

boot 1. *n* football / rugby ~**s** chaussures *fpl* de football / rugby ; **ski ~s** chaussures *fpl* de ski 2. *v* (*ft*) **to ~ the ball** botter le ballon

bore *n* (*pistol, etc.*) calibre *m*, rainure *f* du canon ; **twelve ~** calibre douze ; v. large-bore *adj phr*

bottle-holder *cpd* (*cycl*) (*on cycle*) ~ or **water-~** porte-bidon *m*

bottom *n* (*bsb*) (*inning*) bas *m* ; (*water skiing*) (~ *of ski*) semelle *f* ; (*rw*) ~ **of the boat** fond *m* de l'embarcation

bounce 1. *n* rebond *m* ; (*ft, etc.*) **bad ~** faux rebond *m* ; (*bkt*) ~ **pass** passe *f* à terre ; (*rb*) **to gather on the ~ a low kick ahead by X** reprendre au rebond un coup de pied rasant de X ;
bounce pass (*bkt*) passe *f* à terre ;
bounce shot (*hd*) tir *m* au rebond

2. *v* (*of ball*) rebondir ; (*bkt, hd, etc.*) **to ~ the ball (on the ground)** faire rebondir le ballon au sol

bounce-up *cpd* (*ft*) balle *f* à terre

bound *n* **out of ~s** (*bkt*) hors jeu *m*, (*gf*) hors limites *fpl*

boundary *n* (*ckt*) limites *fpl*, ligne *f* de jeu ; (*bkt*) ~ **line** ligne *f* de délimitation ; (*badminton*) **back ~ line** ligne *f* de fond ; (*squash*) **outer ~ line** limite *f* hors-terrain

bout *n* (*bx, wr*) combat *m*, assaut *m* ; (*fn*) assaut *m*, match *m* ; **wrestling ~** assaut *m* de lutte ; **fencing ~** assaut *m* d'armes ; (*modern pentathlon*) ~ **for one hit** assaut en une touche

bow 1. *n* (*arc*) arc *m* ; (*arc*) ~ **strength** force *f* de l'arc ; (*arc*) **to string the ~** armer l'arc ;
bow backing (*arc*) dos *m* de l'arc ;
bow case (*arc*) boîte *f* de l'arc ;
2. *n* (*fn*) (body movement) salut *m* ; (*slg*) (sailboard, etc.) proue *f*, (sailing dinghy) étrave *f* ; (*rw*) (*rower*) rameur *m* à la pointe ; (*slg*) ~ **wave** vague *f* de proue

bowgrip *n* (*arc*) poignée *f* de l'arc

bow-hand *cpd* (*arc*) bras *m* de l'arc

bowl 1. *n* (*bls*) boule *f* ; (game) ~**s** jeu *m* de boules, (*GB*) jeu de boules sur pelouse ; **crown ~s** jeu de boules sur pelouse couronnée ; **to play ~s** jouer aux boules ; (*bls*) (*pétanque*) ~ **touching the jack** biberon *m* ; (*bls*) (*pétanque*) ~**s touching one another** boules collées ; (*bls*) ~ **in front of the jack** boule *f* devant ; (*bls*) (*pétanque*) ~**s that have been illegally filled with a substance to make them more accurate for "pointing"** boules farcies ; (*bls*) (*pétanque*) **smooth ~s** (= *with no stripes on them*) boules lisses ; (*bls*) (*pétanque*) ~**s with stripes / rings / cut into their surface** boules *fpl* quadrillées 2. *v* (*bls*) lancer la boule ; (*ckt*) lancer la balle ; (*ckt*) **to ~ overarm** lancer la balle par-dessus l'épaule, bras tendu

bow-length *cpd* (*arc*) longueur *f* de l'arc

bowler *n* (*ckt*) lanceur *m*, bôleur *m* ; (hat) (*eq*) chapeau *m* melon

bow-limb *cpd* (*arc*) branche *f* de l'arc ; (*arc*) **lower ~** branche inférieure de l'arc ; (*arc*) **upper ~** branche supérieure de l'arc

bowling *n* (*GB*) jeu *m* de boules sur pelouse ; **tenpin ~** bowling *m*, bowling à dix quilles ; (*tenpin bowling*) **~ alley** bowling *m* ; (*ckt*) **the ~ side** l'équipe *f* du lanceur / bôleur ; (*GB*) **to go ~** jouer aux boules ; (*ckt*) (*action*) lancement *m* de la balle ; (*bls*) (*action*) lancement *m* de la boule

bow-notch *cpd* (*arc*) encoche *f*

bowsling *n* (*arc*) dragonne *f*

bowtip *n* (*arc*) pointe *f* de l'arc

bow-weight *cpd* (*arc*) poids *m* de l'arc

box 1. *n* (*bx, ckt, etc.*) (= protector) coquille *f* ; (*athl*) (*pole vault*) (= *the "box" where the pole is placed*) fosse *f* de butée ; (*ft*) (*fm, jn*) **the ~** (= *penalty box*) surface *f* de réparation ; (*eq*) (*obstacle*) **~ and brush** cube *m* avec haie ; (*eq*) (obstacle) **~ and gate** cube *m* avec barrière ; (*bsb*) **batter's ~** rectangle *m* du frappeur ; (*bsb*) **coach's ~** rectangle *m* des instructeurs ; (*squash*) **service ~** case *f* / carré *m* / de service ; (*ft*) (*fm*) **six yards ~** surface *f* de but ; (*ft*) (*jn*) **there was a mad scramble in the ~** il y eut une mêlée frénétique dans / à l'intérieur de / la surface de réparation **2.** *v* boxer ; **to ~ right-handed** être droitier / en garde normale

boxer *n* boxeur *m*, pugiliste *m* ; **a coloured ~** un boxeur de couleur ; **to be a ~** boxer

boxing *n* boxe *f* ; (*bx*) **Thai ~** boxe thaïlandaise, (*jn*) boxe thai / thaï ; (*bx*) (*career*) **to take up ~** monter sur le ring ;

boxing gloves gants *mpl* de boxe ;

boxing match match *m* de boxe

boycott *v* (*championships, etc.*) boycotter

bracing *n* (*shooting*) renforcement *m*

brake *n* (*aut, cycl, mt, etc.*) frein *m* ; (*aut, mt*) **I lost my brakes** j'ai été privé de freins ; v. air brake

brakeman *n* (*bobsleigh*) freineur *m*

braking *n* (*aut, mt*) freinage *m*

brassie *n* (*gf*) (*club*) brassie *m*

brawl *n* (*ihk, rb etc.*) bagarre *f*

break 1. *n* (*bd*) série *f* ; (*bx*) séparation *f* ; (*ft, rb*) (*forward movement*) percée *f*, (*counter attack*) contre *m* ; (*bkt, hd*) **fast ~** contre-attaque *f* éclair ; (*ft*) **to catch a team on the ~** prendre une équipe en contre ; (*athl, cycl*) **to make a ~** percer ; (*ft, etc.*) **the half-time ~** le repos ; (*tn*) **~ of serve** break *m* ; (*tn*) **~ point** balle *f* de break ; (*ft, etc.*) **summer ~** intersaison *f* ; v. winter **2. (broke, broken)** *v* (*gen*) rompre ; (*bx*) (*referee's instruction*) **~!** break! ; (*tn*) **to ~ "serve" / service / in the first game** réussir le break au premier jeu ; (*tn*) **to ~ back** compenser le break ; (*cycl, etc.*) **to ~ away / clear** se détacher / (*jn*) réussir le break ; (*athl, cycl*) **to ~ away from the field** se détacher du peloton ; (*cycl, etc.*) **to ~ clear of the pack** sortir de la meute ; (*aut*) **to ~ down** tomber en panne ; (*ft, etc.*) **to ~ through the defence** percer / démanteler / la défense

break away *vphr* (*cycl, etc.*) s'échapper

breakaway *n* (*cycl, etc.*) échappée *f* ; **the ~ group** l'échappée *f* / les échappés *mpl* / le groupe d'échappés ; **breakaway rider** échappé *m*

breakdown *n* (*aut*) panne *f* ; (*aut*) **to have a ~** tomber en panne

breaking *n* (*jd*) ~ **of balance** (*kuzushi*) déséquilibres *mpl*

breakthrough *n* (*ft, rb, etc.*) **to make a** ~ faire une percée ; (*gen*) (*jn*) **to make the first** ~ **in the match** creuser le premier break de la partie

breaststroke *n* or **breast stroke** *cpd* (*sw*) brasse *f* ; **the** ~ **events** les épreuves de brasse ; ~ **swimmer** brasseur(euse) *m(f)*

breath *n* souffle *m* ; **to be out of / short of /** ~ manquer de souffle, être hors d'haleine, être essoufflé

breathe *v* respirer

breathe in *vphr* inspirer, aspirer

breathe out *vphr* expirer

breathing *n* respiration *f* ; (*sw*) ~ **on one side** respiration *f* unilatérale

breathing in *cpd* (*sw, etc.*) inspiration *f*

breathing out *cpd* (*sw, etc.*) expiration *f*

breech *n* (*shooting*) culasse *f*

breed *n* (*eq, hrg*) race *f*

breeding *n* (*eq, hrg*) élevage *m*

bridge 1. *n* (*wr*) pont *m* ; (*wr*) **high** ~ pont haut ; (*wr*) **low** ~ pont bas ; (*wr*) **momentary** ~ passage *m* en pont ; (*wr*) ~ **escape** sortie *f* de pont ; (*wr*) **to make a** ~ ponter ; (*wr*) **to break the** ~ écraser le pont **2.** *v* (*wr*) ponter

bridle 1. *n* (*eq*) bride *f* ; (*eq*) **complete** ~ bride complète **2.** *v* (*eq*) brider (*un cheval*)

bring (brought) *v* (*ft*) **to** ~ **down (an opponent)** faucher / faire tomber (un adversaire) ; (*ft*) **to** ~ **the ball down / under control** amortir la balle, faire un amorti ; (*gen*) **to** ~ **(an athlete, horse etc.) to peak form** affûter (un athlète, un cheval, etc.) ; (*gen*) (series of wins, defeats, etc.) **to** ~ **to an end** interrompre ; **X brought to an end Y's run of victories** X a interrompu la série victorieuse de Y

brisk *adj* (*cycl*) **a stage raced at a** ~

pace une étape menée rondement ; v. **pace**

broach *v* (*slg*) rentrer dans le vent

broad *adj* (*eq*) **high and** ~ **obstacle** obstacle *m* haut et large

broadcast *v* diffuser ; **the match will be** ~ **live** le match sera diffusé en direct

bronze *n* ~ **medal** médaille *f* de bronze *m*

broom *n* (*curling*) **curling** ~ balai *m* de curling, balai canadien

bruise 1. *n* (*med*) contusion *f*, (*fm*) bleu *m* **2.** *v* (*part of the body*) meurtrir, contusionner ; **to** ~ **a muscle** froisser un muscle, (*self-inflicted*) se froisser un muscle ; **he** ~**s easily** il se fait des bleus très facilement

brush *n* (*curling*) brosse *f* écossaise ; (*eq*) (*obstacle*) **box and** ~ **cube** *m* avec haie ;

    brush wagon or **brush waggon** voiture-balai *f*

BSCC (*abbr of Billiards and Snooker Control Council*) ≈ Fédération Britannique de Billard et de Snooker

bucket *n* (*bx, etc.*) seau (*pl* seaux) *m* ; (*aut*) ~ **seat** siège *m* baquet

builder *n* **body** ~ culturiste *mf* ; (*pharm*) **muscle** ~**s** «engrais» *mpl* musculaires

building *n* **body** ~ culturisme *m*, musculation *f*

build up *vphr* (*athl, cycl, etc.*) **to** ~ **a good lead** (*over the rest of the field / pack*) lâcher le peloton ; ~ **of / building up / speed** mise *f* en allure

bull *n* (*dt*) mouche *f*, centre *m* de la rose ;

    bull's-eye (*arc*) mouche *f*, (*dt*) mouche *f*, centre *m* de la rose ; (*arc, etc.*) **to get a bull's eye** faire mouche

bullet *n* (*shooting*) balle *f* ; (*shooting*) **tracer** ~ traçante *f*, balle *f* traçante

bully *n* (*hk*) «bully» *m*

bully off *vphr* (*hk*) mettre la balle en jeu, engager le jeu

bump *n* (*aut, mt*) accrochage *m*

bumpy *adj* **a ~ pitch** un terrain bosselé

bunch *n* (*cycl, etc.*) peloton *m* ; (*cycl*) **compact ~** peloton groupé ; (*cycl*) **main ~** gros *m* du peloton ; (*cycl*) **~ finish** arrivée *f* en peloton ; (*cycl*) **to scatter the ~** secouer le peloton

bungee jumping *cpd* saut *m* à l'élastique

bunker *n* (*gf*) bunker *m*

button *n* (*rw*) **oar ~** bourrelet *m*

buoy *n* (*gen*) bouée *f* ; (*slg*) **marker ~** marque *f* de passage ; (*canoeing*) **inside ~s** bouées intérieures ; (*slg*) **to round a ~** virer une bouée

buoyancy *n* (*slg*) flottabilité *f* ; (*slg*) **~ certificate** certificat *m* de flottabilité ; (*slg*) **~ tank** réservoir *m* étanche

buoying *n* balisage *m*

burnt rock *cpd* (*curling*) pierre *f* morte

burst *n* **~ of speed** (*athl, etc.*) pointe *f* de vitesse, (*cycl*) (*at end of race*) emballage *m* ; (*cycl*) **he does not like sudden bursts of speed** il n'aime pas les pointes de vitesse / (*jn*) les coups d'accélérateur

bury *v* (*ft*) (*fm, jn, fg*) **to ~ the ball** loger la balle dans les buts

butt *n* (*bx*) coup *m* de tête ; (*rifle*) crosse *f* ; (*hk, ihk*) (*of stick*) **~ end** embout *m* ; (*shooting*) **~ extension** rallonge *f* de crosse

butterfly *n* (*gym*) parapluie *m* ; (*sw*) papillon *m*, brasse *f* papillon ; (*sw*) **~ kick** coup *m* de pied de papillon

butting *n* (*bx, etc.*) coups *mpl* de tête

button *n* (*curling*) (*Dolly*) centre *m* ; (*fn*) mouche *f*

buttoned *adj* (*fn*) (*foil, etc.*) moucheté(e) *m(f)*

by *prep* (*ft*) **he scored from a corner ~ / taken ~ / X** il marqua sur un corner de X ; v. **four**

C

cablecar or **cable car** *n* (*sk*) téléférique *m*, cabine *f* de téléférique, (*on rail*) funiculaire *m*

caddie *n* (*gf*) caddie *m*

cadence *n* (*eq*) cadence *f*

cage *n* (*athl*) (*discus, hammer*) **safety ~** cage *f* de sécurité ; v. **rib cage**

calcium *n* calcium *m*

calculator *n* (*sk*) (*alpine skiing*) **chief of ~s** chef *m* (*du bureau*) des calculs

calf *n* (*anatomy*) mollet *m*

calibre *n* (*pistol, etc.*) calibre *m* ; (*rifle shooting*) **standard ~** calibre *m* standard

call *v* (*ft, etc.*) **to ~ for the ball** solliciter / appeler / le ballon ; (*ft, etc.*) **to ~ for the ball on the wing** appeler dans l'aile ; (*ft, etc.*) **the player calling for the ball** le solliciteur ; **to ~ s.o. up (for national team)** appeler qn ; (*speed skating*) **to ~ the skaters back** rappeler les coureurs

callisthenics *npl* (*normally followed by singular verb*) callisthénie *f*

calm *adj* (*slg*) **a period of ~ weather** une accalmie

caman *n* (*shinty*) (*stick*) «caman» *m*

Canadian *adj* **~ canoe** canoë *m* canadien ; **~ canoeist** canoéiste *mf* ; **~ pair** canadien *m* biplace ; **~ single** canadien *m* monoplace

cancel *v* annuler

cancellation *n* (*gen*) annulation *f*

cannon *n* (*gen*) canon *m* ; (*bd*) (*billard français*) carambolage *m* ; (*bd*) (*GB*) «cannon» *m*

cannonball *n* (*ft, shot*) un tir canon / un tir en boulet de canon

canoe 1. *n* canoë *m*, kayac *m*, kayak *m* ; (*straight-line race*) **single ~** canoë *m* monoplace, C1 *m* ; **slalom ~** canoë-slalom *m* ; **in the single / double / canoes** en canoë monoplace / biplace **2.** *v* faire du canoë, (*sport*) faire du kayac / kayak

canoeing *n* (*sp*) canoë-kayak *m*, (*gen*) canoéisme *m* ; **to go canoeing** faire du canoë, (*sport*) faire du kayac / kayak

canoeist *n* canoéiste *mf*, kayakiste *mf*, pagayeur(euse) *m(f)*

canopy *n* (*of parachute*) voilure *f* ; v. cockpit

canter 1. *n* (*eq*) petit galop *m*, galop *m* de dressage ; (*eq*) **collected ~** galop rassemblé ; (*eq*) **disunited ~** galop désuni ; (*eq*) **extended ~** galop allongé ; (*eq*) **left / right ~** galop à gauche / droite ; (*eq*) **ordinary ~** galop moyen / ordinaire ; (*eq*) **short ~** galop raccourci ; (*eq*) **to proceed at collected ~** partir au galop rassemblé ; (*hrg*) **to win in a ~** gagner haut la main **2.** *v* (*eq*) galoper

canvas *n* (*bx*) tapis *m* ; (*bx*) **to stay / remain / on the ~** rester au carreau

cap 1. *n* (*hrg, polo*) toque *f* ; (*awarded for selection for national team*) (*rb, etc.*) «cap» *f* ; (*sw*) (*water polo*) **blue / white / ~** bonnet *m* bleu / blanc ; (*ft, rb, etc.*) **he has 53 England caps** il a 53 sélections *fpl* pour l'équipe d'Angleterre **2.** *v* (*select for national team*) «caper» ; **he is the most capped player** c'est lui le plus «capé» ; **he has been capped 53 times for England** il a 53 sélections pour l'équipe d'Angleterre

capability *n* **physical ~** capacité *f* physique

capacity *n* (**~ of athlete etc.**) rendement *m* ; (*ft, etc.*) **the ground has a ~ of 40,000** le stade a 40 000 places, le stade peut accueillir 40 000 personnes ; (*ft, etc.*) **to play to ~ / to a ~ crowd** jouer à guichets fermés ; **physical ~** capacité *f* physique ; (*mt*) **to have a ~ of 500 ccs** avoir une cylindrée de 500 cm^3

capsize *v* (*slg, etc.*) chavirer

captain *n* (*ft, etc.*) capitaine *m* ; (*slg*) capitaine *m*, «skipper» *m*

car *n* voiture *f* ; **touring ~** voiture de tourisme

carbon *n* (*aut*) **~ body shell** coque *f* carbone ; (*cycl*) **monocoque ~ frame** cadre *m* carbone monocoque

card *n* (*ft*) **the yellow / red / ~** le carton jaune / rouge ; **X was given the red card** X a pris un carton rouge ; **to show the yellow ~ to a player guilty of foul play** avertir in joueur incorect

cardiopulmonary *a d j* cardio-pulmonaire (*pl* cardio-pulmonaires)

cardiotonic *n* (*pharm*) tonicardiaque *m*, cardiotonique *m*

cardiovascular *a d j* cardio-vasculaire (*pl* cardio-vasculaires)

care *n* **medical ~** soins *mpl* médicaux

carried lift *cpd* (*ice dancing*) porté *m*

carrier *n* (*bkt, etc.*) **the ball ~** le porteur de ballon

carpus *n* (*anatomy*) (= *wrist*) carpe *m*

carry *v* (*ft, rb, etc.*) (*ball*) porter ; (*bkt*) (*foul*) **to ~ the ball** marcher / courir / balle en main ; (*ft*) (*tactics*) **carrying the ball / playing the ball on the ground** ballon porté / ballon au sol ; v. carry off, carry on, carried lift

carry off (*pp carried off*) *vphr* **to ~ the title** s'approprier / enlever / le titre ; (*ft, rb etc.*) **he was carried off on a stretcher** on l'a emmené en / sur une / civière

carry on *vphr* (*bx*) **the boxer is unable to ~** le boxeur est incapable de poursuivre ; (jd) **carry on!** (yoshi!) continuez!

carte n (fn) quarte f ; v. parry

cartilage n cartilage m

carting n karting m

cartridge n (shooting) cartouche f ; **faulty ~** cartouche défectueuse ; **cartridge box** (shooting) giberne f ; **cartridge case** (shooting) douille f

cartwheel n (gym) roue f ; (gym) **Arabian ~** saut m arabe ; (gym) **to do / turn / a ~** faire une roue ; (gym) **to do / turn / ~s** faire la roue

case n (shooting) fourneau m (pl fourneaux)

cast off vphr (slg) larguer les amarres fpl

catch (pp **caught**) v (ft) (goalkeeper) **to ~ the ball** cueillir la balle ; (ft) **to ~ a team on the break** prendre une équipe en contre ; (rw) **to ~ a crab** engager son aviron m trop profond ; (gen) **to ~ s.o. cold / off guard** cueillir qn à froid ; **to ~ s.o. on the wrong foot / to ~ s.o. out** prendre qn à contre-pied ; (athl, cycl) **to ~ s.o. up** revenir sur qn / rejoindre qn ; (cycl) **to be caught by the main group of riders** être rejoint par le peloton ; v. catching technique, catching violation

catcher n (bsb) receveur m, attrapeur m ; (bsb) **~'s glove** gant m de receveur ; **catcher's box** (bsb) rectangle m du receveur

catching technique cpd (hd) technique f de réception

catching violation cpd (hd) faute f de réception

category n (cycl, etc.) catégorie f ; adj phr **two first-category climbs** deux cols de première catégorie ; (krt, etc.) **open ~** toutes catégories ; (jd) **open-weight ~** toutes catégories

caution! n (jd) remarque ! ; (ft) avertis-

sement m

cavaletti n (eq) cavaletti m

cc(s) (abbr of cubic centimetres) cm^3 (centimètres cube)

ceding parry cpd (fn) parade f en cédant

center adj (Am) v. centre

center n (Am) v. centre

center face-off circle (Am) v. centre face-off circle

center field cpd (bsb) v. centre(-)field

center fielder cpd v. centre fielder

center line v. centre line

center zone v. centre zone

central adj (tn) **the ~ court** le court central ; v. defender

centre 1. adj (ft, vb, etc.) **~ forward** avant m centre ; **~ back** (ft) arrière m central, (vb) arrière m centre ; (eq) **~ line** ligne f du milieu ; (eq) **on either side of the ~ line** de part et d'autre de la ligne du milieu ; (tn) **~ service line** ligne médiane de service ; (ft) **to position oneself in ~ field** se tenir sur l'axe m du terrain ; v. centre(-)field, gravity, line ; **centre board** (slg) dérive f ; (slg) **~ case** puits m de dérive ; **centre buoy** (slg) bouée f centrale ; **centre circle** (ft) cercle m / rond m / central, (bkt) cercle m central ; **centre court** (tn) (Wimbledon) le centre court, le court central ; **centre face-off circle** (ihk) cercle m central ; **centre fielder** (bsb) voltigeur m de centre ; **centre forward** (ft, hk) avant m centre ; **centre half** (ft) arrière m central ; **centre line** (bkt, rb, etc.) ligne f médiane ; (curling) ligne f centrale ; **centre three-quarter** (rb) (position, player) trois-quarts m centre ; **centre zone** (ihk) zone f centrale **2.** n (gen) (building) **a huge leisure /**

multi-sport(s) / ~ un vaste complexe multi-sports ; (*ft*) (*action*) centre *m* ; (*American football, rb*) (*player, position*) centre *m* ; (*rb*) **left / right /** ~ centre *m* gauche / droit ; (*ft*) **centre-cum-shot** *cpd* centre-tir *m* ; (*wr*) ~ **of the mat** centre *m* du tapis **3.** *v* (*ft*) **to** ~ **the ball** centrer la balle

centreback *n* (*ft*) arrière *m* central

centre-cum-shot *cpd* (*ft*) centre-tir *m*

centre(-)field *c p d* (*bsb*) (*position*) champ *m* centre ; (*ft, etc.*) **to position oneself in** ~ se tenir dans l'axe *m* du terrain

centrifugal *adj* centrifuge ; ~ **force** force *f* centrifuge

ceremony *n* (*athl*) **the closing** ~ la clôture

certificate *n* (**sports** ~) brevet *m* (*sportif*) ; (*slg*) **rating** ~ certificat *m* de jauge

cervical *adj* (*anatomy*) cervical(e) (*mpl* cervicaux)

Chaguinian *n* (*gym*) Chaguinian *m*

chain *n* (*gen*) chaîne *f* ; (*eq, hrg*) **curb** ~ gourmette *f* ; (*cycl*) **front** ~ **wheel** plateau *m* de pédalier

chairlift *n* (*sk*) télésiège *m*

chairman *n* (*club, etc.*) président *m* ; (*wr*) **mat** ~ président *m* du tapis

chalk *n* (*bd*) craie *f*

challenge *n* défi *m*, chalenge *m*, «challenge» *m* ; (*gen*) **to take up a / the /** ~ relever le défi

challenger *n* (*bx, etc.*) chalengeur(euse) *m(f)*, «challenger» *m*

champion *n, adj* champion(onne) *m(f)* ; **to become / to be crowned /** ~ devenir / être sacré / champion ; (*team*) ~**s of England for the last two years** le champion d'Angleterre de ces deux dernières années ; **the reigning** ~(**s**) le champion en titre ; (*bkt, etc.*) **the current / defending / outgoing /** ~**s** le champion sortant ;

cpd **club** ~**s** l'équipe championne

championship *n* championnat *m* ; **the European Championship(s)** le Championnat d'Europe ; **the World Championship(s)** le Championnat du Monde, le Mondial ; **the winners of the club** ~ l'équipe championne ; **to win the** ~ gagner le championnat, (*jn*) être sacré champion ; (*ft*) (*jn*) **they are battling it out for the** ~ ils se disputent le titre de champion ; (*ft*) **the goal that won the** ~ (*jn*) le but du «sacre» ; v. championship-winning, record

championship-winning *adj phr* (*ft*) ~ **goal** (*jn*) le but du «sacre»

chance *n* (*ft, etc.*) **a scoring** ~ une occasion ; (*ft, etc.*) **a golden** ~ une occasion en or ; (*ft, etc.*) **the best** ~ **of the game** la meilleure occasion de la rencontre ; (*ft, etc.*) **to create good scoring chances** se créer de belles occasions ; (*ft*) **he had a** ~ **to make it 2-0 but shot wide** il eut un ballon de 2-0 qu'il mit à côté de la cible

channel *n* (*slg*) (*river, port*) chenal (*pl* chenaux) *m*

change 1. *n* (*aut*) **a tyre** ~ un changement de pneus ; ~ **of direction** (*eq, etc.*) changement *m* de direction, (*rb*) (*jn*) aiguillage *m* ; (*fn*) ~ **of ends** changement de côté ; (*eq*) ~ **of leg** changement de pied ; (*eq*) **flying** ~ **of leg** changement de pied en l'air ; (*eq*) **simple** ~ **of leg** changement de pied simple ; (*gym*) **grip** ~ changement *m* de prise ; (*ft etc.*) **he is being accused of making too many team** ~**s** on l'accuse de trop chambouler l'équipe ; (*ft, rb, etc.*) **a** ~ **strip** (= *alternative set of shirts etc., worn when there is a clash of colours*) un jeu de maillots de remplacement **2.** *v* changer ; (*speed skating, etc.*) **to** ~ **lane** changer de couloir ; (*eq*) **to** ~ **the bend** changer le pli ; (*slg*) **to** ~

the course changer de cap ; (*eq*) **to ~
the rein** changer de main ; (*ft, etc.*)
**he is being accused of chopping
and changing the team** on l'accuse
de trop chambouler l'équipe ; v.
gear

change-over 1. *cpd* (*athl*) (*relay*) transmission *f* du témoin **2.** *adj phr* (*athl*)
relay) **~ zone / area** zone *f* de relais ;
change-over stretch (*speed skating*)
croisement *m*

"change strip" *cpd* (*ft, etc.*) (= *alternative set of shirts etc., worn when there
is a clash of colours*) jeu *m* de maillots
de remplacement

changing room *cpd* vestiaire *m*

chant *n* (*ft, rb, etc.*) (*jn*) slogan *m*

charge *n* v. shoulder charge

charging *n* (*bkt*) charge *f*

charity *n* (*ft*) **~ game** match *m* de charité *f*

chassé *n* (*ice dancing*) chassé *m* ; v.
chassé croisé

chassé croisé *cpd* (ice dancing) chassé
m croisé

check *v* (*ihk*) mettre en échec

cheer 1. *n* (= *shout*) hourra *m* ; **~s** acclamations *fpl* ;
cheer leader *cpd* meneur(-euse)
m(f)
2. *v* (= *to shout for s.o.*) acclamer
(qn)

chequered *adj* (*aut, mt*) **~ flag** drapeau
m à damier

cherry flip *cpd* (*figure skating*) saut *m*
de boucle piqué

chest *n* (*anatomy*) poitrine *f*, thorax *m* ;
ball at ~ height ballon *m* (*ft*) / balle
f (*tn*) / à hauteur de poitrine ;
chest pass (*hd*) passe *f* à deux
mains ; (*bkt*) **two-hand ~ pass** passe
f à deux mains de la poitrine ;
chest protector (*bsb*) protecteur *m*
de poitrine, (*American football*) plastron *m* ;

chest trap (*ft*) amorti *m* de la poitrine

chest-high *adj phr* **~ ball** (*ft*) ballon *m*
/ (*tn*) balle *f* / à hauteur de poitrine

chestnut *n* (*eq*) (*horse*) alezan *m*

chestplate *n* (*arc*) plastron *m*

chief 1. *adj* **~ coach** entraîneur *m* en
chef ; (*sk*) **~ controller** chef *m* des
contrôles ; (*speed skating*) **~ finish
line judge** juge *m* en chef / chef *m*
des juges / de la ligne d'arrivée ;
(*sk*) (*ski alpin*) **~ gate judge / keeper**
chef *m* des juges de porte ;
(*canoeing*) **~ official** chef *m* de l'organisation ; **~ referee** (*wgt*) chef *m*
de plateau, (*speed skating*) juge *m*
arbitre ; (*sk*) **~ starter** chef *m* du départ ; (*sk*) **~ timekeeper** chef *m*
chronométreur **2.** *n* (*sk*) (*alpine
skiing*) **~ of calculators** chef (du bureau) des calculs ; (*sk*) **~ of competition** directeur *m* de compétition ;
(*sk*) **~ of course** chef *m* de piste ; (*sk*)
(*ski jumpimg*) **~ of hill** chef *m* du
tremplin ; (*sk*) (*ski jumping*) **~ of inrun** chef *m* de piste d'élan ; (*sk*)
(*biathlon*) **~ of range** chef du stand
de tir ; (*sk*) **~ of the start and finish**
chef *m* du départ et de l'arrivée ;
(*canoeing*) **~ of judges** chef *m* des
officiels ; v. chief **1.** *adj*

chin 1. *n* (*anatomy*) menton *m* ; (*wr*) **~
push** poussée *f* au menton ;
chin strap (*American football, etc.*)
(*helmet*) jugulaire *f*
2. *v* (*gym*) (*bar*) **to ~ the bar** faire des
tractions

chip *v* (*ft*) **to ~ the goalkeeper** lober le
gardien de but ; (*gf*) **to ~ the ball**
prendre la balle en dessous

chistera *n* (*pelota*) (*racket*) chistera *f*

Choctaw *n* (*ice dancing*) Choctaw *m*

choice *n* (*gen*) choix *m* ; (*ft, etc.*) (*jn*)
he's an automatic ~ on the wing
c'est l'indéracinable titulaire du
poste d'ailier

chop *v* (*ft, etc.*) (*fm, jn*) **to ~ and change the team** chambouler l'équipe

choreography *n* (*figure skating, etc.*) choréographie *f*

circle *n* (*gen*) cercle *m* ; (*gym*) tour *m* d'appui ; (*athl*) (*shot putting*) cercle *m* de lancer, (*fm*) cercle ; (*gym*) **double leg ~s** cercles *mpl* des deux jambes ; (*ihk*) **face-off ~** cercle *m* de mise en jeu ; (*gym*) **hip ~** tour *m* d'appui ; (*gym*) **free hip ~** tour *m* d'appui libre ; (*curling*) **red inner ~** cercle *m* rouge intérieur ; (*curling*) **blue outer ~** cercle *m* bleu extérieur ; (*bls*) (*pétanque*) **throwing ~** rond *m* ; (*bkt*) **restricting ~** cercle *m* restrictif ; (*gym*) **upward ~** établissement *m* ; v. centre circle, on-deck circle

circles *npl* (*fg*) **in rugby ~** dans les sphères *fpl* rugbystiques

circuit *n* (*gf, tn, etc.*) (*tour*) circuit *m* ; (*aut, mt, etc.*) (*track*) circuit *m* ; **the European ~** le circuit européen ; **circuit training** «circuit-training» *m* ; (*athl etc.*) **to do ~** faire la p.p.g. (*préparation physique générale*)

circular *adj* (*fn*) **~ parry** parade *f* circulaire

circulation *n* (*gen*) circulation *f* ; **pulmonary ~** circulation *f* pulmonaire ; (modern pentathlon) **~ of the teams** circulation *f* des équipes

claim *n* (*gen*) (*jn*) **to stake a ~ on a medal** prendre une option sur une médaille

clam *n* v. cleat

clamp *n* (*wgt*) collier *m* de serrage

clamping ring *cpd* (*wgt*) collier *m* de serrage

"class" 1. *adj* (*ft, etc.*) (*jn*) **he's a ~ player** c'est un joueur qui a de la classe 2. **class** *n* (*gen*) (= *ability, talent*) classe *f* ; (*gen*) **he has ~** il a de la classe ; (*training session / programme*) **keep-fit ~** cours *m* de gymnastique ; (*slg*) **international ~** classe *f* internationale ; (*slg*) *cpd* **~ emblem** insigne *m* de classe ; v. world-class

classic *n* (*cycl*) classique *f* ; **the Dutch ~** la classique hollandaise

classical *adj* (*sk*) (*cross-country skiing*) **~ style / technique** style *m* classique

classy *adj* (*ft, etc.*) **he's a ~ player** c'est un joueur qui a de la classe

clay *n* argile *f* ; **~ pigeon** pigeon *m* d'argile, plateau (*pl* -eaux) *m* ; **~ pigeon shooting** tir *m* au pigeon d'argile, tir *m* aux plateaux, ball-trap *m*

claycourt (*tn*) terre *f* battue

clay-pigeon *adj phr* (*shooting*) **~ range** stand *m* de tir aux plateaux ; **~ shooting** tir *m* au pigeon d'argile, tir *m* aux plateaux, ball-trap *m*

clean 1. *adj* (*ft*) (*goalkeeper*) **to keep a ~ sheet** ne pas encaisser / concéder / un but 2. *n* (*wgt*) épaulé *m* ;

clean and jerk (*wgt*) épaulé-jeté (*pl* épaulés-jetés) *m*, épaulé *m* et jeté *m* ; (*wgt*) **two hands ~** épaulé-jeté / épaule et jeté / à deux bras ;

clean and press (*wgt*) développé *m* ; (*wgt*) **two hands ~** développé à deux bras

clear 1. *adj* (*eq*) (*show jumping*) **a ~ round** un parcours sans faute, un sans-faute ; (*vb*) **~ space** zone *f* libre 2. *v* (*ft, rb*) (*ball*) dégager ; (*athl*) (*height*) franchir (*hauteur*), passer ; (*canoeing*) **to ~ the course** dégager le parcours ; (*tn*) **the ball must ~ the net** la balle doit passer au-dessus du filet

clearance *n* (*ft, etc.*) relance *f*, dégagement *m* ; **to miss one's ~** rater sa relance

cleat *n* (*slg*) taquet *m* ; (*slg*) **clam ~** taquet *m* coinceur

cleated *adj* (*American football*) **~ shoe** chaussure *f* à crampons

clerk *n* (*rw*) ~ **of the course** commissaire *m* de parcours

clew *n* (*slg*) point *m* d'écoute

clicker *n* (*arc*) klicker *m*

climb *n* (*cycl, aut*) **hill** ~ course *f* de côte ; (*sk*) **maximum** ~ montée *f* maximale ; (*s k*) (*cross-country skiing*) **side-step** ~ montée *f* en escalier ; (*modern pentathlon*) **total** ~ total *m* de dénivellations ; (*cycl*) **two first-category** ~s deux cols de première catégorie

climber *n* alpiniste *mf*

climbing *n* alpinisme *m*

clinch *n* (*bx*) accrochage *m*

clock 1. *n* (*bkt*) ~ **operator** opérateur *m* de l'appareil des trente secondes ; (*cycl*) **against the** ~ contre la montre **2.** *v* (*athl, etc.*) **to** ~ (**an athlete, etc.**) chronométrer (un athlète, etc.) ; (*athl*) **he** ~**ed 9.99 seconds** il réalisa 9"99 ; (*athl*) **he** ~**ed unofficially the sixth fastest time in the world rankings for 1994** il se serait classé sixième du bilan mondial en 1994

clocking-in *cpd* (*for race, etc.*) pointage *m*

clocking-out *cpd* (*for race, etc.*) pointage *m*

close 1. *adj* **a very** ~ **game** un match très serré ; **the score is very** ~ le score est très serré ; (*athl, etc.*) ~ **finish** arrivée *f* serrée ; (*ft, etc.*) ~ **marking** marquage *m* étroit ; **close season** (*ft, etc.*) intersaison *f* **2.** *adv* (*slg*) **to sail** ~ **to the wind** courir au plus près ; (*slg*) ~ **hauled** au plus près **3.** *v* (*gen*) fermer ; (*ft*) (*goalkeeper*) **to** ~ **down the** (**shooting**) **angle** fermer l'angle de tir ; (*sk*) (*cross-country skiing*) **to** ~ **the course / trail** fermer la piste

closed *a d j* (*r b*) **the** ~ **side** le côté fermé ; v. door

close-in *adj phr* (*bkt*) ~ **shot** tir *m* de près ; v. close-range

close-range *adj phr* (*ft, hd*) **a** ~ **shot** un tir de près

closing *adj* (*athl*) **the** ~ **ceremony** la clôture ; (*cycl*) **the** ~ **time-trial** le contre-la-montre de clôture

club *n* (*gen*) club *m*, (*athl, etc.*) association *f* ; (*gf*) ~ **or golf** ~ club *m* ; **sports** ~ association *f* sportive ; (*ft, etc.*) **the** ~ **directors** les dirigeants *mpl* du club ; (*ft, etc.*) **the home** ~ le club local ; (*ft, etc.*) ~ **doctor** médecin *m* du club ; (*gen*) **winners of the** ~ **championship / the** ~ **champions** l'équipe championne ;

club shop (*ft, etc.*) boutique *f* des supporte(u)rs

clubhouse *c p d* maison *f* de club, «clubhouse» *m*

clutch *n* (*aut*) embrayage *m*

coach 1. *n* (*bkt, ft, rb, etc.*) entraîneur *m*, «coach» *m*, (*bsb*) instructeur *m* ; (*bsb*) ~'**s box** rectangle *m* des instructeurs **2.** *v* (*gen*) (*athlete, etc.*) entraîner

coaching *n* entraînement *m*

coast *n* (*slg*) côte *f*

cocaine *n* cocaïne *f*

cockpit *n* (*aut*) poste *m* de pilotage, cockpit *m* ; (*glider*) habitacle *m*, cabine *f* de pilotage ; (*canoeing, slg*) cockpit *m* ; (*glider*) ~ **canopy** verrière *f*

code *n* (*gym*) ~ **of points** code *m* de pointage *m*

code-book *c p d* (*slg*) **international** ~ code *m* international

cog *n* (*gears*) dent *f*

cohesion *n* (*gen*) cohésion *f*

cold *adj* (*fn*) **to fight with** ~ **steel** se battre à l'arme blanche

collapse *v* (*rb*) **to** ~ **the scrum** écrouler la mêlée

collapsing *n* (*rb*) **deliberate** ~ **of the scrum** écroulement *m* volontaire de la mêlée

collar *n* (*wgt*) collier *m*

collect *v* (*eq*) rassembler

collected *adj* (*eq*) ~ **canter** galop *m* rassemblé ; v. trot, walk

collision *n* (*aut, mt*) accrochage *m*, (*rw, slg*) abordage *m*

colophony powder *cpd* (*wgt*) poudre *f* de colophane *f*

colour *n* v. colours

coloured *adj* a ~ **boxer** un boxeur de couleur

colours *npl* (*team colours*) maillot *m* ; **he played in Nantes's** ~ il a évolué sous le maillot de Nantes ; (*slg*) pavillon *m*

colt *n* (*hrg*) poulain *m*

column *n* (*anatomy*) **spinal** ~ colonne *f* vertébrale ; (*aut*) **steering** ~ colonne *f* de direction

combat *n* (*jd, etc.*) **unarmed** ~ combat *m* sans armes

combativeness *n* combativité *f*

combination *n* (*gym*) combinaison *f* ; (*sk*) **Alpine / Nordic** ~ combiné *m* alpin / nordique ; (*bx*) ~ **of blows** combinaison *f* de coups ;

combination spin (*figure skating*) pirouette *f* combinée

combined 1. *adj* (*hd*) ~ **defence** défense *f* mixte ; (*sk*) ~ **downhill and slalom competition** / ~ **competitions** épreuves alpines *fpl*, épreuves *fpl* du combiné, combiné *m* ; v. combined *n* **2.** *n* **nordic** ~ combiné *m* nordique

come (came) *v* (*cycl, athl*) **to** ~ **back after being a long way behind** revenir de loin ; (*athl, etc.*) **to** ~ **equal first** être classé premier ex æquo ; (*athl, etc.*) **to** ~ **(in) second** être classé deuxième / se classer deuxième ; (*ft*) (*jn*) **to** ~ **off one's man** se démarquer ; (*ft*) (*goalkeeper*) **to** ~ **off his goal-line** / **to** ~ **out of his goal** s'éloigner de ses buts ; (*ft, etc.*) **to** ~ **on (as a substitute)** entrer en jeu (comme remplaçant) ; (*ft*) (*goalkeeper*) **to** ~ **out of the penalty area** sortir de la surface de réparation ; (*aut, mt*) **he accelerated coming out of every bend** à chaque sortie de virage il accéléra ; (*hrg*) **X is coming up on the outside** X vient à l'extérieur ; (*in knockout competition*) (*jn*) **to** ~ **up against the champion** buter contre le champion ; (*ft*) **he came up through the youth teams** il est issu de l'école de jeunes

comeback *n* retour *m*, (*jn*) «comeback» *m*

comfortably *adv* (*ft, etc.*) **to win** ~ gagner confortablement

commentary *n* (*Radio, TV*) commentaire *m* ; **radio** ~ reportage *m* radiophonique

commentator *n* (*radio, television*) commentateur(trice) *m(f)* ; **sports** ~ commentateur sportif

commissar *n* (*cycl*) commissaire *m*

commission *n* (*bx*) (*Olympic Games, etc.*) **Commission of Refereeing and Judging** Commission *f* d'Arbitrage et de Jugement ; (*rw*) **inspecting** ~ commission *f* de contrôle

commit *v* (*gen*) **to** ~ **a foul** commettre une faute

committee *n* (*cycl*) **competition** ~ comité *m* de course ; (*slg*) **race** ~ comité *m* de course

compact *adj* (*cycl*) ~ **bunch** peloton *m* groupé ; (*sk*) ~ **snow** neige *f* compacte

compass *n* (*glider*) compas *m* ; (*orienteering, etc.*) boussole *f*

compensator *n* (*shooting*) amortisseur *m* de recul

compete *v* (*in a championship, a race, etc.*) disputer (*un championnat, une course, etc.*) ; (*athl*) **to** ~ **in a hundred metres race** courir un 100 mètres

competition *n* (*gen*) compétition *f*, (*cycl*) critérium *m*, (*jd*) (*shiai*) compétition *f* ; (*cycl*) ~ **committee** comité *m* de course ; (*canoeing*) ~ **organizer** organisateur *m* de compétition ; (*canoeing*) ~ **secretary** secrétaire *mf* de compétition ; (*sk*) (*biathlon*) ~ **trail** piste *f* de compétition ; (*gym*) **all-round ~ in eight / twelve / events** concours *m* complet en huit / douze / épreuves ; (*gen*) **knock-out** ~ compétition *f* (*avec épreuves éliminatoires*) ; **team ~s** compétitions *fpl* par équipes ; (*sk*) **combined (downhill and slalom) ~(s)** combiné *m*, épreuves *fpl* alpines ; (*sk*) **chief of** ~ directeur *m* de compétition / d'épreuve ; (*skating, etc.*) ~ **jury** jury *m* de compétition ; (*luge, bobsleigh*) ~ **run** manche *f* de compétition ; (*athl, etc.*) (*of athlete, etc.*) **to retire from ~s** (*jn*) arrêter la compétition

competitive *adj* (*athlete, player, etc.*) compétitif(ive) *m(f)*, performant(e) *m(f)* ; (*formal competition*) sportif(ive) *m(f)* ; (*team*) **we were very** ~ nous avons été très performants

competitor *n* concurrent(e) *m(f)*, compétiteur(trice) *m(f)* ; (*athl, cycl*) coureur(euse) *m(f)* ; (*in a race*) partant *m* ; (*cycl*) **~s' compound** (*track cycling*) quartier *m* des coureurs, (*road racing*) enceinte *f* réservée aux coureurs ; (*jd*) ~ **throwing** (*tori*) celui qui porte l'attaque ; (*jd*) ~ **thrown** (*uke*) celui qui subit l'attaque ; (*wr*) ~ **underneath** concurrent *m* en dessous

complex *n* **a multi-sport(s)** ~ un complexe multi-sports

compound *n* (*cycl*) **competitors'** ~ (*track cycling*) quartier *m* des coureurs, (*road racing*) enceinte *f* réservée aux coureurs

compressed-air *adj phr* (*skin diving*) ~ **cylinder** bouteille *f* d'air comprimé

compulsory *adj* (*gym*) ~ **exercise** imposé *m* ; (*ice dancing, figure skating*) ~ **dance** danse *f* imposée, programme *m* imposé ; (*skating*) ~ **figures** figures *fpl* imposées

concede *v* (*ft*) **to ~ a goal** encaisser / concéder / prendre / un but ; **to ~ a corner** concéder un corner

concrete track *cpd* (*cycl*) piste *f* de ciment *m*

condition *n* condition *f* ; (*ft, etc.*) **ground ~s** état *m* du terrain ; **playing ~s** conditions *fpl* de jeu ; **weather ~s** conditions *fpl* météorologiques

confidence *n* confiance *f* ; v. regain

connecting *adj* (*figure skating*) ~ **step** pas *m* de liaison / d'enchaînement ; (*gym*) ~ **moves** liaison *f*

conqueror *n* (*rb, etc.*) (*jn*) **the ~s of the All-Blacks** les tombeurs *mpl* des All-Blacks

consistent *adj* (*ft, rb, etc.*) **X must be more** ~ X doit être plus régulier

constant *adj* v. contact

contact *n* (*gen*) (*bkt*) **personal** ~ contact *m* personnel ; (*gen*) **to come into ~ with s.o.** entrer en contact avec qn ; (*cycl*) **he keeps losing ~ (with the pack)** il fait l'élastique ; **maintaining constant ~ with the ground is the major characteristic of walking** le 'double-appui' est la caractéristique principale de la marche

contest *n* (*gen*) combat *m*, lutte *f* ; (*tournament in which a trophy is at stake*) challenge *m* ; (*bx, wr*) combat *m*, rencontre *f*, match *m* ; (*jd*) ~ **area** (*shiaijo*) surface *f* de compétition ; (*bx*) **no** ~ «no contest» *m* ; (*bx*) ~ **weight** poids *m* de combat ; (*bx*) **the ~ is declared a draw** le combat / match / est déclaré nul ; (*bx*) **referee stops / stopped / ~ (RSC)** arrêt *m* de l'arbitre

continental-style *adj phr* (*ft*) **two ~ counter-attacks** (*jn*) deux contres *mpl* «latinement menés»

contract *n* contrat *m* ; **to sign a ~** signer un contrat ; **to extend one's ~** prolonger son contrat ; *(ft, etc.)* **to be under ~** être sous contrat

contraction *n* *(muscle)* contraction *f*

contra-indication *cpd* *(m e d)* *(injury, etc.)* contre-indication *f* *(pl* contre-indications)

contribution *n* **~ (to a game)** production *f* ; **I didn't feel happy with my ~ (to the game) against Liverpool** je n'étais pas très rassuré après ma production contre Liverpool

control 1. *n* *(fn)* **~ of weapons** contrôle *m* des armes ; *(ft, etc.)* **to have the game / match / under (one's) ~** avoir le match en main ; *(ft)* **t o bring the ball under ~** contrôler le ballon, faire un amorti ; *(ft)* **poor ball ~** un contrôle approximatif ; *(bx)* **X had a lot of world champions under his ~** X eut de nombreux champions du monde sous sa coupe ; v. ball ; **control bar** *(hang-glider)* barre *f* de commande ; **control gate** *(s k)* *(freestyle skiing)* porte *f* de contrôle ; **control stick** *(glider)* manche *m* à balai

2. *v* *(ft)* **to ~ the ball** contrôler / maîtriser / le ballon, amortir la balle, faire un amorti ; **he failed to ~ the ball** il manqua sa réception

controlled *adj* v. violence

controller *n* *(sk)* **chief ~** chef *m* des contrôles, contrôleur *m*

contusion *n* *(med)* contusion *f*

conventions *npl* *(fn)* conventions *fpl*

conversion *n* *(rb)* transformation *f*

convert *v* *(rb)* **to ~ a try** transformer un essai ; *(ft)* **to ~ chances into goals** transformer des occasions en buts

convoy *n* *(cycl)* caravane *f*

cord *n* *(tn)* corde *f*

corner 1. *n* *(ft)* corner *m*, coup de pied de coin ; *(bx)* coin *m* ; *(wr)* **blue ~ coin** *m* bleu ; *(wr)* **red ~ coin** *m* rouge ; *(bx)* **~ pad** rembourrage *m* des piquets ; *(ft)* **short ~ corner** à la rémoise ; *(ft)* **near-post / far-post / ~ corner** au premier / deuxième / poteau ; *(hk)* **a penalty ~ / short ~** un coin de pénalisation / un petit corner ; *(ft)* **the top ~ of the net** la lucarne ; *(ft)* **right in the top ~ of the net** en pleine lucarne ; *(ft)* **o n the ~ of the penalty area** à l'angle droit des seize mètres ; *(bx)* **neutral ~ coin** *m* neutre ; *(bx)* **to be in a boxer's ~** soigner un boxeur ;

corner flag *(ft, etc.)* drapeau *m* de coin ;

corner judge *(speed skating)* juge *m* de virage, *(cycl)* commissaire *m* de virage ;

corner throw *(hd)* jet *m* de coin

2. *v* *(aut)* prendre un virage, virer

cornerback *n* *(American football)* **left / right / ~** demi *m* de coin gauche / droit

corpuscle *n* globule *m* ; **white / red / ~** globule *m* blanc / rouge ; **blood transfusion (where athlete, etc. is given a transfusion of his / her / red ~s)** autotransfusion *f*

correct *adj* *(eq)* **~ use of the aids** correction *f* dans l'emploi des aides

correctness *n* *(eq)* correction *f*

correspondent *n* *(jn)* **our special ~** notre envoyé *m* spécial

cortisone *n* cortisone *f*

costume *n* *(eq)* **riding ~** tenue *f* de cheval ; *(sw)* **swimming ~** maillot *m* de bain ; *(wr)* **wrestling ~** maillot *m* de lutte

coulé *n* *(fn)* coulé *m*

count 1. *n* *(bx)* **to start / begin / the ~** entamer le compte ; *(bx)* **to be down for a ~** être compté **2.** *v* *(bx, etc.)* compter ; *(ft, etc.)* **it's the result that ~s** seul le résultat compte ; *(ft, rb,* *etc.*) **to ~ on defensive tactics** tabler sur une tactique défensive ; v. count out

counter 1. *n* (*gen*) contre *m* ; (*bx, wr, etc.*) riposte *f* ; (*jd*) **~s** (*kaeshi-waza*) contre-prises *fpl* ; (*ft, etc.*) **to be dangerous on the ~** être dangereux en contre ; v. counter-grip **2.** *v* contrer

counter-attack 1. (*pl* counter-attacks) *cpd* (*gen*) contre-attaque *f* (*pl* contre-attaques) ; (*fn, ft, rb*) contre-attaque *f*, contre *m* ; (*ft, etc.*) **a three-man ~** une contre-attaque menée à trois **2.** *v* contrer, contre-attaquer

counter-canter *cpd* contre-galop (*pl* contre-galops) *m*

counter-current *cpd* (*canoeing*) contre-courant (*pl* contre-courants) *m*

counter-grip *cpd* (*wr*) contre-prise (*pl* contre-prises) *f*

counter-offensive *cpd* contre-offensive (*pl* contre-offensives) *f*

counter-riposte *cpd* (*fn*) contre-riposte (*pl* contre-ripostes) *f*

counter-time *cpd* (*fn*) contre-temps *m*

count out *vphr* (*bx*) **to be counted out** rester au tapis pour le compte, être mis K.-O ; (*bx*) **the referee counts out the seconds** l'arbitre égrène les secondes

coupé *n* (*fn*) coupé *m*

course *n* (*athl, canoeing, eq, gf, slg*) parcours *m*, (*sk*) piste *f*, (*rw*) champ *m* de course ; (*eq*) **cross-country ~** parcours *m* de cross ; (*sk*) **~ designer / plotter / setter** traceur *m* ; (*sk*) (*alpine skiing*) **~ inspection** reconnaissance *f* de la piste ; (*aut*) **~ layout** tracé *m* ; (*speed skating*) **~ marking** balisage *m* de la piste ; (*sk*) **~ profile** profil *m* du parcours ; (*sk*) **chief of ~** chef *m* de piste ; (*canoeing*) **straight ~** parcours *m* en ligne ; (*canoeing*) **~ umpire** arbitre *m* du parcours ; (*slg*) **to alter the ~**

changer de cap ; (*slg*) **to sail on ~** maintenir le cap ; (*slg*) **to sail off the ~** s'éloigner du parcours ; (*slg*) **to shorten a ~** réduire un parcours ; (*canoeing*) **to clear the ~** dégager le parcours ; (*sk*) (*cross-country skiing*) **to close the ~** fermer la piste

court *n* (*tn, badminton*) court *m*, (*tn*) tennis *m* ; (*hd*) **~ referee** arbitre *m* de champ ; (*racquetball*) **four-wall ~** terrain *m* à quatre murs ; (*sq*) **squash ~** court *m* / terrain *m* / de squash ; (*tn*) **grass ~** court *m* sur gazon ; (*tn*) **hard ~** court *m* en dur ; (*tn*) **the central ~** / **(Wimbledon) centre ~** le court central ; (*bkt*) **back ~** zone *f* arrière ; (*tn, squash*) **left / right / service ~** court *m* de service gauche / droit ; (*badminton*) **singles / doubles / service ~** demi-court *m* de service en simple / double ; (*tn*) **the outside ~s** les courts annexes ; v. basketball

cover 1. *n* (*ft, rb, etc.*) couverture *f* ; (*ft, rb, etc.*) **defensive ~** couverture *f* en défense ; (*ckt*) **extra ~** appui *m* extra ; (*ckt*) **~ point** appui *m* point ; (*ft, rb, etc.*) **to give / act as / ~** se porter en couverture **2.** *v* (*ft, etc.*) (*player*) se porter en couverture ; **(to ~ ground)** couvrir (le terrain) ; (*ft*) **the halfbacks must ~ an enormous amount of ground** les demis doivent couvrir un terrain énorme ; (*ft, etc.*) **he covered the ground well** il quadrilla bien le terrain ; v. cover up

cover up *vphr* (*bx*) (*self-protection*) se couvrir

covering 1. *adj* (*ft*) **~ player** homme de couverture, couvreur *m* **2.** (*ttn*) (*racket*) revêtement *m*

cox *n* (*rw*) (= coxswain) barreur *m*

coxed *adj* (*rw*) **a ~ four** un quatre barré / avec barreur *m*

coxless *adj* (*rw*) **~ pair** un deux sans

barreur *m*

coxswain *n* (*rw*) barreur *m* ; (*rw*) ~**'s seat** siège *m* du barreur

crab *n* (*rw*) **to catch a** ~ engager son aviron *m* trop profond, faire une embardée ; (*rw*) ~**!** embardée ! *f*

crack 1. *adj* **a** ~ **player / driver / runner / etc.** un «crack» **2.** *v* (*ft, rb, etc.*) (*under pressure, etc.*) craquer ; (*ft, etc.*) **the defence finally cracked** la défense finissait par craquer ; **to** ~ **psychologically** craquer psychologiquement

craft *n* (*gen*) (**small** ~) embarcation *f*

cram on *vphr* (*slg*) **to** ~ **all sail** faire force de voiles

cramp *n* crampe *f*

crank *n* (*cycl*) ~ **or pedal** ~ manivelle *f* ;

crank gear (*cycl*) pédalier *m*

crash helmet (*mt, modern pentathlon*) casque *m*

crashing *adj* (*ft, hk, etc.*) ~ **shot** tir *m* en force

crawl *n* (*sw*) crawl *m* ; **to swim the** ~ **crawler / nager le crawl** ; ~ **swimmer** nageur(euse) *m(f)* de crawl

crease *n* (*ckt*) **batting** ~ ligne *f* du batteur ; (*ihk*) **goal** ~ zone *f* de but

create *v* (*ft*) **to** ~ **space** ouvrir de nouveaux espaces libres ; **to** ~ **shooting chances** créer des occasions de tir

creative *adj* (*ft, etc.*) (*player, team*) créatif(ive) *m(f)* ; (*ft, etc.*) ~ **player** animateur *m*

credit *n* (*ft*) **he has six goals to his** ~ il a six buts à son actif

crew *n* (*slg, bobsleigh, etc.*) équipage *m* ; (*rw*) équipe *f* ; (*canoeing*) ~**'s marshal** commissaire *m* à l'embarquement ;

crew member (*slg*) équipier(ière) *m(f)*

cricket *n* (*sp*) cricket *m* ;

cricket pitch *cpd* (*wicket*) espace *m* / terrain *m* / central (entre les guichets)

critical *adj* (*sk*) (*ski jumping*) ~ **point**

point *m* critique

croisé *n* (*fn*) croisé *m*

crop *n* (*eq*) **riding** ~ cravache *f*

croquet *n* (*sp*) croquet *m* ; **croquet mallet** maillet *m*

cross 1. *n* (*bx*) cross *m*, coup *m* croisé ; (*ft*) (*fm, jn*) centre *m* ; (*figure skating*) ~ **behind** croisé *m* arrière ; (*figure skating*) ~ **in front** croisé *m* devant ; (*gym*) ~ **grip** prise *f* croisée ; (*ice dancing*) ~ **roll** cross roll *m* ; (*jd*) ~ **stranglehold** (*juji-jime*) étranglement *m* croisé ; v. cross(-)stand, cross-step, cross-wash, support **2.** *v* (*rw, etc.*) croiser ; (*ft*) (*fm, jn*) (*ball*) centrer (*la balle*)

crossbar *n* (*ft, rb*) barre *f* (transversale), transversale *f*

crossbow *n* (*arc*) arbalète *f*

cross-bracing *cpd* (*rw*) croisillon *m* de force

cross-buttock *cpd* (*w r*) tour *m* de hanche en tête

cross-checking *cpd* (*ihk*) charge *f* avec la crosse

cross-country *cpd* & *adj phr* ~ **race / running** cross-country *m*, cross *m* ; (*eq*) ~ **course** parcours *m* de cross ; (*eq, 3-day event*) ~ **event / section** épreuve *f* de fond / de cross *m* ; ~ **skiing** (*leisure activity*) ski de randonnée, (*sp*) ski *m* de fond ; (*sk*) ~ **racer** coureur *m* de ski de fond ; ~ **racing skis** skis *mpl* de fond ; (*sk*) ~ **ski boots** chaussures *fpl* de ski de fond ; (*sk*) ~ **skier** skieur *m* de fond, fondeur *m*

crossfield *adj* (*ft, etc.*) **a** ~ **pass** une passe latérale, une transversale

crossing *n* (*athl*) ~ **over into another lane** abandon *m* de piste

cross(-)stand *cpd* (*gym*) station *f* transversale

cross-step *cpd* (*speed skating*) croisé *m* dans les virages

cross-wash *cpd* (*rw*) vagues *fpl* de côté

crouch 1. *n* (*action*) accroupissement *m*, (*position*) posture *f* accroupie **2.** *v* **to ~ or to ~ down** s'accroupir

crouching *n* accroupissement *m*

croup *n* (*fn*, *gym*) croupe *f*

crowd *n* foule *f*, public *m* ; (*ft, etc.*) **the worst / lowest / ~ of the season** la plus faible assistance de la saison ; (*ft, etc.*) **average ~** moyenne *f* des spectateurs ; (*ft, etc.*) **to play to a capacity ~** jouer à guichets fermés ; (*ft*) (*jn*) **~ favourite / pleaser** joueur *m* préféré des supporters

crowd on *vphr* (*slg*) **to ~ all sail** faire force de voiles

crown 1. *n* (*bx, etc.*) couronne *f* ; (*bx*) **world ~** couronne mondiale ; (badminton) (of shuttlecock) **feather ~** empennage *m* ; **crown bowls** or **crown(-green) bowling** jeu *m* de boules sur pelouse *f* couronnée **2.** *v* (*gén*) **to be ~ed champion** être sacré champion ; (*ft, etc.*) **they were ~ed champions this season** ils ont été sacrés champions cette saison

crucifix *n* (*gym*) croix *f* ; (*gym*) **inverted ~** croix *f* renversée

crude *adj* (*bx*) fruste

cruise *n* (*slg*) croisière *f*

cruising *n* (*slg*) croisière *f*

crush *v* (*ft, rb, etc.*) **to ~ one's opponents** écraser ses adversaires

cue *n* (*bd*) queue *f* ; **cue ball** (*bd*) bille *f* de queue ; **cue rack** *cpd* (*bd*) porte-queues *m*, *inv*

cuff *n* (*ihk*) (*part of kit*) manchette *f*

Cunningham hole *cpd* (*slg*) Cunningham hole *m*

cup *n* (*ft, etc.*) coupe *f* ; (*tn*) **the Davis ~** la Coupe Davis ; (*ft*) **the European Cup** la Coupe d'Europe, (*jn*) (*ft*) (*abbr*) «C1» ; **the European Cup-Winners' Cup** la Coupe des Vainqueurs de Coupe, (*jn*) la Coupe des Coupes, (*jn*) (*abbr*) «C2» ; (*ft*) **the UEFA Cup** la Coupe UEFA, (*jn*) (*abbr*) «C3» ; v. protective cup ; **cup protector** (*bx*) coquille *f* protectrice

curb *n* (*athl*) (*on edge of track*) lice *f*, bordure *f* ; v. bit, chain

curl *n* (curling) courbe *f*

curler *n* (*curling*) (*player*) joueur *m* de curling, curleur *m*, «curler» *m*

curling *n* (*sp*) curling *m* ; **curling rink** piste *f* de curling ; **curling stone** pierre *f* (*de curling*)

current 1. *adj* (*bkt, etc.*) **the ~ champion(s)** le champion en titre / sortant ; **the ~ holder of the title** le tenant *m* / la tenante *f* / du titre, le détenteur *m* / la détentrice *f* / du titre **2.** *n* (*canoeing, slg, etc.*) courant *m* ; (*kayak, etc.*) **to go against the ~** remonter le courant

curve *n* (*cycl, speed skating*) virage *m* ; (*ice hockey*) (*on stick*) courbure *f* ; (*speed skating*) **~ technique** technique *f* du virage ; (*rw*) **~ of the blade** courbe *f* de la pelle

cushion *n* (*bd*) bande *f* ; **back / side / front / ~** bande *f* arrière / latérale / avant

customer *n* (*gen*) **there were four thousand paying ~s** il y avait quatre mille entrées

cut 1. *n* (*ckt*) coup *m* tranchant, (*fn*) coup *m* de tranchant ; (*fn*) **back-edge ~** coup *m* de contre-taille ; (*fn*) **stop ~** arrêt *m* de la manchette **2.** *v* **to ~ and thrust** frapper d'estoc et de taille ; v. cut in, cut out, cut through

cut in *vphr* (*ft*) **to ~ towards the goal** se rabattre vers le but

cut out *vphr* (*ft*) (*pass*) intercepter ; (*ft*) **to ~ the high balls** intervenir sur les balles aériennes

cut through *vphr* (*ft, etc.*) **to ~ the defence** percer / démanteler / la défense cycle 1. *n* vélo *m* ; **road** ~ vélo *m* de route 2. *v* pédaler

cycling *n* cyclisme *m* ; **road** ~ cyclisme *m* sur route ;
   cycling shoes chaussures *fpl* cyclistes ;
   cycling track vélodrome *m*

cyclist *n* (*gen*) cycliste *mf* pédaleur(euse) *m(f)* ; (*race*) coureur(euse)

m(f) ; v. track

cyclo-cross *n* (*sp*) cyclo-cross *m*

cylinder *n* **oxygen / compressed-air /** ~ bouteille *f* d'oxygène / d'air comprimé ;
   cylinder lock (*shooting*) cylindre *m* de culasse

Czechkehre *n* (*gym*) tchèque *m* dorsal

D

D *n* (*bd, ft*) **the** ~ le D

dagger plate *cpd* (*slg*) sabre *m*

dan *n* (*jd*) dan *m, inv* ; **he's a first** ~ il est premier dan

dance *n* (*ice dancing*) danse *f* ; (*ice dancing*) **compulsory** ~ danse *f* imposée, programme *m* imposé ;
   dance jump (*ice dancing*) saut *m* de danse

dancing *n* **ice** ~ danse *f* sur glace

danger *n* (*ft, etc.*) **the** ~ **zone** (*jn*) la zone de vérité ; (*ft, etc.*) ~ **m a n** meilleur avant / buteur (*d'une équipe*)

dangerous *adj* dangereux(euse) *m(f)* ; (*ft*) ~ **play** jeu *m* dangereux ; (*ft*) ~ **shot** tir *m* dangereux

dart *n* (*dt*) fléchette *f*

dartboard *n* (*dt*) cible *f* (*de jeu de fléchettes*)

dashboard *n* (*aut*) tableau *m* de bord

Davis Cup *cpd* la Coupe Davis

dead *adj* (*ft, etc.*) ~ **ball** balle *f* morte, (*stationary*) balle *f* arrêtée ; (*ft*) **shots from a** ~ **ball situation / position** tirs *mpl* sur balle arrêtée ; (*shooting*) ~! bon ! ; (*ft, etc.*) ~ **l e g** = jambe temporairement et partiellemnt immobilisée / paralysée / après un coup / placage / tacle / sec ; (*canoeing, etc.*) ~ **water** eau *f* morte

dead-ball *adj phr* (*ft*) ~ **kicks** coups *mpl* de pied arrêtés ; (*rb*) **the oppo-**

nents' ~ **line** la ligne de ballon mort adverse

dead-heat *cpd* **they finished in a** ~ ils sont arrivés ex æquo ; (*hrg*) **the race finished in a** ~ la course s'est terminée par un dead-heat

death *n* (*knockout competition*) **sudden** ~ élimination *f* directe, (*jn*) la peine de mort soudaine ;
   death spiral (*figure skating*) spirale *f* de la mort

debut *n* début *m* ; **to make one's** ~ débuter

decathlete *n* décathlonien(ienne) *m(f)*

decathlon *n* (*athl*) décathlon *m*

deceleration *n* (*luge, bobsleigh*) ~ **stretch** piste *f* de décélération

decider *n* (*bx, tn, pétanque, etc.*) belle *f* ; (*bx, tn, etc.*) **a real** ~ **between X and Y** une véritable belle entre X et Y

deciding game *cpd* (*gen*) belle *f* ; (*bls*) (*pétanque*) (= *third of three games*) belle *f*

decision *n* (*gen*) décision *f* ; (*bx, wr, etc.*) décision *f* ; (*fn*) verdict *m*, décision *f* ; (*jd*) ~! décision! ; (*ft, rb, etc.*) **some disputed refereeing** ~**s** quelques décisions disputées d'arbitrage

decisive *adj* (*ft*) (*jn*) **a** ~ **goal** un but massue ; (*gen*) **to make the** ~ **move** (*jn*) «faire le break», (*jn, fg*) porter l'estocade

deck 1. *n* (*slg*) pont *m* **2.** *n* (*b x*) (*fm*) tapis *m* ; (*bx*) (*fm*) **to stay on the ~** rester au carreau

decking *n* (*canoeing, slg, etc.*) pontage *m*

declaration *n* (*slg*) **racing ~** déclaration *f* de course

declare *v* (*ft, rb, etc.*) **to ~ a player fit** déclarer un joueur bon pour le service / apte à jouer, confirmer la participation d'un joueur ; (*ft, rb, etc.*) **to be declared fit** être déclaré bon pour le service ; (*bx, wr, etc.*) **the contest is ~d a draw** le combat / match / est déclaré nul

deep *adj* (*sw, fg*) **the ~ end** le grand bain ; (*ft*) **~ pass** passe *f* profonde / en profondeur

deeper *adv* **to play the ball ~** jouer plus long

deep-lying *adj phr* (*ft*) **to play with a ~ centre forward** pratiquer avec un avant-centre en retrait

defeat *n* défaite *f* ; (*gen*) **a narrow ~** (*jn*) une courte défaite ; (*ft, etc.*) **~ a t home** défaite *f* à domicile ; (*bx*) **~ by knock-out** défaite *f* par knock-out / K-O ; (*bx*) **to admit ~** s'incliner

defence (Am defense) *n* (*ft, etc.*) défense *f* ; (*bkt, hd*) **combined ~** défense *f* mixte ; (*ihk*) (*player*) **left / right ~** défenseur *m* gauche / droit ; (*wr*) **~ position** position *f* à terre ; (*jd*) **~ posture** (*jigotai*) position *f* défensive ; (*hd*) **to run behind the ~** contourner la défense ; v. leaky, tight, positioning

defender *n* (*ft, etc.*) défenseur *m* ; (*ft*) **central ~** arrière *m* central ; (*ft*) **spare ~** (*GB*) ≈ libero *m*

defending 1. *adj* (*bkt, etc.*) (*individual, team*) **the ~ champion(s)** le champion sortant **2.** *n* (*ft, etc.*) action *f* défensive ; (*ft*) **man-to-man ~** défense *f* individuelle

defense *n* (*Am*) v. defence

defensive 1. *adj* défensif(ive) ; (*ft, hd, etc.*) **a ~ player** un défenseur ; (*ft*) **~ position / area** zone *f* de défense ; (*ihk*) **~ line** ligne *f* défensive ; v. end, tackle, wall **2.** *n* (*American football*) défense *f*

defensively *adv* (*jn*) défensivement

deficit *n* **time ~** déficit *m*

deflect *v* (*ft, etc.*) **to ~ a centre** dévier un centre ; (*ft*) **to ~ a shot for a corner** dévier / détourner / un tir en corner ; (*ft*) **to ~ the ball away from (the) goal** dévier le ballon en dehors du but

deflection *n* (*ft, etc.*) (*ball*) déviation *f*

degree *n* (*jd*) **master's ~** degré *m* de maître

delayed *adj* (*ice dancing*) **~ Axel** Axel *m* retardé ; (*ihk*) **~ penalty** pénalité *f* différée ; (*sk*) **~ start** retard *m* au départ

delegate *n* (*sk*) **technical ~** délégué *m* technique

deliberate *adj* (*rb*) **~ collapsing of the scrum** écroulement *m* volontaire de la mêlée

deliver 1. *v* (*curling*) **to ~ a stone** lancer une pierre **2.** *v* **to ~ a flurry of punches / blows** exécuter une série de coups

deltoid *n* (*muscle*) deltoïde *m*

demoralize *v* (*ft, etc.*) **to ~ a team** (*jn, fg*) couper les jambes à une équipe

department *n* (*ft, rb, etc.*) **in all ~s of the game** dans tous les compartiments *mpl* du jeu

depressant *n* (*pharm*) **appetite ~** anorexigène *m*

dérailleur gears *cpd* (*cycl*) dérailleur *m*

derby *n* derby (*pl* derbys) *m*

dérobement *n* (*fn*) dérobement *m*

descent (*cycl, etc.*) descente *f*

deserve *v* mériter ; (*ft, etc.*) **to ~ a draw** mériter le nul

designation *n* (*bkt*) **~ of the offender** désignation *f* du joueur fautif

designer n (sk) course ~ traceur m

desire n (eq) ~ to move forward désir m de se porter en avant

dethrone v (cycl, etc.) détrôner

detonation n (shooting) détonation f

deuce n (tn) quarante à, 40A, quarante partout, égalité f

diagnosis (pl diagnoses) n (injury, etc.) diagnostic m

diagonal 1. adj (s k) (cross-country skiing) ~ stride pas m alternatif 2. n (eq) on the ~ sur la diagonale

diameter n (shooting) ~ of the target diamètre m de la cible

Diamidov turn cpd (gym) rotation f Diamidov

diamond n (bsb) carré m, terrain m de base-ball

did not start cpd (sk, etc.) (abbr DNS) forfait m

die v (slg) (of wind) tomber

diet n régime m, diète f

dietetic adj diététique

dietetics n diététique f

dietician n v. dietitian

dietitian n diététicien(ienne) m(f)

difference n (sk) ~ in height dénivelée f

difficulty n (gym) difficulté f

dimension n dimension f

dinghy n (slg) canot m ; (slg) (used to board a yacht, etc.) youyou m ; v. sailing dinghy

diploma n (sports) brevet m (sportif)

direct 1. adj (ft) ~ free kick coup m franc direct ; (fn) ~ elimination élimination f directe 2. v v. positioning

direction n (gen) direction f ; (rb) (jn) change of ~ aiguillage m ; (gym) in opposite ~ en sens m inverse

directly adv (rb) to kick ~ into touch taper directement en touche ; (rb) a kick ~ into touch une touche directe, un coup de pied direct, un direct

director n (ft) dirigeant m ; the club ~s les dirigeants mpl du club

disability n (gen) invalidité f, incapacité f

disabled (adj & n) handicapé(e) m(f) ; sport(s) for the ~ handisport m

disallow v (ft) (goal) refuser, annuler ; (ft) to ~ a goal for offside refuser un but pour hors-jeu

disappointing adj décevant(e)

disappointingly adv a ~ small crowd une assistance décevante en nombre

disc n (anatomy) disque m ; (wgt) disque m ; (sk) (on piste) rondelle f ; (shooting) marking ~ palette f ; (canoeing) signalling ~ disque m de signalisation ; (med) a slipped ~ une hernie discale ; (anatomy) intervertebral ~ disque m intervertébral

discharge v (shooting) faire partir le coup

disciplinary adj (cycl) the ~ committee la commission de discipline

discipline n discipline f

discus n (athl) disque m ; (event) lancer m du disque ; v. throwing ;

discus thrower cpd (athl) discobole m

disembarking raft cpd (rw) ponton m de débarquement

disengaging n (fn) dégagement m

dislocate v he ~d his shoulder il s'est démis / luxé / l'épaule

dislocated adj he has a ~ shoulder il a l'épaule luxée

dislocation n (med) luxation f ; (gym) dislocation f ; (gym) double ~ double dislocation f ; (med) ~ of the shoulder luxation f de l'épaule

dislodge v (gf) tufts of grass that have been ~ed must be replaced les touffes fpl de gazon qu'on a arrachées doivent être remises en place

dismount 1. n (gym) sortie f 2. v descendre (de cheval, de vélo), (e q) mettre pied à terre

disobedience n (eq) désobéissance f

display *n* (*by footballer, rugby player, etc.*) prestation *f* ; v. firework

disputed *adj* some ~ refereeing decisions quelques décisions *fpl* disputées d'arbitrage ; (*ft*) a ~ goal un but litigieux

disqualification *n* (*gen*) disqualification *f* ; (*jd*) ~! (*hansoku-make!*) disqualification ! *f*

disqualify (disqualified) *v* (*gen*) to ~ s.o. disqualifier qn ; (*cycl*) the race committee / jury / disqualified him le jury l'a mis hors course

distance *n* (*arc, etc.*) distance *f* ; (*arc*) long / short / ~ distance *f* longue / courte ; (*sk*) (*ski jumping*) ~ reached longueur *f* de saut ; (*fn*) medium ~ distance *f* moyenne ; (*shooting*) ~ judging appréciation *f* de la distance ; (*shooting*) shooting ~ distance *f* de tir ; (*ft*) to be within shooting ~ être dans la zone de tir ; (*bx*) to win inside the ~ gagner avant la limite ; (*bx*) if the fight goes the full ~ si le combat va à la limite prévue

distress signal *cpd* (*slg*) signal *m* de détresse

disunited *adj* (*eq*) ~ canter galop *m* désuni

ditch *n* (*eq*) fossé *m*

dive 1. *n* (*sw, ft, etc.*) plongeon *m* ; (*sw*) backward ~ plongeon *m* en arrière ; (*sw*) inward ~ plongeon retourné ; (*sw*) jack-knife ~ saut *m* de carpe ; (*sw*) twist ~ tire-bouchon *m* ; (*sw*) starting ~ plongeon *m* de départ ; (*hd*) ~ shot tir *m* en plongeant **2.** *v* (*sw, ft, etc.*) plonger

diver *n* (*sw*) plongeur *m*, plongeuse *f* ; (*sw*) platform ~ plongeur *m* de haut-vol

divided *adj* (*eq*) ~ reins rênes *fpl* séparées

dividing line *cpd* (*arc*) ligne *f* de séparation des zones

diving 1. *adj* (*ft*) a ~ header un coup de tête plongeant ; (*hd*) ~ shot tir *m* en plongée *f* ; diving board *cpd* plongeoir *m* ; diving well *cpd* (*sw*) (*of swimming pool*) bassin *m* de plongeon **2.** *n* plongeon *m* ; skin / scuba / ~ plongée *f* sousmarine autonome ; v. diving *adj*

division *n* (*ft, etc.*) division *f*, (*bx*) catégorie *f* pondérale, (*fm*) catégorie *f* ; (*ft, etc.*) he was playing in Division 4 two years ago il évoluait en Division IV il y a deux ans

DNS (*abbr of did not start*) (*sk, etc.*) forfait *m*

do (did, done) *v* (*gen*) faire (pp fait) ; to ~ stomach exercises faire des abdominaux ; v. cartwheel, did not start *cpd*

doctor *n* médecin *m*, «toubib» *m* ; (*ft, etc.*) club ~ médecin du club ; (*ft, etc.*) team ~ médecin du club de l'équipe

dodge *n* (*bx*) esquive *f*

dog *n* chien *m* ; ~ -team (*huskies*) attelage *m* de chiens de traîneaux ; ~ -team racing courses *fpl* de chiens de traîneaux

dolly *n* (*curling*) borne *f*

dominate *v* (*gen*) dominer ; (*fm, jn*) the Americans ~d the title les Américains trustaient les titres ; (*ft, etc.*) to ~ play completely monopoliser le jeu ; (*team, etc.*) X dominated Y X s'imposa devant Y

donkey *n* (*rb*) ~s (= the five first-and second-row forwards) bourriques *fpl*

door *n* (*ft*) a match behind closed ~s un match à huis clos

dope 1. *n* (*pharm*) (*gen*) drogue *f* ; (*sp*) dopant *m*, doping *m*, stimulant *m* ; to take ~ se doper ; dope addict *cpd* drogué(e) *m(f)*, toxicomane *mf* **2.** *v* doper ; to ~ oneself se doper

doping *n* (*drugs*) dopage *m*, «doping» *m* ; (*athl, etc.*) **blood** ~ autotransfusion *f*

double 1. *adj* (*bkt, hd*) ~ **dribble** double dribble *m* ; (*fn*) ~ **hit** coup *m* double ; (*sk*) (*freestyle skiing*) ~ **flip** double flip *m* ; (*water skiing*) ~ **handle** palonnier *m* ; (*gym*) ~ **leg circles** cercles *mpl* des deux jambes ; (*gym*) ~ **rear vault** double dorsal *m* ; (*hd*) ~ **touch** double touche *f* ;
double Axel (*figure skating*) double Axel *m* ;
double fault (*tn*) double faute *f* ;
double loop (*figure skating*) double boucle *f* ;
double Lutz (*figure skating*) double Lutz *m* ;
double oxer (*eq*) (*obstacle*) oxer *m* ;
double Salchow (*figure skating*) double Salchow *m* ;
double somersault (*freestyle skiing*) double saut *m* périlleux ;
double toe-loop (*figure skating*) double boucle *f* piquée
2. *n* (*dt*) double *m* ; (*dt*) (*area on dartboard*) double anneau *m* extérieur ; ~**s** (*tn*) double *m*, (*bls*) (*pétanque*) doublette *f* ; (*tn*) **men's / women's / mixed** ~**s** double *m* messieurs / dames / mixte ; (*badminton*) ~**s sideline** ligne *f* latérale de double ; (*badminton*) ~**s service court** demi-court *m* de service en double ; (*tn*) **to win the** ~**s with X** gagner le double avec X
3. *v* **to** ~ **the score** doubler la mise

double-banked *adj phr* (*r w*) ~ **oars** avirons *mpl* de couple / accouplés
double-barrelled *adj phr* (*shooting*) ~ **gun** fusil *m* à deux canons ;
double-bladed *adj phr* (*canoeing*) ~ **paddle** pagaie *f* double
doubt *n* (*ft, etc.*) (*concerning the fitness of a player*) **slight** ~ légère incertitude *f*

doubtful *adj* (*ft, etc.*) (= *injured and possibly unable to play*) **X is** ~ X est douteux

down 1. *adv* (*bx*) (*of boxer*) à terre ; (*wgt*) ~! à terre ! ; (*bx*) **to be** ~ **for a count** être compté ; (*bx*) **to hit a man when he is** ~ frapper un homme à terre ; (*tn*) **one set to love** ~ mené(e) un set à zéro ; (*ft, etc.*) **to be 1-0** ~ être menés 1-0 ; (*ft*) **to be** ~ **to ten men** être réduits à 10 ; (*ft, etc.*) **X released Y** ~ **the right** X lançait Y sur la droite ; v. down area
2. *n* (*American / Canadian / football*) down *m*

down area *cpd* (*speed skating*) zone *f* de freinage
downhill *adj & n* (*sk*) ~ **or** ~ **event** descente *f* ; (*sk*) ~ **skiier** descendeur(euse) *m(f)* ; ~ **skiing** ski *m* de descente ; (*sk*) ~ **race** course *f* de descente ; (*sk*) ~ **racing** courses *fpl* de descente ; v. combined
downhiller *n* (*sk*) descendeur(euse) *m(f)*
downstream *adv* (*canoeing*) en aval
drag *n* (*sk*) ~ **lift** téléski *m* ; (*aut*) ~ **race** concours *m* / épreuve *f* / d'accélération ; (*aut*) ~ **racing** courses *fpl* d'accélération, «drag-racing» *m*
Dragon *n* (*slg*) ~ **or** ~ **class** Dragon *m*
dragster *n* (*driver*) «dragster» *m*
drain *v* **to be physically drained** être usé physiquement
dramatize *v* (*gen*) dramatiser
draught *n* (*slg*) tirant *m* d'eau
draw 1. *n* (*ft, etc.*) match *m* nul, (*ft*) (*jn*) (*Cup*) match *m* sans vainqueur ; (*bx*) nul *m* ; (*jd*) ~! (*hikiwake!*) nul ! ; (*bx*) **the contest is declared a** ~ le combat / match / est déclaré nul ; (*ft, etc.*) **to deserve a** ~ mériter le nul ; (*ft*) (*jn*) (*headline*) **Benfica held to a** ~ Benfica accroché ; (*bx*) **ten wins and a** ~ dix victoires et un nul ; (*tn, etc.*) (*drawing of lots*) tirage *m*, (*speed*

skating, etc.) tirage *m* au sort ; (*tn*) **he has a difficult** ~ il a un tirage difficile ; (*sk*) (*biathlon*) ~ **of start numbers** tirage *m* au sort des numéros de départ ; (*modern pentathlon*) ~ **for the horses** tirage *m* au sort des chevaux ;

draw length (*arc*) allonge *f*

2. *v* (**drew, drawn**) (*arc*) (*bow*) bander ; (*curling*) jouer un point, tirer vers le centre ; (*ft, etc.*) **to** ~ **(with s.o.)** faire match nul (*avec qn*) ; v. drawn *adj*

drawing *n* (*canoeing*) appel *m*

drawn *adj* (*ft*) (*Cup*) ~ **games will be replayed next week** les matches *mpl* sans vainqueur seront rejoués la semaine prochaine

dream score *cpd* (*gym*) note *f* maximale

dressage *n* (*e q*) dressage *m* ; (*eq*) ~ **horse** cheval *m* de dressage ; (*eq*) ~ **rider** cavalier(ière) *m(f)* de dressage ; (*eq*) ~ **saddle** selle *f* de dressage ; (*eq*) ~ **test** épreuve *f* de dressage

dribble 1. *n* (*ft*) drible *m*, «dribble» *m* ; (*bkt*) dribble *m* ; (*bkt, hd*) **double** ~ double dribble *m* ; (*bkt*) **illegal** ~ dribble *m* irrégulier **2.** *v* (*ft*) dribler, «dribbler» ; (*ft*) **to** ~ **past an opponent** passer en drible un adversaire ; (*ft*) **to** ~ **round an opponent** dribler / «dribbler» / un adversaire ; (*ft*) **to** ~ **with the ball** conduire le ballon en drible

dribbler *n* (*ft*) dribleur *m*, «dribbleur» *m*

dribbling *n* (*ft*) drible *m*, «dribble» *m*

drift *n* (*slg*) (*of boat*) dérive *f*

drink *n* (*cycl*) ~**s station** contrôle *m* de ravitaillement

drip ring *cpd* (*canoeing*) pare-gouttes *m*

drive 1. *n* (*gf*) (*shot*) drive *m* ; (*aut*) (= *traction*) **front-wheel / rear-wheel /** ~ traction *f* avant / arrière ;

(*gen*) (= *energy, commitment*) **he has plenty of** ~ il a de l'allant *m* **2.** (**driven**) *v* (*aut*) piloter ; (*aut*) **X hopes to win driving an English car** c'est sur une voiture anglaise que X espère gagner ; (*ft, etc.*) **to be driven back onto the defensive / into defence** être acculé à la défensive

driver *n* (*aut*) pilote *m*, coureur(euse) *m(f)*, (*luge, bobsleigh*) pilote *m* ; (*gf*) (*club*) driver *m*

driving *n* (*aut*) pilotage *m*

drop 1. *n* (*jd*) **body** ~ (*tai otoshi*) renversement *m* du corps par barrage ; **drop goal** (*rb*) drop *m*, drop goal *m* ; **drop keel** (*slg*) dérive *f* **drop kick** *cpd* (*rb*) coup *m* de pied tombé, coup tombé ; **drop shot** *cpd* (*tn*) amorti *m*, balle *f* amortie

2. *v* (*gen*) (*ball*) laisser tomber ; (*gf*) (*ball*) dropper (*la balle*) ; (*rw*) **to** ~ **the wrist** baisser le poignet

drop back *vphr* (*ft*) **to** ~ **into defence** se replier

dropping back *cpd* (*ft*) décrochage *m*

drug *n* drogue *f* ; (*sp*) **to take** ~**s** se doper ; **drug addict** drogué(e) *m(f)*, toxicomane *mf* ; **drug taker** drogué(e) *m(f)*, toxicomane *mf* ; **drug-taking** dopage *m*, «doping» *m*

dry *adj* (*shooting*) ~ **practice** exercices *mpl* à sec

duathlon *n* (*sp*) duathlon *m*

duck *v* (*bx*) esquiver de la tête ; **to** ~ **below the belt** esquiver en abaissant la tête au-dessous (du niveau) de la ceinture

duckboard *n* (*ft, rb, etc.*) (*at side of pitch*) caillebotis *m*

ducking *n* (*bx*) esquive *f* en bas

dumbbell *n* haltère *m*

dummy 1. *n* (*ft, rb, etc.*) feinte *f* ; **to "sell" s.o. a ~** feinter qn **2.** *v* (*ft, rb, etc.*) **to ~ an opponent** feinter un adversaire

dun *n* (*eq*) (*horse*) café *m* au lait
durable *adj* (*person*) résistant(e) *m(f)*
durability *n* (*person*) résistance *f*

E

EABA (*abbr of European Amateur Boxing Association*) Association *f* Européenne de Boxe Amateur
eagle *n* (*gf*) (= *two under par for a hole*) eagle *m*, deux sous le par pour un trou donné
ear-protector *cpd* (*rb, etc.*) protège-oreilles *m, inv*, serre-tête *m, inv*
easy *adj* facile *mf* ; (*rw*) **~ all!** halte !
EBU (*abbr of European Boxing Union*) Union *f* Européenne de Boxe (*Professionnelle*)
echelon *n* (*cycl*) éventail *m*
edge *n* (*wr*) **~ of the mat** bord *m* du tapis ; (*sk*) **~ of ski / skate** carre *f* ; (*sk*) **to take the ~ off the skis** lâcher les carres ; (*hang-glider*) **leading ~** bord *m* d'attaque ; (*hang-glider*) **trailing ~** bord *m* de fuite
editor *n* (*newspaper*) **sports ~** rédacteur *m* en chef de la rubrique sportive
education *n* **physical ~** éducation *f* physique ; **physical ~ teacher** professeur d'EPS (= *d'éducation physique et sportive*)
effective *adj* efficace ; effectif(ive) ; (*bx*) **~ two-handed attacks** attaques *fpl* effectives des deux mains
efficiency *n* (*athlete, etc.*) rendement *m*
eight *n* huit ; (*rb*) **number ~ forward** numéro *m* huit ; (*rw*) **the French ~** le huit français ; (*ft, etc.*) **to be in the last ~** être en quart de finale
ejector *n* (*shooting*) éjecteur *m*
elasticity *n* (person) elasticité *f*, souplesse *f* ; (*muscle*) tonicité *f* ; (*eq*) **~ of the steps** élasticité *f* des foulées
elbow 1. *n* (*anatomy*) coude *m* ; **~ joint** articulation *f* du coude ; **tennis ~** synovite *f* du coude, «tennis elbow» *m* ; **elbow pad** (*American football, etc.*) coudière *f* **2.** *v* (*athl*) **to ~ one's way through** jouer des coudes
elbowing *n* (*ihk*) charge *f* avec le coude
electronic *adj* (*gen*) **~ timing** chronométrage *m* électronique
electrotherapeutics *n* électrothérapie *f*
electrotherapy *n* (*med*) électrothérapie *f*
elevator *n* (*glider*) gouvernail *m* de profondeur
eliminate *v* éliminer
eliminating *adj* (*cycl*) **~ heat** éliminatoire *f*
elimination *n* élimination *f* ; **~ race** course *f* éliminatoire ; (*fn*) **direct ~** élimination *f* directe
embarking raft *cpd* (*rw*) ponton *m* d'embarquement
emerge *v* (*athl*) **X emerged as the winner in the last few strides** X s'imposa dans les dernières foulées
empty *adj* (*ft, rb, etc.*) **to run into ~ space** s'engouffrer dans l'espace libre
encounter *n* (*match*) rencontre *f*, (*jn*) face(-)à(-)face *m*
encroach *v* (*gen*) **to ~ (upon)** empiéter (*sur*) ; (*vb, etc.*) **to ~ into the opponents' half** pénétrer dans le camp adverse
end *n* (*of race, etc.*) arrivée *f* ; (*part of game played from the same spot*) (*bls*) manche *f*, (*curling*) jeu *m*, (*pétanque*)

mène *f* ; (*ft, rb, etc.*) (*part of pitch defended by a team*) camp *m* ; (*curling*) **extra ~** jeu *m* supplémentaire ; (*cycl*) **two stages from the ~ of the race** à deux étapes de l'arrivée ; (*sw*) **the deep / shallow ~** le grand / petit bain ; (*fg*) **to throw s.o. in at the deep ~** jeter qn dans le grand bain ; (*American football*) **left / right / defensive ~** ailier *m* défensif gauche / droit ; (*gym*) **vaults with support on near ~ of the horse** sauts *mpl* avec appui des mains sur la croupe ; v. end-of-season, end-to-end, split end, tight end ;

end line (*American / Canadian football, bkt, ttn, vb*) ligne *f* de fond ;

end zone (*American / Canadian football*) zone *f* de but

end-of-season *adj-phr* (*cycl, etc.*) **to compete in ~ races** disputer la fin de saison

end-to-end *adj-phr* (*ft, rb, etc.*) (*jn*) **~ play** un chassé-croisé (continuel)

endurance *n* endurance *f* ; **~ training** entraînement *m* en résistance ; (*eq*) **~ test** épreuve *f* de fond

end zone *cpd* (*American / Canadian footbal*) zone *f* de but

energy *n* énergie *f*

engagement *n* (*eq*) **~ of the hindquarters** engagement *m* de l'arrière-main

en garde! *cpd* (*fn*) en garde !

England *n* (*ft, rb, etc.*) **the ~ team** l'équipe anglaise, (*rb*) (*jn*) le quinze de la Rose

entertainment *n* v. value

entry *n* (*gen*) entrée *f* ; (*sw*) (*diving*) **head-first ~** entrée *f* tête première ; (*sw*) (*diving*) **feet-first ~** entrée *f* pieds premiers

épée *n* (*fn*) épée *f*

equal 1. *adj* (*gen*) **to be placed ~ first** être classé premier ex æquo **2.** *v* égaler ; **to ~ X's record** égaler le record de X

equalize *v* égaliser, (*jn*) revenir à la marque

equalizer *n* (*ft, etc.*) **this disputed ~** cette égalisation *f* contestée

equalizing *adj* (*ft, etc.*) **the ~ goal** le but égalisateur ; (*ft, etc.*) **this disputed ~ goal** cette égalisation *f* contestée ; (*rb*) **the ~ try** l'essai de l'égalisation

equestrian *adj* équestre ; **~ sports** sports *mpl* équestres

equestrianism *n* sports *mpl* équestres

equipment *n* (*gen*) équipement *m* ; (*eq*) équipement *m* ; (*fn*) **electrical ~** appareillage *m* électrique ; (*fn*) **electronic points-scoring ~** équipement *m* de pointage électronique ; (*American football, etc.*) **protective ~** équipement *m* de protection

error *n* (*ft, etc.*) **to make / commit / a serious ~ in defence, to make a serious defensive ~** commettre une lourde faute en défense ; (*eq*) **~ on the course** erreur *f* de parcours

escape *n* (*wr*) **mat ~** sortie *f* de tapis

escort boat *cpd* (*rw*) bateau *m* suiveur

escort car *cpd* (*cycl*) voiture *f* suiveuse

establish *v* (*athl, etc.*) (= *to set*) **to ~ a record** établir un record

eurhythmics *n* gymnastique *f* rythmique

European *adj* **~ Amateur Boxing Association** Association *f* Européenne de Boxe Amateur ; **~ Boxing Union** Union *f* Européenne de Boxe (*Professionnelle*) ; **European Cup** (*ft, etc.*) la Coupe d'Europe, (*jn*) (*ft*) «C1»

even *adj* (*ft, rb, etc.*) **they reached half-time / the half-time break / with the scores ~** ils ont atteint le repos sur un score de parité

event *n* (*gen*) (*race, competition*) épreuve *f* ; (*athl*) (*specialism*) discipline *f* ; (*sw*) épreuve ; (*gen*) **men's /**

women's / ~**s** épreuves masculines / féminines ; (*eq*) **cross-country** ~ épreuve de fond ; (*athl*) **field** ~**s** concours *mpl* ; **track events** courses *fpl*, épreuves *fpl* sur piste ; (*eq*) **three-day** ~ concours *m* complet ; v. individual, throwing events *cpd*

every *adj* (*eq*) ~ **stride** au temps

evulsion *n* (*med*) (*wrench*) arrachement *m*

examination *n* (*eq*) **veterinary** ~ examen *m* vétérinaire

excel *v* (*gen*) **to** ~ **oneself** se surpasser

ex-champion *n* ex-champion(ne) *m(f)*

exchange *n* (*bx*) (*punches*) échange *m* ; (*bx*) ~ **of blows** échange *m* de coups

excitant 1. *adj* (*pharm*) excitant(e) 2. *n* (*pharm*) excitant *m*

execution *n* (*gym*) exécution *f* ; (*jd*) ~ **of the throw** (*kake*) exécution *f* du lancement

exercise 1. *n* exercice *m* ; **body** ~**s** exercices *mpl* corporels ; (*gym*) **compulsory** ~ imposé *m* ; (*gym*) **compulsory** ~**s** exercices *mpl* imposés ; (*gym*) **voluntary** ~**s** exercices *mpl* volontaires ; **training** ~ exercice *m* préparatoire ; **trunk** ~**s** flexion *f* du corps ; **to do stomach** ~**s** faire des abdominaux 2. *v* (*gym, etc.*) **to** ~ **one's stomach muscles** faire des abdominaux *mpl*

exert *v* (*gen*) **to** ~ **oneself** se démener

experience *n* expérience *f* ; **lack of** ~ inexpérience *f*

experienced *adj* expérimenté(e) *m(f)* ; **an** ~ **player** un joueur expérimenté / d'expérience

explosive *adj* (*ft, etc.*) (*jn*) **the** ~ **X** la «bombe» X

express *v* (*ft, etc.*) **to** ~ **oneself** s'exprimer ; **we did not allow them to express themselves** on ne leur a pas permis de s'exprimer ; **we had only a few opportunities to** ~ **ourselves** nous n'avons eu que peu d'occasions de nous extérioriser

expression *n* (*ice dancing*) expression *f*

extend *v* (*wgt*) **to** ~ **completely** amener à bout de bras ; (*wgt*) **the bar must be lifted until the arms are fully** ~**ed** la barre doit être élevée jusqu'à complète extension des bras

extended *adj* (*eq*) ~ **canter** galop *m* allongé ; v. trot, walk

extension *n* (*gen*) extension *f* ; (*shooting*) **butt** ~ rallonge *f* de crosse ; (*wgt*) **complete** ~ extension *f* complète

extensor *n* ~ **muscle** extenseur *m*

extra *adj* (*ckt*) ~ **cover** appui *m* extra ; (*curling*) ~ **end** jeu *m* supplémentaire ; (*bkt*) ~ **period** prolongation *f* ; (*ft, etc.*) ~ **time** prolongations *fpl* ; **after** ~ **time** après prolongations *fpl* ; (*ft, rb*) (*tactic*) ~ **man** / **men** / **on the wing** / **outside** / surnombre *m* latéral

extractor *n* (*shooting*) extracteur *m*

F

FA (*abbr of Football Association*) ≈ Fédération *f* Anglaise de Football

face 1. *n* (*climbing*) **the North** ~ la face Nord ; (*arc*) ~ **of the bow** ventre *m* de l'arc ; (*hk*) **flat** ~ **of the stick** côté *m* plat de la crosse ; (*gym*) ~ **vault with half turn from handstand** double facial *m* ; (*gym*) **high front** ~

vault élancer *m* facial ; **face mask** *cpd* (*ihk*) masque *m* facial, (*American football*) masque *m* 2. *v* (*ft*) **facing goal** face au but

face-off *cpd* (*ihk*) mise / remise *f* / en jeu, (*jn*) face-à-face *m* ; v. center, centre

face-off circle (*ihk*) cercle *m* de mise en

jeu

face-off spot (*ihk*) point *m* de mise en jeu

facility (*pl* **facilities**) *n* the facilities of a club les installations *fpl* d'un club

FAI (*abbr of Football Association of Ireland*) ≈ Fédération *f* Irlandaise de Football

failure *n* (*gen*) échec *m*

faint *n* (*bx*) feinte *f*

fair *adj* (*ft*) a ~ **shoulder charge** une charge régulière

fairway *n* (*gf*) fairway *m*, (*slg*) (*river, port*) chenal (*pl* chenaux) *m*

fake *v* (*hd*) ~d **shot at goal** feinte *f* de tir *m* au but

fall 1. *n* (*cycl, eq, etc.*) chute *f* ; (*wr*) tomber *m*, «tombé» *m* ; (*wr*) **accidental** ~ tomber *m* par soi-même ; (*parachuting*) **free** ~ chute *f* libre ; (*cycl*) **massed** ~ chute *f* collective ; (*jd*) **throws by sacrifice** ~s (*sutemi-waza*) lancements *mpl* par sacrifice ; (*wr*) **a win is achieved either by a** ~ **or on points** la victoire est obtenue soit par 'tomber' soit 'aux points' **2.** *v* (*gen*) tomber ; (*mt, etc.*) chuter ; **the bigger they / you / are the harder they / you /** ~ plus on tombe de haut, plus on risque de se faire mal

fall down *vphr* tomber

falling *n* (*jd*) (*ukemi*) brise-chute *m* ; (*ihk*) ~ **on the puck** chute *f* sur le palet

falling back *cpd* (*ft*) (*action ; = dropping back*) décrochage *m*

false *adj* (*gen*) ~ **start** faux départ *m*

fan *n* (= *supporter*) fan *m*, supporter *m*, supporteur(trice) *m(f)* ; (*aut*) ventilateur *m* ; (*athl*) (*high jump*) (*fg, jn*) aire *f* d'élan ; ~ **club** (*jn*) «le fan's club» ; ~ **belt** courroie *f* de ventilateur

fanatic *n* (*gen*) mordu(e) *m(f)* ; v. **fitness fanatic**

"fanny" (*pp* **"fannied"**) *v* (*bls, etc.*) **to**

be "fannied" = perdre, sans réussir à marquer un seul point

fanzine *n* (*ft*) fanzine *m*

far-post *adj phr* (*ft*) ~ **corner** corner *m* au deuxième poteau

fartlek *n* (*athl*) (*training*) ~ or ~ **running** fartlek *m*

fast *adj* (*athl, etc.*) (*athlete, player*) rapide ; (*shooting*) ~ **run** course *f* rapide

fastest *adj* (*aut, etc.*) **the** ~ **lap** le meilleur tour ; (*gen*) ~ **time** temps *m* le plus rapide, le meilleur temps

fault *n* (*gym, tn*) faute *f*, (*eq*) (*jumping*) faute *f* ; (*hd, tn*) **foot** ~ faute *f* de pied ; (*tn*) **to foot** ~ faire une faute de pied ; (*tn*) **service** ~ faute *f* de service ; **double** ~ double faute *f*

faultless *adj* (*figure skating*) (*mark of six out of six*) ~ **and perfect** sans faute et parfait

faulty *adj* (*athl*) ~ **start** faux départ *m* ; (*fn*) ~ **weapon** arme *f* défectueuse

favourite 1. *adj* (*j d*) ~ **technique** (*tokui-waza*) mouvement *m* spécial **2.** *n* (*hrg, etc.*) favori *m* ; (*ft, etc.*) **the** ~s **for the Championship** les favoris du Championnat ; (*ft, etc.*) (*player*) **crowd** ~ joueur préféré des supporte(u)rs

feather 1. *n* plume *f* ; (*arc*) (*arrow*) ~s empennage *m* ; (*badminton*) (*of shuttlecock*) ~ **crown** empennage *m* **2.** *v* (*rw*) retourner la pelle ; (*arc*) (*arrow*) empenner

feathered *adj* (*canoeing*) ~ **paddle** pagaie *f* croisée

feathering *n* (*arc*) (*arrow*) empennage *m*

featherweight *n* (*bx, wgt, etc.*) poids *m* plume

federation *n* fédération *f* ; **French Boxing** ~ Fédération Française de Boxe

feeding *n* (*cycl*) ~ **bottle** bidon *m* ; (*athl, cycl, biathlon, etc.*) ~ **station**

contrôle *m* / poste *m* / de ravitaillement

feet *npl* v. foot

feet-first *adj phr* (*sw*) (*diving*) ~ **entry** entrée *f* pieds premiers

feint *n* (*bx, fn, etc.*) feinte *nf* ; (*hk*) ~ **with the stick** feinte *f* de crosse ; **to make a** ~ faire une feinte

femur (*pl* **femurs, femora**) *n* (*anatomy*) fémur *m*

fence 1. *n* (*eq*) obstacle *m* **2.** *v* (*sp*) faire de l'escrime ; (*fn*) **to ~ a barrage** tirer un barrage

fencer *n* (*gen*) escrimeur(euse) *m*(*f*) ; foil ~ fleurettiste *mf* ; **épée** ~ épéiste (*mf*) ; (*fn*) **sabre** ~ escrimeur *m* au sabre

fencing *n* escrime *f* ; (*modern pentathlon, etc.*) (*competition*) épreuve *f* d'épée ; **épée** ~ escrime *f* à l'épée ; **foil** ~ escrime *f* au fleuret ; **sabre** ~ escrime *f* au sabre ;
fencing bag (*fn*) gaine *f* des armes ;
fencing distance distance *f* ;
fencing glove gant *m* d'escrime ;
fencing jacket veste *f* d'escrime ;
fencing master maître *m* d'armes ;
fencing school salle *f* d'armes *fpl*

fibre *n* v. glass fibre, fibreglass

fibreglass *n* fibre *f* de verre ; (*athl*) ~ **pole** perche *f* en fibre de verre

fibula *n* péroné *m*

field 1. *n* (*gen*) champ *m*, (*bsb, etc.*) terrain *m* ; (*athl*) ~ **events** concours *mpl* ; (*gén*) ~ **of play** champ *m* de jeu ; (*gen*) **big** ~ (**of starters** / **runners**) champ *m* fourni ; (*athl, cycl*) **to break away from the** ~ se détacher du peloton ; (*athl, cycl, etc.*) **to build up a good lead over the rest of the** ~ lâcher le peloton ; (*ft, rb, etc.*) **to take the** ~ entrer en jeu ; v. centre field, left field, playing field, right field ;
field captain (*arc*) directeur *m* des tirs ;

field glasses (*arc, etc.*) jumelles *fpl* ;
field hockey hockey *m* sur gazon ;
field officer (*arc*) arbitre *m* sur le terrain
2. *v* (*gen*) **to ~ the ball** attraper la balle ; (*player in team*) faire jouer, sélectionner, (*team*) réunir

fielder *n* (*ckt*) joueur *m* du champ ; (*bsb*) v. centre fielder, left fielder, right fielder

fierce *adj* (*ft, etc.*) **a ~ shot** un tir tendu

fifteen *adj* (*rb*) ~ **yards line** ligne *f* des quinze mètres

fifty-metre *adj phr* (*sw*) ~ **pool** bassin *m* de cinquante mètres

fight 1. *n* (*bx, etc.*) combat *m* ; (*bx*) **referee stops** / **stopped** / ~ (*RSF*) arrêt *m* de l'arbitre
2. *v* (*gen*) se battre ; **to ~ for victory** se battre pour la victoire ; (*bx*) **to ~ for a championship** disputer un championnat ; (*ft*) **Liverpool and Arsenal are fighting it out for the championship title** Liverpool et Arsenal se disputent le titre de champion ; v. fighting cry

fighter *n* (*bx*) boxeur *m*, pugiliste *m* ; **a coloured** ~ un boxeur de couleur

fighting cry *cpd* (*jd*) (= *kiai*) cri *m* de combat

figure *n* (*e q*) (*dressage*) figure *f* ; (*skating*) **compulsory** ~**s** figures *fpl* imposées ; (*water skiing*) ~ **skiing handle** trapèze *m* de figure ; v. ski ; **figure skating** patinage *m* artistique

fill *v* (*slg*) **to back and** ~ slalomer

filly *n* (*hps, etc.*) pouliche *f*

filter *n* (*shooting*) filtre *m*

final 1. *adj* (*gen*) ~ **time** temps *m* final ; (*ft, etc.*) ~ **whistle** coup *m* de sifflet final ; v. score **2.** *n* ~ or ~**s** finale *f* ; **to be in the** ~ être en finale

finale *n* (*rw*) petite ~ petite finale *f*

finger *n* (*anatomy*) doigt *m* ; v. finger-tab

finger-tab *n* (*arc*) palette *f*

finish 1. *n* (*race*) arrivée *f*, (*aut, etc.*) ligne *f* d'arrivée ; (*sk, etc.*) **~ line judge** juge *m* de la ligne d'arrivée ; (*rw*) **~ of the stroke** phase *f* finale de la traction ; (*athl*) **he has a good ~** il a un bon finish ; (*athl, etc.*) **close ~** arrivée *f* serrée ; (*ft*) (*jn*) **a good / superb / ~** un tir superbe ; (*sw*) **there were four-tenths of a second difference at the ~** il y avait quatre dixièmes de différence sur le mur d'arrivée ; (*cycl*) **sprint ~** arrivée *f* au sprint ; (*cycl*) **to wind up the pace for a sprint ~** lancer le sprint ; v. chief ;

finish area (*sk*) aire *f* d'arrivée ;

finish controller (*sk*) contrôleur à l'arrivée ;

finish referee (*sk*) juge *m* à l'arrivée ;

finish time (*sk, etc.*) temps à l'arrivée

2. *v* **he ~ed second** il s'est classé deuxième ; (*eq*) **to ~ on the left / right / leg** terminer sur le pied gauche / droit

finishing 1. *adj* (*aut, etc.*) **the ~ line** la ligne d'arrivée ;

finishing boat (*slg*) bateau *m* de contrôle ;

finishing buoy (*canoeing, etc.*) bouée *f* à l'arrivée ;

finishing post poteau *m* d'arrivée ;

finishing straight (*h r g*) ligne *f* droite ;

finishing time (*sk, etc.*) temps *m* à l'arrivée

2. *n* (*ft*) (*ft, etc.*) (= *shooting*) tirs *mpl* au but ; (*ft, etc.*) **some poor ~** (*jn*) une certaine maladresse au moment de conclure ; v. finishing 1 *adj*

Finn *n* (*slg*) Finn *m*

fin-rudder *cpd* (*rw*) gouvernail *m*

fire 1. *n* (*shooting*) **~!** feu ! *m* ; (*shooting*) **cease ~!** cessez le feu ! ; (*pistol shoo-ting*) **rapid ~** tir *m* rapide **2.** *v* (*shooting*) faire feu ; (*shooting*) **~ d shot** coup *m* tiré

firearm *n* arme *f* à feu *m*

fired up *adj phr* (*ft, etc.*) (*player*) survolté(e) *m(f)*

firework *n* (*ft, etc.*) (*jn, fg*) (*of team*) **~ display** feu *m* d'artifice ; (*ft*) (*jn, fg*) **the ~ display had begun with X's first goal** le feu d'artifice avait commencé avec ce premier but de X

firing *n* (*action*) tir *m* ; (*shooting*) **~ discipline** discipline *f* de tir ; (*modern pentathlon*) **~ of a maroon** tir *m* d'une fusée ; (*shooting*) **~ pin** percuteur *m* ; (*shooting*) **~ point** banquette *f* ; (*shooting*) **~ position** poste *m* de tir

firing-point *adj phr* (*shooting*) **~ recorder** secrétaire *m*

first *adj* premier(ière) *m(f)* ; (*ft, etc.*) **the ~ leg** le match aller, l'aller *m* ; v. space ;

first base (*bsb*) premier but *m* ;

first baseman (*bsb*) (*player*) premier-but *m*

first-choice *adj phr* (*ft, etc.*) **to be deprived of several ~ players** être privé de plusieurs titulaires

first-post *adj phr* (*ft*) **~ corner** corner *m* au premier poteau

fist 1. *n* (*anatomy*) poing *m* ; (*bx*) **~ position** position *f* du poing **2.** *v* (*ft*) (*goalkeeper*) **to ~ the ball** frapper le ballon du poing

fisticuffs *npl* (*ihk, rb, etc.*) bagarre *f* aux poings

fit *adj* (*gen*) (= *in good physical condition*) en forme ; (*person*) **to be ~** être en forme ; (*person*) **to keep ~** se maintenir en forme ; (*footballer, rugby player, etc.*) **to be passed ~** être déclaré bon pour le service / apte à jouer ; (*ft, rb, etc.*) **to pass s.o. ~** déclarer qn bon pour le service, confirmer la participation de qn

FITA-round *cpd* (*arc*) FITA *m*

fitness *n* condition *f* ; **physical ~** condition *f* physique, santé *f* physique ;
fitness fanatic adepte *mf* de la condition / santé / physique ; **he's a fitness fanatic** c'est un adepte de la santé physique ;
fitness test *cpd* (*ft, rb, etc.*) (dernier) essai *m*, dernier entraînement *m* ; (*ft, rb, etc.*) **X had a fitness test and was declared / passed / fit** X a fait un (dernier) essai / dernier entraînement / et a été déclaré bon pour le service / apte à jouer

fittings *npl* (*slg*) accastillage *m*

five *adj* cinq (*inv*) ; (*athl*) **the ~ thousand metres race** le cinq mille mètres ; (*ft*) (*GB*) **~ -a-side football** = le football à cinq (en salle) ; (*hrg*) **X is ~ to one** X est cinq contre un ; (*rb*) **~ yards / metres / line** ligne *f* des cinq mètres

five-eighth *cpd* (*rb*) (*jn*) (*player*) cinq-huitième *m*, demi *m* d'ouverture

fives *n* (*s p*) ≈ balle *f* au mur, balle-pelote *f* au mur

five-yards *adj phr* (*rb*) **~ scrum** mêlée *f* à cinq yards

fixed *adj* (*rw*) **~ starting point** point *m* de départ fixe

fixture *n* (*ft, etc.*) **~s or ~ list** calendrier *m* des rencontres

flag 1. *n* (*gen*) drapeau *m*, (*ft, hk, rb, etc.*) (*on pitch*) fanion *m*, (*sk*) fanion *m* (*de porte*), (*slg*) pavillon *m* ; (*ft, rb*) (*of linesman, touch judge*) drapeau *m* ; (*aut, mt*) **chequered ~** drapeau *m* à damier ; (*slg*) **distinguishing ~** pavillon *m* distinctif ; (*jd*) **green ~** fanion *m* vert ; (*slg*) **protest ~** pavillon *m* de réclamation ; (*slg*) **racing ~** pavillon *m* de course ; (*modern pentathlon*) **red / white / ~** fanion *m* rouge / blanc ; (*water polo*) **white /**
blue / red / ~ drapeau *m* blanc / bleu / rouge ; (*cycl*) **yellow ~** drapeau *m* jaune ; (*rb*) **to score by the right-hand corner ~** marquer sur le fanion de droite ; v. corner flag **2.** *v* (*ft*) (*jn*) **he was wrongly "flagged" for being offside** il fut signalé à tort hors jeu

flanconnade *n* (*eq*) croisé *m* au flanc

flank *n* (*ft, rb, etc.*) aile *f* ; (*gym*) **double ~ vault** costal *m* tourné

flanker *n* (*rb*) troisième ligne aile *cpd*, *m*, «flanker» *m*

flap *v* (*slg*) (*of sail*) ralinguer, faseyer

flat 1. *adj* (*hk*) **~ face of the stick** côté *m* plat de la crosse ; (*tn*) (*of racket*) **~ side of the grip** méplat *m* ; (*ft*) (*jn*) **~ back four** défense *f* en ligne **2.** *n* (*cycl*) **stage on the ~** étape *f* de plaine

flatten *v* (*gf, etc.*) (*green, fairway, etc.*) aplanir

flèche *n* (*eq*) attaque *f* en flèche ; (*eq*) **~ distance** grande distance *f*

fletching *n* (*arc*) empennage *m*

flex *v* (*arm, etc.*) fléchir ; **to ~ one's muscles** tendre / faire jouer / ses muscles

flexing *n* (*gen*) **a slight ~ of the legs** une légère flexion des jambes

flexion *n* (*gen*) flexion *f* ; (*eq*) **~ of the horse** pli *m* du cheval

flexor *n* (*anatomy*) **~s** muscles *mpl* fléchisseurs

flex-pole *cpd* (*sk*) piquet *m* flexible

flick-flack or **flic-flac** *cpd* (*gym*) flic-flac *m*

flight *n* (*arc*) (*rear part of arrow*) empenne *f*, empennage *m* ; (*shooting*) **~ area** zone *f* de vol ; (*sk*) (*ski jumping*) **~ position** position *f* de vol

flip *n* (*figure skating*) **cherry ~** saut *m* de boucle piqué ; (*freestyle skiing*) **double ~** double flip *m* ;
flip turn (*sw*) virage-culbute *m*

flipper *n* (*sw*) palme *f*

floor *n* (*gym*) ~ **exercises** exercices *mpl* au sol *m* ; (*abbreviation in list of results*) sol *m* ; **9.60 in the** ~ **exercises** 9, 60 au sol ; ~ **board** (*gym*) planche *f* inférieure, (*rw*) plancher *m* ; (*slg*) ~ **timber frame** varangue *m* ; (*gym*) ~ **upstart** bascule *f* au sol ; v. Reuther floor

flow *v* (*gen*) **competition gets the adrenalin** ~**ing** la compétition fait monter l'adrénaline

flurry *n* (*bx*) **to deliver a** ~ **of punches / blows** exécuter une série de coups

flutter *v* (*slg*) (*of sail*) faseyer

"fly" 1. *n* (*sw*)(*jn*) (= *butterfly*) nage *f* / brasse *f* / papillon *m* ; v. fly half, fly-kick 2. (**flew**) *v* voler ; (*jn*) **he flew his way through the San Marino Grand** Prix il survola le Grand Prix de Saint-Marin ; (*ft*) **to let** ~ **a shot** déclencher un tir

fly half *cpd* (*rb*) demi *m* d'ouverture

flying 1. *adj* (*wr*) ~ **mare** bras *m* roulé ; (*figure skating*) ~ **sit spin** pirouette *f* sautée en position assise ; (*cycl*) ~ **sprint** sprint *m* volant ; (*gen*) ~ **start** départ *m* lancé 2. *n* (*glider*) pilotage *m*

Flying Dutchman *cpd* (*slg*) Flying Dutchman *m*

fly-kick *cpd* (*rb*) coup *m* de pied à suivre

flyweight *n* (*bx, wgt, wr*) poids *m* mouche

foal *n* (*hrg, etc.*) poulain *m*

foil *n* (*fn*) fleuret *m*

follow *v* (*athl*) **to** ~ **on s.o.'s heels** talonner qn

following *adj* (*slg, etc.*) ~ **wind** vent *m* arrière

follow through *cpd* (*ft*) (*when kicking the ball*) prolongement *m* à vide

foot (*pl* **feet**) *n* (*anatomy*) pied *m* ; (*slg*) bordure *f* ; (*ft*) **his weaker** ~ son pied le plus faible ; (*athl*) (*long jump,*

etc.) **take-off** ~ pied *m* d'appel ; (*curling*) ~ **score line** ligne *f* de départ ; (*hd, tn*) ~ **fault** faute *f* de pied ; (*tn*) ~ **fault judge** juge *m* de faute de pieds ; (*gen*) **to stand with one's feet apart** se tenir les jambes écartées ; *vphr* (*tn*) **to** ~ **fault** faire une faute de pied ; (*ft*) **the** ~ **of the post** la base du montant ; (*athl*) **running is characterized by the fact that only one** ~ **remains on / in contact with / the ground** la course est caractérisée par l'appui unilatéral ; v. footrest, catch *v*, take off *vphr* ;

foot stop (*athl*) (*shot put, etc.*) butoir *m* ;

foot sweep (*jd*) **advancing foot sweep** (*de-ashi-barai*) balayé *m* de pied avant

football *n* (*sp*) football *m*, (= *ball*) ballon *m* de football ; **Football Association** ≈ Fédération *f* Anglaise de Football ; **Gaelic** ~ football *m* gaélique ; **American** ~ football *m* américain ; **Australian** ~ football *m* australien ; **Canadian** ~ football *m* canadien ; (*jn*) ~ **circles** sphères *fpl* «footballistiques» ; v. total

footballer *n* footballeur *m*, «footballer» *m*

footballing *adj* ~ **circles** sphères *fpl* «footballistiques»

footboard *n* (*rw*) planche *f* de pieds

foot fault *vphr* (*tn*) faire une faute de pied ; v. foot

footrest *n* (*canoeing*) repose-pieds *m*, (*rw*) barre *f* de pieds

footwork *n* (*bx, tn, etc.*) jeu *m* de jambes *fpl* / de pieds *mpl*

forage *n* (*eq*) fourrage *m*

foray *n* (*ft, etc.*) (*jn*) **every** ~ **by X was dangerous for his opponents** chaque incursion *f* de X constituait un danger pour l'adversaire

force 1. *n* **centrifugal** ~ force *f* centrifuge ; (*bobsleigh*) **push ~ of the team** poussée *f* de l'équipe **2.** *v* (*ft, rb, etc.*) **to ~ one's way through** faire une percée ; (ft, rb, etc.) **to be forced back onto the defensive / into defence** être acculé à la défensive

forearm *n* avant-bras *m, inv.* ;
forearm smash (*wr*) manchette *f*

foredeck hand *cpd* (*slg*) équipier *m* d'avant

fore-end *n* (*shooting*) (*of rifle ; = stock*) fût *m*

forehand *n* (*eq*) avant-main *m* ; (*tn*) coup *m* droit, forehand *m* ; (*hk*) **~ hit** coup *m* droit ; (*hk*) **~ stopping** blocage *m* en côté droit ; (*tn*) **~ volley** volée *f* de coup droit

foreign *adj* (*ft*) (*European competitions*) **~ player** (*jn*) non-sélectionnable *m*

forequarters *npl* (*horse*) train *m* de devant, avant-main *m*

forerunner *n* (*sk*) ouvreur *m*

foresail *n* (*slg*) voile *f* de misaine

forestay *n* (*slg*) étai *m* avant

forfeit *n* (*j d*) **victory by ~!** (*fusen-gachi!*) victoire *f* par forfait

fork *n* (*cycl*) (*on cycle*) fourche *f* ; **front / rear / ~** fourche *f* avant / arrière

form 1. *n* forme *f* ; (*hrg*) performances *fpl* d'un cheval ; (*freestyle skiing*) figure *f* ; (*gen*) **he is coming back to top ~** il revient en pleine forme ; **on his present ~** sur sa forme actuelle ; **to be on ~** être en forme ; **to be on good ~** être en pleine forme, être très performant(e) *m(f)* ; **off ~ / out of ~ / in poor ~** patraque ; **to be off form / out of form** être hors de forme ; (*gen*) **to bring (an athlete, a horse) to peak / to the top of his / its / ~** affûter (un athlète, un cheval) ;
form guide (*h r g*) (*in newspaper*) (*= form*) tableau *m* des performances *fpl* des chevaux
2. *v* (*rb*) **a ruck is ~ed without the** **intervention of the referee** la mêlée ouverte se forme sans l'intervention de l'arbitre ; (*rb*) **the two packs ~ a scrum** les deux packs se mettent en formation de mêlée

former *adj* **~ star** ex-gloire *f* ; **~ champion** ex-champion(ne) *m(f)*

formula *n* (*aut*) formule *f* ; **Formula 1** Formule *f* 1

forte *n* (*fn*) fort *m* de la lame

forty *adj* (*tn*) quarante (*inv*) ; **~ all** quarante à, 40A, quarante partout, égalité *f*

forward 1. *adj* (*figure skating*) **~ glide** en-avant *m* ;
forward pass (*rb*) passe *f* en avant ;
forward play (*rb*)(*jn*) le jeu devant ;
forward roll (*gym*) roulade *f* avant ;
forward stroke (*ckt*) coup *m* exécuté après avoir avancé le pied gauche, coup *m* «forward»
2. *adv* (*ft, etc.*) **to push / go / ~** aller de l'avant
3. *n* (*bkt, ft, hk, rb, etc.*) avant *m*, (*ihk*) joueur *m* avant, avant *m* ; (*bkt*) **right ~** avant droit ; (*vb*) **left / centre (Am center) / right / ~** avant *m* gauche / centre / droit ; (*ft, hk*) **inside ~** inter *m* ; v. front-row, prop forward, lock forward

forward-end *adj phr* (*gym*) **~ pommel** arçon *m* d'avant

Fosbury flop *cpd* (*athl*) (high jump) rouleau *m* dorsal, «Fosbury flop» *m*

foul 1. *adj* (*ft*) **a player guilty of ~ play** un joueur incorrect ; (*ft, etc.*) **to be sent off for using ~ and abusive language** se faire expulser pour excès de langage ; v. foul **2.** *n* ;
foul throw (*ft*) mauvaise remise *f* en jeu, remise *f* en jeu incorrecte
2. *n* (*ft, etc.*) faute *f* ; (*ft, rb, etc.*) **a serious ~** une faute grave ; (*bkt*) **disqualifying ~** faute *f* disqualifiante ; (*bkt*) **double ~** double faute *f* ; (*bkt*) **multiple foul** faute *f* multiple ; (*bkt*)

personal ~ faute *f* personnelle ; (*bkt*) **technical** ~ faute *f* technique ; (*ft, etc.*) (*arbitre*) **to blow for a** ~ siffler une faute ; **a foul by X on Y** une faute de X sur Y ; v. foul 1. *adj* ; **foul line** (*bsb*) ligne *f* de jeu 3. *v* (*ft, etc.*) **to** ~ **X** commettre une faute contre X

fouling *n* (*bx, etc.*) **persistent** ~ **can lead to disqualification** la persistance dans l'incorrection peut mener à la disqualification

four *adj* (*athl*) **the** ~ **by one hundred metres relay** le quatre fois cent mètres ; (*athl*) **the** ~ **by** ~ **hundred metres relay** le quatre fois quatre cents mètres ; (*gf*) ~ **ball** (= *four-ball match*) partie *f* à quatre joueurs et quatre balles ; *n* **kayak** ~ kayak *m* à quatre ; *n* (*ckt*) **to hit a** ~ marquer quatre points ; v. four-ball, four-man, four-wall

four-ball *adj phr* (*gf*) ~ **match** partie *f* à quatre joueurs et quatre balles

four-man *adj phr* (*bobsleigh*) ~ **bob** bob *m* à quatre

foursome *n* foursome *m*

four-wall *adj phr* (*racquetball*) ~ **court** terrain *m* à quatre murs

fracture *n* fracture *f* ; **simple / compound / ** ~ fracture *f* simple / multiple ; ~ **of the skull** fracture *f* du crâne ; ~ **of the tibia / fibula** fracture *f* du tibia / péroné ; **rib** ~ fracture *f* de côte ; **stress** ~ fracture *f* de fatigue

fractured *adj* ~ **rib** fracture *f* de côte ; ~ **skull** fracture *f* de crâne

frail *adj* (*ft*) ~ **defence** défense perméable / peu solide / fragile

frame *n* (*arc*) chevalet *m* ; (*cycl*) (*of cycle*) cadre *m* ; (*tn*) (*of racket*) cadre *m* ; (*bd*) (*snooker*) partie *f* ; (*ten-pin bowling*) série *f*

framework *n* (*cycl*) v. frame

free 1. *adj* (*parachuting*) ~ **fall** chute *f*

libre ; (*ft*) ~ **kick** coup *m* franc ; (*bkt*) ~ **throw** lancer *m* franc ; ~ **throw line** (*bkt*) ligne *f* / couloir *m* / de lancer franc, (*hd*) ligne *f* de jet franc ; ~ **dance** (*free skating*) danse *f* libre, (*ice dancing*) programme *m* libre ; (*ft*) (*player*) **to be** ~ être démarqué ; (*ft*) **X is on a** ~ **transfer** X est libre de tout engagement ; v. get, support, walk 2. *adv* (*slg*) **to sail** ~ naviguer vent *m* largue, faire du largue

freedom *n* (*eq*) franchise *f*

free-fall *adj phr* ~ **parachuting** saut *m* en chute libre

free-for-all *cpd* (*ihk, rb, etc.*) bagarre *f*

freestyle *n* (*sw*) nage *f* libre ; (*sw*) **the 200 metres** ~ le 200m nage libre ; **freestyle skating** figures *fpl* libres **freestyle skiing** ski *m* artistique et acrobatique ; **freestyle wrestling** lutte *f* libre

free-throw *adj phr* (*bkt*) ~ **lane** couloir *m* des lancers *mpl* francs ; ~ **line** (*bkt*) ligne *f* de lancer *m* franc, (*hd*) ligne *f* de jet *m* franc

freeze *v* (*curling*) **to** ~ **a stone** geler une pierre

French *adj & n adj* français(e) *m(f)* ; *n* Français(e) *m(f)* ; (*rider, runner, competitor*) (*jn*) *adj* tricolore, *n* Tricolore *mf* ; **the** ~ **team** l'équipe de France, (*jn*) les Tricolores, (*rb, etc.*) (*jn*) les Bleus

fresh *adj* (*slg, sw*) ~ **water** eau *f* douce

friendly 1. *adj* (*match, etc.*) amical(e) *m(f)* (*mpl* aux) 2. *n* (*ft, etc.*) **they played a** ~ ils ont joué un match amical

fright *n* (*ft, rb, etc.*) **we had quite a** ~ **at the end of the match** (*fm*) nous avons eu chaud sur la fin

from *prep* (*ft*) **to score** ~ **a corner / penalty** marquer sur corner / penalty ; **to score** ~ **a corner by X** marquer sur un corner de X

front 1. *adj* (*bkt*) ~ **court** zone *f* avant ; (*shooting*) ~ **sight** guidon *m* ; (*freestyle skiing, etc.*) ~ **somersault** saut *m* périlleux avant ; (*gym*) **straddle** ~ **somersault** salto *m* avant jambes écartées ; (*squash*) ~ **wall** mur *m* frontal / avant ; (*gym*) ~ **vault** facial *m* ; (*gym*) **high** ~ **face vault** élancer *m* facial ; (*gym*) ~ **support** appui *m* avant ; v. chain ; **front runner** coureur(euse) *m(f)* de tête, leader *m* ; (*slg*) (*jn*) **to be among the front runners** être aux avant-postes
2. *n* (*cycl*) **the** ~ **of the pack** la tête du peloton ; (*cycl*) **to go off from the** ~ attaquer de devant ; (*gen*) **to be in** ~ mener ; **to be in** ~ **of s.o.** devancer qn ; (*ft*) (*fm*) **they knock long balls up** ~ ils balancent de(s) grands ballons devant ; v. cross

front-row *adj phr* (*rb*) ~ **forward** avant *m* de première ligne
front-sight *adj phr* (*shooting*) ~ **ring** guidon *m* annulaire
frontways *adj* (*gym*) facial(e) *m(f)* (*mpl* faciaux)
front-wheel *adj phr* (*aut*) ~ **drive** traction *f* avant
full 1. *adj* (*jd*) ~ **point** (*ippon*) point *m* ; **to be** ~ **of running** être très en jambes ; v. speed, stretch **2.** *n* (*freestyle skiing*) vrille *f*
full and by *adv phr* (*slg*) au près bon plein
fullback *n* (*hk, rb, American football*) arrière *m* ; (*ft*) arrière *m* latéral, arrière *m*
funicular *n* ~ **or** ~ **railway** funiculaire *m*
furl *v* (*slg*) **to** ~ **a sail** ferler une voile
fuselage *n* (*glider*) fuselage *m*

G

GAA (*abbr of Gaelic Athletic Association*) Fédération *f* Gaélique d'Athlétisme
Gaelic *adj* ~ **football** football *m* gaélique ; **Gaelic Athletic Association** Fédération *f* Gaélique d'Athlétisme
gain 1. *n* (*gen*) (*in race, etc.*) **a** ~ **of three minutes** un gain de temps de trois minutes **2.** *v* (*ft, etc.*) **to** ~ **possession of the ball** s'approprier le ballon, prendre possession du ballon
gainer back somersault *cpd* (*gym*) élan *m* appelé 'Auerbach'
gait *n* (*of person*) allure *f* ; (*of horse*) train *m*, allure *f*
gala *n* (*sw*) critérium *m*
gallop *n* (*eq, hrg*) galop *m* ; (*gym*) ~ **leap** saut *m* enjambé ; (*eq, hrg*) **racing** ~ galop *m* de course
game *n* (*gen*) match *m*, rencontre *f*, partie *f*, (*curling*) partie *f* ; (*tn*) jeu

m ; (*ft*) ~ **in hand** match *m* en retard ; (*ihk*) ~ **timekeeper** chronométreur *m* (*de jeu*) ; (*tn*) **to lead by three ~s to love** mener trois jeux *mpl* à zéro ; (*gf*) **short** ~ petit jeu ; (*tn*) **service** ~ jeu *m* de service ; (*ft, etc.*) **in the return** ~ au match retour ; (*ft*) **short-ball** ~ jeu *m* court, (*jn*) style *m* indirect ; (*ft*) **long-ball** ~ jeu *m* long ; (~ = **performance**) (*ft, etc.*) (*fm, jn*) **he had a steady** ~ sa production fut satisfaisante
gamesmanship *n* un acte / des actes *mpl* / d'anti-jeu
gangplank *n* (*rw, etc.*) passerelle *f*
gangway *n* (*rw, etc.*) passerelle *f* ; (*in stadium, etc.*) passage *m*
gap *n* écart *m* ; (*score, distance*) **the** ~ **was widening** l'écart grandissait ; (*ft, etc.*) **the** ~ **separating X from the other teams is widening** l'écart sé-

parant X des autres équipes se creuse

Gary Owen *cpd* (*rb*) a ~ une grosse chandelle

"gas" *n* (*aut*) he stepped on the ~ coming out of every bend il remettait les gaz à chaque sortie de virage

gate *n* (*sk, canoeing*) porte *f* ; (*eq*) (*obstacle*) barrière *f* ; (*eq*) (*obstacle*) box and ~ cube *m* avec barrière ; (*canoeing*) ~ **judge** juge *m* de porte ; (*canoeing*) **chief** ~ **judge** chef *m* des juges de porte ; (*sk*) **chief** ~ **keeper** chef *m* des juges de porte ; (*canoeing*) ~ **pole** fiche *f* de porte ; (*ft, rb, etc.*) (*stadium, etc.*) ~ **receipts** la recette aux guichets ; (~ = number of spectators) (*ft, etc.*) **average** ~ moyenne *f* de spectateurs *mpl* ; (*canoeing*) **reverse** ~ porte *f* arrière ; (*hrg*) **starting** ~ starting-gate (*pl* starting-gates) *m* ; (*canoeing*) **team** ~ porte *f* T ; (*canoeing*) **to go through a** ~ franchir une porte ; (*canoeing*) **to hang a** ~ suspendre une porte ; (*canoeing*) **to miss a** ~ manquer une porte ; (*canoeing*) **to omit a** ~ omettre une porte

gauge *n* (*shooting*) gabarit *m*

gear *n* (*aut*) vitesse *f* ; (*slg*) (*equipment*) gréement *m* ; (*cycl*) **pedal and** ~ **mechanism / crank** ~ pédalier *m* ; (*cycl*) ~ **fault** défaillance *f* du dérailleur ; (*cycl*) ~ **ratio** braquet *m* ; **to change** ~ (*aut*) changer de vistesse, (*cycl*) changer de braquet / vitesse ; (*ft*) (*fg*) Liverpool changed ~ Liverpool changea de braquet *m* ; v. gears

gear-change *adj phr* (*cycl*) ~ **lever** manette *f* du dérailleur

gears *npl* (*cycl*) **dérailleur** ~ dérailleur *m* ; (*cycl*) **to use the high** ~ user du grand développement

gelding (*eq, hrg*) hongre *m*

gemellus muscle *cpd* (*anatomy*) ju-

meau *m*

get (got) *v* (*cycl, etc.*) (*break clear*) **to** ~ **away** s'échapper ; (*ft*) **to** ~ **back into position** regagner son poste ; (*ft, rb, etc.*) **we got back into the match** nous sommes rentrés dans le match ; (*ft, etc.*) **to** ~ **back on level terms** revenir au score ; (*ft*) **to** ~ **free of one's marker** se démarquer, se libérer ; (*ft*) (*goalkeeper*) **to** ~ **hold of the ball** s'emparer du ballon ; (*canoeing, etc.*) **to** ~ **in** (*canoe, etc.*) embarquer ; (*cycl*) **to** ~ **on (a bicycle)** enfourcher (un vélo) ; (*ft, etc.*) **to** ~ **on top** prendre l'ascendant, prendre la maîtrise du jeu ; (*ft, etc.*) **to** ~ **back on top** reprendre la maîtrise du jeu ; (*ft, etc.*) **to** ~ **back on level terms** (*jn*) revenir à la marque ; (*ft*) **to** ~ **oneself booked** (*jn*) écoper d'un avertissement ; (*ft*) **to** ~ **past an opponent** dribler un adversaire ; (*ckt*) **to** ~ **a player out** éliminer un joueur ; (*rb*) **the pack consistently got the ball out of the scrums** le pack assura ses sorties de mêlées ; (*ft, tn, etc.*) (*knock-out competition*) **to** ~ **through** se qualifier ; (*ft*) (*fm*) (*knock-out competition*) **we'll** ~ **through** nous passerons ; v. adrenalin

get away *vphr* v. get

get back *vphr* v. get

get free *vphr* v. get

get hold *vphr* v. get

get in *vphr* v. get

get on *vphr* v. get

get out *vphr* v. get

get past *vphr* v. get

get through *vphr* v. get

giant slalom (*sk*) slalom *m* géant

giant swing (*gym*) grand tour *m* ; (*gym*) ~ **backwards** grand tour *m* arrière ; (*gym*) **Russian** ~ grand tour *m* russe

gift *n* (*ft*) **the first goal was a** ~ le

premier but était un but cadeau

girdle *n* (*anatomy*) **pelvic** ~ ceinture *f* pelvienne

girth *n* (*eq, hrg*) sangle *f* ; (*eq, hrg*) **saddle** ~ sangle *f* de selle

give (gave, given) *v* (*eq, hrg*) **to ~ a horse his head** lâcher les rênes *fpl* ; (*curling*) **to ~ the ice** indiquer / placer / la pierre, placer le balai ; (*ft, etc.*) **to ~ away a goal** encaisser / concéder / prendre / un but ; (*ft*) **to ~ away a corner** concéder un corner ; (*bx*) **to ~ in** s'incliner ; (*gen*) **to ~ up** abandonner, (*in race*) se retirer ; (*jd*) **'I ~ up!'** – J'abandonne! ; (*ft*) **to ~ the ball to X** transmettre le ballon à X ; **to ~ s.o. an ovation** faire une ovation à qn ; **to ~ s.o. a standing ovation** se lever pour applaudir qn, faire une «standing ovation» à qn ; v. lesson

give away *vphr* v. give

give in *vphr* v. give

give up *vphr* v. give

gland *n* (*anatomy*) glande *f*

glass *n* (*gen*) verre *m* ; (*ihk*) (*round the ends of the rink*) baie *f* vitrée ; **glass fibre** fibre *f* de verre ; (*athl*) **glass fibre pole** perche *f* en fibre de verre

glide 1. *n* (*ckt*) (*stroke*) (coup exécuté avec un) tour *m* de main vers le côté droit ; (*figure skating*) **forward ~** en-avant *m* ; (*figure skating*) **backward ~** en-arrière *m* **2.** *v* (*sk*) (*cross-country skiing*) glisser

glider *n* (*aircraft*) planeur *m* ; (*person*) spécialiste *mf* du vol à voile ; **glider pilot** vélivole *m*, pilote *m* de planeur

gliding *n* (*sp*) vol *m* à voile, vol plané ; **gliding step** (*cross-country skiing*) pas *m* glissé

glove *n* gant *m* ; (*bsb*) **catcher's ~** gant *m* de receveur ; (*bsb*) **batting ~** gant *m* de frappeur ; (*ihk*) (*of goalkeeper, goalminder*) **stick ~** gant *m* de crosse *f* / bâton *m* ; (*bx*) **boxing ~s** gants *mpl* de boxe ; **to hit with the inside of the ~** frapper avec le gant ouvert

glucose *n* glucose *m*

gluteal *adj* (*anatomy*) ~ **muscle** muscle *m* fessier

go (went, gone) *v* (*gen*) aller ; (*athl*) (*starter*) **~!** partez ! ; (*slg*) **to ~ about** virer de bord ; (*kayak*) **to ~ against the current** remonter le courant ; (*ft, rb, etc.*) **to ~ ahead** (= *to take the lead at any point in the game / match*) réussir le break, (= *to open the score*) ouvrir le score ; **to ~ canoeing** faire du kayak / kayac ; (*cycl, etc.*) **to ~ well ahead of s.o.** distancer qn ; (*athl, cycl, etc.*) **to ~ into the lead** prendre la tête ; (*athl, cycl, etc.*) **to ~ into a good lead / to ~ (well) clear** lâcher le peloton ; (*ft, etc.*) **to ~ back into a one-point lead in the table** reprendre un point d'avance au classement ; (*ft, etc.*) **to ~ down** (= *to lose*) perdre, s'incliner, (*bx*) (= *to be knocked down*) aller au tapis ; (*ft, rb, etc.*) **to ~ down the touchline** descendre le long de la touche ; (*ft, etc.*) **to ~ for the title / the championship** courir après le titre / le championnat ; (*ft*) **to ~ forward** aller de l'avant ; (*eq, hrg*) **to ~ lame** boîter ; (*cycl*) **to ~ off from the front** attaquer de devant ; (*tn*) (*ball*) **to ~ out of play** déborder la ligne / les lignes ; (*aut, mt*) **to ~ past s.o.** doubler / passer / qn ; (*ft*) **to ~ past an opponent** dribler un adversaire ; (*ft, rb, etc.*) **to ~ straight past a defender** griller un défenseur ; (*ft*) **Y went past X** X fut dépassé par Y ; (*gen*) **to ~ round a course** boucler un circuit ; (*canoeing*) **to ~ through a gate** franchir une porte ; (*ft, etc.*) **to ~ through a bad patch** connaître un passage à vide ; (*speed skating*) **to**

the start! au départ! ; (*ft, etc.*) to ~
up into attack monter en attaque ;
(*ft*) (*promotion*) to ~ up monter ; the
score went from 10-2 to 18-3 le
score est passé de 10-2 à 18-3 ; (*ft,
etc.*) (*ball*) to ~ wide passer à côté ;
v. adrenalin, mark, overdrive

goal *n* (*ft, etc.*) but *m* ; (*ft*) the ~s les
buts *mpl*, (*fm*) la cage ; (*f t*)
(*goalkeeper*) to be in ~ être dans les
buts *mpl* / les cages *fpl* ; (*rb*) penalty
~ but *m* de pénalité ; a disputed ~
un but litigieux ; (*ft*) to score a ~
marquer un but ; (*ft*) to let in /
concede / a ~ encaisser / concéder
/ prendre / un but ; (*ft, hk, etc.*) ~
scored from an offside position
but *m* marqué sur hors-jeu ; (*ft*) the
first ~ was a gift le premier but
était un but cadeau ; (*ft*) ~ frame
«cadre» *m* ; v. goalkeeper, goalkicker, goalkicking, goal-line, goalscorer, own ;
  goal area (*ft, hd*) surface *f* de but ;
  goal area line (*hd*) ligne *f* de surface
  de but ;
  goal average goal average *m* ;
  goal board (*hk*) planche *f* de but ;
  goal crease (*ihk*) zone *f* de but
  goal kick (*ft*) coup *m* de pied de but

goaler *n* v. "goalie", goalkeeper, goalminder ;
  goaler blocker (*ihk*) bouclier *m* de /
  du / gardien ;
  goaler glove (*ihk*) gant *m* de / du /
  gardien

"goalie" *n* (= *goaler*) (*ft, etc.*) gardien *m*
de but, «goal» *m*, (*jn*) «portier» *m*

goalkeeper *n* (*ft, etc.*) gardien *m* de
but, «goal» *m*, (*jn*) «portier» *m*

goalkicker *n* (*rb*) buteur *m*

goalkicking *n* (*rb*) tir(s) *m* au but

goalless *adj* a ~ draw un match nul
blanc ; to play for a ~ draw jouer le
0-0

goal-line *cpd* (*ft, rb, etc.*) ligne *f* de but ;

v. come *v*

goalminder *n* (*hk, etc.*) (= *goaler*) gardien *m* de but

goalscorer *n* (*ft, etc.*) buteur *m*

go back *vphr* v. go

go-cart *cpd* v. go-kart

go down *vphr* v. go

go for *vphr* v. go

go forward *vphr* v. go

goggles *npl* ski / snow / ~ lunettes *fpl*
de ski / skieur / d'alpiniste

going *n* (*hrg*) terrain *m* ; (*hrg*) heavy ~
terrain gras / lourd ; (*hrg*) good ~
terrain bon / léger

go into *vphr* v. go

go-kart *cpd* kart *m*

go-kart racing *cpd* karting *m*

gold *adj* ~ medal médaille *f* d'or ; v.
zone

golf *n* golf *m* ; ~ club club *m* de golf

golfer *n* (*gf*) golfeur(euse) *m(f)*

good *adj* bon(bonne) *m(f)* ; (*figure skating*) (= *mark of 4 out of 6*) bien ;
(*figure skating*) very ~ (= *mark of 5
out of 6*) très bien ; (*bx*) ~ punch
coup *m* bien asséné ; (*ft, etc.*) it was
a very ~ game c'était une rencontre
capitale ; v. going

go off *vphr* v. go

go out *vphr* v. go

go past *vphr* v. go

go through *vphr* v. go

go up *vphr* v. go

go wide *vphr* v. go

govern *v* (*bkt*) rule ~ing fouls règle *f*
concernant les fautes ; (*bkt*) rule
~ing progression with the ball
règle *f* concernant la manière de
progresser avec le ballon

grade *n* (*canoeing, etc.*) ~ of difficulty
degré *m* de difficulté

gradient *n* (*cycl*) rampe *f* ; the steep ~
la sévère rampe

Graeco-Roman *adj* *phr* gréco-ro-
main(e) *m(f)* ; ~ wrestling lutte *f*
gréco-romaine

grand *adj* v. slam

Grand Prix *cpd* (*aut*) ~ **race** Grand Prix *m* ; **the Brazilian / French / ~** le Grand Prix du Brésil / de France ; (*tn*) (*tournament*) Grand Prix

grandstand *n* tribune *f*, tribune *f* d'honneur

grasp *n* (*gym*) **outside** ~ prise *f* radiale ; (*gym*) **rotated** ~ **swing** élancer *m* en avant

grass *n* herbe *f*, (= *lawn*) gazon *m* ; **blade of** ~ brin *m* d'herbe ; **grass court** (*tn*) court *m* sur gazon

grassy *adj* herbeux(euse) *m(f)* ; ~ **surface** surface *f* herbeuse

gravity *n* gravité *f* ; **centre of** ~ centre *m* de gravité

grease *v* (*shooting, etc.*) graisser

green *n* (*gf*) green *m*, vert *m* ; (*fm*) (*ft, etc.*) **we did not get the rub of the** ~ = nous n'avons pas eu de chance

grey *n* (*eq, hrg*) (*horse*) gris *m*

greyhound *n* lévrier *m* ; **greyhound racing** courses *fpl* de lévriers *mpl*

grid *n* (*aut*) **starting** ~ grille *f* de départ

grip *n* (*of pistol, etc.*) crosse *f*, poignée *f* ; (*gym, wgt, wr*) prise *f* ; (*arc*) **bow** ~ poignée *f* de l'arc ; (*tn*) (*of racket*) **flat side of the** ~ méplat *m* ; (*wr*) **leg** ~ prise *f* de jambe ; (*ttn*) **penholder** ~ prise *f* porte-plume ; (*ttn*) **shakehands** ~ prise *f* classique ; (*canoeing*) ~ **on the paddle** tenue *f* de la pagaie ; (*gym*) **cross** ~ prise *f* croisée ; (*gym*) **mixed** ~ prise *f* mixte ; (*gym*) **ordinary** ~ prise *f* dorsale ; (*gym*) **reverse** ~ prise *f* cubitale ; (*gym*) **reverse** ~ **giant circle** grand tour *m* cubital ; (*gym*) ~ **change** changement *m* de prise ; (*wr*) **double** ~ prise *f* double ; (*wr*) **illegal** ~ prise *f* non-réglementaire ; (*wr*) **legal** ~ prise *f* réglementaire ; (*wr*) ~ **holds** prises *fpl* au sol ; (*wr*) ~ **zones** zones *fpl* des prises ; (*wgt*) **to correct the** ~

rectifier la prise ; (*wr*) **to loosen a** ~ rompre une prise ; (*wr*) **to parry a** ~ parer une prise ; (*fg*) (*gen*) **we lost our** ~ (*fg*) (*fm*) nous avons perdu les pédales

gripping *n* (*wr*) prise *f* ; (*wr*) **double** ~ double prise *f*

groggy *adj* (*bx*) groggy (*inv*)

groin *n* (*anatomy*) aine *f* ; ~ **injury / strain** blessure *f* à l'aine

groom 1. *n* lad *m*, garçon *m* d'écurie 2. *v* (*horse*) panser (*un cheval*)

groomed *adj* (*sk*) (*cross-country skiing*) ~ **trail** piste *f* préparée / lissée

groove *n* (*sk*) rainure *f*

ground *n* (*gen*) terrain *m*, (*ft, rb, etc.*) (*fm*) (= *sports ground, stadium*) stade *m* ; (*fn*) ' ~!' 'terre !' ; (*fn*) **loss of** ~ perte *f* de terrain ; (*eq*) ~ **jury** jury *m* de terrain ; (~ = *stadium*) **the** ~ **has a capacity of 45,000** le stade a 45 000 places ; (*ft*) **a short pass on the** ~ une courte passe à terre ; (*ft, rb, etc.*) ~ **conditions** état *m* du terrain ; (*ft, etc.*) **soft** ~ terrain *m* souple ; (*jd*) ~ **technique** travail *m* au sol ; (*wr*) ~ **position** position *f* au sol ; (*wr*) ~ **wrestling** lutte *f* au sol ; **running is characterized by the fact that one foot only remains / is kept / on the** ~ la course est caractérisée par l'appui unilatéral ; v. recreation ground, sports ground

groundsman (*ft, rb, etc.*) gardien *m* de stade *m*, préposé *m* à l'entretien du terrain / d'un terrain de jeu

group *n* groupe *m*, (*in competition*) poule *f* ; (*med*) **blood** ~ groupe *m* sanguin ; (*cycl, athl, etc.*) **the main** ~ le peloton ; **the leading** ~ le groupe / peloton / de tête

grouping pattern *cpd* (*shooting*) ~ **of hits** groupement *m* d'impacts

grow (grew, grown) *v* (*athl, bkt, rb, etc.*) (*distance, score*) **the gap was growing wider** l'écart *m* grandissait

guard 1. *n* (*b x*) garde *f* ; (*bkt*) **left /**
right / ~ arrière *m* gauche / droit ;
(*bx*) **to take one's** ~ se mettre en
garde ; (*fn*) **hand** ~ coquille *f* ; (*fn*) ~
position garde *f* ; (*fn*) **on** ~! en
garde ! ; (*bx*) **head** ~ casque *m* protecteur ; (*skating*) **skate** ~ protège-
lame *m* (*pl* protège-lames) ;
(*shooting*) **trigger** ~ pontet *m* ; v.
arm guard, catch *v*, hand guard,
(*American football*) left guard,
(*American football*) right guard, shin
guard **2.** *v* (*bkt*) marquer ; (*bkt*) **to** ~
close marquer de près ; (*bkt*) **to** ~
from the rear marquer par l'arrière
guardrail *n* (*cycl, etc.*) rambarde *f*
guilty *adj* (*hd*) **to be** ~ **of line viola-**
tion empiéter ; v. foul *adj*
gumshield *n* (*bx, etc.*) protège-dents *m*,
inv
gun *n* (*athl*) (*start*) **the** ~ le coup de
feu ; (*shooting*) **double-barrelled** ~
fusil *m* à deux canons
Gundersen method *cpd* (*sk*) (*ski jum-*
ping) méthode *f* Gundersen
gunnel *n* (*canoe*) bord *m* extérieur
gust (*slg*) (*wind*) coup *m* de vent, rafale
f
gybe *v* (*slg*) empanner
gym *n* (*gen*) (= *gymnasium*) gymnase
m, (*fm*) salle *f* ; **training session in**
the ~ séance *f* (d'entraînement) en
salle *f* ;
gym teacher professeur *m* d'EPS /
d'Education Physique et Sportive
gymkhana *n* (*eq*) gymkhana *m* équestre
gymnasium *n* gymnase *m* ; v. gym
gymnastics *npl* gymnastique *f* ; **artistic**
~ gymnastique *f* artistique ; **reme-**
dial gymnastics gymnastique *f* médicale

H

HA (*G B*) (*abbr of Hockey Association*)
Fédération (Britannique) de Hockey
hack 1. *n* (*curling*) appui-pied (*pl* ap-
puis-pied) *m* ; (*ft*) coup *m* de pied
(sur le tibia) **2.** *v* (*ft*) **to** ~ **down**
one's opponent faucher son adversaire
haematoma (*pl* -omas, -omata) *n* hématome *m*
haemoglobin *n* hémoglobine *f*
haemorrhage *n* hémorragie *f*
hairpin *n* & *adj* (*aut, mt, etc.*) **a** ~ **bend**
un virage en épingle *f* à cheveux,
(*fm*) une épingle
half 1. *adj* (*squash*) ~ **court line** ligne *f*
de demi-court ; (*gym*) **on half point**
/ toe sur demi-pointe *f* ; v. turn,
half-distance, half-minute, etc. **2.** *n*
(*ft, etc.*) ~ (**of the field**) camp *m* ; (*ft,*
rb, vb, etc.) **the opponents'** ~ le
camp adverse ; (*ft, etc.*) **to stay in**
their ~ occuper leur camp ; (*ft, etc.*)
the first / second ~ la première /
deuxième mi-temps ; **at the start of**
the second ~ à la reprise ; v. scrum
~ , stand-off ~
halfback *n* (*ft, hk, rb*) demi *m* ; v. left /
right / halfback
half-bred *cpd* (*eq, hrg*) demi-sang *m*
half-distance *adj phr* (*water polo*) ~
line ligne *f* médiane
half-minute *adj phr* (*sk*) (*cross-country*
skiing) ~ **interval** intervalle *m* de 30
secondes
half-nelson *cpd* (*wr*) simple prise *f* de
tête à terre
half-pirouette *cpd* (*eq*) demi-pirouette
f
half(-)time *cpd* (*ft, etc.*) mi-temps *f* ; (*ft,*
etc.) **the half-time break / interval**
le repos
half-volley 1. *cpd* (*ft*) demi-volée *f* (*pl*

demi-volées) 2. *v* (*ft*) **to ~ the ball** frapper le ballon en demi-volée

half-way *adj phr* v. line

hallucinogen *n* (*pharm*) hallucinogène *m*

hallucinogenic *adj* (*pharm*) hallucinogène

halt 1. *n* (*eq*) arrêt *m* 2. *v* (*fn*) '~!' halte !

halve *v* (*gf*) **the hole is ~d** le trou est partagé

halyard *n* (*slg*) drisse *f*

hammer 1. *n* (*athl*) marteau *m* ; (*event*) le lancer du marteau, le marteau ; v. throwing 2. *v* (*ft*) **to ~ in a shot** déclencher un tir tendu

hamstring *n* tendon *m* du jarret ; **pulled ~** / **~ injury** lésion *f* du jarret

hand 1. *n* (*anatomy*) main *f* ; (*eq, hrg*) (*measurement of horse*) paume *f* ; (*eq*) **a horse fourteen ~s high** un cheval de quatorze paumes ; (*arc*) **drawing ~** main *f* qui bande la corde ; (*slg*) **foredeck ~** équipier *m* d'avant ; (*rw*) **inside / outside / ~** bras *m* intérieur / extérieur ; (*hk*) **open ~** main *f* ouverte ; (*fn*) **~ position** position *f* de main ; (*bx*) **leading ~** poing *m* avant ; (*bx*) **to raise the ~** lever le bras ; (*bx*) **striking ~** poing *m* qui frappe ; **~ bandage** bandage *m* de main ; (*gen*) **to have the upper ~ over s.o.** s'imposer devant qn ; v. hand on, hand-over, hands ; **hand guard** (*American football*) protège-main (*pl* protège-mains) *m*, (*fn*) coquille *f* 2. *v* (*gf*) **to ~ in one's scorecard** rendre sa carte ; v. hand off

hand off *vphr* (*rb*) (*opponent*) raffûter (*l'adversaire*)

handball *n* (*sp*) hand-ball *m* ; (*hd*) (*ball*) ballon *m* de hand-ball ; (*ft*) jeu *m* de la main ; (*hd*) **~ player** joueur *m* de hand-ball ; (*ft*) **to disregard a ~ by X** ignorer une main de X

hand-held *adj phr* **~ weapons** armes

fpl de poing

handicap 1. *n* (*hrg, gf, etc.*) handicap *m* 2. **(handicapped)** *v* (*gen*) handicaper ; v. handicapped

handicapped *adj & n* **the mentally ~** les handicapés *mpl* mentaux ; **games for the mentally ~** jeux *mpl* pour les handicapés mentaux

handing over *vphr* (*athl*) (*relay*) **~ the baton** transmission *f* du témoin

handle 1. *n* (*arc, fn*) poignée *f* ; (*athl*) (*hammer*) poignée *f* ; (*bsb, ttn*) (*of bat*) manche *m* ; (*hk*) (*of stick*) manche *m* ; (*water skiing*) trapèze *m* ; (*water skiing*) **figure skiing ~** trapèze *m* de figure ; (*water skiing*) **double ~** palonnier *m* de slalom ; (*curling*) **~ of the stone** poignée *f* de la pierre 2. *v* (*ft*) (*outfield player*) **to ~ the ball** faire une faute de main, jouer le ballon de la main, manier le ballon, toucher le ballon

handlebar *npl* (*cycl*) guidon *m* ; (*cycl*) **~ grip** poignée *f*

handling *n* (*ball*) (*rb, etc.*) maniement *m* ; (*rb*) **bad ~** (quelques) fautes *fpl* de main ; (*rw*) **oar ~** manœuvre *f* de l'aviron

hand on *vphr* (*athl*) **to ~ the baton** passer le témoin

hand-over *adj phr* (*athl*) (*relay*) **~ area / zone** zone *f* de relais ; (*sk*) (*cross-country skiing*) **~ zone** zone *f* de passage des relais

hand-over *cpd* (*sk*) (*cross-country skiing*) passage *m* du relais

hands *npl* (*ft*) (*fm*) (= *handball*) jeu *m* de la main

handspring *n* (*gym*) saut *m* de mains, renversement *m*

handstand *n* (*gym*) appui *m* renversé ; (*gym*) **Swiss ~** appui *m* tendu renversé suisse ; (*gen*) **to do a ~** faire l'arbre droit ; (*diving*) **in a ~ position** en équilibre *m* sur les mains

hang 1. *n* (*gym*) suspension *f* ; (*gym*)

bent ~ suspension *f* bras fléchis ; (*gym*) **bent inverted** ~ suspension *f* mi-renversée ; (*gym*) **stretched** ~ suspension *f* tendue **2.** *v* (*canoeing*) **to** ~ **a gate** suspendre une porte

hang-glider *cpd* (*craft*) deltaplane *m*, aile *f* volante / delta ; (*person*) deltaplaneur *m*

hang-gliding *cpd* (*sport du*) deltaplane *m*, vol *m* libre

hank (*slg*) mousqueton *m*

harass *v* (*ft, etc.*) **to** ~ **the opposing defence** harceler la défense adverse

h a r d *a d j* (*ft*) (*shot, centre, etc.*) tendu(e) ; (*tn, etc.*) (*volley*) percutant(e) ; (*ft*) **a** ~ **pass** une balle / passe / tendue ; (*ft, hk*) ~ **shot** tir *m* puissant ;
hard court (*tn*) court *m* en dur

harder *adv* v. bigger

hardworking *adj* (*ft, etc.*) (*player*) (*jn*) «bosseur» ; (*ft*) (*jn*) **the** ~ **midfielder** le milieu «bosseur»

harmony *n* (*eq*) harmonie *f*

harness 1. *n* (*eq, hrg*) harnais *m* ; (*slg, etc.*) **safety** ~ ceinture *f* / harnais *m* / de sécurité **2.** *v* (*eq*) harnacher (*un cheval*)

harnessing *n* (*eq*) harnachement *m*

hashish *n* haschisch *m*, hachisch *m*, haschich *m*, chanvre *m* indien

hat trick *cpd* (*ft*) coup *m* du chapeau, «hat-trick» *m*

haul *v* (*slg*) (*sails*) **to** ~ **on** border ; (*slg*) **close** ~**ed** près serré

have (had) *v* (*ft, etc.*) (*jn*) **he had a steady game** sa production fut satisfaisante ; **to** ~ **an X-ray** passer une radiographie ; (*bx*) **he was having his eleventh professional bout** il livrait / disputait / son onzième combat professionnel ; (*slg*) **to** ~ **way on** avoir de l'erre

head 1. *adj* (*sk*) ~ **judge** chef *m* des juges **2.** *n* (*anatomy*) tête *f* ; (*gf*) (*of club*) tête *f* (du club) ; (*hk*) ~ **of the**

stick tête *f* de la crosse ; (*eq, hrg*) **to give a horse his** ~ lâcher les rênes *fpl* ; (*r b*) (*scrum*) **to take the ball against the** ~ prendre la balle sur introduction adverse ; v. head-butting ;
head butt (*bx, etc.*) coup *m* de tête ;
head guard (*bx*) casque *m* protecteur ;
head pass (*hd*) passe *f* derrière la tête ;
head spring (*gym*) bascule *f* de tête **3.** *v* (*ft*) **to** ~ **the ball** jouer le ballon de la tête

headback spin *cpd* (*figure skating*) pirouette *f* cambrée

headband *n* (*rb, etc.*) serre-tête *m & inv*

head-butting *cpd* (*bx*) ~ **is not allowed** il est interdit de donner des coups *mpl* de tête

header *n* (*ft*) (*action*) tête *f*, coup *m* de tête ; (*ft*) **he is a good** ~ **of the ball** c'est un bon joueur de tête, il possède un bon jeu de tête ; (*ft*) **h e opened the score with a fine** ~ il ouvrit la marque sur une belle tête ; (*ft*) **a diving** ~ un coup de tête plongeant

head-first *adj phr* (*sw*) (*diving*) ~ **entry** entrée *f* tête première

headgear *n* (*speedskating*) **safety(-type)** ~ casque *m* protecteur

heading *n* (*ft*) (*training*) jeu *m* de tête ;
heading tennis (*ft*) (*training*) match *m* tête-volley, «tennis-heading» *m*

headlock *n* (*wr*) **to put s.o. in a** ~ cravater qn

headstall *n* (*eq*) têtière *f*

headstand *n* (*gym*) trépied *m* ; (*gen*) **to do a** ~ faire le poirier, faire l'arbre *m* fourchu

head-trap *cpd* (*ft*) amorti *m* de la tête

headwind *n* (*slg*) vent *m* debout / contraire

health *n* santé *f* ; ~ **problem** problème *m* de santé ; v. world

Healy twirl *cpd* (*gym*) Healy Quirl *m*

heart *n* (*anatomy, fg*) cœur *m* ; ~ **muscle** muscle *m* cardiaque ; ~ **stimulant** tonicardiaque *m*

heat *n* (*athl, etc.*) **qualifying** ~ épreuve *f* éliminatoire, éliminatoire *f* ; (*speed skating, etc.*) ~**s** éliminatoires *fpl* ; (*athl*) **preliminary / qualifying** ~**s** tours *mpl* préliminaires, séries *fpl*, (*gen*) série *f* qualificative

heavy *adj* (*hrg*) ~ **going** terrain *m* gras / lourd ; v. tackle

heavyweight *n* (*bx*) poids *m* lourd ; **world** ~ **boxing championship** championnat *m* du monde des lourds ; (*bx, krt, wr, etc.*) **super** ~ poids *m* super-lourd

Hecht vault *cpd* (*gym*) saut *m* de brochet

hedge *n* (*eq*) haie *f* vive

heel 1. *n* (*anatomy*) talon *m* ; (*sk*) (*of ski*) ~ **piece** talonnière *f* ; (*anatomy*) **Achilles' heel** talon *m* d'Achille ; (*wgt*) **to lift the** ~**s** soulever les talons ; (*gen*) **on s.o.'s** ~**s** sur les talons de qn ; **to follow close on s.o.'s** ~**s** être dans la foulée de qn ; v. remain **2.** *v* (*rb*) talonner ; (*slg*) gîter, donner de la gîte

heeling *n* (*rb*) ~ **or** ~ **out** talonnage *m*

height *n* hauteur *f* ; (*sk*) **difference in** ~ dénivelée *f* ; (*rb*) **tackle at neck** ~ cravate *f* ; v. lack

helmet *n* (*cycl, mt, polo, sk, etc.*) casque *m* ; (*bsb*) **batter's** ~ casque *m* de frappeur *m*

helmsman (*pl* **helmsmen**) *n* (*slg*) barreur *m*, homme *m* de barre, timonier *m*

hematoma *n* (*Am*) v. haematoma

hemoglobin *n* hémoglobine *f*

hemorrhage *n* (*Am*) v. haemorrhage

hemp *n* **Indian** ~ chanvre *m* indien, haschisch *m*

heptathlon *n* heptathlon *m*

hero *n* héros *m*

heroin *n* (*drug*) héroïne *f*

heroine *n* héroïne *f*

high *adj* (*eq*) ~ **and broad obstacle** obstacle *m* haut et large ; (*shooting*) ~ **house** trappe *f* haute ; (*gen*) ~ **score** score *m* élevé ; (*ft*) ~ **balls / passes** balles *fpl* / passes *fpl* / aériennes ; (*rb*) ~ **tackle** cravate *f* ; (*sw*) (*diving*) ~ **diver** plongeur *m* de haut vol ; v. blood pressure, high-jumper, high-sticking ;

high jump (*athl*) saut *m* en hauteur

highest *adj* (*sk*) (*cross-country skiing*) ~ **point** point *m* culminant

high-jumper *cpd* (*athl*) sauteur(euse) *m(f)* en hauteur

high-level *adj phr* de haut niveau

highly *adv* v. to rate

high-sticking *n* (*ihk*) crosse *f* haute

hill *n* (*cycl*) (= *climb*) montée *f* ; (*cycl*) (*race*) ~ **climb** course *f* de côte ; (*sk*) (*ski jumping*) **chief of** ~ chef *m* du tremplin ;

hill trial trial *m* de colline

hill-climbing *cpd* (*aut*) courses *fpl* de côte ; (*sk*) (*ski de fond*) montée *f*

hindquarters *npl* (*horse*) arrière-train (*pl* arrière-trains) *m*, arrière-main (*pl* arrière-mains) *m*, train *m* de derrière ; (*eq*) **engagement of the** ~ engagement *m* de l'arrière-main *m*

hip *n* (*anatomy*) hanche *f* ; (*gym*) ~ **circle** tour *m* d'appui ; (*gym*) **free** ~ **circle** tour *m* d'appui libre ; (*wr*) ~ **roll** tour *m* de hanche ; (*jd*) ~ **throws** (*koshi-waza*) lancements *mpl* de hanches ; (*wr*) **double arm** ~ **throw** double prise *f* de bras *m* hanchée ; (*jd*) **spring** ~ **throw** (hane-goshi) chassé *m* de hanche ; (*jd*) **sweeping** ~ **throw** (harai-goshi) balayage *m* à l'aide de la hanche ;

hip pad *cpd* (*American football*) ceinture *f* de maintien

histamine *n* (*physiology*) histamine *f*

hit 1. *n* (*fn*) touche *f*, touche *f* épéiste ;

(*arc, shooting*) impact *m* ; (*hk*) coup *m* ; (*fn*) **double** ~ coup *m* double ; (*hk*) **free** ~ coup *m* franc ; (shooting) **grouping pattern of ~s** groupement *m* d'impacts ; (*shooting*) **long** ~ impact *m* long ; (*fn*) **penalty** ~ touche *f* de pénalisation ; (*shooting*) **touching** ~ coup *m* tangent ; (*fn*) **'no ~!'** -pas de touche ; (*fn*) ~ **not valid** touche *f* non valable ; (*fn*) ~ **received** touche *f* reçue ; (*fn*) ~ **scored** touche *f* donnée ; (*fn*) ~ **valid** touche *f* valable **2. (hit)** *v* (*gen*) frapper ; (*b x*) (*opponent*) frapper, (*blow*) asséner ; (*fn*) **' ~!'** -touché ! ; (*tn*) **I hit the ball well** J'ai frappé bien dans la balle ; (*ft*) **the ball ~ the underside of the bar** le ballon percutait l'intérieur de la transversale ; (*bx*) **to ~ with the inside of the glove** frapper avec le gant ouvert) ; (*bx*) **to ~ below the belt** frapper au-dessous de la ceinture, asséner un coup bas ; (*bx*) **to ~ a man when he is down** frapper un homme à terre ; (*bx*) **~ing and holding is against the rules** il est interdit de frapper d'une main en tenant l'adversaire de l'autre ; (*bx*) **to pull and ~** tirer en frappant ; (*ckt*) **to ~ the stumps / wicket** renverser le guichet

hitter *n* (*bx*) **hard / big / ~ rude** frappeur *m*

hitting and holding *cpd* (*bx*) tenir et frapper ; (*bx*) **~ is against the rules** il est interdit de frapper d'une main en tenant l'adversaire de l'autre ; **hitting area** *cpd* (*bsb*) (*on baseball bat*) surface *f* de frappe *f*

hoarding *n* **advertising ~** panneau *m* de publicité *f*

hockey *n* hockey *m* ; **Hockey Association** Fédération *f* (Britannique) de Hockey ; **~ ball** balle *f* de hockey ; **~ pants** culotte *f* de hockey ; **~ player** hockeyeur(euse) *m(f)*, joueur(euse)

m(f) de hockey ; ~ **stick** crosse *f* de hockey, (*Canada*) bâton *m* de hockey ; **ice ~** hockey *m* sur glace ; **field ~** hockey *m* sur gazon ; **hog line** *cpd* (*curling*) ligne *f* de jeu, ligne *f* des cochons

hold 1. *n* (*wr*) prise *f* ; (*jd*) immobilisation *f* ; (*wr*) **ground ~s** prises *fpl* au sol ; (*gym*) ~ **position** maintien *m* ; (*jd*) **'~ is on!'** commencement *m* de l'immobilisation ! ; (*jd*) **'~ is broken!'** sortie *f* de l'immobilisation ! ; (*ft*) **to get ~ of the ball** s'emparer du ballon **2. (held)** *v* (*gen*) tenir ; (*tn*) **to ~ one's service** gagner son service ; (*ft*) (*jn*) **Benfica held to a draw** Benfica accroché ; (*wr*) **to ~ down an opponent by both shoulders** maintenir l'adversaire sur les deux épaules ; (*rw*) (*order*) ~ **water** les avirons *mpl* dans l'eau ; v. hitting and holding, hold on, hold out

hold down *vphr* v. hold *v*

holder *n* tenant(e) *m(f)* ; **the present ~ of the title** le tenant du titre ; **record-~** détenteur *m* / détentrice *f* / du record

holding *n* (*rbl*) tenu *m* ; (*jd*) ~ **techniques** techniques *fpl* d'immobilisation ; (*wr*) ~ **in the bridge position** maintien *m* en pont ; v. hitting and holding

hold on *vphr* (*ft, etc.*) (*at end of match*) tenir le coup, tenir bon / ferme

hold out *vphr* (*ft, etc.*) (*at end of match*) tenir le coup, tenir bon / ferme

hole 1. *n* (*gf*) trou *m* ; **he had a birdie at the eleventh ~** il a réussi un birdie au onze **2.** *v* (*gf*) **to ~ the ball** envoyer la balle dans le trou ; (*gf*) **to ~ a putt** rentrer un putt

Hollander *n* (*gym*) hollandais *m*

hollow *adj* (*rw*) ~ **oar** aviron *m* creux

home *n* (*ft, etc.*) **at ~** à la maison, à domicile ; (*ft, etc.*) **Liverpool, unbeaten at ~** Liverpool, invaincu chez lui / à la maison ; (*gen*) **the ~ team** (*jn*) les locaux *mpl*, la formation locale ; (*ft*) **the ~ defence** la défense des locaux ; **two ~ wins** deux victoires *fpl* à domicile ; v. away, club, defeat ;

home base (*bsb*) «home base» *m*, quatrième but *m* / base *f* ;

home plate (*bsb*) marbre *m* ;

home straight *cpd* (*athl, cycl, hrg*) ligne *f* droite

honours *npl* (*ft, etc.*) (*club, player*) palmarès *m*

hoof *v* (*ft*) (*fm, jn*) **to ~ the ball** botter le ballon aussi loin que possible ; (*ft*) (*fm, jn*) **to ~ the ball clear** dégager le ballon en le bottant aussi loin que possible

hook 1. *n* (*bx*) crochet *m* ; (*ckt*) (*stroke*) coup *m* tourné vers le côté droit ; (*slg*) croc *m* ; (*bx*) **~ to the body** crochet *m* au corps ; (*bx*) **~ to the head** crochet *m* à la tête ; (*bx*) **~ to the liver** crochet *m* au foie ; v. boathook ;

hook grip (*wgt*) crochetage *m* ;

hook shot (*bkt*) tir *m* à bras roulé **2.** *v* (*hk, ihk*) accrocher, crocheter ; (*gf*) faire un hook ; (*rb*) (*ball*) talonner ; (*rb*) **to ~ the ball (wide)** envoyer le ballon à côté ; (*bx*) **to ~ s.o. to the jaw** envoyer un crochet dans la mâchoire de qn

hooker *n* (*rb*) talonneur *m*

hooligan *n* voyou (*pl* voyous) *m*, hooligan *m*

hooliganism *n* vandalisme *m*, «hooliganisme» *m*

hoop *n* (*croquet*) arceau *m*

hop 1. *n* **a ~ , skip and jump** (*gen*) un saut à cloche-pied, un pas et un bond, (*athl*) (= *triple jump*) triple saut *m* **2.** *v* (*gen*) sauter à cloche-pied

hope *n* (*gen*) espoir *m* ; (*bx*) **one of the great ~s of French boxing** un des grands espoirs de la boxe française

hopeful(s) *n* (*ft, etc.*) espoir(s) *m*

horizontal *adj* (*modern pentathlon*) **~ and vertical profiles** schéma *m* du profil ; v. bar

hormone *n* hormone *f* ; **growth ~** hormone *f* de croissance ; **male ~** androgène *m* ; **male sex ~s** hormones sexuelles mâles

horse *n* (*gen*) cheval (*pl* chevaux) *m* ; (*gym*) cheval *m* ; (*eq*) **dressage ~** cheval *m* de dressage ; (*gym*) **long ~** cheval-sautoir *m* ; **pommel ~** cheval *m* d'arçons ; (*eq, hrg*) **riderless ~** cheval *m* sans cavalier ; (*eq*) **three-day-event ~** cheval *m* de concours complet ; (*modern pentathlon*) (draw for horses) **~ drawn** cheval *m* tiré ; (*modern pentathlon*) **extra ~** cheval *m* en plus ; (*eq, hrg*) **to fall from the ~** tomber de cheval ; (*eq, hrg*) **to go with the ~** suivre les mouvements du cheval ; (*eq, hrg*) **to give a ~ his head** lâcher les rênes ;

horse jumping (*eq*) jumping *m*, saut *m* d'obstacles ;

horse jumping competition (*eq*) concours *m* de saut d'obstacles ;

horse racing hippisme *m* ;

horse riding équitation *f* ;

horse trials concours *m* complet ;

horse vaulting (*gym*) saut *m* de cheval

horseman, horsewoman *n, mf* (*eq*) cavalier(ière) *m(f)*

horsemanship *n* équitation *f*

horseshoe *n* (*eq, hrg*) fer *m* à cheval

horsewoman *n* v. horseman

hospitalize *v* **to ~ s.o.** hospitaliser qn

house *n* (*curling*) maison *f* ; (*shooting*) **high / low / ~** trappe *f* haute / basse

housemaid's knee *cpd* inflammation *f* / hygroma *m* / du genou

hub *n* (*cycl*) moyeu (*pl* moyeux) *m*

hull *n* (*slg*) coque *f* ; (*rw*) **~ resistance** résistance *f* du profil

humerus *n* (*anatomy*) humérus *m*

hundred *adj* (*athl, sw, etc.*) **the ~ metres (race)** le cent mètres

hunter *n* chasseur *m* ; **autograph ~** chasseur *m* d'autographe

hurdle *n* (*athl*) haie *f* ; **~s races** courses *fpl* de haies ; **the hundred and ten / four hundred / metres ~s** le cent dix / quatre cents / mètres haies

hurdling *n* (*athl, hrg*) courses *fpl* de haies

hurley *n* (*Ir*) (*hurling*) «hurley» *m*, = «stick» *m* recourbé terminé par une large palme

hurling *n* (*Ir*) hurling *m*

hurt *v* blesser ; **to ~ one's knee** se faire mal au genou, se blesser au genou

husky *n* chien *m* de traîneaux

hustle *v* (*ft*) (*player, team*) bousculer ; (*ft*) **we'll try and ~ them** on essaiera de les bousculer un peu

hygiene *n* hygiène *f*

hypertension *n* hypertension *f* ; **to have ~** (*fm*) avoir de la / trop de / tension

hypertrophic *adj* hypertrophique

hyperventilation *n* (*med*) hyperventilation *f*

hypnotic 1. *adj* (*pharm*) hypnotique **2.** *n* (*pharm*) hypnotique *m*

hypothermia *n* (*med*) hypothermie *f*

I

IAAF (*abbr of International Amateur Athletic Federation*) Fédération Internationale d'Athlétisme Amateur

IAWA (*abbr of International Amateur Wrestling Association*) Fédération Internationale de Lutte Amateur

IBF (*abbr of Internationl Boxing Federation*) Fédération Internationale de Boxe (*Professionnelle*)

IBSF (*abbr of International Billiards and Snooker Federation*) Fédération Internationale de Billard et de Snooker

ice *n* glace *f* ; (*sp*) **~ hockey** hockey *m* sur glace ; (*curling*) **~ grooming / maintenance** entretien *m* de la glace ; v. skate, skating ;
ice dancing danse *f* sur glace *f* ;
ice rink patinoire *f* ;
ice skating patinage *m* sur glace *f*

ICF (*abbr of International Curling Federation*) Fédération Internationale de Curling

icing *n* (*ihk*) dégagement *m* interdit

IHF (*abbr of International Handball Federation*) Fédération Internationale de Handball

IIHF (*abbr of International Ice Hockey Federation*) Fédération Internationale de Hockey sur Glace

IJF (*abbr of International Judo Federation*) Fédération Internationale de Judo

illegal *adj* (*wr*) **~ grip** prise *f* non-réglementaire ; (*aut*) **the German cars had been declared ~** les voitures *fpl* allemandes avaient été déclarées non conformes

immobility *n* (*gen, eq*) immobilité *f*

impetus *n* impulsion *f*

improve *v* améliorer ; **to ~ one's physical fitness** affiner sa condition physique ; **to ~ the performance of a player / athlete** augmenter le rendement d'un joueur / athlète ; **to ~ s.o.'s motivation / level of motivation** élever le niveau de motivation de qn ; (*tn*) **he has improved his play by adding some attacking strokes** il a enrichi son jeu d'options offensives ; (*athl*) **to ~ one's personal best by four hundredths of a second** améliorer de quatre centièmes son record personnel ; (*ft*) the French teams have ~d their UEFA points tally (*jn, fg*) les clubs français ont amélioré leur capital points UEFA

impulsion *n* (*gen, eq*) impulsion *f*

in *prep* (*rw*) 'In!' 'En bateau!'

inability *n* (*bx*) ~ **to box** inaptitude *f* à boxer ; (*bx*) ~ **to defend oneself** inaptitude *f* à se défendre

inboard *adj* (*rw*) ~ **part of the oar** levier *m* intérieur

inbound line *cpd* (*American / Canadian / football*) trait *m* de mise en jeu

incapacity *n* incapacité *f*

incorrect *adj* (*vb*) ~ **hitting of the ball** frappe *f* irrégulière du ballon

increase 1. *n* (*wgt*) ~ **of weights** progression *f* de poids **2.** *v* (*gen*) augmenter ; (*wgt*) **the weight on the bar is ~d by five kilograms** le poids de la barre augmente de cinq kilos ; (*bk, rb, etc.*) **to ~ the lead to 10-3** (*jn*) creuser l'écart à 10-3 ; (*gen*) **to ~ the pace** hausser le rythme ; **to ~ the score** (*jn*) aggraver la marque, faire le break ; (*rw*) **to ~ the stroke rate** augmenter la cadence des coups

Indian hemp *cpd* chanvre *m* indien, haschisch *m*

indicator *n* (*glider*) **airspeed** ~ anémomètre *m*, badin *m* ; (*sw*) **backstroke turn** ~ repère *m* de virage *m* de dos

indirect *adj* (*ft*) ~ **free kick** coup *m* franc indirect

individual *adj* individuel(le) *m* (*f*) ; (*athl*) ~ **events** épreuves *fpl* individuelles ; (*cycl*) ~ **pursuit** poursuite *f* individuelle ; ~ **skating** patinage *m* individuel

indoor *adj* (*athl, etc.*) (*tournament*) en salle, «indoor» ; (*eq*) ~ **school** manège *m* ; **the world ~ 60 metres hurdles champion** le champion du monde en salle du 60m. haies

inexperience *n* inexpérience *f*

infighting *n* corps *m* à corps

infield *n* (*bsb*) avant-champ *m*

inflammation *n* (*med*) inflammation *f* ; ~ **of the knee** inflammation *f* du genou

influence *n* (*eq*) ~ **on the horse** action *f* sur le cheval

infraction *n* (*bkt, etc.*) (= *infringement*) ~ **of the rules** infraction *f* aux règles

infrared *adj* ~ **lamp** lampe *f* à infrarouges

infrastructure *n* (*club, association*) infrastructure *f*

infringement *n* (*ft, etc.*) infraction *f*, faute *f* ; (*bkt, ft, etc.*) ~ **of the rules** infraction *f* aux règles

in-goal *adj phr* (*rb*) ~ **area** en-but *m* ; v. touch

injure *v* **to ~ oneself** se blesser ; **to ~ oneself again** se reblesser ; **to ~ one's knee** se faire mal au genou, se blesser au genou

injury (*pl* **injuries**) *n* blessure *f*, (*fm*) «bobo» *m* ; **hamstring** ~ lésion *f* du tendon du jarret ; **to sustain an** ~ se blesser ; **to sustain another** ~ se reblesser ; (*ft, etc.*) **the referee is playing time added on for injuries** l'arbitre *m* fait jouer les arrêts de jeu ; v. out ;

    injury time (*ft, etc.*) arrêts *mpl* de jeu ; (*ft, etc.*) **the referee is playing injury time** l'arbitre *m* fait jouer les arrêts *mpl* de jeu

inner *adj* (*curling*) **red** ~ **circle** cercle *m* rouge intérieur ; (*jd*) ~ **thigh throw** (*uchi-mata*) fauchage *m* cuisse interne ; (*cycl*) ~ **track** intérieur *m* ; v. reap

inning *n* (*bsb*) tour *m* de batte *f* / frappe *f*, manche *f* ; (*ckt*) ~**s** tour *m* de batte *f* / frappe *f*

innings *npl* v. inning

inquartata *n* (*fn*) inquartata *f*

inrun *n* (*sk*) (*ski jumping*) piste *f* d'élan ; (*sk*) (*ski jumping*) ~ **position** position *f* d'élan

inside 1. *adj* (*ft, hk*) ~ **forward** inter *m* ; (*ft, hk, etc.*) ~ **left / right** inter *m* gauche / droit ; (*gym*) ~ **stand** station *f* intérieure ; v. linebacker **2.** *n* (*bx*) **hitting with the ~ of the glove is not allowed** il est interdit de frapper de l'intérieur du gant ; (*cycl*) **to overtake on the ~** doubler à la corde

inspection *n* (*alpine skiing, etc.*) **course** ~ reconnaissance *f* de la piste ; (*eq*) ~ **of the course / horses / saddlery / spurs / weapons / whip** inspection *f* du parcours / des chevaux / de la selle / des éperons / des armes / de la cravache ; (*shooting*) ~ **of the arms** inspection *f* des armes

inspiration *n* (*g e n*) inspiration *f* ; (*breathing*) inspiration *f*, aspiration *f*

installation *n* (*rw*) **starting** ~ installation *f* de départ ; (*rw*) **movable starting** ~ installation *f* mobile de départ

instep *n* cou-de-pied (*pl* cous-de-pied) *m* ; (*ft*) **a kick with the ~** une frappe du cou-de-pied

instruction *n* **sailing** ~s instructions *fpl* de course

instructor *n* (*gen*) éducateur(trice) *m(f)* ; (*sk, etc.*) moniteur(trice) *m(f)* ; (*gym*) **PE** ~ professeur *m* d'EPS / d'éducation physique et sportive ; (*eq*) **riding** ~ maître *m* de manège ; **sports** ~ / **administrator** animateur *m* sportif

instructress *n* (*gen*) éducatrice *f* ; (*sk, etc.*) monitrice *f*

instrument *n* (*aut, glider, etc.*) ~ **panel** tableau *m* de bord

intention *n* (*fn*) **first / second / ~** première / deuxième / intention *f*

intercept *v* (*ft, etc.*) (*pass*) intercepter

interception *n* (*gen*) interception *f*

interference *n* (*gen*) obstruction *f* ; (*bkt*) ~ **with the ball** intervention *f* sur le ballon

intermediate *adj* intermédiaire ; ~ **time** temps *m* de passage intermédiaire, temps *m* intermédiaire

international 1. *adj* international(e) (*mpl* -aux) ; (*ft, etc.*) ~ **matches** matches *mpl* internationaux, (*jn*) les matches *mpl* en sélection ; **their four ~ players** leurs quatre internationaux *mpl* ; v. IAAF, IAWA, IBF, IBSF, ICF, IHF, IIHF, IJF, IOC, IRFB, ISF, ISU, ITF, ITTF, IWF, IYRU **2.** *n* (~ = *athlete, player, etc.*) international(e) *m(f)* (*mpl* -aux) ; (~ = *match*) match *m* international, rencontre *f* internationale ; (~ = *player*) **their four internationals** leurs quatre internationaux *mpl*

interval *n* (*jd*) (= *kyu kei*) pause *f* ; (*ft, etc.*) **the half-time ~** le repos ; **interval training** «intervall-training» *m*

intervention *n* (*ft*) (= *interception*) **a timely ~** une interception opportune

intravenous *adj* intraveineux(euse) *m(f)*

intervertebral *adj* ~ **disc** disque *m* intervertébral

in-turn *cpd* (*curling*) effet *m* intérieur

invalid *adj* (*fn*) ~ **target** surface *f* non valable ; (*athl*) (*high jump*) **the attempt / jump / is ~** le saut est fautif

invigorating *adj* (*training, etc.*) tonique

invitation *n* (*fn*) invite *f* ; (*gen*) ~ **tournament** tournoi *m* sur invitations *fpl*

inwale *n* (*rw*) précinte *f*

inward *adj* (*sw*) ~ **dive** plongeon *m* retourné

IOC (*abbr of International Olympic Committee*) Comité *m* Olympique International

ippon *n* (*jd*) ippon *m*

IRFB (*abbr of International Rugby Football Board*) Fédération

Internationale de Rugby

iron *n* (*gf*) (*club*) fer *m* ; (*gf*) **driving ~** grand fer *m* ; (*gf*) **a (number) 6 ~** un fer 6 ; (*gen*) **"pumping ~"** culturisme *m*

irregular *adj* (*sk*) (*cross-country skiing*) **~ terrain** terrain *m* accidenté

ISF (*abbr of International Softball Federation*) Fédération Internationale de Softball

ISOD (*abbr of International Sports Organization for the Disabled*) Fédération Internationale de Sport pour Handicapés

isotonicity *n* isotonie *f*

ISU (*abbr of International Skating Union*) Union *f* Internationale des Sports de Glace

ITF (*abbr of International Tennis Federation*) Fédération Internationale de Tennis

Itoh kip *cpd* (*jd*) bascule *f* Itoh

ITTF (*abbr of International Table Tennis Federation*) Fédération Internationale de Tennis de Table

IWF (*abbr of International Weighlifting Federation*) Fédération Internationale d'Haltérophilie

IYRU (*abbr of International Yacht Racing Union*) Union Internationale de Voile

J

jab *n* (*bx*) direct *m*, coup *m* droit

jack *n* (*bls*) cochonnet *m*, petit *m* ; (*bls*) (*pétanque*) cochonnet *m*, petit *m*, but *m*, «gari» *m*, «kiki» *m* ; (*bls*) (*pétanque*) **bowl touching the ~** biberon *m*, têtard *m*

jacket *n* (*shooting*) **shooting ~** veste *f* de tir

jack-knife *adj phr* (*sw*) **~ dive** saut *m* de carpe

javelin *n* (*athl*) javelot *m* ; (*event*) le lancer du javelot, le javelot ; v. throwing

jerk *n* (*wgt*) v. clean and jerk

jersey *n* (*ft, etc.*) maillot *m*, chemisette *f*, (*American football*) chandail *m* ; (*cycl*) (*Tour de France*) **the yellow ~** le maillot jaune

jib *n* (*slg*) foc *m* ; v. storm jib

jibsheet *n* (*slg*) écoute *f* de foc

jiujitsu *n* (*sp*) v. jujitsu

jockey 1. *n* (*hrg*) jockey *m*, (*lady rider*) femme *f* jockey ; (*hrg*) **amateur ~** jockey *m* amateur **2.** *v* (*gen*) **to ~ for position** manœuvrer pour se placer avantageusement

jockstrap *n* slip *m* à coquille

jodhpurs *npl* culotte *f* de cheval

jog 1. or **jogging** *n* footing *m* ; **to go jogging** faire du footing ; **to go for a jog** faire un footing **2.** *v* (*gen*) faire du footing ; **to ~ along** trottiner

jogging *n* v. jog *n*

joint 1. *adj* (*athl, hrg, etc.*) **to be placed ~ first** être classé premier ex aequo **2.** *n* (*anatomy*) articulation *f* ; **elbow ~** articulation *f* du coude

jostle *v* (*ft, etc.*) bousculer ; **to ~ one another** se bousculer

joystick *n* (*glider, etc.*) manche *m* à balai

judge *n* (*bx, etc.*) juge *m*, (*fn*) assesseur *m*, (*jd*) juge *m* de coin ; (*canoeing*) **chief ~** chef-arbitre *m* ; (*cycl*) **start(ing) ~** juge *m* au départ ; (*speed skating*) **chief finish line ~** chef *m* des juges, juge *m* en chef, juge *m* de la ligne d'arrivée ; (*sk, etc.*) **finish line ~** juge *m* de la ligne d'arrivée ; (*tn*) **foot fault ~** juge *m* de faute de pied ; (*tn*) **line ~** juge *m* de ligne ; (*tn*) **net (cord) ~** juge *m* de filet ; (*eq*) obstacle ~ juge *m* aux obstacles ; (*sw*) **stroke** ~ juge *m* de nages ; (*sk*) (*ski jumping, etc.*) **style** ~ / ~ **for style** juge *m* de style ; (*rb*) **touch** ~ juge *m* de touche ; (*cycl*) **turn** ~ commissaire *m* ; (*sw*) **turn(ing)** ~ juge *m* de virages ; (*eq*) ~**s' box** mirador *m* des juges ; (*sk*) (*freestyle skiing*) ~**s' stand** tribune *f* des juges ; (*sk*) (*ski jumping*) ~**s' tower** tour *f* des juges ; v. back judge, chief

judging *n* (*gen*) arbitrage *m* ; (*fn*) ~ **apparatus** appareil *m* de signalisation des touches ; (*fn*) **electrical** ~ **apparatus** appareil *m* électrique de signalisation

judo *n* judo *m* ; ~ **belt** ceinture *f* de judo ; ~ **jacket** veste *f* de judo ; ~ **mat** tatami *m*, tapis *m* de judo ; ~ **player** judoka *m* ; ~ **trousers** pantalon *m* de judo ; ~ **uniform** judogi *m*

judogi *n* (*jd*) (= *judo uniform*) judogi *m*

judoka *n* judoka *mf*

juggling *n* (*ft*) (*with the ball*) jonglerie *f*

jujitsu *n* (*sp*) jiu-jitsu *m*, ju-jitsu *m*

jump 1. *n* (*action*) saut *m*, bond *m* ; (*eq*) (= *obstacle*) obstacle *m* ; (*athl*) **long** ~ saut *m* en longueur ; (*athl*) **high** ~ saut *m* en hauteur ; (*athl*) **triple** ~ triple saut *m* ; (*sk*) **ski** ~ tremplin *m* ; (*bkt*) ~ **ball** entre-deux *m* ; (*hd*) ~ **pass** passe *f* en suspension ; (*bkt, hd*) ~ **shot** tir *m* en suspension ; (*hd*) **diving** ~ **shot** tir *m* en plongeant

sur saut *m* ; (*gen*) **vertical** ~ saut *m* vertical ; (*gym*) ~ **into handstand with backward swing of arms** saut *m* japonais ; (*gym*) **final** ~ sursaut *m* ; (*gym*) **squat** ~ saut *m* groupé ; (*gym*) **turning** ~ parapluie *m* ; (*athl*) **the length of a** ~ la longueur d'un saut / bond ; (*athl*) **longest / best /** ~ meilleur saut *m* ; (*athl*) **second best** ~ deuxième meilleur saut *m* ; v. hop, scissors, ski **2.** *v* sauter

jumper *n* (*gen*) (*person*) sauteur(euse) *m(f)* ; (*athl*) **long / high /** ~ sauteur *m* / sauteuse *f* / en longueur / hauteur ; (*sk*) **ski** ~ sauteur *m* à skis ; (*slg*) ~ **stay** hauban *m*

jumping *n* (*sp*) **bungee** ~ saut *m* à l'élastique ; (*eq*) **horse** ~ saut *m* d'obstacles, jumping *m* ; **show** ~ jumping *m* ; (*athl*) (*high jump*) ~ **area** aire *f* / piste *f* / d'élan ; (*eq*) ~ **saddle** selle *f* d'obstacle ; (*eq*) ~ **competition** épreuve *f* de saut d'obstacles ; v. horse, ski jumping

jump-off *cpd* (*eq*) barrage *m*

junior 1. *adj* **the French** ~ **team** (*jn*) les coquelets *mpl* **2.** *n* **the French juniors** (*jn*) les coquelets *mpl*

jury *n* (*gen*) jury *m* ; (*eq*) jury *m* d'appel ; (*sk*) (*cross-country skiing*) **competition** ~ jury *m* de compétition ; (*slg*) **international** ~ jury *m* international ; (*slg*) ~ **mast** mât *m* de fortune

K

K120m jumping hill *cpd* (*sk*) (*ski jumping*) tremplin *m* de saut à ski (*K120*)

K90m jumping hill *cpd* (*sk*) (*ski jumping*) tremplin *m* de saut à ski (*K90*)

karate *n* (*sp*) karaté *m*

kayak *n* kayak *m* ; **single** ~ K1, kayak *m* monoplace ; ~ **canoeist** canoéiste

mf de kayak ; ~ **four** kayak *m* à quatre ; ~ **pair** kayak *m* biplace ; ~ **roll** esquimautage *m* ; ~ **single** kayak *m* monoplace ; **in the ladies'** ~ en kayak *m* dames

keel *n* (*rw, slg*) quille *f* ; (*slg*) ~ **boat** bateau *m* à quille, quillard *m* ; (*slg*) **drop** ~ dérive *f* ; (*rw*) **inner** ~ quille *f* intérieure ; (*rw*) ~ **support** support *m* de la quille

keelson *n* (*slg*) carlingue *f*

keep (pp kept) *v* (*ft*) **to ~ the ball in play** empêcher la balle de sortir ; (*ft*) (*goalkeeper*) (*jn*) **to ~ a clean sheet** ne pas encaisser / concéder / prendre / un but ; (*ft, etc.*) (*jn*) (*player*) **to ~ one's place** être retenu ; (*ft, etc.*) **to ~ possession / to ~ hold / of the ball** garder / monopoliser / le ballon ; (*ft*) **to ~ pushing up** exercer un pressing constant ; (*cycl*) **to ~ up with s.o.** tenir la roue de qn ; (*rw*) **' ~ apart!'** 'écartez-vous !'

keeper 1. *n* (*sk*) (*alpine skiing*) **chief gate ~** chef *m* des juges de porte **2. 'keeper'** (*n, fm*) (*ft*) gardien *m* de but, goal *m*, (*jn*) «portier» *m*

keep-fit class *cpd* cours *m* de gymnastique

kendo *n* (*sp*) kendo *m*

kerb *n* (*athl*) (*on edge of track*) lice *f*, bordure *f*

key *adj* (*ft, etc.*) **X is one of the ~ players of the team** X est une des pièces maîtresses de son équipe

keyhole *n* (*shooting*) **~ tipping** impact *m* ovalisé

"keyed up" *adj phr* (*jn*) (player, competitor) «survolté»

kick 1. *n* (*gen*) coup *m* de pied ; (*sw*) (*crawl*) coup *m* de pied, battement *m* des jambes ; (*sw*) **butterfly ~** coup *m* de pied de papillon ; (*ft, etc.*) **free ~** coup *m* franc ; **penalty ~** (*ft*) coup *m* de pied de réparation, penalty *m*, (*rb*) pénalité *f* ; (*ft*) **indirect free ~** coup *m* franc indirect ; (*ft*) **deadball ~s** coups *mpl* de pieds arrêtés ; (*ft, etc.*) **he has a good ~** il a une bonne frappe ; (*rb*) **~ at goal** tentative *f* de but ; (*rb, jn*) **a short ~ into touch** une tapette en touche ; v. drop kick, goal kick, place kick ; **kick boxing** «kick boxing» *m*, (F)

savate *f*, boxe *f* française savate ; v. Thai boxing

2. *v* (*eq*) (*of horse*) ruer ; (*ft*) **to ~ the ball** botter le ballon ; (*ft*) **to ~ the ball towards X** expédier / diriger / le ballon vers X ; (*ihk*) **to ~ the puck** donner un coup de patin sur le palet ; (*ft*) **X had been guilty of kicking Y** X s'était rendu coupable d'un coup de pied sur Y ; (*rb*) **to ~ a penalty goal** réussir un but ; (*rb*) **to ~ the ball between the posts** faire passer le ballon entre les poteaux en le bottant ; v. kick off, touch

kicker *n* (*hk*) sabot *m* ; (*sk*) (*freestyle skiing*) tremplin *m*, table *f* de saut ; (*sk*) (*cross-country skiing*) **~ wax** fart *m* de retenue

kicking 1. *adj* (*ft*) **~ leg** jambe *f* de frappe ; (*slg*) **~ strap** hale-bas *m & inv* de bôme **2.** *n* (*sw*) (*crawl*) battement *m* des jambes

kick-off 1. *n* (*ft, etc.*) coup *m* d'envoi **2.** *vphr* (*ft, etc.*) donner le coup d'envoi

kidney *n* (*anatomy*) rein *m* ; (*bx*) **~ punch** coup *m* aux reins ; (*bx*) **to hit s.o. in the ~s** frapper qn dans les reins

kilian *n* (*ice dancing*) **~ hold** kilian *m*

kill *v* (*ft*) **to ~ the ball** immobiliser le ballon, faire un amorti

kilogram *n* kilogramme *m*, kilo *m*

kilogramme *n* v. kilogram

kinematics *n* (*science of movement*) cinématique *f*

king pin *cpd* (*ft, etc.*) (*fg*) **X is one of the ~s of the team** X est une des pièces maîtresses de son équipe

kingpost *n* (*hang-glider*) mât *m*

kisser *n* (*arc*) sucette *f*

kit *n* (*gen*) équipement *m*, affaires *fpl* ; (*ft, etc.*) (= *team shirts, etc.*) jeu *m* de maillots, tenue *f* ; (*ft, etc.*) (= *set of shirts*) **away ~** jeu *m* de maillots portés à l'extérieur ; (*eq*) **riding ~**

tenue *f* de cheval

knee *n* (*anatomy*) genou *m* ; (*wgt*) ~ **bending** flexion *f* des jambes ; (*canoeing*) ~ **cushion** coussin *m* pour les genoux ; (*canoeing*) ~ **rest** repose-genou *m & inv* ; (*gym*) ~ **scale** planche *f* sur un genou ; v. housemaid's knee, kneecap, kneepad

kneecap *n* (*anatomy*) rotule *f*

kneeling *adj & n* (*rifle, etc.*) ~ **position** position *f* à genou ; (*shooting*) ~ **pad** rouleau *m*

kneepad or **knee pad** *n* or *cpd* (*bsb, polo, etc.*) genouillère *f*

knock *v* (*ft*) (*goalkeeper*) **to** ~ **the ball away** écarter le ballon ; (*ft*) (*fm*) **they** ~ **long balls up front** ils balancent de(s) grands ballons devant

knock-down 1. *cpd* (*bx*) knock-down *m*, (*eq*) renversement *m* **2.** *vphr* (*bx*) **to be knocked down** aller au tapis ; (*bx*) **to knock s.o. down** envoyer qn à terre

"knock in" *vphr* (*ft*) (*jn*) **to** ~ **a couple of goals** «planter» deux buts

knock-on *cpd* (*rb*) en-avant *m*

knockout 1. *a d j* ~ **competition** compétition *f* avec épreuves éliminatoires **2.** *n* knock-out *m* (*pl* knock-outs), K-O *m* **3.** *v* (*bx*) **to** ~ **an opponent** mettre un adversaire K-O / knock-out ; (*bx*) **to be knocked out** être mis K-O ; (*tn, etc.*) (*fg*) **X knocked out Y in the semi-final** X a sorti Y en demi-finale

knock-up *cpd* (*tn*) **to have a** ~ faire des / quelques / balles

knoll *n* (*sk*) (*freestyle skiing*) nez *m* du tremplin

knot *n* (*slg*) (*rope, etc.*) nœud *m* ; (*slg*) (*speed*) nœud *m*

knuckle *n* (*anatomy*) articulation *f* / jointure *f* / du doigt

KO *n* (*pl* KOs) (*bx, fg*) (*abbr of knock-out*) K-O *m*

kodokan *n* (*jd*) kodokan *m*

kung fu *cpd* cong fu *m*

kyu *n* (*jd*) kyu *m*

L

'L' *n* (*gym*) ~ **support** équerre *f* ; (*gym*) **straddle** ~ **support** équerre *f* écartée

lace *n* (*on boot, shoe, catcher's glove, etc.*) lacet *m*

lack *n* (*ft, rb bkt, etc.*) ~ **of height** manque *m* de taille ; (*athlete, player, team*) ~ **of experience** manque *m* d'expérience

lacrosse *n* (*sp*) crosse *f*

lady (*pl* **ladies**) *n* dame ; (*sw*) **the ladies' 200 metres butterfly** le 200 mètres papillon dames

lag *v* (*in race, etc.*) **to** ~ **behind** se laisser distancer

lame *adj* (*horse, etc.*) boîteux(euse) *m(f)*

land *v* (*canoeing, rw*) aborder ; (*tn*) **if the ball ~s in play** si la balle tombe bonne

landing *n* (*gym*) réception *f*, arrivée *f* au sol, (*athl*) (*long / high / jump, pole vault*) atterrissage *m*, (*ski jumping, freestyle skiing*) réception *f* ; (*glider, etc.*) atterrissage *m* ; (*athl*) (*javelin, etc.*) ~ **area** secteur *m* de chute ; (*gym*) **a bad** ~ une mauvaise réception ; (*athl*) (*long / high / jump*) ~ **pit** / (*high jump*) ~ **area** surface *f* de réception ; (*athl*) (*pole vault*) ~ **area** / **pit** aire *f* de réception ; (*sk*) (*ski jumping*) ~ **slope** piste *f* de réception ; (*sk*) (*ski jumping*) **telemark** ~ réception *f* en télémark ;

landing gear (*glider*) train *m* d'atterrissage ;

landing stage (*slg, etc.*) débarcadère *m*

lane *n* (*athl, etc.*) couloir *m*, (*ten-pin bowling*) piste *f* ; (*bkt*) **free-throw ~** couloir *m* des lancers *mpl* francs ; (*sw*) **~ rope** corde *f* de couloir ; v. leaving

langlauf *n* ski *m* de fond *m* / randonnée *f*

lanterne rouge *cpd* (*cycl*) lanterne *f* rouge

lap 1. *n* (*athl, aut, cycl, mt, etc.*) tour *m* ; (*athl, speed skating*) **bell ~** dernier tour *m* ; (*cycl, etc.*) **~ scorer** compteur *m* de tours ; (*aut, etc.*) **fastest ~** meilleur tour *m* ; (*athl, etc.*) **~ of honour** tour *m* d'honneur ; (*athl, etc.*) **to do a ~ of honour** faire le tour d'honneur ; (*athl, speed skating, etc.*) **~ time / timing** temps *m* par tour *m* ; v. warm-up **2.** *v* (*athl, etc.*) **to ~ s.o.** prendre un tour d'avance sur qn ; (*gen*) **to ~ a course** boucler un circuit

lapel-neck lock *cpd* (*jd*) **sliding ~** (*okuri-eri-jime*) étranglement *m* par le revers en tirant

large-bore *adj phr* **~ pistol** pistolet *m* (de) gros calibre

lash *n* v. throat

last *adj* (*ft, etc.*) (*knockout competition*) **to be in the ~ sixteen** être en huitième de finale ; (*hrg*) **to be in ~ place** fermer la marche (du peloton)

latch *n* v. throat

late *adj* (*rb*) **~ tackle** plaquage *m* à retardement ; v. signing

latest *adj* v. signing

launch 1. *n* v. umpire's launch **2.** *v* (*boat*) mettre à l'eau

lawn *n* pelouse *f*

lay *n* (*sk*) (*freestyle skiing*) tendu *m*

layout *n* (*aut*) **course ~** tracé *m*

lay-up *adj phr* (*bkt*) **~ shot** tir *m* par en dessous

lbw (*ckt*) (*abbr of leg before wicket*) (être hors jeu) jambe *f* devant guichet

lead 1. *adj* (*hd*) **~ attacker** joueur *m* avancé ; (*curling*) (*player*) **~ man** premier joueur *m* **2.** *n* avance *f*, écart *m* ; (*curling*) (*player*) premier joueur *m*, meneur *m* ; (*slg*) **sheet ~** filoir *m* d'écoute ; **to be in the ~** mener, être en tête ; **to take the ~ / to go into the ~** prendre la tête ; (*aut, etc.*) **to maintain the ~ over X** maintenir l'écart avec X ; **to keep / maintain / one's three-point lead intact** conserver intacte son avance de trois points ; (*gf*) **he had a four-stroke ~ over X** son avance sur X était de quatre coups ; (*bkt, etc.*) **they were ten points in the ~** (*jn, fg*) ils avaient dix longueurs d'avance ; (*jn, fg*) **to go into a big ~** prendre le large ; v. build up **3.** *n* (*eq*) **~ saddle cloth** tapis *m* de plomb **4.** *v* mener ; **to ~ s.o.** devancer qn ; (*rb, etc.*) **to ~ by three points** mener de trois points, (*jn, fg*) mener de trois longueurs ; (*gf*) **he was leading X by four strokes** son avance sur X était de quatre coups ; (*ft, etc.*) **to increase the ~** faire le break

leader *n* (*gen*) leader *m*, meneur(euse) *m(f)* ; **sports club ~** animateur *m* sportif ; (*cycl*) (*Tour de France, etc.*) **the race ~** le maillot jaune ; (*ft*) **attack ~ / ~ of the attack** leader *m* d'attaque

leadership *n* (*jn*) «leadership» *m*

leading *adj* (*hang-glider*) **~ edge** bord *m* d'attaque ; (*cycl, etc.*) **the ~ team / rider** le leader ; (*race*) **the ~ group** le groupe de tête ; (*jn*) **~ position** «leadership» *m* ; **the ~ women's modern pentathlete** le chef de file du pentathlon moderne féminin

league *n* ligue *f* ; (*ft*) **~ table** classement *m* ; **second in the ~** deuxième au classement ; (*rbl*) **rugby ~** jeu *m* à XIII ; (*rb*) **the French Rugby ~** la Ligue Française de rugby

leak 1. *n* (*slg*) voie *f* d'eau ; (*slg*) **to spring a** ~ avoir une voie d'eau, faire eau **2.** *v* (*slg*) (*of boat*) faire eau, avoir une voie d'eau

leaky *adj* (*ft*) ~ **defence** défense *f* perméable

lean *v* (*bx*) **to** ~ **on one's opponent** s'appuyer sur son adversaire ; (*bx*) **to** ~ **on the ropes** s'appuyer aux cordes

leap *n* bond *m* ; (*gym*) **stag** ~ saut *m* de biche ; (*gym*) **stride** ~ enjambé *m* ; (*athl*) **the length of a** ~ la longueur d'un saut / bond ; (*athl*) (*triple jump*) **the first two** ~**s are taken with / from / the same leg** les deux premières impulsions sont fournies par la même jambe

leapfrog *cpd* (*training*) saute-mouton *m* (*no pl*)

leather *n* (*rw*) ~**s** garniture *f* de cuir ; (*wgt*) ~ **belt** ceinture *f* en cuir ; v. stirrup leather

leave (*pp* left) *v* (*ft, etc.*) (*ft*) **to** ~ **the goal open** dégarnir le but ; **to** ~ **the pitch** quitter la pelouse / le terrain ; (*cycl, athl, etc.*) **to** ~ **s.o. far behind** distancer qn ; (*athl, cycl, etc.*) **to** ~ **the rest of the field / pack / behind** lâcher le peloton

leaving *n* (*athl*) ~ **one's lane** abandon *m* de piste

lee *n* (*slg*) (~ **side**) côté *m* sous le vent ; abri *m* contre le vent ; (*slg*) ~ **shore** terre *f* sous le vent ; (*slg*) **to sail through the** ~ dépasser sous le vent ; (*slg*) **to tack under** ~ virer de bord sous le vent

leeboard *n* (*slg*) semelle *f* de dérive

leeward *adj & n* sous le vent

left 1. *adj* (*gen*) gauche ; (*tn*) ~ **service court** court *m* de service gauche ;
  left back (*ft*) arrière *m* gauche ;
  left field (*bsb*) champ *m* gauche ;
  left fielder (*bsb*) voltigeur *m* gauche ;

  left forward (*vb*) avant *m* gauche ;
  left guard (*American football*) garde *m* gauche ;
  left half (*ft*) demi *m* gauche ;
  left halfback (*American football*) demi *m* gauche ;
  left safety (*American football*) demi *m* de sûreté *f* gauche ;
  left tackle (*American football*) bloqueur *m* gauche
2. *n* (*bx*) **straight** ~ direct *m* du gauche

leg *n* (*anatomy*) jambe *f* ; (*slg*) manche *f* ; (*eq*) **active** ~ jambe *f* active ; ~**s apart** (*position*) jambes *fpl* écartées, (*order*) écartez les jambes ; (*wr*) ~ **grip** prise *f* de jambe ; (*wr*) ~ **lock** crochet *m* ; (*anatomy*) ~ **muscle** jambier *m*, muscle *m* jambier ; (*wr*) ~ **scissors** ciseau *m* de jambes ; (*gym*) ~ **swings** lancers *mpl* de jambes ; (*jd*) ~ **techniques** (*ashiwaza*) lancements *mpl* de jambes et de pieds ; (*gym*) ~ **undercut** équerre *f* élevée, lancer *m* de jambe en longueur ; (*gym*) **bent** ~ **squat** position *f* accroupie ; (*gym*) **double** ~ **circles** cercles *mpl* des deux jambes ; (*ft, etc.*) (*match*) **first / second /** ~ **match** *m* aller / retour ; (*ft, etc.*) **in the second** ~ au match retour ; (*eq*) **passive** ~ jambe *f* passive ; (*ckt*) **square** ~ équerre droit ; (*ckt*) ~ **before wicket** (être hors jeu) jambe *f* devant guichet ; (*eq*) **to be between** ~**s and hands** être entre jambes et mains ; (*ckt*) **to bowl a** ~ **break** donner de l'effet à la balle à gauche ; (*eq*) **to finish on the left / right /** ~ terminer sur le pied gauche / droit ; v. supporting, kicking ;

legal *adj* (*wr*) ~ **grip** prise *f* réglementaire

leisure *n* loisir *m* ;
  leisure centre complexe *m* multi-

sports

length *n* (*gen*) longueur *f* ; (*hrg*) longueur *f* ; (*athl*) ~ **of a jump / leap** longueur *f* d'un bond / saut ; (*sk*) (*cross-country skiing*) ~ **of the trail** longueur *f* de la piste ; (*slg*) **two overall ~s** deux longueurs *fpl* ; (*hrg*) **X has a four length lead / a lead of four lengths** X a quatre longueurs *fpl* d'avance ; (*tn*) **he had a few problems with the ~ of his shots** il eut quelques problèmes *mpl* de longueur de tir ; (*cycl*) **to win by a wheel's ~** gagner d'une roue

lengthways *adv* (*gym*) en longueur

lengthwise *adv* v. lengthways

leniency *n* (*gym*) **judging ~ in respect of very difficult moves** compensation *f*

lesion *n* (*med*) lésion *f*

lesson *n* (*gen*) leçon *f*, (*eq*) reprise *f* ; (*ft, etc.*) (*jn, fg*) **Liverpool gave Brighton a lesson** Liverpool a donné la leçon à Brighton

let 1. *n* (*tn*) ~ **or ~ ball** let *m*, balle *f* à remettre **2.** *v* (*slg*) (sail) **to ~ fly / go** larguer ; (*ft*) **to ~ fly a shot** déclencher un tir ; v. let in

let in *vphr* (*ft, etc.*) **to ~ a goal** prendre / concéder / encaisser / un but

level *adj* (*ft, etc.*) **to get back on ~ terms** revenir à la marque, égaliser ; *n, adj phr* **high(-) ~** (de) haut niveau *m* ; *cpd* **top ~** (*jn*) «top» niveau *m*

lever *n* (*aut*) manette *f* ; (*cycl*) **the dérailleur gear ~ / the gear-change ~** la manette du dérailleur

libero *n* (*ft*) (*jn*) libero *m*

licence *n* (**glider pilot's**) ~ brevet *m*

lie back 1. *vphr* (*rw*) balancer en arrière **2.** *cpd* (*rw*) tirade *f* du corps en arrière

life belt *cpd* (*slg*) ceinture *f* de sauvetage

lift 1. *n* (*wgt*) mouvement *m*, essai *m* ;

(*wgt*) **good ~** essai *m* valable ; (*wgt*) **failed ~ / no ~** essai *m* manqué ; (*wgt*) (*jn*) **his first ~** sa première barre ; (*wgt*) **to decline a ~** renoncer à un essai ; (*wgt*) **to finish a ~** terminer un essai ; v. ski lift, chair lift **2.** *v* (*rw*) dégager ; (*jd*) **to ~ one's opponent** soulever son adversaire ; (*ft*) (*throw-in*) **to ~ a foot** décoller un pied ; (*wgt*) **to ~ the heels** soulever les talons *mpl* ; (*wgt*) **to ~ the toes** soulever la pointe des pieds ; (*rb*) **he was lifted up by a team mate in the line-out** (en touche) il y a eu ascenseur sur un joueur

lifting *n* (*jd*) ~ **one's opponent from the mat to shoulder height** soulèvement *m* de l'adversaire du tapis à hauteur d'épaule ; (*wgt*) ~ **costume** maillot *m* d'haltérophile ; (*wgt*) ~ **holds** arrachées *fpl*

lift-over *cpd* (*wr*) bascule *f*

ligament *n* (*anatomy*) ligament *m* ; **to tear a ~** se claquer un ligament ; v. torn

light 1. *adj* léger(ère) *m(f)* ;
light flyweight (*bx*) (*category, boxer*) (poids) mi-mouche (*pl* mi-mouches) *m* ;
light heavyweight (*bx*) (*category, boxer*) (poids) mi-lourd *m* (*pl* mi-lourds), lourd-léger *m* (*pl* lourds-légers) ;
light middleweight (*bx*) (*category, boxer*) (poids) super-welter *m*, (poids) super-mi-moyen *m* ;
light welterweight (*bx*) (*category, boxer*) (poids) super-léger *m*
2. *n* (*arc*) ~**s** feux *mpl*

light-bay *adj phr* (*eq*) ~ **horse** isabelle *m*

lightness *n* (*eq*) légèreté *f*

lightweight *n* (*bx*) (*category, boxer*) poids *m* léger

limb *n* (*anatomy*) membre *m* ; **the lower ~s** les membres *mpl* inférieurs

limber up *vphr* (*athl, etc.*) faire des exercices *mpl* d'assouplissement

limbering up *cpd* assouplissement *m* ; (*athl, etc.*) **to do ~ exercises** faire des exercices *mpl* d'assouplissement

limit *n* (*gen, fn*) limite *f* ; (*wgt, etc.*) **time ~** limite *f* de temps

linchpin *n* (*ft, etc.*) (*fg*) **the ~ of the defence** le pivot / la charnière / de la défense

line *n* (*gen*) ligne *f* ; (*vb*) **attack ~** ligne *f* d'attaque ; (*curling*) **back score ~** ligne *f* arrière ; (*tn*) **centre service ~** ligne *f* médiane de service ; (*bkt, ttn, vb*) **end ~** ligne *f* de fond ; (*curling*) **foot score ~** ligne *f* de départ ; **free-throw ~** (*bkt*) ligne *f* de lancer franc, (*hd*) ligne *f* de jet franc ; (*hd*) **goal area ~** ligne *f* de surface de but ; (*water polo*) **half-distance ~** ligne *f* médiane ; (*ft, etc.*) **halfway / centre / ~** ligne *f* médiane, (*rb*) ligne *f* des cinquante mètres ; **goal ~** ligne *f* de but ; (*fn*) **on-guard ~** ligne *f* de mise en garde ; (*hd*) **penalty ~** ligne *f* / marque *f* / (du jet) de sept mètres ; (*jd*) **red mark ~** ligne *f* rouge de marque ; (*squash*) **service ~** ligne *f* de service ; (*squash*) **side wall ~** ligne *f* latérale ; (*curling*) **sweeping score ~** ligne *f* de balayage ; (*ft, hd, etc.*) **touch ~** ligne *f* de touche ; (*hk*) **twenty-five yards ~** ligne *f* des vingt-deux mètres ; (*ft*) **to play in a straight ~** opérer en ligne ; (*arc*) **waiting ~** ligne *f* d'attente ; (*canoeing, etc.*) **water ~** ligne *f* de flottaison ; (*American football*) **~ judge** (second) juge *m* de ligne ; (*hd*) **to be guilty of a ~ violation** empiéter ; (*rifle, etc.*) **~ of sight** ligne *f* de mire *f* ; v. blue, centre line, dead-ball, fifteen, finishing, five, foul line, free, hog line, perimeter, short, starting line, steering line, suspension line, ten, touch, twenty-five

linebacker *n* (*American football*) **inside / outside / ~** secondeur *m* extérieur gauche / droit ; (*American football*) **middle ~** secondeur *m* au centre

line-out *n* (*r b*) touche *f*, rentrée *f* en touche, remise *f* en jeu ; (*rb*) **short / shortened / line-out** touche *f* courte / raccourcie

linesman *n* (*ft*) juge *m* de touche, (*ihk, vb*) juge *m* de ligne ; (*American football*) **head ~** premier juge *m* de ligne

line-up *cpd* (*ft, rb ihk, etc.*) (*composition of team*) composition *f* de l'équipe ; (*ihk*) (*team formation*) formation *f*, alignement *m*

link *n* maillon *m* ; (*gf*) **~s** or **~s course** parcours *m* / terrain *m* / de golf ; **the weak ~ in the team** le maillon faible de l'équipe ;
link man (*ft*) joueur *m* de liaison

linking *n* (*r b*) (*jn*) (*movement*) aiguillage *m*

list *n* (*modern pentathlon*) **~ of the horses** liste *f* des chevaux ; (*ft, etc.*) **fixture ~** calendrier *m* des rencontres ; (*ft*) **to be put / placed / on the transfer ~** être placé sur la liste des transferts ; (*athl, etc.*) **~ of medal winners** palmarès *m*

litter *n* (*eq*) litière *f*

little *adj* v. resistance

live *adj* (*TV, etc.*) en direct ; (*sport*) **~ broadcast** reportage *m* en direct ; **to show smth. ~ on television** retransmettre qqch. en direct à la télévision ; **the match will be shown ~ on television** le match sera diffusé en direct à la télévision

lively *adj* (*ft, rb, etc.*) **a ~ game** un match allègre

load *v* (*shooting*) (*rifle, etc.*) charger ; (*modern pentathlon*) **'~!'** 'chargez !'

lob 1. *n* (*tn, vb, etc.*) lob *m*, «lobe» *m* ; (*bkt*) **~ pass** passe *f* en cloche ; (*ft*) **to**

be off-target with one's ~ manquer son lob **2.** *v* (*tn, ft*) lober ; (*ft*) **to ~ the goalkeeper** lober le gardien de but

lobbed *adj* (*ft*) **a ~ pass** une passe lobée / aérienne ; (*ft, hd*) **a ~ shot** un tir lobé, un tir en lob

lobe *n* (*ice dancing*) lobe *m*

lock *n* (*jd, wr*) clef *f*, clé *f*, étreinte *f* ; (*jd*) **arm ~s** (*ude-kansetsu-waza*) clés *fpl* de bras ; (*jd*) **straight arm ~** (*juji-gatame*) clé *f* de bras en hyperextension par le pubis ; (*jd*) **sliding lapel-neck ~** (*okuri-eri-jime*) étranglement *m* par le revers en tirant ; (*wr*) **leg ~** crochet *m* ; **lock forward** (*rb*) avant *m* de deuxième ligne *f*

locker *n* (*sp*) (*gen*) **~ room** vestiaire *m*

locking *n* (*aut, cycl*) (*brake, wheel*) blocage *m* ; (*jd*) **~ techniques** (*kansetsu-waza*) techniques *fpl* de clés

loins *npl* (*anatomy*) lombes *mpl*

long *adj* long, longue *mf* ; (*badminton*) **~ service line** ligne *f* de service long ; (*ft*) **~ pass** passe *f* en profondeur ; (*speed skating*) **~ blades** longues lames *fpl* ; (*gym*) **~ underswing upstart** bascule *f* depuis la suspension mi-renversée, bascule *f* allemande ; **long(-)ball game** (*ft*) jeu *m* long ; **long(-)ball game / tactics** (*ft*) jeu *m* direct ; **long jump** saut *m* en longueur ; **long jumper** *cpd* sauteur(euse) *m(f)* en longueur

long-distance *adj phr* (*athl*) **~ runner** coureur(euse) *m(f)* de fond ; **~ race** course *f* de fond, (*sk, etc.*) épreuve *f* de fond, (*bkt*) **~ shot** tir *m* de loin

longer *adv* (*tn, etc.*) **to play / hit / the ball ~** jouer plus long

longest *adj* (*athl*) **~ jump** meilleur saut *m*

long-range *adj phr* (*ft, etc.*) **~ shots** tirs

mpl lointains, tirs *mpl* de loin

loom *n* (*rw*) manche *m*

loop *n* (*canoeing*) giratoire *m* ; (*slg*) boucle *f* ; (*arc*) **~ of the string** boucle *f* de la corde

looping *adj* (*hd*) **~ jump shot** tir *m* javeloté en suspension

loose *adj* (*rb*) **~ forward** avant *m* de troisième ligne ; (*rb*) **~ scrum** mêlée *f* ouverte

loosen *v* (*wr*) **to ~ a grip** rompre une prise ; (*eq, hrg*) **to ~ the reins** lâcher les rênes

lose (*pp* lost) *v* perdre ; (*gen*) **to ~ to s.o.** perdre contre qn, s'incliner devant qn ; (*gen*) **to ~ momentum** perdre son élan *m* ; (*tn*) **to ~ one's service** perdre son service ; (*tn*) **to ~ one's service (game) to love** concéder son service à zéro ; (*cycl*) **X lost 17 seconds to Y** X concédait 17 secondes à Y ; (*ft*) **to ~ one's marker** se démarquer, se libérer ; (*aut, mt*) **I lost my brakes** j'ai été privé de freins *mpl* ; (*fg, jn*) **we lost our grip** nous avons perdu les pédales *fpl* ; (*slg*) **to ~ way** perdre de l'erre *f* / son erre ; (*shooting*) **'lost!'** 'zéro !' ; v. lost *adj*

loss *n* (*gen*) perte *f* ; (*fn*) **~ of ground** perte *f* de terrain ; (*canoeing*) **~ o f paddle** perte *f* de pagaie ; (*tn, vb*) **~ of service** perte *f* de service ; (*wr*) **~ on fall** défaite *f* au tomber ; (*bx, wr*) **~ on points** défaite *f* aux points

lost *adj* (*gf*) **~ ball** balle *f* perdue

love *n* (*tn*) zéro ; (*tn*) **~ 30** zéro 30 ; (*tn*) **to lose one's service (game) to ~** concéder son service à zéro

love-all *cpd* (*badminton, etc.*) zéro partout

low *adj* (*ft*) (*shot, etc.*) rasant(e) *m(f)* ; (*bx*) **a ~ blow** un coup bas ; (*rb*) **a ~ kick ahead** un coup de pied rasant ; (*shooting*) **~ house** trappe *f* basse

lower 1. *adj* (*anatomy*) **the ~ limbs** les

membres *mpl* inférieurs **2.** *v* (*gym*) **to ~ oneself** descendre lentement ; (*slg*) **to ~ a sail** amener une voile

lowest *adj* (*ft, etc.*) **the ~ crowd of the season** la plus faible assistance de la saison

L P G A (*abbr of Ladies Professional Golfers Association*) Fédération des Golfeuses Professionnelles

LTA (*abbr of Lawn Tenis Association*) Fédération (*Anglaise*) de Tennis (*sur gazon*)

luff 1. *n* (*slg*) lof *m* **2.** *v* (*slg*) lof(f)er

lull *n* (*slg*) (*weather*) accalmie *f*

lumbago *n* lumbago *m*, lombago *m*, lombalgie *f*

lunge *n* (*fn*) coup *m* d'épée, fente *f*

Lutz *n* (*figure skating*) **double ~** double Lutz *m*

M

mad *adj* (*ft, etc.*) **a ~ scramble** une lutte frénétique

magazine *n* (*shooting*) magasin *m*, chargeur *m*

magic sponge *cpd* (*ft, rb*) éponge *f* miracle

magnesia *n* (*pharm, gym, wgt*) magnésie *f*

main *adj* v. parachute

mainsail *n* (*slg*) grand-voile (*pl* grand(s)-voile(s) *f*

mainsheet *n* (*slg*) écoute *f* de grand-voile

mainstay *n* (*ft*) **X is one of the ~s of the team** X est une des pièces maîtresses de son équipe

maintain *v* (*gen*) **to ~ the lead over X** maintenir l'écart avec X

maintenance *n* (*curling*) **ice ~** entretien *m* de la glace

major *adj* (*ihk*) **~ penalty** pénalité *f* majeure ; v. reap

make (made) *v* faire ; (*rb*) **to ~ a mark** faire un arrêt de volée ; (*wr*) **to ~ a bridge** ponter ; (*slg*) **to ~ a tack** tirer un bord ; (*slg*) **to make tacks** tirer des bords ; (*gen*) **to ~ one's début** débuter ; **to ~ one's superiority tell** concrétiser sa supériorité ; (*ft, rb, etc.*) **to ~ space** ouvrir de nouveaux espaces libres ; (*bx*) **to ~ the weight** faire le poids ; v. break, mistake

male *adj* **~ hormone** androgène *m*, hormone *f* mâle ; **~ sexual hormones** hormones *fpl* sexuelles mâles

malfunction *n* (*shooting*) **~ of the ammunition / weapon** défaut *m* de la munition / de l'arme

mallet *n* **croquet / polo ~** maillet *m*

man (pl men) *n* (*gen*) homme *m*, monsieur *m* (*pl* messieurs) ; (*athl*) **men's events** épreuves *fpl* masculines ; (*luge*) **men's double / single / luge** luge *f* double / simple / hommes ; (*sw*) **the men's 200 metres butterfly** le 200 mètres papillon messieurs ; (*speed skating*) **men's 5000 metres relay** relais *m* 5000 m / mètres / hommes ; (*ft*) (*jn*) **danger ~** meilleur avant *m* / buteur *m* (d'une équipe) ; v. play

manage *v* (*club, team*) (*jn*) manager ; (*gf*) **he managed a birdie at the eleventh** il a réussi un birdie au onze

management *n* managérat *m*

manager *n* manageur(euse) *m(f)*, «manager» *m* ; (*ft*) (*GB*) entraîneur(euse) *m(f)*

mane *n* (*eq, hrg*) crinière *f*

man-for-man *adj phr* v. man-to-man

manner *n* (*eq*) **~ of holding the reins** tenue *f* des rênes

man-to-man *adj phr* (*ft, etc.*) **~ marking** marquage *m* individuel, individuelle *f* ; (*ft, etc.*) ~ **defending** défense *f* individuelle ; (*ft, etc.*) **the** ~ **marking put on X** l'individuelle *f* mise sur X ; (*bkt*) **close** ~ **(marking)** marquage *m* agressif

maple *n* (*arc*) (*crossbow*) érable *m*

marathon *n* marathon *m*

mare *n* (*eq, hrg*) jument *f*

mark 1. *n* (*gen*) marque *f* ; (*rb*) arrêt *m* de volée ; (*wr*) **bad** ~ **point** *m* de pénalisation ; (*canoeing*) **measuring** ~ plombage *m* ; (*jd*) **red** ~ **line** ligne *f* rouge de marque ; (*rb*) **to call for a** ~ dire / crier / 'marque' ; (*rb*) **to make a** ~ faire un arrêt de volée ; (*tn*) **centre** ~ marque *f* centrale ; (*athl*) (*starter*) **on your ~s, get set, go!** à vos marques, prêts, partez ! 2. *v* (*ft*) (*opponent*) marquer / «s'occuper de» (*adversaire*) ; (*gym*) (= *to evaluate a performance*) coter ; (*modern pentathlon*) '~!' 'marquez !' ; (*ft, etc.*) **to** ~ **an opponent tightly** presser un adversaire ; (*ft, etc.*) **to** ~ **an opponent out of a game** museler un adversaire, neutraliser un / son / adversaire

marker *n* (*ft, etc.*) (*jn, fg*) garde *m* du corps ; (*cycl, etc.*) **back** ~ lanterne *f* rouge ; (*jd*) **red** / **white** / ~ plaquette *f* rouge / blanche ; (*ft*) **to get free of** / **to lose** / **one's** ~ se démarquer ; (*slg*) ~ / ~ **buoy** marque *f* de passage

marking *n* (*ft, etc.*) marquage *m*, surveillance *f* ; (*ft*) **close** ~ marquage *m* étroit ; (*speed skating*) **course** / **trail** / ~ balisage *m* de la piste ; (*modern pentathlon*) ~ **of the course** tracé *m* du parcours ; (*shooting*) ~ **disc** palette *f* ; (*shooting*) ~ **pit** tranchée *f* de marquage ; (*ft, etc.*) **our slack** ~ le flou de notre marquage ; (*sk*) ~ **of skis** marquage *m* des skis ; (*ft*) **to be guilty of slack marking in defence** se relâcher en défense ; v. man-to-man

marksman *n* (*pistol, rifle, etc.*) tireur *m* d'élite

maroon *n* (*modern pentathlon*) **firing of a** ~ tir *m* d'une fusée

marshal *n* (*cycl*) juge *m* de virage

martial *adj* martial(e) ; ~ **arts** arts *mpl* martiaux

martingale *n* (*eq*) martingale *f*

marvellous (Am marvelous) *adj* (*performance, etc.*) époustouflant(e) *m(f)*

MCC *abbr of Marylebone Cricket Club*

mascot *n* (*gen*) mascotte *f*

mask *n* (*bsb, hk, diver, fencer, etc.*) masque *m* ; (*American football, ihk*) **face** ~ masque *m*, masque *m* facial

massage *n* massage *m*

massed *adj* (*cycl*) ~ **sprint** sprint *m* massif, (*at end of race*) emballage *m* ; (*cycl*) **he was the quickest in the** ~ **sprint at the finish** il a été le plus rapide à l'emballage

masseur *n* masseur *m*

masseuse *n* masseuse *f*

mast *n* (*slg*) mât *m* ; (*slg*) **broken** ~ bris *m* de mât

master *n* (*jd*) ~**'s degree** (= *dan*) degré *m* de maître

mastery *n* maîtrise *f* ; **tactical** ~ maîtrise *f* tactique

mat *n* (*gym, jd, wr*) tapis *m* ; (*jd*) tatami *m* ; (*gym*) **gymnastic** ~ tapis *m* ; (*wr*) ~ **chairman** président *m* du tapis ; (*wr*) ~ **escape** sortie *f* de tapis ; (*jd*) ~ **surface** surface *f* de tapis

match *n* match *m*, rencontre *f*, partie *f* ; (*bx*) **sparring** ~ assaut *m* de démonstration ; (*ft, etc.*) **with three matches to go (to the end of the season)** à trois matches de la fin (de la saison) ; (*tn*) ~ **point** balle *f* de match ; (*gen*) **to be short of** ~ **practice** être en manque de compétition ; (*ft, rb, etc.*) **he is not** ~ **fit** il manque de compétition ; (*jn, etc.*) ~

statistics fiche *f* technique ; v. matchwinner ;

match play (*gf*) «match play» *m*, partie *f* / épreuve *f* / parcours *m* / par trous

matchwinner *n* (*ft, etc.*) (*player*) le principal artisan de la victoire ; (*ft*) (*goal*) le but de la victoire

matchwinning *adj* (*ft*) ~ **goal** le but de la victoire

mate *n* (*gen*) **team** ~ co-équipier(ière) *m(f)*

mature *v* (*ft, rb, etc.*) (*player*) mûrir

maul *n* (*rb*) regroupement *m*, maul *m*

maximum *adj* (*sk*) ~ **climb** montée *f* maximale ; (*ft*) **to take** ~ **points** prendre un maximum de points

measure 1. *n* (*arc, shooting, etc.*) **safety** ~**s** mesures *fpl* de sécurité 2. *v* (*athl*) (*throw, etc.*) mesurer

measurement *n* (*slg*) ~ **committee** comité *m* de jauge ; (*slg*) ~**s of yachts** jauge *f* des yachts ; (*canoeing*) ~**s of the boats** dimensions *fpl* des embarcations *fpl*

measurer *n* (*canoeing*) vérificateur *m* aux embarcations ; (*slg*) jaugeur *m* ; (*sk, etc.*) (*saut à ski*) mesureur *m*

measuring *n* (*athl*) (*throw, etc.*) mesurage *m* ; (*canoeing*) ~ **of the boats** mensuration *f* des embarcations ; (*canoeing*) ~ **mark** plombage *m*

mechanic *n* (*aut, etc.*) mécanicien *m*, «mécano» *m*

mechanical *adj* (*sk*) (*biathlon*) ~ **target** cible *f* mécanique

mechanism *n* (*cycl*) **pedal and gear** ~ pédalier *m* ; (*shooting*) **target-turning** ~ tourne-cible (*pl* tourne-cibles) *m*

medal *n* médaille *f*, (*jn, fg*) «breloque» *f* ; **(the) list of medal winners** le palmarès ;

medal play (*gf*) partie *f* / épreuve *f* / parcours *m* / par coups

medallist *n* médaillé(e) *m(f)* ; **a n**

Olympic ~ un médaillé olympique ; **a gold** ~ un médaillé d'or

medical *adj* ~ **care** / **aid** soins *mpl* médicaux ; (*bx*) ~ **officer** médecin *m* officiel

medicament *n* médicament *m*

medicine *n* (*science*) médecine *f* ; (*medicament*) médicament *m* ; **sports** ~ médecine *f* du sport

mediocre *adj* médiocre ; **a** ~ **team** (*jn*) une équipe anonyme

medley *n* (*sw*) **the 200 metres** ~ le 200 mètres quatre nages

"meet" *n* (*athl*) réunion *f* sportive, «meeting» *m*

meeting *n* (*athl, etc.*) réunion *f* sportive, «meeting» *m*

melting *adj* (*sk*) ~ **snow** neige *f* fondante

men *npl* v. man

meniscus (*pl* -uses) ménisque *m*

mentally *adv* (*gen*) **to crack** ~ craquer psychologiquement ;

mentally handicapped (the ~**)** les handicapés *mpl* mentaux ; **games for the** ~ jeux *mpl* pour les handicapés *mpl* mentaux

merit *n* (*skating*) **technical** ~ valeur *f* technique

mesh *n* (*ttn*) (*of net*) maille *f* ; (*fn*) **wire** ~ **of mask** treillis *m* (métallique) du masque

metabolic *adj* métabolique

metabolism *n* métabolisme *m*

metacarpal 1. *adj* (*anatomy*) métacarpien(ienne) *m(f)* 2. *n* (*anatomy*) métacarpien *m*

metatarsal 1. *adj* (*anatomy*) métatarsien(ienne) *m(f)* ; ~ **bones** métatarsiens *mpl* ; **stress fracture of the** ~ **bones** fracture *f* de fatigue des métatarsiens 2. *n* (*anatomy*) métatarsien *m*

metatarsus *n* (*anatomy*) métatarse *m*

method *n* (*sk*) (*ski jumping*) **Gundersen** ~ méthode *f* Gundersen

microlight *n* U.L.M. *m* (*abbr of Ultra-Léger Motorisé*)

middle 1. *adj* (*wgt*) ~-**heavyweight** poids *m* mi-lourd **2.** *n* milieu *m* ; (*ft, etc.*) **down / in / the ~ of the field** dans l'axe du terrain ; (*ft, etc.*) **to play in the ~ of the field** évoluer dans l'axe *m* ;
middle linebacker (*American football*) secondeur *m* au centre

middle-distance *adj phr* (*athl, speed skating*) ~ **race** course *f* de demi-fond ; ~ **runner** coureur(euse) *m(f)* de demi-fond

middleman *n* (*slg*) équipier *m* de milieu

middleweight *n* (*bx, wgt, wr*) poids *m* moyen *m*

midfield *n* (*ft*) milieu *m* du terrain, (*hk*) milieu *m* / centre *m* / du terrain ; ~ **player** (*ft*) milieu *m* du terrain, (*hk*) joueur *m* de milieu ; (*ft, etc.*) **in ~** en milieu de terrain ; v. area, position

midfielder *n* (*ft*) (*player*) milieu *m* du terrain

mid-off *n* (*ckt*) mi-gauche *m*

mid-on *n* (*ckt*) mi-droit *m*

mid-table *cpd* (*ft, etc.*) **to be well placed in ~** (*jn*) être bien placé / «calé» / en milieu de tableau

mile *n* mile *m*, mille *m* ; (*ft*) (*fm*) **to shoot ~s over the top** tirer dans les nuages ; (*sw*) **the world nautical ~ record-holder** le recordman du monde sur le mile marin ; v. shoot

minister *n* (*GB*) ~ **of sport / sports ~** (*F*) ministre *m* de la Jeunesse, des Sports et des Loisirs

minor *adj* (*ihk*) ~ **penalty** pénalité *f* mineure ; v. placing, reap

minute *n* minute *f* ; v. barrier

misconduct *n* (*ihk*) méconduite *f*, mauvaise conduite *f* ;
misconduct penalty (*ihk*) pénalité *f* pour méconduite

misfire *n* raté *m*

miss 1. *n* (*shooting*) coup *m* raté **2.** *v* manquer, rater ; (*ft, etc.*) **to ~ one's clearance** manquer / rater / sa relance ; (*canoeing*) **to ~ a gate** manquer une porte ; **to ~ a goal** (*ft*) / **a kick at goal** (*rb*) manquer / rater / un but ; (*ft*) **to ~ a penalty** manquer / rater / un penalty ; (*bd*) **to ~ a shot** rater un coup ; (*arc, ft, rb, etc.*) **to ~ the target** manquer la cible ; v. miss out

missile *n* projectile *m* ; (*ft, etc.*) **some missiles had been thrown onto the pitch** des projectiles avaient été jetés sur la pelouse

miss out *vphr* (*ft*) **to ~ the midfield / midfielder(s)** sauter le milieu de terrain

mistake *n* erreur *f* ; **to commit a serious ~ in defence** commettre une lourde erreur en défense ; (*ft, etc.*) **to make a bad ~** faire une bévue / une «toile»

mitt *n* (= *mitten*) (*bsb*) gant *m* (de baseball) ; (*cycl*) **track ~** mi-gant *m*

mitten *n* v. mitt

mixed *adj* (*gym*) ~ **grip** prise *f* mixte

mizzen *n* (*sail*) voile *f* d'artimon ; (*slg*) **storm ~** artimon *m* de cape

mizzenmast *n* (*slg*) artimon *m*, mât *m* d'artimon

mobility *n* mobilité *f*

model *n* (*shooting*) type *m*

moguls *npl* (*sk*) (*freestyle skiing*) bosses *fpl* ; (*sk*) (*freestyle skiing*) ~ **course** piste *f* de bosses *fpl*

Mohawk *n* (*ice dancing*) Mohawk *m*

mole *n* (*slg*) (= *breakwater*) môle *m*, brise-lames *m & inv*

momentum *n* (*gen*) **to lose ~** perdre son élan *m*

monocoque *adj* (*cycl*) ~ **carbon frame** cadre *m* carbone monocoque

monopolize *v* (*bx*) (*fm*) **the Americans ~d the titles** les Américains trustaient les titres

monster *n* (*Canadian football*) demi *m* en maraude

moor *v* (*slg*) accoster

mooring rope (*slg*) amarre *f*

morbid *adj* ~ **anatomy** anatomie *f* pathologique

morphia *n* morphine *f*

morphine *n* morphine *f*

most *adj* (*ft, etc.*) **to have ~ of the play** mener territorialement

motivate *v* **to ~ oneself** se motiver

motivation *n* motivation *f* ; v. improve

motivity *n* motricité *f*

motor *n* ~ **sport(s)** le sport automobile ; **the Paris Motor Show** le Salon de l'Automobile de Paris ; **motor bicycle** motocycle *m*, moto *f* ; **motor home** (*aut*) motor home *m* ; **motor racing** course(s) *f* d'automobile ; **motor-racing track** autodrome *m*

motorboat or **motor boat** *cpd* canot *m* automobile / à moteur

motorbike *n* moto *f*

motocross *n* (*sp*) moto(-)cross *m*

motorcycle *n* moto *f*, motocycle *m* ; **motorcycle racing** motocyclisme *m* ; **motorcycle scramble** moto(-)cross *m* ; **motorcycle scrambling** (*sp*) moto(-)cross *m*

motorcycling *n* motocyclisme *m*

motorcyclist *n* motocycliste *m*

mound *n* (*bsb*) monticule *m*

mount 1. *n* (*eq, hrg*) monture *f* ; (*gym*) (~ *onto apparatus*) entrée *f* **2.** *v* (*bicycle*) enfourcher ; (*eq, hrg*) (= *climb onto*) **to ~ a horse** monter sur un cheval

mountain *n* montagne *f* ; (*cycl*) ~ **bike** vélo *m* tout-terrain, (*abbr* VTT *m*) ; (*cycl*) ~ **stage(s)** étape(s) *f* de montagne

mountaineer *n* alpiniste *mf*

mountaineering *n* alpinisme *m*

move 1. *n* (*ft, rb, etc.*) combinaison *f* ; (*gym*) **connecting ~s** liaison *f* ; (*ft, rb, etc.*) **we found it difficult to put together our ~s** il nous a été difficile d'élaborer nos combinaisons ; (*cycl, etc.*) (*jn, fg*) **to make the decisive ~** faire le break, (*jn, fg*) «porter l'estocade» **2.** *v* (*jd*) **'do not ~!'** (*'sono-mama!'*) 'ne bougez plus !' ; (*ft*) **to ~ into the left-wing position** passer en position d'ailier gauche ; (*pistol, etc.*) **to ~ off target** dépointer ; (*ft, etc.*) (*defender*) **to ~ up into attack** monter en attaque ; (*hrg*) **X is moving up on the outside** X vient à l'extérieur ; (*eq*) **desire to ~ forward** désir *m* de se porter en avant

movement *n* (*gen*) mouvement *m* ; **rounded ~** mouvement *m* curviligne ; (*gym*) **springy ~s** élasticité *f* ; (*gen*) **technical ~** geste *m* technique ; **analysis of body ~** analyse *f* gestuelle ; (*gym*) **compulsory ~s** mouvements *mpl* imposés

multiple *adj* (*bkt*) ~ **foul** faute *f* multiple

multi-sport(s) *adj phr* **a huge ~ centre** un vaste complex multi-sports

muscle *n* muscle *m* ; **heart ~** muscle *m* cardiaque ; **stomach ~s** abdominaux *mpl* ; **to pull a ~** se claquer un muscle ; **a pulled thigh ~** un claquage à la cuisse ; **X has got a badly pulled muscle** X s'est donné un gros claquage ; **a torn ~** une déchirure musculaire ; v. psoatic muscle, strengthening ; **muscle builders** «engrais *mpl* musculaires» ; **muscle building** musculation *f*, culturisme *m* ; **muscle relaxant** myrorelaxant *m* ; **muscle structure** musculature *f*

muscular *adj* musculaire ; v. pathology

musculature *n* musculature *f*
muzzle *n* (*shooting*) bouche *f* de canon ;

(*shooting*) ~ **protector** protège-canon (*pl* protège-canons) *m*

N

naked *adj* (*jd*) ~ **stranglehold** (*hadaka-jime*) étranglement *m* à mains nues
narcotic **1.** *adj* narcotique, stupéfiant(e) *m(f)* **2.** *n* narcotique *m*, stupéfiant *m*, hypnotique *m*
narrow **1.** *adj* (*gen*) **a ~ victory** une victoire étriquée ; (*gen*) **a ~ defeat** une courte défaite **2.** *v* (*ft*) (*goalkeeper*) **to ~ the (shooting) angle** fermer l'angle de tir
natural *adj* (*canoeing*) ~ **obstacle** obstacle *m* naturel
nautical *adj* ~ **mile** mille *m* marin
navigation *n* (*gen*) navigation *f*
NBA (*USA*) (*abbr of National Basketball Association*) Fédération Nationale de Basket-ball
NBL (*USA*) (*abbr of National Basketball League*) Ligue Nationale de Basket-ball
NCAA (*USA*) (*abbr of National Collegiate Athletic Association*) Fédération Collégiale Nationale d'Athlétisme
near *adj* (*jd*) **two ~ points = a full point** (*waza-ari-awa-sete-ippon*) deux presque points = un point ; (*gym*) **vaults with support on ~ end of the horse** sauts *mpl* avec appui des mains sur la croupe
near-end *adj phr* (*gym*) ~ **vaults** sauts *mpl* de croupe
near-post *adj phr* (*ft*) ~ **corner** corner *m* au premier poteau
neck *n* (*anatomy*) cou *m* ; **stiff ~ , crick / (w)rick in the ~** torticolis *m* ; (*gym*) ~ **spring** bascule *f* de nuque ; (*gym*) ~ **stand** position *f* mi-renversée sur les épaules ; (*rw*) ~ **of the oar** collet *m* de l'aviron ; (*rb*) **tackle**

at ~ height cravate *f* ; v. neck-and-neck
neck-and-neck *adj phr* (*rw*) ~ **race** lutte *f* bord à bord
need *v* v. width
negotiate *v* (*canoeing*) **to ~ an obstacle** franchir un obstacle
nelson *n* (*wr*) nelson *m* ; **double / full / ~** double nelson *m* ; (*wr*) **half ~** clé *f* au cou
nerve sedative *cpd* (*pharm*) neuroleptique *m*
nervous *adj* ~ **system** système *m* nerveux
net **1.** *n* (*bkt, tn, vb*) filet *m* ; (*ft*) filets *mpl* ; (*tn*) ~ **band** bande *f* de filet ; (*tn*) ~ **judge** juge *m* de filet ; (*ft*) **the top corner of the ~** la lucarne ; (*tn*) ~ **play** jeu *m* au filet ; (*tn*) ~ **cord** corde *f* ; (*tn*) ~! **net** ! *m*, balle *f* à remettre ; (*tn*) ~ **ball** balle *f* de filet ; (*ft*) **to put / stick / the ball in the back of the ~** placer le ballon au fond des filets **2. (netted)** *v* (*ft*) (*fm*) **to ~ (the ball)** marquer un but, placer le ballon au fond des filets ; (*ft*) (*fm*) **he ~ted twice against Liverpool** il marqua deux buts contre Liverpool, (*jn*) il signa un doublé contre Liverpool ; (*tn, vb*) **to ~ the ball** envoyer la balle / le ballon / dans le filet
netball *n* (*sp*) netball *m*
neuroleptic **1.** *adj* (*pharm*) (*drug*) neuroleptique
neuroleptic **2.** *n* (*pharm*) (*drug*) neuroleptique *m*
neutral *adj* (*bx*) ~ **corner** coin *m* neutre ; (*ihk*) ~ **zone** zone *f* neutre
neutralisation *n* (*cycl*) neutralisation *f*

new *adj* v. signing

newly-turned *adj phr* ~ **professional** néo-professionnel(elle) *m(f)*

NFL *(USA)* *(abbr of National Football League)* Ligue Nationale de Football Américain

NHL *(USA)* *(abbr of National Hockey League)* Ligue Nationale de Hockey sur Glace

"nick" *v* (= *to win by a narrow margin*) *(competition, race)* «épingler»

nil *n* *(ft, etc.)* zéro *m* ; *(ft, etc.)* **they won three ~** ils ont gagné trois à zéro

ninepin *n* quille *f* ; *(jeu)* **~s** jeu *m* de quilles

NL *(USA)* *(bsb)* *(abbr of National League)* Ligue Nationale *(de base-ball)*

no-ball *cpd* *(ckt)* lancer *m* qui n'est pas valable, balle *f* mauvaise ; **it is a ~** la balle est mauvaise

nocking-point *cpd* *(arc)* point *m* d'encoche

no-jump *cpd* *(athl)* *(high jump, long jump, pole vault, triple jump)* saut *m* fautif ; **it is a ~** l'essai est nul, l'essai n'est pas valable ; **it was a ~** *(long jump, triple jump)* il / elle / a mordu, *(high jump, pole vault)* il / elle / a accroché la barre

nordic *adj* *(sk)* **~ combined** combiné *m* nordique ; *(sk)* **~ combined jump** saut *m* du combiné nordique ; v. combination

normal *adj* *(ft, etc.)* **~ playing time** temps *m* réglementaire ; *(jd)* **~ posture** position *f* fondamentale ; *(shooting)* **~ run** course *f* normale

north *n* v. face

nose *n* *(anatomy)* nez *m* ; *(arc)* **~ mark** accrochage *m* sur le nez

noseband *n* *(eq, hrg)* muserolle *f*

not *adv* *(figure skating)* (= *mark of 0 out of 6*) **~ skated** non patiné

notch *v* *(ft)* *(jn, fm)* **to ~ two goals** signer un doublé

note *n* *(jd)* **'~!'** *('shido!')* 'observation !' *f*

no-throw *cpd* *(athl)* *(hammer, javelin, shot)* jet *m* fautif ; **it is a ~** l'essai *m* n'est pas valable

notice board *cpd* *(shooting)* tableau *m* d'affichage

novice *n* débutant(e) *m(f)*

"nudge" *v* *(bls)* *(pétanque)* **to ~ the target bowl without displacing it** «chiquer» une boule

number *n* *(gen)* *(quantity)* nombre *m*, *(in series)* numéro *m* ; *(athl)* *(worn by competitor)* dossard *m* ; *(ft, rb, etc.)* **player's ~** numéro *m* de joueur ; *(rb)* **~ eight forward** numéro *m* huit ; *(eq)* **~ of the saddle cloth** numéro *m* du tapis de selle ; *(slg)* **sail ~** numéro *m* de la voile ; *(ft, rb, etc.)* **X is wearing ~ eight / the ~ eight shirt** X a le numéro huit ; *(curling)* **~ two / three** deuxième / troisième joueur *m* ; *(athl, aut, cycl, etc.)* **the record ~ of participants / competitors** le chiffre record de partants ; *(tn, etc.)* **world ~ two / ~ two in the world rankings** deuxième joueur *m* mondial ; **the world's ~ one** le numéro un mondial ; **X moved into third place with the same number of points as Y** X prit la troisième place à égalité de points avec Y ; v. opposite

numbered *adj* *(bd)* **~ balls** billes *fpl* numérotées

numbering *n* *(modern pentathlon)* **~ of the horses** numérotage *m* des chevaux

nutmeg *v* *(ft)* **to ~ (an opponent)** faire un grand pont (à un adversaire)

nutrition *n* nutrition *f*

O

oar *n* (*rw*) aviron *m*, rame *f* ; (*rw*) **double-banked** ~s avirons *mpl* de couple, avirons *mpl* accouplés ; **single-banked** ~s avirons *mpl* de / en / pointe ; (*rw*) ~ **button** bourrelet *m* ; (*rw*) ~ **handling** manœuvre *f* de l'aviron ; (*rw*) **hollow** ~ aviron *m* creux ; (*rw*) starboard-side ~ aviron *m* de tribord ; (*rw*) **eight / four / ~s with coxswain** huit / quatre / rameurs *mpl* en pointe avec barreur ; **coxless four** ~s quatre rameurs *mpl* en pointe sans barreur *m*

oarlock *n* (*Am*) dame *f* de nage

oarsman *n* rameur *m*

oarswoman *n* rameuse *f*

obedience *n* (*eq*) obéissance *f*

object ball *cpd* (*bd*) (*pool*) bille *f* numérotée

obstacle *n* (*canoeing, eq*) obstacle *m* ; (*canoeing*) **artificial / natural /** ~ obstacle *m* artificiel / naturel ; (*eq*) **closed** ~ obstacle *m* fermé ; (*eq*) **high and broad** ~ obstacle *m* haut et large ; (*eq*) **simple / solid / spread / straight /** ~ obstacle *m* simple / fixe / large / haut ; (*eq*) ~ **judge** juge *m* aux obstacles ; (*eq*) ~ **knocked over** obstacle *m* renversé ; (*eq*) **to approach an** ~ aborder un obstacle ; (*canoeing*) **to negotiate an** ~ franchir un obstacle ; (*eq*) **to omit an** ~ omettre un obstacle ; (*canoeing*) **to skirt an** ~ contourner un obstacle

obstruct *v* (*ft, rb, etc.*) faire de l'obstruction, faire obstruction ; **to** ~ **s.o.** faire obstruction à qn

obstructing *n* (*athl, ft, hk, rb, etc.*) obstruction *f*

obstruction *n* (*athl, ft, rb, etc.*) obstruction *f* ; (*cycl, rw*) gêne *f*

ocean racing *cpd* course *f* hauturière

octave *n* (*fn*) octave *f*

odds *npl* (*hrg, etc.*) cote *f* ; ~ **on / against / a horse** cote *f* d'un cheval ; **the** ~ **are fifteen to one** la cote est à quinze contre un

off *prep* v. pace

off-break *n* (*ckt*) **to bowl an** ~ donner de l'effet à la balle à droite

offensive 1. *adj* (*ihk*) ~ **zone** zone *f* offensive / d'attaque **2.** *n* offensive *f* ; (*American football, etc.*) offensive *f*, attaque *f*

offer *v* (*ft*) (*jn, fg*) **Luton** ~**ed little resistance** Luton n'a pas pesé lourd

office *n* **the booking / ticket /** ~ les guichets *mpl* de location

officer *n* (*shooting*) **marking-pit** ~ directeur *m* de tranchée de marquage ; (*bx*) **medical** ~ médecin *m* officiel ; (*shooting*) **range** ~ directeur *m* de tir

official 1. *adj* (*sk, etc.*) ~ **result / time** temps *m* officiel ; (*ihk*) ~ **scorekeeper** marqueur *m* officiel ; (*sk*) (*alpine skiing*) ~ **training** entraînement *m* officiel ; (*gén*) ~ **weigh-in** pesage *m* officiel **2.** *n* (*bkt, bx, wgt, etc.*) **the** ~**s** les officiels *mpl* ; (*canoeing*) **chief** ~ chef *f* de l'organisation ; (*ft, etc.*) **the match officials** (*jn*) le corps arbitral ; (*bkt*) ~**s' signals** signaux *mpl* des arbitres

officiate *v* (*referee, umpire*) officier

offshore *adj* (*powerboat racing, etc.*) ~ **races** courses *fpl* en mer

offside *n* (*ft, hk, rb*) hors-jeu *m* ; ~ **position** position *f* de hors-jeu ; **to be** ~ **/ in an** ~ **position** être hors jeu ; (*ft, hk*) ~ **trap** piège *m* de hors-jeu, (*ft*) la défense en ligne [qui monte rapidement et] qui s'appuie sur la règle du hors-jeu ; (*ft, hk*) ~ **goal** but *m* marqué sur hors-jeu ; (*rb*) ~ **line** ligne *f* de hors-jeu ; (*ft*) **to use** ~ **tactics / to play for** ~ jouer le hors-jeu, s'appuyer sur la règle du hors-jeu

off-target *adj phr* *(ft)* **to be ~ with one's lob** manquer son lob

oilskin *n* *(garment)* ciré *m*

old *adj* vieux *m*, vieille *f* ; **old star** ex-gloire *f*

Olympiad *n* olympiade *f*

Olympian *n* Olympien(ienne) *m(f)*

Olympic *adj* olympique ; **the Olympic Games** les Jeux *mpl* Olympiques

Olympics *n* les (Jeux) Olympiques *mpl*

Olympic-sized *cpd* *adj* aux dimensions olympiques

omit *v* *(canoeing)* **to ~ a gate** omettre une porte ; *(eq)* **to ~ an obstacle** omettre un obstacle

on *prep* sur ; *(tn)* **a lob right ~ the line** un lob pile sur la ligne ; *(slg)* **to sail ~ a wind** courir au plus près ; v. one

on-deck circle *cpd* *(bsb)* cercle *m* d'attente

one *adj & n* un(e) ; *(sw)* **breathing on ~ side** respiration *f* unilatérale ; *n* *(athl)* *(where the same team fills the first three places in a race)* **a ~, two, three** *(jn)* un triplé

one-hand *adj phr* *(bkt)* **~ pass** passe *f* à une main

one-handed *adj phr* *(bkt)* **~ shot** tir *m* à une main ; *(rb)* **~ pass behind one's / his / back** «chistera» *f* ; v. one-hand

one-minute *adj phr* v. barrier

one-touch *adj phr* *(ft)* **~ football** le football à une touche de balle

one-two *cpd* *(bx, ft)* une-deux *m*

one-way *adj phr* *(ft, etc.)* *(jn)* **a second half in which it was ~ traffic** une seconde mi-temps à sens unique

on-guard line *cpd* *(fn)* ligne *f* de mise en garde

open 1. *adj* *(gen)* **to run into an ~ space** s'engouffrer dans l'espace *m* libre ; *(ft)* **to leave the goal ~** dégarnir le but ; *(krt, etc.)* **~ category**

toutes catégories *fpl* ; *(rb)* **~ side** côté *m* ouvert, le côté grand ouvert **2.** *n* *(tn, gf)* tournoi *m* ouvert, «open» *m* ; **the Monte Carlo ~** l'Open *m* de Monte Carlo **3.** *v* *(ft, etc.)* **to ~ the score** ouvrir le score / la marque ; *(ft, etc.)* *(jn)* **his pass opened up the play** sa passe a éclairé le jeu ; *(ft, rb)* **the game opened up** le jeu se débrida

opening *n* *(gen)* ouverture *f* ; *(fn)* cible *f*

openly *adv* *(wr)* **to wrestle ~** lutter ouvertement

operate *v* *(ft, etc.)* *(position)* **to ~ in midfield** évoluer au milieu du terrain

operation *n* *(gen)* **to need an ~** être obligé de subir une intervention chirurgicale

operator *n* *(bkt)* **clock / 30-second / ~** opérateur *m* (de l'appareil) des trente secondes

opiate *n* *(pharm)* opiacé *m*, opiat *m*

opium *n* *(pharm)* opium *m*

opponent *n* adversaire *mf* ; *(ft)* **the ~s' penalty area** la surface de réparation adverse ; *(bkt)* **~s' basket** panier *m* du camp adverse ; *(ft, rb, etc.)* **to cut out an ~'s pass** intercepter une passe adverse ; *(hd)* **to pivot away from one's ~** pivoter en s'éloignant de l'adversaire ; *(hd)* **to pivot into one's ~** pivoter sur l'adversaire ; v. blot out *vphr*, snuff out *vphr*

opposing *adj* *(ft, etc.)* **~ team** opposition *f*

opposite *adj* *(team games)* **~ number** vis-à-vis *m*

opposition *n* *(ft, etc.)* opposition *f* ; *(fn)* **~ parry** parade *f* d'opposition

optical *adj* *(rifle, etc.)* **~ sight** visée *f* optique

option *n* option *f* ; **attacking options** options *fpl* offensives

order *n* *(hrg)* **they are under starter's**

~s ils sont sous les ordres (du starter)

ordinary *adj* (*gym*) ~ **grip** prise *f* dorsale ; (*ft, rb, etc.*) **an ~ team** (*jn*) une équipe anonyme ; v. time, trot, walk

organization *n* **World Health Organization** Organisation *f* Mondiale de la Santé, (*abbr* OMS)

organize *v* (*ft, etc.*) **to ~ the marking** organiser le marquage

organizer *n* organisateur(trice) *m(f)* ; (*cycl*) **the race organizers** les organisateurs *mpl* ; **the tournament organizers** les organisateurs *mpl* du tournoi

orienteering *n* (*training exercise*) exercice *m* d'orientation ; (*competition*) cross *m* d'orientation

original *adj* (*ice dancing*) ~ **dance** programme *m* original

originality *n* (*gym*) originalité *f*

ounce *n* (*bx*) once *f*

oust *v* évincer

out *adv* (*tn*) (*ball*) dehors, «out» ; (*bx*) **seconds ~!** quitter le ring ! ; (*ckt, bsb*) **to be ~** être éliminé ; (*ckt*) **to be ~** être hors jeu, être éliminé ; (*ckt*) **to get s.o. ~** éliminer qn ; (*bx*) **to be ~ for the count** être K-O ; (*bx*) **to knock s.o. ~** mettre qn K-O ; (*bx, fg*) **to be ~ on one's feet** être K-O debout ; (*gen*) **to be ~ (through injury)** être indisponible ; **he will be ~ for the rest of the season** il sera indisponible pour le reste de la saison ; **~ of bounds** (*bkt*) hors jeu, (*gf*) hors limites *fpl*

outboard *adj* (*rw*) ~ **part of the oar** levier *m* extérieur

outclass *v* surclasser ; **to ~ an opponent** surclasser un adversaire / concurrent ; **to be ~ed** être surclassé

outcome *n* (*of match, etc.*) issue *f*

outdoor *adj* (*skating*) ~ **rink** patinoire *f* en plein air ; (*eq*) ~ **school** carrière

f ; (*skating*) ~ **speed skating** patinage *m* de vitesse en extérieur ; **outdoor sports** sports *mpl* de plein air

outer *adj* (*squash*) ~ **boundary line** limite *f* hors-terrain ; (*cycl*) ~ **track** extérieur *m*

outfield *n* & *adj* (*bsb*) arrière-champ *m* ; (*ft*) **to play in the ~** jouer dans le champ ; *adj* (ft, hk, etc.) **the ~ players** (= *tous les joueurs sauf le gardien de but*) les joueurs *mpl* de champ

outflank *v* (*ft, rb, etc.*) **to be ~ed** être débordé

outhaul *n* (*slg*) étarqueur *m*

outrigger *n* (*rw*) porte-nage *m, inv* en dehors ; (= *boat*) outrigger *m*

outright *adj* v. winner

outrun *n* (*sk*) (*ski jumping*) piste *f* de dégagement

outside 1. *adj* (*gym*) ~ **grasp** prise *f* radiale ; (*jd*) **major ~ reap** (*o-soto-gari*) grand fauchage *m* extérieur ; (*jd*) **minor ~ reap** (*ko-soto-gari*) petit fauchage *m* extérieur ; v. court, linebacker, reap **2.** *prep* (*ft*) ~ **the penalty area** à l'extérieur de la surface de réparation **3.** *n* (*rb*) côté *m* ouvert ; (*cycl*) **to overtake on the ~** doubler à l'extérieur ; (*hrg*) **X is moving up on the ~** X vient à l'extérieur ;

outside-left *cpd* (*ft, hk*) ailier *m* gauche

outside-right *cpd* (*ft, hk*) ailier *m* droit

outsider *n* (*hrg, etc.*) outsider *m*

outstanding *adj* (*ft*) **the ~ match of the third round of the Cup** (*jn*) le match phare du troisième tour de la coupe

out-turn *n* (*curling*) effet *m* extérieur

ovation *n* ovation *f* ; **to give s.o. an ovation** faire une ovation à qn ; **to give s.o. a standing ~** se lever pour applaudir qn, faire une «standing ovation» à qn ; **he got an ~ / standing ~** il a été ovationné

over *prep* his lead **~ X** son avance *f* sur X ; *(ft)* *(fm)* **to shoot miles ~ the top** tirer dans les nuages ; *(hd)* **to throw ~ the wall** shooter par-dessus le mur ; *(shooting)* **~ and under** fusil *m* à deux canons *mpl* superposés

overall *adj* **~ placings** classement *m* général ; *(gen)* **he is sixth ~** il est sixième au classement général ; v. winner

overarm *adv* *(ckt)* **to bowl ~** lancer la balle par-dessus l'épaule, bras tendu

overdraw *v* *(arc)* allonger trop fort

overdrive *n* *(aut & fg)* **to go into ~** passer la surmultipliée

overhead *adj* *(bkt)* **~ shot** tir *m* pardessus la tête ; v. service

overlap 1. *n* *(ft, rb)* débordement *m* **2.** *v* *(ft, rb)* déborder ; *(slg)* déventer ; *(rb, etc.)* **to ~ into** empiéter sur

overstand *v* *(slg)* dépasser

overtake *v* *(aut, mt, sk, etc.)* doubler, *(fm)* passer, *(cross-country skiing, etc.)* dépasser ; *(cycl)* **to ~ on the inside** doubler à la corde ; *(cycl)* **to ~ on the outside** doubler à l'extérieur

own *adj* *(ft)* **to score an ~ goal** marquer un but pour l'équipe adverse, marquer un but contre son propre camp

oxer *n* *(eq)* *(obstacle)* oxer *m*

oxygen *n* oxygène *m* ;
    oxygen cylinder bouteille *f* d'oxygène ;
    oxygen treatment *cpd* oxygénothérapie *f*

oxygenation *n* oxygénation *f*

P

PA *(abbr of Public address)* (système *m* de) sonorisation *f*, *(fm)* sono *f*

pace 1. *n* allure *f*, rythme *m* ; **change of ~** changement *m* de rythme *m* ; *(athl, etc.)* *(fm)* **to be off the ~** se laisser distancer ; *(athl, etc.)* **to step up the ~** hausser le rythme, *(fg, jn)* changer de braquet ; **to slow down / slacken / the ~** baisser le rythme ; *(aut)* **to slacken the ~** lever le pied ; *(athl, cycl)* **to wind up the ~ for a sprint finish** lancer le sprint ; *(cycl)* **a stage raced at a brisk ~** une étape menée rondement ; **to walk at a brisk ~** marcher à une allure vive **2.** *v* *(cycl)* *(cyclist)* entraîner ; *(gen)* **to ~ oneself** doser son effort

pacemaker *n* *(athl, etc.)* meneur *m* de train

pace-set *adj phr* *(sk)* *(freestyle skiing)* **~ time** temps *m* de base

pace-setter *cpd* *(athl, etc.)* meneur *m* de train, *(sk)* *(freestyle skiing)* ouvreur *m* temps de base

pack 1. *n* *(athl, cycl)* peloton *m*, meute *f* ; *(rb)* paquet *m* d'avants, pack *m* ; *(cycl, etc.)* **to break clear of the ~** sortir de la meute ; *(athl, cycl)* **to build up a good lead over the (rest of the) ~** lâcher le peloton **2.** *v* *(ft, etc.)* **to ~ the defence** renforcer la défense ;
    pack down *(sk)* *(snow)* damer

packed *adj* *(sk)* **~ snow** neige *f* damée ; *(sk)* *(cross-country skiing)* **~ trail** piste *f* damée / tracée

pad *n* *(ihk)* **arm ~** brassard *m* ; *(ihk)* **back ~** bouclier *m* ; *(ihk)* **body ~** plastron *m* ; v. elbow pad, hip pad, knee pad, rib pad, shoulder pad, thigh pad, wrist pad

padding *n* *(shoulder pad, etc.)* rembourrage *m* ; (*bx*) **corner** ~ rembourrage *m* des piquets

paddle 1. *n* (*canoe*) pagaie *f* ; (*ttn*) raquette *f* (*de ping-pong*) ; (*canoeing*) **broken** ~ bris *m* de pagaie ; (*canoeing*) **double-bladed** ~ pagaie *f* double ; (*canoeing*) **feathered** ~ pagaie *f* croisée ; (*canoeing*) **single-bladed** ~ pagaie *f* simple ; (*canoeing*) ~ **stroke** coup *m* de pagaie **2.** *v* (*canoeing*) pagayer ; (*rw*) ramer légèrement ; **to** ~ **upstream** remonter le courant

paddleball *n* paddleball *m*

paddler *n* pagayeur(euse) *m(f)*

paddling pool *cpd* (*sw*) pataugeoire *f*, (*as opposed to swimming pool*) petit bassin *m* (de la piscine)

paddock *n* (*eq*) paddock *m*

pair *n* (*rw*) **a coxed** ~ deux rameurs *mpl* en pointe avec barreur ; (*rw*) **a coxless** ~ un deux sans barreur ;

pairs skating patinage *m* par couple

pair-oars *cpd* (*rw*) **coxless** ~ deux rameurs *mpl* en pointe sans barreur ; (*rw*) ~ **with coxswain** / **coxed** ~ deux rameurs *mpl* en pointe avec barreur

palm *v* (*ft*) (*goalkeeper*) **to** ~ **the ball** frapper le ballon de la paume

palm-rest *cpd* (*shooting*) pommeau *m*

palomino *n* (*eq*) (*horse*) isabelle *m*

Pan-American Games *cpd* (*athl*) jeux *mpl* panaméricains

pancreas *n* (*anatomy*) pancréas *m*

panel *n* (*slg*) **sail** ~ laize *f*

pants *npl* (*American football, bsb*) pantalon *m* ; **hockey** ~ culotte *f* de hockey

paperweight *n* (*wr*) (= 1st category) poids *m* papier

par *n* (*gf*) par *m* ; (*gf*) (*hole*) ~ **three** par trois ; (*gf*) (*player*) **six under** ~ six sous le par ; (*gf*) (*player*) **two over** ~ deux au-dessus du par ; (*ft, rb, tn, etc.*) **performance that is below** ~ contre-performance *f*

parachute 1. *n* parachute *m* ; **main** ~ parachute *m* dorsal ; **pilot** ~ parachute *m* extracteur ; **reserve** ~ parachute *m* de secours **2.** *v* (*person*) descendre en parachute

parachuting *n* parachutisme *m* ; **free-fall** ~ saut *m* en chute libre

parachutist *n* parachutiste *mf*

parade *n* (*fnc*) parade *f*

paragliding *n* parapente *m*

parallel *adj* (*eq*) (*obstacle*) ~ **bars** montants *mpl* parallèles ; v. bar

paraplegic *n* & *adj* (*athl*) ~ **games** jeux *mpl* pour paraplégiques *mpl*

parry 1. *n* (*gen*) parade *f* ; (*fn*) **ceding** ~ parade *f* en cédant ; (*fn*) **circular** ~ parade *f* circulaire ; (*fn*) **opposition** ~ parade *f* d'opposition ; (*fn*) **semi-circular** ~ parade *f* semi-circulaire **2. (parried)** *v* (*gen*) parer ; (*fn*) parer ; (*fn*) **'parried!'** 'paré !' ; (*bx*) **to** ~ **a blow** / **punch** parer un coup ; (*wr*) **to** ~ **a grip** parer une prise ; (*fn*) **to** ~ **in quarte** / **quart** / **carte** / parer en quarte ; (*fn*) **to** ~ **and thrust** parer et tirer ; (*ft*) **to** ~ **the ball** exécuter la parade

part *n* (*rw*) **inboard** / **outboard** / ~ **of the oar** levier *m* intérieur / extérieur ; (*gym*) **strength** ~**s** parties *fpl* de force ; v. take

participant *n* (*race*) partant *m*

participation *n* (*in*) participation *f* (à)

partner *n* (*gen*) partenaire *mf* ; (*gf*) partenaire *mf* ; v. sparring partner

paso doble *cpd* (*ice dancing*) paso doble *m*

pass 1. *n* (*ft, rb, etc.*) passe *f* ; (*figure skating*) (= *mark of three out of six*) médiocre ; (*ft, etc.*) **an accurate** ~ une passe précise ; (*rb, etc.*) **an attacking** ~ une passe d'attaque ; (*bkt, etc.*) **blind** ~ passe *f* aveugle ; (*hd*) **chest** ~ passe *f* à deux mains ; (*hd*) **forearm** ~ passe *f* de l'avant-bras ; (*hd*) **blind** / **direct** / **indirect** /

reverse / ~ passe *f* aveugle / directe / indirecte / de revers ; *(rb)* **forward** ~ passe *f* en avant ; *(bkt)* **lob** / **lobbed** / ~ passe *f* en cloche ; *(bkt)* **one-hand** / **two-hand** / ~ passe *f* à une main / à deux mains ; *(ft)* **to string ~es together** jouer en redoublement de passes ; *(ft)* ~ **and move** passe-et-va *m* ; *(rb)* **scissors ~** passe *f* croisée, croisée *f* ; *(ft)* **volleyed** ~ passe *f* de volée **2.** *v* *(ft, rb)* **to** ~ **the ball** passer le ballon ; *(training, etc.)* **to** ~ **the ball to a team mate** adresser le ballon à un partenaire ; *(ft)* **to** ~ **the ball back** redoubler la passe ; *(athl)* *(relay)* **to** ~ **the baton** passer / transmettre / le témoin ; *(hk, etc.)* **to** ~ **into space** passer dans le trou ; *(ft, rb, etc.)* **to** ~ **a player fit** déclarer un joueur bon pour le service, confirmer la participation d'un joueur ; *(ft, rb, etc.)* **to be ~ed fit** être déclaré bon pour le service / apte à jouer

passage *n* *(eq)* passage *m* ; *(eq)* **to proceed in** ~ partir au passage

passé *n* *(fn)* passé *m*

passer *n* *(ft)* ~ **of the ball** passeur *m*

passing 1. *adj* *(tn)* ~ **shot** passing *m*, «passing shot» *m* **2.** *n* *(ft)* ~ **the ball** transmission *f* du ballon ; *(athl)* *(relay)* ~ **the baton** transmission *f* du témoin

passing over *vphr* *(athl)* *(relay)* ~ **the baton** transmission *f* du témoin

passive *adj* *(wr)* **to wrestle in a** ~ **manner** lutter de façon passive

passivity *n* *(wr)* passivité *f*

patch *n* *(ft, etc.)* *(jn)* *(team)* **to go through a bad** ~ connaître un passage à vide

pathology *n* *(med)* pathologie *f*

patrol *n* *(speed skating)* ~ **judge** juge *m* de virage

pavilion *n* **sports** ~ pavillon *m* de sports

paw *v* *(horse)* **to** ~ **the ground** piaffer

paying *adj* **v.** customer

pay off *(pp* **paid off)** *vphr* *(ft, rb, etc.)* **these tactics might have paid off** cette tactique aurait pu payer

PB *(athl)* *(abbr of Personal Best)* record *m* personnel

PE *(abbr of Physical Education)* ~ **instructor** / **teacher** professeur *m* d'EPS, professeur *m* d'Education Physique et Sportive

peak *adj* **v.** form

pebble *n* *(curling)* glace *f* perlée

pedal 1. *n* *(cycl)* pédale *f* ; ~ **and gear mechanism** pédalier *m* ; *(cycl)* **to stand up on the ~s** pédaler en danseuse ; **v.** rudder pedal **2.** *v* *(cycl)* pédaler

pedaling *n* **v.** pedalling

pedalling *n* pédalage *m*

peep hole *cpd* *(arc)* œilleton *m*

peg *n* *(athl)* *(supporting high-jump / pole-vault / bar)* taquet *m* ; *(climbing)* piton *m*

pellet *n* *(shooting)* plomb *m*

pelota *n* pelote *f*, pelote *f* basque, rebot *m* ; ~ **player** pelotari *m* ; ~ **racket** chistera *f*, palette *f*, raquette *f*

pelvic *adj* pelvien(ienne) *m(f)* ; *(anatomy)* ~ **girdle** ceinture *f* pelvienne

pelvis *n* bassin *m*

penalize *v* pénaliser, sanctionner ; *(rb)* **a serious foul is ~d by the awarding of a penalty kick** une faute grave est sanctionnée par l'octroi d'un coup de pied de pénalité ; *(ft, etc.)* **X was wrongly penalized for being offside** X fut signalé, à tort, hors jeu

penalty *n* *(ft)* penalty *m*, *(rb)* pénalité *f* ; ~ **area** *(ft)* surface *f* de réparation, *(eq)* zone *f* de pénalité, *(hd)* zone *f* de jet franc ; *(ihk)* ~ **bench** / **box** banc *m* des pénalités ; *(hk)* ~ **corner** coup *m* de coin de pénalisation, petit corner *m* ; *(rb)* ~ **goal** but *m* de pénalité ; (*fn*) ~ **hit** touche *f* de pénalisation ; (*hd*) ~ **line** ligne *f* / marque *f* / (du jet) de sept mètres ; (*sk*) (*biathlon*) ~ **loop** boucle *f* de pénalité ; (*canoeing*) ~ **second** seconde *f* de pénalisation ; ~ **shot** (*ihk*) tir *m* de pénalité, (*hd*) jet *m* de sept mètres ; (*gf, hk*) ~ **stroke** coup *m* de pénalité ; (*ihk*) ~ **timekeeper** chronométreur *m* des pénalités ; (*rb*) ~ **try** essai *m* de pénalité ; (*ihk*) **delayed** ~ pénalité *f* différée ; (*ft*) **a shot from the edge of the** ~ **area** un tir aux seize mètres ; (*ft, etc.*) **to appeal for a** ~ réclamer un penalty ; v. kick, spot

penholder *n* (*ttn*) ~ **grip** prise *f* porteplume

pentathlon *n* pentathlon *m* ; **modern** ~ pentathlon *m* moderne

pentathlete *n* pentathlète *m(f)* ; **the leading modern** ~ le chef de file du pentathlon moderne

"pep pill" *cpd* (*fm*) (*pharm*) excitant *m*

perfect *adj* (*figure skating*) (= *mark of six out of six*) **faultless and** ~ sans faute et parfait

performance *n* performance *f*, (*fm, jn*) prestation *f*, (= *output*) rendement *m* ; (*athl, ft, etc.*) (*training strategy*) **to improve the** ~ **of an athlete / player** augmenter le rendement d'un athlète / joueur ; **poor / bad /** ~ contre-performance *f* ; (*ft, etc.*) (*jn*) **their** ~ **against Naples was amazing** leur démonstration *f* contre Naples fut époustouflante

performer *n* performeur(euse) *m(f)*, «performer» *m*

perimeter *n* (*vb, etc.*) ~ **line** ligne *f* de pourtour

period *n* (*hk, ihk, water polo, etc.*) période *f* ; (*bkt*) **extra** ~ prolongation *f* ; (*slg*) ~ **of calm weather** accalmie *f*

periostosis *n* (*med*) périostose *f*

permit holder *cpd* (*sp*) licencié(e) *m(f)*

perpendicular *adj* (*adv usage*) (*rb*) **the ball must be thrown** ~ **to the touchline** le ballon doit être envoyê perpendiculairement à la ligne de touche

persistent *adj* (*bx*) ~ **fouling can lead to disqualification** la persistance dans l'incorrection peut mener à la disqualification

personal *adj* personnel(elle) *m(f)* ; (*athl*) ~ **best** record *m* personnel ; v. foul

pétanque *n* (*game of bowls played in the South of France*) pétanque *f*

petite finale *cpd* (*rw*) petite finale *f*

PFA (*UK*) (*abbr of Professional Footballers' Association*) Syndicat *m* de Footballeurs Professionnels

PGA (*abbr of Professional Golfers' Association*) Syndicat *m* de Golfeurs Professionnels

phase *n* (*training, etc.*) stade *m*, phase *f* ; (*rw*) **intermediate** ~ **of the stroke** phase *f* intermédiaire de la traction ; (*rw*) **pulling** ~ phase *f* de traction

photo *n* (*hrg*) ~ **for third place** photographie *f* pour la troisième place

photo-electric *adj phr* ~ **cells** cellules *fpl* photo-électriques

photo finish *cpd* (*hrg, etc.*) photo *f* d'arrivée, «photo-finish» *f, inv*

"phys ed" *cpd* (*abbr of physical education*) éducation *f* physique, EPS (éducation *f* physique et sportive)

physical *adj* physique ; ~ **training** (*abbr PT*) culture *f* physique ; v. education, recreation

physically *adv* physiquement ; **to play** ~ «cartonner»

"physio" *n* (*abbr of physiotherapist*) «kiné» *mf*

physiological *adj* physiologique

physiology *n* physiologie *f*

physiotherapist *n* kinésithérapeute *mf*

physiotherapy *n* kinésithérapie *f*, (*re-education of muscle*) rééducation *f* ; **to**

have / undergo / ~ faire de la rééducation ; ~ **exercises** exercices
mpl de rééducation ; ~ **clinic** centre
m de rééducation
piaffe *n* (*eq*) piaffé *m*
pick *v* (*team, players, etc.*) sélectionner ;
to ~ **one's squad** (*jn*) faire sa liste ;
v. pick up
pick up *vphr* (*ft*) **to** ~ **an opponent**
marquer son adversaire
pick-up *cpd* soulevé *m*
piebald *n* (*horse*) cheval *m* pie (*pl* chevaux pie)
piece *n* (*sk*) (*of ski*) **heel** ~ talonnière *f* ;
(*sk*) (*of ski*) **toe** ~ butée *f* ; v. set piece
pierce *v* (*ft, etc.*) (*defence*) percer, transpercer
piercing *adj* (*volley, etc.*) percutant(e)
pigeon *n* pigeon *m* ; **clay** ~ **shooting**
tir *m* au pigeon d'argile, ball-trap *m*
pigeon-fancier 1. *adj* ~ or ~ **s'** colombophile *mf* 2. *n* colombophile *mf*
pigeon-fancying 1. *adj* colombophile
mf 2. *n* colombophilie *f*
pike *n* (*gym*) saut *m* de brochet, (*sw*)
saut *m* de carpe ; (*sw*) (*diving*) ~ **position** position *f* carpée
pill *n* v. "pep pill"
piloting *n* (*glider*) pilotage *m*
pin 1. *n* (*ft, etc.*) (*fg*) **X is one of the
king ~s of the team** X est une des
pièces maîtresses de son équipe 2. *v*
v. pin down
pinch *v* (*slg*) déventer
pin down *vphr* (*rb*) **to** ~ **an opponent**
cadrer un adversaire ; (*wr*) **to** ~ **an
opponent by both shoulders** maintenir l'adversaire sur les deux
épaules
pinning down *cpd* (*rb*) (*opponent*) cadrage *m*
pirouette *n* (*eq, ice dancing, etc.*) pirouette *f* ; (*gym*) **full** ~ pirouette *f* ;
(*eq*) ~ **to the left / right** pirouette *f* à
gauche / droite
piste *n* (*sk*) piste *f* ; (*fn*) piste *f* d'es-

crime ; (*modern pentathlon*) ~ **in reserve** piste *f* en réserve ; (*fn*) **metallic** ~ piste *f* métallique
pistol *n* (*pistol shooting*) pistolet *m* ;
automatic ~ pistolet *m* automatique ; **air** ~ pistolet *m* à air comprimé ; **firing** ~ pistolet *m* de tir ;
free ~ pistolet *m* libre ; **rapid-fire** ~
pistolet *m* à tir rapide ; ~ **shooter** tireur *m* au pistolet ;
pistol shooting (*sp*) tir *m* au pistolet
pit *n* (*athl*) (*long jump*) fosse *f* de sable ;
(*aut*) stand *m* (de ravitaillement) ;
(*shooting*) tranchée *f* ; (*athl*) (*long
jump*) **landing** ~ fosse *f* de réception ; (*shooting*) **marking** ~ tranchée
f de marquage ; (*aut*) **~(s) stop** arrêt
m au stand
pitch 1. *n* (*gen*) terrain *m*, pelouse *f*,
(*bls*) (*pétanque*) piste *f* ; (*ft, rb, etc.*) **to
leave the** ~ quitter la pelouse 2. *v*
(*slg, canoeing, etc.*) tanguer
pitcher *n* (*bsb*) lanceur *m*, livreur *m* ; v.
plate
pitching *n* (*rw, slg*) tangage *m*
piton *n* (*climbing*) piton *m*
pivot 1. *n* (*bkt, ice dancing*) pivot *m* ;
(*bkt*) ~ **foot** pied *m* de pivot ; (*bx*) ~
blow coup *m* en pivotant vers l'arrière ; (*eq*) ~ **on the forehand** pirouette *f* renversée ; (*eq*) ~ **on the
quarters** pirouette *f* ; (*hd*) ~ **player**
pivot *m* ; (*hd*) ~ **shot** tir *m* en pivotant ; (*ft, etc.*) **the** ~ **of the defence** le
pivot / la charnière / de la défense
2. *v* pivoter ; (*hd*) **to** ~ **away from
one's opponent** pivoter en s'éloignant de l'adversaire ; (*hd*) **to** ~ **into
one's opponent** pivoter sur l'adversaire
pivoting *n* pivotement *m*
place 1. *n* (*in race*) place *f* ; **to be in
first** ~ occuper la première place ;
(*athl, hrg, etc.*) (*during race*) **to be in
last** ~ fermer la marche (du peloton) ; **he was in twentieth** ~ il fut

classé vingtième ; v. keep, take ;
place kick (*rb*) coup *m* de pied
placé **2.** *v* (*ft*) **to ~ the ball in the
back of the net** placer le ballon au
fond des filets ; (*athl, etc.*) (*in race*) **to
be ~d** être placé ; **to be / finish /
well ~d** être / finir / bien placé ;
(*athl, etc.*) **to be ~d joint / equal /
first** être classé premier ex æquo ;
(*ft, etc.*) **to be well ~d in mid-table**
(*jn*) être bien calé en milieu de tableau ; (*ft*) **to ~ X on the transfer
list** placer X sur la liste des transferts ; (*ft*) **to be ~d on the transfer
list** être placé sur la liste des transferts

placement *n* (*ice dancing*) placement *m*

placing *n* (*gen*) **overall placing(s)** classement *m* général ; **team placing(s)**
classement *m* par équipes ; **to battle
it out for the minor placings** (*jn, fg*)
lutter pour des places *fpl* de comparses

plan *n* **~ of the course** (*canoeing*) plan
m du parcours, (*modern pentathlon*)
plan *m* du parcours / du terrain

planche *n* (*gym*) appui *m* horizontal

plank *n* v. post and plank

planking *n* (*slg*) bordage *m*

plastron *n* (*fn*) **metallic ~** plastron *m*
métallique

p l a t e *n* (*b l s*) (*pétanque*) Plate
Competition (*for those who do not
qualify for the final rounds of the main
competition*) Consolante *f* ; (*bsb*) **pitcher's ~** plaque *f* du lanceur ; (*bsb*)
home ~ marbre *m*, dalle *f* du livreur
/ de «home base» ; (*ft*) (*fg*) **he had a
chance on a ~** il eut une occasion en
or

platform *n* (*sw*) (*diving*) plate-forme *f* ;
(*wgt*) plateau *m* ; (*sw*) (*diving*) **10m ~**
plate-forme *f* de 10 m ; (*sw*) (*diving*)
~ diver plongeur(euse) *m*(*f*) de
haut-vol ; (*bx*) **~ ball** punching-ball
m sur plate-forme

play 1. *n* jeu *m* ; (*ft, rb, etc.*) **after nine
minutes of ~** après neuf minutes *fpl*
de jeu ; (*ft, rb, etc.*) **the ball is in ~** le
ballon / la balle / est en jeu ; (*ttn,
etc.*) **his attacking ~** son jeu *m* d'attaque ; (*ft, etc.*) **dangerous ~** jeu *m*
dangereux ; (*rb*) **forward ~** le jeu
devant ; (*tn*) **net ~** jeu *m* au filet ;
(*bkt*) (*of ball*) **to put in ~** mettre en
jeu ; (*ft, etc.*) **to have most of the ~**
mener territorialement ; (*gf*) **a p-
proach ~** jeu *m* d'approche ; (*tn*) **if
the ball lands in ~** si la balle tombe
bonne ; v. field **2.** *v* (*gen*) jouer, (*ft,
rb, etc.*) (*jn*) évoluer ; (*match*) disputer ; (*fn*) ' **~!** ' 'allez !' ; **to ~ football**
jouer au football, pratiquer le foot-
ball ; (*gen*) **to ~ to capacity / to a
capacity crowd** jouer à guichets *mpl*
fermés ; (*ft, rb, etc.*) **they did not ~
particularly well** ils n'ont pas réalisé un match extraordinaire ; (*ft, rb,
etc.*) **he ~s in this position** il occupe
ce poste ; (*gen*) **to ~ by the rules**
respecter les règles du jeu ; (*ft*) **to ~
the ball** jouer la balle ; (*ft*) **to ~ the
man and not the ball** jouer
l'homme et après le ballon ; (*ft*) **to ~
the ball to feet** jouer au pied ; (*gen*)
to ~ in the final disputer la finale ;
(*gen*) **the match will be played in
Paris** le match sera disputé à Paris ;
(*ft*) **to ~ in the middle (of the field)**
évoluer dans l'axe ; (*ft, etc.*) **to ~ for
off-side** jouer le hors-jeu ; (*ft, rb,
etc.*) **to ~ for time** jouer la montre ;
(*ft*) (*fm*) **we ~ed it tight at the back**
nous avons été sécurisés par notre
défense ; (*gen*) **he is playing well at
present** actuellement il est très per-
formant ; (*ft, etc.*) **we did not allow
them to ~ their normal game** on ne
leur a pas permis de s'exprimer ;
(*tn*) **to ~ the ball deeper / longer**
jouer plus long ; (*ft*) (*tactic*) **~ing
the ball on the ground** ballon *m* au

sol ; (*ft, rb, etc.*) **the most difficult team to ~ against** l'équipe la plus difficile à jouer

player *n* joueur(euse) *m*(*f*) ; (*ft, hd, etc.*) **attacking ~** attaquant *m* ; (*ft, hd, etc.*) **defensive ~** défenseur *m* ; **table tennis ~** pongiste *mf* ; **tennis ~** joueur *m* / joueuse *f* / de tennis, (*fm, jn*) tennisman *m* (*pl* tennismen) ; **rugby ~** joueur *m* de rugby, (*fm, jn*) rugbyman *m* (*pl* rugbymen) ; (*ft, etc.*) **the ~ calling for the ball** le solliciteur ; (*ft*) **X is one of the key ~s in the team** X est une des pièces maîtresses de son équipe ; (*ft*) (*European competitions*) **foreign ~** (*jn*) non-sélectionnable *m* ; v. bench, creative, number, outfield

playing *n* (*sport*) pratique *f* ; **~ rugby league** la pratique treiziste ; v. area, condition ;

   playing field terrain *m* de jeu ;

   playing(-)time (*ft, rb, etc.*) **normal ~** temps *m* réglementaire ; (*bkt*) **actual ~** temps *m* de jeu effectif

playmaker *n* (*ft, etc.*) meneur *m* de jeu, animateur *m* ; (*bkt, hd*) constructeur *m* (de jeu)

play-off *cpd* (*single game, encounter*) belle *f*, «play-off» *m*, (*ihk*) partie *f* finale ; (*ft, etc.*) **the ~s** les barrages *mpl* ; **to win a place in the ~s** (*jn*) décrocher une place de barragiste ; (*ft, etc.*) **the promotion ~** les barrages *mpl* d'accession

pleaser *n* (*ft*) (*jn*) **crowd ~** joueur *m* préféré des supporte(u)rs

pleasure boat *cpd* (*slg*) bateau *m* de plaisance

plexus *n* v. solar plexus

plotter *n* (*sk*) **course ~** traceur *m*

ploy *n* (*ft, rb, etc.*) **a time-wasting ~** un gagne-temps

pocket 1. *n* (*bd*) (*GB*) poche *f*, blouse *f* ; (*slg*) **batten ~** gousset *m* de latte **2.** *v*

(*bd*) (*GB*) envoyer (la bille) dans une poche, (*fm*) empocher, blouser

point 1. *n* (*gen*) point *m* ; (*shooting*) point *m* ; (*shooting*) **total ~s** total *m* des points ; (*cycl*) **assembly ~** lieu *m* de rassemblement ; (*fn*) **~ of blade** pointe *f* de la lame ; (*tn*) **break / match / ~** balle *f* de break / match ; (*ckt*) **cover ~** appui *m* point ; (*sk*) (*ski jumping*) **critical ~** point *m* critique ; (*rw*) **fixed starting ~** point *m* de départ fixe ; (*sk*) (*cross-country skiing*) **highest ~** point *m* culminant ; (*arc*) **~ of aim** point *m* de visée ; (*jd*) **almost a ~** (*wasa-ari*) presque un point ; (*jd*) **full ~** (*ippon*) point *m* ; (*jd*) **two near ~s = a full point!** (*waza-ari-awa-sete-ippon*) deux presque points = un point ! ; (*rb, etc.*) **to score ~s** marquer des points ; (*ft*) **to take maximum ~s** prendre un maximum de points ; (*bx, wr*) **to win on ~s** obtenir la victoire aux points, triompher aux points ; (*gen*) **strong ~** point *m* fort ; (*cycl*) **he is second in the ~s classification** il est pointé en deuxième position ; **the turning ~ of the game** le tournant du match ; v. take *v*, tally ;

   points-scorer (*bkt, etc.*) **the game's top ~** (*jn*) le meilleur réalisateur du match ;

   points scoring pointage *m* ; (*bx*) **~ of contests / fights** pointage *m* des combats

"point" 2. *v* (*bls*) (*pétanque*) (= *to attempt to place one's bowl as close as possible to the jack*) pointer ; (*bls*) (*pétanque*) **to ~ one's bowl next to (and touching) the jack** téter ; (*bls*) (*pétanque*) **to ~ a bowl very low and with spin** visser une boule

"pointage" *n* (*bls*) (*pétanque*) v. "pointing"

pointe d'arrêt *cpd* (*fn*) **electrical ~**

pointe *f* d'arrêt électrique

"pointing" *n* (*bls*) (*pétanque*) (= *"pointage"*) the attempt / attempting / to place a bowl as close as possible to the jack ; (*bls*) (*pétanque*) **to make a very bad ~** faire un narri

poke *n* (*rb*) **~ in both eyes of an opponent** «fourchette» *f*

pole *n* (*athl*) perche *f*, (*sk*) (*slalom*) piquet *m*, (*eq*) barre *f* ; (*slg*) (*of mast*) flèche *f* ; (*sk*) **ski ~** bâton *m* de ski ; **~ vault / vaulting** saut *m* à la perche ; **~ vaulter** perchiste *m(f)* ; (*aut*) **~ position** pole-position *f* ; (*canoeing*) **gate ~** fiche *f* de porte ; v. flex-pole

policy *n* (*ft*) **this club has a very good youth ~** ce club a une très bonne école de jeunes

polo *n* polo *m* ; **~ ball** balle *f* de polo ; **polo mallet** maillet *m* ; **polo stick** maillet *m*

polyester *n* (*canoeing, etc.*) polyester *m*

pommel *n* (*eq, hrg*) (*of saddle*) pommeau *m* ; (*fn*) (*of sword*) pommeau *m* ; (*gym*) **~s** arçons *mpl* ; (*gym*) **forward-end ~** arçon *m* d'avant ; (*gym*) **rear-end ~** arçon d'arrière ; **pommel horse** (*gym*) cheval *m* d'arçons

pontoon *n* (*rw, etc.*) ponton *m*

pony *n* poney *m*

pool *n* (*sp*) (*bd*) (*Am*) billard *m* américain, billard pool *m* ; **~ hall** salle *f* de billard ; (**~** = *group*) poule *f* ; **the qualifying pools** les tours *mpl* de poule ; (*sw*) (*swimming pool*) bassin *m* (de la piscine) ; (*sw*) **paddling ~** pataugeoire *f*, (*as opposed to swimming pool*) petit bassin *m* (de la piscine) ; (*sw*) **swimming ~** (*gen*) piscine *f*, (*as opposed to paddling pool*) bassin *m* / grand bassin *m* / de la piscine

poop *n* (*slg*) poupe *f*

poor *adj* (*gen*) **~ performance** contre-performance *f*

"pop mobility" *cpd* (*exercises*) (exercices d') assouplissement *m*

port *n* (*harbour, etc.*) port *m* ; (*slg*) **~ or ~ side** bâbord *m* ; (*slg*) **~ tack** bâbord *m* amures ; (*rw*) **to row to ~ / portside** ramer à bâbord ; (*rw*) **~side / ~ side / oar** aviron *m* de bâbord ; (*slg*) (*harbour*) **the ~ authorities** les autorités *fpl* portuaires

portside *n* (*rw, etc.*) **to row to ~** ramer à bâbord ; (*rw*) **~ oar** aviron *m* de bâbord ; v. port

position *n* (*gen*) position *f* ; (*wgt, etc.*) **final ~** position *f* finale ; (*sk*) (*ski jumping*) **flight ~** position *f* de vol ; (*wr*) **ground ~** position *f* au sol ; (*ft, hk, etc.*) **offside ~** position *f* de hors-jeu *m* ; (*shooting*) **shooting ~** position *f* de tir ; (*wgt*) **starting ~** position *f* de départ ; (*wr*) **~ of danger** position *f* en danger ; (*wr*) **underneath ~** position *f* en dessous ; (*ft, hk, etc.*) **to be in an offside ~** être hors jeu ; (*rifle, etc.*) **standing / kneeling / prone / ~** position *f* debout / à genoux / couchée ; (*sw*) **pike / tuck / straight / ~** position *f* carpée / groupée / droite ; (*sw, etc.*) **starting ~** position *f* de départ ; (*eq*) (*posture*) **~ of the horse** ploiement *m* du cheval ; (*ft, rb, etc.*) (= **~ in team**) poste *m* ; (*ft, rb, etc.*) **he plays in this ~** il occupe ce poste ; (*ft, etc.*) **to get back into ~** regagner son poste ; (*ft*) **to kick the ball into touch to allow the defence to get back into ~** envoyer le ballon en touche pour permettre un regroupement de la défense ; (*ft*) **attacking ~** poste *m* de pointe, zone *f* d'attaque ; (*ft*) **midfield / defensive ~** zone *f* de manœuvre / de défense ; (*ft*) **to be in a shooting ~** être en position de tir ; (*gen*) **he was in twentieth ~** il fut classé vingtième ; (*gen*) **to be in first position** occuper la première place, être classé premier ; *(athl, hrg, etc.)* *(during race)* **to be in last ~** fermer la marche (du peloton) ; v. dead, inrun

positional *adj (ft, etc.)* **~ errors** erreurs *fpl* de positionnement ; *(ft, etc.)* **to lose one's ~ sense** perdre le sens du placement

positioning *n (ft, etc.)* positionnement *m* ; **to direct the ~ of one's defence** guider le placement de sa défense

possession *n (gen)* possession *f* ; *(ball games)* **to be in ~ of the ball** posséder le ballon ; *(ft, etc.)* **to win / gain / ~ of the ball** prendre possession *f* du ballon, s'approprier le ballon ; *(ft, etc.)* **the man / player / in ~ of the ball** le possesseur du ballon ; *(ft, etc.)* **to have all the ~ / to keep ~ all the time** monopoliser le ballon ; *(ft, rb, etc.)* **to keep ~** garder la balle ; *(ft, etc.)* **to take ~ of the ball** relayer le ballon

post *n (ft, etc.)* poteau *m*, montant *m* ; *(modern pentathlon)* **'take ~!'** 'en position !' ; **near / far / ~** premier / deuxième / poteau *m* ; *(ft)* **back ~** deuxième poteau *m* ; *(ft)* **the foot of the ~** la base du montant ;
post and plank *(eq)* *(obstacle)* palanque *f* ;
post and rail *(eq)* *(obstacle)* stationata *f*

postpone *v (ft, etc.)* *(match)* reporter ; *(ft, etc.)* **the match has been ~d** le match a été reporté

postponement *n (ft, sk, etc.)* report *m*

posture *n (gen)* posture *f* ; *(jd)* **normal ~** position *f* fondamentale

potential *n (gen)* potentiel *m* ; *(jn)* **playing ~** potentiel *m* joueur

power *n (physical strength, ability)* force *f*, vigueur *f* ; *(ihk)* **~ play** jeu *m* de puissance ; v. punching power

powerboat *n* canot *m* de course / sport ;

powerboat racing motonautisme *m*

powerful *adj (physical strength, ability)* fort(e) *m(f)*, vigoureux(euse) *m(f)*

practice *n (aut, mt)* (= *practice laps*) les essais *mpl* ; *(shooting)* **dry ~** exercices *mpl* à sec ; *(jd)* **free ~ combat** *m* d'entraînement ; *(jd)* **~ hall** dojo *m* ; *(sk)* *(ski jumping)* **~ jump** saut *m* d'essai ; *(shooting)* **~ range** stand *m* d'entraînement ; *(sk)* **shooting ~ / ~ shooting** tir *m* d'essai / d'entraînement ; *(gen)* **target ~** exercices *mpl* de tir ; *(ft, etc.)* **to be short of match ~** être en manque de compétition ;

practise (Am) practice *v (gen)* **to ~ teamwork** travailler la cohésion

precaution *n (arc, etc.)* **safety ~s** mesures *fpl* de sécurité

preliminary *adj (ft, etc.)* **~ rounds** préliminaires *mpl*

preliminaries *npl (sk, etc.)* (= *heats*) éliminatoires *fpl*

pre-Olympic *adj phr* pré-olympique

preparation *n* préparation *f* ; **psychological ~** préparation *f* psychologique

preparatory *adj (slg)* **~ signal** signal *m* préparatoire

pre-season *adj phr (ft)* *(jn)* *(match)* **a ~ friendly** un match *m* de «plage»

preselect *v* présélectionner

present *adj* **the ~ holder of the title / titleholder** le tenant / la tenante / du titre, le détenteur / la détentrice / du titre

presentation *n (bx, etc.)* présentation *f*

president *n (Federation, etc.)* président *m* ; *(fn)* président *m* du jury

press 1. *n (journalism)* presse *f* ; *(wgt)* développé *m* ; *(journalism)* **~ room** salle *f* de presse ; v. racket press **2.** *v (ft)* *(defence, team)* **to ~ up** faire le pressing

pressing *n (ft, bkt)* pressing *m*

press-up *cpd (gym)* traction *f* ; **to do ~s** faire des tractions

pressure *n* pression *f*, pressing *m*, forcing *m* ; **sustained** ~ forcing *m*, pressing *m* constant ; (*ft*) **to put one's opponent under** ~ presser l'adversaire ; (*gen*) **to keep up the** ~ maintenir la pression ; **to put on the** ~ faire le forcing ; **to apply constant** ~ exercer un pressing constant ; **to keep s.o. under** ~ garder qn sous pression ; **to apply** ~ **to good effect** exercer un pressing efficace ; (*ft, rb, etc.*) **to be under** ~ se laisser dominer ; (*ft, etc.*) **a short spell of** ~ (*jn*) un «mini-pressing» ; **to be under no** ~ être loin de toute pression ; *v.* reapply ; (*med*) **blood** ~ tension *f* artérielle / du sang ; **to suffer from high blood** ~ avoir / faire / de la tension

pressurize *v* (*ft*) **to** ~ **one's opponent** presser l'adversaire

prevailing *adj* ~ **wind** vent *m* dominant

prevention *n* (*illness, injury*) prévention *f*

previous *adj* (*tn, etc.*) **the** ~ **rounds** les tours *mpl* précédents

price *n* (*hrg*) **the starting** ~s les cotes *fpl*

prime *n* (*fn*) prime *f*

primer *n* (*shooting*) amorce *f*

priority *n* (*fn*) priorité *f*

prise de fer *cpd* (*fn*) prise *f* de fer *m*

Prix des Nations *fpl cpd* (*eq*) Prix *m* des Nations *fpl*

"pro" (*pl* **"pros"**) *n* (= *professional*) (*fm, jn*) (*ft, gf, etc.*) «pro» (*pl* «pros») *m*

problem *n* problème *m* ; **health** ~ problème *m* de santé

proceed *v* (*eq*) partir ; (*eq*) **to** ~ **in passage** partir au passage

professional 1. *adj* professionnel(elle) *m(f)* ; (*bx*) **his first** ~ **contest / fight** son premier combat professionnel ; *v.* professional *n* **2.** *n* professionnel(elle) *m(f)* ; **to go / turn /** ~ s e

professionnaliser ; **turning** ~ professionnalisation *f*

professionalism *n* (*gen*) professionnalisme *m*

professionalization *n* professionnalisation *f*

profile *n* (*sk*) **course** ~ profil *m* du parcours ; (*modern pentathlon*) **horizontal and vertical** ~s schéma *m* du profil

programme *n* programme *m*

progress *v* (*gen*) (*advance*) progresser

progression *n* (*bkt*) **rule governing** ~ **with the ball** règle *f* concernant la manière de progresser avec le ballon

prologue *n* (*cycl*) prologue *m*

promising *adj* (*ft, rb, etc.*) **he's a** ~ **player** c'est un joueur plein d'avenir

promote *v* (*ft, etc.*) promouvoir ; **promoted to Division 1** promu en première division / (*jn*) en D1

promoter *n* (*sp*) promoteur(trice) *m(f)*

promotion *n* (*ft, etc.*) promotion *f*, montée *f* ; (*ft, etc.*) **the** ~ **play-offs** les barrages *mpl* d'accession

prone *adj* (*rifle, etc.*) ~ **position** position *f* couchée

prop *n* (*rb*) ~ **or** ~ **forward** pilier *m*

protective *adj* (*American football, etc.*) ~ **equipment** équipement *m* de protection ; (*speed skating*) ~ **mat** matelas *m* protecteur ;
protective cup (*American football, bx, etc.*) coquille *f*

protégé *n* protégé(e) *m(f)*, (*of manager, etc.*) poulain *m*

protector *n* (*bx, ckt, etc.*) coquille *f* ; (*shooting*) **muzzle** ~ protège-canon (*pl* protège-canons) *m* ; *v.* chest protector, throat protector

protest *n* (*rw, sk, etc.*) réclamation *f* ; (*slg*) ~ **flag** pavillon *m* de réclamation

provider *n* (*ft, etc.*) distributeur *m*, approvisionneur *m*, animateur *m*

psoas *n* (*anatomy*) psoas *m*

psoatic muscle *cpd* psoas *m*

"psyched up" *adj phr* (*jn*) «survolté(e)» *m(f)*

psychological *adj* psychologique ; (*gen*) ~ **preparation** préparation *f* psychologique

psychology *n* psychologie *f* ; **sport** ~ psychologie *f* du sport / sportive

PT (*abbr of Physical Training*) culture *f* physique

public 1. *adj* public(ique) *m(f)* ; (*bx*) ~ **warning** avertissement *m* public **2.** *n* public *m* ; ~ **address system** (= (*fm*) PA) système *m* de sonorisation *f*, (*fm*) sono *f*

puck *n* (*ihk*) palet *m*, puck *m*, (*Canada*) rondelle *f*

puffing *n* or **puffing up** *cpd* (*med*) tuméfaction *f*

pugilist *n* (*bx*) pugiliste *m*, boxeur *m*

pugnacity *n* (*bx, wr, etc.*) combativité *f*

puissance *n* (*eq*) (*event*) puissance *f*

pull 1. *n* (*muscle*) élongation *f*, étirement *m* ; (*wgt*) tirage *m* ; v. pulled **2.** *v* to ~ **a muscle** se claquer un muscle ; (*shooting*) **to ~ the trigger** appuyer sur la détente ; (*bx*) **to ~ and hit** tirer en frappant ; (*athl, etc.*) (*in race*) **to ~ away** démarrer ; (*ft*) **to ~ one's centre back** centrer en retrait ; (*slg*) (*sails*) **to ~ on** border ; (*wr*) **to pull down** (*opponent*) amener au sol

pull-back *cpd* (*bd, bls*) (= *backspin*) effet *m* rétrograde, rétro *m*

pulled *adj* **a ~ (thigh) muscle** un claquage (à la cuisse), une élongation (à la cuisse) ; ~ **hamstring** lésion *f* du tendon du jarret ; v. muscle

puller *n* (*eq*) (*fm*) (*horse*) cheval *m* ardent ; (*shooting*) lanceur *m*

pulling *n* (*ft, etc.*) **shirt** ~ accrochage *m* de maillot

pulling up *cpd* (*eq*) (*horse*) parade *f*

pull over *cpd* (*movement*) (*gym*) «pull-over» *m*

pull-up *cpd* (*gym*) établissement *m*

pulmonary *adj* pulmonaire ; v. circulation

pump *n* (*cycl*) pompe *f*

"pumping iron" *cpd* culturisme *m*

punch 1. *n* (*bx*) coup *m* de poing, punch *m* ; (*bx, etc.*) **good ~** coup *m* bien asséné ; (*bx*) **foul ~** coup *m* irrégulier ; (*bx*) **rabbit ~** coup *m* sur la nuque, coup *m* du lapin **2.** *v* (*bx*) frapper (d'un coup de poing) ; (*ft*) (*goalkeeper*) **to ~ the ball out with both fists** boxer le ballon des deux poings

punch bag *cpd* (*bx*) sac *m* de sable

punchball *n* (*bx*) punching-ball *m*

puncher *n* (*bx*) «puncheur» *m*

punching power *cpd* (*bx*) puissance *f* / efficacité *f* / des coups

puncture 1. *n* (*cycl, etc.*) (*of tyre*) crevaison *f*, perforation *f* ; (*cycl, etc.*) **to have a ~** crever **2.** *v* (*cycl, etc.*) (*tyre*) crever, perforer

punt *n* (*rb*) coup *m* de volée

purebred *n* (*eq, hrg*) (*horse*) pur sang *m*

purity *n* (*eq*) ~ **of strides** pureté *f* des allures

purse *nf* bourse *f*

pursue *v* (*aut, etc.*) **X hotly ~d by Y** X talonné par Y

pursuit *n* (*cycl, etc.*) poursuite *f* ; (*cycl*) (*race*) course-poursuite *f* ; (*cycl*) **individual ~** poursuite *f* individuelle ; (*cycl*) **team ~** poursuite *f* par équipes ; (*gen*) **outdoor ~s** sports *mpl* de plein air

push 1. *n* (*luge, bobsleigh*) ~ **force of the team** poussée *f* de l'équipe ; (*luge, bobsleigh*) ~ **time** temps *m* de poussée ; (*hk*) ~ **pass** «push passe» *f* **2.** *v* pousser ; (*ft*) (*goalkeeper*) **to ~ the ball away** écarter le ballon ; (*ft*) **to ~ the ball for a corner** pousser le ballon en corner ; v. push forward, push up

pusher *n* (*luge, bobsleigh*) pousseur *m*

push forward *vphr* (*ft*) aller de l'avant, (*jn*) exercer un pressing, faire le pressing

pushover *n* (= *opponent who is easily beaten*) adversaire *m(f)* facile ; (*rb*) ~ **try** essai *m* en force (marqué) sur poussée collective du pack

push-up 1. *cpd* (*gym*) traction *f* ; **to do ~s** faire des tractions

push up *vphr* (*ft*) aller de l'avant, (*jn*) exercer un pressing, faire le pressing

put *v* (*ft*) **to ~ the ball in the back of the net** placer le ballon au fond des filets ; (*bkt, etc.*) (*of ball*) **to ~ in play** mettre en jeu ; **to ~ the shot** lancer le poids ; (*bx*) **to ~ on the bandages** rouler les bandes ; (*cycl*) **to ~ on the yellow jersey** endosser le maillot jaune ; (*wr*) **to ~ s.o. in a headlock** cravater qn ; **to ~ the pressure on again** remettre la pression ; (*ft, etc.*) **to be ~ on the transfer list** être placé sur la liste des transferts ; v. shot put, spin

put-in *cpd* (*rb*) (*scrum*) **opponent's ~** (mêlée sur) introduction *f* adverse

putt 1. *n* (*gf*) putt *m* ; **to hole a ~** rentrer un putt **2.** *v* (*gf*) putter

putter *n* (*gf*) putter *m*, fer *m* droit

putting (*gf*) putting *m* ; v. shot, shot put ;

putting green (*gf*) putting green *m*

Q

quadrant *n* (*ft*) (*in corner position*) quart *m* de cercle

quadriceps *n* (*anatomy*) ~ **(femoris)** quadriceps *m*

qualification *n* qualification *f*

qualifier *n* qualifié(e) *m(f)* ; **the six qualifiers** les six qualifiés

qualify *v* **to ~** obtenir sa qualification, (*ft, etc.*) (*fm*) passer ; **to ~ (for smth.)** se qualifier (pour qqch.)

qualifying *adj* ~ **heat** éliminatoire *f* ; ~ **heats** série *f* qualificative ; (*tn*) **the ~ matches / rounds,** (*athl*) **the ~ rounds** les qualifications *fpl*, les tours *mpl* préliminaires, les séries *fpl* ; (*speed skating, etc.*) ~ **race** course *f* éliminatoire ; ~ **round** série *f* éliminatoire ; ~ **pools** les tours *mpl* de poule ; (*ft*) **the ~ rounds** les préliminaires *mpl*

quality *n* qualité *f* ; (*rb*) **the attacking** **qualities of the three-quarters** la qualité offensive des trois-quarts

quart *n* (*fn*) v. quarte

quarte *n* (*fn*) quarte *f* ; v. parry

quarter *n* (*bkt*) quart-temps *cpd, & m* ; **first ~** premier quart-temps ; (*eq*) (*horse*) (hind) ~**s** arrière-train *m*, train *m* de derrière ; (*fn*) **close ~s** petite distance *f* ;

quarter final(s) quart(s) *m* de finale ; v. quarter-finalist

quarterback *n* (*American football*) quart-arrière *m*, quarterback *m*

quarter-finalist *n* quart-finaliste *mf*

quick *adj* (*athlete, etc.*) rapide

quickness *n* vitesse *f*

quickstep *n* (*ice dancing*) quickstep *m*

quiet *adj* (*ft, rb, etc.*) **to keep an opponent ~** museler un adversaire

quinte *n* (*fn*) quinte *f*

quiver *n* (*arc*) carquois *m*

R

rabbit *n* (*bx*) ~ **punch** coup *m* sur la nuque, coup *m* du lapin

race 1. *n* course *f* ; (*slg*) ~ **committee** comité *m* de course ; (*athl*) **hurdles ~s** courses *fpl* de haies ; (*rw*) **neck-and-neck** ~ lutte *f* bord à bord ; (*cycl*) **track** ~ course *f* sur piste ; (*sk, etc.*) ~ **declared void and rerun ordered** course *f* annulée et reprise ; (*sk, etc.*) ~ **secretary** secrétaire *mf* de course ; (*slg*) **the round-the-world single-handed (yacht)** ~ la course autour du monde en solitaire ; (*gen*) **to start the** ~ donner le départ ; v. Atlantic **2.** *v* (*athl, aut, etc.*) courir ; (*cycl*) faire de la course ; (*aut*) **to** ~ **in the Grand Prix** courir le Grand Prix ; (*cycl*) **a stage raced at a brisk pace** une étape menée rondement ; **race leader** leader *m* ; (*Tour de France*) le maillot jaune ; v. racecourse, racetrack

racecourse *n* (*hrg*) champ *m* / terrain *m* / de courses

racer *n* (*person*) coureur(euse) *m(f)* ; (*sk*) **cross-country** ~ coureur *m* de ski de fond ; v. road

racetrack *n* (*hrg*) (*Am*) (= *racecourse GB*) champ *m* de courses

racing *n* **horse** ~ hippisme *m* ; (*slg*) ~ **declaration** déclaration *f* de course ; (*slg*) ~ **flag** pavillon *m* de course ; (*sk*) **cross-country** ~ **skis** skis *mpl* de fond ; **ocean** ~ course *f* hauturière ; (*cycl*) ~ **bike** vélo *m* de course ; (*rw*) ~ **boat** bateau *m* de course ; (*sk*) (*biathlon*) ~ **rules** modalités *fpl* de la course ; (*cycl*) ~ **shorts** cuissard *m* ; (*slg*) ~ **yacht** yacht *m* de course ; v. dog, greyhound, stock-car

rack *n* (*bd*) **cue** ~ porte-queues *m, inv*

racket *n* (*badminton, squash, tn*) raquette *f* (*de badminton, de squash, de tennis*) ; (*pelota*) chistera *f*, palette *f*, raquette ; v. squash ; **racket press** (*tn*) presse-raquette *m* & *inv*

racquet *n* (= *racket*) **badminton** / **squash** / ~ raquette *f* de badminton / squash ; v. racket

racquetball *n* (*s p*) racquetball *m* ; ~ **racquet** / **racket** raquette *f* de racquetball

radio *n* radio *f* ; ~ **commentary** / **report** reportage *m* radiophonique

radiologist *n* radiologue *mf*, radiologiste *mf*

radiology *n* radiologie *f*

radius *n* (*med*) radius *m*

raft *n* (*rw*) ponton *m*, radeau *m* (*pl* radeaux) ; (*rw*) **embarking** / **disembarking** / ~ ponton *m* d'embarquement / de désembarquement

raid *n* (*ft, etc.*) (*jn*) **every** ~ **by X was dangerous for his opponents** chaque incursion *f* de X constituait un danger pour l'adversaire

rail *n* (*eq*) v. post and rail, wall and rails

railway *n* v. funicular, telpher railway

raise *v* (*gym*) **to** ~ **oneself** se lever ; (*hk*) **to** ~ **the stick** lever la crosse ; (*bx*) **to** ~ **the winner's arm** lever la main / le bras / du vainqueur ; (ft, rb) (*linesman*) **to** ~ **the flag** lever le drapeau

raised *adj* (*ihk*) ~ **stick** crosse *f* levée

rake 1. *n* (*athl*) (*long jump, triple jump*) rateau *m* **2.** *v* (*athl*) (*long jump, triple jump*) (*landing pit*) racler

rally *n* (*cycl*) critérium *m* ; (*tn*) échange *m* ; (*aut*) **car** ~ rallye *m* automobile

randy full *c p d* (*sk*) (*freestyle skiing*) vrille *f* et demie

range 1. *n* (*pistol* / *rifle* / *shooting*) champ *m* de tir, (*sk*) (*biathlon*) **stand** *m* de tir ; (*sk*) (*biathlon*) **chief of** ~ chef *m* du stand de tir ; (*shooting*) ~

officer directeur *m* de tir ; (*shooting*) ~ **warden** chef *m* du pas de tir ; (*shooting*) **clay-pigeon** ~ **stand** *m* de tir aux plateaux ; (*ft*) **to be within shooting** ~ être dans la zone de tir **2.** *v* (*athl*) **long-distance races** ~ **from the five thousand metres to the marathon** la gamme des courses de fond va du cinq mille mètres au marathon

rank *n* (*ft*) **he came up through the ~s** il est issu de l'école de jeunes

rankings *npl* (*athl, gf, tn, etc.*) classement *m* ; (*athl*) **he unofficially clocked the sixth fastest time in the world** ~ **for 1994** (*jn*) il se serait classé sixième du bilan mondial en 1994

rapid 1. *adj* (*pistol shooting*) ~ **fire** tir *m* rapide **2.** *n* (*canoeing*) **the ~s** les rapides *mpl*

rate 1. *n* **stroke** ~ / ~ **of strokes** (*rw*) coups *mpl* minute, cadence *f* des coups, (*canoeing*) nombre *m* des coups de pagaie ; (*rb*) **the success** ~ **of the goalkickers** le pourcentage de réussite *f* des buteurs ; (*rw*) **to increase the stroke** ~ augmenter la cadence des coups **2.** *v* **to be highly rated** avoir une / la / grosse cote

rated v. to rate

ratify *v* (*athl, etc.*) **to** ~ **a record** homologuer un record

rating *n* (*slg*) ~ **certificate** certificat *m* de jauge ; (*rw*) (= *stroke rate*) **to increase the** ~ augmenter la cadence des coups

ray *n* **ultraviolet** ~s rayons *mpl* ultraviolets

reach 1. *n* (*bx*) (*of boxer*) allonge *f* **2.** *v* (*ft, rb, tn, etc.*) **to** ~ **the final** atteindre la finale ; (*gen*) **to** ~ **the final stage** (*j n*) atteindre le stade suprême ; (*sk*) (*ski jumping*) **distance** ~ed longueur *f* de saut

react *v* réagir ; **he ~s quickly** il a de bons réflexes *mpl*

reaction *n* (*gen*) (*physical, mental*) réaction *f*, (*reflex*) réflexe *m*

ready *adj* (*gen*) (**get**) ~**!** (**get**) **set! go!** à vos marques ! prêts ! partez ! ; (*rw*) '**ready?**' 'êtes-vous prêts ?' ; (*slg*) ' ~ **about!**' 'paré à virer !' ; (*shooting*) ~ **to fire** prêt à tirer

reap *n* (*jd*) (= *gari*) fauchage *m* ; **major outside** ~ (*o-soto-gari*) grand fauchage *m* extérieur ; (*jd*) **minor outside** ~ (*ko-soto-gari*) petit fauchage *m* extérieur ; (*jd*) **major inner** ~ (*o-uchi-gari*) grand fauchage *m* intérieur ; (*jd*) **minor inner** ~ (*ko-uchi-gari*) petit fauchage *m* intérieur

reapply *v* **to** ~ **the pressure** remettre la pression

rear *adj* (*gym*) **double** ~ **vault** double *m* dorsal ; (*shooting*) ~ **sight** hausse *f* ; (*shooting*) **open** ~ **sight** hausse *f* ouverte

rear-end *adj phr* (*gym*) ~ **pommel** arçon *m* d'arrière

rearing *adj* (*eq*) (*cheval*) cabré(e) *m(f)*

rear up *vphr* (*eq*) (*horse*) cabrer

rear-wheel *adj phr* (*aut*) ~ **drive** traction *f* arrière

rebound 1. *n* (*bk, etc.*) rebond *m*, (*hk*) reprise *f* ; (*rb*) **to gather on the** ~ **a low kick ahead by X** reprendre au rebond un coup de pied rasant de X ; (*bkt*) **offensive** ~ rebond *m* offensif **2.** *v* (*arc*) rebondir

rebuild *v* **to** ~ **a team** remodeler une équipe

recall 1. *n* (*slg*) rappel *m* **2.** *v* (*ft, etc.*) (*player*) rappeler ; (*ft*) **to** ~ **X in defence** rappeler en défense X

receipts *npl* **gate** ~ la recette aux guichets *mpl*

receive *v* (*ft, etc.*) **to** ~ **the ball** réceptionner la balle ; (*tn*) **the person receiving the service** relanceur(euse) *m(f)* ; (*sk*) (*freestyle skiing*) ~**d no score** non noté

receiver *n* (*rb, etc.*) (*the person receiving the ball*) réceptionneur *m* ; (*tn*) (*the person receiving the service*) relanceur(euse) *m(f)*

recoil *n* (*shooting*) recul *m*

record *n* record *m* ; **men's / women's ~** record *m* masculin / féminin ; **stadium ~** record *m* du stade ; **championship ~** record *m* des championnats ; (*sk*) (*ski jumping*) **~ for the hill** record *m* du tremplin ; (*athl, cycl, etc.*) **~ of wins / of achievement** palmarès *m* ; (*race*) **the ~ number of starters / participants / competitors** le chiffre record de partants ; **the attendance ~s** les records *mpl* d'affluence ; **an attendance ~** une affluence record ; (*athl, etc.*) **to set a ~** établir un record ; (*athl, etc.*) **to beat / break / the ~** battre le record ; (*athl, etc.*) **to ratify a ~** homologuer un record ; (*athl, etc.*) **to improve a ~** améliorer un record ; (*ft, rb, etc.*) **they have a bad ~ against this team** cette équipe ne leur réussit guère ; v. record-breaking, record-holder ;

record books *cpd & pl* (*list of winners, records, achievements*) palmarès *m* ; **he is the last Englishman to appear in the ~** (*jn*) c'est le dernier Anglais à figurer sur les tablettes

record-breaking *adj phr* qui bat tous les records

recorder *n* (*sw*) enregistreur *m* ; (*shooting*) **firing-point ~** secrétaire *m*

record-holder *cpd* détenteur *m* / détentrice *f* / du record ; **men's ~** recordman (*pl* recordmen) *m*, détenteur *m* du record ; **women's ~** recordwoman (*pl* recordwomen) *f*, détentrice *f* du record

recover *v* (*rw*) faire retour sur l'avant

recovery *n* (*after expenditure of energy*) récupération *f* ; (*from a losing posi-*tion) accrochage *m* ; (*rw*) (*during stroke*) phase *f* de repos ; (*rw*) (*course*) retour *m* sur l'avant

recreation *n* récréation *f* ; **physical ~** activités *fpl* physiques et sportives ; **~ ground** terrain *m* de jeu

rectilinear *adj* **~ movement** mouvement *m* rectiligne

recuperation *n* récupération *f*

red *adj* rouge ; (*ft*) **the ~ card** le carton rouge ; (*water polo*) **~ flag** drapeau *m* rouge ; (*curling*) **~ inner circle** cercle *m* rouge intérieur ; (*ihk*) **~ line** ligne *f* rouge / centrale ; v. corpuscle, zone

reduce *v* réduire ; **to ~ the score** réduire la marque ; (*ft*) **to be reduced to ten men** être réduits à dix

re-education *n* (*med*) (*muscle*) rééducation *f*

reef 1. *n* (*slg*) (= *hasard*) ecueil *m* ; (*slg*) (**~ of sail**) ris *m* 2. *v* (*slg*) prendre un / des / ris (à une voile)

reel *v* (*cycl*) **to ~ from side to side** tanguer

reemergence *n* (*of club, team*) renouveau *m*

referee 1. *n* (*bkt, bx, ft, hd, jd, rb, etc.*) arbitre *m* ; (*athl, shooting*) juge-arbitre *m* ; (*American football*) arbitre *m* en chef ; (*modern pentathlon*) directeur *m* de tir ; (*wgt*) **chief ~** chef *m* de plateau ; (*hd*) **court ~** arbitre *m* de champ ; (*sk, etc.*) **finish ~** juge *m* à l'arrivée ; (*hd*) **~'s ball** jet *m* de l'arbitre ; (*bx*) **~ stops / stopped / contest / fight** (= *RSC or RSF*) arrêt *m* de l'arbitre 2. *v* arbitrer, officier, être arbitre

refereeing *n* (*gen*) arbitrage *m* ; (*ft, etc.*) **some disputed ~ decisions** quelques décisions *fpl* contestées d'arbitrage

reflex *n* (*gen*) réflexe *m* ; **he has good ~es** il a de bons réflexes

refusal *n* (*eq*) désobéissance *f*, dérobade f, refus m ; (eq) **the third ~ leads to elimination / disqualification** la troisième désobéissance entraîne l'élimination

regain v (gen) **to ~ one's confidence** retrouver la confiance

regatta n (canoeing, slg) régate f ; **to take part in a / the / ~** «régater»

registered adj **~ player / athlete** licencié(e) m(f)

regular 1. adj (ft, etc.) **to be deprived of several ~ players** être privé de plusieurs titulaires mpl **2.** n (ft, rb, etc.) **to be deprived of several ~s** être privé de plusieurs titulaires mpl

regularity n (eq) régularité f

rehabilitation n (after injury) rééducation f

reigning adj **the ~ champion** le champion m / la championne f / en titre

rein n (eq, hrg) rêne f ; (eq) **on a long ~** rênes fpl longues ; (eq, etc.) **bit ~s** rênes fpl de bride ; (eq, etc.) **curb ~s** rênes fpl de mors ; (eq) **divided ~s** rênes fpl séparées ; (eq, hrg) **to loosen the ~s** lâcher les rênes fpl ; (eq) **to change ~ along the whole track** changer de main le long de la piste entière

rein back vphr (eq) faire arrêter (son cheval)

rein in vphr (eq) serrer la bride / les rênes fpl (à un cheval)

relax v (muscle) décontracter, détendre

relaxant n (muscle, etc.) décontractant m ; v. muscle relaxant

relaxation n (gen) détente f ; **muscle ~** relaxation f musculaire

relaxing n (muscles) détente f

relay n (athl, sw) relais m ; **~ race** course f de relais, (ski de fond, etc.) relais m ; **~ runner / swimmer** relayeur(euse) m(f) ; (sw) **the medley ~s** les relais mpl quatre nages ; (sk) (ski de fond) **~ exchange** passage m

du relais ; (speed skating) **men's 5000 metres ~** relais m 5000 m / mètres / hommes

release v (arc) **to ~ an arrow** décocher une flèche ; (ft, rb, etc.) **to ~ the ball** lâcher le ballon / la balle ; (ft) **to ~ a fullback down the wing** décaler un arrière sur l'aile ; (ft, rb, etc.) **X released Y down the right** X lançait Y sur la droite

relegate v (ft) reléguer

relegation n (ft, etc.) descente f, relégation f ; (ft) **a team almost certain to avoid ~** (jn) une formation pratiquement assurée du maintien

reliability n (car, etc.) fiabilité f

rely v (ft, rb, etc.) **to ~ on defensive tactics** tabler sur une tactique défensive ; (ft, etc.) **to ~ on the counter-attack** miser sur le contre

remain v (athl) **to ~ on the heels of s.o.** rester dans les foulées de qn ; (bx) **to ~ on the canvas** rester au tapis ; **running is characterized by the fact that only one foot ~s on the ground** la course est caractérisée par l'appui unilatéral

remise n (fn) remise f

remove v (curling) **to ~ a stone from play** retirer une pierre du jeu

repêchage n (canoeing, slg) repêchage m

repertoire n (bx) **~ of blows** répertoire m des coups

replace v (wgt) **to ~ the weight** reposer la barre

replay 1. n (ft, etc.) second match m ; (ft) (cup) **the ~s will take place next week** les matches mpl sans vainqueur seront rejoués la semaine prochaine ; (TV) **slow-motion ~** ralenti m **2.** v (ft, etc.) (match) rejouer ; (ft, etc.) **the match will be ~ed next week** le match sera rejoué la semaine prochaine

report n (TV, etc.) reportage m ; **sports**

~ reportage *m* sportif

representative *adj* (*ft, etc.*) ~ **match** match *m* en sélection

reprise *n* (*fn*) reprise *f*

require *v* (*slg*) ~d **side** côté *m* prescrit

re-race *n* (*sk, etc.*) reprise *f* d'une course

rescue officer *cpd* (*canoeing*) responsable *m* du sauvetage

reserve *adj* (*ft*) **the** ~ **goalkeeper** le gardien réserviste ; (*modern pentathlon*) ~ **weapon** arme *f* de réserve ; v. parachute

reserves *npl* (*ft, etc.*) (*team*) la réserve

resistance *n* (*rw, etc.*) **wave** ~ résistance *f* des vagues ; (*ft*) (*jn, fg*) **Luton offered little** ~ Luton n'a pas pesé lourd

resort *n* (*sk*) **winter** / **ski** / ~ station *f* (de sports) d'hiver, station *f* de ski

respiratory *adj* ~ **system** système *m* respiratoire ; ~ **tract(s)** voies *fpl* respiratoires

respond *v* répondre ; (*cycl*) **to** ~ **to the attacks of the Belgians** répondre aux attaques des Belges

responsiveness *n* (*eq*) perméabilité *f*

rest 1. *n* (*bd*) (*support for cue*) râteau *m*, porte-queue *m & inv* **2.** *v* (*ft, etc.*) **to** ~ **a player** mettre un joueur au repos

restart *n* (*gen*) reprise *f* du jeu

restricted *adj* (*bkt*) ~ **area** zone *f* réservée

restricting circle *cpd* (*bkt*) cercle *m* restrictif

result *n* (*gen*) résultat *m* ; (*wgt*) **total** ~ résultat *m* des trois épreuves ; **it's the** ~ **that counts** seul le résultat compte ; (*aut*) **he was eliminated as a** ~ **of a dynamo failure** il a été éliminé sur panne de générateur électrique

retire *v* (*from a race*) (*aut, mt, etc.*) se retirer ; (*bx*) (*to be unable to continue*) abandonner ; (*athlete, etc.*) **to** ~ **from competitive racing** / **competitions** arrêter la compétition

retirement *n* (*bx, etc.*) abandon *m*

retreat *v* (*b x*) (*boxer*) reculer ; (*ft*) (*defence*) reculer, se replier

retriever *n* (*vb*) ramasseur *m*

return *v* (*tn*) **to** ~ **the ball / service** renvoyer la balle, relancer

Reuther board *cpd* (*gym*) tremplin *m* Reuther

Reuther floor *cpd* (*gym*) sol *m* Reuther

reverse *adj* (*sw*) ~ **dive** plongeon *m* en arrière ; (*gym*) ~ **grip** prise *f* cubitale ; (*gym*) ~ **grip giant circle** grand tour *m* cubital ; (*hd*) ~ **pass** passe *f* de revers ; (*gym*) ~ **upstart** bascule *f* dorsale

revival *n* (*ft, etc.*) (*of a club, team*) renouveau *m*

revolver *n* revolver *m*

rhythm *n* (*eq, etc.*) rythme *m* ; (*ice dancing*) rythme *m*, mesure *f*

rib *n* (*anatomy*) côte *f* ; (*rw*) (*boat*) ~s membrure *f* ;

rib cage (*anatomy*) cage *f* thoracique ;

rib pad (*American football, etc.*) protège-côtes *m & inv*

ride *v* (*eq, hrg*) monter ; **to** ~ **a horse** monter à cheval ; (*eq, hrg*) (*jn*) **X riding Y** X en selle sur Y, X montant Y ; (*mt*) **he rides a Honda** il roule avec une Honda

ride-off *cpd* (*eq*) rappel *m*

rider *n* (*cycl*) coureur(euse) *m(f)* ; (*eq*) cavalier(ière) *m(f)* ; (*hrg*) jockey *m* ; (*mt*) pilote *m* ; (*eq, hrg*) ~**'s weight** (*eq*) poids *m* du cavalier, (*hrg*) poids *m* du jockey ; (*eq*) **dressage** ~ cavalier(ière) *m(f)* de dressage ; (*e q*) **group of** ~**s** reprise *f* ; (*cycl*) **road** ~ routier *m* ; (*eq*) **three-day-event** ~ cavalier(ière) *m(f)* de concours complet ; (*cycl*) **track** ~ coureur *m* sur piste, pistard *m* ; (*eq, hrg*) **to throw** / **unseat** / **the** ~ désarçonner (*eq*) le cavalier / (*hrg*) le jockey

riderless *adj* (*eq, hrg*) ~ **horse** cheval *m* sans cavalier

riding *n* équitation *f*, (*training, breaking in a horse*) manège *m* ; (*modern pentathlon*) (*competition section*) épreuve *f* équestre ; ~ **instructor** maître *m* de manège ; ~ **school** école *f* d'équitation, salle *f* de manège ; ~ **cap** / **helmet** bombe *f* ; ~ **breeches** culotte *f* de cheval ; ~ **whip** / **crop** cravache *f* ; ~ **costume** / **kit** tenue *f* de cheval ; ~ **boot** botte *f* de cheval

rifle *n* carabine *f* ; (*shooting*) **air** ~ carabine *f* à air comprimé ; (*shooting*) **small-bore** ~ carabine *f* de petit calibre ; (*shooting*) **small-bore** ~ **prone position** carabine *f* de petit calibre, position couchée ; (*shooting*) **small-bore** ~ **three positions** carabine *f* de petit calibre, trois positions ; (*sk*) (*biathlon*) ~**(s) and ski(s) control** contrôle *m* des carabines et des skis ;

rifle range stand *m* de tir ;

rifle shooter tireur *m* au fusil ;

rifle shooting tir *m* à la carabine

rifling *n* (*shooting*) rayures *fpl*

rig *v* (*slg*) (*boat*) équiper

rigger joint *cpd* (*rw*) jointure *f* des portants

rigger stay *cpd* portant *m*

rigging *n* (*slg*) (*sails*) gréement *m*, (*ropes*) hauban *m* ; (*hang-glider*) ~ **wire** hauban *m*

right 1. *adj* droit(e) *m(f)* ; v. angle, cornerback, end ;

right back (*ft*) arrière *m* droit ;

right field (*bsb*) champ *m* droit ;

right fielder (*bsb*) voltigeur *m* droit ;

right forward (*bkt, vb*) avant *m* droit ;

right guard (*American football*) garde *m* droit ;

right half (*ft*) demi *m* droit ;

right halfback (*American football*) demi *m* droit ;

right safety (*American football*) demi *m* de sûreté droit ;

right tackle (*American football*) bloqueur *m* droit

2. *n* (*slg*) ~ **of way** droit *m* de passage ; v. straight

3. *v* (*slg*) (*boat*) redresser

right-angles (at) *adv phr* (*rb*) (*line-out*) **the ball must be thrown at ~ to the touchline** le ballon doit être envoyé perpendiculairement à la ligne de touche

right-handed 1. *adj phr* (*bx*) ~ **boxer** droitier *m*

right-handed 2. *adv phr* (*bx*) **to box** ~ être droitier, être en garde *f* normale

rigid *adj* (*sk*) ~ **pole** piquet *m* rigide

rim *n* (*athl*) (*discus*) **metal** ~ jante *f* en métal ; (*cycl*) (*wheel of cycle*) jante *f*

ring *n* (*bx*) ring *m* ; (*bkt*) anneau *m* ; (*gym*) ~**s** anneaux *mpl* ; (*shooting*) **front-sight** ~ guidon *m* annulaire ; (*bx*) **to go into the** ~ monter sur le ring ; (*bx*) **to be** ~ **rusty** manquer de compétition ; (*wgt*) v. clamping ring

ringside *n* (*bx*) premier rang *m* ; (*bx*) **to have a** ~ **seat** avoir une place au premier rang

rink *n* (*ice skating*) patinoire *f* ; (*ihk*) rink *m* ; (*roller skating*) piste *f* ; (*curling*) (= *team*) équipe *f* ;

rink hockey rink hockey *m*

riposte *n* (*fnc*) riposte *f*

rising *adj* (*ft, etc.*) **a** ~ **ball** une balle montante ; v. trot

risky *adj* hasardeux(euse) *m(f)* ; (*ft*) **a** ~ **backpass** une passe en retrait hasardeuse

RNS (*abbr of Received No Score*) (*sk*) (*freestyle skiing*) non noté

road *n* (*cycl*) route *f* ; (*eq*) ~**s and tracks** parcours *m* sur routes *fpl* et sentiers *mpl* ; (*cycl*) ~ **bike** / **cycle** vélo *m* de route ; (*cycl*) ~ **cycling** cyclisme *m* sur route ; (cycl) ~ **racer** / **rider** routier m ;

road race course f sur route ; (cycl) **individual road race** course f individuelle sur route ; (cycl) **team road race** course f sur route par équipes ; **road runner** (athl) spécialiste m(f) des courses sur route

"rob" v (ft) **to ~ an opponent** prendre le ballon à un adversaire

robin n (ihk, etc.) **round ~** championnat m par points, championnat m par poule

rock n (curling) **burnt ~** pierre f morte

roll 1. n (movement) roulade f ; (gym) roulade f, rouleau m ; (gym) **piked ~** roulade f élevée ; (athl) (high jump) **western ~** rouleau m costal ; (athl) (high jump) **backwards ~** rouleau m dorsal, Fosbury flop (cpd, m) ; (gym) **backward ~** roulade f arrière / dorsale ; (gym) **forward ~** roulade f avant **2.** v (wr) **to ~ over the shoulders** rouler d'une épaule à l'autre

roller skate cpd patin m à roulettes

roller-skate v faire du patin à roulettes

roller-skating cpd patinage m à roulettes

roll-in cpd (hk) touche f

room n **press ~** salle f de presse

rope n corde f ; (bx) **ring ~s** cordes fpl du ring ; **skipping ~** corde f à sauter ; (sw) **false start ~** corde f de faux départ ; (sw) **lane ~** corde f de couloir ; (bx) **to be caught in the ~s** être engagé dans les cordes ; (bx) **to lean on the ~s** s'appuyer aux cordes

rostrum n (aut, cycl, etc.) **the winner's ~** le podium

rotated adj (gym) **~ grasp swing** élancer m en avant avec changement de prise

rotation n (athl) (discus, javelin) (movement) rotation f

"rough" 1. adv **"to play ~"** «cartonner»

2. adj (ihk) **~ play** dureté f excessive **3.** n (gf) «rough» m

roughness n (ihk) dureté f / rudesse f / excessive ; (wr) brutalité f

round 1. adj (ihk, etc.) **~ robin** championnat m par points, championnat m par poule **2.** n (tn, etc.) tour m ; (bx) round m, reprise f ; (gf) tour m, parcours m ; (eq, slg) manche f ; (wr) période f ; (ft) (FA Cup) **the third ~ of the Cup** le troisième tour de la Coupe ; (tn, etc.) **his exploits in the previous rounds** ses exploits mpl des tours mpl précédents ; (gf) **h e had an exceptionally good ~** il a réalisé un parcours exceptionnel ; (gf) (in a tournament) **the third ~** la troisième journée, le troisième tour ; (bx) **in ten rounds** en dix reprises fpl ; (athl, sw, etc.) **qualifying ~** série f éliminatoire ; (athl, etc.) **qualifying ~s** tours mpl préliminaires, séries fpl ; (eq) (show jumping) **a clear ~** un parcours sans faute, un sans faute **3.** v (slg) **to ~ a buoy** virer une bouée

rounded adj (gen) **~ movement** mouvement m curviligne

rounder n (rounders) (points scoring) «rounder» m

rounders n (sp) rounders m (jeu britannique qui ressemble, jusqu'à un certain point, au baseball)

round-off cpd (gym) rondade f

round-the-world adj phr (slg) **the ~ single-handed (yacht) race** la course autour du monde en solitaire

row 1. n (rb) ligne f ; (rb) **the second ~** la deuxième ligne ; (flags, etc.) **in staggered ~s** en quincone **2.** v (sp) faire de l'aviron ; (action) ramer ; (rw) **to ~ to starboard** ramer à tribord

rower n rameur m, rameuse f

rowing n aviron m, aviron m en pointe ; (rw) **~ pin** axe m de dames

rub *n* v. green

ruck *n* (*rb*) mêlée *f* ouverte / spontanée

rudder *n* (*slg*) gouvernail *m* ; (*glider*) gouvernail *m* de direction ;
rudder bar (*glider, rw*) palonnier *m* ;
rudder-line (*rw*) tire-veille(s) *m* ;
rudder pedal (*glider*) pédale *f* de palonnier

rugby *n* rugby *m* ; **the England ~ team** (*jn*) le quinze de la Rose ; **rugby league** le jeu à XIII / treize ;
Rugby (Football) League (*GB*) Fédération (Anglaise) de Jeu à XIII ;
rugby player (*rb*) rugbyman (*pl* rugbymen) *m*, joueur *m* de rugby ;
rugby union (*sp*) rugby *m* à quinze

rule *n* règle *f* ; (*gen*) **the ~s** le règlement ; (*canoeing*) **5-metre ~** règle *f* des cinq mètres ; (*sk*) (*biathlon*) **racing ~s** modalités *fpl* de la course ; (*gen*) **the ~s of the game** les règles *fpl* du jeu ; (*bkt*) **~ governing fouls** règle *f* concernant les fautes ; (*bkt*) **~ governing progression with the ball** règle *f* concernant la manière de progresser avec le ballon ; (*bkt*) **three / five / ten / thirty / seconds ~** règle *f* des trois / cinq / dix / trente / secondes ; v. advantage

rumba *n* (*ice dancing*) rumba *f*

run 1. *n* (*ckt*) point *m* (*marqué quand chacun des batteurs traverse en courant le terrain central entre les guichets sans qu'aucun des guichets soit renversé*) ; (*bsb*) course *f* ; (*ice dancing*) couru *m* ; (*sk*) manche *f* ; (*sk*) **the first ~** la première manche ; (*bobsleigh, luge*) **competition ~** manche *f* de compétition ; (*shooting*) **fast / normal / ~ course** *f* rapide / normale ; (*ft, rb, etc.*) **against the ~ of play** contre le cours du jeu ; (*ft, rb*) (*movement*) **forward ~** montée *f* ; (*ft, rb*) **to make a forward ~** monter en

attaque ; (*gen*) **a ~ of victories** une série victorieuse ; (*ft, etc.*) **a ~ of twelve matches without defeat** une série de douze matches sans défaite ; **X brought Y's ~ of victories to an end** X a interrompu la série victorieuse de Y **2.** (*pp ran*) *v* courir ; (*athl*) **to ~ in a / the / 100 metres (race)** courir un 100 / cent / mètres ; (*hd*) **to ~ behind the defence** contourner la défense ; (*ft*) **to ~ into an open / empty / space** s'engouffrer dans l'espace libre ; (*ft*) **to ~ into an opponent** charger un adversaire ; (*eq, etc.*) **she ran off with the Grand Prix** (*jn*) elle a «raflé» le Grand Prix ; (*ckt*) **the batsman is ~ out** le batteur qui court est hors jeu (*s'il arrive au guichet après la balle qui est retournée et après qu'un adversaire a renversé le guichet*) ; (*bkt*) **to ~ with the ball** courir balle en main

run-back *cpd* (*fn*) recul *m*

runner *n* (*athl*) (*person*) coureur(euse) *m(f)* ; (bobsleigh) patin *m* ; (*athl*) **long- / middle- / distance runner** coureur de fond / de demi-fond ; (*athl, etc.*) **front ~** coureur de tête, leader *m* ; (*rw*) **slide ~** rail *m*

runner-up *n* (*championships*) vice-champion(onne) *m(f)* ; (*competition*) deuxième

running 1. *adj* (*bkt*) **~ score** score *m* / résultat *m* / intermédiaire ; (*canoeing, etc.*) **~ water** eau *f* courante ; v. running *n* **2.** *n* course *f* ; (*modern pentathlon*) (*competition section*) course *f* à pied ; (*athl*) **long-distance / middle-distance / ~ course** *f* de fond / de demi-fond ; (*gen*) **to go ~** faire de la course ; (*gen*) **to be full of ~** être très en jambes ; v. remain *v* ;
running surface (*sk*) (*of ski*) semelle *f*

run out *vphr* v. run **2.** *v*
run-out *cpd* (*ft, etc.*) **a training ~** (*fg*) un galop d'entraînement
run-up *adj & n* (*ft*) (*throw-in, etc.*), (*athl*) (*long-jump, pole-vaulting, etc.*) élan *m* ; (*athl*) (*jumps, throws*) **~ or ~ area / track** piste *f* d'élan ; (*athl, etc.*) **to take a ~** prendre son élan
runway *n* (*athl*) (*javelin, long jump, etc.*) piste *f* / aire *f* / d'élan
rupture *n* (*med*) rupture *f*, hernie *f* ; **~ of the Achilles' tendon** rupture *f* du tendon d'Achille
ruptured *adj* (*med*) **~ Achilles' tendon** rupture *f* du tendon d'Achille ; **~ tendon** rupture *f* tendineuse
rusty *adj* (*bx*) **to be ring ~** manquer de compétition

S

saber *n* (*Am*) (*fn*) sabre *m* ; (*fn*) **~ fencer** escrimeur *m* au sabre ; (*fn*) **~ fencing** escrime *f* au sabre
sabre *n* (*GB*) (*fn*) sabre *m* ; (*fn*) **~ fencer** escrimeur *m* au sabre ; (*fn*) **~ fencing** escrime *f* au sabre
sacrifice *n* (*jd*) **throws by ~ falls** (*sutemi-waza*) lancements *mpl* par sacrifice
saddle *n* (*eq, cycl, gym, hrg*) selle *f* ; (*eq, hrg*) **~ girth** sangle *f* de selle
saddlecloth *n* (*eq, hrg*) couverture *f* / tapis *m* / de selle
saddler *n* (*eq, hrg*) sellier *m*
safe *adv* (*ft, rb, etc.*) **to play (it) ~** jouer la sécurité
safety *n* (*shooting, etc.*) sûreté *f*, sécurité *f* ; (*American football*) **right / left / ~ demi** *m* de sûreté droit / gauche ; (*Canadian football*) **right / left / safety back** demi *m* de sûreté droit / gauche ; (*sk*) (*freestyle skiing*) **~ committee** comité *m* de sécurité ; (*slg, etc.*) **~ harness** ceinture *f* / harnais *m* / de sécurité ; (*arc, shooting*) **~ precautions / measures** mesures *fpl* de sécurité ; (*sk*) (*on ski*) **~ strap** lanière *f* de sécurité ; (*speed skating*) **~ -type headgear** casque *m* protecteur ; (*bd*) **~ shot** coup *m* de sécurité ; v. cage
sail 1. *n* voile *f* ; **~ board** planche *f* à voile ; (*slg*) **' ~ filled'** 'la voile se gonfle' ; (*slg*) **~ area** surface *f* de la voile ; (*slg*) **~ number** numéro *m* de la voile ; (*slg*) **to furl a ~** ferler une voile ; (*slg*) **to lower a ~** amener une voile ; (*slg*) **to set / get under / ~** faire voile, mettre à la voile ; (*slg*) **to stretch a ~** étarquer une voile ; (*slg*) **to trim a ~** orienter une voile ; v. sailboard, sailboarder, sailcloth, sailing dinghy, sailmaker ; **sail panel** (*slg*) laize *f*
2. *v* faire de la voile ; (*slg*) **to ~ clear** être en route libre ; (*slg*) **to ~ on a wind / close to the wind** courir au plus près ; (*slg*) **to ~ through the lee** dépasser sous le vent ; (*slg*) **to ~ free** faire du largue, naviguer vent largue ; (*slg*) **to ~ upright** naviguer droit
sail-bag *cpd* (*slg*) sac *m* à voile(s)
sailboard *cpd* (*slg*) planche *f* à voile
sailboarder *n* (*slg*) véliplanchiste *m(f)*
sailboat *n* voilier *m*, bateau *m* à voile
sailcloth *n* toile *f* à voile
sailing *n* navigation *f* à voile, (*for pleasure*) navigation *f* de plaisance, (*sp*) voile *f* ; (*slg*) **~ instructions** instructions *fpl* de course ; **to go ~** faire de la voile ;
sailing dinghy (*slg*) dériveur *m* ;
sailing yacht (*slg*) voilier *m*
sailmaker *n* voilier *m*
sailor *n* marin *m*

Salchow *n* (*figure skating*) **double ~** double Salchow *m*

salt *n* sel *m* ;
salt water (*slg, sw*) eau *f* salée

salute *n* (*eq*) salut *m* ; (*fn*) salut *m* d'escrime

same *adj* X moved into third place with the ~ number of points as Y X prit la troisième place à égalité de points avec Y

sandpit *n* (*athl*) (*long jump*) fosse *f* de sable

sartorius *n* (*anatomy*) couturier *m*, muscle *m* couturier

sauna *n* sauna *m* or *f*

save 1. *n* (*ft*) (*goalkeeper*) arrêt *m* du ballon **2.** *v* **to ~ one's strength** conserver ses forces *fpl* ; (*ihk*) **~d by a goaler** arrêt par un gardien de but

scale *n* (*gym*) planche *f*, position *f* horizontale ; (*gym*) **hanging ~** suspension *f* horizontale

scalp *n* (*anatomy*) cuir *m* chevelu

scamper *v* (*ft*) **to ~ back into defence** courir à toute allure pour renforcer la défense / pour regagner son poste défensif

scaphoid *n* (*anatomy*) scaphoïde *m*, os *m* scaphoïde ; **fracture of the ~ (bone)** fracture *f* du scaphoïde

scar *n* cicatrice *f*

scarf *n* (*ft, rb, etc.*) **(supporter's / club / ~)** écharpe *f* ; (*jd*) ~ **hold** (*kesa-gatame*) immobilisation *f* en écharpe par le judogi

scatter *v* (*cycl*) **to ~ the bunch** secouer le peloton

schedule *n* (*ihk, etc.*) ~ **of games** calendrier *m* des rencontres

school *n* (*fn*) **fencing ~** salle *f* d'armes ; (*eq*) **indoor ~** manège *m* ; (*eq*) **outdoor ~** carrière *f*

schooner *n* (*slg*) goélette *f*

Schwabenflanke *n* (*gym*) allemand *m* costal

Schwabenkehre *n* (*gym*) allemand *m* dorsal

sciatica *n* (*med*) sciatique *f*

scissor *n* (*gym*) **~s** ciseaux *mpl* ; (*sw*) **~s kick** ciseaux *mpl* ; (*ft*) **to do a ~s kick** faire une bicyclette / un ciseau ; (*athl*) (*high jump*) **~s jump** ciseau *m* ; (*rb*) **a ~s pass** une passe croisée, une croisée ; (*wr*) **leg ~s** ciseau *m* de jambes

scoop *v* (*hk, etc.*) (*ball, etc.*) soulever

score 1. *n* score *m*, marque *f* ; (*gym*) **basic ~** note *f* de base ; (*gym*) (*jn*) **dream ~** note *f* maximale ; (*ft, rb, etc.*) **final ~** score *m* final ; (*curling*) **back ~ line** ligne *f* arrière ; (*curling*) **foot ~ line** ligne *f* de départ ; (*bkt*) **running ~** résultat *m* / score *m* / intermédiaire ; (curling) **sweeping ~ line** ligne *f* de balayage *m* ; **to open the ~** ouvrir la marque / le score ; **to double the ~** (*jn*) doubler la mise ; (*ft, etc.*) **they reached the half-time break with the ~s even** ils ont atteint le repos sur un score de parité **2.** *v* (*ft, etc.*) **to ~ a goal** marquer un but, (*jn*) inscrire un but, (*fm*) envoyer la balle dans les filets ; (*ft*) **to ~ an own goal** marquer un but pour l'équipe adverse, marquer un but contre son (propre) camp ; (*rb*) **to ~ two tries against Scotland** marquer deux essais *mpl* aux Ecossais ; (*ft*) **X ~d a goal from a pass by Y** X transforma en but un ballon offert par Y ; (*ft, hk, etc.*) **goal ~d from an offside position** but *m* marqué sur hors-jeu ; (*ft*) **to ~ (from) a penalty** transformer un penalty ; (*ft, etc.*) **to score twice / two goals** marquer deux buts *mpl*, (*jn*) signer un doublé

scoreboard *n* (*gen*) tableau *m* d'affichage, (*bd, etc.*) panneau *m* de pointage

scorecard *n* (*bx*) bulletin *m* de vote / pointage ; (*gf, etc.*) carte *f* / fiche *f* /

(de score) ; (*wr*) bulletin *m* de pointage *m* ; (*gf, etc.*) **to hand in one's ~** rendre sa carte

scorer *n* (*arc, bkt, ihk, etc.*) (= *official*) marqueur *m* ; (*canoeing*) calculateur *m* ; (*hd, wgt*) secrétaire *m* ; (*ft*) (= *goalscorer*) buteur *m* ; (*bkt*) **~'s table** table *f* de marque ; (*ft*) **top ~** meilleur buteur *m* ; (*r b*) **try ~** marqueur *m* d'essais ; (*rb, etc.*) **top points ~** meilleur réalisateur *m*

scoresheet *n* (*arc*) feuille *f* de marque ; (*bkt, ft, etc.*) feuille *f* de match ; (*ft*) (*jn*) **to get on the ~** marquer un but

scoring 1. *adj* (*ft, etc.*) **to create good ~ chances** se créer de belles occasions ; (*bx*) **~ paper** (= *scorecard*) bulletin *m* de vote ; v. scoring system, etc. **2.** *n* (*gen*) pointage *m* ; **scoring office** (*canoeing*) bureau *m* de calcul ; **scoring system** (*freestyle skiing, etc.*) notation *f* ; **Olympic scoring system** (*slg*) système *m* olympique de décompte *m* des points ; **scoring value** (*arc*) valeur *f* des impacts ; **scoring zone** (*arc*) zone *f*

scramble 1. *n* (*ft*) (*jn*) **a mad ~ in the penalty area** une lutte frénétique dans / à l'intérieur de / la surface de réparation **2.** *v* (*mt*) faire du motocross / moto-cross ; (*ft*) **to ~ the ball out / clear** dégager le ballon tant bien que mal

scrambler *n* (*mt*) motocrossman (*pl* motocrossmen)

scrape *v* (*ft*) **his shot ~d the right-hand post** son tir rasa le poteau droit

scrappy *adj* **it was a ~ game** c'était un match décousu

scratch *v* (*hrg, etc.*) déclarer forfait (*pour un cheval, etc.*)

scratch time *cpd* temps *m* scratch (*pl*

temps scratches), scratch (*pl* scratches) *m*

screen *n* (*bkt*) **stationary ~** écran *m* fixe

screening *n* (*bkt*) écran *m*

screw *n* (*cycl, etc.*) vis *f* ; (*shooting*) **aperture-sight ~** vis *f* du dioptre ; (*bd, tn, etc.*) (*on ball*) effet *m* ; (*bd*) **side ~** effet *m* de côté ; (*bd*) **back ~** effet *m* rétrograde, rétro *m*

screwback *n* (*bd, bls*) (*billiards, snooker, pool, pétanque*) effet *m* rétrograde, rétro *m*

scrimmage *n* (*American football*) mêlée *f*

scrum *n* (*rb*) mêlée *f* ; (*rb*) **five-yards ~** mêlée *f* à cinq yards ; v. form *v* ; **scrum cap** (*rb*) serre-tête *m & inv* ; **scrum half** (*rb*) demi *m* de mêlée ; **set scrum** (*rb*) mêlée *f* ordonnée

scrummage *n* v. scrum

scrutineer *n* (*canoeing*) **boat ~** vérificateur *m* aux embarcations

scuba diving *cpd* plongée *f* sous-marine autonome

scull 1. *n* (*rw*) scull *m*, aviron *m* de / en / couple ; (*rw*) **double ~s** double scull *m*, deux rameurs *mpl* en couple ; (*rw*) **women's double ~s** double scull *m* féminin ; (*rw*) **single ~** = un rameur **2.** *v* (*rw*) ramer / nager / en couple

scything *adj* (*ft*) **to make a ~ tackle on an opponent** faucher les jambes à un adversaire

sea *n* mer *f* ; v. sea-water therapy

season *n* (*ft, etc.*) saison *f* ; (*tn, etc.*) **the summer ~** la saison estivale ; (*ft, etc.*) **we played better at the start / begining / of the ~** on a mieux joué en début de saison ; v. season-ticket holder ; **season ticket** *c p d* (*gen*) carte *f* d'abonnement, abonnement *m* ; **season-ticket holder** *c p d* (*gen*) abonné(e) *m(f)*

seat *n* (*aut, canoeing*) siège *m* ; (*eq*) **~ of**

the rider (on horse) assiette *f* du cavalier ; (*aut*) **bucket** ~ siège *m* baquet ; (*rw*) **sliding** ~ siège *m* à coulisse

sea-water therapy *cpd* thalassothérapie *f*

sea-water therapist *cpd* thalassothérapeute *mf*

second 1. *adj* deuxième ; (*athl, etc.*) ~ **in the championships** vice-champion(onne) *m(f)* ; (*ft, etc.*) ~ **half** deuxième mi-temps *f* ; (*ft, etc.*) **in the ~ half** en seconde mi-temps *f* ; **from the start of the ~ half** dès la reprise ; ~ **leg,** v. leg ; (*vb*) ~ **linesman** deuxième juge *m* de ligne, ramasseur *m* ; ~ **round (matches)** (*in a five-round knock-out competition*) huitièmes *mpl* de finale, (*in a six-round knock-out competition*) seizièmes *mpl* de finale, (*GB*) (*FA Cup*) deuxième tour *m*, soixante-quatrièmes *mpl* de finale ; (*tn*) ~ **service** second service *m* ; (*ft*) **the ~ -team goalkeeper** le gardien réserviste ; ~ **wind** second souffle *m* ; **to get one's ~ wind** retrouver son second souffle *m* ; v. second-best, second-choice, second-row, space ;
second base (*bsb*) deuxième but *m* / base *f* ;
second baseman (*bsb*) deuxième-but *m* ;
second row (*rb*) deuxième ligne *f*
2. *n* (*unit of time*) seconde *f* (de temps) ; (*bx*) second *m*, soigneur *m* ; **to be a boxer's** ~ soigner un boxeur ; (*bx*) **the ~s must leave the ring when told to do so by the referee** les seconds *mpl* doivent quitter le ring sur ordre de l'arbitre ; (*bx*) (*instruction*) ~**s out!** quitter le ring !

second-best *adj phr* (*athl*) **his ~ jump** son deuxième meilleur saut *m*

second-choice *adj phr* (*ft*) **the ~ goal-**

keeper le gardien réserviste

seconde *n* (*fn*) seconde *f*

second-post *adj phr* (*ft*) ~ **corner** corner au deuxième poteau *m*

second-row *adj phr* (*rb*) (*forward*) (avant *m* de) deuxième ligne

secretary *n* (*water polo, etc.*) secrétaire *m(f)*

sector *n* (*canoeing*) ~ **judge** juge *m* de section

secure *adj* (*ft*) **we were very ~ at the back** nous avons été sécurisés par notre défense

security *n* (*sk*) (*freestyle skiing*) ~ **committee** comité *m* de sécurité ; (*sk*) ~ **expert** expert *m* de sécurité

sedative *n* (*med*) sédatif *m*, calmant *m* ; **nerve** ~ neuroleptique *m*

seed 1. *n* (*tn*) **top ~ / number one ~** tête *f* de série numéro un ; **he is the number nine ~ / he is ninth ~** il est classé tête *f* de série numéro neuf ; **the number two ~ / the second ~ / behind X** tête *f* de série numéro deux derrière X **2.** *v* (*tn*) **he is seeded ninth** il est classé tête *f* de série numéro neuf ; (*tn*) **to be seeded second behind X** être classé tête *f* de série numéro deux derrière X

seesaw *adj* (*ft, etc.*) (*jn, fg*) **a ~ match** une partie de bascule

select *v* (*player, athlete, etc.*) sélectionner ; (*team*) faire jouer, sélectionner

selection *n* (*gen*) choix *m*, sélection *f* ; (*ft, etc.*) ~ **of a player** (*jn*) titularisation *f* d'un joueur ;
selection race (*hrg*) **two-year-olds'** ~ critérium *m* des deux ans

selector *n* sélectionneur *m*

"sell" *v* (*ft, etc.*) **to ~ s.o. a dummy** feinter qn

semi *n* (*ft*) (*fm*) **the ~s** les demi-finales *fpl*

semi-circular *adj phr* (*fn*) ~ **parry** parade *f* semi-circulaire

semifinal *n* demi-finale *f* (*pl* demi-finales)

semifinalist *n* demi-finaliste *mf* (*pl* demi-finalistes)

send (*pp* sent) *v* (*ft, etc.*) **to ~ off** (**a player**) expulser (un joueur) ; (*ft, etc.*) **to be sent off** être expulsé ; (*ft, etc.*) **to be sent off for using foul language** se faire expulser pour excès *m* de langage ; (*ft*) **to ~ a fullback down the wing** décaler un arrière sur l'aile ; (*ft*) **to ~ the ball one way round an opponent, go round him the other way and collect the ball** faire un petit pont ; (*ft*) **to ~ the goalkeeper the wrong way** prendre le gardien / «goal» / à contre-pied

sending-off *cpd* (*ft, rb, etc.*) expulsion *f* ; **after his ~** après son expulsion *f*

senior *n* (*category of sportsmen*) senior *m(f)*

separation *n* (*ice dancing*) séparation *f*

septime *n* (*fn*) septime *f*

series *n* (*gen, arc*) série *f*

serious *adj* v. foul

serve 1. *n* (*tn, vb, etc.*) (= *service*) service *m*, (*vb*) service balle *cpd & m* ; v. service ;
serve and volley (*tn*) (*tactic*) service(-)volée *cpd & m*
2. *v* (*tn, etc.*) servir ; **to ~ a double fault** faire une double faute

server *n* (*tn, vb, etc.*) serveur(euse) *m(f)*

service *n* (*tn, vb, etc.*) service *m* ; (*tn*) **first ~** premier service *m* ; (*tn*) **second ~** second service *m* ; (*vb*) **~ area** zone *f* de service ; (*squash*) **~ box** carré *m* de service ; (*tn, squash*) **~ line** ligne *f* de service ; (*tn*) **a ~ break / break of ~** un break ; **~ game** jeu *m* de service ; (*hb*) **overarm ~** service *m* de tennis ; (*badminton*) **short / long / ~ line** ligne *f* de service court / long ; (*badminton*) **singles / doubles / ~ court** demicourt *m* de service en simple /

double ; (*hb*) **underarm ~** service *m* par en dessous ; (*cycl*) **~ van** voiture *f* de matériel ; (*ft, etc.*) **to get poor ~ in attack** être peu servi(s) en attaque ; v. court, fault, square ;
service area (*vb*) zone *f* de service ;
service ball (*vb*) service balle *cpd, m*

session *n* (*athl, ft, etc.*) **a training ~** une séance d'entraînement *m* ; **a training ~ in the gym** une séance en salle ; **three weekly training ~s** trois entraînements *mpl* hebdomadaires ; v. beginner

set 1. *adj* (*athl*) (*order given by starter*) **get ~!** prêts ! ; v. mark, set pattern
2. *n* (*hb, tn, ttn, vb*) set *m*, manche *f* ; (*tn, etc.*) **beaten in four sets** battu en quatre sets *mpl* ; (*tn*) **to win in two / three / straight ~s** gagner en deux / trois / sets secs ; (*skittles*) **~ of skittles** quillier *m* ; (*ft, etc.*) **a ~ of spare shirts** un jeu de maillots de remplacement ; v. set-play ;
set scrum (*rb*) mêlée *f* ordonnée ;
set pattern (*ice dancing*) danse *f* imposée, programme *m* imposé ;
set piece (*ft, rb, etc.*) stratégie *f* ;
set pieces / set piece moves jeu *m* sur balles arrêtées ; (*ft, etc.*) **to work on set pieces** travailler les phases *fpl* statiques ;
set trigger (*shooting*) double détente *f*
3. *v* (*athl, etc.*) **to ~ a record** établir un record ; (*slg*) **to ~ sail** faire voile, mettre à la voile

setback *n* rechute *f* ; **he has had a number of ~s** il a connu des rechutes *fpl*

set-play *adj phr* (*bkt*) **~ attack** attaque *f* organisée

setter *n* (*sk*) **course ~** traceur *m*

setup *cpd* (*gen*) **team ~** infrastructure *f*

seven *a d j* (*h d*) **~ -a-side handball** handball *m* à sept

sexual *adj* **male ~ hormones**

hormones *fpl* sexuelles mâles

SFA (*abbr of Scottish Football Association*) Fédération Ecossaise de Football

shackle *n* (*slg*) manille *f* ; (*slg*) **snap ~** mousqueton *m* à ressort

shadow boxing *cpd* (*bx*) boxe *f* simulée, «shadow boxing» *m*

shaft *n* (*gf, hk, ihk, tn*) (*of club, racket, stick*) manche *m* ; (*sk*) (*of ski pole*) tige *f*

shake-hands grip *cpd* (*ttn*) prise *f* classique

shallow *adj* (*sw*) (*swimming pool*) **the ~ end** le petit bain

sharpen *v* (*gen*) **to ~ one's physical fitness** affiner sa condition physique ; (*gen*) **to ~ up one's play / game** devenir plus tranchant(e) *m(f)*

sharpening *n* (*training*) **~** or **~ up** affûtage *m* ; (*skating*) **~ of skates** affûtage *m* des lames de patin

shed *n* (*canoeing*) (*Am*) **boat ~** garage *m* à bateaux / canots

sheet *n* (*slg*) écoute *f* ; (*slg*) **main ~** grande écoute *f* ; (*slg*) **~ lead** filoir *m* d'écoute ; (*curling*) **~ of ice** piste *f* / surface *f* / de glace ; (*ft*) (*goalkeeper*) **to keep a clean ~** ne pas encaisser / concéder / un but ; v. team

shell *n* (*aut*) coque *f* ; (*fn*) (*of sword*) coquille *f* ; v. body

shelter *n* (*shooting*) abri *m*

shield *v* (*ft*) **to ~ the ball** faire un drible de protection

shielding *n* (*ft*) **~ the ball** drible *m* de protection

shin *n* (*anatomy*) tibia *m* ;
    shin guard (*bsb, ft, etc.*) protège-tibia (*pl* protège-tibias) *m*, jambière *f* ;
    shin pad or **shinpad** (*bsb, ft, hk, etc.*) protège-tibia (*pl* protège-tibias) *m*, jambière *f*

shinai *n* (*kendo*) shinai *m*

shinbone *n* tibia *m*

shinpad *n* (*bsb, ft, hk, etc.*) protège-tibia

(*pl* protège-tibias) *m*, jambière *f*

shinty *n* (*Ir*) (*type of hockey*) shinty *m*

shirt *n* (*ft, etc.*) maillot *m*, chemisette *f*, (*bsb*) chandail *m* ; (*ft, etc.*) **~ pulling** accrochage *m* de maillot ; (*ft, rb, etc.*) **X is wearing the number eight ~** X a le numéro huit

shiver *v* (*slg*) (*of sail*) ralinguer, faseyer

shock absorber *cpd* (*aut, etc.*) amortisseur *m*

shoe *n* (*gen*) chaussure *f* ; **basketball ~s** chaussures *fpl* de basket ; **spiked ~s** (*athl*) chaussures *fpl* à pointes *fpl*, pointes *fpl*, (*bsb, etc.*) souliers *mpl* à crampons ; v. cleated, walking shoe

shoot (*pp* **shot**) *v* (*shooting*) tirer ; (*ft, etc.*) tirer, frapper, shooter ; (*ft*) **to ~ against the bar** tirer sur la transversale ; (*ft*) **to ~ wide** placer le ballon à côté ; (*ft*) (*fm*) **to ~ miles / a mile / wide** tirer dans le décor ; (*ft*) (*fm*) **to ~ miles / a mile / over the top** tirer dans les nuages ; **to ~ past the goalkeeper** fusiller le «goal» / le gardien de but ; (*ft*) **the ball shot past the goalkeeper** le gardien de but / le «goal» / a été fusillé sur cette balle ; **to ~ straight at the goalkeeper** allumer le «goal» / le gardien de but

shooter *n* (*of weapon*) (= *firer*) tireur *m* ; (*bls*) (*pétanque*) (= *a player who specializes in trying to knock one bowl out of the way with another*) tireur *m* ; (*shooting*) **pistol ~** tireur *m* au pistolet ; (*shooting*) **rifle ~** tireur *m* au fusil

shooting 1. adj (*shooting*) **~ distance** distance *f* de tir ; (*shooting*) **~ jacket** veste *f* de tir ; (*arc*) **~ line** ligne *f* de tir ; (*arc, biathlon, shooting*) **~ position** position *f* de tir ; (*sk*) (*biathlon*) **~ ramp** pas *m* de tir ; (*sk*) (*biathlon, shooting*) **~ range** stand *m* de tir ; (*shooting*) **~ spectacles** lunettes *fpl* de tir ; **~ time** (*arc*) temps *m* de tir, (*shooting*) temps *m* imparti ; (*ft*) **to be in a ~ position** être en position *f* de tir **2.** *n* (*gen*) tir *m* ; (*modern pentathlon*) épreuve *f* de tir ; **rifle / pistol / ~** tir *m* à la carabine / au pistolet ; **clay pigeon ~** tir *m* au pigeon d'argile, tir *m* aux plateaux ; v. shooting *adj*

shoot-off *cpd* (*shooting*) barrage *m*

shop *n* v. club shop

shore *n* v. lee

short *a d j* (*height*) bréviligne ; **a ~ player / competitor** un(e) bréviligne (*mf*) ; **a ~ corner** (*ft*) un corner à la rémoise, (*hk*) un petit corner, un coup de coin de pénalisation ; (*gf*) **~ game** petit jeu *m* ; (*rb*) **a ~ kick into touch** une tapette en touche ; (*squash*) **~ line** ligne *f* des courbes ; (*badminton*) **~ service line** ligne *f* de service court ; (*ft, etc.*) **a ~ spell of pressure** (*jn*) «un mini-pressing» ; (*speed skating*) **~ track competition** compétition *f* de patinage de vitesse sur piste courte, «short track» *m* ; v. line-out, trot, walk ;

short track (*speed skating*) patinage *m* de vitesse *f* sur piste courte, «short track» *m*

short-ball *cpd & adj* (*ft*) **~ game / tactics** (*jn*) style *m* indirect

shortened *adj* v. line-out

shorts *n* (*bx, ft, etc.*) culotte *f*, culotte *f* courte ; (*cycl*) **~ / racing ~** cuissard *m*

shortstop *n* (*bsb*) arrêt-court *m*

shot *n* (*athl*) poids *m* ; (*athl*) (*event*) le lancer du poids, le poids ; (*arc, ft*) tir *m*, (*ft, bkt, etc.*) «shoot» *m*, (*bkt*) tir *m* au panier, (*bd, gf, shooting*) coup *m* ; (*rb, ft*) **a ~ at goal** un tir au but ; (*hd*) **~ bending sideways** tir *m* désaxé ; (*bkt, ft*) **a close-range ~** un tir de près ; (*ft, hk, etc.*) **crashing ~** tir *m* en force ; (*ft*) **a dangerous ~** un tir dangereux ; (*hd*) **dive ~** tir *m* en

plongeant ; (*hd*) **diving side ~** tir *m* en plongeant sur le côté ; (*hd*) **faked ~ at goal** feinte *f* de tir *m* au but ; (*shooting*) **fired ~** coup *m* tiré ; (*ft, hk, etc.*) **hard ~** tir *m* puissant ; (*hd*) **~ from the second line** tir *m* de la deuxième ligne ; (*bkt*) **jump ~** tir *m* en suspension ; (*bkt*) **lay-up ~** tir *m* par en dessous ; (*bkt*) **long-distance ~** tir *m* de loin ; (*bkt*) **missed ~** tir *m* manqué ; (*bkt*) **one-handed / two-handed / ~** tir *m* à une main / à deux mains ; (*hd*) **one-handed shoulder ~** tir *m* classique ; (*bkt*) **overhead ~** tir *m* par-dessus la tête ; (*hd*) **reverse ~** tir *m* de revers ; (*shooting*) **sighting ~** coup *m* d'essai ; (*bkt*) **underhand ~** tir *m* par en bas ; (*tn*) **passing ~** passing *m* ; (*hd*) **penalty ~** jet *m* de sept mètres ; (*hd*) **pivot ~** tir *m* en pivotant ; (*ft*) **a powerful ~** un tir puissant / tendu ; (*bd*) **safety ~** coup *m* de sécurité ; (*bd*) **to miss a ~** rater un coup ; (*shooting*) **valid ~** coup *m* valide ; (*gf*) **he had a four-shot lead over X** son avance sur X était de quatre coups ; (*pistol, rifle, etc.*) **he's a good ~** c'est un bon tireur ; v. aim *v*, drop shot, swerving, tee up *vphr* ;

shot put (*athl*) (*event*) lancer *m* du poids, poids *m* ;

shot putter (*athl*) lanceur *m* / lanceuse *f* / du poids

shoulder *n* (*anatomy*) épaule *f* ; (*med*) **dislocation of the ~** luxation *f* de l'épaule ; (*gym*) **~ stand** appui *m* brachial renversé ; (*hd*) **one-handed ~ shot** tir *m* classique ; (*wr*) **~ throw** bras *m* à la volée ; (*jd*) **~ throws** (*seoi-nage*) lancements *mpl* par l'épaule ; (*jd*) **~, hand and arm throws** (*te-waza*) lancements *mpl* par l'épaule, par la main et par le bras ; (*wr*) **to roll over the ~s** rouler d'une épaule à l'autre ; **to throw back one's ~s** cambrer le corps / les reins ;

shoulder blade (*anatomy*) omoplate *f* ;

shoulder charge (*ft*) charge *f* ; **fair ~** charge *f* régulière / loyale ; *vphr* **to shoulder charge an opponent** charger un adversaire ;

shoulder pad *cpd* (*American football, etc.*) épaulière *f*

show 1. *n* (*aut*) **the Paris Motor Show** le Salon de l'Automobile de Paris ; (*ft, etc.*) (*jn*) **they put on a marvellous ~ against Naples** leur démonstration *f* contre Naples fut époustouflante ; v. show jumper, show jumping **2.** *v* (*TV*) **to ~ (a contest) live on television** retransmettre / diffuser / (un combat) en direct à la télévision ; **the match will be shown live** le match sera diffusé en direct ; (*ft, rb, etc.*) **to ~ better teamwork** faire étalage d'un meilleur jeu collectif ;

show jumper (*eq*) (= *rider*) sauteur(euse) *m(f)*, cavalier(ière) *m(f)* d'obstacles ; (= *horse*) sauteur(euse) *m(f)*, cheval *m* d'obstacles ;

show jumping *cpd* (*eq*) jumping *m*, saut *m* d'obstacles

shroud *n* (*slg*) hauban *m*

shuttlecock *n* (*badminton*) volant *m*

side 1. *adj* (*ft*) **a ~ tackle** un tacle de côté **2.** *n* côté *m* ; (*ft, rb, etc.*) (*fm, jn*) (= *team*) équipe *f* ; (*sk*) (*freestyle skiing*) latérale *f* ; (*rb*) **blind / closed / ~ côté** *m* fermé ; (*rb*) **open ~ côté** *m* (grand) ouvert ; (*slg*) **required ~ côté** *m* prescrit ; (*squash*) **~ wall** mur *m* latéral ; (*squash*) **~ wall line** ligne *f* latérale ; (*tn*) (*racket*) **flat ~ of the grip** méplat *m* ; (*hd*) **seven-a-~ handball** handball *m* à sept ; (*slg*) **weather ~** bord *m* au vent ; v. outside

sidecar *n* (*mt*) side-car *m*

sideline *n* (*American / Canadian / football, bkt, hd*) ligne *f* de touche, (*vb*) ligne *f* de côté ; (*badminton*) **doubles / singles / ~** ligne *f* latérale de double / simple

sidestand *n* (*gym*) station *f* latérale

side-step 1. *cpd* (*bx, fn, ft, rb, etc.*) esquive *f* ; (*bx, eq*) pas *m* de côté ; (*sk*) (*cross-country skiing*) **~ climb** montée *f* en escalier **2.** *v* (*bx*) faire un pas de côté

side-stepping *cpd* (*bx, fn, ft, rb, etc.*) esquive *f*

sidestroke *n* (*sw*) nage *f* sur le côté

sideways *adv* (*hd*) **shot bending ~** tir *m* désaxé

sight *n* (*rifle, etc.*) visée *f*, appareil *m* de visée, (*bow, crossbow*) viseur *m* ; (*shooting*) **front ~** guidon *m* ; (*shooting*) **rear ~** hausse *f* ; (*shooting*) **open rear ~** hausse *f* ouverte ; (*rifle, etc.*) **line of ~** ligne *f* de mire ; (*arc*) **~ window** fenêtre *f*

sighter *n* (*arc*) **~ arrow** flèche *f* d'essai

sighting *n* (*rifle, etc.*) visée *f* ; (*modern pentathlon*) **~ series** série *f* d'essai ; (*shooting*) **~ shot** coup *m* d'essai

sight-screen *cpd* (*ckt*) écran *m* (*qui permet au batteur de mieux voir la balle*)

sign *v* (*ft, etc.*) signer ; **he ~ed last month** il a signé le mois dernier ; **he has ~ed for Liverpool** il a signé pour Liverpool

signal 1. *n* (*gen*) signal (*pl* signaux) *m* ; (*bkt*) **officials' ~s** signaux *mpl* des arbitres ; (*slg*) **preparatory ~** signal *m* préparatoire ; (*slg*) **warning ~** signal *m* d'avertissement ; (*wgt*) **~ lights** lampes *fpl* ; v. distress signal **2. (GB signalled, Am signaled)** *v* (*ft*) **the referee is ~ing a corner** l'arbitre *m* indique qu'il a accordé un corner

signal-flag *cpd* (*slg*) pavillon *m* du

code

signalling disc *cpd* (*canoeing*) disque *m* de signalisation

signing *n* (*ft*) (= *player*) **new** / **latest** / ~ nouveau joueur *m*, dernier joueur *m* à signer (*pour un club*), dernier joueur *m* embauché ; (*ft*) **as he is a late ~ , he won't be able to play in the European Cup until next March** vu sa signature tardive, il ne pourra jouer la Coupe d'Europe qu'en mars prochain

silence *v* (*ft, etc.*) (*of player*) **to ~ the crowd** museler le public

silhouette *n* (*shooting*) ~ **target** silhouette *f*

silver *adj* (*athl, etc.*) ~ **medal** médaille *f* d'argent

simple *adj* (*eq*) ~ **obstacle** obstacle *m* simple

sin bin *cpd* (*ihk*) (*jn*) prison *f*

single *n* v. singles

single-bladed *adj phr* (*canoeing*) ~ **paddle** pagaie *f* simple

single-handed *adj phr* (*slg*) ~ **racing** mononautisme *m* ; (*slg*) **the round-the-world ~ race** la course autour du monde en solitaire

single-hull *adj phr* (*slg*) ~ **boat** monocoque *m*

singles *npl* (*gf, tn, etc.*) simple *m*, single *m*, (*bls*) (*pétanque*) tête-à-tête *m* ; **men's** / **women's** / ~ simple *m* messieurs / dames ; (badminton) ~ **sideline** ligne *f* latérale de simple ; (*badminton*) ~ **service court** demi-court *m* de service en simple ; (*tn, etc.*) **to play a ~ (match)** jouer un simple ;

single-seater *n* (*aut*) monoplace *f*

sink *v* (*slg, etc.*) sombrer, couler

sit in *vphr* (*cycl*) (*of rider*) **to ~ behind s.o.** se coller à la roue de qn

sit-back *cpd* (*wr*) chute *f*

sit spin *cpd* (*figure skating*) **flying ~** spirale *f* sautée en position assise

"sitter" *n* (*ft*) **he missed two (so-called) ~s** il manqua deux occasions *fpl* (dites) immanquables

sitting *adj* v. trot

situation *n* v. dead

six *n* (*ckt*) six points *mpl* ; (*ckt*) **to hit a ~** marquer six points ; (*ft*) **to stand on the ~ yards line** se placer aux 5 m 50

sixte *n* (*fn*) sixte *f*

sixteen *adj* (*ft, etc.*) (*knock-out competition*) **to be in the last ~** être en huitième de finale

six-yards *adj phr* (*ft*) (*jn*) ~ **box** surface *f* de but

skate 1. *n* patin *m* ; **figure** / **hockey** / **speed** / ~ patin *m* de figure / hockey / course ; **ice** / **roller** / ~ patin *m* à glace / à roulettes ;
skate guard protège-lame (*pl* protège-lames) *m*
2. *v* patiner, faire du patin (*sur glace*) ; **to roller ~** faire du patin à roulettes ; (*figure skating*) (= *mark of 0 out of 6*) **not ~d** non patiné

skater *n* patineur(euse) *m(f)* (sur glace) ; (*speed skating*) coureur(euse) *m(f)*

skating *n* patinage *m*, patin *m* ; **figure ~** patinage *m* artistique ; **ice ~** patinage *m* sur glace ; **pairs ~** patinage *m* par couple ; **roller ~** patin *m* / patinage *m* / à roulettes ; **speed ~** patinage *m* de vitesse ; **to go ice / roller ~** faire du patin à glace / à roulettes ;
skating rink patinoire *f*

skeet shooting *cpd* (*Am*) ball-trap *m*, (*GB*) tir *m* au pigeon d'argile

skewbald *n* (*eq, hrg*) (*horse*) (= *white and chestnut*) cheval *m* blanc à taches alezanes ; (*horse*) (= *white and reddish brown*) cheval *m* blanc et roux ; (*horse*) (= *white and fawn*) cheval *m* pie *inv*

ski 1. *n* ski *m* ; (*water skiing*) **twin ~s**

skis *mpl* de tourisme ; *(water skiing)* **figure** ~ ski *m* de figure ; *(water skiing)* **jump** ~ ski *m* de saut ; *(sk)* *(biathlon)* ~**(s) and rifle(s) marking** marquage *m* des skis et des carabines ; *(sk)* *(cross-country skiing)* ~ **change** changement *m* de skis ; **ski boots** chaussures *fpl* de ski ; **cross-country ski boots** chaussures *fpl* de ski de fond ; **ski goggles** lunettes *fpl* de ski / skieur, lunettes *fpl* d'alpiniste ; **ski jump** *(action)* saut *m* à skis ; *(structure)* tremplin *m* ; **ski jumper** *(sk)* sauteur *m* à skis ; **ski jumping** saut *m* à skis ; **ski jumping competition** épreuve *f* de saut ; **ski lift** or **skilift** télésiège *m*, remonte-pente *m* & *inv* ; **ski pole** bâton *m* de ski ; **ski resort** station *f* de ski, station *f* de sports d'hiver ; **ski stop** *(sk)* frein *m* ; **ski suit** *(sk)* combinaison *f* de ski ; **ski tow** *cpd* *(sk)* téléski *m* **2.** *v* faire du ski

skibob (*pl* skibobs) *n* ski-bob *m*

skier *n* skieur(euse) *m(f)*

skiff *n* *(rw)* skif *m*, skiff *m*

skiing *n* ski *m* ; **Alpine** ~ ski *m* alpin ; **Nordic** ~ ski *m* nordique ; **downhill** ~ ski *m* de piste ; **cross-country** ~ ski *m* de randonnée ; ~ **instructor** moniteur *m* de ski ; **to go** ~ faire du ski

skill *n* *(gen)* adresse *f*

skin *n* *(anatomy)* peau *f* ; *(slg)* ~ **friction** résistance *f* de friction ; **skin diving** *cpd* plongée *f* sous-marine autonome

skip 1. *n* (= *skipper*) *(curling, etc.)* capitaine *m*, skip *m* ; v. hop **2.** *v* *(with rope)* sauter à la corde

skipper *n* *(slg)* capitaine *m*, «skipper» *m*, *(ft, etc.)* capitaine *m*

skipping rope *cpd* *(bx, etc.)* corde *f* à sauter

skirt 1. *n* *(tn)* jupette *f* **2.** *v* *(canoeing)* to ~ **an obstacle** contourner un obstacle

skittle *n* quille *f* ; *(game)* ~s jeu *m* de quilles ; **set of** ~s quillier *m* ; ~ **player** quilleur(euse) *m(f)*

Skoumal giant swing *cpd* *(gym)* grand tour *m* Skoumal

skull *n* *(anatomy)* crâne *m*

slack *adj* *(ft)* **our** ~ **marking** le flou de notre marquage *m* ; *(ft, etc.)* **to become** ~ **in defence** / **to be guilty of** ~ **marking in defence** se relâcher en défense

slacken *v* **to** ~ **the pace** *(aut)* lever le pied, *(athl, etc.)* baisser le rythme

slalom 1. *n* *(sk, canoeing)* slalom *m* ; *(canoeing)* ~ **gate** porte *f* de slalom ; *(sk)* **giant** ~ slalom *m* géant ; ~ **pole** *(sk)* piquet *m* de slalom, *(canoeing)* fiche *f* de slalom ; *(canoeing)* ~ **president** président *m* du slalom ; *(sk)* ~ **skier** / **specialist** slalomeur(euse) *m(f)* ; v. combined **2.** *v* *(sk)* slalomer

slam *n* *(rb, etc.)* **the grand** ~ le grand chelem

slap shot *cpd* *(ihk)* tir *m* frappé

sled *n* luge *f* ; *(pulled by huskies)* traîneau *m* ; **sled racing** *(with huskies)* courses *fpl* de chiens *mpl* de traîneau

sledge *n* luge *f* ; *(pulled by huskies)* traîneau *m* ; **sledge racing** *(with huskies)* courses *fpl* de chiens *mpl* de traîneau

slice *v* *(t n)* **to** ~ **the ball** couper la balle ; *(ft, hk, rb, etc.)* **to** ~ **the ball to the left** faire dévier le ballon / *(gf, hk)* la balle / à gauche

sliced *adj* *(tn)* **a** ~ **backhand** un revers coupé / «slicé»

slide 1. *n* *(gen)* glissement *m* ; *(curling)* glissement *m* ; *(rw)* ~ **control** mouvement *m* de siège *m* à coulisse ;

(*rw*) ~ **run** emplacement *m* du siège à coulisse ; (*rw*) ~ **runner** rail *m* 2. *v* (*gen*) glisser ; (*curling*) glisser

sliding *adj* (*ft*) **a** ~ **tackle** un tacle glissé ; (*jd*) ~ **lapel-neck lock** étranglement *m* par le revers en tirant ; (*rw*) ~ **seat** siège *m* à coulisse

slight *adj* (*ft, etc.*) (*concerning the fitness of a player*) ~ **doubt** légère incertitude *f* ; (*jd*) ~ **superiority** léger avantage *m*

sling *n* (*shooting*) (*rifle*) bretelle *f*

slip 1. *n* (*ckt*) **the** ~**s** les coulisses *fpl* 2. *v* glisser ; (*ft*) **a ball slipped superbly to X** une balle superbement glissée à X

slipped *adj* ~ **disc** hernie *f* discale

slippery *adj* (*aut, cycl, etc.*) ~ **road** route *f* glissante

slipway *n* (*slg*) (*for repairs*) cale *f* de construction ; (*slg*) (*for launching*) cale *f* de lancement

slope *n* (*sk*) pente *f*, inclinaison *f* ; (*eq*) (*three-day event*) grimpette *f*

slow down *v* (*athl, aut, cycl, etc.*) ralentir, (*aut*) lever le pied ; (*athl, etc.*) **to ~ the pace** baisser le rythme ; (*ft, rb, etc.*) **to ~ the game / play** ralentir le jeu

slow-motion *adj* (*TV*) ~ **replay** ralenti *m*

smash 1. *n* (*tn, vb, etc.*) smash *m*, manchette *f* ; v. forearm smash 2. *v* (*tn*) smasher ; (*tn*) (*ball*) smasher (la balle) ; (*vb, etc.*) **to ~ the ball** rabattre la balle ; (*ft, rb, etc.*) **he ~ed his ribs playing (against) England** il s'est amoché les côtes *fpl* contre les Anglais

smasher *n* (*vb*) (*player*) smasheur *m*

snaffle bit *cpd* (*eq, hrg*) mors *m* brisé, mors *m* de filet

snap *n* (*fm*) punch *m* ;
  snap pass (*hd*) passe *f* du poignet ;
  snap shackle (*slg*) mousqueton *m* à ressort

snatch 1. *n* (*wgt*) arraché *m* ; **competitor in the** ~ arracheur *m* ; (*wgt*) **two-handed** ~ arraché *m* à deux bras 2. *v* **to ~ victory** obtenir une victoire à l'arraché

snooker 1. *n* (*sp*) snooker *m* ; ~ **ball** bille *f* 2. *v* (*bd*) (*GB*) (*snooker*) **to be ~ed** (= être dans l'impossibilité de frapper directement la bille qu'il faut jouer) subir le snooker, (*fg*) être dans une impasse ; (*bd*) (*GB*) **X is ~ed** (= X se trouve dans l'impossibilité de frapper directement la bille qu'il doit jouer) il y a snooker *m* contre X

snow *n* neige *f* ; (*sk*) ~ **goggles** lunettes *fpl* de ski / de skieur, lunettes *fpl* d'alpiniste

snowshoe *n* raquette *f*

snuff out *vphr* (*ft, etc.*) (*fg*) **to ~ one's opponent** mettre sous l'éteignoir son adversaire direct

soccer *n* (*sp*) football *m* ; ~ **ball** ballon *m* de football

sock *n* (*gen*) chaussette *f*

soft *adj* (*ft, etc.*) ~ **ground** terrain *m* souple

softball *n* (*sp*) softball *m*

solar *adj* (*anatomy*) ~ **plexus** plexus *m* solaire

sole *n* (*foot*) plante *f*

solid *adj* (*eq*) ~ **obstacle** obstacle *m* fixe

Soling *n* (*slg*) Soling *m*

solvent *n* solvant *m* ; ~ **abuse** utilisation *f* de solvants hallucinogènes

somersault 1. *n* (*freestyle skiing, gym, etc.*) (*in the air*) saut *m* périlleux, (*gym*) salto *m* ; (*on the ground*) culbute *f* ; **double** ~ double saut *m* périlleux, double salto *m* ; (*gym*) **backward** ~ salto *m* en arrière ; (*gym*) **gainer back** ~ élan *m* appelé 'Auerbach' ; (*gym*) **straddle front** ~ salto *m* avant, jambes écartées ; (*gym*) **tucked** ~ salto *m* accroupi ; (*gym, etc.*) **to do / turn / a** ~ faire le saut périlleux 2. *v* (*gym, etc.*) faire le saut / des sauts / périlleux

sort *n* (*gen*) (*player, team*) **out of** ~s patraque *mf*

southpaw (*bx*) (*boxer*) gaucher *m* ; (*stance*) fausse garde *f*

space *n* (*gen*) espace *m* ; (*bkt*) **first / second / ~** premier / deuxième / espace *m* ; (*gym*) ~ **between the parallel bars** espace *m* entre les barres *fpl* parallèles ; (*hk, etc.*) **to pass into ~** passer dans le trou ; v. create, empty, make, open

spar *v* (*bx*) **to ~ with s.o.** s'entraîner avec qn sur le ring

spare 1. *adj* (*ft*) ~ **defender** (*GB*) libero *m* 2. *n* (*ten-pin bowling*) boule *f* supplémentaire, «spare» *m*

sparring match *cpd* (*bx*) assaut *m* / match *m* / d'entraînement ; (*in public*) match *m* de démonstration

sparring partner *cpd* (*bx*) partenaire *mf* d'entraînement, sparring-partner *m*

spasm *n* (*med*) spasme *m*, (*muscle*) contraction *f*

speaker *n* (*wr*) speaker *m*

spearing *n* (*ihk*) dardage *m*, piquage *m*

special *adj* (*ski jumping*) ~ **jump** saut *m* spécial

speed *n* vitesse *f* ; allure *f* ; **at full / top / ~** à toute allure *f* ; **building up speed** mise *f* en allure ; **full / top / racing ~** pleine allure *f* de course ; (*athl, etc.*) **burst of ~** pointe *f* de vitesse, (*cycl*) (*at end of race*) emballage *m* ;
speed run (*speed skiing*) piste *f* de vitesse ;
speed skating patinage *m* de vitesse ;
speed skating stretch suit combinaison *f* de patinage de vitesse ;
speed skiing ski *m* de vitesse ;
speed training (*athl, etc.*) (entraînement qui vise l')amélioration *f* de la vitesse

speedball *cpd* speedball *m*

speedboat *n* canot *m* de course / sport

speedway *n* (*sp*) ~ or ~ **racing** courses *fpl* de motos sur cendrée

specialist *n* spécialiste *mf* ; v. slalom

spectacles *npl* (*shooting*) **shooting** ~ lunettes *fpl* de tir ; (*shooting*) **aperture-sight ~s** lunettes *fpl* de dioptre

spectator *n* spectateur *m*

spell *n* (*ft, etc.*) (*team*) **to go through a bad ~** connaître un passage à vide

spiel *n* (*curling*) tournoi *m* de curling

spike *n* (*athl, bsb, etc.*) (*shoe*) pointe *f*, crampon *m* ; (*athl, etc.*) **to run in ~s** courir avec des (chaussures *fpl* à) pointes

spiked *adj* v. shoes

spin 1. *n* (*aut*) tête-à-queue *m, inv* ; (*freestyle skiing*) rotation *f* ; (*tn, etc.*) (*ball*) effet *m* ; (*figure skating*) **combination ~** pirouette *f* combinée ; (*figure skating*) **headback ~** pirouette *f* cambrée ; (*aut*) **he went into a ~** il est parti en tête-à-queue ; (*tn, etc.*) **to put ~ on one's ball** donner de l'effet à sa balle ; **to put some ~ on the ball** (*ft*) travailler la balle, (*bls*) (*pétanque*) serrer une / la / boule ; v. sit spin 2. *v* **to make the ball ~** (*ft*) travailler la balle, (*tn*) donner de l'effet à sa balle ; (*bls*) (*pétanque*) **to make the bowl ~** serrer une / la / boule ; (*ckt*) **to ~ the ball** donner de l'effet à la balle ; (*bls*) (*pétanque*) **to make one's bowl ~ (to the left or right) on landing** tourner une / sa / boule (à gauche ou à droite) ; (*aut*) **to ~ round** faire un tête-à-queue

spinal *adj* v. column

spine *n* (*anatomy*) colonne *f* vertébrale

spinnaker *n* (*slg*) spinnaker *m*, «spi» *m* ; (*slg*) ~ **boom** tangon *m*

spiral *n* (*ice dancing*) spirale *f*

spirit *n* (*gen*) **team ~** esprit *m* d'équipe

spittoon *n* (*bx*) crachoir *m*

splice 1. *n* (*slg*) (*in rope, cable*) épissure *f* 2. *v* (*slg*) épisser

split 1. *adj* (*American football*) ~ end ailier *m* éloigné ; (*figure skating*) ~ jump saut *m* écarté 2. *n* (*gym, wr, etc.*) fente ; (*gym, etc.*) to do the ~s faire le grand écart ; v. split 1. 3. *v* (*ft*) to ~ the defence démanteler la défense

spoke *n* (*cycl*) (*wheel*) rayon *m*

sponge *n* éponge *f* ; (*ft, rb*) magic ~ éponge *f* miracle ; (*bx*) to throw in the ~ jeter l'éponge *f*

sponsor 1. *n* parrain *m*, parraineur *m*, sponsor *m* 2. *v* parrainer, sponsoriser

sponsoring *n* parrainage *m*

spoon *n* (*rb*) (*Five Nations' Championship*) wooden ~ cuillère *f* en bois

sport *n* sport *m* ; winter ~s sports d'hiver ; Minister of Sport Ministre *m* de la Jeunesse, des Sports et des Loisirs ; ~ psychology psychologie *f* sportive ; rugby league is the top ~ in Australia (*jn*) le jeu à XIII est le sport roi en Australie ; v. outdoor, sports club, sports ground, sports pavilion

sportingly *adv* sportivement ; to accept defeat sportingly accepter la défaite sportivement

sports *adj* (*competition, newspaper, etc.*) sportif(ive) *m(f)*, de sport ; sports club association *f* sportive ; sports ground terrain *m* de sport ; sports pavilion *cpd* pavillon *m* de sports

sportsman *n* sportif *m*

sportsmanship (*fair-mindedness*) sportivité *f*, esprit *m* sportif

sportswoman *n* sportive *f*

spot 1. *n* (*bd*) (*on table*) mouche *f* ; (*ihk*) face-off ~ point *m* de mise en jeu ; (*ft*) the penalty ~ le point de penalty ; (*ft*) " ~ kick" (= *penalty kick*) coup *m* de pied de réparation, pe-

nalty *m* ; spot ball (*bd*) bille *f* mouchetée 2. (*pp spotted*) *v* (*bd*) the red is ~ed (= *placed on a spot*) la (*bille*) rouge est mise / remise / sur mouche

«spot kick» v. spot 1.

sprain 1. *n* entorse *f*, foulure *f* 2. *v* to ~ one's ankle se faire / se donner / une entorse à la cheville, se tordre la cheville

sprained *adj* ~ ankle entorse *f* à la cheville ; ~ knee foulure *f* au genou

spray *n* (*slg, etc.*) embrun *m* (*usually plural*) ; (*canoeing*) ~ cover jupe *f*

spread 1. *n* (*eq*) ~ obstacle obstacle *m* large 2. *v* (*ft*) to ~ the play élargir le jeu

Spread Eagle *cpd* (*figure skating*) grand aigle *m*

spreader *n* (*slg*) barre *f* de flèche

spring *n* (*athl*) (*long / high / jump*) détente *f* ; (*jd*) ~ hip throw (*hane-goshi*) chassé *m* de hanche

springiness *n* (*gym, etc.*) élasticité *f*

springy *adj* (*gym, etc.*) ~ movement(s) élasticité *f*

springboard *n* (*gym*) tremplin *m* élastique ; (*sw*) tremplin *m*

sprint 1. *n* (*gen*) sprint *m* ; (*canoeing, etc.*) (= *race*) course *f* de vitesse ; (*cycl*) massed ~ sprint *m* massif, (*at end of race*) emballage *m* ; (*cycl*) flying ~ sprint *m* volant ; (*cycl*) four-man ~ / ~ between four riders sprint *m* à quatre ; (*athl, cycl, etc.*) ~ finish arrivée *f* au sprint ; (*athl, cycl*) to wind up the pace for a ~ finish lancer le sprint ; (*cycl*) he was the quickest in the massed ~ at the finish il a éte le plus rapide à l'emballage 2. *v* sprinter ; v. start *v*

sprinter *n* sprinter *m* ; (*cycl*) ~'s line ligne *f* des sprinters

sprocket *n* (*cycl*) pignon *m*

spur *n* (*eq*) éperon *m*

spurt 1. *n* (= *burst of speed*) pointe *f* de

vitesse ; (*cycl*) (*in massed sprint at end of race*) emballage *m* ; (*athl, cycl, etc.*) **to put on a ~** démarrer **2.** *v* (*athl, etc.*) (*athlete, etc.*) démarrer, faire une pointe de vitesse

squad *n* groupe *m* des sélectionnés, sélection *f* ; **the ~ of sixteen (called up for the international)** la liste des seize (sélectionnés pour le match international) ; (*rb, etc.*) **to get together / assemble / a new squad** reformer un groupe

square 1. *adj* (*ft*) **~ defence** défense *f* en ligne ; (*fn*) **feet ~** les pieds à l'équerre ; (*ckt*) **~ leg** équerre droit **2.** *n* (*tn*) **service ~** carré *m* de service

squarely *adv* (*ft*) **to play ~** opérer en ligne

square up *vphr* (*bx*) se mettre en garde

squash *n* or **squash rackets** (*s p*) squash *m* ;
squash court court *m* / terrain *m* / de squash ;
squash rackets (*sp*) squash *m*

squat 1. *n* (*action*) accroupissement *m*, «squatts» *m*, (*posture*) posture *f* accroupie ; (*wr*) accroupissement *m* **2.** *v* **to ~** or **to ~ down** s'accroupir

stabilizer *n* (*arc*) stabilisateur *m* ; (*glider*) **horizontal ~** stabilisateur *m*

stable *n* (*hrg, cycl, aut, etc.*) écurie *f* ; (*bx*) **X had a lot of world champions in his ~** X eut de nombreux champions du monde sous sa coupe

stadium *n* stade *m* ; v. record

staff *n* (*ft, etc.*) (*jn*) «staff» *m*

stag *n* (*gym*) **~ leap** saut *m* de biche

stage *n* (*cycl, etc.*) (*part of a race*) étape *f*, (*point / phase / reached in training, etc.*) stade *m* ; **mountain ~** étape *f* de montagne ; **~ on the flat** étape *f* de plaine ; (*in a competition*) **to reach the final ~** atteindre le stade suprême

stagger *v* (*bx, etc.*) chanceler

staggered *adj* (*athl*) **~ start** départ *m* avec décalage ; (*flags, etc.*) **in ~ rows** en quinconce

stake 1. *n* (*ft, etc.*) (*marker used in training*) piquet *m* **2.** *v* (*gen*) (*jn*) **to ~ a claim on a medal** prendre une option sur une médaille

Staldershoot *n* (*gym*) écart *m* Stalder

stall *n* (*hrg*) **starting ~** stalle *f* de départ ; v. rib stall

stallion *n* (*hrg*) étalon *m*

stamina *n* endurance *f*, vigueur *f* ; (*athl, etc.*) **he has lots of ~** il est très résistant ; **to have run out of ~** manquer de souffle, être en panne d'énergie

stand 1. *n* (*gym*) station *f* ; (*ft, rb, etc.*) (= *grandstand*) tribune *f* ; (*gym*) **cross ~** station *f* transversale ; (*gym*) **inside ~** station *f* intérieure ; (*gym*) **shoulder ~** appui *m* brachial renversé ; (*gym*) **side ~** station *f* latérale **2.** *v* (*cycl*) **to ~ up on the pedals** pédaler en danseuse

standard *adj* (*rifle shooting*) **~ calibre** calibre *m* standard

standing 1. *adj* debout *inv* ; v. position ;
standing ovation (*gen*) «standing ovation» *f* ; **to give s.o. a ~** se lever pour applaudir qn, faire une ovation / «standing ovation» / à qn, ovationner qn ;
standing start départ *m* arrêté

standing *n* & *cpd* (*gen, gym*) station *f* debout ; (*gym*) **~ technique** technique *f* debout ; (*jd*) **~ throws** (*tachiwaza*) lancements *mpl* debout ; (*wr*) **~ wrestling** lutte *f* debout ; (*gen*) **~s** classement *m* ; **second in the ~s** deuxième au classement

stand-off half *cpd* (= *stand-off*) (*r b*) demi *m* d'ouverture, ouvreur *m*

standstill *n* (*cycl*) **~ attempt** tentative *f* de sur-place

star *n* vedette *f*, «star» *f* ; (*slg*) (*category*)

Star Star *m*

starboard *n* (*slg*) ~ or ~ **side** tribord *m* ; (*slg*) ~ **tack** tribord amures ; (*rw*) **to row to** ~ ramer à tribord

starboard-side *adj phr* (*rw*) ~ **oar** aviron *m* de tribord

start 1. *n* (*of race, etc.*) départ *m* ; (*sw*) **backstroke** ~ départ *m* de dos ; (*sk*) **delayed** ~ retard *m* au départ ; (*athl*) **false / faulty /** ~ faux départ *m* ; (*gen*) **flying / standing /** ~ départ *m* lancé / arrêté ; (*athl*) **staggered** ~ départ *m* avec décalage *m* ; (*slg*) ~ **number** numéro *m* de départ ; (*ft, etc.*) **from the** ~ **of the second half** dès la reprise ; (*speed skating*) (*order*) **go to the** ~! au départ ! ; (*ft, etc.*) **we played better at the** ~ **of the season** on a mieux joué en début de saison ; **start area** (*sk*) aire *f* de départ ; **start elevation** (*sk*) (*ski alpin*) altitude *f* du départ ; **start gate** (*sk*) porte *f* de départ ; **start handles** (*luge, bobsleigh*) poignées *fpl* de lancement ; **start house** (*sk*) pavillon *m* de départ ; **start interval** (*sk*) (*alpine skiing, etc.*) intervalle *m* de départ ; **start lights** (*sk*) (*ski jumping*) feux *mpl* de départ ; **start list** (*gen*) liste *f* de départ ; **start recorder** (*sk*) (*alpine skiing*) secrétaire *mf* au départ ; **start referee** (*sk*) juge *m* au départ ; **start time** (*bobsleigh*) temps *m* de poussée ; **start track** (*sk*) (*cross-country skiing*) piste *f* de départ ; **start wall** (*sw*) mur *m* de départ **2.** *v* (*slg, etc.*) (*race*) partir ; (*j d*) (*order*) '~!' ('*hajime!*') '*commencez* !' ; (*aut, mt, etc.*) **to ~ (a race)** (*participant*) prendre le départ, (*starter*) donner le départ ; (*bx*) **to ~ the count** entamer le compte ; (*ft,*

rb, etc.) **to ~ the match** (*referee*) donner le coup d'envoi, (*player*) (= *to play from the start*) jouer d'entrée ; (*ft, etc.*) **to ~ (off) a move** relancer le jeu ; (*athl, cycl*) **to ~ to sprint** lancer le sprint

starter *n* (*gen*) (*competitor*) partant *m*, (*athl*) (*official*) starter *m* ; (*sk*) (*ski jumping*) (*official*) départeur *m* ; (*rw*) ~**'s assistant** suppléant *m* du starter ; (*rw*) ~**'s bell** cloche *f* de départ ; (*rw*) ~**'s flag** drapeau *m* de départ ; (*rw*) ~**'s tower** tour *f* de départ ; (*aut, etc.*) **to be among the starters** prendre le départ ; (*hrg*) **they are under** ~**'s orders** ils sont sous les ordres *mpl*

starting *n & cpd* (*sw*) ~ **dive** plongeon *m* de départ ; (*rw*) ~ **installation** installation *f* de départ ; (*rw*) **movable** ~ **installation** installation *f* mobile de départ ; (*rw*) **fixed** ~ **point** point *m* de départ fixe ; (*sw, wgt*) ~ **position** position *f* de départ ; (*sw*) ~ **grip** poignée *f* de départ ; (*wgt*) ~ **weight** poids *m* de départ ; v. grid, price, stall ; **starting blocks** (*athl*) blocs *mpl* de départ, «starting blocks» *mpl* ; **starting gate** (*hrs*) starting-gate (*pl* starting-gates) *m* ; **starting line** ligne *f* de départ ; **starting order** (*gen*) ordre *m* de départ ; **starting sequence** (*sk*) (*cross-country skiing*) ordre *m* de départ

station *n* (*athl, cycl, biathlon, etc.*) **feeding / drinks /** ~ contrôle *m* de ravitaillement

statistic *n* (*jn, etc.*) **match statistics** fiche *f* technique

status *n* (*jn*) **the Tour de Vendée gained international** ~ **this year** (*jn*) le Tour de Vendée obtenait le label international cette année

stay 1. *n* (*slg*) étai *m* **2.** *v* (*ft, etc.*) **to ~ in**

their half occuper leur camp ; *(bx)* **to ~ on the canvas** rester sur le carreau ; **to ~ (up) with s.o.** *(cycl)* tenir la roue de qn, *(athl)* rester dans les foulées de qn ;

stay up *vphr (ft)* **they are trying to stay up in the first division** ils visent le maintien en première division ; *(ft)* **a team almost certain to stay up** (= *to avoid relegation*) une formation pratiquement assurée du maintien

staying power *cpd (gen)* résistance *f*, endurance *f*; **he has lots of ~** il est très résistant

steady *adj (slg)* **~ wind** vent *m* constant ; *(ft, etc.)* *(jn)* **he had a ~ game** sa production fut satisfaisante

"steam" *n (fg)* **to have run out of ~** être en panne d'énergie, manquer de souffle

steel *n (fn)* **to fight with cold ~** se battre à l'arme blanche

steep *adj (cycl, etc.)* **the ~ gradient** la sévère rampe

steeplechase *n (hrg, athl)* steeple-chase *m*, steeple *m* ; *(athl)* **the three thousand metres ~** le trois mille mètres steeple

steer *v (rw, slg)* barrer, *(slg)* gouverner, *(slg)* (= *to manoeuvre in a race*) manœuvrer ; *(slg)* **to ~ full and by** gouverner près et plein

steering *n (aut)* direction *f* ; **steering column** *(aut)* colonne *f* de direction ; **steering line** *(parachute)* câble *m* de commande ; **steering wheel** *(aut)* volant *m*

Steinemannstemme *n (gym)* Steinemann *m*

stem *n (slg)* étrave *f*, proue *f*, avant *m*

stemme *n (gym)* établissement *m*

step 1. *n (gen)* pas *m* ; *(figure skating)* **connecting ~** pas *m* de liaison /

d'enchaînement ; v. terracing ; **step sequence** *(figure skating)* série *f* de pas
2. (stepped) *v (aut, etc.)* **"he stepped on the gas"** «il remettait les gaz» ; **to step up** v. pace

stern *n (rw, slg)* poupe *f*, arrière *m*

sternpost *n (slg)* étambot *m*

steroid *n* stéroïde *m* ; **anabolic ~** stéroïde *m* anabolisant, anabolisant *m*

steward *n (stadium, football ground, etc.)* appariteur *m* ; *(hrg)* **race ~** commissaire *m* des courses

stick 1. *n (hk, ihk)* crosse *f*, bâton *m*, «stick» *m* ; *(hk)* **'~s'** faute *f* de crosse ; *(polo)* **polo ~** maillet *m* ; *(hk)* **hockey ~** crosse *f* de hockey ; *(ihk)* **~ glove** gant *m* de crosse *f* / bâton *m* ; *(hk)* **~ technique** technique *f* de crosse ; *(hk)* **to raise the ~** lever la crosse **2. (pp stuck)** *v (ft)* **to ~ the ball in the (back of the) net** loger la balle dans les buts, placer le ballon au fond des filets ; *(ft)* **to ~ close to an opponent** presser un adversaire ; v. stuck in

stimulant *n (med)* stimulant *m*, excitant *m* ; *(med)* **heart ~** tonicardiaque *m*

stimulating *adj (training, etc.)* tonique ; *(pharm)* *(drug)* excitant(e) *m(f)*

stirrup *n (eq, hrg)* étrier *m* ; **stirrup leather** *(eq, hrg)* étrivière *f* ; **stirrup sock** *cpd (bsb)* chaussette *f* avec étrier

stitch *(pl stitches)* *n (bsb)* **~es** *(on ball)* couture *f*

stock *n (of rifle)* fût *m* ; **stock car** stock-car *m*

stock-car *adj phr* **~ racing** courses *fpl* de stock-cars

stocking *n (ft, etc.)* bas *m*

Stöckli *n (gym)* Stoeckli *m*

stomach *n (anatomy)* estomac *m* ; **~ muscles** abdominaux *mpl* ; *(jd)* **~**

throw (*tomoe-nage*) projection *f* en cercle ; (*gen*) **to do ~ exercises** faire des abdominaux *mpl*

stone *n* (*curling*) pierre *f* ; (*eq*) **~ wall** mur *m* de pierres ; (*curling*) **to deliver a ~** lancer une pierre ; (*curling*) **to freeze a ~** geler une pierre ; v. curling stone

stool *n* (*bx*) tabouret *m*

stoop *n* (*gym*) saut *m*, corps *m* fléchi, jambes *fpl* tendues ;
  stoop vault (*gym*) sortie *f* en blavette

stooped *adj* (*gym*) courbé(e) *m(f)*

stop 1. *n* (*athl*) (*shot put*) **~ or foot ~** butoir *m* ; (*fn*) **~ cut** arrêt *m* de la manchette ; (*fn*) **~ thrust** coup *m* d'arrêt ; (*aut, etc.*) **pit ~** arrêt *m* au stand ; v. ski stop **2.** *v* (*jd*) **'~!'** 'arrêtez!' ; (*bx*) **to ~ a blow** parer un coup ; (*bx*) **to ~ the fight** arrêter le combat ; (*bx*) **to ~ one's opponent** (= *knockout*) mettre son adversaire k-o, (= *referee stops the fight*) gagner quand l'arbitre arrête le combat ; (*ft, etc.*) (*opponent*) stopper ; (*ft, etc.*) **to ~ the game** suspendre le match, stopper le jeu ; (*ft, etc.*) (*jn*) **to ~ a team in their tracks** couper les jambes à une équipe

stoppage *n* temps *m* mort ;
  stoppage time (*ft, rb, etc.*) arrêts *mpl* de jeu ; **the referee is playing stoppage time** l'arbitre fait jouer les arrêts de jeu

stoppages *npl* v. stoppage time

stopper *n* (*ft*) stoppeur *m*

stopping *n* (*eq*) (*horse*) parade *f*

storm *n* (*slg*) v. mizzen ;
  storm jib (*slg*) tourmentin *m*

straddle 1. *n* (*gym*) écart *m* ; (*athl*) (*high jump*) saut *m* en ciseaux ; (*gym*) **~ front somersault** salto *m* avant, jambes *fpl* écartées ; (*gym*) **~ in and out in undergrasp** écart *m* Endo ; (*gym*) **~ 'L' support** équerre *f* écartée ; (*gym*) **~ vault** sortie *f* écartée **2.** *v* (*gym*) passer les jambes écartées par dessus la barre

straight 1. *adj* (*eq*) **~ obstacle** obstacle *m* haut ; (*sw*) (*diving*) **~ position** position *f* droite ; (*bx*) **~ punch** coup *m* direct, direct *m* ; (*bx*) **~ right / left** direct *m* du droit / gauche ; (*ft, etc.*) (*pass*) **a ~ ball** une passe tendue ; (*tn*) **to win in two / three / ~ sets** gagner en deux / trois / sets *mpl* secs **2.** *n* (*cycl, etc.*) **back ~** ligne *f* opposée ; (*hrg*) **finishing / home / ~** ligne *f* droite

strain *n* (*muscles*) élongation *f*, étirement *m*

strained *adj* **a ~ thigh muscle** un début de claquage à la cuisse, une élongation à la cuisse

stranglehold *n* or **strangle hold** *cpd* (*jd, wr*) étranglement *m*, (*jd*) strangulation *f* ; (*jd*) **cross ~** (*juji-jime*) étranglement *m* croisé ; (*jd*) **naked ~** (*hadaka-jime*) étranglement *m* à mains nues

strangling *n* (*jd, etc.*) étranglement *m*

strangulation *n* (*jd, etc.*) strangulation *f*, étranglement *m* ; (*jd*) **~ techniques** (*shime-waza*) techniques *fpl* d'étranglements

strap *n* (*toboggan*) courroie *f* ; (*tn*) (*on net*) **centre ~** sangle *f* ; (*American football, etc.*) (*on helmet*) **chin ~** jugulaire *f* ; (*slg*) **kicking ~** hale-bas *m* de bôme ; (*sk*) **safety ~** lanière *f* de sécurité ; (*cycl*) **to tighten the toe-clip ~s** serrer les courroies *fpl* de cale-pied

strapping *n* (*on injured limb*) «strapping» *m*

strategy *n* stratégie *f*, tactique *f*

strength *n* force *f* ; (*gym*) **~ parts** parties *fpl* de force ; (*ft, etc.*) **the ~ of a pass** la puissance d'une passe ; (*ft, etc.*) **we were under strength** nous étions diminués ; v. battle

strengthen *v* (*ft, etc.*) **to ~ the defence** renforcer la défense

strengthening *n* **~ of the muscles** renforcement *m* musculaire

stretch 1. *n* (*speed skating*) **change-over ~** croisement *m* ; (*luge, bobsleigh*) **deceleration ~** piste *f* de décélération ; (*slg*) **~ of water** plan *m* d'eau ; (*athlete, player*) **at full ~** à toute allure **2.** *v* (*slg*) **to ~ a sail** étarquer une voile ; (*ft, hd, etc.*) **to ~ (out) the defence** étirer la défense (en largeur)

stretcher *n* civière *f*, brancard *m* ; **he was carried off on a ~** on l'a emmené en / sur une / civière

stretcher off *vphr* emmener (*qn*) en civière

stretching *n* extension *f* ; (*training exercises*) **~** or **~ exercises** exercices *mpl* d'étirement et d'assouplissement, (programme de) «stretching» *m*

streuli *n* (*gym*) Streuli *m*

striated *adj* **~ muscle** muscle *m* strié

stride *n* pas *m*, (*when running*) foulée *f* ; (*eq*) (*horse*) foulée *f* ; (*sk*) (*cross-country skiing*) **diagonal ~** pas *m* alternatif ; (*eq*) **every ~** au temps ; (*gym*) **~ leap** enjambé *m*

strike 1. *n* (*bsb, ten-pin bowling*) strike *m*, (*bsb*) (= *successful hit*) coup sûr, (*bsb*) (= *attempt*) essai *m* **2.** *v* (*gen*) frapper ; (blow) asséner (un coup) ; (*bx*) **to ~ below the belt** asséner un coup bas ; (*ft*) **he strikes the ball well** il a une bonne frappe

striker *n* (*ft*) buteur *m*, (*ckt*) le batteur qui fait le coup ; (*ckt*) **the ~'s end** le guichet défendu par le batteur qui fait le coup

striking-circle *cpd* (*hk*) cercle *m* d'envoi

string 1. *n* (*arc*) corde *f* ; (*arc*) **loop of the ~** boucle *f* de la corde ; (ft, etc.) **a ~ of passes** des passes *fpl* redou-

blées **2.** (*pp* **strung**) *v* (*arc*) **to ~ a bow** bander un arc ; (*ft, etc.*) **to ~ passes together** jouer en redoublement de passes ; (*ft, etc.*) **passes strung together** des passes *fpl* redoublées ; (*ft, etc.*) **they were unable to ~ together their passes** ils se montrèrent incapables d'enchaîner

stringing *n* (*tn*) (*of racket*) cordage *m*

"strip" 1. *n* (*ft, etc.*) **their change ~** (= *spare set of shirts*) leur jeu *m* de maillots de remplacement ; (*ft, etc.*) **away ~** jeu *m* de maillots (de remplacement) qu'on porte / qu'ils portent / à l'extérieur **2.** *v* (*bx*) **to be stripped of one's title** être destitué

stroke 1. *n* (*action*) (*ckt, gf, tn*) coup *m*, (*sw*) nage *f*, (*canoeing*) coup *m* de pagaie, (*rw*) coup *m* d'aviron ; (*person*) (*rw, canoeing*) chef *m* de nage ; (*rw*) **intermediate phase of the ~** phase *f* intermédiaire de la traction ; (*gf*) **penalty ~** coup *m* de pénalité ; (*rw*) **~ timer** compteur *m* des coups ; (*gf*) **he had a lead of four ~s over X** son avance *f* sur X était de quatre coups ;
stroke judge (*rw*) juge *m* de nages ;
stroke play (*gf*) partie *f* / épreuve *f* / parcours *m* / par coups
2. *v* (*ft*) **to ~ the ball** brosser le ballon

strong *adj* (*ft*) **a ~ shot** un tir tendu ; v. **point**

strut *n* (*toboggan, etc.*) support *m*

"stuck in" (*pp of to stick*) **"to get ~ "** «rentrer dedans» ; **we expected them to get really ~ against us** on s'attendait à ce qu'ils nous rentrent dedans avec virulence

stud *n* (*ft, rb, etc.*) (*on sole of boot*) crampon *m* ; (*hrg*) **~** or **~ farm** haras *m* de pur-sang ; (*hrg*) **to be at ~** être en haras *m* ; (*hrg*) **to put a horse to ~** utiliser un cheval comme étalon *m* ;

~ **mare** poulinière *f*
stumble *v* (*gen*) trébucher
stump *n* (*ckt*) piquet *m* du guichet
style *n* (*gen*) style *m* ; (*sk*) (*cross-country skiing*) **classical** ~ style *m* classique ; (*sk*) (*ski jumping*) ~ **point** note *f* de style ; (*wr*) **Graeco-Roman** ~ lutte *f* gréco-romaine ; (*ft, etc.*) (*jn*) **his ~ of play is different from that of X** son registre *m* diffère de celui de X
submission *n* (*jd*) **victory by ~!** (*kiken-gachi!*) victoire *f* par abandon !
substandard *adj* (*gen*) ~ **performance** contre-performance *f*
substitute *n* (*ft, etc.*) remplaçant *m*
substitution (*ft, etc.*) remplacement *m* ; **substitutions for Liverpool** remplacements à Liverpool ; (*bkt*) **to request a** ~ demander un remplacement / changement
sudden *adj* (*ihk*) ~ **death** prolongation *f* avec arrêt au premier but marqué ; (*knockout competition*) élimination *f* directe, (*jn*) la peine de mort soudaine
sugar *n* **blood** ~ glucose *m* sanguin
suit *n* (*sk*) **ski** ~ combinaison *f* de ski ; (*skin diving*) **wet** ~ combinaison *f* de plongée
summer *n* (*tn, etc.*) **the ~ season** la saison estivale ; (*ft*) ~ **tour** tournée *f* d'après-saison ;
summer break (*ft, etc.*) intersaison *f*
super *adj* (*bx, krt, wr, etc.*) (*category*) ~ **heavyweight** poids *m* super-lourd
superiority *n* (*gen*) supériorité *f* ; (*jd*) **slight** ~ (*kinsa*) léger avantage *m* ; (*jd*) **victory on** ~ (*yusei-gachi*) victoire *f* par décision
supination *n* (*position, movement*) supination *f*
suppleness *n* (*person*) souplesse *f*, élasticité *f* ; (*gym, etc.*) ~ **of the back** souplesse *f* du dos
support 1. *n* (*bkt*) (*equipment*) poteau *m* ; (*gym*) appui *m* ; (*ft, etc.*) (= ~ *from*

one or more team mates) appui *m* ; (*shooting*) **aperture-sight** ~ **support** *m* de dioptre ; (*gym*) **bent** ~ appui *m*, bras fléchis ; (*gym*) **cross** ~ appui *m* transversal ; (*gym*) **free** ~ **rearways** équerre *f* élevée, libre, jambes élevées ; (*gym*) **front** ~ appui *m* avant ; (*gym*) **'L'** ~ équerre *f* ; (*gym*) ~ **on one shoulder** appui *m* sur une épaule ; (*gym*) **stretched** ~ appui *m* tendu ; (*gym*) **upper-arm** ~ appui *m* brachial ; (*gym*) **vaults with** ~ sauts *mpl* avec appui des mains ; (*gym*) **vaults with** ~ **on near end of the horse** sauts *mpl* avec appui des mains sur la croupe ; (*ft, etc.*) **to get / receive / support** recevoir un appui ; (*ft*) **it's a pity that he did not get better** ~ c'est dommage qu'il n'ait pas été plus soutenu ; v. back-board **2.** *v* (*shooting, etc.*) (*weapon*) appuyer, (*ft, etc.*) (*team-mate*) soutenir ; (*ft, etc.*) (*team*) être supporter de, «supporter»
supporter *n* (*gen*) supporteur(trice) *m(f)*, «supporter» *m*
supporting *adj* (*ft, rb*) ~ **leg / foot** jambe *f* / pied *m* / d'appui
surf 1. *n* (*gen*) ressac *m*, vagues *fpl* déferlantes **2.** *v* faire du surf, surfer
surface *n* surface *f* ; (*tn, etc.*) **fast** ~ surface *f* rapide ; (*jd*) **mat** ~ surface *f* de tapis ; (*ttn, etc.*) **playing** ~ surface *f* de jeu ; (*sk*) **running** ~ (**of ski**) semelle *f* ; v. artificial
surfboard *n* planche *f* (de surf)
surfboarder *n* v. surfer
surfboarding *n* v. surfing
surfer *n* surfeur(euse) *m(f)*
surfing *n* (*sp*) surfing *m*, surf *m* ; **to go** ~ faire du surf
surge *n* (*slg*) (*of sea*) houle *f* ; (*ft, rb, etc.*) **a** ~ **forward / upfield** une montée ; (*ft, etc.*) **every** ~ **forward by X was dangerous for his opponents** chaque incursion *f* de X constituait

un danger pour l'adversaire

surgeon *n* (*gen*) chirurgien *m* ; (*eq, hrg*) **veterinary** ~ vétérinaire *m(f)*

surgery *n* chirurgie *f* ; **to need** ~ être obligé de subir une intervention chirurgicale

surveyor *n* (*sk*) **track** ~ responsable *m* de la piste

suspend *v* (*gen*) **to** ~ **s.o. from all European competitions** suspendre qn de toute compétition euro-péenne ; (*rb, etc.*) **X is still ~ed** X est toujours sous le coup de suspension

suspense *n* suspense *m*

suspension *n* (*aut, ft, mt*) suspension *f* ; (*hd*) exlusion *f* temporaire ; (*hd*) **five / two / minutes'** ~ exclusion *f* de cinq / deux / minutes ; (*hk*) **temporary** ~ exclusion *f* temporaire ; (*parachute*) ~ **l i n e** suspente *f* ; (*canoeing*) ~ **wire** câble *m* de sus-pension

sustain *v* **to** ~ **an injury** se blesser ; **to** ~ **another injury** se reblesser ; **to** ~ **a knee injury** être frappé par un mal au genou

Swallow *n* (*slg*) Hirondelle *f* ; **swallow dive** (*sw*) saut *m* de l'ange

swallow dive *vphr* faire le saut de l'ange

sway *v* (*cycl*) **to** ~ **from side to side** tanguer ; (*bx*) **to** ~ **away** esquiver d'un pas

sweep *v* (*curling*) **to** ~ **a stone** balayer une pierre

sweeper *n* (*ft*) verouilleur *m*, béton-neur *m*, libero *m* ; (*hk*) libero *m* ; (*curling*) balayeur *m* ; v. system

sweeping *n* (*gen*) balayage *m* ; (*curling*) ~ **(score) line** ligne *f* de centre *m* / balayage *m*

swell *n* (*slg*) (*of sea*) houle *f*

swelling *n* (*med*) tuméfaction *f*

swerve *n* (*bx*) esquive *f* rotative ; (*eq*) dérobade *f* ; v. body swerve

swerving *adj* (*bx*) (*repeated action*) es-

quives *fpl* rotatives ; (*ft*) ~ **pass** passe *f* brossée ; ~ **shot** tir *m* par balle brossée / travaillée

swimmer *n* nageur(euse) *m(f)* ; (*sw*) **crawl** ~ nageur(euse) *m(f)* de crawl

swimming *n* (*sp*) natation *f* ; (*gen*) nage *f* ;

    swimming cap (*s w*) bonnet *m* de bain ;

    swimming costume (*sw*) maillot *m* de bain ;

    swimmimg pool (*sw*) piscine *f*, (*as opposed to paddling pool*) grand bas-sin *m* de la piscine ;

    swimming trunks (*s w*) slip *m* de bain

swing 1. *n* (*bx*) (*punch*) swing *m* ; (*gf*) swing *m* ; (*ice dancing*) balancé *m* ; (*gym*) **giant** ~ grand tour *m* ; (*gym*) **giant backwards** ~ grand tour *m* arrière ; (*gym*) **leg** ~**s** lancers *mpl* des jambes ; (*gym*) **Russian giant** ~ grand tour *m* russe ; (*gym*) **rotated grasp** ~ élancer *m* en avant avec changement de prise ; (*gym*) ~ **with half turn** demi-tour *m* dorsal ; (*gym*) **forward** ~ **with half turn in hang** demi-tour *m* d'un élan en suspension **2.** (*pp* **swung**) *v* (*kayak*) (*slalom*) **to** ~ **round** virer

swinging *adj* v. turn

swirling *adj* (*gen*) ~ **wind** vent *m* tourbillonnant

switching *n* (*bkt*) changement *m* en dé-fense

swivel 1. *n* (*slg*) (*hook*) émerillon *m* **2.** (*pp* **swivelled**) *v* pivoter

swivelling *n* pivotement *m*

symptomatology *n* symptomatologie *f*

synchronized swimming *cpd* natation *f* synchronisée

system *n* (*ft*) **sweeper** ~ le béton ; (*slg*) **Olympic scoring** ~ système *m* olympique de décompte *m* des points ; (*gen*) **public address** ~ (sys-tème *m* de) sonorisation *f*, (*fm*) sono *f* ; *(anatomy)* **blood-vascular** ~ système *m* vasculaire sanguin ; **ner-** **vous** ~ système *m* nerveux ; **respi-** **ratory** ~ système *m* respiratoire

T

table *n* *(ttn)* ~ **tennis** tennis *m* de table, ping-pong *m* ; *(ttn)* ~ **tennis player** joueur(euse) *m(f)* de ping-pong, pongiste *mf* ; *(ft, etc.)* **league** ~ classement *m* ; *(ft, etc.)* **the team is second in the** ~ l'équipe est deuxième au classement ; v. league

tachycardia *n* *(med)* tachycardie *f*

tack 1. *n* *(slg)* bord *m* **2.** *v* *(slg)* tirer un bord, virer de bord, *(pl)* tirer des bords ; *(slg)* **to** ~ **under lee** virer de bord sous le vent

tacking *n* *(slg)* **double** ~ virement *m* double

tackle 1. *n* *(ft)* tacle *m*, «tackle» *m* ; *(rb)*, plaquage *m*, placage *m* ; *(rbl)* placage *m*, tenu *m* ; *(arc)* matériel *m* ; *(rb)* **high** ~ / ~ **at neck height** «cravate» *f* ; *(American football)* **left** / **right** / **defensive** ~ plaqueur *m* gauche / droit ; *(rbl)* **after the fifth** ~ après cinq tenus *mpl* ; **a heavy** ~ un tac(k)le *(ft)* / plaquage *(rb)* / placage *(rb)* / sévère ; *(ft)* **a sliding** ~ un tac(k)le glissé ; **a late** ~ u n tac(k)le *(ft)* / plaquage *(rb)* / placage *(rb)* / à retardement ; **a scything** ~ un fauchage ; *(ft)* **to avoid** **X's** ~ éviter l'intervention *f* de X **2.** *v* *(ft)* tacler / «tackler» (un adversaire) ; *(ft)* **to** ~ **from behind** charger par derrière ; *(rb)* plaquer *(un adversaire)*

tackler *n* *(ft)* tacleur *m* ; **he's an excellent** ~ c'est un excellent tacleur

tackling *n* *(ft)* tacle *m*, «tackling» *m* ; *(rb)* plaquage *m*

tactic *n* tactique *f* ; ~**s** tactique *f*, animation *f* stratégique ; *(ft)* **to use offside tactics** jouer le hors-jeu, s'appuyer

sur la règle du hors-jeu ; *(ft)* **short-** **ball** ~**s** *(jn)* style *m* indirect ; v. time-wasting

tactically *adv* *(jn)* «tactiquement»

tail *n* *(eq, hrg)* *(horse)* queue *f* ; *(sk)* *(of ski)* queue *f* ; *(eq)* ~ **to the wall** queue *f* au mur

take (took, taken) *v* *(gen)* **to** ~ **aim** viser ; *(athl, etc.)* **to** ~ **a run-up** prendre son élan *m* ; *(jd)* **to** ~ **hold of one's opponent** saisir l'adversaire ; *(bx, fn)* **to** ~ **one's guard** se mettre en garde ; *(ft, etc.)* **to** ~ **the ball from an opponent** prendre le ballon à un adversaire ; *(rb)* **to** ~ **the ball against the head** prendre la balle sur introduction adverse ; *(ft, hk)* **to** ~ **a corner** tirer un corner ; *(ft, etc.)* **to** ~ **the field** entrer en jeu ; *(ft, etc.)* **we have taken six points from our last four games** nous avons pris six points dans nos quatre derniers matches ; *(ft, etc.)* **we took the game to them** *(fm, jn)* on est allés les chercher chez eux ; **to take over the lead** prendre la tête ; *(sk)* **to** ~ **the edge off the skis** lâcher les carres *fpl* ; *(slg)* **to** ~ **in water** embarquer de l'eau ; **to** ~ **over the lead in the Tour de France** *(jn, fg)* détrôner le leader du Tour de France ; *(competition, etc.)* **to** ~ **part (in)** participer (à) ; **to** ~ **part in one's first championships** disputer son premier championnat ; *(slg)* **to** ~ **part in a regatta** (fm, jn) «régater» ; *(championships, etc.)* **to** ~ **place** se dérouler ; *(tn)* **the service must be taken again** le service est à remettre ; v. point, take away, take off, take out, take up

take away *vphr* *(ft, etc.)* **to ~ a team-mate's marker** démarquer un partenaire

take-off 1. *cpd* *(athl)* *(high jump, etc.)* élan *m* ; *(g y m)* envol *m* ; *(sk)* *(freestyle skiing)* impulsion *f* ;
take-off area *cpd* *(athl)* *(high jump)* aire *f* d'élan ;
take-off board *(athl)* *(long jump, etc.)* planche *f* d'appel ;
take-off foot *(athl)* *(long / high / jump, etc.)* pied *m* d'appel / d'impulsion
2. take off *vphr* *(athl)* (jumps, hurdles) **to ~ on the left / right / foot** prendre appui sur le pied gauche / droit

take-out 1. *cpd* *(curling)* lancer *m* de sortie **2. take out** *vphr* *(curling)* **to ~ a stone** sortir une pierre

take-over *adj phr* *(athl)* *(relay)* **~ area / zone** zone *f* de relais

take up *vphr* *(gen)* **to ~ the challenge** relever le défi

tall *adj* longiligne ; *(ft, etc.)* **~ player** longiligne *mf*

tally *n* *(ft)* **French clubs have improved their UEFA points ~** *(jn)* les clubs français ont amélioré leur capital points UEFA

tandem *n* *(cycl)* *(cycle)* tandem *m*

tango *n* *(ice dancing)* tango *m*

tank *n* *(slg)* **buoyancy ~** caisson *m* / réservoir *m* / étanche

tap 1. *n* *(ft, rb)* *(jn)* tapette *f* **2.** *v* *(bkt, etc.)* taper

tape *n* *(bsb)* *(on baseball bat)* ruban *m* adhésif ; *(on net)* *(vb)* bande *f* horizontale, *(tn)* bande *f* de filet ; *(badminton)* **white ~** ruban *m* blanc

target *n* *(arc, shooting)* cible *f* ; *(fn)* **invalid / valid / ~ surface** *f* non valable / valable ; *(arc)* **~ face** cible *f* colorée ; *(modern pentathlon)* **' ~s away!'** 'enlevez les cibles !' ; *(modern pen-*

tathlon) **backing ~** contre-cible *f* ; *(shooting)* **moving ~** sanglier *m* courant ; *(shooting)* **~ scorer** contrôleur *m* des cibles ; **to miss the ~** manquer la cible ; *(pistol, etc.)* **to move off ~** dépointer ; **~ practice** exercices *mpl* de tir *m* ;
target area *(fn)* partie *f* valable (du corps) ;
target man *(ft)* = avant-centre *m* de haute taille qu'on vise avec des passes longues / aériennes

target-turning mechanism *c p d* *(shooting)* tourne-cible *m*

tarpaulin *n* *(slg, etc.)* *(fabric)* toile *f* goudronnée ; *(~ sheet)* bâche *f*, prélart *m* ; *(slg)* *(boat cover)* taud *m*

taste *n* *(gen)* **the ~ of victory** le goût de la victoire

tat *n* v. tit

TCCB *(abbr of Test and County Cricket Board)* ≈ Fédération de Cricket (responsable des rencontres internationales et du championnat anglais par comtés)

teacher *n* **physical education ~** professeur *m* d'EPS, professeur *m* d'Education Physique et Sportive

team *n* équipe *f*, *(jn)* formation *f*, sélection *f*, *(jn, aut, mt)* team *m*, *(bobsleigh)* équipage *m* d'un bob ; *(sk, etc.)* **~ event** épreuve *f* par équipe ; *(canoeing)* **~ gate** porte *f* T ; *(cycl)* **~ pursuit** poursuite *f* par équipes ; *(cycl)* **~ road race** course *f* sur route par équipes ; *(ihk, etc.)* **~ sweater** maillot *m* d'équipe ; *(ft, rb, etc.)* **he is being accused of making too many ~ changes** on l'accuse de trop chambouler l'équipe ; *(ft, rb, etc.)* **the home ~** *(jn)* la formation locale ; *(ft, rb, etc.)* **national ~** équipe *f* nationale, *(jn)* sélection *f* nationale ; *(rb)* **the French rugby ~** le quinze de France ; **~ doctor** médecin *m* du club de l'équipe ; **~**

competitions compétitions *fpl* par équipe ; ~ **placings** classement *m* par équipes ; **leading / top /** ~ le leader ; ~ **spirit** esprit *m* d'équipe ; (*ft, rb, etc.*) ~ **sheet** feuille *f* du match ; (*ft, rb, etc.*) **a player whose name appears on the** ~ **sheet** un joueur porté sur la feuille du match ; (*sk*) ~ **captains' meeting** réunion *f* des chefs d'équipe ; v. teammate ;

team member *cpd* équipier(ière) *m(f)*

team-mate *cpd* coéquipier(ière) *m(f)*, partenaire *mf*

teamplay *cpd* jeu *m* collectif

teamwork *cpd* cohésion *f* collective, collaboration *f* (d'équipe) ; **to practise** ~ travailler la cohésion ; **Liverpool showed better** ~ Liverpool a fait étalage d'un meilleur jeu collectif

tear 1. *n* déchirure *f* ; **muscle** ~ déchirure *f* musculaire **2.** *v* **to** ~ **a ligament** se claquer un ligament ; **to** ~ **one's knee ligaments** se déchirer les ligaments du genou

technical *adj* (*sk*) ~ **delegate** délégué *m* technique ; (*skating*) ~ **merit** valeur *f* technique

technician *n* (*athl, etc.*) **he's a very good** ~ c'est un très bon technicien

technique *n* technique *f* ; (*sk*) (*cross-country skiing*) **classical** ~ **style** *m* classique ; (*speed skating*) **curve** ~ technique *f* du virage ; (*jd*) **favourite** ~ (*tokui-waza*) mouvement *m* spécial ; (*jd*) **ground** ~ travail *m* au sol ; (*jd*) **leg** ~**s** lancements *mpl* de jambes et de pieds ; (*hk*) **stick** ~ technique *f* de crosse ; (*jd*) **throwing** ~**s** (*nage-waza*) techniques *fpl* de lancements

tee *n* (*gf*) (*object on which ball is placed*) tee *m* ; (*curling*) (*Dolly*) centre *m* ; (*curling*) ~ **line** ligne *f* de centre ;

(*gf*) ~ **or** ~ **-off area** départ *m*, tertre *m* de départ

tee off *vphr* (*gf*) (*at start of match*) prendre le départ (*en jouant la balle*) ; (*gf*) **to** ~ **from the third** frapper la balle depuis le troisième tee

tee up *vphr* (*ft*) **to** ~ **a shot** armer son tir, amortir / immobiliser / le ballon avant de tirer

"telegraph" *v* (*ft, etc.*) (*pass*) **he** ~**ed it** c'était téléphoné

telemark *n* (*sk*) (*ski jumping*) ~ **landing** réception *f* en télémark

telescope *n* (*shooting*) télescope *m* ; (*shooting*) ~ **sight** mire *f* télescopique

telling *adj* (*bx, etc.*) ~ **punch / blow** coup *m* bien asséné

telltale *n* (*squash*) plaque *f* de tôle, révélatrice *f* ; (*slg*) (= *wind direction indicator*) penon *m*

temperature *n* (*gen*) température *f* ; (*sk*) (*cross-country skiing*) ~ **board** tableau *m* des températures ; (*skating*) ~ **of runners** température *f* des patins ; (*sk*) (*cross-country skiing*) ~ **of the air and snow** température de l'air et de la neige

Tempest *n* (*slg*) Tempest *m*

tempo *n* (*ice dancing*) tempo *m*

temporary *adj* (*h k*) ~ **suspension** exclusion *f* temporaire

ten *adj* dix ; (*athl*) **the** ~ **thousand metres** le dix mille mètres ; (*rb*) ~ **yards line** ligne *f* des dix mètres ; v. rule

tendinitis *n* tendinite *f*

tendon *n* (*anatomy*) tendon *m* ; **ruptured** ~ rupture *f* tendineuse ; **ruptured Achilles'** ~ rupture *f* du tendon d'Achille

tennis *n* (*s p*) tennis *m* ; ~ **player** joueur(euse) *m(f)* de tennis, tennisman (*pl* tennismen) *m*, tenniswoman (*pl* tenniswomen) *f* ; **one of the best** ~ **players in the country** (*jn*) une des meilleures raquettes de son pays ; v. table ;

tennis elbow synovite *f* du coude, «tennis elbow» *m*

tenosynovitis *n* (*med*) ténosynovite *f*

ten-pin *adj phr* ~ **bowling** bowling *m* à dix quilles

tense *v* to ~ **one's muscles** tendre / contracter / ses muscles

tensing *n* (*muscle*) contraction *f*

tensor *n* (*anatomy*) tenseur *m*, muscle *m* tenseur

terrace *n* (*ft, etc.*) (*ground, stadium*) the ~s les gradins *mpl*

terracing *n* (*ground, stadium*) les gradins *mpl* ; **step of the** ~ gradin *m*

terrain *n* (*sk*) (*cross-country skiing*) **irregular** ~ terrain *m* accidenté

terrific *adj* (*ft, rb, etc.*) **it was a** ~ **game** c'était une rencontre capitale

territorial *adj* (*ft, rb, etc.*) **to have** ~ **advantage** mener territorialement

test 1. *n* (*difficult match, etc.*) (*jn*) test *m* ; (*rbl*) (= *match*) test *m* ; (*eq*) **dressage** ~ épreuve *f* de dressage ; (*fn*) ~ **weight** poids *m* de contrôle ; v. fitness ;

test match (*pl* **test matches**) (*rb, etc.*) test-match *m* (*pl* test-matches)

2. *v* (*athl*) **to** ~ **an athlete for steroids** contrôler un athlète en vue d'un dépistage de stéroïdes

testing *adj* (*match, etc.*) éprouvant(e) *m(f)* ; **to have a** ~ **and important match on a claycourt** passer un test important sur terre

testosterone *n* testostérone *f*

Thai *adj* ~ **boxing** boxe *f* thaïlandaise

that *pron* (*jd*) ~ **is all!** (*sore-made!*) combat *m* terminé !

thawing *adj* (*sk*) ~ **snow** neige *f* fondante

therapeutic *adj* thérapeutique

therapeutics *n* (*science*) thérapeutique *f*

therapist *n* (*med*) thérapeute *mf* ; **sea-water** ~ thalassothérapeute *mf*

therapy *n* (*med*) thérapie *f*, (*course of treatment*) thérapeutique *f* ; **sea-water** ~ thalassothérapie *f*

thick *n* (*gen*) **to be in the** ~ **of the action** être à la pointe du combat

thief *n* (*gym*) ~ **vault** saut *m*, passage des jambes tendues

thigh *n* (*anatomy*) cuisse *f* ; (*jd*) **inner** ~ **throw** (*uchi-mata*) fauchage *m* cuisse interne ; **a pulled** ~ **muscle** un claquage à la cuisse ; (*ft*) ~ **trap** amorti *m* de la cuisse ;

thigh bone (*anatomy*) fémur *m* ;

thigh pad (*American football*) cuissard *m*

thimble *n* (*slg*) cosse *f*

third *adj* troisième ; (*rb*) **the** ~ **row** la troisième ligne ; **the** ~ **round** (*in a six-round competition*) huitième *m* de finale, (*FA Cup*) troisième tour *m* de la Coupe, trente-deuxième *m* de finale ;

third base (*bsb*) troisième but *m* ;

third baseman (*bsb*) troisième-but *m*

third-row *adj phr* (*rb*) ~ **forward** avant *m* de troisième ligne

thirty *adj* trente ; v. rule

thorax (*pl* **thoraces**) *n* (*anatomy*) thorax *m*

thoroughbred *n* (*eq, hrg*) pur-sang *m*

thread *v* (*ft, etc.*) (*jn*) **to** ~ **one's way through the defence** transpercer la défense, s'infiltrer dans / à travers / la défense

three *adj* trois ; (*bkt*) ~ **seconds rule** règle *f* des trois secondes ; (*curling*) **number** ~ troisième joueur *m*

three-day *adj phr* (*eq*) ~ **event(ing)** concours *m* complet

three-day-event *adj phr* (*eq*) ~ **rider** cavalier(ière) *m(f)* de concours complet

three-quarter *n* (*rb*) trois-quarts *m* ; (*rb*) **centre** ~ trois-quarts centre *m* ; (*rb*) **left / right / wing** ~ trois-quarts *m* aile gauche / droite

throat *n* (*eq, hrg*) ~ **latch** / **lash** sous-gorge *m* ;

    throat protector *cpd* (*bsb, ihk*) protège-gorge *m*

thrombophlebitis *n* (*med*) thrombophlébite *f*

through *prep* (*hd*) **to throw ~ the wall** shooter à travers le mur

throw 1. *n* (*athl*) lancer *m*, jet *m* ; (*ft*) (*goalkeeper*) dégagement *m* à la main ; (*jd*) lancement *m*, projection *f* ; (*wr*) déséquilibre *m* ; **free ~** (*bkt*) coup *m* / lancer *m* / franc, (*hd*) jet *m* franc ; (*ft*) (*fm*) (*throw-in*) **foul ~** mauvaise remise *f* en jeu ; (*jd*) **inner thigh ~** (*uchi-mata*) fauchage *m* cuisse interne ; (*wr*) **shoulder ~** bras *m* à la volée ; (*jd*) **shoulder, hand and arm ~s** (*te-waza*) lancements *mpl* par l'épaule, par la main et par le bras ; (*jd*) **spring hip ~** (*hane-go-shi*) chassé *m* de hanche ; (*jd*) **standing ~s** (*tachi-waza*) lancements *mpl* debout ; (*jd*) **stomach ~** (*tomoe-nage*) projection *f* en cercle ; (*jd*) **~s by sacrifice falls** (*sutemi-waza*) lancements *mpl* par sacrifice ; (*athl*) **he achieved a ~ of 76 metres 68 in the hammer** il réalisa un jet de 76,68 mètres au marteau ; (*hd*) **free ~ line** ligne *f* de jet franc ; (*athl*) (*javelin, etc.*) **warm-up** / **practice** / **~** jet *m* de préparation / d'entraînement ;

    throw jump (*figure skating*) (*pairs*) saut *m* lancé

2. (threw, thrown) *v* (*gen*) jeter, lancer ; (*jd*) (*opponent*) projeter (*un adversaire*), faire une projection ; (*rb*) **to ~ the ball towards X** expédier / diriger / le ballon vers X ; (*eq, hrg*) **to ~ the rider** / **jockey** désarçonner le cavalier / jockey ; (*training*) **to ~ back one's shoulders** cambrer le corps ; (*athl*) **to throw the discus** / **hammer** / **javelin** lancer le disque / marteau / javelot ; (*wr*) **to ~ down** (*opponent*) amener (*son adversaire*) au sol ; (*bx and fg*) **to ~ in the sponge** / **towel** jeter l'éponge *f* ; (*fg*) **to ~ a player in at the deep end** lancer un joueur dans le grand bain ; v. throw out *vphr*, throw-up, wall

thrower *n* (*athl*) lanceur(euse) *m(f)* ; (*bkt*) **free ~** tireur *m* de coup franc ; v. discus thrower

throw-in (*pl* **throw-ins**) *n* (*bkt, ft*) remise *f* en jeu, (*ft*) rentrée *f* de touche, (*ft*) (*rare*) lancé *m* de touche, (*hd*) remise *f* en jeu sur touche ; (*ft*) **foul ~** mauvaise remise *f* en jeu ; (*ft*) **the ball has gone out for a ~** le ballon est sorti en touche

throwing *n* (*athl*) (*javelin, etc.*) *cpd* **~ area** secteur *m* de chute *f* ; (*hd, etc.*) **~ arm** bras *m* lanceur ; (*hd*) **~ motion** mouvement *m* de tir ; (*hd*) **~ technique** technique *f* de tir ; (*athl*) **~ the discus** / **hammer** / **javelin** lancer *m* / lancement *m* / du disque / marteau / javelot ;

    throwing circle (*athl*) cercle *m* de lancer, (*bls*) (*pétanque*) rond *m* ;

    throwing events (*athl*) lancers *mpl* ;

    throwing techniques (*jd*) (= *nage-waza*) techniques *fpl* de lancements

throw-off *cpd* (*hd*) engagement *m*

throw-out 1. *cpd* (*ft*) (*goalkeeper*) dégagement *m* à la main ; (*hd*) renvoi *m* de but **2. throw out** *vphr* (*f t*) (*goalkeeper*) **to ~ the ball** dégager le ballon à la main

throw-up *cpd* (*shinty*) mise *f* en jeu, «throw-up» *m*

thrust 1. *n* (*athl*) (*shot put, etc.*) détente *f* ; (*fn*) coup *m* de pointe / d'épée ; (*fn*) **direct ~** coup *m* direct ; (*fn*) **stop ~** coup *m* d'arrêt **2.** *v* **to cut and ~** frapper d'estoc et de taille

thumbhole *n* (*shooting*) **~ in stock** cavité *f* pour le pouce dans la crosse

thumb-rest *cpd* (*shooting*) appui *m* pour le pouce

thunderous *adj* (*ft*) (*jn, fg*) ~ **shot** tir *m* percutant

tibia *n* (*anatomy*) tibia *m*

ticket *n* billet *m* ; **the ~ office** les guichets *mpl* de location

tie 1. *n* (*shooting*) égalité *f* des points ; (*ft*) (*cup*) match *m* ; (*ft*) **cup ~** match *m* éliminatoire de coupe **2.** *v* (*ihk, etc.*) **to ~ a game** faire match nul ; **X is tying with Y in third place** X est en troisième place à égalité de points avec Y

tie-break *cpd* (*tn*) jeu *m* décisif, tie-break *m* ; (*curling*) jeu *m* décisif

tierce (nf) (*fn*) tierce *f*

tiercé *n* (*forecast betting on horses*) tiercé *m*

tight *adj* (*ft, etc.*) (= *close*) ~ **marking** marquage *m* étroit ; (*ft, etc.*) (= *effective*) ~ **defence** défense *f* imperméable ; (*angle*) (*ft*) **to double the score from a very ~ angle** (*jn*) doubler la mise dans un angle très fermé ; (*ft*) (*fm, jn*) **we played it ~ at the back** nous avons été «sécurisés» par notre défense ;

tight end *cpd* (*American football*) ailier *m* rapproché

tighten *v* (*cycl*) **to ~ the toe-clip straps** serrer les courroies *fpl* de cale-pied

tiller *n* (*slg*) barre *f*, barre *f* franche de direction

timber *n* (*slg*) **floor ~** varangue *m*

time 1. *n* (*gen*) temps *m* ; (*tn*) (*order given by umpire*) ~**!** reprise ! *f* ; (*eq, modern pentathlon*) ~ **allowed** temps *m* accordé ; (*gen*) **fastest ~** temps *m* le plus rapide, meilleur temps *m* ; (*gen*) **final ~** temps *m* final ; (*sk, etc.*) **finishing ~** temps *m* à l'arrivée ; (*ft, etc.*) **to play for / to waste / ~ tem**poriser, (*jn*) jouer la montre, «geler» le ballon ; (*ft*) **extra ~** prolongations *fpl* ; (*ft*) **to play extra ~** jouer les

prolongations *fpl* ; (*athl, etc.*) **intermediate ~** temps *m* de passage *m* intermédiaire ; (*ft, rb, etc.*) **normal playing ~** temps *m* réglementaire ; (*modern pentathlon*) **official ~** temps *m* officiel ; (*athl, sw, etc.*) **the best ~ of the day** le meilleur temps de la journée ; (*shooting*) **shooting ~** temps *m* imparti ; **to achieve a time of 44.6 secs** réaliser un 44"60 ; (*ft, rb*) (*fm*) (= *end of game*) **twelve minutes from ~** douze minutes avant la fin du match / de la rencontre ; v. stoppage time ;

time limit (*arc, eq*) temps *m* limite ; (*gym*) durée *f* ; (*wgt, etc.*) limite *f* de temps ;

time(-)out (*American football, bkt, etc.*) temps(-)mort *m* (*pl* temps(-)morts) ; (*bkt*) **charged time out** temps *m* mort du manager ; **to ask for / request / time out** demander un temps mort ;

time trial (*cycl*) épreuve *f* / course *f* / contre la montre, contre-la-montre *m* ;

time-wasting (*gen*) **a time-wasting tactic** un gagne-temps **2.** *v* chronométrer

timekeeper *cpd* (*bkt, ihk, water polo, etc.*) chronométreur *m* ; (*sk*) **chief ~** chef *m* chronométreur ; (*water polo*) **assistant ~** assistant *m* du chronométreur

timely *adj* (*ft*) **a ~ intervention** une interception opportune

timer *n* (*water polo*) (*official*) chronométreur *m* ; (*water polo*) **assistant ~** assistant *m* du chronométreur ; (*rw*) **stroke ~** compteur *m* des coups

timing *n* (*gen*) (*race, etc.*) chronométrage *m* ; (= *individual skill*) «timing» *m*, rythme *m* (*d'un mouvement*) ; **electronic ~** chronométrage *m* électronique ; (*speed skating*) ~ **area** zone *f* de chronométrage ; (*sk*) ~ **tower**

tour *f* de chronométrage

tip 1. *n* (*javelin*) pointe *f*, (*ski*) spatule *f* (*de ski*), pointe *f* **2.** *v* (*ft*) (*goalkeeper*) **to ~ the ball over the bar** prolonger le ballon par-dessus la transversale

tipping *n* (*shooting*) **keyhole ~** impact *m* ovalisé

tire *n* (*Am*) v. tyre

tiredness *n* fatigue *f* ; **mental ~** usure *f* psychologique

tissue *n* (*med*) tissu *m* ; **muscle ~** tissu *m* musculaire ; **bone ~** tissu *m* osseux

tit *n* **to give ~ for tat** répondre / répliquer / du tac au tac

title *n* titre *m* ; (*athl, etc.*) **~ holder** tenant(e) *m(f)* / détenteur(trice) *m(f)* / du titre ; **world ~** (*athl, etc.*) titre *m* mondial, (*bx*) titre *m* mondial, couronne *f* mondiale ; (*bx*) **world ~ holder** détenteur *m* d'une couronne mondiale ; (*ft, etc.*) **they are battling it out for the ~** ils se disputent le titre de champion ; v. chase

title-chasing *adj* **~ team** équipe *f* qui court après le titre

titleholder *cpd* tenant(e) *m(f)* / détenteur(trice) *m(f)* du titre ; v. title

to *prep* (*hrg*) **X is five ~ one** X est cinq contre un ; (*ft*) **passes are directed ~ the feet of team mates** les passes *fpl* sont effectuées dans les pieds des partenaires

toboggan *n* luge *f*

tobogganning *n* **to go ~** faire de la luge

tobogganist *n* lugeur(euse) *m(f)*

toe *n* (*anatomy*) orteil *m* doigt *m* de pied ; (*sk*) **~ (of ski)** pièce *f* butée ; (*wgt*) **to lift the ~s** soulever la pointe des pieds ; **toe clip** (*cycl*) cale-pied *m & inv*

toe-clip *cpd* **to tighten the ~ straps** serrer les courroies *fpl* de cale-pied

toe-end *cpd adj* (*ft*) **~ kick** frappe *f* de la pointe (du pied)

toe-loop *cpd* (*figure skating*) **double ~** double boucle *f* piquée

tone 1. *n* (*muscle*) tonus *m* **2.** *v* (*muscle*) **to ~ up** tonifier

tonicity *n* (*muscle*) tonus *m*

tonnage *n* (*slg*) jauge *f*

tonus *n* (*muscle*) tonus *m*

tooth *n* (*gears*) dent *f*

top 1. *adj* (*eq*) **~ hat** haut-de-forme *m* (*pl* hauts-de-forme) ; (*gen*) **~ player / driver / runner** crack *m* ; (*ft*) **the ~ match of the third round of the Cup** (*jn*) le match phare du troisième tour de la coupe ; (*wr*) **~ position** position *f* au-dessus ; (*tn*) **~ seed** tête *f* de série numéro un ; **~ team** leader *m* ; (*bx*) **~-of-the-bill fight** combat-vedette *m*, combat *m* en tête d'affiche ; (*ft*) **in the ~ corner of the net** en pleine lucarne *f* ; **rugby league is the ~ sport in Australia** (*jn*) le jeu à treize est le sport roi en Australie ; v. form, level, scorer, speed **2.** *n* (*bsb*) (*inning*) haut *m* ; (*gen*) **to be on ~** dominer, (*ft, etc.*) avoir le match en main ; (*ft, etc.*) **to get on ~** (*jn*) prendre l'ascendance

topmast *n* (*slg*) **~ stay** grand étai *m*

top-of-the-bill *adj phr* (*bx*) **~ fight** combat-vedette *m*, combat *m* en tête d'affiche

torn *adj* **a ~ muscle** une déchirure musculaire ; **to be suffering from ~ ligaments** être victime d'un arrachement des ligaments

Tornado *n* (*slg*) (*class*) Tornado *m*

toss 1. *n* (*ft, etc.*) tirage *m* au sort, «toss» *m* ; **to win the ~** gagner le «toss» **2.** *v* (*ft, etc.*) **to ~ (up) for choice of end** jouer à pile ou face le choix de camp

total 1. *adj* **~ football** football *m* / jeu *m* / total ; (*sk*) (*biathlon*) **~ climb** montée *f* totale ; (*sk*) (*ski jumping*) **~ points for a round** points *mpl* to-

taux d'un saut **2.** *n* (*gf*) total *m* ;
(*wgt*) **Olympic** ~ total *m* olympique ; **to score a record** ~ battre le
record du total

touch *n* touche *f* ; (*ft, rb, etc.*) **the ball
has gone into** ~ le ballon est sorti
en touche ; (*hd*) **double** ~ double
touche *f* ; (*hd*) ~ **line** ligne *f* de
touche *f* ; (*rb*) **a kick into** ~ une
touche ; (*rb*) **a kick straight into** ~
une touche directe, un coup de pied
direct, un direct ; (*rb*) ~ **in-goal line**
ligne *f* de touche de but ; (*ft*) **one-~
football** le football à une touche de
balle ; (*rb*) **to kick straight / directly / into** ~ taper directement en
touche ; (*rb*) **the** ~ **judge** le juge de
touche ; (*sw*) **there was a difference
of four-tenths of a second at the
final** ~ il y avait quatre dixièmes de
différence sur le mur d'arrivée ; (*ft*)
to shoot after one ~ **(of the ball)** tirer après un seul contrôle ;
touch judge (*rb*) juge *m* de touche

touchbench *n* banc *m* de touche

touch-down 1. *cpd* (*rb, Am ft*) touché(-)
en(-)but *m*, touché-à-terre *m*
2. touch down *vphr* (*rb, Am ft*) faire
un touché(-)en(-)but, réussir un
touché-à-terre, (*rb*) toucher dans les
buts

touching hit *cpd* (*shooting*) coup *m*
tangent

touchline *n* ligne *f* de touche ; (*ft, rb,
etc.*) **to go down the** ~ descendre le
long de la touche

tough *adj* (*person*) résistant(e) *m(f)*

toughness *n* (*person*) résistance *f*

tour *n* (*ft, rb, etc.*) tournée *f* ; (*cycl*) tour
m ; (*cycl*) **the Tour de France** le
Tour de France ; (*ft, rb, etc.*) **summer
/ close-season /** ~ tournée *f*
d'après-saison

touring 1. *adj* (*aut*) ~ **car** voiture *f* de
tourisme **2.** *n* v. bicycle touring

tournament *n* tournoi *m*, challenge *m* ;

invitation ~ tournoi *m* sur invitations

tow 1. *n* (*sk*) **ski** ~ téléski *m* ;
tow bar or **towbar** *n* (*water skiing,
gliding*) barre *f* de remorquage ;
tow release knob (*glider*) commande *f* du système de largage,
commande *f* de largage de câble ;
tow rope *cpd* (*water skiing*) corde *f*
de traction *f* / remorquage *m*
2. *v* (*slg, etc.*) (*boat, glider*) remorquer

towel *n* serviette *f* ; (*bx and fg*) **to throw
in the** ~ jeter l'éponge

tower *n* (*rw*) **starter's** ~ tour *f* de départ

toxic *adj* toxique

tracer *n* (*shooting*) traçante *f*, balle *f* traçante

track *n* (*eq, hrg, sk, aut, etc.*) piste *f* ;
(*speed skating*) ~ **change** change-
ment *m* de couloir ; (*cycl*) ~ **cycle**
vélo *m* de piste ; (*cycl*) ~ **cycling**
cyclisme *m* sur piste ; (*athl*) ~ **events**
épreuves *fpl* sur piste ; ~ **cyclist**
pistard *m* ; (*cycl*) **inner** ~ intérieur
m ; (*cycl*) **outer** ~ extérieur *m* ; (*sk*) ~
is clear! piste *f* libre ! ; (*sk*) ~ **is closed!** piste *f* fermée! ; (*cycl*) ~ **mitt**
mi-gant *m* ; (*cycl*) ~ **race** course *f* sur
piste ; (*cycl*) ~ **rider / cyclist** coureur *m* sur piste, pistard *m* ; (*eq*) ~ **to
the left / right** piste *f* à main
gauche / droite ; (*cycl*) ~ **vest** maillot *m* de piste ; (*sk*) ~ **surveyor** responsable *mf* de la piste ; (*eq*) **roads
and** ~**s** parcours *m* sur routes et
sentiers ; (*athl*) (*long jump, etc.*) **run-
up** ~ piste *f* d'élan ; v. stop

tract *n* (*anatomy*) **respiratory** ~**s** voies
fpl respiratoires

traffic *n* (*ft, etc.*) (*jn*) **a second half in
which it was one-way** ~ une se-
conde mi-temps à sens unique

trail *n* (*speed skating*) ~ **marking** balisage *m* de la piste ; (*sk*) (*cross-country skiing*) **groomed** ~ piste *f* prépa-

rée / lissée ; (sk) (cross-country skiing) **to close the** ~ fermer la piste

trailing adj (hang-glider) ~ **edge** bord m de fuite

train v (athlete, boxer, horse, etc.) entraîner

trainer n entraîneur m ; v. trainers

trainers npl (basketball shoes) chaussures fpl de sport / de basket

training n entraînement m, (jn) «training» m ; (athl, etc.) **altitude** ~ entraînement m en altitude ; **physical** ~ culture f physique ; (speed skating) ~ **lane** couloir m d'entraînement ; (sk) ~ **run** manche f d'entraînement ; (gen) **to go into** ~ s'entraîner ; **to be in** ~ être à l'entraînement ; ~ **session** séance f d'entraînement ; **three weekly** ~ **sessions** trois entraînements mpl hebdomadaires ; **to take a morning** ~ **session** diriger un entraînement matinal ; **to do circuit** ~ ≈ faire la p.p.g. (= préparation physique générale) ; v. beginner

trajectory n (ft, etc.) (of ball, etc.) trajectoire f ; (shooting) trajectoire f

tramelot n (gym) tramelot m

tramlines npl (tn) couloir m

trampoline n trampoline m

trampolining n (sp) trampoline m ; **to do / go /** ~ faire du trampoline

tranquillizer n (pharm) tranquillisant m, calmant m, neuroleptique m ; **to be on** ~s être sous neuroleptiques / calmants

tranquillizing adj (drug, etc.) tranquillisant(e)

transatlantic adj (slg) ~ **race** «transat» f

transfer 1. n (ft, etc.) transfert m ; (ft, etc.) **to be put / placed / on the** ~ **list** être placé sur la liste des transferts ; (ft, etc.) **to get a** ~ obtenir son transfert ; (ft, etc.) **X has asked for a** ~ X a demandé sa mutation ;
transfer fee (ft, etc.) **the transfer fee**

is £500,000 le transfert / le montant du transfert / s'élève à £ 500 000
2. (transferred) v (ft, etc.) transférer (un joueur) ; (ft, etc.) **to be** ~**red to another club** obtenir son transfert pour une autre équipe

transfusion n transfusion f ; **blood** ~ transfusion f sanguine

transition n (eq) transition f

transmission n (cycl, etc.) transmission f

trap 1. n (ft) blocage m ; (shooting) appareil m de lancement ; (ft) **chest** ~ amorti m de la poitrine ; (ft) **head** ~ amorti m de la tête ; (ft) **thigh** ~ amorti m de la cuisse ; (ft, hk, etc.) **offside** ~ piège m du hors-jeu m **2.** v (ft) **to** ~ **the ball** bloquer le ballon

trapeze n (gym, slg) trapèze m ; (slg) ~ **man** trapéziste m

trapping n (ft) blocage m

traumatology n (med) traumatologie f

traveler n v. traveller

traveller n (slg) barre f d'écoute

travelling n (bkt) marcher m

tread down vphr (sk) (snow) damer

treatment n (for injury) traitement m, soins mpl ; **oxygen** ~ oxygénothérapie f

treble n (dt) triple m ; (dt) (area on dartboard) = double anneau m intérieur

trench n (shooting) fosse f ; (shooting) **Olympic** ~ fosse f olympique

trial n (ft, etc.) ~**s** or ~ **match** match m de sélection ; (athl) ~**s** épreuve f de sélection ; **motorcycle** ~**s** trial m ; (sk) (ski jumping) ~ **jumper** sauteur m d'essai ; (cycl) **time** ~ épreuve f / course f / contre la montre, contre-la-montre m ; (eq) **horse** ~**s** concours m complet

triangle n (bd) (snooker) (used when placing the red balls) triangle m

triathlete n triathlète mf

triathlon n triathlon m

triceps n (anatomy) ~ **or** ~ **muscle**

triceps *m*

trick *n* v. hat trick

trigger (*pistol, etc.*) détente *f* ; (*shooting*) **set** ~ double détente *f* ; (*shooting*) ~ **guard** pontet *m* ; (*shooting*) **to pull the** ~ appuyer sur la détente

trim *v* (*rw, slg*) **to** ~ **the boat** régler le bateau ; (*slg*) **to** ~ **a sail** orienter une voile

trimaran *n* (*slg*) trimaran *m*

trip 1. *n* (*ft*) croc-en-jambe *m* (*pl* crocs-en-jambe) ; (*wr*) croc-en-jambe *m*, chassé *m* **2.** *v* (*ft, ihk, etc.*) **to** ~ **up an opponent** faire trébucher un adversaire, faire un croc-en-jambe / un croche-pied / à un adversaire, (*scything tackle*) faucher un adversaire

triple 1. *adj* (*athl*) ~ **jump** triple saut *m* ; ~ **success** (*when betting on horses in three different races or when a team fills the first three places in a race*) triplé *m* **2.** *n* (*eq*) combinaison *f* triple

trophy *n* trophée *m*, challenge *m*

trot 1. *n* (*eq, etc.*) trot *m* ; (*eq*) **collected** ~ trot *m* rassemblé ; (*eq*) **extended** ~ trot *m* allongé ; (*eq*) **ordinary** ~ trot *m* ordinaire ; (*eq*) **rising** ~ trot *m* enlevé ; (*eq*) **short** ~ trot *m* raccourci ; (*eq*) **sitting** ~ trot *m* assis **2.** *v* (*gen*) trotter ; (*eq*) trotter, aller au trot ; **to** ~ **along** trottiner

trotting *n* (*sp*) (= *harness racing*) course *f* attelée ; ~ **race** course attelée, course *f* de trot (attelé)

trouble *v* inquiéter ; (*bx*) **to** ~ **an opponent** inquiéter un adversaire ; (*ft*) **to** ~ **the defence** inquiéter la défense

truck *n* (*slg*) (*of mast*) pomme *f*

trunk *n* (*anatomy*) tronc *m* ; ~ **exercises** flexion *f* du corps ; (*sw*) **swimmimg** ~**s** slip *m* de bain

try 1. *n* (*rb*) essai *m* ; (*jd, etc.*) (*jd*) (*kokoromi*) tentative *f* ; (*rb*) **penalty** ~ essai *m* de pénalité ; (*rb*) **pushover** ~ essai *m* en force (marqué) sur poussée collective du pack

try(-)scorer (*rb*) marqueur *m* d'essais

2. *v* **to** ~ **to win the title / the championship** courir après le titre ; (*ft, etc.*) **they are trying to stay up in the first division** ils visent le maintien en première division

tubular *adj* (*cycl*) ~ **tyre** boyau *m* (*pl* boyaux)

tuck *n* (*freestyle skiing, etc.*) groupé *m* ; (*sw*) (*diving*) ~ **position** position *f* groupée ; (*freestyle skiing*) ~ **position** position *f* de l'œuf

tucked *adj* (*gym*) accroupi(e) *m(f)*

tuft *n* (*gf, etc.*) ~ **of grass** touffe *f* de gazon ; (*gf*) ~**s of grass that have been dislodged / pulled up / must be replaced** les touffes de gazon qu'on a arrachées doivent être remises en place

tugging *n* (*ft*) **shirt** ~ accrochage *m* de maillot

tumefaction *n* (*med*) tuméfaction *f*

tunnel *n* (*rb*) (*scrum*) tunnel *m* d'introduction

turn 1. *n* (*sw*) virage *m* ; (*cycl*) mi-course *f* ; (*cycl*) ~ **judge** commissaire *m* ; (*gym*) **Diamidov** ~ rotation *f* Diamidov ; (*ft*) **a shot on the** ~ un tir en pivot ; (*sk*) (*freestyle skiing*) ~**s** (*moguls*) virages *mpl* ; (*sw*) **backstroke** ~ **indicator** repère *m* de virage *m* de dos ; (*gym*) **swinging half** ~ demi-tour *m* d'un élan **2.** *v* (*eq*) **to** ~ **to the right** doubler à droite ; (*gym, etc.*) **to** ~ **a somersault** faire le saut périlleux ; (*gym*) **to** ~ **a cartwheel** faire une roue ; (*gym*) **to** ~ **cartwheels** faire la roue ; (*ft, etc.*) **to** ~ **professional** se professionnaliser ; (*rb*) **to** ~ **the scrum** tourner la mêlée ; (*aut*) **to** ~ **the steering wheel** braquer ; (*aut*) **to** ~ **the wheel as far as it will go** braquer à fond

turn-buckle *cpd* (*slg*) ridoir *m*

turning *n* (*ft, rb, tn, etc.*) **the ~ point of the game** le tournant du match ; (*sw*) **~ judge** juge *m* de virages *mpl*

turning aside *cpd* esquive *f* par retrait d'épaule

turn-over *cpd* (*wr*) renversement *m*

twelve *adj* douze *inv* ; v. bore

twenty-five *adj* (*rb*) **~ yards line** ligne *f* des vingt-deux mètres

twenty-two *adj* (*r b*) **~ metres line** ligne *f* des vingt-deux mètres ; (*rb*) **inside the ~ metres line** dans les vingt-deux mètres

twin *adj* v. ski

twirl *n* (*gym*) **Healy ~** Healy Quirl *m*

twist 1. *n* (*gym*) tour *m* ; (*sw*) **~ (dive)** tire-bouchon *m* **2.** *v* **to ~ one's ankle** se tordre la cheville

twisting *n* (*action*) torsion *f*

two *adj* (*curling*) **number ~** deuxième joueur *m* ; (*hrg, etc.*) **X is ~ to one** X est deux contre un

two-hand *adj phr* v. two-handed

two-handed *adj phr* (*b x*) **effective ~ attacks** attaques *fpl* effectives des deux mains ; (*bkt*) **~ pass** passe *f* à deux mains ; (*bkt*) **~ shot** tir *m* à deux mains

two-man *adj phr* (*bobsleigh*) **~ bob** bob *m* à deux

two-year-olds' *adj phr* (*hrg*) **~ selection race** critérium *m* des deux ans

tyre *n* pneu *m* ; (*cycl*) **tubular ~** boyau *m* (*pl* boyaux) ; **a ~ change** un changement de pneus ; (*cycl*) **to win by a ~ 's width** gagner d'un pneu

U

UEFA *abbr of Union of European Football Associations*

ultrasonic *adj* **~ waves** ultra(-)sons *mpl*

ultrasound *n* (*gen*) ultra(-)son *m* ; (*méd*) **~ or ~ scan** échographie *f*

ultraviolet *adj* v. ray

umpire *n* (*gen*) arbitre *m* ; (*bsb*) arbitre *m* principal ; (*bkt*) aide-arbitre *m* ; (*vb*) second arbitre *m* ; (*rw*) **~s' boat** bateau *m* de juges ; v. umpire-in-chief ;

umpire's launch (*slg*) bateau-jury *m*

umpire-in-chief *cpd* (*bsb*) arbitre *m* en chef

unavailable *adj* (*ft, rb, etc.*) (*player*) indisponible

unarmed *adj* (*jd*) **~ combat** combat *m* sans armes

unassisted *adj* (*ihk*) sans assistance

unbalance *v* (*rb*) (*scrum*) désaxer

unbeatable *adj* imbattable, (*jn*) inabordable, (*jn*) intouchable

unbeaten *adj* invaincu(e) *m(f)* ; (*athl*) **~ in the mile** invaincu sur le mile

under *prep* (*gf*) **six ~ par** six sous le par ; (*shooting*) *cpd* **over and ~** fusil *m* à deux canons superposés ; (*team*) (*jn*) **we were (too much) ~ strength** nous étions (trop) diminués ; (*bkt*) **a good position ~ the basket** une bonne position dessous ; (*ft, etc.*) **to be ~ pressure** se laisser dominer

undercut 1. *n* (*gym*) **leg ~** équerre *f* élevée, lancer *m* de jambe en longueur **2.** *v* (*hk*) couper

underdog *n* (*fg*) **the club is the ~** le club n'est pas favori, le club est donné perdant à l'avance

under-fifteens *cpd* (*ft*) (*female players*) cadettes *fpl*

under-fourteens *cpd* (*ft*) (*players*) minimes *mpl* ; **the French ~ team** l'équipe de France Minimes

undergrasp *n* (*gym*) prise *f* palmaire ; (*gym*) **straddle in and out in ~** écart *m* Endo

underhand *adj phr* (*bkt*) ~ **shot** tir *m* par en bas ; v. service

underneath *adj* (*gym*) ~ **position** position *f* en-dessous

under-nineteens *cpd* (*f t*) (*players*) juniors *mpl*

underside *n* (*ft*) **the ball hit the** ~ **of the bar** le ballon percutait l'intérieur de la transversale

under-sixteens *cpd* (*ft*) (*players*) cadets *mpl*

underswing *n* (*g y m*) élancer *m* en avant par-dessous la barre ; (*gym*) ~ **and salto forward** élan *m* par-dessous la barre et salto ; (*gym*) **long ~ upstart** bascule *f* depuis la suspension mi-renversée, bascule *f* allemande

under-tens *cpd* (*ft*) (*players*) poussins *mpl*

under-twelves *cpd* (*ft*) (*players*) (*boys*) pupilles *mpl*, (girls) benjamines *fpl*

under-twenty-ones *cpd* (*ft*) (*players*) espoirs *mpl*

under-twenty-threes *cpd* (*ft*) (*players*) espors *mpl*

undrivable *a d j* (*aut*) (*car*) inconduisible

unfit *adj* (*ft, etc.*) (*player*) **to be** ~ (*jn*) manquer à l'appel

ungentlemanly *adj* (*gen*) ~ **conduct / behaviour** des actes *mpl* d'anti-jeu

uniform *n* (*American football, etc.*) uniforme *m*

union *n* (*sp*) **rugby** ~ le rugby à quinze ; (*rb*) **the Rugby Union** (*jn*) la Rugby Union

unleash *v* (*ft*) **to** ~ **a shot** déclencher un tir

unload *v* (shooting) (*rifle, etc.*) décharger ; (*modern pentathlon*) '~ **weapons!**' 'déchargez les armes !'

unloaded *adj* (*shooting*) ~ **weapon** fusil *m* déchargé

unmarked *adj* (*ft, rb, etc.*) **to be** ~ être

démarqué ; (*ft, etc.*) **to get into an** ~ **position** se démarquer

unofficial *adj* (*sk, etc.*) ~ **time** temps *m* officieux

unofficially *adv* (*athl*) (*jn*) ~ **h e clocked the sixth fastest time in the world rankings for 1994** il se serait classé sixième du bilan mondial en 1994

unplayable *adj* (*gf*) (*ball*) injouable

unsettle *v* (*ft, etc.*) (*player, team*) (*fg*) bousculer ; (*ft*) **we shall try to** ~ **them** nous essayerons de les bousculer un peu

unsporting *adj* (*gen*) ~ **conduct / behaviour** des actes *mpl* d'anti-jeu

unstoppable *adj* (*ft, rb, etc.*) (*player*) intouchable

untidy *adj* **it was an** ~ **game** c'était un match décousu

untouchable *adj* (*jn*) (*player, team*) intouchable

up-and-coming *adj phr* ~ (*player / athlete / runner /, etc.*) (*athlète / joueur / coureur, etc.*) plein(e) *m(f)* d'avenir, (*jn*) «coming-man» *m*, «coming-woman» *f*

up-and-under *cpd* (*r b*) une grosse chandelle

upfield *adv* (*ft, rb*) **to move** ~ faire le pressing

uphill 1. *adj* (*sk*) ~ **w a x** fart *m* de montée 2. *n* (*s k*) (*cross-country skiing*) montée *f*

upper *adj* (*gym*) ~ **arm upstart** bascule *f* depuis l'appui sur les bras ; **to have the** ~ **hand over s.o.** s'imposer devant qn ; v. support

upper-cut *cpd* (*bx*) uppercut *m*

upperworks *npl* (*slg*) accastillage *m*

upright *n* (*ft*) (*goal*) montant *m* ; (*athl*) (*pole vault, high jump*) montant *m*

uprise *n* (*gym*) établissement *m* ; (*gym*) **back** ~ **and straddle forward** établissement *m* écart

upstart *n* (*gym*) bascule *f* ; (*gym*) **back**

~ bascule *f* en arrière ; (*gym*) **floor ~** bascule *f* au sol ; (*gym*) **long underswing ~** bascule *f* depuis la suspension mi-renversée, bascule *f* allemande ; (*gym*) **reverse ~** bascule *f* dorsale ; (*gym*) **upper arm ~** bascule *f* depuis l'appui sur les bras

upstream *adv* (*canoeing, rw*) en amont ; (*canoeing*) **to paddle ~** remonter le courant

use 1. *n* (*eq*) **~ of aids** emploi *m* des aides ; (*eq*) **correct ~ of the aids** cor-

rection *f* dans l'emploi des aides ; (*hk*) (*foul play*) **~ of the body** faute *f* de corps **2.** *v* (*ft*) **to ~ offside tactics** jouer le hors-jeu ; (*athl*) (*long / high / jump, etc.*) **he ~s his spring** il travaille en détente

USHA (*abbr of United States Handball Association*) Fédération Américaine de Hand-ball

utility player *cpd* (*ft*) joueur *m* polyvalent, polyvalent *m*

V

valid *adj* (*athl*) (*jump, throw, etc.*) valable ; (*shooting*) **~ shot** coup *m* valide ; (*fn*) **~ target** surface *f* valable

validation *n* (*athl, etc.*) validation *f*

value *n* (*gen*) **entertainment ~** valeur *f* de divertissement

valve *n* (*aut*) soupape *f* ; (*cycl*) (= tyre ~) valve *f* (*de chambre à air*)

van *n* (*cycl*) **service ~** voiture *f* / camionnette *f* / de matériel

variometer *n* (*glider*) variomètre *m*

varnish *n* (*rw, etc.*) laque *f*

vascular *adj* vasculaire

vasodilator (*pharm and physiology*) vaso(-)dilateur *m* ; **histamine is a ~** l'histamine est un vasodilateur

vault *n* (*gym*) saut *m* ; (*gym*) **double rear ~** double dorsal *m* ; (*gym*) **front ~ facial** *m* ; (*gym*) **face / front / ~ with half turn from handstand** double facial *m* ; (*gym*) **double flank ~** costal *m* tourné ; (*gym*) **Hecht ~** saut *m* de brochet ; (*gym*) **high front face ~** élancer *m* facial ; (*gym*) **near-end ~s** sauts *mpl* de croupe ; (*gym*) **stoop ~** sortie *f* en blavette ; (*gym*) **straddle ~** sortie *f* écartée ; (*gym*) **thief ~** saut *m* passage des jambes tendues ; (*gym*) **~s with support** sauts *mpl* avec appui

des mains ; (*gym*) **~s with support on near end of the horse** sauts *mpl* avec appui des mains sur la croupe ; (*gym*) **Yamashita ~** Yamashita *m*

vaulting *n* (*gym*) saut *m* de cheval ; (*gym*) **~ horse** cheval *m*

velodrome *n* vélodrome *m*

venue *n* (*tn, etc.*) **the choice of ~** le choix de terrain

vertebra *n* (anatomy) vertèbre *f*

vertical *adj* vertical(e) (*mpl* -aux) ; (*sk*) **~ drop** dénivelée *f* ; (*modern pentathlon*) **horizontal and ~ profiles** schéma *m* du profil ; (*gym, etc.*) **~ jump** saut *m* vertical ; (*vb*) **~ side band** bande *f* verticale de côté

vest *n* (*cycl*) **track ~** maillot *m* de piste

vet *n* (*fm*) (= *veterinary surgeon*) (*eq, hrg*) vétérinaire *mf*

veteran *n* vétéran *m*

veterinary *adj* (*eq, hrg*) **~ examination** examen *m* vétérinaire ; (*eq, hrg*) **~ surgeon** vétérinaire *mf*

victor *n* vainqueur *m*, triomphateur(trice) *m(f)*

victory *n* victoire *f* ; (*gen*) **the taste of ~** le goût de la victoire ; (*jd*) **~ by forfeit!** (*fusen-gachi!*) victoire *f* par forfait! ; (*jd*) **~ by submission!** (*kiken-*

gachi!) victoire *f* par abandon ! ; (*jd*)
~ **on superiority** (*yusei-gachi*) victoire *f* par décision
Viennese *adj* (*ice dancing*) ~ **waltz** valse *f* viennoise
viewer *n* (*TV*) téléspectateur(trice) *m(f)*
violation *n* (*bkt*) violation *f* ; (*hd*) **to be guilty of a line** ~ empiéter ; (*bkt*) **3-second-rule violation** violation *f* de la règle des trois secondes
violence *n* violence *f* ; **football is a game of controlled** ~ le football est un jeu de violence disciplinée
vision *n* (*gen*) **it requires** ~ cela demande du coup d'œil
visiting *adj* visiteur(euse) *m(f)* ; (*ft, etc.*) **the** ~ **team** les visiteurs *mpl*, l'équipe *f* visiteuse ; (*ft, etc.*) **the** ~ **defence** la défense visiteuse
visitor *n* visiteur(euse) *m(f)* ; **the visitors (= the visiting team)** les visiteurs

vitamin *n* vitamine *f*
volley 1. *n* volée *f*, coup *m* de volée ; (*hk*) ~ **pass** passe *f* directe ; (*hk*) ~ **shot** tir *m* direct ; (*ft*) **a shot on the** ~ une frappe de volée ; (*tn*) **forehand** ~ volée *f* de coup droit ; (*tn*) **a winning** ~ une volée gagnante 2. *v* **to** ~ **the ball** (*ft*) frapper le ballon de volée, (*tn*) frapper la balle de volée ; (*ft*) **to** ~ **the ball clear** dégager le ballon de volée
volleyball *n* volley-ball *nm*, (*fm*) volley *m* ; ~ **player** volleyeur(euse) *m(f)*
volleyed *adj* (*ft*) **a ~ed pass** une passe de volée
volleyer *n* (*tn*) volleyeur(euse) *m(f)*
volte *n* (*eq, fn*) volte *f* ; (*eq*) ~ **to the left / right** volte *f* à gauche / à droite
Voronin hop *cpd* (*gym*) saut *m* de brochet Voronine
V-sit *cpd* (*gym*) équilibre *m* fessier

W

waistband *n* (*pelota*) **red / blue /** ~ ceinture *f* rouge / bleue
waist lock *cpd* (*wr*) ceinture *f*
waiting line *cpd* (*arc*) ligne *f* d'attente
wake *n* (*rw, slg, etc.*) sillage *m*
walk 1. *n* (*eq*) pas *m* ; (*eq*) **at a** ~ a u pas ; (*athl*) **50 km** ~ épreuve *f* de(s) 50 km ; (*eq*) **collected** ~ pas *m* rassemblé ; (*eq*) **extended** ~ pas *m* allongé ; (*eq*) **free** ~ pas *m* libre ; (*eq*) **ordinary** ~ pas *m* moyen ; (*eq*) **short** ~ pas *m* raccourci 2. *v* marcher ; (*eq*) (*of horse*) marcher au pas ; (*eq*) **to** ~ **one's horse** mettre son cheval au pas
walking *n* (*athl*) marche *f* ; **walking shoe** (*athl*) chaussure *f* de marche
walker *n* marcheur(euse) *m(f)*
walkover *n* (*gen*) (= *easy victory*) victoire *f* facile ; (*hrg*) walk-over *m* ;

(*gym*) (*movement*) ~ **or walk-over** renversement *m* ; (*gen*) **it was a** ~ c'était facile
wall *n* (*gen*) mur *m* ; (*eq*) (*obstacle*) mur *m* ; (*hd*) mur *m* ; (*ft*) **defensive** ~ mur *m*, colonne *f* ; (*squash*) **front** ~ mur *m* avant / frontal ; (*squash / racquetball*) **back** ~ mur *m* arrière ; (*sw*) **start** ~ mur *m* de départ ; (*eq*) **stone** ~ mur *m* de pierre ; (*hd*) **to throw over the** ~ shooter au-dessus du mur ; (*hd*) **to throw through the** ~ shooter à travers le mur ;
wall and rails (*eq*) (*obstacle*) mur *m* barré ;
wall bars (*gym, etc.*) espalier *m*
wall pass (*ft, hk*) une-deux *m*
waltz *n* (*ice dancing*) **Viennese** ~ valse *f* viennoise ; (*ice dancing*) **Westminster** ~ valse *f* de Westminster

warden *n* (*shooting*) **range** ~ chef *m* du pas de tir

warm-up 1. *adj phr* (*aut*) ~ **lap** circuit *m* de formation ; (*athl*) (*javelin, etc.*) ~ **throw** jet *m* d'entraînement / de préparation ; (*s k*) (*cross-country skiing*) ~ **track** piste *f* d'échauffement **2.** *n* échauffement *m* ; (*aut*) (*jn*) «warm-up» *m* ; (*athl, etc.*) **to sustain an injury during the** ~ contracter une blessure à l'échauffement ; v. warm-up *adj phr* **3. warm up** *v* (*athl, ft, rb, etc.*) s'échauffer

warning *n* (*athl, bx, jd, wr, etc.*) avertissement *m* ; (*jd*) ~! (*keikoku!*) avertissement ! *m* ; (*bx*) **public** ~ avertissement *m* public ; (*fn*) ~ **light** lampe *f* témoin ; (*fn*) ~ **line** ligne *f* d'avertissement ; (*slg*) ~ **signal** signal *m* d'avertissement

wash *n* (*slg*) eau *f* / lame *f* / d'étrave

waste *v* **to** ~ **time** jouer la montre, temporiser, (*ft*) «geler» le ballon

water *n* eau *f* ; (*eq*) (= *water obstacle*) rivière *f* ; (*gf*) (= *water obstacle*) obstacle *m* aquatique ; (*rw*) **choppy** ~ eau *f* agitée ; (*rw*) **clear** ~ eau *f* libre ; (*canoeing, etc.*) **dead** ~ eau *f* morte ; (*canoeing, etc.*) **running** ~ eau *f* courante ; (*canoeing, etc.*) ~ **line** ligne *f* de flottaison ; (*slg, sw*) **salt** ~ eau *f* salée ; (*slg, sw*) **fresh** ~ eau *f* douce ; (*med*) ~ **on the knee** épanchement *m* de synovie ; (*slg, etc.*) **to take in** ~ embarquer de l'eau ;

water jump (*athl*) (*steeplechase*) saut *m* de rivière, rivière *f* ; (*eq*) (*obstacle*) rivière *f*, haie *f* rivière ;

water polo water-polo *m* ;

water skiing ski *m* nautique

water-bottle holder *cpd* (*cyc l*) (*on cycle*) porte-bidon *m*

waterfall *n* (*canoeing, etc.*) chute *f* d'eau

waterlogged *adj* (*canoeing, etc.*) (*canoe, etc.*) **to become** ~ se remplir d'eau

watertight *adj* (*ft, etc.*) ~ **defence** défense *f* imperméable

wave *n* (*slg, etc.*) vague *f* ; (*rw, etc.*) ~ **resistance** résistance *f* des vagues ; (*slg*) **to cut into the** ~**s** fendre les vagues

wax 1. *n* (*sk*) fart *m* ; (*sk*) (*cross-country skiing*) **kicker** ~ fart *m* de retenue **2.** *v* farter

waxing *n* (*sk*) fartage *m* ; **waxing room** (*sk*) salle *f* de fartage

way *n* (*slg*) erre *f* ; (*slg*) **to have** ~ **on** avoir de l'erre ; (*slg*) **to lose** ~ perdre de l'erre *f* / son erre ; (*slg*) **right of** ~ droit *m* de passage ; v. force *v*, wrong

wazaari *n* (*jd*) wazaari *m* ; (*jd*) **nearly** ~ (*wazari-nichikai-waza*) presque wazaari *m*

WBA (*abbr of World Boxing Association*)

WBC (*abbr of World Boxing Council*)

weak *adj* (*ft, rb, etc.*) ~ **defence** défense *f* perméable / fragile

weaker *adj* v. foot

weapon *n* (*fn, shooting*) arme *f* ; (*fn*) **faulty** ~ arme *f* défectueuse ; (*shooting*) **loaded** / **unloaded** / ~ arme *f* / fusil *m* / chargé(e) / déchargé(e) ; (*modern pentathlon*) **'unload** ~**s!'** 'déchargez les armes !'

wear 1. *n* usure *f* ; **tyre** ~ usure *f* des pneus *mpl* **2.** *v* (*ft, rb, etc.*) **X is** ~**ing number eight** X a le numéro huit

weather *n* temps *m* ; (*gen*) ~ **conditions** conditions *f* météorologiques ; (*slg*) ~ **side** bord *m* au vent ; (*sk*) (*cross-country skiing*) ~ **station** station *f* météorologique ; (*slg*) **period of calm** ~ accalmie *f* ; (*athlete, player*) **under the** ~ patraque ;

weather station (*sk*) (*cross-country skiing*) station *f* météorologique

web *n* (*bsb*) (*catcher's glove*) panier *m*

wedge *n* (*gf*) (*club*) wedge *m*

weigh-in *n* (*bx, etc.*) pesée *f* ; (*wgt*) pesée *f* de contrôle

weigh in *vphr* (*bx*) se faire peser

weighing house *cpd* (*luge, bobsleigh*) pavillon *m* de pesage

weight *n* poids *m* ; (*bx*) (= *category*) catégorie *f* pondérale ; ~ **lifter** haltérophile *m* ; ~ **lifting** haltérophilie *f* ; (*wgt*) ~ **of the barbell** poids *m* de la barre ; ~ **training** musculation *f* ; (*eq, hrg*) **rider's** ~ poids *m* du cavalier *m* (*eq*) / du jockey (*hrg*) ; (*wgt*) **starting** ~ poids *m* de départ ; (*fn*) **test** ~ poids *m* de contrôle ; (*ft, etc.*) (*jn*) **the "weight" of a pass** la puissance d'une passe ; (*bx*) **to make the** ~ faire le poids ; (*wgt*) **to replace the** ~ reposer la barre ;
   weight training haltérophilie *f* ; **he does** ~ il fait de l'haltérophilie

weightlifting *n* (*sp*) haltérophilie *f* ; **he does** ~ il fait de l'~

weir *n* (*canoeing*) barrage *m*

well 1. *adv* (*ft, etc.*) **they did not play particularly** ~ ils n'ont pas réalisé un match extraordinaire 2. *n* (*sw*) **diving** ~ bassin *m* de plongeon

well-grassed *adj phr* herbeux(euse) *m(f)* ; (*ft, rb, tn, etc.*) ~ **surface** surface *f* herbeuse

welterweight *n* (*b x*) poids *m* mi-moyen, poids *m* welter ; (*bx*) **light** ~ super-léger *m*

wende *n* (*gym*) **Russian** ~ facial *m* russe

Westminster *n* v. waltz

wet *adj* ~ **suit** combinaison *f* de plongée

wharf *n* (*rw, etc.*) débarcadère *m*

wheel *n* roue *f* ; (*cycl*) **front chain** ~ plateau *m* de pédalier ; (*cycl*) **to become involved in a wheel-to-wheel struggle over the final kilometre** s'engager dans le coude-à-coude du dernier kilomètre ; (*cycl*) **to win by a ~'s length** gagner d'une roue

whirlpool *n* (*canoeing*) (*slalom*) tourbillon *m*

whistle 1. *n* (*ft, etc.*) sifflet *m* ; (*ft, etc.*) **final** ~ coup *m* de sifflet final ; (*referee*) **to blow the / his /** ~ siffler 2. *v* (*ft, etc.*) (*referee*) (= *to blow the / his / whistle*) (*fm*) **the referee ~d for a foul** l'arbitre a sifflé une faute

white *adj* blanc *m*, blanche *f* ; (*badminton*) ~ **tape** ruban *m* blanc ; (*water polo*) ~ **flag** drapeau *m* blanc ; v. cap, corpuscle, zone

whitewash *v* (*gen*) **to** ~ **one's opponent** battre son adversaire tout en l'empêchant de marquer un seul point ; (*gen*) **to be ~ed** être battu sans réussir à marquer un seul point

WHO (*abbr of World Health Organization*) Organisation Mondiale de la Santé, OMS

wick *n* (*curling*) ricochet *m*, frôlement *m*

wicket *n* (*ckt*) guichet *m* ; (*pitch*) espace *m* / terrain *m* / central (entre les guichets)

wicketkeeper *n* (*ckt*) gardien *m* de guichet

wide 1. *adj* (*ft*) ~ **positions** zones *fpl* d'ailes, zones *fpl* extérieures ; (*ft*) ~ **player** ailier *m*, (*jn*) joueur *m* périphérique 2. *adv* (*ft*) **his shot went / was /** ~ son tir est passé à côté ; (*ft*) **to shoot** ~ placer le ballon à côté

widen *v* (*ft, rb*) **to** ~ **the play** élargir le jeu ; (*in a race*) **the gap was widening** l'écart *m* grandissait

width *n* (*wgt*) ~ **of the feet** écartement *m* des pieds ; (*wgt*) ~ **of the grip** largeur *f* de prise ; (*ft*) (*jn*) **they need more** ~ ils ont besoin d'être renforcés sur l'aile ; (*cycl*) **to win by a tyre's** ~ gagner d'un pneu

win 1. *n* victoire *f* ; (*jd*) **complete** ~! (*ippon-gachi!*) victoire *f* par point ! ; (*jd*) **compound** ~! (*sogo-gachi!*) victoire *f* par combinaison ! ; (*bx*) **ten wins and a draw** dix victoires *fpl* et un nul ; (*wr*) ~ **by fall** victoire *f* par tomber ; (*bx*) ~ **by knockout** victoire *f* par knock-out *m* ; (*bx, wr*) ~ **on points** victoire *f* aux points ; (*bx*) ~ **by retirement** victoire *f* par abandon **2.** (*won*) *v* (*intransitive*) triompher, vaincre ; (*transitive*) (*match, medal, championship*) gagner ; (*victory, medal, set*) remporter ; (*title*) (*bx*) conquérir, (*gén*) remporter, enlever, s'approprier ; (*ft*) **to ~ the ball** prendre possession du ballon, s'approprier le ballon, conquérir le ballon ; (*ft*) **to ~ the ball from an opponent** prendre le ballon à un adversaire ; (*ft*) **to ~ three nil** gagner trois à zéro ; (*rb*) **to ~ the ball with the feet** se procurer le ballon avec les pieds ; (*bx*) **to ~ on points** triompher aux points ; (*rb*) **we won a lot of ball** nous avons conquis / récupéré / les ballons ; (*rb*) **we won the ball cleanly in the line-outs** nos prises en touche ont été très nettes ; (*gen*) **we have won three consecutive /** (*jn*) **back-to-back / titles** nous avons aligné trois titres de suite ; (*cycl*) **to ~ by a tyre's width** gagner d'un pneu ; (*cycl*) **to ~ by a wheel's length** gagner d'une roue ; (*hrg*) **to ~ in a canter** gagner haut la main ; (*bx*) **he won his first ten contests inside the distance** il remporta ses dix premiers combats avant la limite ; (*cycl, etc.*) **to ~ one's first victory as a professional** (*jn*) décrocher sa première victoire professionnelle ; **he won the San-Marino Grand Prix by twenty-seven seconds** il emporta le Grand Prix de Saint-Marin de vingt-sept secondes

winch *n* (*slg*) treuil *m*, winch *m*

wind 1. *n* vent *m* ; ~ **abeam** vent *m* de travers ; **following** ~ (*slg*) vent *m* arrière, (*rw*) vent *m* favorable ; (*slg*) **swirling** ~ vent *m* tourbillonnant ; (*slg*) **on the** ~ au près ; (*slg*) **prevailing** ~ vent *m* dominant ; (*slg*) **steady** ~ vent *m* constant ; (*slg*) ~ **direction indicator** penon *m*, (*on top of mast*) girouette *f* ; (*sk, etc.*) ~ **measurement device** appareil *m* de mesure du vent ; (*sk, etc.*) ~ **measures** mesures *fpl* du vent ; (*slg*) **to sail off the** ~ faire du largue **2.** *v* (= *to leave s.o. short of breath*) mettre (*qn*) à bout de souffle, essouffler (*qn*) ; (*in a collision, etc.*) **to ~ s.o.** couper la respiration / le souffle / à qn ; **he was ~ed in the tackle** (*ft*) le tacle / (*rb*) le plaquage / lui a coupé la respiration

winded *adj* (= *short of breath*) essoufflé(e) *m(f)*, hors d'haleine ; (*ft, rb*) **he is ~ as a result of the tackle** (*ft*) le tacle / (*rb*) le plaquage / lui a coupé la respiration ; v. wind *v*

wind up *vphr* (*athl*) (*race*) (*fg, jn*) "**they are starting to wind it up**" ils commencent à accélérer, ils commencent à hausser le rythme ; (*cycl, etc.*) (*jn*) **to ~ the pace for a sprint finish** lancer le sprint

windlass *n* (*slg*) guindeau (*pl* -eaux) *m*

windsurfer *n* véliplanchiste *mf*

windsurfing *n* (*sp*) planche *f* à voile

windward *adj* (*slg*) au vent

wing *n* (*ft, etc.*) aile *f* ; **left / right** ~ aile *f* gauche / droite ; (*hang-glider*) ~ **wire** gréement *m* ;
   wing half-back (*hk*) demi *m* extérieur ;
   wing three-quarter (*rb*) trois-quarts aile *m*

winger *n* (*ft, rb*) ailier *m*

wing-forward (*rb*) avant-aile *m* (*pl* avant-ailes), ailier *m*, (*hk*) ailier *m*

wing-half *cpd* (*ft*) demi-aile *m* (*pl* demi-ailes), (*hk*) demi *m* extérieur

wing-man *n* ailier *m*

winner *n* vainqueur *m*, lauréat *m* ; **the**

overall / **outright** / ~ le vainqueur absolu ; **the winner's rostrum** le podium ; v. emerge

winning *adj* gagnant(e) *m(f)* ; *(tn)* ~ **volley** volée *f* gagnante ; *(ft)* **the ~ goal** le but de la victoire

winter *n* hiver *m* ; ~ **sports** sports *mpl* d'hiver, *(heading in newspaper)* Neige *f* ; *(ft)* ~ **break** trève *f* ; **winter resort** *(sk)* station *f* (de sports) d'hiver

wire *n* *(fn)* **body** ~ fil *m* de corps ; *(fn)* ~ **mesh of mask** treillis *m* (métallique) du masque ; *(hang-glider)* **wing** ~ gréement *m* ; *(hang-glider)* **rigging** ~ hauban *m* ; *(canoeing)* **suspension** ~ câble *m* de suspension

wishbone *n* *(slg)* ~ **boom** wishbone *m*

withdraw *v* se retirer, abandonner ; **to ~ from a team** déclarer forfait

withdrawal *n* *(gen)* forfait *m*, *(aut, etc.)* retrait *m*, abandon *m*

withers *npl* *(eq, hrg)* *(of horse)* garrot *m*

wobble *v* *(athl)* *(high jump, pole vault)* **the bar ~d** la barre a vacillé sur les taquets

woman *(pl **women**)* *n* *(athl, etc.)* **women's events** épreuves *fpl* féminines ; *(luge)* **women's single** luge *f* simple dames ; *(rw)* **the women's double scull** le double scull féminin ; *(sw)* **the women's 200 metres butterfly** le 200 mètres papillon dames

wood *n* *(gf)* *(club)* bois *m*

wooden *adj* *(r b)* *(Five Nations' Championship)* ~ **spoon** cuillère *f* en bois

"woodwork" *n* *(ft)* *(fm)* (= *goal frame*) «cadre» *m*

work *n* travail *m* ; *(ft)* **approach** ~ travail *m* d'approche ; *(bx)* **good** ~ **to the body** bon travail au corps ; *(rw)* ~ **in the water** travail *m* dans l'eau

worked up *adj phr* *(person, crowd)* sur-volté(e) *m(f)*

workhorse *n* *(ft, etc.)* *(fm)* *(player)* «bosseur» *m*

works *npl* *(aut)* **a works' Lotus** une Lotus d'usine

world *n* **World Health Organization** Organisation Mondiale de la Santé ; **world-class** *adj phr* *(jn)* **he's a ~ player** / **athlete** c'est un joueur / athlète / qui a la classe mondiale, c'est un joueur / athlète / de taille mondiale ; *(athl, etc.)* ~ **performance** performance *f* mondiale ; **world title** *(bx, etc.)* titre *m* mondial ; **world-title holder** *(bx)* détenteur *m* d'une couronne mondiale

worry *v* inquiéter ; *(bx)* **to ~ an opponent** inquiéter un adversaire ; *(ft, etc.)* **to ~ the defence** inquiéter la défense

worst *adj* *(ft, etc.)* **the ~ crowd of the season** la plus faible assistance de la saison

wrench *n* *(injury)* arrachement *m*, entorse *f*, foulure *f*

wrestle *v* *(wr)* **to ~ openly** / **in a passive manner** lutter ouvertement / de façon passive

wrestler *n* lutteur(euse) *m(f)*

wrestling *n* lutte *f* ; ~ **costume** maillot *m* de lutte ; *(wr)* ~ **match** combat *m* de lutte ; **Graeco-Roman** ~ lutte *f* gréco-romaine ; **all-in** / **freestyle** / ~ lutte *f* libre ; **ground** ~ lutte *f* au sol ; **standing** ~ lutte *f* debout

wrinkle *n* *(slg)* pli *m*

wrist *n* *(anatomy)* carpe *f*, poignet *m* ; *(rw)* ~ **action** travail *m* du poignet ; *(wr)* ~ **hold** prise *f* de poignet ; *(rw)* **to drop the ~** baisser le poignet ; **wrist pad** bracelet *m*

wristband *n* *(tn)* serre-poignet *m*

wrong *adj* *(ft)* **to send the goalkeeper the ~ way** prendre le gardien / «goal» / à contre-pied ; v. catch *v*

wrong-foot *v* (*ft*) (*jn*) **to ~ the goal-keeper** prendre le gardien / «goal» / à contre-pied

WWSU (*abbr of World Water Ski Union*) Union Mondiale de Ski Nautique

X

X-ray *cpd* **~ examination** examen *m* radiographique ; **to have an ~** pas-ser une radiographie / une radio

Y

yacht *n* yacht *m* ; (*slg*) **sailing ~** voilier *m* ; (*slg*) **racing ~** yacht *m* de course ;
yacht race course *f* de yachts
yachting *n* navigation *f* de plaisance, yachting *m*
yacht-racing *cpd* courses *fpl* de yachts
yachtsman (pl yachtsmen) *n* (*slg*) yachtman (*pl* yachtmen) *m*, yachts-man (*pl* yachtsmen) *m*
Yamashita vault *cpd* (*gym*) Yamashita *m*
yard *n* (*ft*) **six ~s box** surface *f* de but ; (*rb*) **twenty-five ~s line** ligne *f* des vingt-cinq yards / des vingt-deux mètres

yardline *n* (*American / Canadian football*) ligne *f* des verges
yellow *adj* jaune ; (*ft*) **~ card** carton *m* jaune ; (*ft*) **to show a ~ card to a player guilty of foul play** avertir un joueur incorrect ; (*cycl*) **the ~ jersey** le maillot jaune (*Tour de France*), (*jn*) le maillot amarillo (*Tour d'Espagne*) ; (*sk*) (*alpine skiing*) **~ zone** zone *f* jaune
youth *n* (*ft*) **this club has a very good ~ policy** ce club a une très bonne école de jeunes ; (*ft*) **he came up through the ~ teams** il est issu de l'école de jeunes

Z

zigzag *v* (*sk*) slalomer ; (*ft*) (*dribble, training*) slalomer
zonal *adj* (*ft*) **~ marking / defending** défense *f* de zone
zone *n* (*gen*) zone *f* ; (*gym*) **~s** zones *fpl* d'appui ; (*vb*) **attack ~** zone *f* d'attaque ; (*vb*) **back ~** zone *f* de défense ; (*arc*) **black / blue / gold / red / white / ~** zone *f* noire / bleue / centrale / rouge / blanche ; (*wr*) **grip ~s** zones *fpl* des prises ; (*American football, etc.*) **neutral ~** zone *f* neutre ; (*athl*) (*high jump*) **take-off ~** aire *f* d'élan ; (*ihk, etc.*) **attacking / defensive / ~ zone** *f* d'attaque / de défense ; (*bkt*) **~ defence** défense *f* de zone ; (*tn*) **service ~** zone *f* de service ; (*ft*) (*jn*) **the danger ~** la zone de vérité ; (*ft*) (*jn*) **the relegation ~** la zone dangereuse ; (*sk*) (*alpine skiing*) **yellow ~** zone *f* jaune ; v. attacking zone, defending / defensive / zone, end zone, neutral

DICTIONNAIRE
FRANÇAIS-ANGLAIS

FRENCH-ENGLISH
DICTIONARY

A

à *prép* **le hand-ball ~ sept** seven-a-side handball ; (*arc*) **boîte ~ flèches** arrow case ; (*bx*) **corps ~ corps** infighting ; (*canoë-kayak*) **kayak ~ quatre** kayak four

abaisser *v* (*bx*) **esquiver en abaissant la tête au-dessous de la ceinture** to duck below the belt

abandon *nm* (*gén*) withdrawal, retirement ; (*bx*) retirement ; (*athl*) **~ de piste** leaving one's lane, crossing over into another lane ; (*bx*) **victoire par ~** win by retirement ; (*jd*) **victoire par ~ !** (*kiken-gachi!*) victory by submission!

abandonner *v* (*gén*) to give up, to retire, to withdraw ; (*bx*) to retire ; (*jd*) **'j'abandonne !'** (*'maitta!'*) 'I give up!' ; (*aut, mt*) **~ une course** to retire from a race ; (*athl*) **~ sa piste** to go out of / to leave / one's lane, to cross over into another lane

abdomen *nm* (*anatomie*) abdomen

abdominal(e) (*mpl -aux*) *adj* abdominal

abdominaux *nm* *pl* abdominal / stomach / muscles ; **faire des ~** to do stomach exercises, to exercise one's stomach muscles

abducteur *nm* abductor (*muscle*)

abduction *nf* (*mouvement*) abduction

abonné(e) *nm(f)* (*gén*) season-ticket holder

abonnement *nm* (*gén*) **~ ou carte d'~** season-ticket

abordage *nm* (*av, vle*) collision

aborder *v* (*av, canoë-kayak, etc.*) to land ; (*éq*) **~ un obstacle** to approach an obstacle

abri *nm* (*tir*) shelter ; (*vle*) **~ contre le vent** lee

abriter *v* (*vle*) **côté abrité du vent** lee

absolu(e) *adj* v. vainqueur

accalmie *nf* (*temps*) (*vle*) lull, period of calm weather

accastillage *nm* (*vle*) fittings *pl*, upper-works *pl*

accélérateur *nm* accelerator ; (*cycl*) (*jn*) **il n'aime pas les coups d'~** he does not like sudden bursts of speed

accélération *nf* acceleration ; **concours / épreuve d'~** drag race ; **courses d'~** drag racing

accélérer *v* (*gén*) to accelerate

accession *nf* (*ft, etc.*) **les barrages d'~** the promotion play-offs

acclamations *nfpl* cheers

acclamer *v* (*gén*) **~ qn** to cheer (for) s.o.

accorder *v* (*athl, bx, etc.*) (*points*) to award ; (*ft, etc.*) (*arbitre*) **~ un coup franc** to award a free kick ; (*éq, etc.*) **temps accordé** time allowed

accoster *v* (*vle*) to moor

accouplé(e) *adj* v. aviron

accrochage *nm* (*gén*) recovery (from a losing position) ; (*aut, mt*) collision, bump ; (*bx*) clinch ; (*hk*) (clash of) sticks ; (*ft, etc.*) **~ de maillot** shirt pulling / tugging ; (*vle*) **point d'~** anchor point ; (*arc*) **~ sur le nez** nose mark

accrocher *v* (*hk*) to hook ; (*ft*) (*jn*) (*titre dans un journal*) **Benfica accroché** Benfica held to a draw

accroupi(e) *adj* (*gym*) tucked ; (*gén*) **posture ~e** crouch ; (*gym*) **position ~e** bent leg squat ; (*gym*) **salto ~** tucked somersault

accroupir(s') *vpr* to squat (down), to crouch (down)

accroupissement *nm* (*gén*) squatting, crouching ; (*hlt*) squat

aculer *v* (*ft, etc.*) **être acculé à la défensive** to be forced back into defence / onto the defensive

Achille *nm* v. talon

acrobatique *adj* (*ft*) **plongeon ~** acrobatic dive

actif *nm* (*ft*) **il a six buts à son ~** he has scored six goals, he has six goals to his credit

action *nf* (*gén*) action ; (*éq*) **~ jambes** aid of the legs ; (*éq*) **~ sur le cheval** influence on the horse

activité *n f* **Activités Physiques et Sportives (APS)** ≈ physical recreation

acuponcteur *nm* (*méd*) acupuncturist

acuponcture *nf* (*méd*) acupuncture

acupuncteur *nm* v. acuponcteur

acupuncture *nf* v. acuponcture

adaptable *adj* (*gén*) (*jeu*) adaptable

adaptation *n f* (*ft, rb, etc.*) (*équipe*) **faculté d'~** adaptability

adducteur *nm* adductor muscle

adduction *nf* (*mouvement*) adduction

adepte *nm(f)* (gén) **~ de la condition physique** fitness fanatic

adhésif(ive) *adj* v. ruban

adrénaline *nf* adrenalin(e) ; **la compétition fait monter l'~** competition gets the adrenalin(e) going / flowing

adresse *nf* (gén) skill

adresser *v* (ft) (*entraînement, etc.*) **~ le ballon à un partenaire** to pass the ball to a team mate

adversaire *nm(f)* (*gén*) opponent ; (*gén*) **~ facile** pushover ; (*bx*) **s'appuyer sur son ~** to lean on one's opponent ; (*hd*) **pivoter sur l'~** to pivot into one's opponent ; (*hd*) **pivoter en s'éloignant de l'~** to pivot away from one's opponent ; (*jd*) **saisir l'~** (*kumikate*) to take hold ; v. effacer, mettre

adverse *adj* opponent's, opponents' ; (*bkt*) **panier du camp ~** opponents' basket ; (*ft*) **la surface de réparation ~** the opponents' penalty area ; (*ft, etc.*) **terrain ~** away ground ; (*ft, rb, etc.*) **intercepter une passe ~** to cut out / to intercept / an opponent's pass ; (*ft*) **marquer un but pour l'équipe ~** to score an own goal

aérien(ienne) *adj* (*f t*) **une passe aérienne** a high pass / ball ; (*ft*) **les balles aériennes** high balls

aérofrein *nm* (*de planeur, etc.*) air brake

affichage *nm* v. tableau

affiche *nf* poster, bill ; (*bx*) (*boxeur*) **revenir à l'~** to be back in action ; (*combat*) **en tête d'~** top-of-the-bill (fight)

affiner *v* **~ sa condition physique** to sharpen / improve / one's physical fitness

affluence *nf* **les records d'~** the attendance records ; **une ~ record** a record attendance / crowd

affûtage *nm* (*gén*) (*entraînement*) sharpening (up) ; (*hkg*) **~ des lames de patins** sharpening of skates

affûter *v* (*athlète, cheval, etc.*) to bring (*an athlete, a horse, etc.*) to peak form / to the top of his / its / form ; v. affûtage

agent *nm* (*ft, tn, etc.*) agent

aggraver *v* (*ft, rb, etc.*) (*jn*) **~ la marque** to increase the score, to add to the score

agité(e) *adj* (*av, etc.*) **eau ~e** choppy water

agrès *nm pl* (*gym*) apparatus ; **gymnastique / exercices / aux ~** apparatus work, exercises on the apparatus

agressif(ive) *a d j* (*bkt*) **marquage ~** close man-to-man, man-to-man marking

AIBA (*abr de Association Internationale de Boxe Amateur*) International Amateur Boxing Association

aide *nf* (*éq*) **~s** aids ; (*jd*) **balayage à l'~ de la hanche** (*harai-goshi*) sweeping hip throw ; (*éq*) **emploi des ~s** use of aids ; (*é q*) **correction dans l'emploi des ~s** correct use of aids

aide-arbitre *nm* (*bkt*) umpire

aigle *nm* (*patinage artistique*) **grand ~** Spread Eagle

aiguillage *nm* (*rb*) (*jn*) change of direction, linking

aïkido *nm* (*sp*) aikido

aile *nf* (*ft, rb*) wing, flank ; l'~ **gauche** / **droite** the left / right / wing ; ~ **delta** / **volante** hang-glider ; (*rb*) v. renforcer, trois-quarts

aileron *nm* (*aut*) aerofoil, (*de planeur*) aileron

ailier *nm* (*ft*) winger ; (*rb, hd*) wing-forward ; ~ **gauche** (*ft*) left winger, (*ft, hd*) outside-left ; ~ **droit** (*ft*) right winger, (*ft, hd*) outside-right ; (*football américain*) ~ **éloigné** split end ; (*football américain*) ~ **rapproché** tight end ; (*football américain*) ~ **défensif droit** / **gauche** right / left / defensive end

aine *nf* (*anatomie*) groin ; (*gén*) **blessure à l'**~ groin injury / strain

air *nm* **bouteille d'**~ **comprimé** compressed-air cylinder ; (*tir à la carabine*) **carabine à** ~ **comprimé** air rifle ; (*éq*) **changement de pied en l'**~ flying change of leg ; (*gén*) **sports de plein** ~ outdoor sports / pursuits ;

aire *nf* (*sk*) ~ **d'arrivée** finish area ; (*sk*) ~ **de départ** start area ; (*athl*) (*saut en hauteur*) ~ **d'élan** (jumping / run-up / approach / take-off) area, (*jn*) fan ; (*athl*) (*javelot, perche, etc.*) runway ; (*athl*) (*saut à la perche*) ~ **de réception** landing area / pit

ajuster *v* (*ft*) ~ **une frappe** to aim a shot

albatros *nm* (*gf*) (= *trois sous le par pour un trou donné*) albatross

alezan(e) 1. *adj* (*éq, hps*) **cheval** ~ chestnut ; (*éq, hps*) **cheval blanc à taches** ~**es** skewbald **2.** *nm* (*éq, hps*) (*cheval*) chestnut

alignement *n m* (*hk, hkg, etc.*) (= *composition de l'équipe*) line-up ; (*rb*) ~ **de la touche** straightening the line-out ; (*rb*) **respecter l'**~ to leave a gap of one yard (*between the teams*) in the line-out

aligner *v* (*gén*) **nous avons aligné trois titres de suite** we have won three consecutive titles / championships

aligneur *nm* (*av*) aligner

allant *nm* drive, energy ; **avoir de l'**~ to have plenty of drive, to have «bags» of energy

All-Blacks *cpd, mpl* (*rb*) All-Blacks

allègre *adj* (*ft, rb, etc.*) **un match** ~ a lively match / game

allemand *n m* (*gym*) ~ **costal** Schwabenflanke ; (*gym*) ~ **dorsal** Schwabenkehre

aller 1. *nm* (*ft, etc.*) (= *match aller*) first leg **2.** *v* (*gén*) to go ; (*esc*) **'allez !'** 'play!' ; (*bx*) ~ **au tapis** to be knocked down, to go down ; (*ft*) (*jn*) ~ **de l'avant** to push / go / forward

allonge *nf* (*arc*) draw length ; (*bx*) (*d'un boxeur*) reach

allongé(e) *adj* (*éq*) **galop** ~ extended canter ; (*éq*) **pas** ~ extended walk ; (*éq*) **trot** ~ extended trot

allonger *v* (*arc*) ~ **trop fort** to overdraw

allumer *v* ~ **le gardien de but** / «**le goal**» to shoot straight at the goalkeeper / the «keeper»

allure *nf* (*gén*) (*vitesse*) speed, pace ; (*démarche d'une personne*) walk, gait ; (*démarche d'un cheval*) gait ; **marcher à une vive allure** to walk at a brisk pace ; (*éq*) **pureté des** ~**s** purity of strides ; (*gén*) **à toute** ~ at full / top / speed, at full stretch ; (*gén*) **mise en** ~ building up speed ; (*athl, etc.*) **pleine** ~ **de course** full / top / racing speed

alpin(e) *adj* (*sk*) **skieur** ~ alpine skier ; v. combiné

alpinisme *n m* mountaineering, climbing

alpiniste *nm(f)* mountaineer, climber, alpinist

alternatif(ive) *adj* (*nt*) **respiration alternative** breathing on alternate sides

altimètre *nm* (*de planeur, etc.*) altimeter

altitude *nf* (*athl, etc.*) **entraînement en ~ altitude** training ; (*sk*) (*ski alpin*) **~ du départ** start elevation

«amarillo» *nm* (*cycl*) (*jn*) the yellow jersey / the race leader's jersey (*in the Tour d'Espagne*)

amarre *nf* (*vle*) mooring rope ; (*vle*) **larguer les ~s** to cast off

amateur *nm* amateur

amateurisme *nm* amateurism

amélioration *nf* (*athl, etc.*) (*entraînement*) **~ de la vitesse** speed training

améliorer *v* to improve ; (*athl*) **~ de quatre centièmes son record personnel** to improve one's personal best / one's PB / by four hundredths of a second ; v. capital

amener *v* (*hlt*) **~ à bout de bras** to extend completely ; (*lte*) **~ son adversaire au sol** to pull / throw / down one's opponent ; (*vle*) **~ une voile** to lower a sail

America *nf* (*vle*) **la Coupe de l'~ / l'~'s Cup** the America's Cup

américain(e) *adj* (*tir au pigeon d'argile*) **tir à l'~e** American-style clay pigeon shooting

amical(e) (*mpl* -aux) *adj* (*match, rencontre, etc.*) friendly *n*, friendly match

amocher(s') *vpr* (*rb, etc.*) **il s'est amoché les côtes contre les Anglais** he smashed his ribs playing against England, he got his ribs smashed playing against the English

amont *nm* (*av, canoë-kayak*) **en ~** upstream

amorce *nf* (*tir*) primer

amorti 1. *nm* (*tn*) drop shot ; (*ft*) **faire un ~** to kill the ball, to bring the ball under control, to control the ball, to bring the ball down ; (*ft*) **un ~ de**

(la) cuisse / de (la) poitrine / de (la) tête a thigh / chest / head / trap **2.** *adj* (*tn*) **balle ~e** drop shot

amortir *v* (*ft*) **~ la balle** to bring the ball down, to control the ball ; (*ft*) **~ le ballon avant de tirer** to tee up a shot, to control the ball before shooting

amortisseur *nm* (*aut*) shock absorber ; (*tir*) **~ de recul** compensator

amphétamine *nf* (*pharm*) amphetamine

amure *nf* (*vle*) **tribord ~s** starboard tack ; (*vle*) **bâbord ~s** port tack

anabolisant(e) *adj & nm* (*pharm*) **~ ou stéroïde ~** anabolic steroid

analeptique *nm* (*pharm*) analeptic

analgésie *nf* (*méd*) analgesia

analgésique *nm* (*pharm*) analgesic

analyse *nf* **~ gestuelle** analysis of body action / movement

anatomie *nf* anatomy ; **~ pathologique** morbid pathology

ancre *nf* (*vle*) anchor

androgène *nm* (*pharm*) male hormone, androgen

anénomètre *nm* (*de planeur*) anenometer, airspeed indicator ; (*sk*) (*saut à ski*) wind gauge / indicator

ange *nm* (*nt*) **saut de l'~** swallow dive ; (*nt*) **faire le saut de l'~** to swallow-dive, to do a swallow dive

angle *nm* angle ; (*gén*) **tirs des ~s** angled shots ; (*ft*) **à l'~ droit des seize mètres** on the corner of the penalty area

animateur *nm* (*ft*) playmaker, creative player, provider ; **~ sportif** (*colonie de vacances, etc.*) sports instructor / representative, club leader

animation *nf* (*gén*) **~ stratégique** tactics

anneau, (*pl anneaux*) *nm* (*bkt*) ring ; (*gym*) **~x** rings ; (*flé*) **double ~ extérieur** (*secteur de la cible*) double *n*

annexe *adj* v. court

annonceur(euse) *nm(f)* (*stade, etc.*) announcer

annulaire *adj* (*tir*) **guidon** ~ front-sight ring

annulation *nf* (*gén*) cancellation

annuler *v* (*ft*) to cancel ; (*ft, etc.*) ~ **un but** to disallow a goal ; (*sk, etc.*) **course annulée** race declared void ; (*sk, etc.*) **course annulée et reprise** race declared void and rerun ordered

anonyme *adj* (*ft, etc.*) (*jn*) **une équipe** ~ a mediocre / an ordinary / team

anorexigène *nm* (*pharm*) anorexiant, anoretic, appetite depressant

antenne *nf* (*vb*) antenna

anthropométrie *nf* anthropometry

anthropométrique *adj* anthropometric

antidépresseur *n m* (*p h a r m*) antidepressant

antidopage *adj* antidoping

«antidoping» *adj* antidoping

anti-jeu *cpd, m* (*ft, etc.*) **des actes d'**~ unsporting / ungentlemanly / conduct, gamesmanship

aplanir *v* (*gf*) (*terrain*) to flatten

appareil *nm* (*tir*) ~ **de lancement** trap ; (*esc*) ~ **de signalisation des touches** judging apparatus ; (*esc*) ~ **électrique de signalisation** electrical judging apparatus ; (*bkt*) **opérateur de l'**~ **des trente secondes** clock operator

appareillage *nm* (*esc*) ~ **électrique** electrical equipment

appariteur *nm* (*dans un stade*) steward, attendant

appel *nm* (*athl*) take-off ; (*canoë-kayak*) drawing ; (*esc*) appel ; (*pentathlon moderne*) **jury d'**~ jury ; (*athl*) **pied d'**~ take-off foot ; (*saut en longueur*) **planche d'**~ take-off board ; (*ft, etc.*) (*jn, fg*) **manquer à l'**~ to be unfit

appeler *v* (*gén*) to call up (for national team) ; (*ft, etc.*) ~ **le ballon** to call for the ball ; (*ft, etc.*) ~ **dans l'aile** to call for the ball on the wing ; (*gym*) **élan appelé 'Auerbach'** gainer back somersault

applaudir *v* ~ (**qn**) to applaud (s.o.) ; **se lever pour** ~ **qn** to give s.o. a standing ovation

appréciation *nf* (*tir*) ~ **de la distance** distance judging, judging the distance

approche *nf* (*gf*) (*coup*) approach shot ; (*ft*) **travail d'**~ approach work / play ; (*gf*) **jeu d'**~ approach play

approprier(s') *vpr* (*ft, rb, etc.*) ~ **le ballon** to gain possession of the ball, to win the ball ; (*athl, ft, etc.*) ~ **le titre** to win / carry off / the title

approvisionneur *nm* (*ft*) provider

appui *nm* (*ft, etc.*) support ; (*ft, etc.*) **recevoir un** ~ to get / receive / support ; **pied / jambe / d'**~ supporting foot / leg ; (*gym*) ~ **avant** front support ; (*gym*) ~ **brachial** upper arm support ; (*gym*) ~ **bras fléchis** bent support ; (*ckt*) ~ **droit** fine leg ; (*ckt*) ~ **extra** extra cover ; (*gym*) ~ **horizontal** planche ; (*ckt*) ~ **point** cover point ; (*tir*) ~ **pour le pouce** thumb-rest ; (*gym*) ~ **renversé** handstand ; (*gym*) ~ **brachial renversé** shoulder stand ; (*gym*) ~ **tendu** stretched support ; (*gym*) ~ **tendu renversé suisse** Swiss handstand ; (*gym*) ~ **transversal** cross support ; (*gym*) ~ **sur une épaule** support on one shoulder ; (*gym*) **bascule depuis l'**~ **sur les bras** upper arm upstart ; (*gym*) **sauts avec** ~ vaults with support ; (*gym*) **sauts avec** ~ **des mains sur la croupe** vaults with support on near-end of the horse ; (*gym*) **tour d'**~ hip circle, circle ; (*gym*) **tour d'**~ **libre** free hip circle ; (*gym*) **zones d'**~ zones ; (*athl*) (*sauts, haies*) **prendre** ~ **sur le pied gauche / droit** to take off on the left / right /

foot ; (*athl*) **la course est caractérisée par l'~ unilatéral** running is characterized by the fact that only one foot remains on / stays in contact with / the ground

appui-pied *cpd, m* (*curling*) hack

appuyé(e) *adj* (*ft*) **un tir ~** a hard / strong / shot

appuyer 1 . *v* (*tir*) (*arme*) to support (*one's weapon*) ; (*tir*) **~ sur la détente** to pull the trigger **2.** *vpr* (*bx*) **s'~ aux cordes** to lean on the ropes ; (*ft*) **s'~ sur la règle du hors-jeu** to play for offside, to use offside tactics ; (*bx*) **s'~ sur son adversaire** to lean on one's opponent

après-saison (*d'*) *loc adj* (*ft, etc.*) **tournée d'~** summer tour

APS (*abr de Activités Physiques et Sportives*) Physical Recreation

apte *adj* (*ft, rb, etc.*) **être déclaré ~ à jouer** to be declared / passed / fit

aptitude *nf* (*joueur, etc.*) **~(s) technique(s)** technical skill(s), technical ability

aquatique *adj* (*gf*) **obstacle ~** (the) water

arabe *adj* (*gym*) **saut ~** Arabian cartwheel

arabesque *nf* (*danse sur glace*) arabesque

arbalète *nf* (*arc*) crossbow ; **tir à l'~** crossbow archery

arbitrage *nm* (*gén*) refereeing, judging ; (*tn*) umpiring ; (*bx*) **Commission d'~ et de Jugement** Commission of Refereeing and Judging ; (*ft, etc.*) **quelques décisions contestées d'~** some disputed refereeing decisions

arbitral(e) *adj* (*ft, etc.*) **le corps ~** the match officials

arbitre *nm* (*bkt, bx, ft, hd, jd, rb, etc.*) referee ; (*tn, pétanque, etc.*) umpire ; (*bsb*) umpire, principal umpire ; (*canoë-kayak*) **~ de parcours** course umpire ; **~ en chef** (*bsb*) umpire-in-chief, (*football américain*) referee ; (*vb*) **second ~** umpire ; (*hd*) **~ de champ** court referee ; (*arc*) **~ sur le terrain** field officer ; (*tir*) **juge arbitre** referee ; (*bx*) **arrêt de l'~** referee stops/stopped/contest fight ; (*hd*) **jet d'~** referee's ball ; (*bkt*) **signaux des ~s** officials' signals

arbre *nm* (*gym, etc.*) **faire l'~ droit** to do a handstand ; **faire l'~ fourchu** to do a headstand

arc *nm* bow ; (*arc*) **boîte de l'~** bow case ; (*arc*) **branche de l'~** bow limb ; (*arc*) **branche inférieure / supérieure / de l'~** lower / upper / bow limb ; (*arc*) **bras de l'~** bow hand ; (*arc*) **dos d'~** bow backing ; (*arc*) **force de l'~** bow strength ; (*arc*) **longueur de l'~** bow length ; (*arc*) **poids de l'~** bow weight ; (*arc*) **poignée de l'~** bowgrip ; (*arc*) **pointe de l'~** bowtip ; **tir à l'~** archery ; (*arc*) **stand de tir à l'~** archery range ; (*arc*) **ventre de l'~** face of the bow ; (*arc*) **armer l'~** to string the bow

arceau *nm* (*croquet*) hoop

archer *nm* archer

arçon *nm* (*gym*) **~ d'avant** forward-end pommel ; (*gym*) **~ d'arrière** rear-end pommel

ardent(e) *adj* (*éq*) **cheval ~** puller

argent *nm* (*athl, etc.*) **médaille d'~** silver medal

argile *nf* clay ; **pigeon d'~** clay pigeon ; **tir au pigeon d'~** clay pigeon shooting

arme *nf* (*gén*) arm, weapon ; (*tir*) **~ chargée** loaded weapon ; (*esc*) **~ défectueuse** faulty weapon ; (*tir*) **~ libre** free rifle ; (*tir*) **défaut de l'~** malfunction of the weapon ; (*esc*) **contrôle des ~s** control of weapons ; (*esc*) **gaine des ~s** fencing bag ; (*pentathlon moderne*) **inspection des ~s** inspection of the weapons ; (*esc*) **salle d'~s** fencing school ; (*tir*) **~s à feu** firearms ; **se battre à l'~ blanche** to fight with cold steel ; (*pentathlon moderne*) **'déchargez les ~s !'** 'unload weapons!'

armé *nm* (*ft*) (*frappe*) backlift

armer *v* (*arc*) **~ l'arc** to string the bow ; (*ft*) **~ son tir** to tee up one's shot

arquer *v* (*gén*) (*dos*) to bend

arraché *nm* (*hlt*) snatch ; (*hlt*) **~ à deux bras** two-handed snatch ; (*gén*) (*fg*) **obtenir une victoire à l'~** to snatch victory

arrachées *nfpl* (*lte*) lifting holds

arrachement *nm* (*blessure*) wrench, evulsion ; **être victime d'un ~ des ligaments** to be suffering from torn ligaments

arracheur *n m* (*hlt*) competitor in the snatch

arrêt *nm* (*éq*) halt ; (*ft, etc.*) (*gardien de but, défenseur*) **~** (*du ballon*) save ; (*esc*) **~ à la manchette** stop cut ; (*esc*) **coup d'~** stop thrust ; (*bx*) **~ de l'arbitre** referee stops/stopped fight / contest ; (*hkg*) **~ du gardien** save by goaler ; (*ft, rb, etc.*) **les ~s de jeu** stoppage time, stoppages ; (*esc*) **pointe d'~ électrique** electrical pointe d'arrêt ; **l'arbitre fait jouer les arrêts de jeu** the referee is playing stoppage / injury / time, the referee is playing time added on for injury ; (*aut, mt*) **~ au stand** pit stop ; (*rb*) **~ de volée** mark ; (*rb*) **faire un ~ de volée** to make a mark ; v. filet

arrêt-court *cpd, m* (*bsb*) shortstop

arrêté(e) *adj* (*ft*) **balle arrêtée** dead ball ; (*cycl, mt, etc.*) **départ ~** standing start ; (*ft*) **le jeu sur balles arrêtées** set pieces, set-piece moves ; (*ft*) **tirs sur balle ~e** shots

from a dead-ball situation / position

arrêter *v* (*gén*) to stop ; (*jd*) **arrêtez !** (*mate!*) stop ! ; (*bx*) **~ le combat** to stop the fight ; (*athl*) (*jn*) (*athlète*) **~ la compétition** to retire from competitive racing / from competitions ; (*éq*) **faire ~ son cheval** to rein back one's horse

arrière 1. *adj* (*tn*) **~ court** back court ; (*vle*) **étai ~** backstay ; (*squash, racquetball*) **mur ~** back wall ; (*curling*) **ligne ~** back score line ; (*canoëkayak*) **porte ~** reverse gate ; (*vle*) **vent ~** following wind ; (*bkt*) **zone ~** back court ; (*sk*) (*ski artistique et acrobatique*) **saut périlleux ~ avec vrille complète** back full twist, back somersault with twist ; v. traction **2.** *adv* (*gym*) **bascule en ~** back upstart ; (*nt*) **plongeon en ~** backward / reverse / dive ; (*gym*) **grand tour en ~** giant swing backwards ; (*gym*) **arçon d'~** rear-end pommel ; (*av*) **tirade du corps en ~** lie-back ; (*av*) **balancer en ~** to lie back **3.** *nm* (*bkt*) guard, (*ft, hk, rb, etc.*) fullback, back, (*football américain*) fullback ; (*vle*) (*de voilier*) stern ; (*ft*) **~ latéral** fullback ; (*ft*) **~ central** central defender, centreback, centre half ; (*vb*) **~ centre** centre back ; **~ gauche / droit** (*ft, hk*) left / right / back, (*bkt*) left / right / guard ; (*cycl*) **attaque partie de l'~** attack from the rear ; (*bx*) **coup en pivotant vers l'~** pivot blow ; (*bkt*) **marquer par l'~** to guard from the rear ; v. juge

arrière-champ *nm* (*bsb*) outfield

arrière-main *nm* (*tn*) (*coup d'*)**~** backhand (stroke) ; (*éq*) **engagement de l'~** engagement of the hindquarters

arrière-train *nm* (*cheval*) hindquarters (*pl*)

arrivée *nf* (*gén*) finish ; (*cycl, etc.*) **~ en peloton** bunch finish ; (*athl, etc.*) **~**

serrée close finish ; (*canoë-kayak*) **bouée à l'~** finishing buoy ; (*athl, etc.*) **la ligne d'~** the finishing line ; (*cycl, etc.*) **à deux étapes de l'~** two stages from / before / the end of the race ; (*cycl, etc.*) **~ au sprint** sprint finish ; (*gym*) **~ au sol** landing ; v. poteau

art *nm* **~s martiaux** martial arts

artériel(le) *adj* v. tension

articulation *nf* (*anatomie*) joint ; **~ du coude** elbow joint ; **~ du doigt** knuckle

artifice *nm* v. feu

artificiel(ielle) *adj* (canoë-kayak) **obstacle ~** artificial obstacle

artimon *n m* (vle) **~ ou mât d'~** mizzenmast ; (*vle*) **~ de cape** storm mizzen ; (*vle*) **voile d'~** mizzen, mizzen sail

artisan *nm* (*ft, etc.*) (*joueur*) **le principal ~ de la victoire** the matchwinner

artistique *adj* (*gym*) **gymnastique ~** artistic gymnastics ; **patinage ~** figure skating

ascendance *nf* (*ft, rb, etc.*) **prendre l'~** to get on top

ascendant *nm* (*ft, rb, etc.*) **prendre l'~** to get on top

ascenseur *nm* (*rb*) (*jn*) (*en touche*) **il y a eu ~ sur un joueur** = X / he / was lifted by a team mate

aspirer *v* (*nt, etc.*) to breathe in

assaut *nm* (*bx, lte*) bout, match ; (*esc*) bout, assault ; (*bx*) **~ de démonstration** sparring match ; **~ de lutte** wrestling bout ; (*esc*) **~ d'armes** fencing bout ; (*pentathlon moderne*) **~ en une touche** bout for one hit

asséner *v* to strike (a blow), to hit ; (*bx, etc.*) **~ un coup bas** to hit below the belt, to strike a low blow ; (*bx*) **coup bien asséné** good / telling / blow / punch

assesseur *nm* (*esc*) judge

assiette *nf* (*éq*) **~ du cavalier** seat of the rider (*on horse*)

assis(e) *adj* (*éq*) **trot ~** sitting trot

assistance *nf* (*éq*) **~ autorisée / non autorisée** authorized / unauthorized / assistance ; (*gén*) (= *public*) attendance, crowd ; **une ~ clairsemée** a poor attendance ; **la plus faible ~ de la saison** the worst / lowest / crowd of the season ; (*bkt, etc.*) (*passe*) assist ; (*hkg*) (*passe*) **~ ou ~ sur un but marqué** assist

assistant-soigneur *nm* (*bx*) assistant second

association *n f* association, club ; **~ sportive** sports club ; **Association Internationale de Boxe Amateur** International Amateur Boxing Association

assouplissement *nm* (*gén*) limbering up ; (*séance en groupe*) «pop mobility» ; **faire des exercices d'~** to limber up, to do limbering-up exercises ; v. étirement

assurer *v* (*rb*) **le pack assura ses sorties de mêlée** the pack consistently won the scrum ball, the pack won the ball in the scrums

atelier *n m* (*av, canoë-kayak, vle*) **~ de construction** boatyard

athlète *nm(f)* athlete

athlétique *adj* athletic

athlétisme *n m* athletics ; **piste d'~** athletics track

atlantique *adj* **l'océan Atlantique** the Atlantic Ocean, the Atlantic ; (*vle*) **la course en solitaire à travers l'Atlantique** the single-handed Atlantic yacht race

attaquant(e) *nm(f)* (*ft, rb, etc.*) attacker, (*ft, hd, rb, etc.*) attacking player

attaque *nf* (*cycl, ft, rb, etc.*) attack ; (*football américain, etc.*) offensive ; (*esc*) **~ au fer** action on the blade ; (*esc*) **~ composée / directe / indirecte** composed / direct / indirect attack ; (*bkt*) **~ organisée** set-play attack ; (*esc*) ~ **simple** simple attack ; (*esc*) ~ **en flèche** flèche ; (*hd*) ~ **en permutation** attack with interchanging positions ; (*jd*) **celui qui porte l'~** (*tori*) competitor throwing ; (*jd*) **celui qui subit l'~** (*uke*) competitor thrown ; (*esc*) **reprise d'~** reprise ; (*esc*) ~ **précédée d'une feinte** attack preceded by a feint ; (*ttn, etc.*) **jeu d'~** attacking play ; (*vb*) **ligne d'~** attack line ; (*cycl*) ~ **partie de l'arrière** attack from the rear ; v. passe

attaquer *v* (*gén*) to attack ; (*ft, hk, rb, etc.*) to attack ; (*cycl, etc.*) ~ **de devant** to go off from the front

atteindre *v* (*ft, etc.*) ~ **la finale** to reach the final ; (*jn*) (*concours*) ~ **le stade suprême** to reach the final stage

attelage *nm* ~ **de chiens de traîneaux** dog-team, team of huskies

attelé(e) *adj* v. course

attente *nf* (*arc*) **ligne d'~** waiting line ; (*bsb*) v. cercle

attention *nf* (*éq*) attention

atterrissage *nm* (*javelot, etc.*) landing, (*planeur, etc.*) landing ; (*planeur, etc.*) **train d'~** landing gear

attractif(ive) *adj* (*jeu, équipe*) attractive

attrapeur *nm* (*bsb*) catcher

au départ ! *cpd* (*patinage de vitesse*) go to the start!

au-dessous de *prép* (*bx*) **frapper ~ la ceinture** to hit below the belt

audience *nf* (*public*) audience, crowd

Auerbach *n m* (*gym*) **élan appelé '~'** gainer back somersault

augmenter *v* to increase ; (*av*) ~ **la cadence des coups** to increase the stroke rate / the rating ; (*gén*) ~ **le rendement d'un athlète / joueur** to improve the performance of an athlete / player ; (*hlt*) **le poids de la barre augmente de cinq kilos** the weight on the bar is increased by five kilos / kilograms

australien(ienne) *adj* Australian ; **football ~** Australian football

autodrome *nm* motor-racing track

automobile 1. *adj* **canot ~** motorboat **2.** *nf* car, motor car ; **le sport ~** motor sport(s) ; **course(s) d'~** motor racing

autorisé(e) *adj* (*éq*) **assistance ~e** authorized assistance

autorité *nf* (*vle*) **les ~s portuaires** the port authorities

autotransfusion *nf* (*athlète, etc.*) (= *blood transfusion where an athlete, etc. is given a transfusion of his / her / own red corpuscles*) blood doping

autour (de) *prép* (*vle*) **la course ~ du monde en solitaire** the single-handed round-the-world race

aval *nm* (*av, canoë-kayak*) **en ~** downstream

avance *nf* lead ; (*ft*) **avoir deux buts d'~** to be two goals ahead, to have a two-goal lead ; **conserver intacte son ~ de trois points** to keep one's three point lead intact, to maintain one's three point lead ; **conserver un point d'~ sur X** to stay one point ahead of X ; (*gf*) **son ~ sur X était de quatre coups** he had a four-stroke lead over X ; v. tour

avancé(e) *adj* (*hd*) **joueur ~** lead attacker

avant 1. *adv* (*av*) **'en ~ !'** 'ahead!' ; (*gym*) **élancer en ~ avec changement de prise** rotated grasp swing ; (*gym*) **élancer en ~ par-dessous la barre** underswing ; (*rb*) **passe en ~** forward pass ; (*gym*) **arçon d'~** forward-end pommel ; (*vle*) **équipier d'~** foredeck hand ; v. en-avant *nm* **2.** *adj* (*gym*) **appui ~** front support ; (*squash*) **mur ~** front wall ; (*bx*) **poing ~** leading hand ; (*gym*) **salto ~ jambes écartées** straddle front somersault ; (*sk*) (*ski artistique et acrobatique*) **saut périlleux ~** front somersault ; (*aut*) **traction** ~ front-wheel drive ; (*bkt*) **zone** ~ front court **3.** *nm* (*ft, hk, rb, etc.*) forward ; (*ft, hk*) ~ **centre** centre forward ; (*bkt*) ~ **droit / gauche** right / left / forward ; (*ft, etc.*) **le meilleur** ~ **(d'une équipe)** the danger man, the best forward ; (*av*) **retour sur l'~** recovery ; (*ft*) (*jn*) **aller de l'~** to push / go / forward ; (*av*) **faire retour sur l'~** to recover

avantage *n m* (*gén, tn*) advantage ; (*ft, rb, etc.*) **avec l'~ du terrain** with ground advantage ; (*ft, rb*) **la règle de l'~** the advantage rule

avant-aile *nm* (*rb*) wing-forward

avant-bras *nm* (*anatomie*) forearm

avant-champ *nm* (*bsb*) infield

avant-main *nm* (*éq*) forehand

avant-pied *n m* (*anatomie*) (*métatarse*) metatarsus

avant-poste (*pl avant-postes*) *nm* (*vle*) (*jn, fg*) **être aux ~s** to be among the leaders

avec *prép* (*bx*) **coup** ~ **le gant ouvert** blow with the open glove

avenir *nm* (*gén*) **c'est un joueur plein d'~** he's an up-and-coming / promising / player

avertir *v* (*ft, etc.*) ~ **un joueur incorrect** to book / (*ft*) to show the yellow card to / a player guilty of foul play

avertissement *n m* (*athl, lte, etc.*) warning ; (*ft, etc.*) booking ; (*jd*) ~ **!** (*keikoku!*) warning! ; (*bx*) ~ **public** public warning ; (*esc*) **ligne d'~**

warning line ; (*vle*) **signal d'~** warning signal

aveugle *adj* (*bkt, hd*) **passe** ~ blind pass

aviron *nm* oar ; (*sp*) rowing ; (*av*) ~ **creux** hollow oar ; ~ **de couple** scull ; (*av*) ~ **de babord / tribord** portside / starboard-side oar ; (*av*) **manœuvre de l'~** oar handling ; **faire de l'~** to row ; (*av*) ~ **en pointe** rowing ; (*av*) ~**s accouplés / de couple** banked oars ; ~**s de / en / pointe** single-banked oars ; (*av*) **collet de l'~** neck of the oar ; (*av*) **pelle de l'~** blade of the oar ; (*av*) (*ordre*) **les ~s dans l'eau** hold water ; **engager son** ~ **trop profond** to catch a crab ; v. coup

avoir (*pp eu*) *v* to have ; (*ft*) ~ **deux buts d'avance** to be two goals in the lead, to have a two-goal lead ; (*ft, rb, etc.*) **X a le numéro huit** X is wearing number eight / the number eight shirt ; v. chaud, cote

axe *nm* (*cycl*) axle ; (*ft, rb, etc.*) middle ; (*av*) ~ **de dames** rowing pin ; (*ft, etc.*) **dans l'~ du terrain** (*mouvement*) down / (*position*) in / the middle of the field ; **évoluer dans l'~** to play in the middle (of the field) ; (*ft, etc.*) **se tenir sur l'~ du terrain** to position oneself in centre-field / in the middle of the field

Axel *nm* (*patinage artistique*) Axel ; (*patinage artistique*) ~ **retardé** delayed Axel

B

bâbord *nm* (*vle*) port (side) ; (*vle*) ~ **amures** port tack ; (*av*) **aviron de** ~ port side / portside oar ; (*av*) **ramer à** ~ to row to port side

bâche *nf* (*vle*) tarpaulin ; (*av*) tarpaulin,

boat cover

badin *nm* (*de planeur*) anemometer, airspeed indicator

badminton *nm* (*sp*) badminton

bagarre *nf* (*hkg*) ~ **aux poings** fisticuffs

baguette *nf* (*bls*) (*used to measure distances*) measure

baie *nf* (*hkg*) ~ **vitrée** glass (*round the ends of the rink*)

bain *nm* (*piscine*) **le grand / petit / ~** the deep / shallow / end ; (*fg*) **lancer qn dans le grand ~** to throw s.o. in at the deep end ; (*nt*) **slip de** ~ swimming trunks ; (*nt*) **maillot de** ~ swimming costume

baisser *v* (*av*) ~ **le poignet** to drop the wrist ; (*ft, etc.*) ~ **le rythme** to slow down the pace ; (*tête*) to bend

balai *nm* (*curling*) ~ **de curling** or ~ **canadien** broom, curling broom ; v. voiture-balai

balancé *nm* (*danse sur glace*) swing

balancement *nm* (*patinage de vitesse*) ~ **des bras** (*mouvement*) arm swing, (*gén*) arm swinging ; (*gym*) ~ **de retour** leg beat action

balancer *v* (*a v*) ~ **en arrière** to lie back ; (*ft*) (*fm*) **ils balancent de(s) grands ballons devant** they knock long balls up front

balayage *nm* (*gén, curling*) sweeping ; (*curling*) **ligne de ~** sweeping score line ; (*jd*) ~ **à l'aide de la hanche** (*harai-goshi*) sweeping hip throw

balayé *nm* (*jd*) ~ **de pied avant** (*de-ashi-barai*) advancing foot sweep

balayer *v* (*curling*) ~ **une pierre** to sweep a stone

balayeur *nm* (*curling*) sweeper

balisage *nm* (*av, etc.*) (*signaux*) buoys ; (*av*) (*action*) buoying ; (*sk, patinage*) ~ **de la piste** (*patinage de vitesse*) trail marking, (*ski de vitesse*) course marking

balle *nf* (*ft, polo, tn, ttn, etc.*) ball ; (*tir*) bullet ; (*hk*) ~ **de hockey** hockey ball ; (*ft*) ~ **arrêtée** dead ball ; (*ft, etc.*) ~ **morte** dead ball ; (*ft, rb, etc.*) **la ~ est en jeu** the ball is in play ; (*ft*) ~ **à terre** bounce-up ; (*ckt*) ~ **mauvaise** no-ball ; (*ft*) **un bon tech-** nicien ~ **au pied** a skilful ball-player ; (*ft, rb, etc.*) **garder la ~** to keep possession (of the ball) ; (*tn*) ~ **de break** break point ; ~ **de match** match point ; (*t n*) **faire des / quelques / ~s** to have a knock-up ; (*sp*) ~ **au mur** fives ; v. aérien, brossé, courir, marcher, perdre

ballet *n* (*ski artistique et acrobatique*) ballet ; (*ski artistique et acrobatique*) **piste de ~** ballet course

ballon *nm* (*ft, rb*) ball ; (*vle*) balloon ; (*bkt*) ~ **de basket-ball** basketball (ball) ; (*ft*) ~ **de football** football, soccer ball ; (*hd*) ~ **de hand-ball** handball (ball) ; (*bkt*) ~ **hors jeu** ball out of bounds ; (*bkt, etc.*) ~ **mort** dead ball ; (*bkt*) ~ **tenu** held ball ; (*bkt*) ~ **vivant** live ball ; (*bkt*) **intervention sur le ~** interference with the ball ; (*bkt*) **garder le ~** to freeze the ball ; (*ft, rb, etc.*) **le ~ est en jeu** the ball is in play ; (*rb*) **la ligne de ~ mort adverse** the opponents' dead-ball line ; (*ft*) (*tactique*) ~ **porté** ou ~ **au sol** carrying the ball, playing the ball on the ground ; (*ft, jn*) **il eut un ~ de 2-0 qu'il mit à côté de la cible** he had a chance to make it 2-0 but shot wide ; v. amortir, immobiliser, récupérateur, rebondir

ball-trap *nm* clay pigeon shooting, (*Am*) skeet shooting

banc *nm* bench ; (*ft, etc.*) **le ~ de touche** the touchbench, the bench ; (*bsb, hkg, etc.*) ~ **des joueurs** players' bench ; (*hkg*) ~ **des pénalités** penalty bench

bandage *nm* (*bx*) ~ **de main** hand bandage

bande *nf* (*bd*) (*de billard*) cushion, (*hkg*) (**la ~ autour de la patinoire**) board, boards (*pl*) ; (*bd*) ~ **arrière / latérale / avant** back / side / front / cushion ; (*tn*) ~ **de filet** net band, tape ; (*vb*) (*de filet*) ~ **horizontale**

tape ; (vb) (filet) ~ **verticale de côté** vertical side band ; (bx) **rouler les bandes** to put on the bandages

bander v (arc) to draw ; (arc) ~ **un arc** to string a bow ; (arc) **main qui bande la corde** drawing hand

banderole n f banderole, streamer ; (cycl, fg) the finishing line

bandy n m (variété de hockey sur glace) bandy

banquette nf (tir) firing point

bantam nm (bx) bantamweight

baquet nm (aut) **siège** ~ bucket seat

barbiturique nm (pharm) barbiturate

barographe nm (de planeur) barograph

barrage n m (canoë-kayak) weir ; (éq) jump-off ; (tir) shoot-off ; (esc) barrage ; ~**s** (ft, gf, etc.) play-off(s) ; (ft) **les barrages d'accession** the promotion play-offs ; (jd) **renversement du corps par** ~ (tai-otoshi) body drop ; (esc) **tirer un** ~ to fence a barrage

barragiste nm (ft, etc.) **décrocher une place de** ~ to win a place in the play-offs

barre nf (ft, gym, hlt) bar ; (athl) (saut en hauteur) bar ; (av) tiller ; (éq) pole ; (ski nautique) tow bar ; (vle) ~ **de flèche** spreader ; (av) ~ **de pieds** footrest ; (vle) ~ **ou** ~ **franche de direction** tiller ; (hlt, musculation) ~ **à disques** barbel ; (gym) ~**s asymétriques** asymetric / uneven / bars ; (éq) (obstacle) ~**s de spa / triples** ~**s** triple bars ; (gym) ~ **fixe** horizontal bar ; (gym) ~**s parallèles** parallel bars ; (ft, rb) ~ **ou** ~ **transversale** bar ; (gym) **élancer en avant par-dessous la** ~ underswing ; (gym) **élan par-dessous la** ~ **et salto** underswing and salto forward ; (hlt) **poids de la** ~ weight of the barbell ; (hlt) **reposer la** ~ to replace the weight ; (gym) **passer les jambes écartées par-dessus la** ~ to

straddle ; (vle) **homme de** ~ helmsman (pl helmsmen) ; (vle) ~ **d'écoute** traveller, (Am) traveler ; (ft) **un tir puissant sous la** ~ a powerful shot under the bar ; (hlt) **sa première** ~ his opening lift

barré(e) adj (éq) (obstacle) **mur** ~ wall and rails ; (éq) (obstacle) **haie** ~**e** brush and rails

barrer v (av) to steer, to cox ; **un quatre barré** a coxed four

barrette nf (ckt) ~**s** bails

barreur n m (a v) cox, coxswain, (vle) helmsman ; (av) **un deux sans** ~ a coxless pair ; (av) **un quatre avec** ~ / **quatre rameurs en pointe avec** ~ a coxed four, four oars with coxswain ; (av) **huit rameurs en pointe avec** ~ eight oars with cox / coxswain, coxed eight ; (av) **siège du** ~ cox's / coxswain's / seat

barrière nf (éq) (obstacle) gate

bas 1. n m (ft, etc.) stocking ; (bsb) bottom ; (bsb) **la deuxième partie d'un inning se nomme le** ~ the second part of an inning is known as / is called / the bottom **2. bas, basse** adj, mf (bx) **un coup** ~ a low blow ; (lte) **pont** ~ low bridge ; (tir) **trappe basse** low house **3.** adv (bx) **esquive(s) en** ~ ducking ; (bkt) **tir par en** ~ underhand shot

bascule nf (gym) upstart, (lte) lift-over ; (gym) ~ **au sol** floor upstart ; (gym) ~ **de tête** head spring ; (gym) ~ **de nuque** neck spring ; (gym) ~ **depuis l'appui sur les bras** upper arm upstart ; (gym) ~ **depuis la suspension mi-renversée** / ~ **allemande** long underswing upstart ; (gym) ~ **dorsale** reverse upstart ; (gym) ~ **en arrière** back upstart ; (gym) ~ **Itoh** Itoh kip ; (ft, etc.) (jn, fg) **une partie de** ~ a see-saw match

base nf (bsb) (= but) base ; (gym) **note de** ~ basic score ; (ft) **la** ~ **du**

montant the foot of the post ; (*tir*) ~ **du guidon** front-sight base

base-ball ou **baseball** *nm* (*sp*) baseball

basket *nm* (*sp*) (*fm*) basketball ; **chaussures de** ~ basketball shoes, trainers

basket-ball *nm* basketball ; (*bkt*) **joueur de** ~ basketball player ; v. terrain

baskets *n*, *mpl* basketball shoes

basketteur(euse) *nm(f)* basketball player

bassin *nm* (*anatomie*) pelvis ; (*nt*) pool ; (*nt*) **petit** ~ (*de la piscine*) paddling pool ; ~ ou **grand** ~ (*de la piscine*) swimming pool ; (*nt*) ~ **de cinquante mètres** fifty-metre pool ; (*n t*) (*plongeon*) ~ **de plongeon** diving well

«bat» *nf* (*bsb, ckt*) bat ; v. batte

batailler *v* to battle ; (*ft, rb, etc.*) **il fallut** ~ **jusqu'au but** we had to battle away until the very end

bateau (*pl bateaux*) *nm* boat ; (*vle*) ~ **à quille** keel boat ; (*av*) ~ **de course** racing boat ; (*vle*) ~ **de contrôle** finish boat ; (*gén*) ~ **de plaisance** pleasure boat ; (*av*) ~ **des juges** umpires' boat ; (*av, etc.*) ~ **suiveur** escort boat ; (*av*) **constructeur de ~x** boat builder / designer ; (*canoë-kayak, etc.*) **garage à ~x** boathouse ; (*av*) **hangar à ~x** boathouse ; (*av*) **'en** ~ **!'** 'in!' ; (*vle*) **régler le** ~ to trim the boat ; (*av*) **le** ~ **est lesté** the boat is evenly balanced ; v. bateau-jury

bateau-jury *cpd*, *m* (*vle*) umpire's launch, race jury's launch

bâton *nm* (*hkg*) stick ; (*sk*) ~ **de ski** ski pole ; (*hkg*) **gant de** ~ stick glove

bâtonnet *nm* (*ckt*) ~**s** bails

batte *nf* (*bsb, ckt*) bat ; **tour de** ~ (*bsb*) inning, (*ckt*) innings

battement *nm* (*esc*) beat ; (*nt*) (*crawl*) ~ **des jambes** kick, kicking

batteur *nm* (*ckt*) batsman, (*jn*) «batter» ; (*ckt*) **l'équipe du** ~ the batting side ; (*ckt*) **la ligne du** ~ the batting crease

battre 1. *v* to beat ; (*ft*) (*jn*) ~ **le gardien de but** to beat the goalkeeper ; (*nt*) ~ **la minute** to beat the one-minute barrier **2. se** ~ *vpr* to fight ; **se** ~ **pour la victoire** to fight for victory

bavette *nf* (*esc*) bib

ß-bloqueur *cpd*, *m* beta-blocker

bélier *nm* (*lte*) **coup de** ~ bodycheck

bêtabloquant *nm* beta-blocker

bêta-bloqueur *cpd*, *m* beta-blocker

belle *nf* (*gén*) play-off, decider ; **une véritable** ~ **entre X et Y** a real decider between X and Y ; (*bls*) (*pétanque*) (final / third / and) deciding game

benjamine *nf* (*ft*) (*joueuses*) **benjamines** (girls) under-twelves (*9 to 12 years*)

besoin *nm* v. renforcer

béton *nm* (*ft*) sweeper system

bétonneur *nm* (*ft*) sweeper

bévue *nf* (*ft, etc.*) (*défenseur, etc.*) **faire une** ~ to blunder, to make a blunder

biathlète *nm(f)* biathlete

biathlon *nm* biathlon

biberon *n m* (*bls*) (*pétanque*) bowl that is touching the jack

biceps *nm* biceps

biche *nf* (*gym*) **saut de** ~ stag leap

bicyclette *nf* bicycle, bike ; (*ft*) **faire une** ~ to do a bicycle / scissors / kick

bidon *nm* (*cycl*) feeding bottle

bilan *n m* (*athl*) (*course*) **il se serait classé sixième du** ~ **mondial en 1994** he unofficially clocked the sixth-fastest time in the world rankings for 1994

billard *nm* (*bd*) (*jeu*) billiards ; (*table*) billiard table ; (*salle*) billiard room ; ~ **anglais / à blouses** pocket / English / billiards, (*GB*) billiards ; ~ **américain** pool

bille *nf* (*b d*) (*billiard / pool / snooker*) ball, (*b d*) billiard ball, (*snooker*) snooker ball ; (*bd*) ~ **blanche** white ball ; (*bd*) ~ **de queue** cue ball ; (*bd*) ~ **mouchetée** spot ball ; (*bd*) (*billard pool*) ~**s numérotées** object / numbered / balls ; (*cycl*) **roulement à** ~**s** ball bearings

billet *nm* (*gén*) ticket

biologie *nf* biology

biologique *adj* biological

biomécanique *nf* biomechanics

biopsie *nf* biopsy

biorythme *nm* biorhythm

biplace *adj* (*canoë-kayak*) **canadien** ~ Canadian pair ; (*canoë-kayak*) **kayak** ~ kayak pair

birdie *nm* (*gf*) birdie ; **il a réussi un** ~ **au onze** he had / managed / a birdie at the eleventh

blanc, blanche *adj* white ; (*jd*) **ceinture blanche** (*shiro-obi*) white belt ; (*nt*) (*water polo*) **drapeau** ~ white flag ; (*pentathlon moderne*) **fanion** ~ white flag ; (*jd*) **plaquette blanche** white marker ; (*badminton*) **ruban** ~ white tape ; (*arc*) **zone blanche** white zone ; (*éq, hps*) **cheval** ~ **et roux** skewbald ; (*éq, hps*) **cheval à robe noire / fauve / et blanche** piebald ; (*esc*) **se battre à l'arme blanche** to fight with cold steel ; v. bonnet, globule

blanche *adj, f* v. blanc

blesser (se) *vpr* to injure oneself, to sustain an injury

blessure *nf* injury

bleu(e) 1. *adj* blue ; (*jd*) **ceinture** ~**e** (*aoiro-obi*) blue belt ; (*lte*) **coin** ~ blue corner ; (*nt*) (*water polo*) **drapeau** ~ blue flag ; (*hkg*) **ligne** ~**e** blue line ; (*curling*) **cercle extérieur** ~ blue outer circle ; (*arc*) **zone** ~**e** blue zone ; v. bonnet **2.** *nm* (*fm*) bruise ; **il se fait des** ~**s très facilement** he bruises easily ; v. Bleus

Bleus (les) *nm, pl* (*ft, etc.*) (*équipe nationale*) the French team

bloc *nm* v. départ

blocage *nm* (*bx*) block ; (*bkt*) blocking ; (*ft*) trap, trapping ; (*ft*) (*gardien de but*) block, blocking ; (*hd*) block, blocking ; (*aut, mt*) (*frein, roue*) locking ; (*hk*) ~ **en côté droit** forehand stopping ; (*hk*) ~ **en revers** backhand stopping

bloquer *v* (*ft*) (*joueur*) ~ **le ballon** to trap the ball ; (*ft, hk*) (*gardien de but*) ~ **le ballon** to block the ball

bloqueur *n m* (*football américain*) ~ **gauche / droit** left / right / tackle

blouse *nf* (*bd*) (*snooker*) pocket

blues *nm* (*danse sur glace*) blues

bob *nm* (= *bobsleigh*) bobsleigh, bob ; ~ **à deux / à quatre** two-man / fourman / bob ; **équipage d'un** ~ (bob) team / crew ; **faire du** ~ to bobsleigh, to bobsled

«bobo» *nm* injury, knock, cut

bobsleigh *nm* bob, bobsleigh, bobsled ; **faire du** ~ to bobsleigh, to bobsled ; v. bob

bogey *nm* (*gf*) (= *un au-dessus du par pour un trou donné*) bogey

bois *nm* (*gf*) (*club*) wood

boîte *nf* (*arc*) ~ **à flèches** arrow-case ; (*arc*) ~ **de l'arc** bow-case

boîter *v* (*personne*) to limp, to walk with a limp, (*cheval*) to go / be / lame

boîteux(euse) *adj* lame, limping ; (*éq, hps*) **cheval** ~ lame horse

bôleur *nm* (*ckt*) bowler ; (*ckt*) **l'équipe du** ~ the bowling side

bombe 1. *nf* (*éq*) riding cap / helmet ; v. «bombe» **2. «bombe»** *nf* (*ft, etc.*) (*jn*) (*joueur*) **la** ~ **X** the explosive X

bôme *nf* (*vle*) boom ; (*vle*) **support de** ~ boom crutch

bon 1. *adv* (*ft, etc.*) (*en fin de match*) **tenir** ~ to hold on / out **2. bon, bonne** *adj, mf* (*tir*) '~ !' 'dead!' ; (*hps*)

terrain ~ good going ; (ft, rb, etc.)
être déclaré ~ pour le service to be
passed fit, to pass a fitness test ; (tn)
si la balle tombe bonne if the ball
lands in play

bond nm v. saut

«boni» nm (cycl) (jn) bonus ; v. bonification

bonification n f (cycl) bonus (time,
points)

bonne adj v. bon

bonnet nm (nt) ~ de bain swimming
cap, bathing cap ; (nt) (water polo) ~
bleu / blanc blue / white / cap

bord n m (vle) tack ; (vle) ~ au vent
weather side ; (deltaplane) ~
d'attaque leading edge ; (deltaplane)
~ de fuite trailing edge ; (canoë-
kayak) ~ extérieur gunnel ; (av) lutte
~ à ~ neck-and-neck race ; (vle) tirer
un ~ to tack, to make a tack ; tirer
des bords to tack, to make tacks

bordage nm (vle) planking

border v (vle) (voile) to haul on / to
pull on (sail)

bordure nf (athl) (piste) kerb, curb ;
(vle) foot

borne nf (curling) dolly

bosse nf (sk) (ski artistique et acrobatique) mogul ; (sk) sauter dans les
~s to jump moguls

bosselé(e) adj (ft, etc.) un terrain ~ a
bumpy pitch

«bosseur» adj (ft) (jn) le milieu de terrain ~ the hardworking midfielder

botte nf (éq) ~ de cheval riding boot

botter v (ft) ~ le ballon to boot / kick
/ the ball ; (ft) ~ le ballon aussi loin
que possible to hoof the ball ; (ft)
dégager le ballon en le bottant
aussi loin que possible to hoof the
ball clear

bouche nf (anatomie) mouth ; (tir) ~ du
canon muzzle

boucle nf (vle) loop ; (arc) ~ de la corde
loop of the string ; (sk) (biathlon) ~

de pénalité penalty loop

boucler v (athl, etc.) ~ (un circuit) to
lap (a course), to go round (a
course)

bouclier nm (hkg) ~ du gardien goaler
blocker, back pad

bouée nf (vle) buoy ; (canoë-kayak) ~ à
l'arrivée finish(ing) buoy ; (vle) ~
centrale centre buoy ; (canoë-kayal)
~s intérieures inside buoys ; (vle)
virer une ~ to round a buoy

bouger v (jd) ne bougez plus ! (sono-
mama!) do not move!

boule nf (bls) bowl, (cq, hk) ball ; (fg) ~
de billard billiard ball (v. bille) ;
(GB) jeu de ~s sur pelouse game of
bowls, bowling ; jouer aux ~s to
play bowls, (GB) (sur pelouse) to go
bowling ; (bd, bls, cq, hk) jeux de ~
ball games ; (bls) (pétanque) ~s
collées bowls touching one
another ; (bls) ~ devant bowl in
front of the jack ; (bls) ~s farcies =
bowls that have been illegally filled
with a substance to make them
more accurate when «pointing» ;
(bls) ~s lisses smooth bowls
(= bowls with no stripes / rings / on
them) ; (bls) ~s quadrillées bowls
with stripes / rings / cut into their
surface

boulet nm (ft) un tir en ~ de canon a
cannonball, a cannonball shot

boulon nm (curling) (pierre de curling)
bolt

bourrelet nm (av) oar-button

bourrique nf (rb) ~s (= les cinq avants
de première et de deuxième ligne)
donkeys

bourse nf (bx) purse

bousculer 1. v (gén) to jostle ; (fg) (ft,
etc.) (joueur, équipe) to unsettle, to
hustle 2. bousculer (se) vpr (rb, etc.)
to jostle one another

boussole n f (cross d'orientation, etc.)
compass

bout *nm* (*hlt*) **amener à ~ de bras** to extend completely

boutique *n f* (*ft, etc.*) **~ des supporte(u)rs** club shop

bowling *n m* (*Am, etc.*) tenpin bowling ; (*lieu où l'on joue au bowling*) bowling alley

boxe *n f* boxing ; (*b x*) **~ simulée** shadow boxing ; (*bx*) **~ thaïlandaise / (jn) ~ thai** ou **~ thaï** Thai boxing ; (*bx*) **match de ~** boxing match ; v. gant

boxer *v* to box, to be a boxer ; (*b x*) **inaptitude à ~** inability to box / carry on ; (*ft*) (*gardien de but*) **~ le ballon des deux poings** to punch the ball out / away / with both fists

boxeur *nm* boxer

boyau (*pl -aux*) *nm* (*cycl*) tubular tyre

boycotter *v* (*championnat, etc.*) to boycott

bracelet *nm* (*arc*) arm guard, (*football américain*) wrist pad

brancard *nm* stretcher

branche *nf* (*arc*) **~ de l'arc** bow-limb ; (*arc*) **~ inférieure / supérieure / de l'arc** lower / upper / bow-limb

brachial(e) *adj* (*gym*) **appui ~** upper arm support ; (*gym*) **appui ~ renversé** shoulder stand

braquer *v* (*aut*) to turn (the steering wheel) ; **~ à fond** to turn the steering wheel as far as it will go

braquet *nm* (*cycl*) gear ratio ; (*jn, fg*) **Bordeaux changea de ~** Bordeaux changed gear / stepped up the pace

bras *nm* (*anatomie*) arm ; (*lte*) **~ à la volée** shoulder throw ; (*av*) **~ extérieur** outside hand ; (*av*) **~ intérieur** inside hand ; (*hd, etc.*) **~ lanceur** throwing arm ; (*lte*) **~ roulé** flying mare ; (*arc*) **~ de l'arc** bow-hand ; (*gym*) **appui ~** (*mpl*) **fléchis** bent support ; (*lte*) **clé au ~** arm lock ; (*jd*) **clés de ~** (*ude-kansetsu-waza*) arm locks ; (*jd*) **clé de ~ en hyper-**extension par le pubis (*juji-gatame*) straight arm lock ; (*hlt*) **arraché à deux ~** two-handed snatch ; (*hlt*) **développé à deux ~** two hands / two-handed / clean and press ; (*lte*) **double prise de ~ hanchée** double arm hip throw ; (*hlt*) **épaulé et jeté à deux ~** two hands / two-handed / clean and jerk ; (*jd*) **lancements par l'épaule, par la main et par le ~** (*te-waza*) shoulder, hand and arm throws ; (*gym*) **position ~ latéraux** arms sideways ; (*bkt*) **tir à ~ roulé** hook shot ; (*lte*) **prise de ~** arm grip ; (*lte*) **tirade de ~** arm drag ; (*ckt*) (*lanceur*) **~ tendu** straight arm ; (*bls*) (*pétanque*) **~ d'or** excellent player / thrower ; (*hlt*) **amener à bout de ~** to extend completely ; (*bx*) **lever le ~** (**du vainqueur**) to raise the (winner's) arm / hand

brassard *n m* (*sk, etc.*) armband ; (*hkg*) arm pad ; (*football américain*) arm guard

brasse *n f* (*n t*) breaststroke, breast stroke ; **les épreuves de ~** the breaststroke events

brasseur(euse) *nm(f)* (*nt*) breast-stroke swimmer

brassie *nm* (*gf*) brassie

break 1. *n m* (*cycl*) breakaway ; (*tn*) break of service / (*jn*) break of serve / service break ; (*bx*) **~ !** break! ; **il a réussi un ~ au premier jeu** he broke serve in the first game ; (*tn*) **balle de ~** break point ; (*ft, rb, etc.*) **creuser le premier ~ de la partie** to make the first breakthrough of the match ; **réussir le ~** (*rb, etc.*) to go ahead, (*cycl*) to make a break, to break away, to break clear ; (*ft, rb, bkt, etc.*) **faire le ~** to go ahead, to increase the score / the lead **2.** *v* (*b x*) (*ordre donné par l'arbitre*) **~ !** break!

«breloque» *nf* (*jn, fg*) medal

bretelle *nf* (*tir*) sling

brevet *nm* (*gén*) certificate, diploma ; ~ **sportif** sports diploma ; (*vol à voile*) (glider pilot's) licence

bréviligne 1. *adj* (*personne*) short, squat 2. *nm(f)* (*ft, etc.*) short / squat / player

bride *nf* (*éq*) bridle ; (*éq*) ~ **complète** complete bridle ; (*éq*) **serrer la ~ (à un cheval)** to rein in (a horse) ; v. rêne

brider *v* (*éq, hps*) to bridle

bris *nm* (*vle*) ~ **de mât** broken mast ; (*canoë-kayak*) ~ **de pagaie** broken paddle

brise-chute *nm* (*jd*) (*ukemi*) falling

brise-lames *nm* (*inv*) (*vle*) breakwater, mole

brochet *nm* (*gym*) **saut de ~** pike ; (*gym*) Hecht vault ; (*gym*) **saut de ~ Voronine** Voronin hop

bronze *nm* **médaille de ~** bronze medal

brossé(e) *adj* (*ft*) **une passe brossée** a swerving pass ; (*ft*) **tir par balle brossée** swerving shot

brosser *v* (*ft*) ~ **le ballon** to stroke the ball

brutalité *nf* (*lte*) roughness

bulletin *nm* (*lte*) ~ **de pointage** scorecard ; (*bx*) ~ **de vote** scorecard, scoring paper

bully *nm* (*hk*) bully

bunker *nm* (*gf*) (*trou de sable*) bunker

bureau *nm* (*canoë-kayak*) ~ **de calcul** scoring office

but *nm* (*ft, etc.*) goal, (*bsb*) base, (*bls*) (*pétanque*) (= *cochonnet*) jack ; (*hd*) **ligne de (la) surface de ~** goal area line ; (*hk*) **planche de ~** goal-board ; (*hd*) **renvoi de ~** throw-out ; (*ft, hd, etc.*) **tir au ~** shot at goal ; (*ft, hd, etc.*) **feinte de tir au ~** faked shot at goal ; (*hkg*) **zone de ~** goal crease ; (*ft*) **le ~ de la victoire** the match-winner, the matchwinning goal ; (*ft*) **dégarnir le ~** to leave the goal open ; (*ft*) **le premier ~ était un ~ cadeau** the first goal was a gift ; (*bsb*) **premier / deuxième / troisième / ~** first / second / third / base ; (*ft*) **un coup de pied de ~** a goal kick ; (*ft*) **un ~ massue** a killer / decisive / goal ; (*rb*) **une tentative de ~** an attempt / a kick / at goal ; (*rb*) **tir(s) au ~** goalkicking ; (*rb*) ~ **de pénalité** penalty goal ; (*ft*) **un ~ litigieux** a disputed goal ; (*ft, rb*) **ligne de ~** goal-line ; (*ft*) (*gardien de but*) **être dans les ~s** to be in goal ; (*ft*) **prendre un ~** to let in / to concede / a goal ; (*ft*) **marquer un ~** to score a goal ; (*ft, hk, etc.*) ~ **marqué sur hors-jeu** goal scored from an offside position ; (*ft*) **marquer un ~ pour l'équipe adverse / marquer un ~ contre son propre camp** to score an own goal ; v. surface, touche, premier-but, deuxième-but, troisième-but

butée *nf* (*av*) backstop ; (*piscine*) end wall ; (*sk*) (*de ski*) toe piece ; v. fosse

buter *v* (*gén*) (*compétition*) ~ **contre le champion** to come up against the champion

buteur *nm* (*ft*) goalscorer, striker ; (*rb*) goalkicker ; (*ft*) **le meilleur ~** the top goalscorer, (*jn*) the danger man

butoir *nm* (*athl*) (*lancer du poids*) foot stop, stop

C

«C1» (*abr de Coupe d'Europe*) (*ft*) (*jn*) European Cup ; (*canoë monoplace de course en ligne*) single canoe

«C2» (*abr de Coupe des Vainqueurs de*

Coupe) (*ft*) (*j n*) European Cup-Winners' Cup

«C3» (*abr de = Coupe UEFA*) (*ft*) (*jn*) UEFA Cup

cabine *nf* (*planeur*) ~ **de pilotage** cockpit

c â b l e *n m* (*parachutisme*) ~ **de commande** steering line ; (*canoë-kayak*) ~ **de suspension** suspension wire

cabré(e) *adj* (*éq*) (*cheval*) rearing

cabrer *v* (*éq*) to rear up

caddie *nm* (*gf*) caddie

cadeau *nm* (*ft*) **le premier but était un but** ~ the first goal was a gift

cadenasseur *nm* (*ft*) sweeper

cadence *nf* (*éq*) cadence ; (*av*) **augmenter la** ~ **des coups** to increse the stroke rate / the rating

cadet *nm* (*ft, etc.*) (*joueurs*) **les cadets** the under-sixteens (*14 to 16 years*)

c a d e t t e *nf* (*ft, etc.*) (*joueuses*) **les cadettes** the under-fifteens (*12 to 15 years*)

cadrage *nm* (*rb*) pinning down (of an opponent)

cadre 1. *nm* (*tn*) (*raquette*) frame ; (*vélo*) frame ; (*cycl*) ~ **carbone monocoque** monocoque carbon frame ; v. **«cadre» 2. «cadre»** *nm* (*ft*) (= *le but*) «woodwork», goal frame

cadrer *v* (*rb*) (*adversaire*) to pin down / stop / immobilize (opponent)

café *nm* (*éq*) ~ **au lait** dun

cage *nf* (*ft*) (*fm*) goal ; **être dans les ~s** to be in goal ; (*athl*) (*disque, marteau*) ~ **de sécurité** safety cage ; (*anatomie*) ~ **thoracique** rib cage

caillebotis *nm* (*à côté d'un terrain de sport*) duckboard(s)

caisson *n m* (*vle*) ~ **étanche** buoyancy tank

calcium *nm* calcium

calcul *n m* (*canoë-kayak*) **bureau de** ~ scoring office ; v. chef

calculateur *nm* (*canoë-kayak*) scorer

calendrier *n m* (*ft, etc.*) ~ **des rencontres** (*ft, etc.*) fixture list, (*hkg, etc.*) schedule of games

cale *nf* (*vle*) ~ **sèche** dry dock ; (*vle*) ~ **de construction / de lancement** slipway

cale-pied *nm, inv* (*cycl*) toe clip ; (*cycl*) **serrer les courroies de** ~ to tighten the toe-clip straps

caler *v* (*ft, etc.*) (*jn*) **être bien calé en milieu de tableau** to be well placed in mid-table

calibre *nm* (*pistolet, etc.*) calibre, bore ; (*tir à la carabine*) ~ **standard** standard calibre ; ~ **douze** twelve bore ; (*tir*) **carabine de petit** ~ small-bore rifle ; (*tir*) **carabine de petit** ~ **position couchée** small-bore rifle prone position ; (*tir*) **carabine de petit** ~ **trois positions** small-bore rifle three positions ; **pistolet (de) gros** ~ large-bore pistol

callisthénie *nf* callisthenics (*normally followed by singular verb*)

«caman» *nm* (*shinty*) stick

cambrer *v* (*entraînement*) ~ **le corps** to throw back one's shoulders, to arch one's back

camionnette *n f* (*cycl*) ~ **de matériel** service van

camp *nm* (*ft, rb, etc.*) (*terrain*) half, end ; (*ft, rb, vb, etc.*) **le** ~ **adverse** the opponents' half ; (*bkt*) **panier du** ~ **adverse** opponents' basket ; (*ft, etc.*) **occuper leur** ~ to stay in their half (of the field) ; (*ft*) **marquer un but contre son (propre)** ~ to score an own goal

canadien(ienne) 1. *adj* (*curling*) **balai** ~ broom ; **canoë** ~ Canadian canoe **2.** *nm* (*canoë-kayak*) ~ **biplace / monoplace** Canadian pair / single

«cannon» *nm* (*bd*) cannon

canoë *n m* canoe ; ~ **canadien** Canadian canoe ; (*catégorie*) **en** ~ **monoplace / biplace** in the single /

double / canoes ; **faire du ~** to go canoeing

canoéisme *nm* canoeing

canoéiste *nm(f)* canoeist, Canadian canoeist ; **~ de kayak** kayak canoeist

canoë-kayak *nm* (*sp*) canoeing

canoë-slalom *nm* slalom canoe

canon *nm* (*gén*) cannon ; (*fusil, pistolet*) barrel ; (*tir*) **bouche du ~** muzzle ; (*tir*) **fusil à deux ~s** double-barrelled gun ; (*tir*) **fusil à deux ~s superposés** over and under ; (*tir*) **rainure du ~** bore ; (*ft*) **un tir ~** a cannon shot, a cannonball ; v. boulet

canot *nm* (*open*) boat, dinghy ; (*av*) **~ à rames** rowing boat ; **~ automobile / à moteur** motorboat ; **~ de course / de sport** powerboat, speedboat

cap 1. *nm* (*vle*) **changer de ~** to alter the course ; (*vle*) **maintenir le ~** to sail on course ; v. passer, «cap» *nf* **2.** «cap» *nf* (*ft, rb, etc.*) (*sélection pour l'équipe nationale*) cap

capacité *nf* **~ physique** physical capability / capacity

cape *nf* v. artimon

«caper» *v* (*ft, rb, etc.*) (*joueur*) to cap (a player) ; **c'est lui le plus «capé»** he is the most capped player

capitaine *nm* (*gén*) captain, (*vle*) (*fm*) skipper, (*curling*) skip

capital 1. *nm* (*ft*) (*jn, fg*) **les clubs français ont amélioré leur capital points UEFA** the French clubs have improved their UEFA points tally **2.** capital(e) (*mpl -aux*) *adj* (*ft, rb, etc.*) **c'était une rencontre ~e** it was a terrific / very good / game

carabine *n f* rifle ; (*tir*) **~ de petit calibre** small-bore rifle ; (*tir*) **~ de petit calibre position couchée** small-bore rifle prone position ; (*tir*) **~ de petit calibre trois positions** small-bore rifle three positions ; v. tir

carambolage *n m* (*bd*) (*billard français*) cannon

caravane *nf* (*cycl*) convoy

carbone *nm* carbon ; (*cycl*) **cadre ~ monocoque** monocoque carbon frame

cardiaque *adj* **muscle ~** heart muscle

cardio-pulmonaire (*pl cardio-pulmonaires*) *adj* cardiopulmonary

cardiotonique *nm* (*pharm*) cardiotonic

cardio-vasculaire (*pl cardio-vasculaires*) *adj* cardiovascular

carlingue *nf* (*vle*) keelson

carpe *nm* (*anatomie*) carpus, wrist ; (*nt*) **saut de ~** jack-knife dive, pike

carpé(e) *adj* (*nt*) (*plongeon*) **position ~e** pike position

carquois *n m* (*arc*) quiver ; (*arc*) **~ à la ceinture** belt-quiver

carre *nf* (*sk*) (*de patin, de ski*) edge (*of skate, ski*)

carré *nm* (*bsb*) diamond ; **~ de service** (*tn*) service court, (*squash*) service box

carreau *nm* (*bls*) (*pétanque*) = bowl that knocks another one away and stays on the same spot ; (*bls*) (*pétanque*) **faire un ~** to hit the ball nearest to the jack and stay on its spot ; (*bx*) **rester sur le ~** to stay / remain / on the canvas / (*fm*) «deck»

carrière *nf* (*éq*) outdoor school

carte *nf* (*gf*) scorecard ; **rendre sa ~** to hand in one's scorecard

cartilage *nm* cartilage

carton *nm* (*ft*) **~ rouge / jaune** red / yellow / card ; **X a pris un ~ rouge** X was given / shown / the red card

«cartonner» *v* (*rb, etc.*) to play it physically, «to play rough»

cartouche *nf* (*tir*) cartridge ; (*tir*) **~ défectueuse** faulty cartridge

case *n f* (*squash*) **~ de service** service box

casque *nm* (*bsb, cycl, nt, pentathlon moderne, polo, etc.*) helmet, crash helmet ; (*bsb*) **~ du frappeur** batter's helmet ; ~ **protecteur** (*patinage de vitesse*) safety(-type) headgear, (*bx*) head guard

casquette *nf* (*bls*) (*pétanque*) = bowl that bounces off the top of another one without moving it

catégorie *nf* (*gén*) category ; (*bx*) ~ **(pondérale)** category, division, weight ; (*cycl*) **deux cols de première** ~ two first-category climbs ; (*lte*) **première / deuxième / troisième / (etc)** ~ first / second / third / (*etc*) category ; (*jd, krt, etc.*) **toutes catégories** open category, open-weight category

cavaletti *nm* (*éq*) cavaletti

cavalier(ière) *nm(f)* (*eq*) rider, horseman (*m*), horsewoman (*f*) ; (*éq*) ~ **de concours complet** three-day-event rider ; (*éq*) ~ **de dressage** dressage rider ; (*éq*) ~ **d'obstacles** show jumper ; (*éq*) **assiette du** ~ seat of the rider (*on horse*) ; (*éq*) **poids du** ~ rider's weight ; (*éq*) **désarçonner le** ~ to throw / unseat / the rider

cavalière *nf* v. cavalier

cavité *nf* (*tir*) ~ **pour le pouce dans la crosse** thumbhole in (the) stock

céder *v* (*esc*) **parade en cédant** ceding parry

ceinture *nf* (*anatomie*) waist ; (*bx, jd*) belt ; (*wr*) waist lock ; (*jd*) ~ **de judo** judo belt ; (*jd*) ~ **noire** (*kuro-obi*) black belt ; (*jd*) ~ **bleue** (*aoiro-obi*) blue belt ; (*jd*) ~ **marron** (*kuriiro-obi*) brown belt ; (*jd*) ~ **verte** (*midori-obi*) green belt ; (*jd*) ~ **orange** (*daidiiro-obi*) orange belt ; (*jd*) ~ **rouge** (*aka-obi*) red belt ; (*jd*) ~ **rouge-blanche** (*shima-obi*) red-white belt ; (*jd*) ~ **blanche** (*shiro-obi*) white belt ; (*jd*) ~ **jaune** (*kiiro-obi*) yellow belt ; (*jd*) **nœud de** ~ belt knot ; (*pelote basque*) ~ **rouge / bleue** red / blue waistband ; (*arc*) **carquois à la** ~ belt-quiver ; (*football américain*) ~ **de**

maintien hip pad ; (*vle*) ~ **de sauvetage** life belt ; (*vle*) ~ **/ harnais / de sécurité** safety harness ; (*hlt*) ~ **en cuir** leather belt ; (*bx*) **frapper au-dessous de la ceinture** to hit below the belt ; (*bx*) **esquiver en abaissant la tête au-dessous de la ceinture** to duck below the belt ; (*anatomie*) ~ **pelvienne** pelvic girdle

ceinturer *v* (*rb*) ~ **qn** to tackle s.o. ; (*lte*) ~ **qn** to put a waist lock on s.o.

cellule *nf* (*ski de vitesse, etc.*) ~ **photo-électrique** photo-electric cell

celui, celle (*pl* **ceux, celles**) (*pron dém*) (*jd*) ~ **qui porte l'attaque** (*tori*) competitor throwing ; (*jd*) ~ **qui subit l'attaque** (*uke*) competitor thrown

cendrée *nf* (*piste*) cinder track ; **courses de motos sur** ~ speedway (racing)

cent *adj* (*athl, nt*) **le** ~ **mètres** the hundred metres (race)

central(e) *adj* (*vle*) **bouée** ~**e** centre buoy ; (*tn*) **le court** ~ the central / (*Wimbledon*) centre / court ; (*bkt*) **cercle** ~ centre circle ; (*ft*) **cercle / rond /** ~ centre circle ; (*hkg*) **cercle** ~ centre / (*Am*) center / face-off / circle ; (*arc*) **zone** ~**e** gold zone ; v. arrière, espace, terrain

centre *nm* (*ft, etc.*) (*passe*) centre ; (*rb*) (*joueur*) centre ; (*football américain*) (*Am*) center, (*GB*) centre ; (*curling*) tee ; (*curling*) (*Dolly*) button, tee ; (*ft, hk*) **avant** ~ centre forward ; (*lte*) ~ **du tapis** centre of the mat ; (*ft, hk*) ~ **du terrain** midfield ; (*ft, hk*) **demi** ~ centre half, (*hk*) centre half-back ; (*rb*) ~ **gauche / droit** left / right / centre ; v. champ, gravité, secondeur, trois-quarts, voltigeur

centre court *cpd, m* (*Wimbledon*) the Centre Court

centrer *v* (*ft*) ~ **la balle** to centre the ball

centre-tir *nm* (*ft, etc.*) centre-cum-shot

centrifuge *adj* centrifugal ; **force** ~

centrifugal force

cercle *nm* (*athl*) (*lancer du poids*) ~ ou ~ **de lancer** throwing circle, circle ; (*bsb*) ~ **d'attente** on-deck circle ; (*bkt, ft*) ~ **central** centre circle ; (*hkg*) ~ **central** centre / Am center / face-off circle ; (*hk*) ~ **d'envoi** striking-circle ; (*gym*) ~**s des deux jambes** double leg circles ; (*hkg*) ~ **de mise en jeu** face-off circle ; (*curling*) ~ **rouge intérieur** red inner circle ; (*curling*) ~ **bleu extérieur** blue outer circle ; (*jd*) **projection en** ~ (*tomoe-nage*) stomach throw

certificat *n m* (*vle*) ~ **de flottabilité** buoyancy certificate ; (*vle*) ~ **de jauge** rating certificate

cervical(e) (*mpl* -**aux**) *adj* cervical

cesser *v* (*pentathlon moderne*) '**cessez le feu !**' 'cease fire!'

Chaguinian *nm* (*gym*) Chaguinian

chahuter *v* (*ft, etc.*) (*jn*) **X chahuté par le public** X booed by the crowd

chaîne *nf* (*gén*) chain

chalenge *n m* (*bx, etc.*) challenge, contest, tournament

chalengeur(euse) *nm(f)* (*bx, etc.*) challenger

«challenge» *nm* (*épreuve*) (*gén*) challenge, contest, tournament

«challenger» *nm* (*bx, etc.*) challenger

chamaillerie *nf* (*ft, etc.*) squabbling, (*jn*) argy-bargy

chambouler *v* (*ft, etc.*) **on l'accuse de trop** ~ **l'équipe** he is being accused of making too many team changes / of chopping and changing the team

chambre *nf* (*cycl*) **valve (de** ~ **à air)** valve, tyre valve

champ *n m* (*gén*) field ; (*bsb*) (*poste*) ~ **centre** center (*A m*) / centre (*GB*) / field ; (*bsb*) ~ **droit** right field ; (*bsb*) ~ **gauche** left field ; (*hps*) ~ **de courses** racecourse, (*Am*) racetrack ; (*av*) ~ **de course** course ; (*ft, rb, etc.*)

~ **de jeu** field of play ; (*athl, etc.*) ~ **fourni** big field (*of starters / runners*) ; (*hd*) **arbitre de** ~ court referee ; (*ft*) **jouer dans le** ~ to play in the outfield ; (*ft, rb, hk, etc.*) **joueur de** ~ outfield player ; (*ckt*) **joueur du** ~ fielder ; v. **juge**

champion(ionne) *adj & nm(f)* champion ; **le** ~ **de France de ces deux dernières années** the French champion(s) for the last two years ; **le** ~ **en titre** the reigning champion(s) ; (*bkt, etc.*) **le** ~ **sortant** the current / defending / champion(s) ; **le club** ~ / **l'équipe** ~**ne** the winners of the club championship(s), the winners of the team championship, the team champions ; (*ft, etc.*) **ils se disputent le titre de** ~ they are battling it out for the championship / title ; (*gén*) **être sacré** ~ to become / be crowned / champion

championnat *nm* championship ; **le Championnat d'Europe / du Monde** the European / World / Championship(s) ; (*curling, etc.*) ~**s par poule** round robin ; (*hkg, etc.*) ~ **par points** round robin ; v. **record**

chanceler *v* (*bx*) to stagger

chandail *n m* (*bsb, etc.*) shirt, (*football américain, etc.*) jersey

chandelle *nf* (*ft, rb tn*) lob ; **une** ~ / **une grosse** ~ (*ft, tn*) a high lob, (*rb*) an up-and-under, a Gary Owen

chanfrein *nm* (*tn*) (*raquette*) bevel

changement *nm* (*esc*) ~ **de côté** change of ends ; (*aut*) **un** ~ **de pneus** a tyre change ; (*patinage de vitesse*) ~ **de couloir** lane / track / change ; (*éq*) ~ **de direction** change of direction ; (*éq*) ~ **de pied** change of foot ; (*éq*) ~ **de pied simple / en l'air** simple / flying / change of leg ; (*gym*) ~ **de prise** change of grip ; (*sk*) (*ski de fond*) ~ **de skis** ski change ; (*bkt*) ~ **en défense** switching ; (*g y m*) élancer en avant avec ~ de prise rotated grasp swing ; (*bkt*) **demander un** ~ to request a substitution

changer *v* (*vle*) ~ **de cap** to alter the course ; (*athl, patinage de vitesse, etc.*) ~ **de couloir** to change lane ; (*éq*) ~ **de main** to change rein ; (*éq*) ~ **de main le long de la piste** to change rein along the whole track ; (*aut, cycl, mt*) ~ **de vitesse** to change gear ; (*éq*) ~ **le pli** to change the bend ; v. braquet

chanvre *nm* ~ **indien** Indian hemp, hashish

chapeau *nm* (*éq*) ~ **melon** bowler ; (*ft*) **coup de** ~ hat trick

charge *nf* (*bkt*) charge, charging ; (*ft*) ~ **(loyale)** (fair) shoulder charge ; ~ **régulière** fair shoulder charge ; (*hkg*) ~ **avec la crosse** cross-checking ; (*ft, hkg*) ~ **avec le coude** elbowing ; (*hkg*) ~ **contre la bande** board checking

charger *v* (*tir*) (*fusil, etc.*) to load ; (*pentathlon moderne*) **'chargez !'** 'load!' ; (*tir*) **arme chargée** loaded weapon ; (*ft*) ~ **un adversaire** to shoulder charge / run into / an opponent ; ~ **par derrière** to tackle from behind ; (*cycl*) **officiel chargé de la cloche** bell ringer

chargeur *nm* (*tir*) (*fusil, etc.*) magazine

chariot *nm* (*av, canoë-kayak*) boat trolley, boat trailer

charité *nf* (*ft, etc.*) **match de** ~ charity match / game

charnière *nf* (*ft, etc.*) **la** ~ **de la défense** the pivot / linchpin / of the defence

chassé(e) 1. *adj* (*gym*) **pas** ~ chassé **2.** *nm* (*danse sur glace*) chassé ; (*lte*) trip ; (*jd*) ~ **de hanche** (*hane-goshi*) spring hip throw ;
chassé croisé (*danse sur glace*) chassé croisé
chassé-croisé *m* (*ft, rb, etc.*) (*jn*) **un** ~

(*continuel*) end-to-end play, constant changes of direction in the game

chasseur *nm* ~ **d'autographe** autograph hunter

chaud(e) 1. *adj* (*gén*) hot ; (*éq*) **cheval à sang** ~ warm blood **2.** *adv* (*ft, rb, etc.*) **nous avons eu** ~ **sur la fin** we had quite a fright at the end of the match

chaussette *nf* (*gén*) sock ; (*bsb*) ~ **avec étrier** stirrup sock

chaussure *nf* shoe ; (*cycl*) ~s **cyclistes** cycling shoes ; ~ **de basket** basketball shoe ; ~ **de football** football boot ; ~ **de marche** walking shoe ; ~ **de rugby** rugby boot ; ~s **de sport** trainers ; (*athl*) ~s **à pointes** spiked shoes, spikes ; (*football américain*) ~ **à crampons** cleated shoe ; (*sk*) ~s **de ski** ski boots ; (*sk*) ~s **de ski de fond** cross-country ski boots

chavirer *v* (*vle, etc.*) to capsize

chef *nm* (*sk*) ~ **chronométreur** chief timekeeper ; (*athl*) **le** ~ **de file du pentathlon moderne féminin** the leading women's modern pentathlete ; (*canoë-kayak*) ~ **de l'organisation** chief official ; (*sk*) ~ **de piste** chief of course ; (*sk*) (*saut à ski*) ~ **de piste d'élan** chief of inrun ; (*hlt*) ~ **de plateau** chief judge ; (*sk*) ~ **des contrôles** chief controller ; (*sk*) ~ **des juges** head judge ; (*av*) ~ **du matériel** boatman ; (*tir*) ~ **du pas de tir** range warden ; (*sk*) (*saut à ski*) ~ **du tremplin** chief of hill ; (*athl, etc.*) **entraîneur en** ~ chief coach ; (*av, canoë-kayak*) ~ **de nage** stroke ; ~ **des juges de porte** (*canoë-kayak*) chief gate judge, (*sk*) chief gate keeper ; (*sk*) ~ **(du bureau) des calculs** chief of calculations ; (*patinage de vitesse*) ~ **du départ** chief starter ; (*patinage de vitesse*) ~ **des juges à l'arrivée / de la ligne d'arrivée** chief finish line judge ; (*sk*) ~ **du départ et de l'arrivée** chief of the start and finish ; (*canoë-kayak*) ~ **des officiels** chief of judges ; (*sk*) (*biathlon*) ~ **du stand de tir** chief of range ; v. arbitre

chef-arbitre *n m* (*canoë-kayak*) chief judge

chelem *nm* (*rb, tn, etc.*) **le grand** ~ the grand slam

chemise *n f* (*tn, etc.*) shirt, (*femmes*) shirt, blouse

chemisette *nf* (*ft, etc.*) shirt, jersey

chenal(aux) *nm* (*vle*) (*rivière, port*) channel, fairway

chercher *v* (*ft, rb, etc.*) **on est allés les ~ chez eux** we took the game to them

cheval (*pl chevaux*) *nm* (*éq, hps*) horse ; (*gym*) vaulting horse ; (*éq*) ~ **ardent** puller ; (*éq*) ~ **à sang chaud** warm blood ; (*éq*) ~ **de dressage** dressage horse ; (*éq*) ~ **d'obstacles** show jumper ; (*éq*) **action sur le** ~ influence on the horse ; (*pentathlon moderne*) **inspection des chevaux** inspection of the horses ; (*pentathlon moderne*) **liste des chevaux** list of the horses ; (*pentathlon moderne*) **numérotage des chevaux** numbering of the horses ; (*éq*) **pli du** ~ flexion of the horse ; (*éq*) **ploiement du** ~ position of the horse ; (*gym*) **saut de** ~ vaulting, horse vaulting ; ~ **d'arçons** pommel horse ; (*éq*) ~ **de concours complet** three-day-event horse ; (*éq, hps*) ~ **sans cavalier** riderless horse ; (*éq*) **fer à** ~ horseshoe ; **lancer du fer à** ~ throwing the horseshoe ; (*pentathlon moderne*) **tirage au sort des chevaux** draw for the horses ; (*pentathlon moderne*) ~ **tiré** horse drawn ; (*éq, hps*) **monter sur un** ~ to mount a horse ; (*éq*) **tomber de** ~ to fall from the horse ; (*éq*) **suivre les mouvements du** ~ to go with the horse ; (*hps*) **utiliser un**

~ **comme étalon** to put a horse to stud ; v. tenue

chevalet *nm* (*arc*) frame

cheval-sautoir *nm* (*gym*) long horse

cheville *nf* (*anatomie*) ankle

chez *prép* **Bordeaux a perdu** ~ **lui** Bordeaux lost at home

chien *nm* dog ; ~ **de traîneaux** husky ; **courses de ~s de traîneaux** dog-team racing (*with huskies*)

chiffre *nm* number ; **le** ~ **record de partants** the record number of starters / participants / competitors

«**chiquer**» *v* (*bls*) (*pétanque*) (*fm*) ~ **une boule** = to «nudge» the target bowl without really displacing it

chirurgical(e) *adj* v. intervention

chirurgie *nf* surgery

chirurgien *nm* surgeon

chistera *nf* (*pelote basque*) chistera, pelota racket ; (*rb*) (= *passe d'une main dans le dos*) (one-handed) pass behind one's / his / back

Choctaw *nm* (*danse sur glace*) Choctaw

chorégraphie *nf* (*patinage artistique, ski artistique et acrobatique*) choreography

chronométrage *n m* (*course, etc.*) timing ; ~ **électronique** electronic timing

chronométrer *v* (*gén*) to time, (*athl, etc.*) to clock (*an athlete, etc.*)

chronométreur *nm* (*bkt, water polo, etc.*) timekeeper, timer ; (*water polo*) **assistant du** ~ assistant timekeeper / timer ; (*hkg*) ~ **de jeu** game timekeeper ; v. chef chronométreur

chute *nf* (*éq, etc.*) fall ; (*lte*) sit-back ; (*kayak, etc.*) ~ **ou** ~ **d'eau** waterfall ; (*cycl*) ~ **collective** massed fall ; (*hkg*) ~ **sur le palet** falling on the puck ; **saut en** ~ **libre** free-fall parachuting

chuter *v* (*cycl, mt, etc.*) to fall

cible *nf* (*arc, tir, etc.*) target, (*esc*) opening ; (*arc*) ~ **colorée** target face ; (*sk*) (*biathlon*) ~ **mécanique** mechanical target ; (*tir*) **contrôleur de ~s** target scorer ; (*pentathlon moderne*) **'enlevez les ~s !'** 'targets away!' ; (*gén*) **manquer la ~** to miss the target ; (*flé*) **~ de jeu de fléchettes** dartboard

cicatrice *nf* (*lésion*) scar

ciment *nm* (*cycl*) **piste de ~** concrete track

cinématique *nf* kinematics

cinq *adj, inv.* five ; (*hd*) **exclusion de ~ minutes** five minutes' suspension ; (*athl*) **le ~ mille mètres** the five thousand metres (race) ; (*ft*) **s e placer aux ~ m 50** to stand on the six yards line ; (*hps*) **X est cinq contre un** X is five to one ; (*rb*) **ligne des ~ mètres** five yards / metres / line ; (*rb*) **mêlée à ~ mètres / yards** five yard / metre / scrum

cinq-huitième *cpd, m* (*rb*) five-eighth, stand-off half

cinquante *adj, inv* (*nt*) **bassin de ~ mètres** fifty-metre pool ; (*rb*) **ligne des ~ mètres** halfway line

CIO (*abr de Comité International Olympique*) International Olympic Committee, IOC

circuit *n m* (*aut, gf, tn, etc.*) (*piste*) circuit ; (*tour*) (*aut, etc.*) lap, (*g f*) round ; **le ~ européen** the European circuit ; v. circuit-training

circuit-training *cpd, m* (*entraînement*) circuit-training

circulaire *adj* (*esc*) **parade ~** circular parry

circulation *n f* circulation ; (*pentathlon moderne*) **~ des équipes** circulation of the teams ; **~ pulmonaire** pulmonary circulation

ciré *nm* (*vle*) oilskin

ciseau (*pl ciseaux*) *n m* (*ft*) scissors kick ; (*athl*) (*saut en hauteur*) scissors jump, straddle (jump) ; **~x** (*gym*) scissors, (*nt*) scissors kick ; (*lte*) **~ de**

jambes leg scissors

civière *nf* stretcher ; (*ft, etc.*) **on l'a emmené en / sur une / civière** he was stretchered off, he was carried off on a stretcher

claquage *n m* (*muscle*) pull, strain ; **un ~ à la cuisse** a pulled thigh muscle ; **un début de claquage à la cuisse** a strained thigh muscle ; **X s'est donné un gros ~** X has got a badly pulled muscle

claquer **1.** *v* (*bkt*) **~ dans le panier** to tip in the basket **2. claquer** (*se*) *vpr* (*gén*) **~ un muscle** to pull a muscle ; **~ un ligament** to tear a ligament

classe *nf* (*talent, aptitude*) class ; (*vle*) **~ internationale** international class ; (*vle*) **insigne de la ~** class emblem ; (*ft, etc.*) **c'est un joueur qui a de la ~** he is a classy / (*jn*) «class» player ; (*ft, etc.*) **c'est un joueur qui a la ~ mondiale** he's a world-class player

classement *nm* (*gén*) standings, classification ; (*ft, etc.*) league table, (*gf, tn, etc.*) rankings ; (*ft*) **deuxième au ~** second in the league / in the table ; (*cycl*) **~ général** overall placings ; (*cycl*) **~ par équipes** team placings / classification

classer **1.** *v* to classify ; (*gén*) **être classé premier ex aequo** to be / come / equal first, to be placed joint first ; **il fut classé deuxième** he was second, he was in second place / position, he came in second ; (*tn*) **être classé tête de série numéro deux derrière X** to be seeded second behind X **2. classer** (*se*) *vpr* **il s'est classé deuxième** he finished / came / second ; (*athl*) **il se serait classé sixième du bilan mondial en 1994** he unofficially clocked the sixth fastest time in the world rankings for 1994

classique **1.** *adj* (*ttn*) **prise ~** shakehands grip ; (*hd*) **tir ~** one-handed shoulder shot **2.** *nf* (*cycl*) **la ~ hollandaise** the Dutch classic

clé *nf* (*lte*) **~ au bras** arm lock ; (*lte*) **~ au cou** half Nelson ; (*jd*) **~s de bras** (*ude-kansetsu-waza*) arm locks ; (*jd*) **~ de bras en hyper-extension par le pubis** (*juji-gatame*) straight arm lock ; v. clef

clef *nf* (*lte, jd*) lock ; (*lte*) **~ de bras** arm lock

cloche *n f* (*a v*) **~ de départ** starter's bell ; (*bkt*) **passe en ~** lob / lobbed / pass ; (*cycl*) **officiel chargé de la ~** bell ringer

cloche-pied *adv* **sauter à ~** to hop ; v. saut

clos *adj* v. huis

clôture *nf* (*athl*) (*Jeux Olympiques, etc.*) closing ceremony

club *nm* (*gén*) club ; (*gf*) club ; (*ft, rb, etc.*) **le ~ local** the home club ; (*ft, etc.*) **médecin du ~** club doctor ; **médecin du ~ de l'équipe** team doctor

«clubhouse» *nm* (*gf*) clubhouse

cm³ (*abr de centimètres cube*) cc(s), cubic centimetres

CNOSF (*abr de Comité National Olympique et Sportif*) National Olympic and Sports Committee

«coach» *nm* coach

cocaïne *nf* cocaine

cochonnet *nm* (*bls*) (*jeu de boules sur pelouse*) jack

cockpit *n m* (*aut, canoë-kayak, vle*) cockpit

code *n m* (*g y m*) **Code de Pointage** Code of Points ; (*vle*) **~ international** international code-book ; (*vle*) **pavillon du ~** signal-flag

coéquipier(ière) *nm(f)* (*ft, rb, hkg, etc.*) team-mate

cœur *nm* (*anatomie & fg*) heart

cohésion *nf* (*gén*) cohesion ; (*ft, rb, etc.*) **~ collective** teamwork ; **travailler la ~** to practise teamwork

coin *nm* (*bx*) corner ; (*lte*) **~ bleu / rouge** blue / red / corner ; (*bx*) **~ neutre** neutral corner ; (*ft*) **coup de pied de ~** corner ; (*hk*) **~ de pénalité** penalty corner ; (*hk*) **coup de ~** corner hit ; (*hd*) **jet de ~** corner throw ; (*jd*) **juge de ~** judge ; v. demi, drapeau

col *n m* (*géographie*) pass ; (*cycl*) hill, climb ; (*cycl*) **~ de première catégorie** first category climb

collaboration *nf* **~ d'équipe** teamwork

collé(e) *pp coller* v. boule

collectif(ive) *adj* (*cycl*) **chute collective** massed fall ; v. jeu

coller (se) *vpr* (*cycl*) **~ à la roue de qn** to sit in behind s.o.

collet *nm* (*av*) **~ de l'aviron** neck of the oar

collier *n m* (*hlt*) collar ; (*hlt*) **~ de serrage** clamp, clamping ring

colombophile 1. *adj* pigeon-fancying, pigeon-fanciers' **2.** *nm(f)* pigeon-fancier

colombophilie *nf* pigeon-fancying

colonne *n f* (*anatomie*) **~ vertébrale** spinal column, spine, backbone ; (*a u t*) **~ de direction** steering column ; (*ft*) (= *mur*) defensive wall

colophane *nf* (*hlt*) **poudre de ~** colophony powder

combat *n m* (*bx, lte*) contest, fight, bout ; (*j d*) **~ d'entraînement** (*randori*) free practice ; (*lte*) **~ de lutte** wrestling match / bout ; (*jd*) **~ terminé !** (*sore-made!*) that is all! ; (*bx*) **poids de ~** contest / fighting / weight ; (*bx*) **le ~ est déclaré nul** the contest is declared a draw ; (*jd, etc.*) **~ sans armes** unarmed combat

combativité *nf* combativeness, pugnacity

combat-vedette *cpd, m* (*bx*) top-of-the-bill fight

combinaison *nf* (*ft, rb, etc.*) move, (*gym*) combination ; (*bx*) **~ de coups**

combination of blows / punches ; (*plongée sous-marine*) ~ **de plongée** wet suit ; (*sk*) ~ **de ski** ski suit ; (*patinage de vitesse*) ~ **de patinage de vitesse** speed skating stretch suit ; (*jd*) **victoire par** ~ ! (*sogo-gachi!*) compound win! ; (*ft, etc.*) **il nous a été difficile d'élaborer nos ~s** we found it difficult to put together our moves

combiné *nm* (*bx*) (*coups*) combination ; (*sk*) combined downhill and slalom competition ; ~ **alpin / nordique** Alpine / Nordic / combination

«comeback» *nm* (*bx, ft, tn, etc.*) comeback

«coming-man» *nm* up-and-coming player / athlete / runner / etc.

«coming-woman» *nf* up-and-coming player / athlete / runner / etc.

comité *nm* ~ **de course** (*cycl*) competition committee, (*vle*) race committee ; (*vle*) ~ **de jauge** measurement committee ; (*sk*) (*ski artistique et acrobatique*) ~ **de sécurité** safety / security / committee

commande *nf* (*planeur*) ~ **(du système) de largage /** ~ **de largage de câble** tow release knob ; (*deltaplane*) **barre de** ~ control bar ; (*parachute*) **câble de** ~ steering line

commencement *nm* (*jd*) ~ **de l'immobilisation !** (*osae-komi!*) hold is on!

commencer *v* (*gén*) to start, to begin, to commence ; (*jd*) **commencez !** (*hajime!*) start!

commentaire *nm* (*Radio,TV*) commentary

commentateur(trice) *nm(f)* (*radio, television*) commentator ; ~ **sportif** sports commentator

commettre *v* (*gén*) ~ **une faute** to commit a foul

commissaire *n m* (*cycl*) commissar, turn judge ; (*canoë-kayak*) ~ **à l'embarquement** crew's marshal ; (*hps*)

~ **des courses** race steward ; (*av*) ~ **de parcours** clerk of the course ; (*cycl*) ~ **de virage** corner judge

commission *nf* (*bx*) **Commission d'Arbitrage et de Jugement** Commission of Refereeing and Judging ; (*av*) ~ **de contrôle** inspecting commission

compact(e) *adj* (*sk*) **neige ~e** compact snow

comparse *nm(f)* (*gén, jn, fg*) **lutter pour des places de** ~ to battle it out for the minor placings

compartiment *nm* (*ft, rb, etc.*) **dans tous les ~s du jeu** in all departments of the game

compas *nm* (*planeur*) compass

compensation *nf* (*gym*) (*judging*) leniency (in respect of very difficult moves)

compenser *v* (*tn*) ~ **le break** to break back

compétitif(ive) *adj* (*gén*) competitive

compétition *nf* (*gén*) competition ; (*jd*) competition ; (*gén*) ~ **avec épreuves éliminatoires** knockout competition ; (*gén*) ~ **par équipe** team competition ; (*patinage de vitesse*) ~ **de patinage de vitesse sur piste courte** short track competition ; (*canoë-kayak*) **organisateur de** ~ competition organizer ; (*canoë-kayak*) **secrétaire de** ~ competition secretary ; (*jd*) **surface de** ~ contest area ; **il manque de** ~ (*ft, etc.*) he is not match fit, (*bx*) he is ring rusty ; (*jn*) (*athlète, etc.*) **arrêter la** ~ to retire from competitive racing / from competitions

complet(ète) *adj* **athlète** ~ all-round athlete ; (*éq*) **bride complète** complete bridle ; (*éq*) **concours** ~ three-day event ; (*hlt*) **extension complète** complete extension ; v. **concours**

complexe *nm* **un vaste** ~ **multi-sports**

a huge multi-sport(s) centre, a vast leisure centre

composé(e) *adj* (*e s c*) **attaque ~e** composed attack

composition *nf* (*ft, etc.*) **~ (d'une équipe)** line-up (of a team)

comprimé(e) *adj* (*plongée sous-marine*) **bouteille d'air ~** compressed-air cylinder ; (*tir à la carabine*) **carabine à air ~** air rifle

compte *n m* (*bx*) count ; (*arbitre*) **entamer le ~** to start / begin / the count ; **rester au tapis pour le ~** to be counted out

compter *v* (*bx*) to count ; (*gén*) **seul le résultat compte** it's the result that counts ; (*b x*) **être compté** to be down for a count

compteur *nm* (*av*) **~ des coups** stroke timer ; (*cycl, etc.*) **~ de tours** lap scorer

concéder *v* (*ft*) to concede, to give away (*goal, corner*) ; (*tn*) to lose ; (*ft*) (*gardien de but*) **il n'a pas concédé un but** he kept / has kept / a clean sheet ; (*tn*) **~ son service à zéro** to lose one's service game to love ; (*cycl*) **X concédait 17 secondes à Y** X lost 17 seconds to Y

concerner *v* (*bkt*) **règle concernant les fautes** rule governing fouls ; (*bkt*) **règle concernant la manière de progresser avec le ballon** rule governing progression with the ball

concours *nm* (*athl*) (*mpl*) field events ; (*éq*) **~ complet** three-day event, horse trials ; (*gym*) **~ complet en huit / douze / épreuves** all-round competition in eight / twelve / events ; (*éq*) **cheval de ~ complet** three-day-event horse ; (*aut*) **~ d'accélération** drag race

concrétiser *v* **~ sa supériorité** to make one's superiority tell

concurrent(e) *nm(f)* competitor ; (*lte*) **~ en dessous** competitor underneath

condition *nf* condition ; **~ physique** physical fitness ; **adepte de la ~ physique** fitness fanatic ; (*ft, rb, etc.*) **~s de jeu** playing conditions ; **~s météorologiques** weather conditions

conduire *v* (*ft*) **~ le ballon** to run with / to carry / the ball ; (*ft*) **~ le ballon en drible** to dribble with the ball

conduite *nf* (*ft*) **~ de la balle** carrying the ball, running with the ball ; (*ft*) **~ de balle parfaite** perfect ball control

cône *nm* (*patinage de vitesse*) **~ de sommet de virage** apex block

confiance *nf* confidence ; v. retrouver

conforme *adj* v. non

confortablement *adv* (*ft, etc.*) **gagner ~** to win comfortably

cong fu *cpd, m* (*sp*) kung fu

connaître (*pp connu*) *v* (*ft, etc.*) (*équipe*) **~ un passage à vide** to go through a bad patch / spell

conquérir (*pp conquis*) *v* (*ft, etc.*) **~ le ballon** to win the ball ; (*rb*) **nous avons conquis les ballons** we won a lot of ball ; (*bx*) **~ le titre** to win the title

conserver *v* **~ ses forces** to save one's strength

«Consolante» *nf* (*bls*) (*pétanque*) Plate Competition (*for those who fail to qualify for the final rounds of the main competition*)

constant(e) *adj* (*vle*) **vent ~** steady wind

constructeur *nm* (*a v*) **~ de bateaux** boat builder / designer ; (*bkt, hd, etc.*) **~ ou ~ de jeu** playmaker

construction *nf* (*canoë-kayak*) **atelier de ~** boatyard

contact *nm* (*bkt*) **~ personnel** personal contact ; **entrer en ~ avec qn** to come into contact with s.o.

contesté(e) *adj* (*ft, etc.*) **quelques décisions contestées d'arbitrage** some disputed refereeing decisions

continental(e) (*mpl* -aux) *adj* (*ft, etc.*) **les clubs continentaux** the continental clubs

continuer *v* (*jd*) **'continuez !'** ('*yoshi!*') 'carry on!'

contourner *v* (*hd*) ~ **la défense** to run behind the defence ; (*canoë-kayak*) ~ **un obstacle** to skirt an obstacle

contraire *adj* (*vle*) **vent** ~ headwind

contracter *v* ~ **ses muscles** to tense one's muscles

contraction *nf* (*muscle*) contraction, tensing ; spasm

contracture *nf* spasm ; ~ **musculaire** muscle spasm ; ~ **de la cuisse** thigh-muscle spasm

contrat *nm* contract ; (*ft, etc.*) **être sous** ~ to be under contract ; **signer un** ~ to sign a contract ; **prolonger son** ~ to extend one's contract

contre 1. *prép* (*cycl, etc.*) ~ **la montre** against the clock ; **une course** ~ **la montre** time trial ; (*hps*) **X est cinq** ~ **un** X is five to one ; (*ft*) **marquer (un but)** ~ **son propre camp** to score an own goal 2. *nm* (*ft, rb, etc.*) counter, counter-attack ; (*vb*) block ; (*ft, etc.*) **prendre (une équipe) en** ~ to catch (a team) on the break ; v. miser

contre-attaque (*pl contre-attaques*) *nf* (*gén*) (*esc, ft, rb, etc.*) counter-attack ; (*bkt*) ~ **éclair** fast break ; (*ft, rb, etc.*) **une** ~ **menée à trois** a three-man counter-attack

contre-attaquer *v* to counter-attack

contre-cible *nf* (*pentathlon moderne*) backing target

contre-courant *n m* (*canoë-kayak*) counter current

contre-galop *nm* (*éq*) counter-canter

contre-indication (*pl contre-indications*) *nf* (*méd*) contra-indication

contre-la-montre *cpd, m* (*cycl*) time trial

contre-offensive (*pl contre-offensives*) *nf* counter-offensive

contre-performance *cpd,* *f* (*g é n*) below-average / substandard / poor / bad / performance, performance that is below par

contre-pied *nm* (*gén*) **à** ~ on the wrong foot ; (*ft*) **prendre le goal à** ~ to wrong foot the goalkeeper / goalie / keeper, to send the goalie the wrong way

contre-prise *nf* (*lte*) counter-grip ; (*jd*) (*kaeshi-waza*) counter

contrer *v* to counter

contre-riposte *nf* (*esc*) counter-riposte

contre-taille *nf* (*esc*) **coup de** ~ back-edge cut

contre-temps *nm* (*esc*) counter-time

contrôle *nm* (*esc*) ~ **des armes** control of weapons ; (*sk*) (*biathlon*) ~ **des carabines et des skis** rifle(s) and ski(s) control ; (*vle*) **bateau de** ~ finishing boat ; (*av*) **commission de** ~ inspecting commission ; (*hlt*) **pesée de** ~ weigh-in ; (*esc*) **poids de** ~ test weight ; (*ft*) **un** ~ **approximatif** poor ball control ; (*ft*) **tirer après un seul** ~ to shoot after one touch of the ball ; (*cycl, biathlon, etc.*) ~ **de ravitaillement** feeding / drinks / station ; v. chef des contrôles

contrôler *v* (*ft*) ~ **le ballon** to control the ball ; (*athl*) ~ **un athlète en vue d'un dépistage de stéroïdes** to test an athlete for steroids

contrôleur *nm* (*sk*) controller ; (*sk*) (*ski alpin*) ~ **à l'arrivée** finish controller ; (*tir*) ~ **de cibles** target scorer

contusion *nf* bruise, contusion

contusionner *v* (*corps*) to bruise ; **jambe contusionnée** bruised leg

conventions *nfpl* (*esc*) conventions

coq *nm* (*bx, hlt, lte*) **poids** ~ bantamweight

coque *nf* (*aut*) body, body shell, shell ; (*vle*) hull ; (*av*) **embarcation à** ~

lisse keelless boat

coquelet *nm* (*ft, rb, etc.*) **les Coquelets** the French juniors, the French junior team

coquille *nf* (*bx, ckt, etc.*) box, protector, (*football américain*) protective cup ; (*bx, hk*) ~ **protectrice** cup protector ; (*esc*) ~ **d'épée** hand guard, shell (of sword) ; (*gén*) **slip à** ~ jockstrap

cordage *nm* (*tn*) (*raquette*) stringing

corde *n f* (*arc*) string, (*bx*) rope, (*tn*) cord, net cord ; (*bx, etc.*) ~ **à sauter** skipping rope ; (*nt*) ~ **de couloir** lane rope ; (*nt*) ~ **de faux départ** false start rope ; (*ski nautique*) ~ **de remorque** towrope ; (*bx*) ~**s du ring** ring ropes ; (*arc*) **boucle de la** ~ loop of the string ; (*cycl*) **doubler à la** ~ to overtake on the inside ; (*bx*) **être engagé dans les** ~**s** to be caught in the ropes ; (*bx*) **s'appuyer aux** ~**s** to lean on the ropes ; (*arc*) **main qui bande la** ~ drawing hand ; (*bx, etc.*) **sauter à la** ~ to skip

corner *n m* (*f t*) corner ; (*ft*) ~ **au premier / deuxième / poteau** near-post / far-post / corner, corner to the first / second / post ; (*ft*) ~ **à la rémoise** short corner ; (*hk*) **grand** ~ long corner ; (*hk*) **petit** ~ short corner

corporel(elle) *adj* **exercices** ~**s** body exercises

corps *n m* (*anatomie*) body ; (*bx*) ~ **à** ~ infighting ; (*bx*) **bon travail au** ~ good work to the body ; (*av*) **travail du** ~ body action ; (*hk*) **faute de** ~ use of the body ; (*esc*) **fil de** ~ body wire ; **flexions du** ~ trunk exercises ; (*jd*) **renversement du** ~ **par barrage** (*tai-otoshi*) body drop ; (*gym*) **saut,** ~ **fléchi, jambes tendues** stoop ; (*av*) **tirade du** ~ **en arrière** lie-back

correction *nf* (*éq*) correctness ; (*éq*) ~ **dans l'emploi des aides** correct use

of the aids

cortisone *nf* cortisone

cosse *nf* (*vle*) thimble

costal(e) **1.** *adj* (*gym*) **allemand** ~ Shwabenflanke **2.** *n m* (*gym*) ~ **tourné** double flank vault

cote *nf* (*hps*) odds, starting price ; **la** ~ **d'un cheval** the odds for / against / a horse ; (*hps*) **la** ~ **est à vingt contre un** the odds are twenty to one ; (*gén*) **avoir une / la / grosse** ~ to be highly rated

côte *nf* (*anatomie*) rib ; (*cycl, etc.*) hill ; (*vle*) coast ; **fracture de** ~ rib fracture, fractured rib ; (*aut*) **courses de** ~ hill-climbing

côté *nm* side ; (*vle*) ~ **abrité du vent** lee ; (*rb*) ~ **fermé / ouvert** blind side / open side, outside ; (*hk*) ~ **plat de la crosse** flat face of the stick ; (*vle*) ~ **prescrit** required side ; (*vle*) ~ **sous le vent** lee ; (*hk*) **blocage en** ~ **droit** forehand stopping ; (*vb*) (*filet*) **bande verticale de** ~ vertical side band ; (*esc*) **changement de** ~ change of ends ; (*hd*) **tir en plongeant sur le** ~ diving side shot ; (*av*) **vagues de** ~ cross-wash ; (*ft*) **placer le ballon à** ~ to shoot wide, to place the ball wide ; v. pas, tacle ;

coter *v* (*gym*) to mark

cou *nm* (*anatomie*) neck

couché(e) *adj* (*carabine, etc.*) **position** ~**e** prone position ; (*tir*) **carabine de petit calibre position** ~**e** small bore rifle prone position

coude *nm* (*anatomie*) elbow ; **articulation du** ~ elbow joint ; **synovite du** ~ tennis elbow ; (*athl*) **jouer des** ~**s** to elbow one's way through

coude-à-coude *cpd, m* (*cycl*) **s'engager dans le** ~ **du dernier kilomètre** to be / become / involved in a wheel-to-wheel struggle over the final / last / kilometre

cou-de-pied (*pl cous-de-pied*) *cpd m* instep ; (*ft*) **frapper du ~** to kick with the instep

coudière *nf* (*football américain, etc.*) elbow pad

coulé *nm* (*esc*) coulé

couler *v* (*av, vle*) to sink

couleur *n f* (*bx*) **un boxeur de ~** a coloured boxer

coulisse *nf* (*ckt*) **~s** slips ; (*av*) **siège à ~** sliding seat ; (*av*) **mouvement de siège à ~** slide control ; (*av*) **emplacement du siège à ~** slide run

couloir *nm* (*athl*) lane ; (*tn*) alley, tramlines ; (*rb*) (*en touche*) = the channel (*between the two teams, into which the ball is thrown in a line-out*) ; (*n t*) **corde de ~** lane rope ; (*patinage de vitesse*) **~ d'entraînement** training lane ; (*bkt*) **~ de lancer franc** free throw line ; (*bkt*) **~ des lancers francs** free-throw lane ; (*rb*) (*e n touche*) **il faut respecter le ~** = there must be a gap of one yard between the two teams (at the line-out)

coup *nm* (*tn, etc.*) stroke ; (*gf*) stroke, shot ; (*bd*) shot ; (*bx*) blow, punch ; (*ckt*) stroke ; (*hk, tir*) hit ; (*esc*) **~ d'arrêt** stop thrust ; (*esc*) **~ d'arrêt avec opposition** stop thrust with opposition ; (*bx*) **~ avec le gant ouvert** blow with the open glove ; (*av*) **~ d'aviron** stroke ; (*bx*) **un ~ bas** a low blow ; (*esc*) **~ double** double hit ; (*lte*) **~ de bélier** body-check ; (*hk*) **~ de coin** corner hit ; (*esc*) **~ de contre-taille** back-edge cut ; (*bx*) **~ croisé** cross ; (*bx*) **~ décisif** decisive blow ; **~ direct** (*b x*) straight punch, (*esc*) direct thrust ; **~ droit** (*tn*) forehand, (*bx*) jab, (*h k*) forehand hit ; (*tir*) **~ d'essai** sighting shot ; (*athl, etc.*) (*départ*) **le ~ de feu** the gun ; (*bx*) **~s fondamentaux** fundamental blows ; (*bx*) **~ irrégulier** foul blow ; (*canoë-kayak*) **~ de**

pagaie paddle stroke ; (*bx*) **~ par l'intérieur du gant** blow with the inside of the glove ; (*bx*) **~ sur la nuque** / **~ du lapin** rabbit punch ; (*av*) **~s minute** rate of strokes, stroke rate ; (*gf*) **~ de pénalité** penalty stroke ; (*ft, etc.*) **~ de pied** kick ; (*ft*) **~ de pied sur le tibia** hack ; (*ft*) **~s de pied arrêtés** dead-ball kicks ; (*nt*) **~ de pied de papillon** butterfly kick ; (*bx*) **~ de poing** punch ; (*esc*) **~ de pointe** / **d'épée** thrust, lunge ; (*bx*) **~ préparatoire** leading-off blow ; (*tir*) **~ raté** miss ; (*bx*) **~ aux reins** kidney punch ; (*hk*) **~ en revers** backhand hit ; (*bd*) **~ de sécurité** safety shot ; (*ft*) **~ de sifflet final** final whistle ; (*bsb*) **~ sûr** strike ; (*tir*) **~ tangent** touching hit ; (*bx, etc.*) **~ de tête** head butt, butt ; (*tir*) **~ tiré** fired shot ; (*esc*) **~ de tranchant** cut ; **~ de volée** (*rb*) punt, (*ft*) volley ; (*tir*) **~ valide** valid shot ; (*canoë-kayak*) **nombre des ~s de pagaie** rate of strokes ; (*bd*) **rater un ~** to miss a shot ; (*bx*) **échange de ~s** exchange of blows ; (*bx*) **efficacité des ~s** punching power ; (*bx*) **répertoire des ~s** repertoire of blows ; (*b x*) **~ en pivotant vers l'arrière** pivot blow, blow on the turn ; (*av*) **augmenter la cadence des ~s** to increase the stroke rate / rating ; (*bx*) **exécuter une série de ~s** to deliver a flurry of blows ; (*tir*) **faire partir le coup** to discharge ; (*bx*) **il est interdit de donner des ~s de tête** head-butting is not allowed ; (*gf*) **son avance sur X était de quatre ~s** he had a four-stroke lead over X ; kick ; (*hkg*) **donner un ~ de patin sur le palet** to kick the puck ; (*ft, etc.*) **le ~ d'envoi** the kick-off ; (*ft, etc.*) **donner le ~ d'envoi** to kick off ; **~ franc** (*bkt*) free throw, (*h k*) free hit ; (*ft*) **~ franc** (indirect /

direct) (indirect / direct) free kick ; (*bkt*) **tireur de ~ franc** free thrower ; (*ft*) **~ de pied de but** goal kick ; (*hk*) **~ de pénalité** penalty stroke ; (*ft*) **~ de pied de réparation** penalty kick ; (*ft*) **un ~ de tête plongeant** a diving header ; (*ft*) **X s'était rendu coupable d'un ~ de pied sur Y** X had been guilty of kicking Y ; (*b x*) **combinaison de ~s** combination of blows ; (*g f*) **épreuve / partie / parcours / par ~s** stroke play ; (*rb*) **~ de pied à suivre** flykick ; (*rb*) **un ~ de pied placé** a place kick ; (*rb*) **un ~ de pied tombé / un ~ tombé** a drop kick ; (*nt*) (*crawl*) **~ de pied** kick ; (*rb*) **un ~ de pied direct** a kick straight into touch ; (*ft, etc.*) **cela demande du ~ d'œil** it requires vision ; (*tn*) **volée de ~ droit** forehand volley ; v. chapeau, tenir

coupe *nf* cup ; (*ft*) **la Coupe d'Europe** the European Cup ; (*ft*) **Coupe des Vainqueurs de Coupe** ou **Coupe des Coupes** the (European) Cup-Winners' Cup ; **Coupe UEFA** UEFA Cup ; (*tn*) **la Coupe Davis** the Davis Cup ; (*b x*) **X eut de nombreux champions du monde sous sa ~ X** had a lot of world champions under his control / in his stable

coupé *nm* (*esc*) coupé

couper *v* (*hk*) to undercut ; **~ la respiration à qn** to wind s.o. ; (*ft, rb, etc.*) **le tacle / (*rb*) plaquage / lui a coupé la respiration** he was winded in the tackle ; (*ft, etc.*) (*jn, fg*) **~ les jambes à une équipe** to stop a team in its tracks, to demoralize a team

couple *n m* (*av*) **deux rameurs en ~** double sculls ; v. aviron

courant 1. *n m* (*canoë-kayak, vle, etc.*) current ; (*canoë-kayak*) **remonter le ~** to paddle upstream, to go against the current **2. courant(e)** *adj* (*av, canoë-kayak, etc.*) **eau ~e** running

water

courbe *nf* (*curling*) curl ; (*av*) **~ de la pelle** curve of the blade ; (*squash*) **ligne des ~s** short line

courbé(e) *adj* (*gym*) stooped

courbure *nf* (*hk, hkg*) (*de crosse*) curve

coureur(euse) *nm(f)* (*athl*) runner, competitor ; (*cycl*) cyclist, (*race*) rider, competitor ; (*aut*) driver, competitor ; (*patinage de vitesse*) (speed) skater ; (*athl*) **~ de fond / de demi-fond** long-distance / middle-distance / runner ; (*sk*) **~ de ski de fond** cross-country racer ; (*athl*) **~ de tête** front runner ; (*cycl*) **~ sur piste** track rider / racer ; (*cycl*) (*piste*) **quartier des ~s / (*route*) enceinte réservée aux ~s** competitors' compound

courir (*pp couru*) *v* to run ; (*athl, aut, etc.*) to race ; (*gén*) **~ après le titre** to go / to be going / for the title / the championship, to try / to be trying / to win the title / the championship ; (*gén*) **équipe qui court après le titre** title-chasing team ; (*vle*) **~ au plus près** to sail on a wind, to sail close to the wind ; (*bkt*) **~ balle en main** to carry the ball, to run with the ball

couronne *nf* crown ; (*bx*) **~ mondiale** world crown / title ; **détenteur d'une ~ mondiale** world titleholder

couronné(e) *adj* **jeu de boule sur pelouse ~e** crown bowls, crown (-green) bowling

courroie *nf* (*aut*) belt, (*toboggan*) strap ; (*aut*) **~ de ventilateur** fan belt ; (*cycl*) **serrer les ~s de cale-pied** to tighten the toe-clips

cours *nm* (*gym*) (*séance d'entraînement, leçon*) **~ de gymnastique** keep-fit class ; (*ft, etc.*) **contre le ~ du jeu** against the run of play

course *nf* (*épreuve*) race ; (*gén*) (*athl*) running, (*aut, cycl*) racing ; (*bsb*) run ; (*gén & pentathlon moderne*) ~ à pied running ; (*av, etc.*) **bateau de ~** racing boat ; (*av*) **champ de ~ course** ; (*patinage de vitesse*) ~ **éliminatoire** elimination race ; **~(s) d'automobile** motor racing ; **~ en ligne** straight-line race ; (*cycl*) ~ **individuelle sur route** individual road race ; (*tir*) ~ **normale** normal run ; (*tir*) ~ **rapide** fast run ; (*cycl*) ~ **sur route par équipes** team road race ; (*cycl, etc.*) ~ **par étapes** stage race ; (*cycl*) ~ **sur piste** track race ; ~ **attelée** (*sp*) trotting, (*course*) trotting race ; (*cycl*) ~ **cycliste** cycle race ; **~s de lévriers** greyhound racing ; **~s de chiens de traîneaux** dog-team racing (*with huskies*) ; (*mononautisme*) **~s en mer** offshore races ; ~ **hauturière** ocean racing ; (*sk*) **~s de descente** downhill racing ; (*athl*) **~s de haies** hurdles races, (*épreuve*) hurdling ; **~s de motos** motorcycle / motorbike / racing ; **~s de motos sur cendrée** speedway (racing) ; (*athl*) ~ **de fond / de demi-fond** long-distance / middle-distance / race / running ; (*canoë-kayak*) ~ **de vitesse** sprint ; (*hps*) **champ / terrain / de ~s** racecourse ; **comité de ~** (*vle*) race committee, (*cycl*) competition committee ; (*vle*) **déclaration de ~** racing declaration ; (*éq*) **galop de ~** racing galop ; (*vle*) **pavillon de ~** racing flag ; (*cycl*) **vélo de ~** racing bike ; **faire de la ~** (*athl*) to go running, (*cycl, etc.*) to race ; (*vle*) **la ~ autour du monde** the round-the-world (yacht) race ; (*vle*) **la ~ autour du monde en solitaire** the round-the-world single-handed (yacht) race ; (*cycl*) ~ **contre la montre** time trial ; ~ **de côte** hill climb ; (*athl*) **les ~s** track events / races ; v. atlantique, canot, côte, stock-car

course-poursuite *n f* (*cycl*) pursuit (race)

court 1. *nm* (*tn, badminton*) court ; (*sq*) ~ **de squash** squash court ; (*tn*) **le ~ central** the central / centre court, (*Wimbledon*) the Centre Court ; (*tn*) **les ~s annexes** the outside courts ; (*tn*) ~ **sur gazon** grass court ; (*tn*) ~ **en dur** hard court ; (*tn*) ~ **arrière** back court ; (*tn*) ~ **droit / gauche** righthand / lefthand / court ; (*tn, squash*) ~ **de service gauche / droit** left / right / service court ; v. joueur **2. court(e)** *adj, m(f)* (*arc*) **distance ~e** short distance ; (*badminton*) **ligne de service ~** short service line ; (*ft*) **passe ~e à terre** short pass on the ground ; (*ft, etc.*) **une ~e défaite** a narrow defeat ; v. touche

couru *nm* (*danse sur glace*) run

coussin *nm* (*bsb*) bag ; (*bx*) ~ **mural** wall punch pad ; (*canoë-kayak*) ~ **pour les genoux** knee cushion

couture *nf* (*bsb, ckt*) (*balle de baseball, de cricket*) stitches, stitching

couturier 1. *n m* (*anatomie*) sartorius **2. couturier(ière)** *adj m(f)* (*anatomie*) **muscle ~** sartorius

couverture *nf* (*ft, rb, etc.*) cover ; (*éq*) ~ **de selle** saddlecloth ; (*ft, rb, etc.*) **la ~ en défense** defensive cover ; **se porter en ~** to give / to act as / cover, to cover ; (*ft, etc.*) **l'homme de ~** the covering player

couvreur *nm* (*ft, etc.*) covering player

couvrir 1. *v* (*ft, rb, etc.*) to cover ; (*ft*) **les demis doivent ~ un terrain énorme** the halfbacks / midfielders / must cover an enormous amount of ground **2. couvrir (se)** *vpr* (*bx*) to cover up

crachoir *nm* (*bx*) spittoon

«crack» *nm* crack / top / player / driver / runner, etc.

craie *nf* (*bd*) chalk

crampe *nf* cramp

crampon *nm* (*soulier, chaussure*) stud, spike ; (*bsb*) **soulier à ~s** spiked shoes ; (*football américain*) **chaussure à ~s** cleated shoe ; (*ft, rb, etc.*) (*chaussure*) stud ;

crâne *nm* skull ; **fracture du ~** fracture of the skull, fractured skull

craquer *v* (*gén*) to crack ; **~ psychologiquement** to crack psychologically / mentally ; (*ft, etc.*) **la défense finissait par ~** the defence finally cracked

cravache *nf* (*éq*) riding whip / crop ; (*pentathlon moderne*) **inspection de la ~** inspection of the whip

cravate *nf* (*rb*) (= *placage au niveau du cou*) high tackle, tackle at neck / throat / height

cravater *v* (*lte*) **~ qn** to put s.o. in a headlock

crawl *nm* (*nt*) crawl ; **nager le ~** to swim the crawl ; (*nt*) **nageur de ~** crawl swimmer

crawlé(e) *adj* (*n t*) **dos ~** backstroke, back crawl

crawler 1. *nm* (*n t*) crawl swimmer, freestyle swimmer **2.** *v* (*nt*) to swim the crawl ; (*nt*) **dos crawlé** backstroke

créatif(ive) *adj* (*ft, etc.*) (*joueur, équipe*) creative

créer *v* to create ; (*ft*) **~ des occasions de tir** to create shooting chances

CREPS abr de Centre Régional d'Education Physique et Sportive

creuser *v* (*rb, etc.*) **~ l'écart à 10-3** to increase the lead to 10-3 ; (*ft, rb, etc.*) **~ le premier break de la partie** to make the first breakthrough in the match / of the game

crevaison *nf* (*cycl, etc.*) puncture

crever *v* (*cycl, etc.*) (*pneu*) to puncture

cri *nm* (*jd*) **~ de combat** (*kiai*) fighting cry

cricket *nm* cricket

crier *v* v. marque

crinière *nf* (*de cheval*) mane

critérium *nm* (*gen*) competition ; (*cycl*) rally, competition ; (*esc*) tournament ; (*nt*) gala ; (*hps*) **~ des deux ans** two-year-olds' (selection) race, (selection) race for two-year-olds

croc *nm* (*vle*) hook ; (*vle*) **~ de marinier** boathook

croc-en-jambe (*pl crocs-en-jambe*) *nm* (*ft, lte*) trip ; (*ft*) **faire un ~ à qn** to trip s.o. up ; v. faucher

croche-pied (*pl croche-pieds*) *nm* = croc-en-jambe

crochet *nm* (*bx*) hook, (*lte*) leg lock ; (*bx*) **~ au corps** hook to the body ; (*bx*) **~ à la tête** hook to the head ; (*bx*) **~ au foie** hook to the liver ; (*ft, rb, etc.*) **un ~ intérieur** a body swerve on the inside

crochetage *nm* (*hlt*) hook grip

crocheter *v* (*hkg*) to hook

croisé 1. *nm* (*esc*) croisé ; (*esc*) **~ au flanc** flanconnade ; (*patinage artistique*) **~ arrière** cross behind ; (*patinage artistique*) **~ avant** cross in front ; (*patinage de vitesse*) **~ dans les virages** cross-step **2. croisé(e)** *adj* (*jd*) **étranglement ~** (*juji-jime*) cross stranglehold ; (*canoë-kayak*) **pagaie ~e** feathered paddle ; (*gym*) **prise ~e** cross grip ; v. coup, passe

croisée *nf* (*rb*) scissors pass

croisement *n m* (*patinage de vitesse*) change-over stretch

croiser *v* (*av*) to cross

croisière *nf* cruise, cruising

croisillon *nm* (*av*) **~ de force** cross-bracing

croix *nf* (*gym*) crucifix ; (*gym*) **~ renversée** inverted crucifix

croquet *nm* (*sp*) croquet

cross (*pl crosses*) *nm* (*bx*) cross ; (= *cross-country*) (*course*) (*athl*) cross-country race ; (*athl*) (*épreuve*) cross-country running ; (*éq*) cross-country ; (*éq*) **parcours de ~** cross-country course

cross-country *nm* (*athl*) (*course*) cross-country race ; (*athl*) (*épreuve*) cross-country running ; (*éq*) (*concours complet*) (**épreuve de**) ~ cross-country (section)

crosse *nf* (*sp*) lacrosse ; (*carabine, etc.*) butt ; (*pistolet*) grip ; (*hk, hkg*) ~ **de hockey** ou ~ hockey stick ; (*tir*) **cavité pour le pouce dans la ~** thumbhole in the stock ; (*hk*) **côté plat de la ~** flat face of the stick ; (*hk*) **faute de ~** sticks ; (*hk*) **feinte de ~** feint with the stick ; (*hkg*) **gant de ~** stick glove ; (*hkg*) ~ **haute** high-sticking ; (*tir*) **rallonge de ~** butt extension ; (*hk*) **technique de ~** stick technique ; (*hk*) **lever la ~** to raise the stick

cross roll *cpd, m* (*danse sur glace*) cross roll

croupe *nf* (*éq, gym, hps*) croup, (*éq, hps*) hindquarters ; (*éq*) ~ **au mur** tail to the wall ; (*gym*) **sauts de ~** near-end vaults ; (*gym*) **sauts avec appui des mains sur la ~** vaults with support on near-end of the horse

cube *nm* (*éq*) (*obstacle*) ~ **avec haie** box and brush ; (*éq*) (*obstacle*) ~ **avec barrière** box and gate

cubital(e) *adj* (*gym*) **prise ~e** reverse grip ; (*gym*) **grand tour ~** reverse grip giant circle

cueillir *v* (*ft*) (*gardien de but*) ~ **la balle** to catch the ball ; (*gén*) ~ **qn à froid** to catch s.o. cold / off guard

cuiller, cuillère *nf* (*rb*) ~ **en bois** wooden spoon

cuir *nm* (*anatomie*) ~ **chevelu** scalp ; (*hlt*) **ceinture en ~** leather belt ; (*av*) **garniture de ~** leathers

cuissard *n m* (*cycl*) racing shorts ; (*football américain, etc.*) thigh pad

cuisse *n f* (*anatomie*) thigh ; **un claquage à la ~** a pulled thigh muscle ; (*ft*) **amorti de la ~** thigh trap

culasse *nf* (*tir*) breech ; (*tir*) **cylindre de ~** cylinder lock

culbute *nf* (*gén*) somersault

culotte *nf* (*ft, rb, bx, etc.*) ~ or ~ **courte** shorts ; (*éq*) ~ **de cheval** riding breeches, jodhpurs ; (*hkg*) ~ **de hockey** hockey pants

culture *n f* ~ **physique** physical training, (*fm*) PT

culturisme *n m* body building, (*fm*) «pumping iron»

culturiste *nm(f)* body builder

Cunningham hole *cpd, m* (*vle*) Cunningham hole

«curler» *nm* (*curling*) curler

curleur *nm* (*curling*) curler

curling *nm* (*sp*) curling

curseur *nm* (*tir*) ~ **du dioptre** aperture-sight bar

cyclisme *nm* cycling ; ~ **sur route** road cycling

cycliste *nm(f)* cyclist ; (*cycl*) **chaussures ~s** cycling shoes

cyclo-cross *nm* cyclo-cross

cyclotourisme *nm* bicycle touring

cylindre *nm* (*tir*) ~ **de culasse** cylinder lock

cylindrée *nf* (*mt*) **avoir une ~ de 500 cm^3** to have a capacity of 500 ccs

D

D *n m* (*bd*) **le ~** the D (*on billiard / snooker / table*)

dame *nf* lady, woman ; (*av*) ~ **de nage** rowlock, (*Am*) oarlock ; (*av*) **axe de ~s** rowing pin ; (*nt*) **le 200m. papillon ~s** the women's / ladies' / 200 metres butterfly

damé(e) *adj* (*sk*) **neige ~e** packed

snow

damer *v* (*sk*) (*neige*) to pack (down), to tread (down)

damier nm (*aut, mt, etc.*) **drapeau à ~** chequered flag

dan *nm, inv* (*jd*) dan ; **il est premier ~** he's a first dan

danger nm (*lte*) **position en ~** position of danger

dangereux(euse) *adj* dangerous ; (*ft, etc.*) **jeu ~** dangerous play ; (*ft*) **tir ~** dangerous shot

dans *prép* in ; (*ft*) (*entraînement*) **les passes sont effectuées ~ les pieds des partenaires** passes are directed to the feet of team mates ; (*h k*) **passer ~ le trou** to pass into space

danse *nf* **~ sur glace** ice dancing ; (*danse sur glace*) **~ imposée** compulsory dance ; (*danse sur glace*) **~ libre** free dance / programme

danseuse *nf* (*cycl*) **pédaler en ~** to stand up on the pedals

dardage nm (*hkg*) spearing

Davis (*tn*) **la Coupe ~** the Davis Cup

dead-heat *cpd, m* (*hps*) **la course s'est terminée par un ~** the race finished in a dead heat

débandade *nf* (*ft*) **dégager le ballon à la ~** to scramble the ball out

débarcadère nm (*vle*) landing stage, wharf

débarquement nm (*av*) **ponton de ~** disembarking raft

débordement nm (*rb, ft, etc.*) overlap

déborder *v* (*ft, rb, etc.*) (*joueur*) to overlap ; (*ft, rb, etc.*) (*joueur, défense*) **être débordé** to be outflanked ; (*tn, etc.*) **~ la ligne / les lignes** (*balle*) to be out (of play), to go out (of play)

debout 1. *adv* (*hlt, etc.*) standing 2. *adj* (*vle*) **vent ~** headwind ; (*jd*) **lancements ~** (*tachi-waza*) standing throws ; (*lte*) **lutte ~** standing wrestling ; (*jd*) **technique ~** (*tachi-waza*) standing technique ; v. position

débrider (*se*) *vpr* (*ft, rb, etc.*) **le jeu se débrida** the game opened up

début *nm* (*gén*) debut ; (*ft, etc.*) **on a mieux joué en ~ de saison** we played better at the start / beginning / of the season ; **un ~ de claquage à la cuisse** a strained thigh muscle

débutant(e) *nm(f)* (*gen*) beginner, novice, debutant

débuter *v* to make one's debut

décalage nm (*athl*) **départ avec ~** staggered start

décaler *v* (*ft, rb*) **~ un arrière sur l'aile** to release / send / a fullback down the wing

décathlon nm (*athl*) decathlon

décathlonien nm (*athl*) decathlete

décevant(e) *adj* disappointing ; (*gén*) **une assistance décevante en nombre** a disappointingly small crowd

déchargé(e) *adj* (*tir*) **fusil ~** unloaded weapon

décharger *v* (*tir*) **'déchargez les armes !'** 'unload weapons!'

déchirer (*se*) *vpr* **~ les ligaments du genou** to tear one's knee ligaments

déchirure *nf* (*gén*) tear ; **~ musculaire** torn muscle, muscle tear

décisif(ive) *adj* (*b x*) **coup ~** decisive blow ; (*tn, etc.*) **jeu ~** tie-break

décision *nf* (*gén*) decision ; (*bx, lte*) (*arbitrage*) decision ; (*jd*) **~ !** (*hantei!'*) decision! ; (*jd*) **victoire par ~** (*yusei-gachi*) victory on superiority ; (*ft, etc.*) **quelques ~s contestées d'arbitrage** some disputed refereeing decisions

déclaration *nf* (*vle*) **~ de course** racing declaration

déclarer *v* (*gén*) to declare ; (*ft, rb, etc.*) **~ un joueur bon pour le service** to declare / pass / a player fit ; (*ft, rb, etc.*) **être déclaré bon pour le ser-**

vice to be passed / declared / fit ; (*bx*) **le combat / match / est déclaré nul** the contest is declared a draw ; ~ **forfait** (*ft, etc.*) to withdraw (from a team), (*athl, hps, etc.*) to scratch

déclencher *v* (*ft*) ~ **un tir** to unleash / let fly / a shot

décocher *v* (*a r c*) ~ **une flèche** to release an arrow

décoller *v* (*ft*) (*remise en jeu*) ~ **un pied** to lift a foot

décompte *n m* (*vle*) **système olympique de** ~ **des points** Olympic scoring system

«décontractant» *nm* (*muscle*) relaxant ; v. myorelaxant

décontracter *v* (*muscle*) to relax

décor *nm* (*ft*) **tirer dans le** ~ to shoot a mile wide

décousu(e) *adj* (*ft, rb, etc.*) **c'était un match** ~ it was a scrappy / untidy / game

décrochage *nm* (*ft*) dropping back

décrocher *v* (*jn*) ~ **le titre international** to win the international title ; (*cycl, etc.*) ~ **sa première victoire professionnelle** to achieve one's first victory as a professional

défaillance *n f* (*cycl*) ~ **du dérailleur** gear fault, faulty gears

défaite *n f* defeat ; (*ft, rb, etc.*) **une courte** ~ a narrow defeat ; (*ft, rb, etc.*) ~ **à domicile** home defeat, defeat at home ; (*bx, lte*) ~ **aux points** defeat / loss / on points ; (*b x*) ~ **par knock-out** defeat by knock-out ; (*lte*) ~ **par tomber** loss on / by a / fall

défaut *nm* (*tir*) ~ **de l'arme** malfunction of the weapon ; (*tir*) ~ **de la munition** malfunction of ammunition

défectueux(euse) *adj* (*esc*) **arme défectueuse** faulty weapon ; (*tir*) **cartouche défectueuse** faulty cartridge

défendre (se) *vpr* (*bx*) **inaptitude à** ~ inability to defend oneself

défense *nf* (*ft, rb, bx, etc.*) defence, (*football américain*) defensive ; (*ft*) ~ **en ligne** square defence, (*jn,GB*) flat back four ; (*ft*) ~ **individuelle** man-to-man marking / defending ; (*bkt, hd*) ~ **mixte** combined defence ; (*bkt*) ~ **de zone** zone defence, zonal marking / defending ; (*bkt*) **changement en** ~ switching (in defence) ; v. imperméable, perméable, placement

défenseur *nm* defender, defensive player ; (*hkg*) ~ **gauche / droit** left / right / defence / (*Am*) defense

défensif(ive) *adj* defensive ; (*ft, etc.*) **action défensive** defending ; (*jd*) **position défensive** (*jigotai*) defence posture ; v. ailier

défensivement *adv, jn* defensively

déferlant(e) *adj* **vagues** ~**es** surf

défi *nm* challenge ; (*gén*) **relever le** ~ to take up a / the / challenge

déficit *nm* (*temps*) (time) deficit

dégagement *nm* (*ft, rb, etc*) clearance, (*esc*) disengaging ; (*ft*) (*gardien de but*) ~ **à la main** throw, throw-out ; (*hkg*) ~ **interdit** icing

dégager *v* (*ft, hk, rb, etc*) to clear ; (*av*) (*aviron*) to lift ; (*ft*) (*gardien de but*) **le ballon à la main** to throw the ball out ; (*ft*) ~ **le ballon en le bottant aussi loin que possible** to hoof the ball clear ; (*ft*) ~ **le ballon de volée** to volley the ball clear ; (*canoë-kayak*) ~ **le parcours** to clear the course ; (*ft*) **le gardien dégageait dans un ultime réflexe** the goalkeeper kept the ball out / cleared the ball / with a last-ditch reflex save ; v. débandade

dégarnir *v* (*ft*) ~ **le but** to leave the goal open

degré *nm* (*canoë-kayak*) ~ **de difficulté** grade / degree / of difficulty ; (*jd*) ~ **de maître** (*dan*) master's degree

délégué(e) *n m(f)* (*s k*) ~ **technique** technical delegate

délimitation *nf* (*bkt*) **ligne de** ~ boundary line

delta *nm* v. aile

deltaplane *nm* (*sport*) hang-gliding ; (*appareil*) hang-glider

deltaplaneur *nm* (*personne*) hang-glider

deltoïde *nm* deltoid (muscle)

demander *v* (*bkt*) ~ **un changement** to request a substitution ; (*bkt*) ~ **un temps mort** to request time-out ; v. temps

démanteler *v* (*ft*) ~ **la défense** to split / break through / the defence

démarquer 1. *v* (*ft*) ~ **un partenaire** to take away a team-mate's marker ; (*ft, etc.*) **être démarqué** to be unmarked, to be free **2. démarquer** (*se*) *vpr* (*ft*) to lose one's marker, to get free of one's marker, to get into an unmarked position, (*jn*) to come off one's man / marker

démarrer *v* (*athl, etc.*) to spurt, to put on a spurt, (*jn*) to pull away

démener (se) *vpr* to exert oneself

démettre (se) (*pp démis*) *vpr* **il s'est démis l'épaule** he (has) dislocated his shoulder

demi *nm* (*ft, football américain, hk*) half-back ; ~ **centre** (*ft*) centre half, (*hk*) centre halfback ; (*hk*) ~ **extérieur** wing halfback, wing-half ; ~ **gauche / droit** (*ft*) left / right / half, (*football américain*) left / right / halfback ; (*football américain*) ~ **de coin gauche / droit** left / right / cornerback ; (*football américain*) ~ **de sûreté droit / gauche** right / left / safety, (*football canadien*) right / left / safety back ; (*rb*) ~ **de mêlée** scrum half ; (*rb*) ~ **d'ouverture** stand-off half, fly half ; v. demi-aile, demi-court, demi-finale, demi-fond, maraude

demi-aile (*pl demi-ailes*) *cpd, m* (*ft*) wing-half

demi-court *n m* (*badminton*) ~ **de service en double / simple** doubles / singles / service court ; (*squash*) **ligne de** ~ half court line

demi-finale *nf* semifinal

demi-finaliste (*pl demi-finalistes*) *nm(f)* semifinalist

demi-fond *nm* (*athl*) **course de** ~ middle-distance race ; (*athl*) **coureur(-euse) de** ~ middle-distance runner

demi-pirouette *nf* half pirouette

demi-pointe *nf* (*gym*) **sur** ~ on half toe

demi-portée *nf* (*bls*) (*pétanque*) = «pointing» throw in which the bowl is thrown in such a way that it lands half way down the pitch

demi-sang *n m* (*éq, etc.*) halfbred (horse)

demi-tour *n m* (*gym*) ~ **dorsal** swing with half turn ; (*gym*) ~ **d'un élan** swinging half turn ; (*gym*) ~ **d'un élan en suspension** forward swing with half turn in hang

demi-volée (*pl demi-volées*) *cpd, f* half-volley ; (*ft*) **frapper le ballon en** ~ to half-volley the ball

démonstration *nf* (*bx*) **assaut de** ~ sparring match ; (*ft*) **leur** ~ **contre Naples fut époustouflante** their performance against Naples was amazing, they put on a marvellous show against Naples

dénivelée *nf* (*sk*) difference in height, vertical drop

dénivellation *nf* (*pentathlon moderne*) **total de** ~**s** total climb

dent *nf* (*engrenage*) tooth, cog

départ *nm* (*athl, sw, etc.*) start ; (*gf*) ~ **ou tertre de** ~ tee ; (*gén*) ~ **arrêté** standing start ; (*athl*) ~ **avec décalage** staggered start ; (*athl*) **blocs de** ~ starting blocks ; (*gén*) ~ **lancé** flying start ; (*av*) **cloche de** ~ starter's bell ; (*av*) **drapeau de** ~

starter's flag ; (*athl, etc.*) (*course*) **faux** ~ false / faulty / start ; (*av*) **installation de** ~ starting installation ; (*av*) **installation mobile de** ~ mobile starting installation ; (*cycl*) **juge au** ~ start(ing) judge ; **ligne de** ~ (*athl*) start(ing) line, (*curling*) foot score line ; (*vle, etc.*) **numéro de** ~ start number ; (*hlt*) **poids de** ~ starting weight ; (*nt*) **poignée de** ~ starting grip ; (*av*) **point de** ~ **fixe** fixed starting point ; (*hlt, nt*) **position de** ~ starting position ; (*av*) **tour de** ~ starter's tower ; (*patinage de vitesse*) **au** ~ ! go to the start! ; (*gén*) **donner le** ~ to start the race ; **prendre le** ~ (*athl, etc.*) to start (a race), to be among the starters, (*gf*) to tee off ; v. grille, stall(*e*)

départeur *nm* (*saut à ski*) starter

dépasser *v* (*ski de fond, etc.*) to overtake, (*vle*) to overstand ; (*vle*) ~ **sous le vent** to sail through the lee ; (*ft*) (*drible, etc.*) **X fut dépassé par Y** X was beaten by Y

déplacement *nm* (*tir*) ~ **du point de mire** aiming off ; (*ft, etc.*) **succès obtenu en** ~ away win, win / success / away from home ; (*ft, etc.*) **il nous reste trois** ~**s** we have three away games / matches / left

dépointer *v* (*arme*) to move off target

depuis *prép* (*gym*) **bascule** ~ **l'appui sur les bras** upper arm upstart ; (*gym*) **bascule** ~ **la suspension mi-renversée** long underswing upstart

dérailleur *nm* (*cycl*) dérailleur gears ; (*cycl*) **défaillance du** ~ gear fault, faulty gears

derby (*pl derbys*) *nm* derby

dérive *n f* (*vle*) drift, leeway ; (*vle*) (*voilier*) drop keel, centre board ; (*planeur*) vertical stabilizer ; (*vle*) **puits de** ~ centre board case ; (*vle*) **semelle de** ~ leeboard

dériveur *nm* (*bateau*) sailing dinghy ;

(*voile*) storm sail

dernier(ière) *adj* ~ **tour** (*athl*) last / final / lap, (*patinage de vitesse, etc.*) bell lap

dérobade *nf* (*gén*) (*cheval*) swerve ; (*éq*) (*saut d'obstacles*) refusal

dérobement *nm* (*esc*) dérobement

dérouler (se) *vpr* (*championnat, etc.*) to take place, to be held

derrière *prép* (*hd*) **passe** ~ **la tête** head pass

désarçonner *v* (*éq*) ~ **le cavalier** to throw / unseat / the rider

désaxé(e) *adj* (*hd*) **tir** ~ shot bending sideways

désaxer *v* (*rb*) (*mêlée*) to unbalance

descendeur(euse) *nm(f)* (*sk*) downhill skiier, downhiller

descendre *v* (*gén*) to go down, to come down ; ~ (**de cheval, de vélo**) to dismount ; (*gym*) ~ **lentement** to lower (oneself) slowly ; (*ft*) ~ **le long de la touche** to go down the touchline ; ~ **en parachute** to parachute

descente *nf* (*gén & cycl*) descent ; (*sk*) downhill *n*, downhill event ; (*ft, jn*) relegation ; (*sk*) **course de** ~ downhill race ; (*sk*) **courses de** ~ downhill racing

déséquilibre *n m* (*lte*) throw ; (*jd*) ~ **s** (*kuzushi*) breaking of balance

désignation *nf* (*bkt*) ~ **du joueur fautif** designation of the offender

désir *nm* (*éq*) ~ **de se porter en avant** desire to move forward

désobéissance *nf* (*gén*) disobedience ; (*éq*) refusal ; (*éq*) **la troisième** ~ **entraîne l'élimination** the third refusal leads to elimination / disqualification

dessous *adv* (*lte*) **position en** ~ underneath position ; (*bkt*) **tir par en** ~ lay-up shot ; (*bkt*) **être en bonne position** ~ to be in a good position under the basket ; (*gf*) **prendre la balle en** ~ to chip the ball

destituer *v* (*bx*) **être destitué** to be stripped of one's title

désuni(e) *adj* (*éq*) **galop ~** disunited canter

détacher (se) *vpr* (*athl, cycl*) **~ du peloton** to break away from the field / pack

détente *nf* (*muscles*) relaxation, relaxing ; (*athl*) (*saut en hauteur / longueur, etc.*) spring ; (*athl*) (*lancer du poids, etc.*) thrust ; (*pistolet, etc.*) trigger ; (*tir*) **double ~** set trigger ; (*tir*) **appuyer sur la ~** to pull the trigger ; (*athl*) **il travaille en ~** he uses his spring

détenteur(trice) *n m(f)* holder ; (*athl, sw, etc.*) **~ du record** record holder ; **le ~ du titre** the title holder, the current champion ; (*bx*) **~ d'une couronne mondiale** world-title holder, holder of the world crown / championship

détonation *nf* (*tir*) detonation

détourner *v* (*ft*) **~ un tir en corner** to deflect a shot for a corner

détresse *nf* (*vle*) **signal de ~** distress signal

détrôner *v* (*gén*) to dethrone ; (*cycl*) **~ le leader du Tour de France** to take over the lead in the Tour de France

deux *adj & n, inv* two ; *adj* (*vle*) **~ longueurs** two (overall) lengths ; (*av*) **~ rameurs en couple** double sculls ; (*av*) **~ rameurs en pointe sans barreur** coxless pair, coxwainless pair-oars ; (*av*) **~ rameurs en pointe avec barreur** coxed pair, pair-oars with coxswain ; (*hlt*) **arraché à ~ bras** two-hands / two-handed / snatch ; (*bx*) **attaques effectives des ~ mains** effective two-handed attacks ; (*hlt*) **développé à ~ bras** two-hands / two-handed / clean and press ; (*hlt*) **épaulé et jeté à ~ bras** two-hands / two-handed / clean and jerk ; (*hd*) **exclusion de ~**

minutes two minutes' suspension ; (*tir*) **fusil à ~ canons** double-barrelled gun ; (*tir*) **fusil à ~ canons superposés** over and under ; (*hd*) **passe à ~ mains** chest pass ; (*bkt*) **passe à ~ mains de la poitrine** two-handed / two-hands / chest pass ; (*bkt*) **tir à ~ mains** two-handed shot ; (*hps*) **X est ~ contre un** X is two to one ; *n* (*av*) **un ~ sans barreur** a coxless pair ; v. critérium, point

deuxième *adj* (*gén*) second ; (*esc*) **~ intention** second intention ; (*athl*) **~ meilleur saut** second-best jump ; (*curling*) **~ joueur** number two ; (*hd*) **tir de la ~ ligne** shot from the second line ; v. deuxième-but, deuxième ligne, espace, poteau, corner

deuxième-but *nm* (*bsb*) (*joueur*) second baseman

deuxième ligne *cpd, m* (*rb*) (*avant*) second-row / lock / forward

devancer *v* **~ qn** to be ahead of s.o.

devant 1. *adv* (*bls*) (*pétanque*) **boule ~** bowl in front of the jack ; (*ft*) (*fm*) **ils balancent de(s) grands ballons ~** they knock long balls up front ; (*rb*) **le jeu ~** forward play ; (*rb*) **notre rugby est basé ~** our rugby is based on forward play / attack **2.** *n m* (*cycl*) **attaquer de ~** to go off from the front

développé *n m* (*hlt*) clean and press, press ; **~ à deux bras** two-hands / two-handed / clean and press

développement *nm* (*cycl*) (= *distance travelled in one revolution of the pedals*) (*GB*) ≈ gear ratio ; (*cycl*) **user du grand ~** to use the high gears

devenir *v* to become ; (*joueur*) **~ plus tranchant** to become more assertive, to sharpen up one's game / play

déventement *nm* (*vle*) blanketing

déventer *v* (*vle*) to overlap, to pinch

déviation *nf* (*balle, ballon*) deflection

dévier *v* to deflect ; (*ft*) ~ **un centre** to deflect a centre ; (*ft*) ~ **un ballon en dehors du but** to deflect the ball away from (the) goal ; (*ft*) ~ **un tir en corner** to deflect a shot for a corner

diagnostic *nm* (*lésion, etc.*) diagnosis (*pl diagnoses*)

diagonale *nf* (*hd, ft, etc.*) **coup / tir / en** ~ angled shot ; (*éq*) **sur la** ~ on the diagonal

diamètre *nm* (*tir*) ~ **de la cible** diameter of the target

Diamidov *n* (*gym*) **rotation** ~ Diamidov turn

diète *nf* diet

diététicien(ienne) *nm(f)* dietitian, dietician

diététique 1. *adj* dietetic **2.** *nf* dietetics

difficulté *nf* (*gén*) difficulty ; (*canoë-kayak*) **degré de** ~ degree / grade / of difficulty

diffuser *v* to broadcast ; (*télévision*) **le match sera diffusé en direct** the match will be broadcast / shown / live

dimension *nf* dimension ; (*nt, etc.*) **aux** ~**s olympiques** Olympic-sized ; (*canoë-kayak*) ~**s des embarcations** measurements of the boats

diminué *adj* (*ft, rb, etc*) **nous étions trop** ~**s** too many players were out, we had too many players out

dioptre *n m* (*tir*) aperture sight ; (*tir*) **curseur du** ~ aperture-sight bar ; (*tir*) **disque de** ~ aperture fore-sight disc ; (*tir*) **lunettes de** ~ aperture-sight spectacles ; (*tir*) **support de** ~ aperture-sight support ; (*tir*) **vis du** ~ aperture-sight screw

dire *v* v. marque

direct 1. *nm* (*bx*) jab, straight punch / blow ; (*rb*) kick straight / directly / into touch ; (*bx*) ~ **du gauche / droit** straight left / right **2. direct(e)** *adj* (*gén*) direct ; (*esc*) **attaque** ~**e** direct attack ; **coup** ~ (*bx*) straight punch, (*esc*) direct thrust ; (*esc*) **élimination** ~**e** direct elimination, sudden death ; (*ft*) **jeu** ~ long-ball game / tactics ; (*hd, etc.*) **passe** ~**e** direct pass, (*hk*) volley pass ; (*hk*) **tir** ~ volley shot ; (*ft*) **un coup franc** ~ a direct free kick ; (*rb*) **un coup de pied** ~ **/ une touche** ~**e** a kick directly / straight / into touch **3. direct (en)** (*loc adv*) **retransmettre** (*qqch.*) **en direct à la télévision** to show (*smth.*) live on television ; v. diffuser

directement *adv* (*rb*) **taper** ~ **en touche** to kick directly / straight / into touch

directeur *nm* (*sk*) ~ **de compétition / d'épreuve** chief of competition ; ~ **de tir** (*pentathlon moderne*) referee, (*tir*) range officer ; (*arc*) ~ **des tirs** field captain ; (*tir*) ~ **de tranchée** marking-pit officer

direction *nf* (*aut*) steering

dirigeant *nm* (*ft, etc.*) director ; (*ft, etc.*) **les** ~**s du club** the club directors

diriger *v* (*gén*) to direct ; ~ **le ballon vers X** (*ft*) to kick / (*rb*) to throw / the ball towards X ; ~ **un entraînement matinal** to take a morning training session

discipline *nf* discipline ; (*athl*) event ; (*vle*) category ; (*cycl*) **la commission de** ~ the disciplinary committee ; (*tir*) ~ **de tir** firing discipline

discipliné(e) *adj* v. violence

discobole *nm* (*athl*) discus thrower

dislocation *nf* (*gén*) dislocation ; (*gym*) **double** ~ double dislocation

disputer 1. *v* (*bx, etc.*) (*championnat, victoire*) to fight (for) ; (*ft, rb, etc.*) (*match*) to play ; (*championnat, tournoi, etc.*) to compete in, to take part in ; (*cycl*) ~ **la fin de saison** to compete in end-of-season races ; (*tn, etc.*) ~ **la finale** to play in the final ; (*bx*) ~ **son dixième combat** to have one's tenth contest / fight ; **le match sera disputé à Liverpool** the match will be played in Liverpool ; v. se disputer **2. disputer (*se*) *vpr*** (*ft, etc.*) **Marseille et Monaco se disputent le titre de champion** Marseilles and Monaco are battling / fighting / it out for the championship / title

disqualification *nf* (*gén*) disqualification

disqualifiant(e) *adj* (*bkt*) **faute** ~e disqualifying foul

disqualifier *v* (*gén*) ~ **qn** to disqualify s.o.

disque *nm* (*anatomie*) disc ; (*athl*) discus ; (*tir*) ~ **de dioptre** aperture fore-sight disc ; (*anatomie*) ~ **intervertébral** intervertebral disc ; (*canoë-kayak*) ~ **de signalisation** signalling disc ; (*hlt*) **barre** (*f*) **à** ~s barbell ; v. lancement, lancer

distance *n f* (*gén*) distance ; (*esc*) fencing distance ; (*tir*) ~ **de tir** shooting distance ; (*tir*) **appréciation de la** ~ distance judging ; (*arc*) ~ **courte / longue** short / long / distance ; (*esc*) **grande** ~ flèche distance ; (*esc*) **moyenne** ~ medium distance ; (*esc*) **petite** ~ close quarters

distancer *v* (*athl, cycl, etc.*) ~ **qn** to go well ahead of s.o., to leave s.o. far behind ; (*athl, etc.*) **se laisser** ~ to be off the pace, to lag behind ; (*bkt, etc.*) (*jn*) **être distancé de vingt-sept points** to be twenty-seven points behind

distinctif(ive) *adj* (*vle*) **pavillon** ~ distinguishing flag

distributeur *nm* (*ft*) provider

divertissement *nm* v. valeur

division *nf* division ; **il évoluait en** ~

IV il y a trois ans he was playing in division 4 three years ago

dix *adj, inv* ten ; (*athl*) **le** ~ **mille mètres** the ten thousand metres (race) ; (*rb*) **ligne** (*f*) **des** ~ **mètres** ten metre(s) / yard(s) / line ; v. règle

dojo *nm* (*jd*) practice hall

domicile *nm* home ; (*ft, etc.*) **deux victoires à** ~ two home wins / victories ; v. défaite

dominant(e) *adj* (*vle*) **vent** ~ prevailing wind

dominer *v* (*gén*) to dominate ; (*ft*) **se laisser** ~ to be under pressure

donnée *nf* (*bls*) (*pétanque*) = the spot on the pitch where the bowl being thrown is intended to land

donner *v* (*esc*) **touche donnée** hit scored ; (*ft, etc.*) ~ **le coup d'envoi** to kick off ; (*hkg*) ~ **un coup de patin sur le palet** to kick the puck ; v. départ, leçon

dopage *nm* doping, drug-taking

dopant 1. *nm* dope, drug **2. dopant(e)** *adj* **substances** ~es dope, drugs

doper 1. *v* to dope **2. doper (*se*)** *vpr* to take stimulants / drugs, to dope oneself

doping *nm* doping, drug-taking ; dope, drug

dorsal(e) *adj* (*gym*) **allemand** ~ Schwabenkehre ; (*gym*) **bascule** ~e reverse upstart ; (*gym*) **demi-tour** ~ swing with half turn ; (*gym*) **double** ~ double rear vault ; (*gym*) **prise** ~e ordinary grip ; (*gym*) **tchèque** ~ Czechkehre ; v. parachute

dos *nm* (*anatomie*) back ; (*arc*) ~ **d'arc** bow backing ; (*nt*) **nage sur le** ~ **ou** ~ **ou** ~ **crawlé** backstroke ; (*nt*) **repère de virage de** ~ backstroke turn indicator

doser *v* (*gén*) ~ **son effort** to pace oneself

dossard *nm* (*athl,éq, etc.*) number (*worn by an athlete, rider, etc.*), (*sk, etc.*) bib

double 1. *adj* (*patinage artistique*) ~ **Axel** double Axel ; (*patinage artistique*) ~ **boucle** double loop ; (*patinage artistique*) ~ **boucle piquée** double toe-loop ; (*tir*) ~ **détente** set trigger ; (*gym, etc.*) ~ **dislocation** double dislocation ; (*bkt, hd*) ~ **drible / «dribble»** double dribble ; ~ **faute** (*bkt*) double foul,(*tn*) double fault ; (*ski artistique et acrobatique*) ~ **flip** double flip ; (*patinage artistique*) ~ **Lutz** double Lutz ; (*lte*) ~ **nelson** double Nelson ; (*lte*) ~ **prise** double gripping ; (*lte*) ~ **prise de bras hanchée** double arm hip throw ; (*canoë-kayak*) **pagaie** ~ double-bladed paddle ; (*lte*) **prise** ~ double grip ; (*patinage artistique*) ~ **Salchow** double Salchow ; (*gym*) ~ **salto** double somersault ; (*ski artistique et acrobatique*) ~ **saut périlleux** double somersault ; (*esc*) **coup** ~ double hit ; (*hd*) ~ **touche** double touch ; (*vle*) **virement** ~ double tacking ; (*flé*) (*secteur sur la cible*) ~ **anneau extérieur** double ; (*flé*) (*secteur sur la cible*) ~ **anneau intérieur** treble **2.** *nm* (*flé*) double ; (*tn, etc.*) ~ **dames / messieurs / mixte** ladies' / men's / mixed doubles ; (*gym*) ~ **dorsal** double rear vault ; (*gym*) ~ **facial** face / front / vault with half turn from handstand ; (*badminton*) **ligne latérale de** ~ doubles sideline ; (*tn, etc.*) **gagner le** ~ **avec X** to win the doubles with X

doublé *nm* (*ft, etc.*) (*jn*) **signer un** ~ to score twice, (*ft*) to score two goals

double-appui *cpd,* **m le** ~ **est la caractéristique principale de la marche** maintaining constant contact with the ground is the major characteristic of walking

doubler *v* (*gén*) (*mouvement: personne, voiture, etc.*) to overtake, to go past ; (*cycl*) ~ **à la corde** to overtake on the

inside ; (*éq*) ~ **à droite** to turn to the right ; (*cycl, etc.*) ~ **à l'extérieur** to overtake on the outside ; (*ft, etc.*) (*jn, fg*) ~ **la mise** to double the score

doublette *nf* (*bls*) (*pétanque*) doubles

douce *adj, f* v. doux

douille *nf* (*tir*) cartridge case

douteux(euse) *adj* (*ft, rb, etc.*) (*joueur qui est blessé*) **X est** ~ X is doubtful

doux, douce *adj* (*nt, vle*) **eau douce** freshwater

douze *adj inv* (*gym*) **concours complet en** ~ **épreuves** all-round competition in twelve events ; v. calibre

down *nm* (*football américain / canadien*) down

Dragon *nm* (*vle*) Dragon (*class*)

dragonne *nf* (*arc*) bowsling

«drag-racing» *nm* (*aut*) (*courses d'accélération*) drag racing

«dragster» *nm* (*aut*) (*pilote*) dragster

dramatiser *v* to dramatize

drapeau *n m* (*gén*) flag ; (*rb, etc.*) (*de juge de touche*) flag ; (*ft, hk, etc.*) ~ **de coin** corner flag ; (*nt*) (*water polo*) ~ **blanc / bleu / rouge** white / blue / red / flag ; (*av*) ~ **de départ** starter's flag ; (*cycl*) ~ **jaune** yellow flag ; v. damier

dressage *nm* (*eq*) dressage ; (*éq*) **cavalier de** ~ dressage rider ; (*éq*) **cheval de** ~ dressage horse ; (*éq*) **épreuve de** ~ dressage test ; (*éq*) **galop de** ~ canter ; (*éq*) **selle de** ~ dressage saddle

«dribble» *n m* (*bkt, ft*) dribble, dribbling ; (*bkt, hd*) **double** ~ double dribble ; (*bkt*) ~ **irrégulier** illegal dribble

«dribbler» *v* (*bkt, ft*) to dribble ; ~ **qn** to dribble round s.o.

«dribbleur(euse)» *nm(f)* (*ft*) dribbler

drible *n m* (*bkt, ft*) dribble, dribbling ; (*bkt, hd*) **double** ~ double dribble ; (*bkt*) ~ **irrégulier** illegal dribble ; v. passer

dribler *v* (*bkt, ft*) to dribble ; ~ qn to dribble round s.o.

dribleur(euse) *nm(f)* (*ft*) dribbler

drisse *nf* (*vle*) halyard

drive *nm* (*gf*) (*coup*) drive

driver *nm* (*gf*) (*club*) driver

drogue *nf* drug, dope

drogué(e) *nm(f)* drug taker / addict

droit 1. *adv* (*vle*) **naviguer** ~ to sail upright **2.** *nm* (*vle*) ~ **de passage** right of way ; v. direct *n* **3. droit(e)** *adj* (*ft, hk*) **arrière** ~ right back, (*ft*) right fullback ; **coup** ~ (*bx*) jab, (*hk*) forehand hit ; (*hk*) **blocage en côté** ~ forehand stopping ; (*athl, cycl, hps*) **ligne** ~**e** home / finishing / straight ; (*éq*) **piste à main** ~**e** track to the right ; (*nt*) (*plongeon*) **position** ~**e**

straight position ; v. ailier, avant, bloqueur, demi, plaqueur

droite *nf* (*éq*) **galop à** ~ canter right ; (*éq*) **pirouette à** ~ pirouette to the right ; (*éq*) **doubler à** ~ to turn to the right

drop *nm* drop goal, drop kick ;

drop goal *cpd, m* (*rb*) drop goal

dropper *v* (*gf*) (*balle*) to drop

D.T.N. = **Directeur Technique National** National Director of Coaching

duathlon *nm* (*sp*) duathlon

durée *n f* (*gén*) duration ; (*gym*) time limit

dureté *nf* (*hkg*) ~ **excessive** rough play, roughness

E

eagle *nm* (*gf*) (= *deux sous le par pour un trou donné*) eagle

eau *nf* water ; (*av, etc.*) ~ **agitée** choppy water ; (*av, canoë-kayak*) ~ **courante** running water ; (*vle*) ~ **d'étrave** wash ; (*nt, vle*) ~ **douce** fresh water ; (*av, etc.*) ~ **libre** clear water ; (*canoë-kayak*) ~ **morte** dead water ; (*nt, vle*) ~ **salée** salt water ; (*vle*) **tirant d'**~ draught ; (*av*) **travail dans l'**~ work in the water ; (*vle, etc.*) **voie d'**~ leak ; (*vle, etc.*) **embarquer de l'**~ to take in water ; (*vle*) **faire** ~ / **avoir une voie d'**~ to spring a leak ; (*vle, etc.*) (*voilier, etc.*) **mettre à l'**~ to launch ; (*av, canoë-kayak, etc.*) **se remplir d'**~ to become waterlogged ; v. plan

écart *n m* (*gen*) gap, lead ; (*gym*) (*mouvement*) straddle ; (*gym*) ~ **Stalder** Staldershoot ; (*gym*) ~ **Endo** straddle in and out in undergrasp ; (*gym*) **établissement** ~ back uprise and straddle forward ; (*gym, etc.*)

faire le grand ~ to do the splits ; (*bkt, etc.*) **l'**~ **grandissait** the gap was widening, the gap grew wider ; (*ft, etc.*) **l'**~ **séparant X des autres équipes se creuse** the gap separating X from the other teams is widening ; **creuser l'**~ **à 10-3** to increase the lead to 10-3 ; **maintenir l'**~ **avec X** to maintain the lead over X

écarté(e) *adj,* (*pp écarter*) (*gym*) **équerre** ~**e** straddle 'L' support ; **jambes** ~**es** legs apart ; (*gym*) **passer les jambes** ~**es par-dessus la barre** to straddle the bar ; (*gym*) **salto avant jambes** ~**es** straddle front somersault ; (*gym*) **sortie** ~**e** straddle vault ; (*gén*) **se tenir les jambes** ~**es** to stand with one's feet apart

écartement *nm* (*hlt*) width of the feet, distance between the feet

écarter 1. *v* (*ft*) (*gardien de but*) ~ **le ballon** to push / knock / the ball away 2. **écarter** (*s'*) *vpr* (*av*) **'écartez-vous !' 'keep apart!'**

échange *nm* (*tn*) rally ; (*bx*) (*coups*) exchange ; (*bx*) ~ **de coups** exchange of blows

échappé *nm* (*cycl*) breakaway rider ; **les échappés** the breakaway group, the riders in the breakaway group ; **le groupe d'échappés** the breakaway group

échappée *nf* (*cycl, etc.*) break, breakaway ; breakaway group ; (*cycl*) **tentative d'~** attempt to break away, breakaway attempt, attempted breakaway

échapper(s') *vpr* (*dans une course*) to break / get / away

écharpe *nf* (*ft, rb, etc.*) (~ **de supporte(u)r / d'un club**) (supporter's / club) scarf ; (*jd*) **immobilisation en ~ par le judogi** (*kesa-gatame*) scarf hold

échauffement *nm* warm-up ; **contracter une blessure à l'~** to sustain an injury in the warm-up

échec *nm* (*gén*) failure ; (*hkg*) ~ **arrière** backchecking ; (*hkg*) **mise en ~ avec le corps** bodycheck(ing) ; (*hkg*) **mettre** (*qn*) **en ~** to check / bodycheck / (*s.o.*)

échographie *n f* (*m é d*) ultrasound (scan)

éclair *nm* (*bkt, hd*) **contre-attaque ~** fast break

éclairer *v* (*ft, etc.*) **sa passe a éclairé le jeu** his pass opened up the play

école *nf* (*ft*) ~ **de jeunes** stable, youth teams ; (*éq*) ~ **d'équitation** riding school ; (*ft*) **ce club a une très bonne ~ de jeunes** this club has a very good youth policy ; (*ft*) **il est issu de l'~ de jeunes** he came up through the ranks / the youth teams

écope *nf* (*av*) bailer

écoper *v* (*ft*) (*jn*) (*joueur*) ~ **d'un aver-**tissement to get (oneself) booked

écossais(e) *adj* (*curling*) **brosse ~e** brush

écoute *nf* (*vle*) **point d'~** clew ; (*vle*) ~ **de grand-voile / grande ~** mainsheet ; (*vle*) ~ **de foc** jibsheet ; v. **barre**

écouvillon *nm* (*tir*) barrel brush

écran *n m* (*bkt*) screening ; (*ckt*) (*qui permet au batteur de voir la balle plus facilement*) sight-screen ; (*bkt*) ~ **fixe** stationary screening

écraser *v* (*ft, rb, etc.*) ~ **ses adversaires** to crush one's opponents ; (*lte*) ~ **le pont** to break the bridge

écriteau *nm* (*ft, etc.*) (*tenu par des supporteurs*) banner

écroulement *nm* (*rb*) ~ **volontaire de la mêlée** deliberate collapsing of the scrum

écrouler *v* (*rb*) ~ **la mêlée** to collapse the scrum

écueil *nm* (*vle*) reef

écurie *nf* (*hps, cycl, aut, etc*) stable

éducateur(trice) *nm(f)* instructor

éducation *nf* ~ **physique** physical education ; v. **EPS**

effacer *v* (*ft, etc.*) (*fm, fg*) ~ **son adversaire** to blot out one's opponent

effectif(ive) *adj* (*bx*) **attaques effectives des deux mains** effective two-handed attacks ; (*bkt*) **temps de jeu ~** actual playing time

effet *n m* (*tn, etc.*) spin ; (*tn, etc.*) **donner de l'~ à sa balle** to put spin on one's ball / shot ; (*bd*) ~ **de côté** side screw ; ~ **rétrograde** (*bd*) screw back, (*bd, tn*) back spin ; (*curling*) ~ **extérieur** out-turn ; (*curling*) ~ **intérieur** in-turn

efficace *adj* effective

efficacité *n f* (*b x*) ~ **des coups** punching power

effleurement *nm* (*tir*) taking up first pressure

égaler *v* to equal ; ~ **le record de X** to

equal X's record

égalisateur(trice) *adj* (*ft*) **le but** ~ the equalizing goal

égalisation *nf* **cette ~ contestée** this disputed equalizer / (*ft*) equalizing goal ; (*rb*) **l'essai de l'~** the equalizing try

égaliser *v* (*gén*) to equalize

égalité *nf* (*tn*) (*40A*) deuce, forty all ; (*tir, etc.*) **~ des points** tie ; (*ft, etc.*) (*classement*) **X prend la troisième place à ~ de points avec Y** X move(s) into third place with the same number of points as Y, X is tying with Y in third place

égrener *v* (*bx, lte, etc.*) **l'arbitre égrène les secondes** the referee counts out the seconds

EIS abr de Ecole Interarmes des Sports

éjecteur *nm* (*tir*) ejector

élaborer *v* to put together (moves) ; **il nous a été difficile d'élaborer nos combinaisons** we found it difficult to put together our moves

élan *nm* (*gén*) momentum ; (*athl*) (*saut en hauteur, etc.*) run-up, take-off ; (*ft*) (*remise en jeu, etc.*) run-up ; (*gym*) ~ **appelé 'Auerbach'** gainer back somersault ; (*gym*) ~ **par-dessous la barre et salto** underswing and salto forward ; (*gym*) **demi-tour d'un ~** swinging half turn ; (*athl*) **piste d'~** run-up / take-off / area, (*saut en longueur, etc.*) runway, run-up track ; (*sk*) (*saut à ski*) **chef de piste d'~** chief of inrun ; (*gén*) **prendre son ~** to take a run-up, (*saut*) to take off ; (*athl*) (*saut en hauteur*) **l'essai est fautif si le concurrent prend son ~ des deux pieds** the attempt is invalid if the competitor takes off on both feet ; (*ft, etc.*) **perdre son ~** to lose momentum ;

élancer *nm* (*gym*) ~ **en avant avec changement de prise** rotated grasp swing ; (*gym*) ~ **en avant par-**

dessous la barre underswing ; (*gym*) ~ **facial** high front face vault

élargir *v* (*ft, rb, etc.*) ~ **le jeu** to spread / widen / the play

élasticité *nf* (*personne*) suppleness, elasticity ; (*gym*) springiness, springy / springlike / movements ; (*éq*) ~ **des foulées** elasticity of the steps

élastique 1. *adj* (*gym*) **tremplin** ~ springboard 2. *nm* (*sp*) **saut à l'~** bungee jumping ; (*cycl*) **il fait l'~** he keeps losing contact (with the pack)

électrique *adj* (*esc*) **appareil ~ de signalisation** electrical judging apparatus ; (*esc*) **pointe d'arrêt ~** electrical pointe d'arrêt

électrothérapie *nf* (*méd*) (*traitement*) electrotherapy ; (*étude*) electrotherapeutics

élevage *nm* (*éq, hps*) breeding

élevé(e) *adj* (*gym*) **équerre ~e** leg undercut ; (*gym*) **équerre ~e, libre, jambes ~es** free support rearways ; (*gym*) **roulade ~e** piked roll ; (*gén*) **score ~** high score

élever *v* ~ **le niveau de motivation de qn** to improve s.o.'s motivation / level of motivation

élimination *nf* (*gén*) elimination ; (*esc, etc.*) ~ **directe** direct elimination, sudden death

éliminatoire 1. *adj* **série** (*f*) ~ qualifying round ; (*patinage de vitesse*) **course ~** elimination race 2. *nf* qualifying heat, (*cycl, etc.*) eliminating heat ; ~ **s** (*sk*) (*gén*) preliminaries, (*patinage de vitesse*) heats

éliminer *v* (*gén*) to eliminate ; (*bsb, ckt*) **être éliminé** to be out ; (*ckt*) ~ **un joueur** to get a player out

éloigné(e) *adj* v. ailier

éloigner(s') *vpr* (*ft*) (*gardien de but*) ~ **de ses buts** to come out of his / one's / goal, to come off his / one's / goal-line ; (*vle*) ~ **du parcours** to sail off the course ; (hd) **pivoter en s'éloignant de l'adversaire** to pivot away from one's opponent

élongation n f strained / pulled / muscle ; **une ~ à la cuisse** a strained / pulled / thigh muscle

emballage nm (cycl) burst of speed (in massed sprint at the end of a race) ; (cycl) **il a été le plus rapide à l'~** he was the quickest in the massed sprint at the finish

emballer 1. v (aut, etc.) (moteur) to race **2. emballer (s')** v p r (aut, etc.) (moteur) to race ; (éq, hps) (cheval) to bolt

embarcation nf (gén) (small) boat, (canoë-kayak) boat, (gén) (small) craft ; (av) **~ à coque lisse** keelless boat ; (av) **~ de pointe** boat with oars ; (canoë-kayak) **~ monocoque** moulded boat ; (canoë-kayak) **dimensions des ~s** measurements of the boats ; (av, etc.) **fond de l'~** bottom of the boat ; (canoë-kayak) **maîtrise de l'~** boat control ; (canoë-kayak) **mensuration des ~s** measuring of the boats ; (canoë-kayak) **vérificateur aux ~s** boat scrutineer, measurer ; (canoë-kayak) **vérification des ~s** boat inspection

embardée nf (av) **'~ !'** 'crab!' ; (av) **faire une ~** to catch a crab

embarquement nm (canoë-kayak) **commissaire à l'~** crew's marshal ; (av) **ponton d'~** embarking raft

embarquer v (canoë-kayak) to get in ; (vle, etc.) **~ de l'eau** to take in water

«embouchonner» v (bls) (pétanque) to place a bowl up against the jack ; v. biberon

embout n m (hk, hkg) (de crosse) butt end

embrayage nm (aut, mt) clutch

émerillon nm (vle) swivel (hook)

éminence nf (anatomie) **~ métatarsienne** (du pied) ball (of the foot)

emmener v (ft, rb, etc.) **~ qn en / sur une / civière** to stretcher s.o. off ; **on l'a emmené en civière** he was stretchered off, he was carried off on a stretcher

empanner v (vle) to gybe

emparer(s') vpr (ft) (gardien de but) **~ du ballon** to get hold of the ball

empêcher v (ft) **~ la balle de sortir** to keep the ball in play, to stop the ball from going out

empennage n m (arc) (flèche) feathering, fletching, feathers ; (badminton) (de volant) feather crown

empenne nf (arc) (talon d'une flèche munie de plumes) flight

empenner v (arc) (flèche) to feather

empiéter v (hd) to be guilty of line violation ; (gén) **~ sur** to encroach upon, to overlap into

emplacement nm (av) **~ du siège à coulisse** slide run

emploi nm (éq) **~ des aides** use of (the) aids ; (éq) **correction dans l'~ des aides** correct use of the aids

«empocher» v (bd) (GB) to pocket ; v. envoyer

emporter v (gén) to win ; (aut) **X a survolé le Grand Prix de Saint-Marin, l'emportant de vingt-sept secondes** X flew his way through the San Marino Grand Prix, winning by twenty-seven seconds

en prép (bkt) **changement ~ défense** switching ; (bkt, ft) **remise ~ jeu** throw-in ; (hd) **remise ~ jeu sur touche** throw-in ; (hk) **tir ~ force** crashing shot ; (hd) **tir ~ lob** lob shot ; (bx) **tirer ~ frappant** to pull and hit

en-arrière nm (patinage artistique) backward glide

en-avant nm (ft) forward pass ; (rb) knock-on ; (patinage artistique) forward glide ; v. avant adv

en-but nm (rb) in-goal area

encaisser *v* (*ft*) ~ **un but** to concede a goal ; (*ft*) (*gardien de but*) **il n'a pas encaissé un but** (*jn*) he (has) kept a clean sheet ; (*bx*) (*jn*) **savoir** ~ to be able to take a lot of punishment

enceinte *nf* (*cycl*) (*courses sur piste*) ~ **réservée aux coureurs** competitors' compound

enchaîner *v* (*rb, ft, etc.*) **ils se montraient incapables d'~** they were unable to put their passes / moves / together

encoche *nf* (*arc*) bow-notch ; (*arc*) ~ **de la flèche** arrow-nock ; (*arc*) **point d'~** nocking-point

Endo *nm* (*gym*) **écart Endo** straddle in and out in undergrasp

endosser *v* ~ **le maillot jaune** to put on the yellow jersey

endurance *nf* stamina, endurance, staying power

ENE abr de Ecole Nationale d'Equitation

énergie *nf* energy ; **être en panne d'~** to have run out of stamina / «steam»

enfourcher *v* (*vélo*) to mount, to get on (*bicycle, bike*)

engagé *nm* (*hps*) **la liste des ~s** the list of runners

engagement *nm* (*esc*) bind, (*hd*) throw-off ; (*éq*) ~ **de l'arrière-main** engagement of the hindquarters

engager 1. *v* (*av*) ~ **son aviron trop profond** to catch a crab ; (*hk*) ~ **le jeu** to bully off ; (*bx*) **être engagé dans les cordes** to be caught in the ropes **2. engager(s')** *vpr* to become / get / involved ; (*cycl*) ~ **dans le coude-à-coude du dernier kilomètre** to be / become / involved in a wheel-to-wheel struggle over the final kilometre

en garde ! *cpd* (*esc*) on guard!, en garde!

engin *nm* (*gym*) ~**s gymnastiques**

gymnastic apparatus ; (*gym*) **gymnastique aux ~s** apparatus work

engluer(s') *vpr* to be / get / bogged down ; (*rb*) **ils s'engluèrent dans le petit périmètre** they became bogged down in their own 22 metres area

engouffrer(s') *vpr* (*ft*) ~ **dans l'espace libre** to run into an open / empty / space

«engrais musculaires» *cpd, mpl* muscle builders

enjambé(e) 1. *adj* (*gym*) **saut** ~ gallop leap **2.** *nm* (*gym*) stride leap

enlevé(e) *adj* (*éq*) **trot** ~ rising trot

enlever *v* (*titre*) to win / carry off (*title*) ; (*pentathlon moderne*) **'enlevez les cibles !'** 'targets away!'

enregistreur *nm* (*nt*) recorder

enrichir *v* to enrich ; (*tn*) **il a enrichi son jeu d'options offensives** he has improved his play by adding some attacking strokes

ENSA abr de Ecole Nationale de Ski et d'Alpinisme

ENSEPS abr de Ecole Normale Supérieure d'Education Physique et Sportive

entamer *v* (*bx, lte*) ~ **le compte** to start / begin / the count

entier(ière) *adj* (*éq*) **changer de main le long de la piste entière** to change rein along the whole track

entorse *nf* sprain, wrench ; **une ~ à la cheville** a sprained ankle

entraînement *nm* training, coaching ; (*sk*) (*ski alpin*) ~ **officiel** official training ; (*jd*) **combat d'~** (*randori*) free practice ; (*patinage de vitesse*) **couloir d'~** training lane ; (*ft, rb, etc.*) **dernier** ~ fitness test ; (*bx*) **match d'~** sparring match ; (*bx*) **partenaire d'~** sparring partner ; (*éq*) **place d'~** warm(ing)-up arena ; (*pentathlon moderne*) **stand d'~** practice range ; (*ft, rb, etc.*) **X a fait un**

dernier ~ et a été déclaré apte à jouer X has had a fitness test and has been declared / passed / fit ; (*athl, etc.*) ~ **en altitude** altitude training ; (*athl, bx, etc.*) **être à l'~** to be in training ; (*ft, rb, etc.*) **diriger un ~ matinal** to take a morning training session ; (*athl, ft, rb, etc.*) **trois ~s hebdomadaires** three weekly training sessions ; (*athl*) (*javelot*) **jet d'~** warm-up / practice / throw ; v. séance

entraîner 1. *v* (*boxeur*) to train ; (*athlète*) to coach, to train ; (*cheval*) to train ; (*coureur cycliste*) to pace **2. entraîner(s')** *v pr* to train, to go into training

entraîneur *n m* (*bx, etc.*) trainer ; (*ft*) trainer **ou** manager (*GB*) ; (*sk, etc.*) coach

entre *prép* (*gym*) **espace ~ les barres parallèles** space between the parallel bars

entre-deux *nm, inv* (*bkt*) jump ball ; (*hkg*) face-off

entrée 1. *nf* (*accès*) admission / entry / fee ; (*éq*) entry ; (*gym*) mount ; (*nt*) (*plongeon*) ~ **pieds premiers** feet-first entry ; (*nt*) (*plongeon*) ~ **tête première** head-first entry ; (*gén*) **il y avait quatre mille ~s** there were four thousand spectators / paying customers **2. entrée (d')** (*loc adv*) (*ft, etc.*) **jouer ~** to play from the kick-off / the start, (*ft, hk, hkg, etc.*) to start the match

entrer *v* (*ft, rb, etc.*) ~ **en jeu** to take the field

entretien *nm* (*curling*) ~ **de la glace** ice grooming, maintenance

ENV *abr de* Ecole Nationale de Voile

envoi *nm* (*hk*) **cercle d'~** striking circle ; (*ft*) **coup d'~** kick-off

envol *nm* (*gym*) take-off

envoyé *nm* (*jn*) **notre ~ spécial** our special correspondent

envoyer *v* (*bd*) (*GB*) ~ **la bille dans une poche** to pocket the ball ; (*ft*) ~ **le ballon dans le filet** (*fm*) to net (the ball), to score a goal ; (*gf*) ~ **la balle dans le trou** to hole the ball ; (*bx*) ~ **qn à terre** to knock s.o. down ; (*bx*) ~ **un crochet dans la mâchoire de qn** to hook s.o. to the jaw

épanchement *nm* (*méd*) ~ **de synovie** water on the knee

épaule *n f* (*anatomie*) shoulder ; (*gym*) **appui sur une ~** support on one shoulder ; (*bx*) **esquive par retrait de l'~** turning aside ; (*jd*) **lancements par l'~** (*seoi-nage*) shoulder throws ; (*jd*) **lancements par l'~, par la main et par le bras** (*te-waza*) shoulder, hand and arm throws ; **luxation de l'~** dislocation of the shoulder, dislocated shoulder ; (*gym*) **position mi-renversée sur les épaules** neckstand ; (*lte*) **rouler d'une ~ à l'autre** to roll over the shoulders

épaulé *m* (*hlt*) clean ; (*hlt*) ~ **et jeté** clean and jerk ; (*hlt*) ~ **et jeté à deux bras** two-hands / two-handed / clean and jerk ; v. épaulé-jeté

épaulé-jeté (*pl épaulés-jetés*) *nm* (*hlt*) clean and jerk

épaulière *nf* (*football américain, etc.*) shoulder pad

épée *nf* (*gén*) sword ; (*esc*) épée ; (*pentathlon moderne*) **épreuve d'~** fencing ; **escrime à l'~** épée fencing

épéiste 1. *adj* (*esc*) **touche ~** hit **2.** *nm(f)* fencer, épée fencer

éperon *n m* (*éq*) spur ; (*pentathlon moderne*) **inspection des ~s** inspection of the spurs

épingle *nf* (*aut, etc.*) **un virage en ~ à cheveux, une ~** a hairpin (bend)

«épingler» *v* (*concours, épreuve*) «to nick»

épisser *v* (*vle*) (*corde*) to splice

épissure *nf* (*vle*) splice

éponge *n f* sponge ; (*ft, rb, etc.*) ~ **miracle** magic sponge ; (*fg*) **jeter l'~** to throw in the towel / sponge

époustouflant(e) *adj* (*performance, démonstration*) amazing, (*GB*) marvellous, (*Am*) marvelous

épreuve *nf* test, trial ; (*athl, nt, etc.*) event ; (*gym*) **concours complet en huit / douze / ~s** all-round competition in eight / twelve / events ; (*sk*) **directeur d'~** chief of competition ; (*éq*) **~ de dressage** dressage test ; (*pentathlon moderne*) **~ d'épée** fencing ; **~ de fond** (*éq*) endurance test, cross-country (event), (*sk*) (*ski de fond*) long-distance race ; (*éq*) **~ équestre** riding ; (*sk, etc.*) **~ individuelle** individual event ; (*pentathlon moderne*) **~ de tir** shooting ; (*sk, etc.*) **~ par équipe** team event ; (*athl*) **~s de sélection** trials ; (*gén*) **~s masculines / féminines** men's / women's / events ; (*cycl*) **~ contre la montre** time trial ; (*sk*) (*ski alpin*) **~s du combiné** combined competitions ; (*gf*) **~ par coups** stroke play ; (*gf*) **~ par trous** match play ; (*athl*) (*marche*) **~ de(s) 50 kilomètres** 50 kilometres walk ; **~ éliminatoire** heat ; (*athl*) **~s sur piste** track events ; **~ de saut** (*éq*) jumping competition / test, (*sk*) ski jumping competition ; (*jn*) **une ~ de force** a battle of strength ; v. individuel

éprouvant(e) *adj* (*match, rencontre*) testing

E P S *abr Education Physique et Sportive* Physical Education, «phys ed» ; **professeur d'~** physical education teacher / instructor, PE teacher, gym teacher

équerre *nf* (*gym*) 'L' support ; (*ckt*) **~ droit** square leg ; (*gym*) **~ écartée** straddle 'L' support ; (*gym*) **~ élevée** leg undercut ; (*gym*) **~ élevée, libre,**

jambes élevées free support rearways ; (*esc*) **les pieds à l'~** feet at right angles, feet square

équestre *adj* (*gén*) equestrian ; (*éq*) **épreuve ~** riding

équilibre *nm* (*gén & gym*) balance ; (*gym*) **~ fessier** 'V' sit ; (*nt*) (*plongeon*) (position) **en ~** armstand ; (*n t*) **plongeon en ~** armstand dive ; (*gym*) **poutre d'~** balance beam

équipage *nm* (*vle*) crew ; (*bobsleigh*) **~ d'un bob** team, crew

équipe *nf* (*gén*) team ; (*a v*) crew ; (*curling*) rink ; (*pentathlon moderne*) **circulation des ~s** circulation of the teams ; (*gén*) **classement par équipes** team placings / classification ; (*gén*) **compétitions par ~** team competitions ; (*cycl*) **course sur route par ~s** team road race ; (*ft, rb, etc.*) **médecin du club de l'~** team doctor ; **L'Equipe** = the daily, French sports newspaper ; (*ckt*) **l'~ du batteur** the batting side ; (*ckt*) **l'~ du bôleur / lanceur** the bowling side ; v. esprit

équipement *nm* (*gén*) equipment ; (*esc*) **~ de pointage électronique** electronic points-scoring equipment ; (*football américain*) **~ de protection** protective equipment

équiper *v* (*vle*) (*bateau*) to rig

équipier(ière) *nm(f)* (*ft, rb, etc.*) team member ; (*vle*) crew member ; (*vle*) **~ d'avant** foredeck hand ; (*vle*) **~ de milieu** middleman

équitation *nf* horse riding, (*aptitude*) horsemanship

érable *nm* (*arc*) (*bois dont on fait les arbalètes*) maple

erre *nf* (*vle*) way ; (*vle*) **perdre de l'~** to lose way

erreur *n f* (*gén*) error ; (*éq*) **~ de parcours** error on the course

escrime *nf* fencing ; **~ à l'épée** épée

fencing ; ~ **au fleuret** foil fencing ; ~ **au sabre** sabre fencing ; **gant d'~** fencing glove ; **piste d'~** piste ; **salut d'~** salute ; **veste d'~** fencing jacket ; **faire de l'~** to fence

escrimeur(euse) *nm(f)* fencer ; ~ **au sabre** sabre fencer

espace *nm* (*bkt*) **premier / deuxième / espace** first / second / space ; (*ckt*) ~ **central** (*entre les guichets*) (cricket) pitch ; (*gym*) ~ **entre les barres parallèles** space between the parallel bars ; v. ouvrir, engouf-frer(s')

espalier *nm* (*gym, etc.*) wall bars

espoir *nm* hope, (*person*) hopeful, up-and-coming player / athlete / runner, etc. ; (*bx*) **un des grands ~s de la boxe française** one of the great hopes of French boxing ; (*ft*) **les espoirs** the under-21s / under 23s, the under-21 team / under-23 team

esprit *n m* (*gén*) ~ **d'équipe** team spirit ; ~ **sportif** sportsmanship

esquimautage *nm* (*canoë-kayak*) kayak roll

esquive *nf* (*esc, ft, rb, etc.*) side-step, side-stepping ; (*bx*) dodge ; (*bx*) ~ **en bas** duck, ducking ; (*bx*) ~ **par retrait de l'épaule** turning aside ; (*bx*) ~**s rotatives** swerving

esquiver *v* (*bx*) ~ **de la tête** to dodge, to duck ; (*bx*) ~ **d'un pas** to sway away

essai *n m* (*gén*) attempt, try ; (*athl*) (*lancer, saut*) attempt ; (*bsb*) strike ; (*hlt*) lift, attempt ; (*rb*) try ; (*ft, rb, etc.*) ~ ou **dernier** ~ fitness test ; (*rb*) ~ **de pénalité** penalty try ; (*rb*) ~ **en force (marqué) sur poussée collective du pack** pushover try ; (*hlt*) ~ **manqué** failed lift, invalid attempt / lift ; (*hlt*) '~ **manqué** !' 'no lift!' ; (*hlt*) ~ **supplémentaire** extra lift / attempt ; (*hlt*) ~ **valable** good lift ;

(*r b*) **marqueur d'~s** try(-)scorer ; (*pentathlon moderne*) **série d'~** sighting series ; (*athl*) (*saut en hauteur*) **l'~ est fautif si le concur-rent prend son élan des deux pieds** the attempt is invalid / it is a no-jump / if the competitor takes off from both feet ; (*rb*) **marquer un ~** to score a try ; (*hlt*) **terminer un ~** to finish a lift ; (*ft, rb, etc.*) **X a fait un dernier ~ et a été déclaré bon pour le service / apte à jouer** X (has) had a fitness test and was passed / declared / fit ; (*hlt*) **renoncer à un ~** to decline a lift ; (*aut*) **les ~s** prac-tice, the practice laps ; (*gén*) **a u premier ~** at the first attempt

essoufflé(e) *adj* out of breath, winded, (*fm*) short of wind

essouffler *v* (*gén*) ~ **qn** to leave s.o. breathless, to make s.o. out of breath ; (*éq, hps*) ~ **un cheval** to wind a horse ; (*athl*) **il a essoufflé ses concurrents** he (has) left his rivals breathless / out of breath ; (*athl*) **la course l'a essoufflé** the race left him breathless / winded ; (*ft*) **le tacle l'a essoufflé** the tackle left him winded

estival(e) *adj* summer ; **la saison esti-vale** the summer season

estoc *nm* **frapper d'~ et de taille** to cut and thrust

estocade *n f* (*jn, fg*) (*cycl, athl, etc.*) **porter l'~** to make the decisive move (~ = *death blow in bull-fighting*)

estomac *nm* (*anatomie*) stomach

établir *v* (*athl, nt, etc.*) ~ **un record** to set / establish / a record

établissement *n m* (*gym*) upward circle ; (*gym*) uprise ; (*gym*) pull-up ; (*gym*) stemme ; (*gym*) ~ **écart** back uprise and straddle forward

étai *nm* (*vle*) stay ; (*vle*) ~ **arrière** backs-tay ; (*vle*) ~ **avant** forestay ; (*vle*) **grand** ~ topmast stay

étain *nm* (*squash*) (= *révélatrice ; bande résonnante courant en bas du mur avant*) telltale

étalage *nm* **faire ~ d'un meilleur jeu collectif** to show better teamwork

étalon *nm* (*hps*) stallion ; (*hps*) **utiliser un cheval comme ~** to put a horse to stud

étambot *nm* (*vle*) sternpost

étanche *adj* (*vle*) **réservoir ~** buoyancy tank

étape *nf* (*cycl, etc.*) stage ; **~ contre la montre** time trial ; **~ de montagne** mountain stage ; **~ de plaine** flat stage, stage on the flat

étarquer *v* (*vle*) **~ une voile** to stretch a sail

étarqueur *nm* (*vle*) outhaul

état *nm* (*ft, rb, etc.*) **~ du terrain** ground conditions

éteignoir *nm* (*ft, etc.*) (*fm, fg*) **mettre sous l'~ son adversaire direct** to snuff out one's opponent

étirement *nm* (*muscle*) pull, strain ; (*entraînement*) **exercices d'~ et d'assouplissement** stretching (exercices)

étirer *v* (*ft, hd, etc.*) **~ la défense (en largeur)** to stretch (out) the defence

étranglement *nm* (*jd, etc.*) strangling, (*jd*) (*shime*) strangulation, (*jd,wr*) stranglehold ; (*jd*) **~ à mains nues** (*hadaka-jime*) naked stranglehold ; (*jd*) **~ croisé** (*juji-jime*) cross strangle ; (*jd*) **~ par le revers en tirant** (*okuri-eri-jime*) sliding lapel-neck lock ; (*jd*) **techniques d'~s** (*shime-waza*) strangulation techniques

étrave *nf* (*vle*) stem, bow ; (*vle*) **eau d'~** wash

être (*pp été*) *v* to be ; (*ft, etc.*) **~ en huitième de finale** to be in the last sixteen ; (*ft, etc.*) **~ en quart de finale** to be in the last eight / the quarter final ; (*vle*) **~ en route libre** to sail

clear ; (*éq*) **~ entre jambes et mains** to be between legs and hands ; v. garde

étreinte *nf* (*lte*) lock

étrier *nm* (*éq*) stirrup ; v. chaussette

étriqué(e) *adj* (*victoire*) narrow

étrivière *nf* (*éq, hps*) stirrup leather

étroit(e) *adj* (*ft, etc.*) **marquage ~** close / tight / marking

éventail *nm* (*cycl*) echelon

évincer *v* to oust

éviter *v* (*ft*) **~ l'intervention de X** to avoid X's tackle

évoluer *v* (*ft, rb, etc.*) (*joueur*) to play, to operate ; (*ft*) **~ dans l'axe** to play in the middle (of the field)

ex æquo *adj inv-* **être classé premier ~** to be placed equal / joint / first, to come in equal / joint / first ; **ils sont arrivés ~** the race finished in a dead heat

examen *nm* (*éq*) **~ vétérinaire** veterinary examination

excentré *nm* (*ft, etc.*) wide player

excès *nm* **se faire expulser pour ~ de langage** to be sent off for using foul language

ex-champion(onne) *nm(f)* former champion, ex-champion

excitant 1. *nm* (*pharm*) stimulant, excitant, «pep pill» **2. excitant(e)** *adj* stimulating, exciting

exclusion *nf* **~ temporaire** (*hd*) suspension, (*hk*) temporary suspension ; (*hd*) **~ de cinq / deux / minutes** five / two / minutes' suspension

exécuter *v* (*bx*) **~ une série de coups** to deliver a flurry of blows

exécution *nf* (*gym*) execution ; (*jd*) **~ du lancement** (*kake*) execution of the throw

exercer *v* (*ft, etc.*) **~ un pressing constant** to apply constant pressure, (*jn*) to keep pushing up

exercice *nm* exercise ; (*tir*) **~s à sec** dry practice ; **~s corporels** body exercises ; (g y m) ~s **imposés** compulsory exercises ; (gym) ~ s **libres** voluntary exercises ; ~ **préparatoire** training exercise ; ~s **de tir** target practice

ex-gloire nf former star, old star

expédier v ~ **le ballon vers X** (ft) to kick the ball towards X, (rb) to throw the ball towards X

expérience nf experience ; **un joueur d'~** an experienced player

expérimenté(e) adj (gén) experienced

expert nm (sk) ~ **sécurité** security expert

expiration nf (nt, etc.) breathing out

expirer v (nt, etc.) to breathe out

exploiter v to exploit ; (ft) ~ **une montée collective de la défense adverse voulant jouer le hors-jeu** to beat the offside tactics of the opposing defence which moved upfield

expression nf (danse sur glace) expression

expulser (ft, rb, etc.) to send off ; **être expulsé** to be sent off ; **se faire ~ pour excès de langage** to be sent off for using foul language

expulsion nf (ft, etc.) sending-off

exprimer(s') vpr (ft, etc.) to express oneself ; (ft, etc.) **on ne leur a pas permis de ~** we did not allow them to express themselves / to play their normal game

extenseur nm (anatomie) extensor (muscle)

extension nf extension, stretching ; (hlt) ~ **complète** complete extension ; (hlt) **la barre doit être élevée jusqu'à complète ~ des bras** the bar must be raised until the arms are fully extended

extérieur(e) 1. adj (vle) **bord** ~ gunnel ; (av) **bras** ~ outside hand ; (curling) **cercle bleu** ~ blue outer circle ; (hk) **demi** ~ wing halfback, wing half ; (jd) **grand fauchage** ~ (o-sotu-gari) major outside reap ; (av) **levier** ~ outboard part of the oar ; (jd) **petit fauchage** ~ (ko-soto-gari) minor outside reap ; v. secondeur **2.** nm (cycl) outer track ; (cycl) **doubler à l'~** to overtake on the outside ; (ft, etc.) **jouer / gagner / à l'~** to play / win / away (from home) ; (hps) **X vient à l'~** X is coming up / moving up / on the outside

extérioriser(s') vpr (jn) to express oneself ; **nous n'avons eu que peu d'occasions de nous extérioriser** we had only a few opportunities to express ourselves

extracteur nm (tir) extractor

F

F nm, **inv** (ft) (jn, fm) **la trois** ~ (= Fédération Française de Football) (GB) Football Association

face nf (alpinisme) **la ~ Nord** the North face ; v. pile

face à (loc prép) (ft) **face au but** facing goal

face(-)à(-)face cpd, m (gén) encounter ; (hkg) face-off

facial 1. nm (gym) front vault ; (gym) **double** ~ face / front / vault with half turn from handstand ; (gym) ~ **russe** Russian wende **2. facial(e)** adj (gym) **élancer** ~ high front face vault

facile adj (gén) **adversaire** ~ pushover

façon nf (lte) **lutter de** ~ **passive** to wrestle in a passive manner

faculté nf (ft, rb, etc.) (équipe, joueur) ~ **d'adaptation** adaptability

faible 1. *adj (ft, rb, etc.)* **la plus ~ assistance de la saison** the worst / lowest / attendance of the season ; v. pied **2.** *nm (esc)* **~ de la lame foible**

faire 1. *(pp fait) v (vle) (bateau)* **~ eau** to leak, to spring a leak ; *(av)* **~ une embardée** to catch a crab ; *(tir)* **~ feu** to fire ; *(gén)* **~ jouer (une équipe)** to field / select (a team) ; *(vle)* **~ force de voiles** to cram / crowd / on all sail ; *(nt)* **~ le saut de l'ange** to swallow-dive, to do a swallow dive ; *(sélectionneur)* **~ sa liste** to pick one's team / squad ; **~ match nul** *(ft, etc.)* to draw, *(hkg)* to tie a game ; *(tir)* **~ partir le coup** to discharge ; *(hd) (ballon)* **~ rebondir** to bounce *(the ball)* ; *(av)* **~ retour sur l'avant** to recover ; *(tn)* **~ une double faute** to serve a double fault, to double fault ; *(ft)* **~ une faute de main** to handle the ball ; *(tn)* **~ une faute de pied** to foot fault ; *(gén)* **~ jouer ses muscles** to flex one's muscles ; *(gén) (public)* **~ une ovation à qn** to give s.o. an ovation ; *(ft)* **~ tomber un adversaire** to bring down an opponent ; *(bx)* **~ le poids** to make the weight ; *(vle)* **~ voile** to set sail ; *(vle)* **~ du yachting** to sail, to go sailing ; v. bévue, étalage, faire *(se)*, motocross, passer, patin, rebondir, roue, «toile», touché-à-terre, touché-en-but **2. faire (se)** *vpr* **~ mal au genou** to hurt / injure / one's knee ; *(bx)* **~ peser** to weigh in ; *(gén) (boxeur, équipe, etc.)* **plus on tombe de haut, plus on risque de ~ mal** the bigger you / they / are the harder you / they / fall

fairway *n (gf)* fairway *(m)*

fan *nm* fan ; *(jn)* «**fan's club**» fan club

fanion *n m (ft, hk, rb, sk, etc.)* flag ; *(pentathlon moderne)* **~ blanc / rouge** white / red / flag ; *(jd)* **~ vert** green flag ; *(rb)* **marquer sur le ~ de droite** to score by the right-hand corner flag

fanzine *nm (ft)* fanzine

farci(e) *(pp farcir) adj* v. boule

fart *n m (sk)* wax ; *(ski de fond)* **~ de montée** uphill wax ; *(ski de fond)* **~ de retenue** kicker wax

fartage *n m (sk)* waxing ; *(sk) (ski de fond, etc.)* **salle de ~** waxing room

farter *v (sk)* to wax

fartlek *n m (athl, etc.) (entraînement)* fartlek, fartlek running

faseyer *v (vle) (voile)* to flutter, to shiver, to flap

fatigue *nf* tiredness

fauchage *nm (ft)* a scything tackle, a bad trip / tackle ; *(jd) (= gari)* reap ; *(jd)* **~ cuisse interne** *(uchi-mata)* inner thigh throw ; *(jd)* **grand ~ extérieur** *(o-soto-gari)* major outside reap ; *(jd)* **petit ~ extérieur** *(ko-soto-gari)* minor outside reap ; *(jd)* **grand ~ intérieur** *(o-uchi-gari)* major inner reap ; *(jd)* **petit ~ intérieur** *(ko-uchi-gari)* minor inner reap

faucher *v (ft)* **~ un adversaire** to bring down / hack down / an opponent, to trip up an opponent ; *(ft)* **~ les jambes à un adversaire** to make a scything tackle on an opponent

fausse *adj* v. faux

faute *nf (gén)* foul, infringement ; *(éq) (jumping)* fault ; *(ft, etc.)* foul ; *(gym)* fault ; *(tn)* fault ; **double ~** *(bkt)* double foul, *(tn)* double fault ; *(hk)* **~ de corps** use of the body ; *(hk)* **~ de crosse** sticks ; *(hd)* **~ de réception** catching violation ; *(bkt)* **~ disqualifiante** disqualifying foul ; *(ft, rb, etc.)* **une ~ grave** a serious foul ; *(bkt)* **~ multiple** multiple foul ; *(bkt)* **~ personnelle** personal foul ; *(hd, tn)* **~ de pied** foot fault ; *(tn)* **~ de service** service fault ; *(bkt)* **~ tech-**

nique technical foul ; (*bkt*) **règle concernant les ~s** rule governing fouls ; (*ft*) **faire une ~ de main** to handle the ball ; (*tn*) **faire une ~ de pied** to foot fault ; (*tn*) **faire une double ~** to serve a double fault, to double fault ; (*tn*) **juge de ~ de pieds** foot fault judge ; (*ft, etc.*) **une ~ de X sur Y** a foul by X on Y ; (*rb*) **des ~s de main** bad handling / passing / errors ; (*ft, rb, etc.*) **commettre une lourde ~ en défense** to commit a serious error in defence / a serious defensive error ; (*ft, etc.*) (*arbitre*) **siffler une ~** to blow for a foul ; v. sans

fautif(ive) *adj* (*athl*) (*jump, etc.*) invalid ; (*athl*) **le saut est ~** the jump is invalid ; (*athl*) **un saut ~** a no-jump ; (*athl*) **un jet / lancer / ~** a no-throw ; (*bkt*) **désignation du joueur ~** designation of the offender

faux, fausse *adj* (*athl, nt, patinage de vitesse, etc.*) **~ départ** false start ; (*bx*) **fausse garde** southpaw ; v. rebond

favori *nm* favourite ; (*ft, etc.*) **les ~s du Championnat** the favourites for the Championship ; (*ft, rb, etc.*) **le club n'est pas ~** the club is the underdog

fédération *nf* federation, association ; **Fédération Française d'Athlétisme (FFA)** (GB) (French) Amateur Athletic Association ; **Fédération Française de Boxe** French Boxing Federation ; **Fédération Internationale de Tennis** International Tennis Federation ; v. FEI, FFBA, FFF, FIBA, FIC, FICP, FIE, FIFA, FIG, FIH, FIL, FILA, FIM, FINA, FIQ, FIRA, FIS, FISA, FITA, FIVB

FEI (abr de Fédération Equestre Internationale) International Equestrian Federation

feinte *nf* (*ft, rb, etc.*) dummy ; (*bx, esc*) feint ; (*esc*) **attaque précédée d'une**

~ / de deux ~s attack preceded by a feint / by two feints ; (*hk*) **~ de crosse** feint with the stick ; (*hd*) **~ de tir au but** faked shot at goal ; (*esc*) **faire une ~** to feint

feinter *v* (*ft, rb, etc.*) **~ un adversaire** to dummy an opponent, to «sell» an opponent a dummy

féminin(e) *adj* (*gen*) feminine ; (*athl, etc.*) **épreuves ~es** women's events ; (*av*) **le double scull ~** the women's double scull

fémur *nm* femur (*pl femurs, femora*), thigh bone

fendre *v* (*vle*) (*bateau*) **~ les vagues** to cut into the waves

fenêtre *nf* (*arc*) sight-window

fente *nf* (*esc, etc.*) lunge ; (*hlt*) (*jambes*) split

fer *nm* (*esc*) blade ; (*gf*) (*club*) iron ; (*gf*) **grand ~** driving iron ; (*gf*) **~ droit** putter ; (*gf*) **un ~ 6** a (number) six iron ; (*éq, hps*) **~ à cheval** horseshoe ; **lancer du ~ à cheval** horseshoe throwing, throwing the horseshoe ; (*esc*) **position du ~** position of the blade ; (*esc*) **prise de ~** prise de fer

ferler *v* (*vle*) **~ une voile** to furl a sail

ferme *adv* (*ft, etc.*) (*en fin de match*) **tenir ~** to hold out / on

fermé(e) *adj* (*rb*) **côté ~** blind side ; (*éq*) **obstacle ~** closed obstacle ; (*ft*) (*jn*) **doubler la mise dans un angle très ~** to double the score from a very tight angle ; (*ft, etc.*) **jouer à guichets ~s** to play to a capacity crowd / to a full house ; (*luge, bobsleigh*) **piste ~ !** track is closed!

fermer *v* (*ft*) (*gardien de but*) **~ l'angle de tir** to narrow / close down / the (shooting) angle ; (*hps*) **~ la marche du peloton** to be in last place, to be right at the back, to bring up the rear ; (*sk*) (*ski de fond*) **~ la piste** to close the course / trail

fessier(ière) *adj* (*gym*) **équilibre ~ 'V'
sit** ; (*anatomie*) **muscle ~ gluteal
muscle**

feu (*pl* **feux**) *nm* (*pentathlon moderne*)
'~ !' 'fire!' ; (*arc*) **~x lights** ; (*sk*) (*saut
à ski*) **~x de départ start lights** ; (*ft,
etc.*) (*jn, fg*) (*à propos d'une équipe*) **~
d'artifice firework display** ;
(*pentathlon moderne*) **'cessez le ~ !'**
'cease fire!' ; (*tir*) **faire ~ to fire** ; (*ft*)
(*jn, fg*) **le ~ d'artifice avait
commencé avec ce premier but de
X the firework display had begun
with X's first goal** ; v. **coup**

feuille *nf* (*arc, etc.*) **~ de marque scoresheet** ; (*bkt, etc.*) **~ de match scoresheet** ; (*ft, etc.*) **la ~ du match the
team sheet** ; **un joueur porté sur la
feuille du match a player whose
name appears on the team sheet**

**FFA (abr de Fédération Française
d'Athlétisme)** (*GB*) Amateur Athletic Association

**FFB (abr de Fédération Française de
Boxe)** French Boxing Federation

**FFBA (abr de Fédération Française de
Badminton)** French Badminton
Federation

**FFBB (abr de Fédération Française de
Basket-ball)** French Basketball
Federation

**FFBFSDA (abr de Fédération
Française de Boxe Française Savate
et Disciplines Associées)** French
Kick-Boxing Federation

**FFC (abr de Fédération Française de
Cyclisme)** French Cycling Federation

**FFE (abr de Fédération Française
d'Escrime)** French Fencing Federation

FFEPGV abr de Fédération Française
d'Education Physique et de Gymnastique Volontaire

FFESSM abr de Fédération Française
d'Etudes et de Sports Sous-marins

FFF abr de Fédération Française de
Football ; (*jn*) la trois F ; ≈ (*G B*)
Football Association

**FFHB (abr de Fédération Française de
Handball)** French Handball Federation

**FFHC (abr de Fédération Française de
Haltérophilie et Culturisme)**
French Weightlifting and Body-
building Federation

**FFG (abr de Fédération Française de
Golf)** French Golf Federation ; **(abr
de Fédération Française de Gymnastique)** French Gymnastics Federation

**FFJ ou FFJXIII (abr de Fédération
Française de Jeu à XIII)** French
Rugby League Federation

**FFJDA (abr de Fédération Française
de Judo et Disciplines Assimilées)**
French Judo and Related Disciplines Federation

**FFL (abr de Fédération Française de
Lutte)** French Wrestling Federation

**FFLT (abr de Fédération Française de
Lawn Tennis)** French Lawn Tennis
Federation, (*G B*) Lawn Tennis
Association

**FFM (abr de Fédération Française de
Motocyclisme)** French Motorcycling Federation

**FFN (abr de Fédération Française de
Natation)** French Swimming Fede-
ration, (*G B*) Amateur Swimming
Association, ASA

**FFP (abr de Fédération Française de
Parachutisme)** French Parachuting
Federation

**FFR (abr de Fédération Française de
Rugby)** French Rugby Federation

**FFS (abr de Fédération Française de
Ski)** French Skiing Federation

**FFSA (abr de Fédération Française
des Sociétés d'Aviron)** French
Federation of Rowing Clubs

FFSR (abr de Fédération Française de

Surf-riding) French Surfing Federation

FFT (abr de Fédération Française de Tir) French Shooting Federation

FFTA (abr de Fédération Française de Tir à L'Arc) French Archery Federation

FFV (abr de Fédération Française de Voile) French Sailing Federation

FFVB (abr de Fédération Française de Volley-ball) French Volleyball Federation

FIA abr de Fédération Internationale de l'Automobile

fiabilité *nf* (*voiture, etc.*) reliability

FIBA (abr de Fédération Internationale de Basket-ball Amateur) International Amateur Basketball Federation

fibre *nf* ~ **de verre** fibreglass, glass fibre ; (*athl*) **perche en ~ de verre** fibreglass / glass fibre / pole

FIC (abr de Fédération Internationale de Canoë-Kayak) International Canoeing Federation

fiche *nf* (*gf, etc.*) ~ **de score** scorecard ; (*canoë-kayak*) ~ **de porte** gate pole ; (*canoë-kayak*) (*slalom*) ~ **de slalom** slalom pole (*suspended overhead*) ; (*jn ; rb, ft, etc.*) ~ **technique** match statistics

FICP (abr de Fédération Internationale de Cyclisme Professionnel) International Professional Cycling Federation

FIE (abr de Fédération Internationale d'Escrime) International Fencing Federation

FIFA (abr de Fédération Internationale de Football Association) International Football Association Federation

FIG (abr de Fédération Internationale de Gymnastique) International Gymnastics Federation

figure *n* (*éq*) (*dressage*) figure, (*ski artistique et acrobatique*) form ; (*patinage*) ~s **imposées** compulsory figures ; (*patinage*) ~s **libres** freestyle (skating) ; v. ski

FIH (abr de Fédération Internationale de Hockey) International Hockey Federation

FIL 1. (abr de Fédération Internationale de Luge) International Luge Federation) **2. fil** *n m* (*esc*) ~ **de corps** body wire

FILA (abr de Fédération Internationale de Lutte Amateur) International Amateur Wrestling Federation

file *nf* v. chef

filet *n m* (*bkt, tn, vb, etc.*) net ; (*t n*) **bande de** ~ net band, tape ; (*tn*) **juge de** ~ net (cord) judge ; (*ft*) (*fm = but*) **les** ~s the net ; (*bsb*) ~ **d'arrêt** backstop ; (*tn*) **jeu au** ~ net play ; v. fond

filoir *nm* (*vle*) ~ **d'écoute** sheet lead

filtre *nm* (*tir*) filter

FIM (abr de Fédération Internationale Motocycliste) International Motorcycling Federation

fin *nf* (*ft, etc.*) **douze minutes avant la ~ du match** twelve minutes from time, twelve minutes before / from / the end of the match / game

FINA (abr de Fédération Internationale de Natation Amateur) International Amateur Swimming Federation

final(e) *adj* (*ft, etc.*) **coup de sifflet** ~ final whistle ; (*av*) **phase** ~e **de la traction** finish of stroke ; (*hlt*) **position** ~e final position ; v. score

finale *nf* (*gen*) final, (*patinage de vitesse, etc.*) finals ; (*av*) **petite** ~ petite finale ; (*gén*) **être en** ~ to be in the final ; (*ft, etc.*) (*compétition avec épreuves éliminatoires*) **être en huitième de** ~ to be in the last sixteen

finish *nm* (*athl*) **il a un bon** ~ he has a good finish

Finn *nm* *(vle)* Finn

FIPR (abr de Fédération Internationale de Patinage à Roulettes) International Roller Skating Federation

FIQ (abr de Fédération Internationale des Quilleurs) International Bowling Federation

FIRA (abr de Fédération Internationale de Rugby Amateur) International Amateur Rugby Federation

FIS (abr de Fédération Internationale de Ski) International Ski Federation

FISA (abr de Fédération Internationale des Sociétés d'Aviron) International Rowing Federation ; **(abr de Fédération Internationale du Sport Automobile)** International Federation of Motor Sports

FITA 1. (abr de Fédération Internationale de Tir à l'Arc) International Archery Federation **2.** *nm* *(arc)* FITA-round

FIVB (abr de Fédération Internationale de Volley-Ball) International Volleyball Federation

fixation *nf* *(sk)* *(ski)* ~ **de sécurité** safety binding

fixe *a d j* *(bkt)* **écran** ~ stationary screen ; *(éq)* **obstacle** ~ solid obstacle ; v. barre

flanc *nm* *(éq)* **croisé au** ~ flanconnade

«**flanker**» *nm* *(rb)* flanker

flèche *nf* *(arc)* arrow ; *(vle)* *(mât)* pole ; *(vle)* **barre de** ~ spreader ; *(arc)* **boîte à** ~s arrow-case ; *(arc)* **encoche de la** ~ arrow-nock ; *(arc)* **pointe de la** ~ arrow-pile ; *(arc)* **tube de la** ~ arrow-shaft ; *(arc)* ~ **d'essai** sighter arrow ; *(arc)* **dé-cocher une** ~ to release an arrow ; v. repose-flèche

fléchette *nf* *(flé)* dart, *(fm)* arrow ; **tir aux** ~s / **jeu de** ~s darts

fléchir *v* *(bras, etc.)* to flex, *(genou)* to bend ; *(gym)* **appui bras fléchis** bent support ; *(gym)* **saut corps fléchi** stoop ; *(gym)* **suspension bras fléchis** bent hang

fléchisseur *adj* & *nm* **muscles** ~**s** flexors

fleuret *nm* *(esc)* foil ; *(esc)* **escrime au** ~ foil fencing

fleurettiste *nm(f)* *(esc)* foil fencer, fencer (with foil)

flexion *nf* *(gén)* bending, flexion ; *(hlt)* ~ **des jambes** knee bending ; *(gén)* **une légère** ~ **des jambes** a slight bending / flexing / of the legs ; *(gén)* ~ **du corps** trunk exercises

flic-flac *cpd, m* *(gym)* flic(k) -flac(k)

flottabilité *nf* *(vle)* buoyancy ; *(vle)* **certificat de** ~ buoyancy certificate

flottaison *nf* *(canoë-kayak)* **ligne de** ~ water line

Flying Dutchman *cpd, m* *(vle)* Flying Dutchman

FNSU abr de Fédération Nationale de Sport Universitaire

foc *nm* *(vle)* jib ; v. foc-ballon

foc-ballon *nm* *(vle)* spinnaker

foie *n m* *(anatomie)* liver ; *(bx)* **crochet au** ~ hook to the liver

fond *nm* *(athl)* **coureur de** ~ long-distance runner ; *(sk)* **coureur de ski de** ~ cross-country skier / racer ; *(éq)* **épreuve de** ~ cross-country event, endurance test ; *(av)* ~ **de l'embarcation** bottom of the boat ; *(sk)* **ski de** ~ cross-country skiing / langlauf ; *(rb)* **en** ~ **de touche** at the back of the line-out ; **ligne de** ~ *(tn)* baseline, *(bkt, football américain / canadien, vb)* end line, *(badminton)* back boundary line ; *(ft)* **placer le ballon au** ~ **des filets** to place the ball in the back of the net ; v. demi-fond, joueur

fondamental(e) *(mpl fondamentaux)* *adj* *(bx)* **coups fondamentaux** fundamental blows ; *(jd)* **position** ~**e** normal posture

fondant(e) *adj* (*sk*) **neige ~e** melting / thawing / snow

fondeur *nm* (*sk*) cross-country racer / skier

football *nm* football, soccer ; **ballon de ~** football, soccer ball, ball ; **le ~ total** total football

«footballer» *nm* footballer ; v. footballeur

footballeur *nm* footballer

«footballistique» *adj* **sphères ~s** football / footballing / circles

footing *nm* jogging ; **faire un ~** to go for a jog ; **faire du ~** to go jogging

force *nf* power, strength ; **~ centrifuge** centrifugal force ; (*arc*) **~ de l'arc** bow strength ; (*av*) **croisillon de ~** cross-bracing ; (*rb*) **essai en ~ (marqué) sur poussée collective du pack** pushover try ; (*gym*) **parties de ~** strength parts ; v. épreuve, faire

forcené(e) *adj* (*ft, etc.*) **une lutte ~e** a mad scramble

forcing *nm* (*gén*) pressure, sustained pressure ; **faire le ~** to apply pressure, to put on the pressure

forehand *nm* (*tn*) forehand

forfait *nm* forfeit (*paid for scratching a horse*), withdrawal ; (*jd*) **victoire par ~** (*fusen-gachi*) victory by forfeit ; (*gén*) **déclarer ~** to withdraw, (*hps*) to scratch ; (*gén*) **être ~** to be out (of a team), to be scratched

formation *nf* (*gén*) (*équipe*) team, (*formation d'une équipe*) line-up ; (*ft, rb, etc.*) (*jn*) **la ~ locale** the home team ; (*aut*) **circuit de ~** warm-up lap ; (*rb*) **les deux packs se mettent en ~ de mêlée** the two packs form a scrum

forme *nf* form ; (*gén*) **être en ~** to be fit ; (*gén*) **se maintenir en ~** to keep fit ; (*gén*) **il revient en pleine ~** he is coming back to top form ; **sur sa ~ actuelle** on his present form

former (se) *vpr* (*rb*) **la mêlée ouverte se forme sans l'intervention de l'arbitre** a ruck is formed without the intervention of the referee

formule *nf* (*aut*) formula

fort 1. *nm* (*esc*) **~ de la lame** forte **2. fort(e)** *adj* powerful, strong ; v. point **3.** *adv* (*arc*) **allonger trop ~** to overdraw

fortune *nf* (*vle*) **mât de ~** jury mast

fosse *nf* (*tir*) trench ; (*athl*) (*saut à la perche*) **~ de butée** box (= *the «box» where the pole is placed*) ; (*athl*) **~ de sable** sand pit ; (*saut à la perche*) **~ de réception** landing pit ; (*tir au pigeon d'argile*) **~ olympique** Olympic trench

fossé *nm* (*éq*) ditch

foule *nf* crowd

foulée *nf* (*gén*) stride ; (*éq*) **élasticité des ~s** elasticity of the steps ; (*gén*) **être dans la ~ de qn** to follow on s.o.'s heels ; (*athl*) **rester dans les ~s de qn** to stay with s.o., to stay / remain / on s.o.'s heels

foulure *nf* sprain, wrench ; **une ~ au genou** a sprained knee

fourche *nf* (*cycl*) (*vélo*) fork ; **~ avant / arrière** front / rear / fork

«fourchette» *nf* (*rb*) (= *deux doigts dans les yeux de l'adversaire*) poke in both eyes (of an opponent)

fourchu(e) *adj* (*gym, etc.*) **faire l'arbre ~** to do a headstand

fourneau *nm* (*tir*) case

fourni(e) *adj* (*hps*) **champ ~** big field (*of starters / runners*)

fourrage *nm* (*éq*) forage

foursome *n* (*gf*) foursome (*m*)

fractionné(e) *adj* **entraînement ~** interval training

fracture *nf* fracture ; **~ simple / multiple** simple / compound / fracture ; **~ du tibia / du péroné** fracture of the tibia, shinbone / fibula ; **~ de fatigue** stress fracture

franc, franche *adj* **coup ~** *(ft)* free kick, *(bkt)* free throw, *(hd)* free hit ; *(hd)* **jet ~** free throw ; *(bkt)* **lancer ~** free throw ; *(hd)* **ligne de jet ~** free throw line ; *(bkt)* **ligne de lancer ~** free-throw line ; *(bkt)* **couloir des lancers ~s** free-throw lane ; *(bkt)* **tireur de coup ~** free thrower ; *(hd)* **zone de jet ~** penalty area ; *(hd)* **shooter au-dessus du mur** to throw / shoot / over the wall

franche *adj* v. franc

franchir *v* *(athl)* *(saut en hauteur, saut à la perche)* *(hauteur)* to clear *(height)* ; **il a franchi 6.02m.** he cleared 6,02 m. ; *(canoë-kayak)* **~ un obstacle** to negotiate an obstacle ; *(canoë-kayak)* **~ une porte** to go through a gate

franchise *nf* *(éq)* freedom

frappe *nf* *(bx)* punch ; *(ft)* kick ; *(ft)* **une ~ de volée** a shot on the volley ; *(ft)* **jambe de ~** kicking leg ; v. ajuster, surface

frapper *v* *(ft)* to shoot, to strike ; *(bx)* **~ (d'un coup de poing)** to punch ; *(tn)* **~ (la balle)** to hit / strike / (the ball) ; *(ft)* **il a frappé de vingt-cinq mètres** he shot from twenty-five metres ; *(tn)* **~ la balle de volée** to volley the ball ; *(tn)* **j'ai frappé bien dans la balle** I struck / hit / the ball well ; *(gén)* **~ d'estoc et de taille** to cut and thrust ; *(bx)* **~ avec le gant ouvert** to hit with the inside of the glove ; *(bx)* **~ au-dessous de la ceinture** to hit below the belt ; *(bx)* **~ un homme à terre** to hit a man when he is down ; *(bx)* **il est interdit de ~ d'une main en tenant l'adversaire de l'autre** hitting and holding is against the rules ; *(gén)* **être frappé par un mal au genou** to sustain a knee injury ; *(bx)* **poing qui frappe** striking hand ; *(bx)* **tenir et ~** hitting and holding ; v. paume, poing, volée, demi-volée

frappeur *n m* *(bsb)* batter, *(ckt)* batsman, «batter» ; *(bsb, ckt)* **gant de ~** batting glove ; v. casque

frein *nm* *(aut, cycl, etc.)* brake, *(sk)* ski stop ; *(aut, mt)* **j'ai été privé de freins** I lost my brakes

freinage *nm* *(aut, mt)* braking

freineur *nm* *(bobsleigh, luge)* brakeman

frénétique *adj* *(ft, etc.)* **une lutte ~** a mad scramble

friction *nf* *(av)* **résistance de ~** skin friction

«fringale» *nf* *(gén)* hunger ; *(jn)* desire / craving / for victory

froid(e) *adj* v. cueillir

froisser 1. *v* *(muscle)* to bruise 2. **froisser** *(se)* *vpr* **~ un muscle** to bruise a / one's / muscle

frôlement *nm* *(curling)* wick

fromage *nm* *(jeu de quilles)* cheese

frontal(e) *adj* *(squash)* **mur ~** front wall

fruste *adj* *(bx)* crude

FSCF abr de Fédération Sportive et Culturelle de France

FSGT abr de Fédération Sportive et Gymnique du Travail

FSI (abr de Fédérations Sportives Internationales) International Sports Federations

fuite *nf* *(deltaplane)* **bord de ~** trailing edge

funiculaire *nm* *(sk)* funicular (railway)

fuselage *nm* *(planeur)* fuselage

fusil *nm* *(tir)* gun, rifle ; *(tir)* **~ à deux canons** double-barrelled gun ; *(tir)* **~ à deux canons superposés** over and under ; *(tir)* **~ déchargé** unloaded weapon ; *(tir)* **tireur au ~** rifle shooter

fusiller *v* *(ft)* *(fg)* **~ le goal** to shoot past the goalkeeper

fût *nm* *(tir)* fore-end, stock *(of rifle)*

G

gabarit *nm* (*tir*) gauge

gaffe *nf* (*vle*) boathook

gagnant(e) adj winning ; (*tn*) **volée ~e winning volley**

gagner *v* (*gén*) to win ; (*cycl*) **~ d'un pneu** to win by a tyre's width ; (*cycl*) **~ d'une roue** to win by a wheel's length ; (*hps*) **~ haut la main** to win in a canter ; (*tn*) **~ son service** to hold one's service, to win one's service game

gagne-temps *cpd m* (*ft, etc.*) time-wasting ploy / tactic

gain *nm* (*gén*) **un ~ de temps de trois minutes** a gain of three minutes

gaine *nf* (*vle*) **~ de latte** batten pocket ; (*esc*) **~ des armes** fencing bag

galop *nm* (*éq, hps*) gallop ; (*éq*) **~ à droite** canter right ; (*éq*) **~ à gauche** canter left ; (*éq*) **~ allongé** extended canter ; (*éq*) **~ de course** racing gallop ; (*éq*) **~ de dressage** canter ; (*éq*) **~ désuni** disunited canter ; (*éq*) **~ moyen / ordinaire** ordinary canter ; (*éq*) **~ raccourci** short canter ; (*éq*) **~ rassemblé** collected canter ; (*fg*) **un ~ d'entraînement** a training run-out ; (*éq*) **partir au ~ rassemblé** to proceed at collected canter

galoper *v* (*éq, hps*) to gallop, (*éq*) to canter

gamme *nf* (*gén*) range ; (*athl*) **la ~ des courses de fond va du cinq mille mètres au marathon** long-distance races range from the five thousand metres to the marathon

gant *nm* (*bx, etc.*) glove ; (*bsb*) **~ de receveur** catcher's glove ; (*bsb*) **~ de frappeur** batting glove ; (*hkg*) **~ de gardien de but** goaler glove, goalminder's glove ; (*hkg*) (*gardien de but*) **~ de crosse / bâton** stick glove ; (*bx*) **~s de boxe** boxing gloves ; (*esc*)

~ d'escrime fencing glove ; (*bx*) **coup avec le ~ ouvert** blow with the inside of the glove, blow with the open glove ; (*bx*) **frapper avec le ~ ouvert** to hit with the inside of the glove

garage *nm* (*canoë-kayak, etc.*) **~ à bateaux / canots** boathouse

garçon *nm* (*éq, hps*) **~ d'écurie** stable lad, (*éq*) groom

garde 1. *nf* (*bx, etc.*) guard, (*esc*) guard position ; (*bx*) **fausse ~** southpaw ; (*esc*) **ligne de mise en ~** on-guard line ; (*bx, esc*) **se mettre en ~** to take one's guard, (*bx*) to square up ; (*bx*) **il est en ~ normale** he is boxing right-handed ; (*esc*) **en ~ !** on guard!, en garde! ; **2.** *nm* (*football américain*) **~ gauche / droit** left / right / guard ;

garde du corps *m* (*jn, fg*) (*ft, etc.*) marker

garder *v* (*ft, etc.*) **~ la balle / le ballon** to keep possession, to keep hold of the ball ; (*bkt*) **~ le ballon** to freeze the ball

gardien *nm* (*ft, etc.*) **~ de but** ou **~** goalkeeper, «goalie», goaler, (*hkg*) goalminder / goaler ; (*ckt*) **~ de guichet** wicketkeeper ; **~ de stade** groundsman

«gari» *nm* (*bls*) (*pétanque*) (= *cochonnet*) jack

garniture *nf* (*av*) **~ de cuir** leathers

garrot *nm* (*éq, hps*) withers

gauche 1. *adj* (*gén*) left ; (*ft, hk, etc.*) **arrière ~** left back ; (*tn*) **court de service ~** left service court ; (*éq*) **piste à main ~** track to the left ; (*éq*) **terminer sur le pied ~** to finish on the left leg ; v. ailier, bloqueur, champ, demi, plaqueur **2.** *nf* (*éq*) **galop à ~** canter left ; (*éq*) **pirouette à ~** pirouette to the left ; (*éq*) **volte à ~**

volte to the left **3.** *nm* (*bx*) v. direct

gaz *nm* (*aut, mt*) «**il remettait les ~ à chaque sortie de virage**» he accelerated sharply / he stepped on the gas / coming out of every bend

geler 1. *v* (*curling*) **~ une pierre** to freeze a stone ; v. «geler» **2.** «**geler**» *v* (*ft, etc.*) **~ le ballon** to play for time, to waste time

gêne *nf* (*av, cycl*) obstruction

genou (*pl genoux*) *nm* (*anatomie*) knee ; **jointure du ~** knee joint ; (*canoë-kayak*) **coussin pour les ~x** knee cushion ; (*gym*) **planche sur un ~** knee scale ; v. position

genouillère *nf* (*bsb, polo, etc.*) knee pad

geste *nm* (*gén*) **~ technique** technical movement

gestuel(elle) *adj* **analyse gestuelle** analysis of body action / movement

giberne *nf* (*tir*) cartridge-box

giratoire *nm* (*canoë-kayak*) loop

girouette *nf* (*vle*) wind indicator, wind-vane, weathervane

gîte *nf* (*vle*) **prendre de la ~** to heel

gîter *v* (*vle*) to heel

glace *nf* (*gén*) ice ; (*curling*) **~ perlée** pebble ; **danse sur ~** ice dancing ; **hockey sur ~** ice hockey ; **patinage sur ~** ice skating ; **patin à ~** ice skate

glande *nf* (*anatomie*) gland

glissant(e) *adj* (*aut, etc.*) **route ~e** slippery road

glissé(e) *adj* v. tacle

glissement *nm* (*curling*) slide

glisser *v* (*gén*) to slip ; (*curling*) to slide ; (*ski de fond*) to glide ; (*ft*) **une balle superbement glissée à X** a ball slipped superbly to X

globule *nm* corpuscle ; **~ blanc / rouge** white / red / corpuscle

glucose *nm* glucose ; **~ sanguin** blood sugar

«**goal**» *nm* goalkeeper, «goalie»

goal average *cpd, m* (*ft*) goal average

goélette *nf* (*vle*) schooner

golf *nm* (*sp*) golf

golfeur(euse) *nm(f)* golfer

golfeuse *nf* v. golfeur

gonfler (se) *vpr* (*vle*) '**la voile se gonfle**' 'sail filled'

gong *nm* (*bx*) bell

goudronné(e) *adj* (*vle*) **toile ~e** tarpaulin

gourmette *nf* (*éq, hps*) curb chain

gousset *n m* (*vle*) **~ de latte** batten pocket

goût *n m* (*gén*) **le ~ de la victoire** the taste of victory

gouvernail *n m* (*av*) fin-rudder, (*vle*) rudder ; (*planeur*) **~ de direction** rudder ; (*planeur*) **~ de profondeur** elevator

gouverner *v* (*vle*) to steer ; (*vle*) **~ près et plein** to steer full and by

gradin *n m* (*stade*) step (*of the terracing*) ; **les ~s** the terracing, the terraces

graisser *v* (*tir*) to grease

grand(e) *adj* (*patinage artistique*) **~ aigle** Spread Eagle ; (*nt, fg*) **le ~ bain** the deep end ; (*nt*) **~ bassin** (**de la piscine**) pool, swimming pool ; (*hk*) **~ corner** long corner ; (*esc*) **~e distance** flèche distance ; (*gym*) **faire le ~ écart** to do the splits ; (*vle*) **~e écoute** main sheet ; (*vle*) **~ étai** topmast stay ; (*jd*) **~ fauchage extérieur** (*o-soto-gari*) major outside reap ; (*jd*) **~ fauchage intérieur** (*o-uchi-gari*) major inner reap ; (*ft, etc.*) **le ~ match** the big match ; (*gym*) **~ tour** giant swing ; (*gym*) **~ tour cubital** reverse grip giant circle ; (*gym*) **~ tour en arrière** giant swing backwards ; (*gym*) **~ tour russe** giant Russian swing ; (*gym*) **~ tour Skoumal** Skoumal giant swing ; v. chelem ;

Grand Prix *cpd, m* (*aut*) Grand Prix (race) ; (*tn*) Grand Prix (tournament) ; (*aut*) ~ **du Brésil / de France** Brazilian / French / Grand Prix

grand'voile *nf* (*vle*) mainsail

gras, grasse *adj* (*hps*) **terrain** ~ heavy going

grave *adj* v. faute

gravité *n f* (*gén*) gravity ; (*vle, etc.*) **centre de** ~ centre of gravity

gréco-romain(e) *loc adj* Graeco-Roman ; **lutte** ~**e** Graeco-Roman wrestling

gréement *nm* (*vle*) (*voiles*) rigging ; (*vle*) (*équipement*) gear ; (*deltaplane*) wing wire

green *nm* (*gf*) green

grille *nf* (*aut*) ~ **de départ** starting grid

griller *v* (*ft*) ~ **un défenseur** to go straight past a defender

grimpette *nf* (*éq*) steep ascent, slope

gris *nm* (*éq, hps*) (*cheval*) grey

groggy *adj, inv* (*bx, etc.*) groggy

gros 1. *nm* (*cycl*) ~ **du peloton** main bunch (of riders) **2. gros, grosse** *adj* v. cote, claquage

groupe *nm* (*méd*) ~ **sanguin** blood group ; (*cycl, etc.*) ~ **d'échappés** breakaway group ; ~ **de tête** leading group ; (*ft, rb, etc.*) **le** ~ (**des sélectionnés**) the squad ; (*rb, etc.*) **reformer un** ~ to get together / to assemble / a new squad

groupé(e) *adj* (*ski artistique et acrobatique*) tuck ; (*cycl*) **peloton** ~ compact bunch ; (*nt*) (*plongeon*) **position** ~**e** tuck position ; (*gym*) **saut** ~ squat jump

groupement *n m* (*tir*) ~ **d'impacts** grouping pattern of hits

guichet *nm* (*ckt*) wicket ; (*athl, ft, rb, etc.*) **la recette aux** ~**s** gate receipts ; (*stade, etc.*) **les** ~**s de location** the ticket / booking / office ; (*ft, rb, etc.*) **jouer à** ~**s fermés** to play to a capacity crowd / full house

guider *v* v. placement

guidon *n m* (*cycl*) handlebar ; (*tir*) front-sight ; (*tir*) **base du** ~ front-sight base ; (*tir*) ~ **annulaire** front-sight ring

guindeau *nm* (*vle*) windlass

gymkhana *nm* (*éq*) ~ **équestre** gymkhana

gymnase *nm* gymnasium, (*fm*) gym

gymnastique 1. *adj* (*gym*) **engins** ~**s** gymnastic apparatus **2.** *nf* gymnastics ; (*gym*) ~ **artistique** artistic gymnastics ; (*gym*) ~ **aux engins** apparatus work ; ~ **médicale** remedial gymnastics ; ~ **rythmique** eurhythmics ; v. agrès, cours

gymnique *adj* gymnastic

H

habitacle *nm* (*planeur*) cockpit

hachisch *nm* hashish

haie *nf* (*athl*) hurdle ; (*athl*) **courses de** ~**s** hurdles races, (*épreuve*) hurdling ; (*athl*) **le cent dix / quatre cents / mètres** ~**s** the hundred and ten / four hundred / metres hurdles ; (*éq*) (*obstacle*) ~ **barrée** brush and rails ; (*éq*) (*obstacle*) ~ **rivière** water jump ; (*éq*) ~ **vive** hedge

hale-bas *nm* (*vle*) ~ **de bôme** kicking strap

haleine *nf* breath ; **être hors d'**~ to be out of breath

hallucinogène 1. *adj* hallucinogenic ; v. utilisation **2.** *nm* hallucinogen

halte *nf* '~ !' (*esc*) 'halt!', (*av*) 'easy all!'

haltère *n m* dumb-bell, barbell ; **faire des haltères** to do weightlifting /

weight training

haltérophile *nm* (*f*) weight lifter ; (*hlt*) **maillot d'~** lifting / weight lifter's / costume

haltérophilie *nf* weightlifting ; **il fait de l'~** he does weightlifting / weight training

hanche *nf* (*anatomy*) hip ; (*jd*) **balayage à l'aide de la ~** (*harai-goshi*) sweeping hip throw ; (*jd*) **chassé de ~** (*hane-goshi*) spring hip throw ; (*jd*) **lancements des ~s** (*koshi-waza*) hip throws ; (*lte*) **tour de ~** hip roll ; (*lte*) **tour de ~ en tête** cross-buttock

hanché(e) *pp & adj* (*lte*) **double prise de bras ~e** double arm hip throw

hand-ball *n m* (*sp*) handball ; (*hd*) **ballon de ~** handball (ball) ; (*hd*) **joueur de ~** handball player

handicap *nm* (*gf, hps, etc.*) handicap

handicapé(e) *nm*(*f*) **~s mentaux** mentally handicapped ; (*gén*) **les ~s** the disabled ; **jeux pour les ~s mentaux** games for the mentally handicapped

handicaper *v* to handicap

handisport *n m* (= *sport pour handicapés*) sport(s) for the disabled

hangar *nm* (*av*) **~ à bateaux** boathouse

haras *nm* stud, stud farm ; (*éq, hps*) **être en ~** to be at stud

harceler *v* (*ft, etc.*) **~ la défense adverse** to harass the opposing defence

harmonie *nf* (*éq*) harmony

harnachement *nm* (*éq, hps*) harnessing

harnais *nm* (*éq, hps*) harness ; (*vle*) **~ de sécurité** safety harness

haschich *nm* hashish

haschisch *nm* hashish

«hat-trick» *cpd, m* (*ft*) hat trick

hauban *n m* (*vle*) (*cordes*) shrouds, rigging ; (*vle*) (*corde, câble*) jumper stay ; (*deltaplane*) rigging wire

hausse *nf* (*tir*) rear sight ; (*tir*) **~ ouverte** open rear sight

hausser *v* **~ le rythme** to step up / increase / the pace ; (*athl, jn*) **ils commencent à ~ le rythme** they are starting to wind it up

haut(e) 1. *adj* (*éq*) **obstacle ~** straight obstacle ; (*éq*) **obstacle ~ et large** high and broad obstacle ; (*lte*) **pont ~** high bridge ; (*tir*) **trappe ~e** high house ; v. crosse **2.** *nm* (*bsb*) (*inning*) top ; (*bsb*) **l'équipe visiteuse est à la frappe pour la première moitié (*haut*) d'un inning** the visiting team is on strike for the first half (*top*) of an inning ; (*bx, ft, etc.*) (*individu, équipe*) **plus on tombe de ~, plus on risque de se faire mal** the bigger they / you / are the harder they / you / fall

haut-de-forme (*pl hauts-de-forme*) *nm* (*éq*) top hat

hauteur *nf* (*gén*) height ; (*ski artistique et acrobatique*) (**~ d'un saut**) air ; (*athl*) **saut en ~** high jump ; (*ft*) **ballon / balle / à ~ de poitrine** chest-high ball, ball at chest height

hauturier(ière) *adj, m*(*f*) **course hauturière** ocean racing

haut-vol *n m* (*nt*) **plongeur de ~** platform diver

Healy Quirl *cpd, m* (*gym*) Healy twirl

hématome *nm* haematoma

hémoglobine *n f* haemoglobin, (*A m*) hemoglobin

hémorragie *nf* haemorrhage, (*A m*) hemorrhage, bleeding ; **~ externe** external bleeding

heptathlon *nm* heptathlon

herbeux(euse) *adj* grassy ; (*ft, rb, tn, etc.*) **surface herbeuse** grassy / well-grassed / surface

hernie *nf* rupture ; **~ discale** slipped disc

héroïne 1. *nf* (*personne*) heroine **2.** *nf* (*drogue*) heroin

héros *nm* hero (*pl heroes*)

hippisme *nm* horse racing

Hirondelle *nf* (*vle*) (*catégorie*) Swallow

histamine *nf* (*physiologie*) histamine

hiver *nm* winter ; **sports d'~** winter sports

hockey *nm* hockey ; **~ sur gazon** field hockey ; **~ sur glace** ice hockey ; (*hk*) **balle de ~** hockey ball ; (*hkg*) **culotte de ~** hockey pants ; (*h k*) **joueur de ~** hockey player

hockeyeur(euse) *nm(f)* hockey player

hollandais *nm* (*gym*) Hollander

homme *nm* (*vle*) **~ de barre** helmsman (*pl helmsmen*) ; v. jouer

hongre *nm* (*éq, hps*) gelding

honneur *nm* (*athl, ft, rb, etc.*) **tour d'~** lap of honour ; **faire le tour d'~** to do a lap of honour

hook *nm* (*gf*) **faire un ~** to hook

«hooliganisme» *nm* hooliganism

horizontal(e) *adj* (*gy m*) **appui ~** planche ; (*vb*) (*filet*) **bande ~e** tape ; (*gym*) **position ~e** scale ; (*gym*) **suspension ~e** hanging scale

hormone *nf* hormone ; **~ de croissance** growth hormone ; **~s sexuelles mâles** male sex hormones

hors *prép* être **~ d'haleine** to be out of breath ; (*gf*) **~ limites** out of bounds ; **~ jeu** (*bkt*) out of bounds, (*ckt*) out, (*ft, etc.*) offside ; (*ft, etc.*) **être ~ jeu** to be offside ; (*cycl*) **le jury l'a mis ~course** the race jury disqualified him ;

hors(-)jeu *nm* (*ft, hk, etc.*) offside ; (*ft, hk, etc.*) **piège de hors-jeu** offside trap ; (*ft*) **jouer le hors-jeu** to play for offside, to use offside tactics ; (*rb*) **ligne de ~** offside line

hors-terrain *cpd* (*squash*) **limite ~** outer boundary line

hospitaliser *v* (*gén*) **~ qn** to hospitalize s.o.

houle *nf* (*vle*) surge, swell (*of sea*)

hourra *nm* cheer

housse *nf* (*canoë-kayak*) **~ de protection** boat cover

huis *nm* (*ft*) **un match à ~ clos** a match behind closed doors

huit 1. *adj* (*av*) **~ rameurs en pointe avec barreur** eight oars with coxswain ; (*gym*) **concours complet en ~ épreuves** all-round competition in eight events ; (*rb*) **numéro ~** number eight forward ; v. huit *n* 2. *nm* (*av*) **le ~ français** the French eight

huitièmes de finale *cpd* the last sixteen, second round (matches) in a five-round knock-out competition ; (*ft*) English FA cup ≈ fifth round

humérus *nm* (*anatomie*) humerus

«hurley» *nm* (*Ir*) (*hurling*) (= *«stick» recourbé terminé par une large palme*) hurley

hurling *nm* (*Ir*) (*variété de jeu de hockey*) hurling

hygiène *nf* hygiene

hygroma *nm* (*méd*) **~ du genou** housemaid's knee

hyper-extension *nf* (*jd*) **clé de bras en ~ par le pubis** (*juji-gatame*) straight arm lock

hypertension *n f* (*méd*) hypertension, high blood pressure

hypertrophique *adj* (*méd*) hypertrophic

hyperventilation *nf* (*méd*) hyperventilation

hypnotique 1. *adj* (*pharm*) hypnotic 2. *nm* (*pharm*) narcotic, hypnotic

hypothermie *nf* (*méd*) hypothermia

I

imbattable *adj* (*équipe, individu*) unbeatable, invincible

immanquable *adj* (*ft*) **deux occasions dites ~s** (*jn*) two so-called sitters

immobilisation *nf* (*jd*) hold ; (*jd*) **~ en écharpe par le judogi** (*kesa-gatame*) scarf hold ; (*jd*) **commencement de l'~ !** (*osae-komi!*) hold is on! ; (*jd*) **sortie d'~ !** hold is broken! ; (*jd*) **techniques d'~** (*osae-komi-waza*) holding techniques

immobiliser *v* (*ft*) **~ le ballon** to kill the ball ; (*ft*) **~ le ballon avant de tirer** to tee up a shot

immobilité *nf* (*éq, etc.*) immobility

impact *nm* (*arc, tir*) hit, (*arc*) arrow hole ; (*tir*) **groupement d'~s** grouping pattern of hits ; (*tir*) **~ long** long hit ; (*tir*) **~ ovalisé** keyhole tipping ; (*arc*) **valeur des ~s** scoring value

impartir *v* (*tir*) **temps imparti** shooting time

imperméable *adj* (*ft*) **défense ~** tight / watertight / defence

imposé 1. *nm* (*gym*) compulsory exercise **2. imposé(e)** *adj* (*gym*) **exercices ~s** compulsory exercises ; (*patinage*) **figures ~es** compulsory figures

imposer(s') *vpr* **X s'imposa devant Y** X had the upper hand over Y ; (*athl*) **X s'imposa dans les dernières foulées** X emerged as the winner in the last few strides

impulsion *n f* (*gén*) impetus ; (*éq*) impulsion ; (*ski artistique et acrobatique, etc.*) take-off ; (*athl*) (*saut en hauteur, etc.*) **pied d'~** take-off foot ; (*athl*) (*triple saut*) **les deux premières ~s sont fournies par la même jambe** the first two jumps / leaps / are taken from / on / the same leg

«inabordable» *adj* unbeatable

inaptitude *nf* (*bx*) **~ à boxer** inability to box (on) / to continue ; (*bx*) **~ à se défendre** inability to defend oneself

incapacité *nf* disability, incapacity

incertitude *n f* (*ft, etc.*) (*à propos d'un joueur qui risque de manquer à l'appel*) **légère ~** slight doubt

inclinaison *nf* (*sk*) slope

incliner(s') *vpr* (*bx*) to admit defeat, to give in ; (*ft, etc.*) (*résultat*) to go down, to lose ; (*ft ; gardien de but*) **il s'inclina à deux reprises** he was beaten twice

inconduisible *adj* (*aut*) (*voiture*) undrivable

incorrect(e) *adj* (*ft, etc.*) **un joueur ~** a player guilty of foul play ; v. remise

incorrection *nf* (*bx, etc.*) **la persistance dans l'~ peut conduire à la disqualification** persistent fouling can lead to disqualification

incursion *nf* (*ft, etc.*) **chaque ~ de X constituait un danger pour l'adversaire** every foray / surge forward / raid / by X was dangerous for his opponents

indéracinable *adj* (*ft, etc.*) **c'est l'~ titulaire du poste d'ailier** he's an automatic choice on the wing

indiquer *v* (*curling*) **~ la pierre** to give the ice

indirect(e) *adj* indirect ; (*esc*) **attaque ~e** indirect attack ; (*ft*) **coup franc ~** indirect free kick ; (*hd*) **passe ~e** indirect pass

indisponible *a d j* unavailable, out through injury ; **il sera ~ pour le reste de la saison** he will be out for the rest of the season

individuel(le) *a d j* individual ; (*cycl*) **course ~le sur route** individual road race ; (*athl*) **épreuves ~les** individual events ; (*ft*) **marquage ~**

man-to-man marking ; (*cycl*) **poursuite ~le** individual pursuit ; v. défense

individuelle *nf* (*ft, etc.*) man-to-man marking ; (*ft*) **l'~ mise sur X** the man-to-man marking put on X, man-to-man marking of X

«indoor» *adj* **tournoi ~** (= *tournoi en salle*) indoor tournament

inexpérience *nf* inexperience, lack of experience

inférieur(e) *adj* (*arc*) **branche ~e de l'arc** lower bow-limb ; (*g y m*) **planche ~e** floor board ; v. membre

infiltrer(s') *vpr* (*ft*) **~ dans / à travers / la défense** to thread one's way through the defence

inflammation *nf* (*méd*) inflammation ; **~ du genou** inflammation of the knee

infraction *nf* (*ft, etc.*) infringement ; (*bkt, etc.*) **~ des règles** infringement of the rules

infrarouge *nm* **lampe à ~s** infrared lamp

infrastructure *nf* (*club, association*) infrastructure, (*équipe*) team set-up

injouable *adj* (*gf*) (*balle*) unplayable

inquartata *nf* (*esc*) inquartata

inquiéter *v* to worry, to trouble ; (*ft, etc.*) **~ la défense** to trouble / worry / the defence ; (*b x*) **~ son adversaire** to worry one's opponent

inscrire *v* (*ft*) (*jn*) **~ un but** to score a goal

INSEP abr de Institut National du Sport et de l'Education Physique

insigne *nm* (*vle*) **~ de classe** class emblem

inspection *nf* (*tir*) **~ des armes** inspection of the arms ; (*pentathlon moderne*) **~ du parcours** inspection of the course ; (*pentathlon moderne*) **~ des chevaux / de la selle / des éperons / des armes / de la cravache** inspection of the horses /

saddlery / spurs / weapons / whip

inspiration *nf* (*air*) breathing in, inspiration

inspirer *v* (*air*) to breathe in

installation *nf* (*a v*) **~ de départ** starting installation ; (*av*) **~ mobile de départ** mobile starting installation ; (*gf, etc.*) **les ~s d'un club** the facilities of a club

instructeur *nm* (*bsb*) coach ; (*bsb*) **rectangle des ~s** coach's box

instruction *n f* (*v l e*) **~s de course** sailing instructions

intenable *adj* (*ft, rb, etc.*) (*joueur*) unstoppable

intention *nf* (*esc*) **première / deuxième / ~** first / second / intention

inter *nm* (*ft, hk*) inside forward ; (*ft, hk*) **~ gauche / droit** inside left / right

intercepter *v* (*ft, rb, etc.*) (*passe*) to intercept, to cut out

interception *nf* (*ft, rb, etc.*) interception ; (*ft*) **une ~ opportune** a timely intervention

intérieur 1. *nm* (*cycl*) inner track ; (*bx*) **coup par l'~ du gant** blow with the inside of the glove ; (*b x*) **il est interdit de frapper de l'~ du gant** hitting with the inside of the glove is not allowed / is against the rules ; (*ft*) **le ballon percutait l'~ de la transversale** the ball hit the inside / underside / of the crossbar **2. intérieur(e)** *adj* (*canoë-kayak*) **bouées ~es** inside buoys ; (*av*) **bras ~** inside hand ; (*curling*) **cercle rouge ~** red inner circle ; (*jd*) **grand fauchage ~** (*o-uchi-gari*) major inner reap ; (*jd*) **petit fauchage ~** (*ko-uchi-gari*) minor inner reap ; (*av*) **levier ~** inboard part of the oar ; (*av*) **quille ~e** inner keel ; (*gym*) **station ~e** inside stand

intermédiaire *adj* intermediate ; (*av*) **phase ~ de la traction** middle phase of the stroke ; (*bkt, etc.*)

résultat / score / ~ running score ; **temps de passage** ~ intermediate time

international 1. (*mpl* -**aux**) *nm* international (*player, competitor*) ; **leurs quatre internationaux** their four internationals **2. international(e)** (*mpl* -**aux**) *adj* international ; (*vle*) **classe ~e** international class ; (*vle*) **jury ~** international jury ; (*gén*) **match ~** international match, international

interne *adj* (*j d*) **fauchage cuisse ~** (*uchi-mata*) inner thigh throw

intersaison *n f* (*ft, etc.*) close season, summer break

intervalle *nm* (*gén*) interval ; (*sk*) (*ski alpin*) ~ **de départ** start interval ; (*sk*) (*ski de fond*) ~ **de trente secondes** half-minute interval

«**intervall-training**» *cpd, m* interval training

intervenir *v* (*ft*) ~ **sur les balles aériennes** to cut out the high balls

intervention *nf* (*bkt*) ~ **sur le ballon** interference with the ball ; (*ft*) **éviter l'~ de X** to avoid X's tackle ; **être obligé de subir une ~ chirurgicale** to need surgery, to have to have an operation

intervertébral(e) *adj* **disque ~** intervertebral disc

intouchable *adj* untouchable, unbeatable

intraveineux(euse) *adj* (*m é d*) intravenous

introduction *nf* (*r b*) (**mêlée sur**) ~ **inverse** (scrum with) opponents' put-in ; **prendre la balle sur ~ adverse** to take the ball against the head

invaincu(e) *adj* unbeaten ; (*athl*) ~ **sur le mile** unbeaten in the mile / in mile races

invalidité *nf* (*gén*) disability

inverse *adj* (*gym, etc.*) **en sens ~** in the opposite direction

invitation *nf* **tournoi sur ~s** invitation tournament

invite *nf* (*esc*) invitation

ippon *nm* (*jd*) ippon

IREPS abr de Institut Régional d'Education Physique et Sportive

irrégulier(ière) *adj m(f)* (*bkt*) **drib(b)le ~** illegal dribble ; (*bx*) **coup ~** foul blow ; (*vb*) **frappe ~ière du ballon** incorrect hitting of the ball

isabelle 1. *adj, inv* cream-coloured ; (*éq, hps*) **cheval ~** light-bay horse, palomino **2.** *nm* (*éq, hps*) palomino

isotonie *nf* isotonicity

issu(e) *adj* (*ft*) **il est ~ de l'école de jeunes** he came up through the youth teams / through the ranks

issue *nf* (*rencontre*) outcome

Itoh *nm* (*gym*) **bascule ~** Itoh kip

J

jalonner *v* (*canoë-kayak*) ~ **le parcours** to lay the course

jambe *nf* (*anatomie*) leg ; (*éq*) **action ~s** aid of the legs ; (*gym*) **cercles des deux ~s** double leg circles ; (*lte*) **ciseau de ~s** leg scissors ; (*g y m*) **équerre élevée, libre, ~s élevées** free support rearways ; (*éq*) ~ **active / passive** active / passive / leg ;

(*hlt*) **flexion des ~s** knee bending ; (*bx, tn, etc.*) **jeu de ~s** footwork ; ~**s écartées** legs apart ; (*jd*) **lancements de ~s et de pieds** (*ashi-waza*) leg techniques ; (*gym*) **lancer de ~** leg undercut ; (*gym*) **lancers de ~s** leg swings ; (*lte*) **prise de ~** leg grip ; (*gym*) **salto avant, ~s écartées** straddle front somersault ; (*gym*)

saut, corps fléchi, ~s tendues stoop ; (*gym*) **saut, passage des ~s tendues** thief vault ; (*éq*) **être entre ~s et mains** to be between legs and hands ; (*gén*) **être très en jambes** to be full of running ; (*gym*) **passer les ~s écartées par-dessus la barre** to straddle ; **se tenir les ~s écartées** to stand with one's feet apart ; v. appui, couper, frappe

jambier 1. *nm* (*anatomie*) leg muscle **2. jambier(ière)** *adj* (*anatomie*) **muscle ~** leg muscle

jambière *nf* (*ft*) shin pad / guard, (*hk*) shin pad

jante *nf* (*athl*) (*disque*) **~ de métal** metal rim ; (*cycl*) (*roue d'un vélo*) rim

japonais(e) *adj* (*gym*) **saut ~** jump into handstand with backward swing of arms

jarret *n m* **tendon du ~** hamstring ; **lésion du tendon du ~** hamstring injury, pulled hamstring

jauge *nf* (*vle*) tonnage ; (*vle*) **certificat de ~** rating certificate ; (*vle*) **Comité de ~** Measurement Committee ; (*vle*) **~ des yachts** measurements of the boats

jaugeur *nm* (*vle*) measurer

jaune *adj* (*ft*) **carton ~** yellow card ; (*jd*) **ceinture ~** (*kiiro-obi*) yellow belt ; (*cycl*) **drapeau ~** yellow flag ; (*sk*) (*ski alpin*) **zone ~** yellow zone

javelot *nm* (*athl*) javelin ; v. lancement, lancer

«javeloté(e)» *adj* (*hd*) **tir ~ en suspension** looping jump shot

jet *nm* throw ; (*hd*) **~ d'arbitre** referee's ball ; (*hd*) **~ de coin** corner throw ; (*hd*) **~ de sept mètres** penalty shot ; (*hd*) **~ franc** free throw ; (*hd*) **ligne de ~ franc** free throw line ; (*hd*) **ligne / marque / du ~ de ·· ·pt mètres** penalty line ; (*hd*) **zone de ~ franc** penalty area ; (*athl*) **il réalisa un ~ de 76,68 au marteau** he achieved a throw of 76 metres 68 in the hammer ; (*javelot, etc.*) **~ d'entraînement / de préparation** practice / warm-up / throw

jeté *nm* (*hlt*) jerk ; (*hlt*) **épaulé et ~** clean and jerk ; (*hlt*) **épaulé et ~ à deux bras** two-hands / two-handed / clean and jerk ; v. épaulé-jeté

jeter *v* to throw ; (*bx*) **~ la serviette / l'éponge** to throw in the towel / sponge

jeu (pl jeux) *nm* game, play ; (*curling*) end ; (*bkt, etc.*) **constructeur de ~** playmaker ; (*ft, etc.*) **~ dangereux** dangerous play ; (*curling, tn*) **~ décisif** tie-break ; **hors ~** (*bkt*) out of bounds, (*ft, etc.*) offside ; (*bx*) **~ de jambes** footwork ; (*ft*) **~ de la main** handball, «hands» ; (*ft*) **~ long** long-ball game ; (*curling*) **~ supplémentaire** extra end ; (*ft, rb, etc.*) **après neuf minutes de ~** after nine minutes of / minutes' / play ; (*rb, etc.*) **~ devant** forward play ; (*ft, rb, etc.*) **le ballon / la balle / est en ~** the ball is in play ; **~x de boule** (*bd, bls, etc.*) ball games ; (*ft*) **~ direct** long-ball game / tactics ; (*ft, rb, etc.*) **faire étalage d'un meilleur ~ collectif** to show better teamwork / teamplay ; (*gf*) **petit ~** short game ; (*gf*) **~ d'approche** approach play ; (*hkg, etc.*) **~ de puissance** power play ; (*rb*) **le ~ à treize / XIII** rugby league ; (*ttn, etc.*) **~ d'attaque** attacking play ; (*ft, rb, etc.*) **entrer en ~** to take the field ; (*hk*) **engager le ~, mettre la balle en ~** to bully off ; (*tn*) **mener trois ~x à zéro** to lead by three games to love ; (*bkt*) (*ballon*) **mettre en ~** to put (the ball) in play ; (*tn*) **~ de service** service game ; (*bkt*) **temps de ~ effectif** actual playing time ; (*ft*) (*entraînement, etc.*) **~ de tête** heading ; (*ft*) **il possède un bon ~ de tête** he's a good header of the ball ; (*ft, etc.*) ~ **de maillots** set of shirts, «strip» ; **un ~ de maillots de remplacement** a spare set of shirts, a change «strip» ; (*ft, etc.*) ~ **de maillots portés à l'extérieur** away «strip» / kit ; v. arrêt, champ, condition, filet, hors (-)jeu, jambe, ligne, pied, record, remise, surface, terrain, total

jeune *nm(f)* v. école

jiu-jitsu *nm, inv* jujitsu, jiujitsu

JO (abr de Jeux Olympiques) Olympic Games

jockey *nm* (*hps*) jockey, rider ; (*hps*) **femme** ~ jockey, lady rider ; (*hps*) ~ **amateur** amateur jockey / rider

jogging *n m* (*survêtement*) tracksuit, jogging suit ; (*footing*) jogging

jointure *nf* (*anatomie*) joint ; ~ **du doigt** knuckle ; ~ **du genou** knee joint ; (*av*) ~ **des portants** rigger joint

jonglerie *nf* (*ft*) (*avec la balle*) juggling

jouer *v* (*gén*) to play ; (*ft*) ~ **le ballon** to play the ball ; (*ft*) ~ **la balle de la main** to handle the ball ; (*ft*) ~ **l'homme et après le ballon** to play the man and not the ball ; (*ft, etc.*) ~ **la montre** to play for time, to waste time ; (*hps*) ~ **un cheval** to bet on / to back / a horse ; (*curling*) ~ **un point** to draw ; (*ft, etc.*) ~ **d'entrée** to start the match, to play from the start ; (*tn*) ~ **plus long** to play the ball longer / deeper ; ~ **le «un»** (*loto sportif*) to bet on a home win, to bet on home wins ; (*gén*) (*équipe*) **faire ~** to field, select ; **faire ~ ses muscles** to flex one's muscles ; v. coude, guichet, passe

joueur(euse) *nm(f)* (*gén*) player ; (*hd*) ~ **avancé** lead attacker ; (*hkg*) ~ **avant** forward ; (*curling*) **deuxième / troisième /** ~ number two / three ; (*bkt*) ~ **de basket-ball** basketball player ; (*curling*) ~ **de curling** curler, player ; (*ckt*) ~ **du champ** fielder ;

(*ft, rb, hk, etc.*) ~ **de champ** outfield player ; (*hd*) ~ **de hand-ball** handball player ; (*hk*) ~ **de hockey** hockey player ; (*ft*) ~ **de liaison** link man ; (*hk*) ~ **du milieu** midfield player ; (*ft*) **bon** ~ **de tête** good header of the ball ; (*rb*) ~ **de rugby** rugby player ; (*tn*) ~ **de fond de court** baseline player ; (*bkt*) **désignation du** ~ **fautif** designation of the offender ; (*tn*) **deuxième ~ mondial** the world number two, number two in the world rankings ; v. banc, numéro

journée *n f* (*fg, ft, etc.*) match day, match ; **à trois journées de la fin** (**de la saison**) with three matches to go to the end of the season ; (*fg, gf*) round ; (*gf*) **deuxième** ~ second round ; v. parcours

judo *nm* judo ; (*jd*) **tapis de** ~ (*tatami*) judo mat ; (*jd*) **pantalon de** ~ judo trousers ; (*jd*) **veste de** ~ (*kimono*) judo jacket

judogi *nm* (*jd*) judo uniform / suit

judoka *nm(f)* judoka, (*jn*) judo player

juge *nm* (*bx*) judge ; ~ **à l'arrivée** (*sk*) finish referee, (*patinage de vitesse*) finish line judge ; ~ **arbitre** (*patinage de vitesse*) chief referee, (*tir*) referee ; (*tir*) ~ **auxiliaire** assistant referee ; (*jd*) ~ **de coin** judge ; ~ **au départ** (*sk*) start referee, (*cycl*) start / starting / judge ; (*éq*) ~ **aux obstacles** obstacle judge ; (*tn*) ~ **de faute de pieds** foot fault judge ; (*tn*) ~ **de filet** net (cord) judge ; (*av*) **bateau des** ~s umpire's boat ; (*sk*) **chef des** ~s **de porte** chief gatekeeper ; (*nt*) ~ **de nages** stroke judge ; (*canoë-kayak*) ~ **de section** sector judge ; ~ **de touche** (*rb*) touch judge, (*ft*) linesman ; ~ **de ligne** (*tn*) line judge, (*hkg*) linesman ; (*sk*) (*saut à ski*) ~ **de style** style judge ; ~ **de virage** (*cycl*) marshal, (*patinage de* *vitesse*) corner judge, patrol judge ; (*nt*) ~ **de virages** turn(ing) judge ; (*football américain*) **premier ~ de ligne** head linesman ; (*football américain*) **second ~ de ligne** line judge ; (*football américain*) **~ de champ arrière** back judge ; (*éq*) **mirador des ~s** judges' tower ; (*sk*) (*saut à ski*) **tour des ~s** judges' tower ; v. chef des juges, ligne

juge-arbitre *cpd, m* (*athl, tn*) referee

jugement *n m* (*bx*) **Commission d'Arbitrage et de ~** Commission of Refereeing and Judging

jugulaire *nf* (*football américain, etc.*) (*casque*) chin strap

ju-jitsu *nm* v. jiu-jitsu

jumeau *n m* (*anatomie*) gemellus muscle

jumelles *nf pl* (*arc, etc.*) field glasses, binoculars

jument *nf* mare

jumping *nm* (*éq*) show jumping, horse jumping, jumping

junior *nm* (*ft*) ~s under-nineteens (*16 to 19 years*)

jupe *nf* (*canoë-kayak*) spray cover

jupette *nf* (*tn*) skirt

jury *n m* (*gén*) jury ; (*pentathlon moderne*) **~ d'appel** jury ; (*sk*) (*ski de fond*) **~ de compétition** competition jury ; (*éq*) **~ de terrain** ground jury ; (*vle*) **~ international** international jury ; (*esc*) **président du ~** president

K

K1 *cpd, m* (= *kayak monoplace*) kayak single

karaté *nm* karate

kart *nm* go-kart, go-cart

karting *nm* go-kart / go-cart / racing, carting

kayac *nm* v. kayak

kayak *nm* kayak, canoe ; (*canoë-kayak*) **canoëiste de ~** kayak canoeist ; **~ à quatre** kayak four ; **~ biplace** kayak pair ; **~ monoplace** kayak single ; **faire du ~** to canoe, to go canoeing ; **en ~ dames** in the women's / ladies' / kayak

kayakiste *nm(f)* canoeist

kendo *nm* (*sp*) kendo

«kick boxing» *cpd, m* kick boxing

«kiki» *nm* (*bls*) (*pétanque*) (= *cochonnet*) jack

kilian *nm* (*danse sur glace*) kilian hold

kilo *nm* v. kilogramme

kilogramme *nm* kilogram(me), kilo

«kiné» *n m* (= *kinésithérapeute*) «physio»

kinésithérapeute *nm* physiotherapist

kinésithérapie *nf* physiotherapy

klicker *nm* (*arc*) clicker

knock-down *cpd, m* (*bx*) knock-down

knock-out 1. *adj, inv* (*bx, etc.*) v. K.-O. **2.** *nm* (*bx, fg*) knockout ; (*bx*) **défaite par ~** defeat by knockout ; (*bx*) **victoire par ~** win by knockout

K.-O. *adj* (*abr de knock-out*) (*bx, fg*) **mettre qn ~** to knock s.o. out ; (*bx*) **être mis ~** to be knocked / counted / out ; (*bx et fg*) **être ~ debout** to be out on one's feet

L

label *nm* (*jn, fg*) (*cycl*) **le Tour de Vendée obtenait cette année le ~** international the Tour de Vendée gained international status this year

lacet *nm* (*chaussure, gant de receveur, etc.*) lace

lâcher *v* (*rb*) (*ballon*) to release ; (*sk*) ~ **les carres** to take the edge off / to flatten / the skis ; (*athl, cycl*) ~ **le peloton** to go into a good lead, to leave the rest of the field / pack / behind, to build up a good lead (over the rest of the pack / field) ; (*éq, hps*) ~ **les rênes** to loosen the reins

lad *nm* (*éq, hps*) stable boy, lad, groom

laisser 1. *v* (*vle*) ~ **porter** to bear away **2. laisser (se)** *vpr* (*course, etc.*) ~ **distancer** to be off the pace, to lag behind ; v. dominer

lait *nm* (*éq*) (*cheval*) **café au** ~ dun

laize *nf* (*vle*) sail panel

lame *nf* (*esc*) (*fleuret, etc.*) blade, (*hkg, patinage*) (*crosse, patin*) blade ; (*esc*) **faible de la** ~ foible ; (*esc*) **fort de la** ~ forte ; (*patinage de vitesse*) **longues** ~**s** long blades ; (*esc*) **pointe de la** ~ point of the blade

lampe *nf* (*hlt*) ~**s** signal lights ; **lampe témoin** (*esc*) signal light

lancé 1. *nm* (*ft*) **un** ~ **de touche** a throw-in **2. lancé(e)** *adj* (*gén*) **départ** ~ flying start

lance-clay *cpd, m* (*tir au pigeon d'argile*) clay release (mechanism)

lancement *nm* (*jd*) throw ; (*tir*) **appareil de** ~ trap ; (*jd*) **exécution du** ~ (*kake*) execution of the throw ; (*jd*) ~**s debout** (*tachi-waza*) standing throws ; (*jd*) ~**s de hanches** (*koshi-waza*) hip throws ; (*jd*) ~**s de jambes et de pieds** (*ashi-waza*) leg techniques ; (*jd*) ~**s par l'épaule** (*seoi-nage*) shoulder throws ; (*jd*) ~**s par l'épaule, par la main et par le bras** (*te-waza*) shoulder, hand and arm throws ; (*jd*) ~**s par sacrifice** (*sutemi-waza*) throws by sacrifice falls ; (*jd*) **techniques de** ~**s** (*nage-waza*) throwing techniques ; (*athl*) ~

du poids putting the shot, shot putting ; ~ **du disque / du javelot / du marteau** throwing the discus / the javelin / the hammer ; (*bls*) ~ **de la boule** bowling ; (*ckt*) ~ **de la balle** bowling

lancer 1. *nm* throw ; (*gym*) ~ **de jambe** leg undercut ; (*gym*) ~**s de jambes** leg swings ; (*athl*) ~ **du poids** shot put ; ~ **du disque / du javelot / du marteau** (*épreuve*) the discus / the javelin / the hammer ; (*athl*) **les** ~**s** the throwing events ; (*athl*) **cercle de** ~ throwing circle ; (*bkt*) ~ **franc** free throw ; (*bkt*) **couloir des** ~**s francs** free-throw lane ; (*bkt*) **ligne de** ~ **franc** free-throw line ; (*curling*) ~ **de sortie** take-out **2.** *v* (*athl, etc.*) (*balle, disque, javelot, marteau*) to throw ; (*athl*) (*poids*) to put ; (*ckt*) ~ **la balle** to bowl ; (*ckt*) ~ **la balle par-dessus l'épaule, bras tendu** to bowl overarm ; (*curling*) ~ **une pierre** to deliver a stone ; (*athl, cycl*) ~ **le sprint** to start to sprint, to wind up the pace for a sprint finish ; (*ft*) X **lançait** Y **sur la droite** X released Y down the right ; (*fg*) ~ **un joueur dans le grand bain** to throw a player in at the deep end

lanceur(euse) 1. *adj* throwing ; (*hd*) **bras** ~ throwing arm **2.** *nm(f)* (*athl*) thrower ; (*ckt*) bowler ; (*bsb*) pitcher ; (*tir*) puller ; (*athl*) ~ **du poids** shot putter ; v. plaque

lanière *nf* (*sk*) ~ **de sécurité** safety strap

lanterne *f* (*cycl, etc.*) ~ **rouge** back marker, (*cycl*) lanterne rouge

lapin *nm* (*bx*) **coup du** ~ rabbit punch

laque *nf* (*av, etc.*) varnish

large 1. *nm* (*ft, rb, bkt, etc.*) (*jn, fg*) **prendre le** ~ to go into a big lead **2.** *adj* (*éq*) **obstacle** ~ spread obstacle

largeur *nf* (*hlt*) ~ **de prise** width of

grip

largue 1. *adj* (*vle*) **naviguer vent** ~ to sail free **2.** *nm* (*vle*) **petit / grand /** ~ close / broad / reach ; (*vle*) **faire du** ~ to sail free, to sail off the wind

larguer *v* (*vle*) to let fly, to let go ; (*vle*) ~ **les amarres** to cast off

latéral(e) (*mpl* -aux) *adj* (*sq*) **mur** ~ side wall ; (*squash*) **ligne** ~**e** side wall line ; (*ft, etc.*) **une passe** ~**e** a crossfield pass ; (*gym*) **position bras latéraux** arms sideways ; (*gym*) **station** ~**e** sidestand ; v. arrière *n*

latérale *nf* (*ski artistique et acrobatique*) side

latinement *adv* (*ft*) (*jn*) **deux contres** ~ **menés** two continental-style counter attacks

latte *n f* (*vle*) batten ; (*vle*) **gaine / gousset / de** ~ batten pocket

lauréat *nm* winner

leader *nm* leader ; (*course*) race leader, front runner ; (*équipe*) leading team, top team ; (*aut*) leading driver ; (*cycl, mt, eq, hrg*) leading rider ; (*athl*) leading runner ; (*ft*) ~ **d'attaque** attack leader, leader of the attack

«leadership» *n m* (*jn*) leadership ; (*position*) leading position

leçon *nf* (*ft*) (*jn*) **Marseille a donné la** ~ **à Cannes** Marseilles gave Cannes a lesson

léger(ère) *a d j* (*jd*) ~ **avantage** (*kinsa*) slight superiority ; (*b x*) **poids** ~ lightweight ; (*hps*) **terrain** ~ good / light / going ; (*ft, etc.*) (*à propos d'un joueur qui risque de manquer à l'appel*) **légère incertitude** slight doubt

légèrement *adv* (*av*) **ramer** ~ to paddle

légèreté *nf* (*éq*) lightness, agility

lésion *nf* (*méd*) lesion, injury

lest *nm* (*slg*) ballast

lester *v* (*a v*) **le bateau est lesté** the boat is evenly balanced

let *nm* (*tn*) (*balle à remettre*) let

levé(e) *adj* (*hkg, etc.*) **crosse** ~**e** raised stick

lever 1. *v* (*hk*) ~ **la crosse** to raise the stick ; (*ft, rb*) (*juge de touche*) ~ **le drapeau** to raise the flag, (*fm*) to flag ; (*aut*) ~ **le pied** to slow down, to slacken the pace ; (*bx*) ~ **la main / le bras / du vainqueur** to raise the winner's arm ; v. lever (*se*) **2. lever** (*se*) *vpr* (*gym*) to raise (oneself) ; ~ **pour applaudir qn** to give s.o. a standing ovation

levier *n m* (*av*) ~ **extérieur** outboard part of the oar ; (*av*) ~ **intérieur** inboard part of the oar

lévrier *nm* greyhound ; **courses de** ~**s** greyhound racing

liaison *nf* (*ft*) **joueur de** ~ link man

liane *nf* (*lte*) grapevine

libérer (*se*) *v p r* (*ft*) to lose one's marker, to get free of one's marker

libero or **libéro** (*pl liberi*) *nm* (*ft, hk*) libero, ≈ sweeper, (*G B*) ≈ spare defender

libre *adj* (*gén*) free ; (*tir*) **arme** ~ free rifle ; (*tir*) **arme** ~, **trois positions** free rifle, three positions ; (*av*) **eau** ~ clear water ; (*gym*) **équerre élevée**, ~, **jambes élevées** free support rearways ; (*g y m*) **exercices** ~**s** voluntary exercises ; (*éq*) **pas** ~ free walk ; (*tir*) **pistolet** ~ free pistol ; (*sp*) **vol** ~ hang-gliding ; (*vb*) **zone** ~ clear space ; (*ft*) **s'engouffrer dans l'espace** ~ to run / rush / into an empty / open / space ; (*vle*) **être en route** ~ to sail clear ; (*ft*) **X est** ~ **de tout engagement** X is on a free transfer ; v. nage

lice *nf* (*athl*) (*en bordure de piste*) kerb

licencié(e) *nm*(*f*) permit holder, registered player / athlete / etc.

lieu *nm* (*cycl*) ~ **de rassemblement** assembling place

lifter *v* (*tn*) (*balle*) to topspin (the ball), to put topspin on (the ball)

lifteur *n m* (*tn*) a player who uses topspin, a topspin player

ligament *nm* ligament ; **se claquer un ~** to tear a ligament ; v. arrachement, se déchirer

ligne *nf* (*gén*) line ; **~ arrière** (*curling*) back line, back score line, (*ft*) the defence, the back line, (*GB*) the back four ; (*arc*) **~ d'attente** waiting line ; (*esc*) **~ d'avertissement** warning line ; (*curling*) **~ centrale** centre line ; (*athl, hps, sk, etc.*) **~ d'arrivée** finishing line, finish line ; (*vb*) **~ d'attaque** attack line ; (*rb*) **la ~ de ballon mort adverse** the opponents' dead-ball line ; (*ckt*) **~ du batteur** batting crease ; (*ft, rb*) **la ~ de but** the goal-line ; (*curling*) **~ de centre** tee line ; (*curling*) **~ de centre / de balayage** sweeping line, sweeping score line ; (*bkt*) **~ de délimitation** boundary line ; **~ de départ** (*athl, hps, sk, etc.*) starting line, start line, (*curling*) foot score line ; (*hkg*) **~ défensive** defensive line ; (*athl, cycl, hps*) **~ droite** finishing straight, home straight ; (*patinage de vitesse, etc.*) **~ droite opposée** back straight ; (*canoë-kayak*) **~ de flottaison** water line ; **~ de fond** (*tn*) base line, (*badminton*) back boundary line, (*football américain / canadien, bkt, ttn, vb*) end line ; (*rb*) **~ de hors jeu** offside line ; (*hd*) **~ de jet franc** free-throw line ; **~ de jeu** (*bsb*) foul line, (*ckt*) boundary ; (*curling*) **~ de jeu / des cochons** hog line ; (*bkt*) **~ de lancer franc** free-throw line ; (*squash*) **~ latérale** side wall line ; (*badminton*) **~ latérale de double / simple** doubles / singles / sideline ; **~ médiane** (*bkt*) centre line, (*ft*) halfway / centre / line, (*water polo*) half distance line ; (*tn*) **~ médiane de service** centre service line ; (*éq*) **~ du milieu** centre line ; (*éq*) **de part et d'autre de la ~ du milieu** on either side of the centre line ; (*carabine, etc.*) **~ de mire** line of sight ; (*esc*) **~ de mise en garde** on-guard line ; (*cycl*) **~ opposée** back straight ; (*canoë-kayak*) **parcours en ~** straight course ; (*rb*) **la première / deuxième / troisième / ~** the front / second / third row ; (*hkg*) **~ rouge / centrale** red line ; (*jd*) **~ rouge de marque** red mark line ; (*rb*) **troisième ~ aile** flanker ; (*hd*) **~ de sept mètres** penalty line ; (*arc*) **~ de séparation des zones** dividing line ; (*squash*) **~ de service** service line ; (*cycl*) **~ des sprinters** sprinters' line ; (*hd*) **~ de surface de but** goal (-)area line ; (*arc*) **~ de tir** shooting line ; (*football américain / canadien, bkt, hd*) **~ de touche** sideline, (*hd*) touch line ; (*football américain / canadien*) **~ des verges** yard line ; (*hk*) **~ des 22 mètres** 25-yards line ; **juge de ~** (*tn*) line judge, (*hkg*) linesman ; (*football américain*) **premier juge de ~** head linesman ; (*football américain*) **second juge de ~** line judge ; v. arrivée, bleu, cinq, cinquante, courbe, demi-court, départ, deuxième ligne, dix, franc, pourtour, première ligne, quinze, touche, troisième ligne, vingt-deux

ligue *nf* (*gén*) league ; **la ~ française de rugby à XIII** the French rugby league

limite *nf* (*gén & esc*) limit ; (*bx*) distance ; (*squash*) **~ hors-terrain** outer boundary line ; (*bx*) **avant la ~** inside the distance ; (*bx*) **si le combat va à la ~ prévue** if the contest / fight / goes the full distance ; (*hlt, etc.*) **~ de temps** time limit ; (*arc*) **temps ~** time limit ; (*ckt*) **~s** boundary ; (*gf*) **hors ~s** out of bounds

lisse *adj* smooth ; (*av*) **embarcation à**

coque ~ keelless boat ; v. boule

lissé(e) adj (sk) (ski de fond) piste ~e groomed trail

liste nf list ; (éq) ~ des chevaux list of the horses ; (ft) être placé sur la ~ des transferts to be put / placed / on the transfer list ; (ft, etc.) faire sa ~ to pick one's squad ; (ft) la liste des seize the squad of sixteen (called up for international duty)

litière nf litter

litigieux adj (ft) un but ~ a disputed goal

livrer v (bx) il va ~ son onzième combat professionnel he is going to have his eleventh professional contest / fight

lob nm (tn, etc.) lob ; (hd) tir en ~ lob shot ; (ft) manquer son ~ to be off-target with one's lob

lobe 1. nm (danse sur glace) lobe 2. «lobe» nm (tn, vb, etc.) (= lob) lob

lobé(e) adj (ft) une passe ~e a lobbed / high / pass / ball ; un tir ~ a lobbed / lob / shot

lober v to lob

local 1. (pl locaux) nm (ft, etc.) (jn) les locaux the home team ; (ft, etc.) la défense des locaux the home defence 2. local(e) (mpl locaux) adj (gén) local ; (ft, rb, etc.) le club ~ the home club ; (ft, rb, etc.) la forma-tion ~e the home team

location nf les guichets de ~ the booking / ticket / office

locaux n & adj mpl v. local

lof nm (vle) luff

lofer v (vle) to luff

loger v (ft) (fg) ~ la balle dans les buts to stick the ball in the back of the net, (fm, jn) (fg) to bury the ball

loin adv (bkt, ft, hd, etc.) tir de ~ long-range shot, long-distance shot

lointain(e) adj (ft) des tirs lointains long-range shots

loisir nm leisure

lombago nm v. lumbago

lombalgie nf v. lumbago

long 1. adv jouer plus ~ (tn) to hit the ball longer, (ft, tn) to play the ball deeper 2. long, longue adj (gén) long ; (arc) distance ~ue long dis-tance ; (ft) jeu ~ long-ball game ; (badminton) ligne de service ~ long service line ; (patinage de vitesse) ~ues lames long blades ; (éq) rênes ~ues on a long rein

longiligne 1. adj tall 2. n m(f) (ft, etc.) tall player, tall competitor

longueur nf (gén) length ; (hrg) length ; (gym) en ~ lengthways, (Am) lengthwise ; (arc) ~ de l'arc bow length ; (sk) (ski de fond) ~ de la piste length of the trail ; (sk) (saut à ski) ~ du saut distance reached ; (hrg) X a quatre ~s d'avance X has a four lengths lead, X has a lead of four lengths ; (athl) ~ d'un saut / bond length of a jump ; (bkt, rb, etc.) (jn, fg) dix-neuf longueurs d'avance a nineteen point lead ; (tn) il eut quelques problèmes de ~ de tir he had a few problems with the length of his shots ; (athl) saut en ~ long jump

lourd 1. nm (bx) championnat du monde des ~s world heavyweight boxing championship 2. lourd(e) adj heavy ; (bx) poids ~ heavy-weight ; (hps) terrain ~ heavy going 3. adv (ft) (jn, fg) Cannes n'a pas pesé ~ Cannes offered little resis-tance

lourd-léger (pl lourds-légers) (bx, etc.) light heavyweight

louvoyer v (vle) to beat about, to tack (to windward)

loyal(e) adj v. charge

lucarne nf (ft) the top corner (of the net) ; en pleine ~ in the top corner of the net

ludique adj relating to games, play

luge *nf* toboggan, sledge, sled, (*sp*) luge ; (*gén*) **faire de la ~** to go tobogganing ; (*sp*) **~ double hommes** men's double (luge) ; (*sp*) **~ simple hommes / dames** men's / women's / single (luge)

lugeur(euse) *nm(f)* tobogganist

lumbago *nm* lumbago

lunettes *nf pl* **~ de ski / skieur / d'alpiniste** snow / ski / goggles ; (*tir*) **~ de dioptre** aperture-sight spectacles ; (*tir*) **~ de tir** shooting spectacles

lutte *nf* (sp) wrestling ; (*lte*) **~ au sol** ground wrestling ; (*lte*) **~ debout** standing wrestling ; (*lte*) **~ gréco-romaine** Graeco-Roman wrestling ; (*lte*) **~ libre** all-in / freestyle / wrestling ; (*lte*) **combat de ~** wrestling match ; (*lte*) **maillot de ~** wrestling costume ; (*av*) **~ bord à bord** neck-and-neck race ; (*ft*) (*jn*) **une ~ frénétique dans / à l'intérieur de / la surface de réparation** a mad scramble in the penalty area / in the box

lutter *v* (*lte*) **~ ouvertement** to wrestle openly ; (*lte*) **~ de façon passive** to wrestle in a passive manner

lutteur(euse) *nm(f)* (*lte*) wrestler

Lutz *nm* (patinage artistique) **double ~** double Lutz

luxation *nf* dislocation ; **~ du coude / de l'épaule** dislocation of the elbow / shoulder, dislocated elbow / shoulder

luxé(e) *adj* **il a l'épaule ~e** he has a dislocated shoulder

luxer *v* to dislocate ; **se ~ l'épaule** to dislocate one's shoulder

M

magasin *nm* (*tir*) magazine

magnésie *nf* (*gym, hlt*) magnesia

maillet *nm* (*polo*) polo stick / mallet ; (*croquet*) croquet mallet

maillon *nm* link ; **le ~ faible de l'équipe** the weak link in the team

maillot *nm* (*gen*) jersey, shirt, sweater ; **~ d'équipe** (*ft, rb, etc.*) team shirt, (*hkg, etc.*) team sweater ; (*nt*) **~ de bain** swimming costume ; (*hlt*) **~ d'haltérophile** weightlifter's / weightlifting / costume ; (*cycl*) (*Tour de France, etc.*) **le ~ jaune** the yellow jersey, the race leader's jersey, (*personne*) the race leader ; (*lte*) **~ de lutte** wrestling costume ; (cycl) **~ de piste** track vest, track cyclist's jersey ; (*ft, etc.*) colours ; **il a évolué sous le maillot de Nantes** he has played for Nantes / in Nantes's colours

main *n f* (*anatomie*) hand ; (*ft*) handball ; (*hk*) **~ ouverte** open hand ; (*arc*) **~ qui bande la corde** drawing hand ; (*bx*) **bandage de ~** hand bandage ; (*jd*) **étranglement à ~s nues** (= *hadaka-jime*) naked stranglehold ; (*jd*) **lancements par l'épaule, par la ~ et par le bras** (= *te-waza*) shoulder, hand and arm throws ; (*bkt*) **passe à une ~** one-hand / one-handed / pass ; **passe à deux ~s** (*bkt*) two-hand / two-handed / pass, (*hd*) chest pass ; (bkt) **passe à deux ~s de la poitrine** two-hand / two-handed / chest pass ; (*éq*) **piste à ~ gauche / droite** track to the left / right ; (*esc*) **position de ~** hand position ; (*gym*) **saut de ~s** handspring ; (*gym*) **sauts avec appui des ~s** vaults with support ; (*gym*) **sauts avec appui des ~s sur la croupe** vaults with support on near end of the horse ; (*bkt*) **tir à**

une ~ one-handed shot ; (*bkt*) **tir à deux ~s** two-handed shot ; (*éq*) **changer de ~ le long de la piste entière** to change rein along the whole track ; (*éq*) **être entre jambes et ~s** to be between legs and hands ; (*ft*) **ignorer une ~ de X** to disregard a handball by X ; (*bx*) **attaques effectives des deux ~s** effective two-handed attacks ; (*ft, rb, etc.*) **avoir le match en ~** to have the game / match / under (one's) control, to be on top ; (hps) **gagner haut la ~** to win in a canter ; v. courir, marcher

maintenance *nf* (*curling*) **~ de la glace** ice grooming / maintenance

maintenir *v* (*gén*) to maintain ; (*vle*) **~ le cap** to sail on course ; (*bkt, cycl, gf, etc.*) **~ l'écart avec X** to maintain the / one's / lead over X ; (*lte*) **~ l'adversaire sur les deux épaules** to pin / hold / down one's opponent by both shoulders

maintien *nm* (*gym*) hold position ; (*lte*) **~ en pont** holding in the bridge position ; (*ft, etc.*) **ils visent le ~ en première division** they are trying to stay up in the First Division ; (*ft, etc.*) **c'est une formation pratiquement assurée du ~** it is a team almost certain to stay up / almost certain to avoid relegation ; v. ceinture

maison *n f* (*curling*) house ; (*ft*) **Bordeaux invaincu à la ~** Bordeaux unbeaten at home ; (*gf*) **~ de club** clubhouse

maître *nm* (*esc*) **~ d'armes** fencing master ; (jd) **degré de ~** (= *dan*) master's degree ; (*éq*) **~ de manège** riding instructor

maîtresse *nf* (*ft*) **X est une des pièces ~s de son équipe** X is one of the mainstays / king pins / key figures / in the team

maîtrise *nf* mastery ; **~ tactique** tactical mastery / supremacy ; (*canoë-kayak*) **~ de l'embarcation** boat control

maîtriser *v* (*ft*) **~ le ballon** to control the ball

maladresse *nf* clumsiness, awkwardness ; (*ft*) **une certaine ~ au moment de conclure** some poor finishing

mâle *adj* (*gén*) male ; **hormone ~** male hormone ; **hormones sexuelles ~s** male sexual hormones

«manager» 1. *nm* (*bx, ft, etc.*) manager ; (*bkt*) **temps mort du ~** charged time-out 2. *v* to manage

managérat *nm* management

manageur(euse) *nm(f)* (*bx, ft, etc.*) manager

manche 1. *nf* (*bls*) (*jeu de boules sur pelouse*) end ; (*bsb*) inning ; (*sk*) run ; (*tn, ttn*) set ; (*éq*) round ; (*vle, etc.*) leg, round ; (*luge, bobsleigh*) **~ d'entraînement** training run ; (*luge, bobsleigh*) **~ de compétition** competition run ; v. set 2. *nm* (*bsb*) (*de bâton*) handle, (*gf, hk, hkg, tn*) (*club, crosse, raquette*) shaft, (*hk*) handle (*ttn*) (*palette*) handle ; (*av*) loom ; **~ à balai** (*avion*) joystick, (*planeur*) control stick

manchette *nf* (*hkg*) (*tenue*) cuff ; (*lte*) forearm smash ; (*vb*) smash ; (*esc*) **arrêt à la ~** stop cut

manège *nm* (*éq*) riding, training ; (*éq*) **~ ou salle de ~** riding school, indoor school ; (*éq*) **maître de ~** riding instructor

manette *nf* lever ; (*cycl*) **la ~ du dérailleur** the dérailleur gear lever

maniement *n m* (*hd, rb, etc.*) (*balle, ballon*) handling

manier *v* (*ft*) (*faute*) **~ la balle** to handle the ball

manière *nf* (*bkt*) **règle concernant la ~ de progresser avec le ballon** rule governing progression with the ball

manille *nf* (*vle*) shackle

manivelle *nf* (*cycl*) crank, pedal crank

manœuvre *n f* (*av*) ~ de l'aviron oar handling ; v. zone

manœuvrer *v* (*vle*) to steer ; (*athl, etc.*) ~ pour se placer avantageusement to jockey for position

manque *nm* X est en ~ de compétition (*ft, etc.*) X is short of match practice, (*ath!*) X is short of competitive races, (*bx*) X is ring rusty ; (*bkt, rb, etc.*) ~ de taille lack of height

manqué(e) *adj* (*hlt*) essai ~ failed lift ; (*ft, hd, etc.*) passe ~e bad pass, (*fm*) bad ball ; (*bkt, ft, etc.*) tir ~ missed shot

manquer *v* to miss ; (*ft, etc.*) ~ à l'appel to be unfit ; (*ft, etc.*) ~ son lob to be off-target with one's lob ; ~ un but (*ft*) to miss a goal, (*rb*) to miss a kick at goal / a goal attempt ; (*gén*) ~ la cible to miss the target ; (*canoë-kayak*) ~ une porte to miss a gate ; ~ de compétition (*bx*) to be ring rusty, (*ft, etc.*) to be short of match practice

marathon *nm* (*athl*) marathon

maraude *nf* (*football canadien*) demi en ~ monster

marbre *nm* (*bsb*) home plate

marche *n f* (*sp*) walking, (*épreuve*) walk ; (*athl*) chaussures de ~ walking shoes ; (*hps*) fermer la ~ (du peloton) to be in last place, to be right at the back

marcher 1. *nm* (*bkt*) travelling **2.** *v* (*gén*) to walk ; (*éq*) ~ au pas to walk ; (*bkt*) ~ balle en main to carry the ball

marcheur *nm* walker ; v. épreuve

maréchal-ferrant (*pl maréchaux-ferrants*) *n m* (*éq, hps*) blacksmith, farrier

marin *nm* sailor

marinier *nm* (*vle*) croc de ~ boathook

marquage *nm* (*ft, etc.*) marking ; (*hk*) ~ agressif close man-to-man ; (*sk*) (*ski de fond*) ~ des skis marking of skis ; (*sk*) (*biathlon*) ~ des skis et des carabines ski(*s*) and rifle(*s*) marking ; (*ft, etc.*) ~ étroit close / tight / marking ; (*ft*) ~ individuel man-to-man / man-for-man / marking ; le flou de notre ~ our slack marking ; (*tir*) tranchée de ~ marking pit

marque *n f* (*rb*) (*arrêt de volée*) mark ; (*tn*) ~ centrale centre mark ; (*jd*) ligne rouge de ~ red mark line ; (*hd*) ~ / ligne / (du jet) de sept mètres penalty line ; (*arc*) feuille de ~ scoresheet ; (*bkt*) table de ~ scorer's table ; (*athl*) (*starter*) à vos ~s, prêts, partez ! on your marks, get set, go! ; (*rb, ft*) (*jn*) (*score*) score ; (*jn*) mener à la ~ to be ahead (*on the scoreboard*) ; ouvrir la ~ to open the score ; revenir à la ~ to get back on level terms, to equalize ; (*arbitre, etc.*) tenir la ~ to keep the score ; (*rb*) crier / dire / ~ to make a mark, to call for a mark ; (*vle*) ~ de passage marker, marker buoy

marquer *v* (*ft, rb, etc.*) (*but, essai*) to score, (*adversaire*) to mark / (*fm*) to pick up (an / one's / opponent) ; ~ (l'adversaire) de près (*ft, hk, etc.*) to mark (an opponent) closely / tightly, to close mark one's / an / opponent, (*hk*) (*Am*) to guard close ; (*hk*) ~ par l'arrière to guard from the rear ; (*ft, etc.*) ~ un but to score a goal, (*jn*) to get on the scoresheet ; (*ft*) ~ un but pour l'équipe adverse, ~ un but contre son propre camp to score an own goal ; (*rb*) ~ deux essais aux Ecossais to score two tries against the Scots ; (*pentathlon moderne*) 'marquez !' 'mark!' ; (*hk*) but marqué sur hors-jeu goal scored from an offside position

marqueur *n m* (*arc, bkt, hkg*) scorer ;

(*hkg*) ~ **officiel** official scorekeeper ; (*rb*) ~ **d'essais** try(-)scorer

marron *adj, inv* (*jd*) **ceinture** ~ brown belt

marteau *nm* (*athl*) hammer ; v. lancement, lancer

martial(e) (*mpl* **martiaux**) *adj* martial ; **arts martiaux** martial arts

martingale *nf* (*éq*) martingale

mascotte *nf* mascot

masculin(e) *adj* (*gén*) masculine, men's ; (*athl, etc.*) **épreuves ~es** men's events

masque *nm* (*bsb, hk, plongeur, escrimeur, etc.*) mask, (*football américain*) face mask ; (*hkg*) ~ **facial** face mask ; (*esc*) **treillis (métallique) du ~** wire mesh of mask

massage *nm* massage

masseur *nm* masseur

masseuse *nf* masseuse

mât *nm* (*vle*) mast ; (*deltaplane*) kingpost ; (*vle*) **bris de ~** broken mast ; (*vle*) ~ **de fortune** jury mast

match *nm* (*gén*) match ; (*esc*) bout ; (*ft, etc.*) (*coupe*) tie ; (*bx*) ~ **de boxe** boxing match ; (*ft, etc.*) ~ **éliminatoire de coupe** cup tie ; (*bx*) ~ **d'entraînement** sparring match ; ((*ft, etc.*) **le ~ aller / retour** the first / second / leg ; (*bkt, etc.*) **feuille de ~** scoresheet ; (*ft, etc.*) ~ **de sélection** trials, trial match ; (*ft*) ~ **en retard** game in hand ; (*ft, rb, etc.*) ~ **international** international match, international ; (*ft, etc.*) ~ **en sélection** representative match ; (*ft, hkg, rb, etc.*) **un ~ nul** a draw ; (*ft, etc.*) **un ~ nul blanc** a scoreless / goalless / draw ; (*ft, etc.*) **un ~ offensif** an attacking game ; (*tn*) **balle de ~** match point ; (*ft, etc.*) (*jn*) **le ~ phare du troisième tour de la coupe** the top / outstanding / match of the third round of the Cup ; (*ft, etc.*) **second ~** replay ; (*ft, rb, etc.*) **ils**

n'ont pas réalisé un ~ extraordinaire they didn't play particularly well, they didn't have a particularly good game ;

«**match play**» *cpd, m* (*gf*) (= *partie par trous*) match play

matelas *nm* (*patinage de vitesse*) ~ **protecteur** protective mat

matériel *nm* (*arc*) tackle ; (*av*) **chef du ~** boatman ; (*cycl*) **voiture de ~** service car / van

maul *nm* (*rb*) maul

mauvais(e) *adj* (*hkg*) ~**e conduite** misconduct ; (*ft*) ~**e remise en jeu** foul throw

maximal(e) (*mpl* **maximaux**) *adj* (*gym*) **note ~e** maximum points, (*fm*) «dream score»

maximum *nm* (*ft*) **prendre un ~ de points** to take maximum points

mécanicien *nm* mechanic

mécanique *adj* (*sk*) (*biathlon*) **cible ~** mechanical target

«**mécano**» *nm* mechanic

méconduite *nf* (*hkg*) misconduct

médaille *nf* medal

médaillé(e) *nm(f)* medallist, medalholder ; **un ~ olympique** an Olympic medallist ; **un ~ d'or** a gold medallist

médecin *nm* doctor ; ~ **du club** club doctor ; ~ **du club de l'équipe** team doctor ; (*bx*) ~ **officiel** medical officer ; (*bkt*) **présence d'un médecin** attendance of a doctor

médecine *nf* medicine ; ~ **du sport** sports medicine

médian(e) *adj* **ligne ~e** (*bkt*) centre line, (*water polo*) half-distance line ; v. ligne

médical(e) (*mpl* **-aux**) *adj* **soins médicaux** medical care / aid

médicament *nm* medicine, medicament

«**meeting**» *nm* (*athl, etc.*) meeting

meilleur(e) *adj* (*athl*) ~ **saut** best

jump ; (*athl, patinage sur glace, etc.*) ~
temps fastest time ; (*aut, etc.*) ~ **tour**
fastest lap ; v. deuxième

mêlée *nf* (*r b*) scrum, scrummage,
(*football américain*) scrimmage ; (*bls*)
(*pétanque*) = choosing of teams by
drawing lots ; (*rb*) ~ **à cinq yards**
five-yards scrum ; (*rb*) ~ **ordonnée**
set scrum ; ~ **ouverte / spontanée**
ruck ; (*rb*) **il y a** ~ **redonnée** the
referee awards / has awarded /
another scrum ; (*rb*) **tourner la** ~ to
turn / wheel / the scrum ; v. formation ;

melon *nm* (*éq*) **chapeau** ~ bowler (hat)

membre *nm* (*anatomie*) limb ; ~**s inférieurs** lower limbs

membrure *nf* (*av*) ribs

mène *nf* (*bls*) (*pétanque*) end

mener *v* (*gén*) to lead, to be in the lead,
to be ahead ; ~ **à la marque** to be
ahead (on the scoreboard) ; **mener
de trois points / (***jn***) longueurs** to
lead / to be ahead / by three
points ; (*ft*) **être menés l-0** to be 1-0
down ; (*bkt, rb, etc.*) (*équipe, individu*)
X mené de trois points X behind by
three points ; (*tn*) **X mené un set à
zéro** X one set to love down ; (*ft,
etc.*) **une contre-attaque menée à
trois** a three-man counter-attack ;
(*cycl*) **une étape menée rondement**
a stage raced at a brisk pace ; v.
latinement

meneur(euse) *nm(f)* (*g é n*) leader,
(*curling*) (*joueur*) lead, (*foule*) cheer-
leader ; (*ft*) ~ **de jeu** playmaker ;
(*athl, etc.*) ~ **de train** pacemaker,
pace-setter

ménisque *nm* meniscus (*pl -uses*)

mensuration *n f* (*canoë-kayak*) ~ **des
embarcations** measuring of the
boats

mental(e) (*mpl -aux*) *adj* **les handicapés mentaux** the mentally handicapped ; **jeux pour les handicapés**

mentaux games for the mentally
handicapped

menton *n m* (*anatomie*) chin ; (*lte*)
poussée au ~ chin push

méplat *n m* (*tn*) (*raquette*) flat side of
the grip

mer *nf* sea ; (*motonautisme*) **courses en**
~ offshore races

mériter *v* to deserve ; (*ft, etc.*) ~ **le nul**
to deserve a draw, to deserve to
draw

messieurs *nmpl* (*nt*) **le 200m papillon**
~ the men's 200 metres butterfly

mesurage *nm* (*athl*) (*distance*) measuring

mesure *n f* (*danse sur glace*) tempo,
rhythm ; ~**s de sécurité** (*arc*) safety
precautions, (*tir*) safety measures ;
(*sk*) (*ski de fond*) ~**s du vent** wind
measures

mesurer *v* (*athl*) (*lancer, saut, etc.*) to
measure

mesureur *nm* (*sk*) (*saut à ski*) measurer

métabolique *adj* metabolic

métabolisme *nm* metabolism

métacarpien 1. *nm* (*anatomie*) metacarpal   **2. métacarpien(ienne)** *adj*
(*anatomie*) metacarpal

métallique *adj* (*esc*) **piste** ~ metallic
piste ; (*esc*) **plastron** ~ metallic plastron

métatarse *nm* (*anatomie*) metatarsus

métatarsien 1. *nm* (*anatomie*) metatarsal ; ~**s** metatarsals, metatarsal
bones ; **fracture de fatigue des** ~**s**
stress fracture of the metatarsal
bones **2. métatarsien(ienne)** *adj, mf*
(*anatomie*) metatarsal ; v. éminence

météorologique *adj* (*gen*) **conditions**
~**s** weather conditions

méthode *nf* (*s k*) (*saut à ski*) ~
Gundersen Gundersen method

mètre *nm* metre ; (*hd*) **jet de sept** ~**s**
penalty shot ; (*hd*) **ligne / marque /
(du jet) de sept** ~**s** penalty line ; (*hk*)
ligne des 22 mètres 25-yard line ;

(*canoë-kayak*) **règle des 5 ~s** 5-metre rule ; (*ft*) **un tir aux seize ~s** a shot from the edge of the penalty area

mettre 1. (*pp mis*) *v* (*vle*) **~ à la voile** to set sail ; (*av, vle*) (*embarcation*) **~ à l'eau** to launch ; (*bls*) (*pétanque*) **~ la bille sur (la) mouche** to spot the ball ; (*hkg*) **~ en échec** to check ; (*bkt*) (*ballon*) **~ en jeu** to put in play ; (*hk*) **~ la balle en jeu** to bully off ; (*bx*) (*adversaire*) **~ knock-out** to knock out ; (*cycl*) **le jury l'a mis hors course** the race jury disqualified him ; (*ft*) (*jn, fg*) **~ sous l'éteignoir son adversaire** to snuff out one's opponent ; (*ft, etc.*) **~ un joueur au repos** to rest a player **2. mettre** (*se*) *vpr* (*bx, esc*) **~ en garde** to take one's guard, (*bx*) to square up

meurtrir *v* (*corps*) to bruise

meute *nf* (*cycl, etc.*) **sortir de la ~** to break clear of the pack

mi-course *nf* (*cycl*) turn

mi-droit *nm* (*ckt*) mid-on

mi-gant *nm* (*cycl*) track mitt

mi-gauche *nm* (*ckt*) mid-off

mile *nm* mile ; **~ marin** nautical mile ; (*sw*) **le recordman du monde du ~ marin** the (men's) nautical mile world record-holder, the (men's) world record-holder for the nautical mile

milieu *nm* middle ; (*ft, etc.*) **le ~ du terrain** midfield ; (*ft*) (*joueur*) **~ de terrain** midfielder, midfield player ; **en ~ de terrain** in midfield ; (*vle*) **équipier de ~** middleman ; (*hk*) **joueur du ~** midfield player ; (*éq*) **de part et d'autre de la ligne de ~** on either side of the centre / (*Am*) center / line ; (*ft, etc.*) **être bien placé / calé / en ~ de tableau** to be well placed in mid-table

mille *nm* (*distance*) mile ; **~ marin** nautical mile ; v. mile

mi-lourd 1. (*pl mi-lourds*) *nm* (*bx*) (*poids*) light heavyweight **2. mi-lourd(e)** *adj* (*b x*) **poids ~** light heavyweight

mi-mouche (*pl mi-mouches*) *adj & nm* (*bx*) light flyweight

mi-moyen 1. (*pl mi-moyens*) *nm* (*bx*) welterweight, welterweight boxer **2. mi-moyen(enne)** *adj* (*bx*) **poids (m) ~** welterweight

minime *nm* (*ft*) **les ~s** the under-fourteens (*12 to 14 years*) ; **l'équipe de France Minimes** the French under-fourteen team

«mini-pressing» *nm* (*jn*) short spell of pressure

ministre *nm* (*F*) **~ de la Jeunesse, des Sports et des Loisirs** (*GB*) Sports Minister, Minister for Sport

minute *nf* minute ; (*av*) **coups ~** stroke rate, rate of strokes ; (*hd*) **exclusion de cinq / deux / ~s** five / two / minutes' suspension ; v. battre

miracle *nm* (*ft, rb, etc.*) **éponge ~** magic sponge

mirador *nm* (*éq*) **~ des juges** judges' box

mire *nf* (*tir*) **~ téléscopique** telescopic sight ; (*tir*) **déplacement du point de ~** aiming off ; (*carabine, etc.*) **ligne de ~** line of sight

mi-renversé(e) *adj* (*g y m*) **bascule depuis la suspension ~e** long underswing upstart ; (*gym*) **position ~e sur les épaules** neckstand ; (*gym*) **suspension ~e** bent inverted hang

misaine *nf* (*vle*) **voile de ~ ou ~** foresail

mise *nf* (*hkg*) **~ en échec avec le corps** bodycheck ; (*hkg*) **~ en jeu** face-off ; (*hkg*) **cercle de ~ en jeu** face-off circle ; (*esc*) **ligne de ~ en garde** on-guard line ; (*hkg*) **point de ~ en jeu** face-off spot ; (*jn*) (*fg*) **doubler la ~** to double the score ; v. allure, trait

miser *v* (*ft, etc.*) ~ **sur le contre** to rely on the counter-attack ; (*hps*) ~ **sur un cheval / une équipe** to bet on / to back / a horse / a team

mi-temps *nf* half time ; **la première / deuxième** ~ the first / second / half ; **en seconde mi-temps** in the second half

mixte *adj* (*bkt, hd*) **défense** ~ combined defence ; (*gym*) **prise** ~ mixed grip

mobilité *nf* (*gén*) mobility

modalité *n f* (*sk*) (*biathlon*) ~**s de la course** racing rules

Mohawk *nm* (*danse sur glace*) Mohawk

môle *nm* (*vle, etc.*) mole

mollet *nm* (*anatomie*) calf

monde *nm* (*vle*) **la course autour du** ~ the round-the-world race

mondial 1. *nm* (*ft, rb, etc.*) **le Mondial** the World Cup, the World Championship **2. mondial(e)** (*mpl mondiaux*) *adj* world ; (*athl, bx, etc.*) **titre** ~ world title ; (*athl, etc.*) **performance** ~**e** world-class performance ; *v.* classe, taille

moniteur(trice) *nm(f)* (*sk, etc.*) instructor (*m*), instructress (*f*) ; ~ **de ski** skiing instructor

monitrice *nf v.* moniteur

monocoque 1. *a d j* (*v l e*) **bateau** ~ single-hull boat, monohull ; (*cycl*) **cadre carbone** ~ monocoque carbon frame ; (*aut*) **carrosserie** ~ monocoque body ; (*canoë-kayak*) **embarcation** ~ moulded boat **2.** *nm* (*vle*) single-hull boat, monohull

mononautisme *nm* (*vle*) single-handed racing

monoplace 1. *adj* (*canoë-kayak*) **canadien** ~ Canadian single ; (*canoë-kayak*) **kayak** ~ kayak single **2.** *nf* (*aut, etc.*) single-seater

monopoliser *v* (*ft, etc.*) ~ **le ballon** to keep possession, to have all the possession ; **monopoliser le jeu** to dominate play completely

montagne *nf* mountain ; (*cycl*) **étape de** ~ mountain stage

montant 1. *nm* (*ft*) (*but*) post, upright ; (*athl*) (*saut en hauteur, saut à la perche*) upright ; (*éq*) (*obstacle*) ~ **s parallèles** parallel bars ; (*ft*) **la base du** ~ the foot of the post **2. montant(e)** *adj* (*ft*) **une balle** ~**e** a rising ball

montée *nf* (*cycl*) hill, climb ; (*ft, rb, etc.*) (*mouvement*) forward run, surge up-field ; (*sk*) (*ski de fond*) hill climbing, uphill ; (*sk*) (*ski de fond*) ~ **en escalier** side-step climb ; (*sk*) ~ **maximale** maximum climb ; (*sk*) (*biathlon*) ~ **totale** total climb ; (*sk*) (*ski de fond*) **fart de** ~ uphill wax ; (*ft*) **une** ~ **collective de la défense** a surge forward by the entire defence ; (*ft*) (*changement de division*) promotion

monter *v* (*éq, hps*) to ride ; (*ft*) (*équipe*) (= *être promu*) to go up, to be promoted ; (*ft*) (*défenseur*) ~ **en attaque** to move up into attack, to make a forward run ; (*éq, hps*) **X montant Y** X riding Y ; (*éq, hps*) ~ **sur un cheval** to mount a horse ; (*bx*) **punching-ball monté sur sandows** floor-to-ceiling ball

monticule *nm* (*bsb*) mound

montre *nf* watch ; **contre la** ~ against the clock ; (*cycl*) **course contre la** ~ time trial ; **gagner / perdre / une minute contre la** ~ to gain / lose / a minute against the clock / in the time trial ; (*ft, etc.*) **jouer la** ~ to play for time, to waste time

monture *nf* (*éq, hps*) mount

mordre (*pp mordu*) (*athl*) (*saut en longueur, triple saut*) **il a mordu** it was a no-jump

mordu(e) *nm(f)* fanatic

morphine *nf* morphine, morphia

mors *nm* (*éq, hps*) bit ; (*éq*) ~ **de bride** bridle bit ; (*éq*) **soumission au** ~

acceptance of the bridle ; v. rêne

mort(e) *adj* (*gén*) dead ; (*bkt, ft, etc.*) ballon ~ dead ball ; (*ft, etc.*) **balle ~e** dead ball ; (*canoë-kayak, etc.*) **eau ~e** dead water ; (*bkt*) **temps ~** time-out ; (*bkt*) **temps ~ du manager** charged time-out ; (*bkt*) **demander un temps ~** to ask for a time-out ; v. ligne

motivation *nf* (*gén*) motivation ; v. élever

motivé(e) *adj* (*joueur*) determined

motiver (se) *vpr* to motivate oneself

moto *nf* motorcycle, motorbike

moto-cross ou **motocross** *cpd, m* (*sp*) motocross, motor cycle scrambling ; **faire du ~** to scramble

moto-crossman ou **motocrossman** (*pl moto-crossmen*) *nm* (mt) scrambler

motocycle *n m* motor bicycle, motor-cycle

moto-cyclisme *n m* motorcycling ; (*courses*) motorcycle racing

moto-cycliste *nm* motorcyclist

motonautisme *n m* (*s p*) powerboat racing

motorisé(e) *adj* **Ultra-Léger Motorisé** (= *U.L.M.*) microlight

motricité *nf* motivity

mouche *nf* (*arc*) bull's-eye, (*bd*) (*où l'on place une bille*) spot, (*esc*) button ; (*bd*) **la rouge est remise sur ~** the red is spotted, the red is placed on the spot ; (*arc*) **faire ~** to get a bull's-eye ; (*bx, etc.*) **poids (m) ~** flyweight

moucheté(e) *adj* (*esc*) (*fleuret, etc.*) buttoned ; (*bd*) **bille ~e** spot ball

mouiller *v* (*vle*) to drop anchor

mousqueton *nm* (*vle*) hank ; (*vle*) **~ à ressort** snap shackle

mouton *nm* **faire le ~** to make a back (*at leapfrog*)

mouvement *nm* (*gén*) movement ; (*hlt*) lift ; **~ curviligne** rounded / curvilinear / movement ; (*av*) **~ de siège à coulisse** slide control ; (*hd*) **~ de**

tir throwing motion ; (*g y m*) **~ s imposés** compulsory movements ; (*jd*) **~ spécial** (= *tokui-waza*) favourite technique ; (*éq*) **suivre les ~s du cheval** to go with the horse

moyen 1. *nm* (*bx*) (*poids*) middleweight **2. moyen(enne)** *adj* (*bx*) **poids ~** middleweight ; (*éq*) **galop ~** ordinary canter ; (*éq*) **pas ~** ordinary walk ; (*éq*) **trot ~** ordinary trot

moyenne *nf* (*ft, etc.*) **~ de spectateurs** average crowd / gate

moyeu *nm* (*cycl*) (*roue*) hub

multiple *adj* (*bkt*) **faute ~** multiple foul

multi-sports *phr adj* **un vaste complexe ~** a huge multi-sport(s) complex / leisure centre

munition *nf* (*tir*) (*pistolet, etc.*) **~s** ammunition ; (*tir*) **défaut de la ~** malfunction of (the) ammunition

mur *nm* (*éq*) (*obstacle*) wall ; (*hd*) wall ; (*éq*) **~ barré** wall and rails ; (*nt*) **~ d'arrivée** finish ; (*nt*) **~ de départ** start wall ; (*éq*) **~ de pierres** stone wall ; (*éq*) **croupe au ~** tail to the wall ; (*squash*) **~ latéral** side wall ; (*squash, racquetball*) **~ arrière** back wall ; (*n t*) **il y avait quatre dixièmes de différence sur le ~ d'arrivée** there were four-tenths of a second difference at the finish / at the final touch ; (*hd*) **shooter à travers le mur** to throw through the wall ; (*hd*) **shooter au-dessus du ~** to throw over the wall

mural(e) (*mpl -aux*) (*bx*) **coussin ~** wall punch pad

mûrir *v* (*ft, rb, etc.*) (*joueur*) to mature

muscle *nm* muscle ; **~ cardiaque** heart muscle ; **se claquer un ~** to pull a muscle

musculaire *a d j* **déchirure ~** torn muscle ; «**engrais** (*mpl*) **musculaires**» muscle builders ; v. renforcement, pathologie

musculation *nf* muscle / body / building, weight training

musculature *nf* musculature, muscle structure

museler *v* (*gén*) to muzzle ; (*ft, etc. ; fg*) ~ **un adversaire** to keep an opponent very quiet, to mark an opponent out of the game ; (*ft, etc.*) ~ **le public** to silence the crowd

muserolle *nf* (*éq, hps*) noseband

mutation *nf* (*ft*) **X a demandé sa** ~ X has asked for a transfer

myrorelaxant *nm* muscle relaxant

N

nage *nf* (*sp*) swimming ; (*nt*) (*manière*) stroke ; (*nt*) ~ **libre** freestyle ; (*nt*) ~ **sur le dos** backstroke ; (*nt*) **le 200 mètres** ~ **libre** the 200 metres freestyle ; (*av, canoë-kayak*) **chef de** ~ stroke ; (*nt*) **juge de** ~**s** stroke judge ; v. quatre

nager *v* to swim ; (*av*) to row ; (*av*) ~ **en couple** to (double) scull

nageur(euse) *nm(f)* swimmer ; (*nt*) ~ **de crawl** crawl swimmer

narcotique 1. *adj* (*pharm*) narcotic 2. *nm* (*pharm*) narcotic

narri *nm* (*bls*) (*pétanque*) **faire un** ~ = to make a very bad «pointage»

natation *nf* swimming

nation *nf* (*gén*) nation ; (*éq*) **Prix des Nations** Prix des Nations

naturel(elle) *adj* (*canoë-kayak*) **obstacle** ~ natural obstacle

navigation *nf* (*gén*) navigation ; ~ **à voile** sailing ; ~ **de plaisance** sailing, yachting

naviguer *v* (*vle*) ~ **au plus près** to sail on a wind, to sail close to the wind ; (*vle*) ~ **droit** to sail upright

neige *nf* snow ; (*rubrique, jn*) winter sports

nelson *nm* (*lte*) nelson ; (*lte*) **double** ~ double nelson

néo-professionnel(elle) *nm(f)* newly-turned professional

nerveux(euse) *adj* **système** ~ nervous system

«net !» *nm* (*tn*) net!

netball *nm* (*sp*) netball

neuroleptique 1. *adj* (*pharm*) (*drogue*) neuroleptic 2. *nm* (*pharm*) neuroleptic drug, nerve sedative, neuroleptic, (*fm*) tranquillizer ; (*fm*) **être sous** ~**s** to be on tranquillizers

neutralisation *nf* (*cycl*) neutralization

neutraliser *v* (*ft, etc.*) ~ **son adversaire** to blot out one's opponent, to mark one's opponent out of the game

neutre *adj* (*bx*) **coin** ~ neutral corner ; (*hkg*) **zone** ~ neutral zone

nez *nm* (*anatomie*) nose ; (*arc*) **accrochage sur le** ~ nose mark ; (*sk*) (*ski artistique et acrobatique*) ~ **du tremplin** knoll

niveau *nm* (*gén*) level ; (*phr adj*) **de haut** ~ high-level ; (*phr adj*) **de «top»** ~ top-level

«no contest» *cpd, m* (*bx*) no contest

nœud *nm* (*vle*) knot ; (*vle, etc.*) (*vitesse*) knot ; (*jd*) ~ **de ceinture** belt knot

noir 1. *nm* (*éq*) black 2. **noir(e)** *adj* black ; (*arc*) **zone** ~**e** black zone ; v. ceinture

nombre *nm* number ; (*canoë-kayak*) ~ **des coups de pagaie** rate of strokes, stroke rate

non *adv* (*sk*) (*ski artistique et acrobatique*) ~ **noté** received no score, (*abr*) RNS ;

non conforme *phr adj* (*aut*) **les voitures allemandes avaient été déclarées non conformes** the German cars had been declared illegal

non-sélectionnable *nm* (*ft*) (*jn*) (*Coupe d'Europe, etc.*) = foreign player

nord *nm* v. face

nordique *adj* v. combiné

normal(e) (*mpl* -aux) *adj* (*tir*) **course ~e** normal run ; v. garde

notation *nf* (*bx*) awarding of points ; (*sk*) (*ski artistique et acrobatique*) scoring system

note (*f*) (*gym*) ~ **de base** basic score ; (*sk*) (*saut à ski*) ~ **de style** style point ; (*gym*) ~ **maximale** maximum points / score, (*fm, jn*) dream score

nouveau(el) (**nouvelle** *f*) (*mpl* **nouveaux**) *adj* (*ft*) ~ **joueur** new / latest / signing

noyer *v* (*bls*) (*pétanque*) ~ **le but** = to remove the jack from the pitch (*thereby nullifying the end*)

nu(e) *adj* (*jd*) v. étranglement

nuage *nm* cloud ; (*ft*) (*fg*) **tirer dans les ~s** to shoot miles over the top

nul 1. *nm* (*jd*) ~ ! (*hikiwake!*) draw! ; (*bx, ft*) draw ; (*ft, etc.*) **mériter le ~** to deserve a draw ; (*bx*) **dix victoires et deux ~s** ten wins and two draws **2. nul, nulle** *adj* (*ft, etc.*) **match ~** draw ; **match ~ blanc** scoreless draw, goalless draw ; (*bx, lte*) **l e match / combat / est déclaré ~** the contest is declared a draw

numéro *nm* number ; (*vle*) ~ **de départ** start number ; (*ft, rb, etc.*) ~ **de joueur** player's number ; (*vle*) ~ **de la voile** sail number ; (*éq*) ~ **du tapis de selle** number of the saddlecloth ; (*rb*) ~ **huit** number eight forward ; (*tn, etc.*) **le ~ un mondial** the world's number one, number one in the world rankings

numérotage *nm* (*pentathlon moderne*) ~ **des chevaux** numbering of the horses

numéroté(e) *adj* (*b d*) (*billard pool*) **billes ~es** object / numbered / balls

nuque *nf* (*gym*) **bascule de ~** neck spring ; (*bx*) **coup sur la ~** rabbit punch

nutrition *nf* nutrition

O

obéissance *nf* (*éq*) obedience

observation *nf* (*jd*) ~ ! (*shido!*) note!

obstacle *n m* (*gén*) obstacle ; (*canoë-kayak*) obstacle, (*éq*) jump, fence, obstacle ; (*éq*) ~ **fermé** closed obstacle ; (*éq*) ~ **fixe** solid obstacle ; (*éq*) ~ **haut** straight obstacle ; (*éq*) ~ **haut et large** high and broad obstacle ; (*éq*) ~ **large** spread obstacle ; (*canoë-kayak*) ~ **naturel / artificiel** natural / artificiel / obstacle ; (*éq*) ~ **renversé** obstacle knocked down / over ; (*éq*) ~ **simple** simple obstacle ; (*éq*) **cavalier d'~s** show jumper ; (*éq*) **cheval d'~s** show jumper ; (*éq*) **saut d'obstacles** horse jumping ; (*éq*) **saut d'~s individuel** individual show jumping ; (*éq*) **épreuve de saut d'~s** jumping competition ; (*éq*) **juge aux ~s** obstacle judge ; (*éq*) **selle d'~** jumping saddle ; (*éq*) **aborder un ~** t o approach an obstacle ; (*canoë-kayak*) **contourner un ~** to skirt an obstacle ; (*canoë-kayak*) **franchir un ~** to negotiate an obstacle ; (*éq*) **omettre un ~** to omit / to miss out / an obstacle / a fence

obstruction *nf* (*athl, ft, hk, rb, etc.*) obstruction, obstructing, (*hkg*) interference ; (*ft, rb, etc.*) **faire de l'obstruction / faire obstruction** to obstruct ; (*ft, rb, etc.*) **faire ~ à qn** to obstruct s.o.

occasion *nf* chance, opportunity ; (*ft*) scoring chance ; (*ft, etc.*) **une ~ en or** a golden chance, a golden opportunity ; (*ft*) **il eut une ~ en or** he had a golden chance / a chance on a plate ; (*ft, etc.*) **la meilleure ~ de la rencontre** the best chance of the game / match ; (*ft*) **se créer de belles ~s** to create good scoring chances ; (*ft*) **deux ~s dites immanquables** two so-called sitters

occuper 1. *v* (*gén*) **~ la première place** to be in first place ; (*ft, etc.*) **~ ce poste** to play in this position ; (*ft, etc.*) **~ leur camp** to stay in their half (of the field) **2. occuper(s')** *vpr* (*ft*) **~ de X** to mark X

octave *nf* (*esc*) octave

octroi *nm* (*ft, rb, etc.*) **l'~ d'un coup franc** the award / awarding / of a free kick

œillères *nf pl* (*éq, hps*) blinkers (*pl*)

œilleton *nm* (*arc*) peep hole

œuf *nm* (*sk*) (*ski de vitesse*) **position de l'~** tuck position

offensif(ive) *adj* attacking ; (*ft, rb, etc.*) **options offensives** attacking options, options in attack

offensive *nf* offensive, attack

officiel 1. *nm* (*bkt, hlt, etc.*) **les ~s** the officials ; (*canoë-kayak*) **chef des ~s** chief of judges ; (*cycl*) **~ chargé de la cloche** bell ringer **2. officiel(ielle)** *adj* (*bx*) **médecin ~** medical officer ; (*pentathlon moderne, etc.*) **temps ~** official time

officier *v* (*arbitre*) to referee, to officiate, (*tn*) to umpire

«offside» *nm* (*ft*) (*jn*) offside

olympiade *nf* Olympiad

Olympien(ienne) *nm(f)* Olympian

olympique *adj* Olympic ; **les Jeux Olympiques** the Olympic Games, the Olympics ; (*tir*) **fosse ~** Olympic trench ; (*vle*) **système ~ de décompte des points** Olympic scoring system ; (*hlt*) **total ~** Olympic total

Olympiques *n m p l* the Olympic Games, the Olympics

omettre *v* (*éq*) **~ un obstacle** to omit / miss out / an obstacle / a fence ; (*canoë-kayak*) **~ une porte** to omit a gate

omoplate *nf* (*anatomie*) shoulder blade

OMS (abr de Organisation Mondiale de la Santé) World Health Organization

once *nf* (*bx, etc.*) ounce

open *nm* (*tn, gf*) open (tournament) ; (*tn*) **l'~ de Monte Carlo** the Monte Carlo Open

opérateur *nm* (*bkt*) **~ des trente secondes** 30-second operator

opérer *v* (*ft*) **~ en ligne** to play square at the back, to play in a straight line

opiacé *nm* (*pharm*) opiate

opiat *nm* (*pharm*) opiate

opium *nm* opium

opportun(e) *adj* (*ft*) **une interception ~e** a timely intervention

opposition *nf* (*ft, etc.*) opposition, opposing team ; (*esc*) **parade d'~** opposition parry

option *nf* option ; (*ft, rb, etc.*) **~s offensives** attacking options, options in attack ; **prendre une ~ sur une médaille** to stake a claim on a medal

or *nm* (*bls*) (*pétanque*) **bras d'~** excellent player / thrower ; (*athl, etc.*) **médaille d'~** gold medal ; v. occasion

orange *adj, inv* (*jd*) **ceinture ~** (*daidiiro-obi*) orange belt

ordinaire *adj* (*éq*) **galop ~** ordinary canter ; (*éq*) **trot ~** ordinary trot

ordonné(e) *adj* (*rb*) **mêlée ~e** set scrum

ordre *nm* (*sk*) **~ de départ** starting order, (*ski de fond*) starting sequence ; (*hps*) **ils sont sous les ~s**

(du starter) they are under starter's orders

organisateur(trice) *nm(f)* organizer ; *(cycl)* **les organisateurs** the race organizers ; *(gf, tn)* **les organisateurs du tournoi** the tournament organizers ; *(canoë-kayak)* **~ de compétition** competition organizer

organisation *nf* organization ; **Organisation Mondiale de la Santé** World Health Organization ; *(canoë-kayak)* **chef de l'~** chief official

organisé(e) *adj (bkt)* **attaque ~e** set-play attack

organiser *v (gén)* to organize ; *(ft, etc.)* **~ le marquage** to organize the marking

orientation *nf (gén)* orientation ; **exercice / cross / d'~** orienteering

orienter *v (vle)* **~ une voile** to trim a sail

originalité *nf (gym)* originality

os *nm (anatomie)* bone

osseux(euse) *adj* **tissu ~** bone tissue

«out» *adv (tn)* out

outrigger *nm (av)* outrigger

outsider *nm (hps, etc.)* outsider

ouvert(e) *adj (gén)* **tournoi ~** open (tournament) ; *(rb)* **côté (grand) ~** outside, open side ; *(tir)* **hausse ~e**

open rear sight ; *(hk)* **main ~e** open hand ; *(bx)* **coup avec le gant ~** blow / punch / with the open glove ; v. mêlée

ouverture *n f (ft, etc.)* opening ; *(rb)* **demi d'~** stand-off half, fly half, stand-off

ouvreur *nm (rb)* stand-off half, fly half, stand-off, *(sk)* forerunner ; *(sk) (ski artistique et acrobatique)* **~ temps de base** pace-setter ; v. demi d'ouverture

ouvrir *(pp ouvert) v* to open ; *(ft, etc.)* **~ le score / la marque** to open the score ; *(ft, rb, etc.)* **~ de nouveaux espaces libres** to make / create / space

ovation *nf* ovation ; **faire une ~ à qn** to give s.o. an ovation ; **faire une «standing ovation» à qn** (= *se lever pour applaudir qn*) to give s.o. a standing ovation

ovationner *v* **~ qn** to give s.o. an ovation ; **il s'est fait ~** he got an ovation / standing ovation

oxer *nm (éq) (obstacle)* (double) oxer

oxygénation *nf* oxygenation

oxygène *nm* oxygen ; **bouteille d'~** oxygen cylinder

oxygénothérapie *nf* oxygen treatment

P

pack *nm (rb)* pack ; *(rb)* **essai en force (marqué) sur poussée collective du ~** pushover try

paddleball *nm* paddleball

paddock *nm (éq)* paddock

pagaie *nf (canoë-kayak)* paddle ; *(canoë-kayak)* **bris de ~** broken paddle ; *(canoë-kayak)* **coup de ~** paddle stroke ; *(canoë-kayak)* **nombre des coups de ~** stroke rate, rate of strokes ; *(canoë-kayak)* **~ croisée / double / simple** feathered /

double-bladed / single-bladed / paddle ; *(canoë-kayak)* **perte de ~** loss of paddle ; *(canoë-kayak)* **tenue de la ~** grip on the paddle

pagayer *v (canoë)* to paddle

pagayeur(euse) *nm(f)* paddler, canoeist

pagayeuse *nf* v. pagayeur

palet *nm (hkg)* puck ; *(bls) (pétanque)* **faire un ~** to hit an opponent's bowl and stay close to it

palette *nf (arc)* finger tab ; *(pelote)*

(wooden) pelota racket ; (*ttn*) (table tennis) bat ; (*tir*) marking disc

palmaire *adj* (*gym*) **prise** ~ undergrasp

palmarès *nm* (*athl, etc.*) (list of) medal winners ; (*athl, cycl, etc.*) (*d'un sportif*) record (*of achievement, of wins*) ; (*ft, etc.*) (*d'un club*) honours (*pl*)

palme *nf* (*nt*) flipper

palonnier *nm* (*av, planeur*) rudder bar ; (*ski nautique*) ~ **de slalom** double handles ; (*planeur*) **pédale de** ~ rudder pedal

panaméricain(e) *adj* (*athl*) **jeux** ~**s** Pan-American Games

pancréas *nm* (*anatomie*) pancreas

panier *nm* (*bkt*) basket ; (*bsb*) (*gant de receveur*) web ; (*bkt*) **propre** ~ own basket ; (*bkt*) ~ **du camp adverse** opponents' basket ; (*bkt*) **tir au** ~ shot ; (*bkt*) **claquer dans le** ~ to tip in the basket

panne *nf* (*aut, etc.*) breakdown ; **tomber en** ~ to break down, to have a breakdown

panneau (*pl panneaux*) *nm* (*bkt*) backboard ; (*gén*) ~**x de publicité** advertising hoardings ; (*bd*) ~ **de pointage** scoreboard ; (*bkt*) **support de** ~ backboard support

panser *v* (*éq, hps*) (*cheval*) to groom (*a horse*)

pantalon *nm* (*bsb, football américain*) pants (*pl*) ; (*jd*) ~ **de judo** judo trousers

papier *nm* (*lte*) **poids** ~ paperweight

papillon *nm* (*nt*) **nage / brasse /** ~ butterfly (stroke), (*fm, jn*) «fly» ; (*nt*) **coup de pied de** ~ butterfly kick ; (*nt*) **le deux cents mètres** ~ the two hundred metres butterfly / (*fm, jn*) «fly»

paquet *nm* (*rb*) ~ **ou** ~ **d'avants** pack

par 1. *nm* (*gf*) par ; (*gf*) ~ **trois** par three ; (*gf*) **six sous le** ~ six under par ; (*gf*) **deux au-dessus du** ~ two over par **2.** *prép* (*jd*) **immobilisation en écharpe** ~ **le judogi** (*kesa-gatame*) scarf hold ; (*jd*) **lancements** ~ **l'épaule** (*s e o i - n a g e*) shoulder throws ; (*jd*) **lancements** ~ **l'épaule, ~ la main et** ~ **le bras** (*te-waza*) shoulder, hand and arm throws ; (*bkt*) **tir** ~ **en bas** underhand shot ; (*bkt*) **tir** ~ **en dessous** lay-up shot ; (*vle*) ~ **le travers** abeam

parachute *nm* parachute ; ~ **de secours** reserve parachute ; ~ **dorsal** main parachute ; ~ **extracteur** pilot parachute ; **descendre en** ~ to parachute

parachutisme *nm* parachuting

parachutiste *nm(f)* parachutist

parade *nf* (*bx*) parry, (*esc*) parade, parry ; (*éq*) stopping, pulling up (*of horse*) ; (*esc*) ~ **circulaire** circular parry ; (*esc*) ~ **d'opposition** opposition parry ; (*esc*) ~ **en cédant** ceding parry ; (*esc*) ~ **semi-circulaire** semicircular parry ; (*ft*) **exécuter la** ~ to parry the ball

parallèle *adj* (*gym*) **barres** ~**s** parallel bars ; (*gym*) **espace entre les barres** ~**s** space between the parallel bars ; (*éq*) **montants** ~**s** parallel bars

parapente *nm* paragliding

paraplégique *nm(f)* (*athl*) **jeux pour** ~**s** paraplegic games

parapluie *nm* (*gym*) butterfly, turning jump like a butterfly

parcours *nm* (*éq, canoë-kayak*) course, (*gf, etc.*) (*terrain*) course, (*gf*) links (pl ; *on met ordinairement le verbe qui suit a u singulier*), (*vle*) course ; (*canoë-kayak*) **arbitre de** ~ course umpire ; (*av*) **commissaire de** ~ clerk of the course ; (*éq*) ~ **de cross** cross-country course ; (*canoë-kayak*) ~ **en ligne** straight course ; (*gf*) ~ **par coups** stroke play ; (*gf*) ~ **par trous** match play ; (*éq*) ~ **sur routes et sentiers** roads and tracks ; (*éq*) **erreur de** ~ error on the course ;

(*pentathlon moderne*) **inspection du ~** inspection of the course ; (*canoë-kayak, pentathlon moderne*) **plan du ~** plan of the course ; (*pentathlon moderne*) **tracé du parcours** marking of the course ; (*canoë-kayak*) **dégager le ~** to clear the course ; (*canoë-kayak*) **jalonner le ~** to lay the course ; (*gf*) **il a réalisé un ~ exceptionnel** he had an exceptionally good round ; (*éq*) (*jumping*) **~ sans faute** clear round ; (*vle*) **s'éloigner du ~** to sail off the course ; (*vle*) **réduire un ~** to shorten a course

par-dessous *prép & adv* (*gym*) (*prép*) **élancer en avant ~ la barre** underswing ; (*gym*) **élan ~ la barre et salto** underswing and salto forward

par-dessus *prép & adv* (*bkt*) **tir ~ la tête** overhead shot ; (*gym*) **passer les jambes écartées ~ la barre** to straddle the bar

paré(e) *adj* (*vle*) **'~ à virer !'** 'ready about!'

pare-balles *nm, inv* (*tir*) backstop

pare-gouttes *nm, inv* (*canoë-kayak*) drip ring

parer *v* (*esc*) to parry ; (*bx*) **~ un coup** to block a punch, to stop a blow ; (*lte*) **~ une prise** to parry a grip ; (*esc*) **~ et tirer** to parry and thrust ; (*esc*) **'paré !'** 'parried!'

parier *v* **~ sur un cheval / une équipe** to bet on / to back / a horse / a team

parité *nf* (*bkt, ft, etc.*) **ils ont atteint le repos sur un score de ~** they reached the interval / the half-time break / with the scores even / level

parrain *nm* (*gén*) sponsor

parrainage *n m* (*g é n*) (*athlète, équipe, etc.*) sponsoring, sponsorship

parrainer *v* to sponsor

parraineur *nm* (*gén*) sponsor

part *nf* (*éq*) **de ~ et d'autre de la ligne du milieu** on either side of the centre line

partager *v* (*gf*) **le trou est partagé** the hole is halved

partant *nm* participant, starter, competitor ; (*cycl*) rider ; (*athl, hps*) runner

partenaire *nm(f)* (*gén*) partner ; (*gf*) partner ; (*b x*) **~ d'entraînement** sparring partner

participation *nf* (*à*) participation (*in*), taking part (*in*)

participer *v* **~ à** to take part in, to participate in

partie *nf* (*gén*) (*sp*) match, game ; (*bd*) (*snooker*) frame, (*gf*) round ; (*gym*) **~s de force** strength parts ; (*hkg*) **~ finale** play-off ; (*esc*) **~ valable du corps** (permitted) target area ; (*gf*) **~ par coups** stroke play ; (*gf*) **~ par trous** match play

partir *v* (*athl, cycl, vle, etc.*) to start, (*éq*) to proceed ; (*athl*) (*starter*) **partez !** go! ; (*éq*) **~ au galop rassemblé** to proceed at collected canter ; (*éq*) **~ au passage** to proceed in passage ; (*tir*) **faire ~ le coup** to discharge ; (*cycl*) **attaque partie de l'arrière** attack from the rear ; v. marque

partout *adv* v. zéro

pas 1. *nm* (*gén*) step, (*éq*) walk ; (*éq*) **au ~** at a walk ; (*éq*) **~ allongé** extended walk ; (*sk*) (*ski de fond*) **~ alternatif** alternating step, diagonal stride ; (*bx, etc.*) **~ de côté** sidestep ; (*bx, etc.*) **faire un ~ de côté** to sidestep ; (*patinage artistique*) **~ de liaison / d'enchaînement** connecting step ; (*éq*) **~ libre** free walk ; (*éq*) **~ moyen** ordinary walk ; (*é q*) **~ raccourci** short walk ; (*é q*) **~ rassemblé** collected walk ; (*sk*) (*biathlon*) **~ de tir** shooting ramp ; (*sk*) (*ski de fond*) **~ glissé** gliding step ; (*bx*) **esquiver d'un ~** to sway away ; (*éq*) **mettre son cheval au ~** to walk one's horse ; v. saut **2.** *adv* (*esc*) **'~ de**

touche !' 'no hit!'

paso doble *cpd, m* (*danse sur glace*) paso doble

passage *nm* (*gén*) (*dans un stade*) gangway ; (*éq*) passage ; (*sk*) ~ **du relais** hand-over, relay exchange ; (*lte*) ~ **en pont** momentary bridge ; (*gym*) **saut, ~ des jambes tendues** thief vault ; (*vle*) **droit de ~** right of way ; (*athl, aut, sk, etc.*) **temps de ~ intermédiaire** intermediate time ; (*ft, etc.*) **connaître un ~ à vide** to go through a bad patch / spell ; (*éq*) **partir au ~** to proceed in passage

passe *nf* (*ft, rb, etc.*) pass, (*bkt, vb*) (*passe qui permet de marquer*) «assist» ; (*bkt*) ~ **à terre** bounce pass ; (*bkt*) ~ **à une main / à deux mains** one-handed / one hand / two-handed / two hand / pass ; (*hd*) ~ **à deux mains** chest pass ; (*bkt*) ~ **à deux mains de la poitrine** two-hand / two-handed / chest pass ; (*bkt, hd, etc.*) ~ **aveugle** blind pass ; (*hd*) **une ~ de l'avant-bras** forearm pass ; (*rb*) **une ~ croisée** a scissors pass ; (*ft, rb, etc.*) **une ~ d'attaque** an attacking pass ; (*hd*) ~ **de revers** reverse pass ; (*hd*) ~ **derrière la tête** head pass ; ~ **directe** (*hd*) direct pass, (*hk*) volley pass ; (*hd*) ~ **du poignet** snap pass ; (*rb*) **une ~ en avant** a forward pass ; (*bkt*) **une ~ en cloche** a lob pass ; (*ft, etc.*) **une ~ en retrait hasardeuse** a risky backpass ; (*hd*) ~ **en suspension** jump pass ; (*hd*) ~ **indirecte** indirect pass ; (*ft, etc.*) ~ **manquée** bad pass, (*fm, jn*) bad ball ; (*hd*) **une ~ de smash** a pass setting up a smash ; (*hk*) «push» ~ push pass ; (*ft*) **jouer en redoublement de ~s** to string passes together

passé *nm* (*esc*) passé

passe-et-va *cpd, m* (*ft*) pass and move

passer *v* (*aut, hps, etc.*) (*fm*) to overtake, to go past ; (*athl*) (*saut en hauteur*) to clear ; (*ft, etc.*) (*fm*) (= *se qualifier*) to get through, to qualify ; (*aut, hps*) **il va ~** he's going to overtake / get through ; (*ft, rb, etc.*) ~ **le ballon / la balle** to pass the ball ; (*nt*) (*fg*) ~ **le cap de la minute** to beat the one-minute barrier ; (*gym*) ~ **les jambes écartées par-dessus la barre** to straddle (the bar) ; (*hk*) ~ **dans le trou** to pass into space ; (*athl*) (*relais*) ~ **le témoin** to hand on / pass / the baton ; (*ft*) ~ **en position d'ailier gauche** to move into the left-wing position ; (*tn*) **la balle doit ~ au-dessus du filet** the ball must clear the net ; (*gén*) **le score est passé de 10-2 à 18-3** the score went from 10-2 to 18-3 ; (*ft*) (*tir*) ~ **à côté** to go wide, to miss the target ; **son tir est passé à côté** his shot was / went / wide ; ~ **une radiographie** to have an X-ray ; (*rb*) **faire ~ le ballon entre les poteaux en le bottant** to kick the ball between the posts ; v. surmultipliée

passerelle *nf* (*av*) pontoon

passif(ive) *adj* (*éq*) **jambe passive** passive leg ; (*lte*) **lutter de façon passive** to wrestle in a passive manner

passing *nm* (*tn*) passing shot

«passing shot» *cpd, m* (*tn*) passing shot

passivité *nf* (*lte*) passivity

pataugeoire *nf* (*nt*) paddling pool

pathologie *nf* (*méd*) pathology

patin *nm* skate ; (*bobsleigh, etc.*) runner ; ~ **à glace** ice skate ; ~ **à roulettes** roller skate ; ~ **de figure / hockey / course** figure / hockey / speed / skate ; **faire du ~ à glace** to skate, to ice skate, to go ice skating ; **faire du ~ à roulettes** to roller skate, to go roller skating

patinage *nm* skating ; ~ **artistique** figure skating ; ~ **à roulettes** roller skating ; ~ **de vitesse** speed skating ; ~ **de vitesse extérieur** outdoor speed skating ; ~ **individuel** individual skating ; ~ **par couple** pairs skating ; ~ **sur glace** ice skating ; v. combinaison, compétition

patiner *v* to skate

patineur(euse) *nm(f)* skater

patineuse *nf* v. patineur

patinoire *nf* skating rink, ice rink ; ~ **artificielle** artificial ice rink ; ~ **en plein air** outdoor ice rink

patraque *adj* (*joueur, équipe*) (*en mauvaise forme*) off form, out of form, in poor form ; (*un peu malade*) out of sorts, under the weather, off colour

paume *nf* (*anatomie*) palm ; (*éq, hps*) (*mesure*) hand ; (*éq*) **un cheval de quatorze ~s** a horse fourteen hands high ; (*ft*) **frapper le ballon de la ~** to palm (out) the ball

pause *nf* (*jd*) interval

pavillon *nm* (*vle*) flag, colours ; (*vle*) ~ **de course** racing flag ; (*luge, bobsleigh*) ~ **de départ** start house ; (*luge, bobsleigh*) ~ **de pesage** weighing house ; (*vle*) ~ **de réclamation** protest flag ; (*gén*) ~ **de sports** sports pavilion ; (*vle*) ~ **distinctif** distinguishing flag ; (*vle*) ~ **du code** signal flag

payer *v* (*ft, rb, etc.*) **cette tactique aurait pu ~** these tactics might have paid off

peau *nf* (*anatomie*) skin

pédalage *nm* (*cycl*) pedalling, (*A m*) pedaling

pédale *nf* (*cycl*) pedal ; (*planeur*) ~ **de palonnier** rudder pedal ; (*fg*) **nous avons perdu les pédales** we lost our grip

pédaler *v* to pedal, to cycle ; (*cycl*) ~ **en danseuse** to stand up on the pedals

pédaleur(euse) *nm(f)* cyclist

pédaleuse *nf* v. pédaleur

pédalier *n m* (*cycl*) crank gear, pedal and gear mechanism

peine *nf* (*jn*) (*compétition avec épreuves éliminatoires*) **la ~ de mort soudaine** sudden death

pelle *nf* (*av*) ~ **de l'aviron** blade of the oar ; (*av*) **courbe de la ~** curve of the blade ; (*av*) **retourner la ~** to feather

pelotari *nm* pelota player

pelote *nf* (*sp*) ~ **ou** ~ **basque** pelota

peloton *n m* (*athl, cycl, etc.*) pack, bunch, main group / body / of riders (*cycl*) / of runners (*athl*) ; (*cycl*) **arrivée en ~** bunch finish ; (*athl, cycl, etc.*) ~ **de tête** leading group ; (*cycl*) ~ **groupé** compact bunch (of riders) ; (*cycl*) **gros du ~** main bunch (of riders) ; (*cycl*) **secouer le ~** to scatter the bunch

pelouse *nf* lawn, (*ft, etc.*) pitch ; **quitter la ~** to leave the pitch

pelvien(ienne) *adj* (*anatomie*) pelvic ; **ceinture pelvienne** pelvic girdle

pénalisation *nf* (*lte*) **point de ~** bad mark ; (*esc*) **touche de ~** penalty hit ; (*canoë-kayak*) **seconde de ~** penalty second

pénaliser *v* to penalize

pénalité *nf* (*rb*) penalty ; (*hkg*) ~ **différée** delayed penalty ; (*hkg*) ~ **majeure** major penalty ; (*hkg*) ~ **mineure** minor penalty ; (*hkg*) ~ **pour méconduite** misconduct penalty ; (*rb*) **un but de ~** a penalty goal ; (*hk*) **coin de ~** penalty corner ; (*hk*) **coup de ~** penalty stroke ; (*rb*) **essai de ~** penalty try ; (*gf*) **coup de ~** penalty stroke ; (*éq*) **zone de ~** penalty area

penalty *n m* (*ft*) penalty ; (*ft, etc.*) **réclamer un ~** to appeal for a penalty ; v. point

penché(e) *adj* (*cycl*) **virage ~** banking

pénétrer *v* (*vb, etc.*) ~ **dans le camp adverse** to encroach into the opponents' half

penon *nm* (*vle*) telltale, wind direction indicator

pentathlète *nm(f)* pentathlete

pentathlon *nm* pentathlon ; ~ **moderne** modern pentathlon

pente *nf* (*sk*) slope

percée *nf* (*ft, rb, etc.*) break, breakthrough ; (*ft, rb, etc.*) **faire une** ~ to make a breakthrough, to force one's way through

percer *v* (*athl, cycl*) to make a break ; (*ft, etc.*) (*défense*) to pierce, to cut through, to break through (the defence)

perche *nf* (*athl*) pole ; (*athl*) **saut à la** ~ pole vaulting

perchiste *nm(f)* (*athl*) pole vaulter

percutant(e) *adj* (*ft*) (*tir*) thunderous, (*tn, etc.*) (*volée, etc.*) hard, piercing

percuter *v* (*ft*) **le ballon percutait l'intérieur de la transversale avant de rebondir derrière la ligne** the ball hit the underside of the bar before bouncing over / behind / the line

percuteur *nm* (*tir*) firing pin

perdant(e) *nm(f)* **le club est donné ~ à l'avance** the club is the underdog

perdre (*pp perdu*) *v* (*gén*) to lose ; (*match, temps*) to lose ; (*vle*) ~ **de l'erre** to lose way ; (*gén*) ~ **son élan** to lose (one's) momentum ; (*tn*) ~ **son service** to lose one's service ; (*gf*) **balle perdue** lost ball

perdu *pp* v. perdre

perforation *nf* (*cycl, etc.*) (*pneu*) puncture

perforer *v* (*cycl, etc.*) (*pneu*) to puncture

performance *nf* (*gén*) performance ; (*athl, ft, rb, etc.*) ~ **mondiale** world-class performance ; (*hps*) **le tableau des ~s des chevaux** the form guide, the form ; (*hps*) **~s d'un cheval** form

performant(e) *adj* competitive, on form ; **nous avons été très perfor-** mants we were on good form, we were very competitive, we played very well

«performer» *nm* (*gén*) performer

performeur(euse) *nm(f)* (*gén*) performer

périmètre *nm* (*rb*) (*jn*) **le petit** ~ the twenty-two metres area

période *nf* (*bkt, hkg, water polo, etc.*) period, (*lte*) round ; (*rb, etc.*) **en seconde** ~ in the second half

périostose *nf* periostosis

périphérique *adj* (*ft*) **joueur** ~ wide player

perlé(e) *adj* v. glace

perméabilité *nf* (*éq*) responsiveness

perméable *adj* (*ft*) (*défense*) leaky, weak, frail

permutation *nf* (*hd*) **attaque en** ~ attack with interchanging positions

péroné *nm* (*anatomie*) fibula

perpendiculairement *adv* (*rb*) **le ballon doit être envoyé** ~ **à la ligne de touche** the ball must be thrown at right angles to the touchline, the ball must be thrown perpendicular to the touchline

persistance *nf* (*bx*) **la** ~ **dans l'incorrection peut mener à la disqualification** persistent fouling can lead to disqualification

personnel(elle) *adj* personal ; (*bkt*) **contact** ~ personal contact ; (*bkt*) **faute ~elle** personal foul ; (*athl, etc.*) **son record** ~ his personal best, (*fm*) his PB

perte *nf* (*gén*) loss ; (*canoë-kayak*) ~ **de pagaie** loss of paddle ; (*vb, etc.*) ~ **de service** loss of service / serve ; (*esc*) ~ **de terrain** loss of ground

pesage *nm* (*gén*) weighing, (*chevaux, luge, bobsleigh, etc.*) weigh-in ; (*luge, bobsleigh*) ~ **officiel** official weigh-in

pesée *nf* (*bx*) weigh-in ; (*hlt*) ~ **de contrôle** weigh-in

peser *v* (*gén*) to weigh ; (*bx*) **se faire** ~

to weigh in ; (*ft*) (*jn, fg*) **Cannes n'a pas pesé lourd** Cannes offered little resistance

pétanque *nf* game of bowls (*played in the South of France*), «pétanque»

petit 1. *n m* (*bls*) (=*cochonnet*) jack **2. petit(e)** *adj* (*n t*) **le ~ bain** the shallow end ; (*nt*) **~ bassin (de la piscine)** paddling pool ; (*esc*) **~e distance** close quarters ; (*jd*) **~ fauchage extérieur** (*ko-soto-gari*) minor outside reap ; (*av*) **~e finale** petite finale ; (*gf*) **~ jeu** short game ; (*tir*) **carabine de ~ calibre** small-bore rifle ; (*tir*) **carabine de ~ calibre, position couchée** small-bore rifle prone position ; (*tir*) **carabine de ~ calibre, trois positions** small-bore rifle three positions ; v. corner, fauchage

phare *nm* v. match

phase *nf* (*entraînement, etc.*) phase, stage ; (*av*) **~ de repos** recovery ; (*av*) **~ de traction** pulling phase ; (*av*) **~ finale de la traction** finish / final phase / of the stroke ; (*av*) **~ intermédiaire de la traction** middle phase of the stroke ; (*rb, ft*) (*entraînement*) **travailler les ~s statiques** to work on set pieces

photo *nf* (*hps*) **~ d'arrivée** photo finish ; v. photographie

«photo-finish» *nf* (*hps*) photo finish ; **emporter la décision à la ~** to get the decision in the photo (finish)

photographie *nf* (*hps*) **~ pour la troisième place** photo for third place

physiologie *nf* physiology

physiologique *adj* physiological

physique *adj* (*gén*) physical ; (*gén*) **culture ~** physical training, (*fm*) P.T. ; **adepte** (*mf*) **de la condition ~** fitness fanatic ; v. activité, éducation, préparation

piaffé *nm* (*éq*) piaffe

piaffer *v* (*cheval*) to paw the ground

pie *adj, inv* (*éq, hps*) **cheval ~** piebald, (= *cheval à robe fauve et blanche*) skewbald

pièce *nf* (*ft, etc.*) **X est une des ~s maîtresses de son équipe** X is one of the king pins / key players / in the team

pied *nm* (*anatomie*) foot ; (*éq*) **changement de ~** change of leg ; (*éq*) **changement de ~ en l'air** flying change of leg ; (*éq*) **changement de ~ simple** simple change of leg ; (*nt*) **coup de ~ de papillon** butterfly kick ; (*ft, etc.*) **coup de ~** kick ; (*bkt, etc.*) **~ de pivot** pivot foot ; (*gén & pentathlon moderne*) **course à ~** running ; (*nt*) (*plongeon*) **entrée ~s premiers** feet-first entry ; (*hd, tn*) **faute de ~** foot fault ; (*ft, etc.*) **jeu de ~s** footwork ; (*jd*) **lancements de jambes et de ~s** leg techniques ; (*ft*) **son ~ le plus faible** his weaker foot ; (*athl*) (*saut en longueur, etc.*) **~ d'appel** take-off foot ; (*ft*) **coups de ~ arrêtés** dead-ball kicks ; (*rb*) **coup de ~ tombé** drop kick ; (*aut*) **lever le ~** to slow down, to slacken the pace ; (*ft*) **jouer au ~** to play the ball to feet ; (*éq*) **mettre ~ à terre** to dismount ; (*hlt*) **soulever la pointe des ~s** to raise the toes ; (*éq*) **terminer sur le ~ gauche / droit** to finish on the left / right / leg ; v. appui, barre, coup, planche

piège *nm* (*ft, hd, hk, etc.*) **~ du hors-jeu** offside trap

pierre *nf* (*curling*) curling stone ; (*curling*) **~ morte** burnt rock ; (*éq*) **mur de ~s** stone wall ; (*curling*) **lancer une ~** to deliver a stone

pigeon *nm* pigeon ; **tir au ~ d'argile** clay pigeon shooting

pignon *nm* (*cycl*) (*de chaîne*) sprocket (wheel)

pile *nf* (*ft, rb, etc.*) **jouer à ~ ou face le choix de camp** to toss up for choice of end

pilier *nm* (*rb*) prop forward, prop

pilotage *nm* (*aut*) driving ; (*planeur*) flying, piloting ; v. cabine

pilote *nm* (*aut, luge, bobsleigh*) driver ; (*mt*) rider ; ~ **de planeur** glider pilot

piloter *v* (*aut*) to drive

piquage *nm* (*hkg*) speering

piquet *n m* (*ckt*) stump ; (*sk*) (= ~ **de slalom**) (slalom) pole ; (*sk*) ~ **flexible** flex-pole ; (*sk*) ~ **rigide** rigid pole ; (*bx*) **rembourrage des ~s** corner padding

pirouette *n f* (*éq, danse sur glace*) pirouette, (*gym*) full pirouette, (*éq*) pivot on the quarters ; (*éq*) ~ **à gauche / droite** pirouette to the left / right ; (*patinage artistique*) ~ **Bielmann** Bielmann spin ; (*patinage artistique*) ~ **cambrée** headback spin ; (*patinage artistique*) ~ **combinée** combination spin ; (*éq*) ~ **renversée** pivot on the forehand ; (*patinage artistique*) ~ **sautée en position assise** flying sit spin

pistard *nm* (*cycl*) track cyclist

piste *nf* (*gén*) track ; (*cycl*) track ; (*sk*) piste, course ; (*bowling à dix quilles*) lane ; (*esc*) ~ **ou** ~ **d'escrime** piste ; (*bls*) (*pétanque*) pitch ; (*sk*) **chef de** ~ chief of course ; (*éq*) ~ **à main gauche / droite** track to the left / right ; (*sk*) (*ski artistique et acrobatique*) ~ **de ballet** ballet course ; (*sk*) (*ski artistique et acrobatique*) ~ **de bosses** moguls course ; (*cycl*) ~ **de ciment** concrete track ; (*curling*) ~ **de curling** rink ; (*luge, bobsleigh*) ~ **artificielle réfrigérée** artificial refrigerated track ; (*sk*) (*ski de fond*) ~ **damée / tracée** packed trail ; (*sk*) (*biathlon*) ~ **de compétition** competition trail ; (*luge, bobsleigh*) ~ **de décélération** deceleration stretch ; (*sk*) (*saut à ski*) ~ **de dégagement** outrun ; (*sk*) (*ski de fond*) ~ **d'échauf-fement** warm-up track ; (*sk*) (*ski de fond*) ~ **de départ** start track ; (*athl, sk*) ~ **d'élan** (*javelot*) runway, run-up (area), throwing area, (*saut en hauteur*) jumping area, (*saut en longueur*) runway, run-up track, (*saut à ski*) inrun ; (*sk*) (*saut à ski*) ~ **de réception** landing slope ; (*pentathlon moderne*) ~ **en réserve** piste in reserve ; (*sk*) (*ski de vitesse*) ~ **de vitesse** speed run ; (*luge, bobsleigh*) ~ **fermée !** track is closed! ; (*luge, bobsleigh*) ~ **libre** track is free! ; (*esc*) ~ **métallique** metallic piste ; (*sk*) (*ski de fond*) ~ **préparée / lissée** groomed trail ; (*cycl*) **coureur sur** ~ track cyclist ; (*cycl*) **course sur** ~ track race ; (*cycl*) **cyclisme sur** ~ track cycling ; (*athl*) **épreuves sur** ~ track events ; (*cycl*) **maillot de** ~ track vest ; (*cycl*) **vélo de** ~ track cycle ; (*éq*) **changer de main le long de la** ~ **entière** to change rein along the whole track ; v. compétition

pistolet *nm* pistol ; ~ **à air comprimé** air pistol ; ~ **de tir** firing pistol ; ~ **à tir rapide** rapid-fire pistol ; ~ **automatique** automatic pistol ; (*athl*) ~ **de starter** starting pistol, gun ; ~ **libre** (*à vingt-cinq mètres*) free pistol ; ~ **vitesse** rapid-fire pistol ; **tireur au** ~ pistol shooter

piton *nm* (*alpinisme*) piton, peg

pivot *nm* (*gén*) pivot ; (*bkt & danse sur glace*) pivot ; (*hd*) (*joueur*) pivot player ; (*ft, etc.*) **le** ~ **de la défense** the linchpin / pivot / of the defence ; (*bkt, etc.*) **pied de** ~ pivot foot ; (*ft*) **un tir en** ~ a shot on the turn

pivotement *nm* pivoting, turning, swivelling

pivoter *v* to pivot, to swivel ; (*hd*) ~ **en s'éloignant de l'adversaire** to pivot away from one's opponent ; (*hd*) ~ **sur l'adversaire** to pivot into one's opponent ; (bx) **coup en pivotant vers l'arrière** pivot blow ; (hd) **tir en pivotant** pivot shot

placage nm v. plaquage

place nf (gén) place, position ; (dans un stade) seat ; ~ **au premier rang** (bx) ringside seat, (ft, etc.) seat in the front row ; (éq) ~ **d'entraînement** warm-up / warming-up / arena ; (bx) **avoir une ~ au premier rang** to have a ringside seat ; (athl, cycl, etc.) **occuper la première ~** to be in first place / position ; (athl, ft, rb, etc.) **le stade a 45,000 ~s** the ground has a capacity of 45,000 ; (jn, fg) **lutter pour des ~s de comparses** to battle it out for the minor placings

placé(e) adj (rb) **coup de pied ~** place kick

placement n m (danse sur glace) placement ; (ft, rb, etc.) **perdre le sens du ~** to lose one's positional sense ; (ft) **guider le ~ de sa défense** to direct the positioning of one's defence

placer v to place ; (curling) ~ **le balai** to give the ice ; (ft) (tir) ~ **le ballon à côté** to shoot wide ; (ft) ~ **le ballon au fond des filets** to put / stick / the ball in the back of the net ; (ft) **être placé sur la liste des transferts** to be placed on the transfer list ; (ft) ~ **X sur la liste des transferts** to place X on the transfer list

«plage» nf (ft) **un match de ~** a pre-season friendly

plaisance nf (vle, etc.) **bateau de ~** pleasure boat

plan nm (vle) ~ **d'eau** stretch of water ; (canoë-kayak) ~ **du parcours** plan of the course ; (pentathlon moderne) ~ **du parcours / du terrain** plan of the course

planche nf (gym) scale ; ~ **à voile** (sp) windsurfing, (équipement) sailboard ; (athl) (saut en longueur) ~ **d'appel** take-off board ; (hk) ~ **de**

but goal board ; ~ **de surf** surfboard ; (gym) ~ **inférieure** floor board ; (av) ~ **de pied** footboard ; (gym) ~ **sur un genou** knee scale

plancher nm (av) floorboards

plané(e) adj **vol ~** gliding

planeur nm glider ; **pilote** (m) **de ~** glider pilot

plante nf (pied) sole

«planter» v (ft) (jn) ~ **un but** to knock in a goal

plaquage nm (rb) tackle, tackling ; (rb) **un ~ à retardement** a late tackle ; (rb) **un ~ sévère** a heavy tackle

plaque nf (squash) ~ **de tôle** telltale ; (bsb) ~ **du lanceur** pitcher's plate

plaquer v (rb) to tackle

plaquette nf (jd) ~ **rouge / blanche** red / white / marker

plaqueur nm (football américain) ~ **droit / gauche** right / left / defensive tackle

plastron n m (arc) chestplate, (football américain) chest protector, (hkg) body pad ; (esc) ~ **métallique** metallic plastron

plat(e) adj flat ; (hk) **côté ~ de la crosse** flat face of the stick

plateau (pl -eaux) nm (hlt) platform ; (tir) clay pigeon ; (tir) **tir aux ~x** clay pigeon shooting ; (cycl) ~ **de pédalier** front chain wheel ; (hlt) **chef de ~** chief referee

plate-forme n f (n t) (plongeon) platform ; (nt) (plongeon) ~ **de 10 m** 10m platform ; (bx) **punching-ball sur ~** platform ball

«play-off» nm play-off

plein 1. loc adv (vle) **au près bon ~** full and by ; a d v v. gouverner **2. plein(e)** adj (gén) **c'est un athlète / joueur / ~ d'avenir** he is a promising athlete / player ; **sports de ~ air** outdoor sports / pursuits

plexus nm (anatomie) ~ **solaire** solar plexus

pli *nm* (*vle*) wrinkle ; (*éq*) ~ **du cheval** flexion of the horse

ploiement *n m* (*éq*) ~ **du cheval** 'position' of the horse

plomb *nm* (*tir*) pellet, lead shot ; (*éq*) **tapis de** ~ lead saddlecloth

plombage *nm* (*canoë-kayak*) measuring mark

plongeant(e) *adj* (*ft*) **un coup de tête** ~ a diving header

plongée *nf* ~ **sous-marine autonome** skin / scuba / diving ; **combinaison de** ~ wet suit ; (*hd*) **tir en** ~ diving shot

plongeoir *nm* diving board

plongeon *nm* (*nt, ft*) (*action*) dive ; (*sp*) diving ; (*nt*) ~ **de départ** start(ing) dive ; (*nt*) ~ **en arrière** backward dive ; (*nt*) ~ **retourné** inward dive ; (*nt*) **bassin de** ~ diving well

plonger *v* (*nt, ft, etc.*) to dive ; (*hd*) **tir en plongeant** dive / diving / shot ; (*hd*) **tir en plongeant sur le côté** diving side shot ; (*hd*) **tir en plongeant sur saut** diving jump shot

plongeur(euse) *nm(f)* (*nt*) (*plongeon*) diver ; (*nt*) (*plongeon*) ~ **de haut-vol** platform diver, high diver

plume *nf* (*arc*) feather ; (*bx*) **poids** ~ featherweight

pneu *nm* (*aut, cycl, mt*) tyre ; **un changement de pneus** a tyre change ; (*cycl*) **gagner d'un** ~ to win by a tyre's width

poche *nf* (*bd*) (*GB*) pocket

podium *nm* winner's rostrum

poids *nm* (*gén*) weight ; (*arc*) ~ **de l'arc** bow weight ; (*éq*) ~ **du cavalier** rider's weight ; (*bx*) ~ **de combat** fighting / contest / weight ; (*luge, bobsleigh*) ~ **complémentaires** additional weight ; (*esc*) ~ **de contrôle** test weight ; (*bx, hlt, lte*) ~ **coq** bantamweight ; (*hlt*) ~ **de départ** starting weight ; (*hlt*) ~ **de la barre** weight on the bar(bell) ; (*bx, hlt, lte*) ~ **léger** lightweight ; (*bx, hlt, lte*) ~ **lourd** heavyweight ; (*hlt*) ~ **lourd-léger** light heavyweight ; (*hlt, lte*) ~ **mi-lourd** middle heavyweight ; (*bx, lte*) ~ **mi-moyen** welterweight ; (*bx, hlt, lte*) ~ **mouche** flyweight ; (*bx, hlt, jd, lte*) ~ **moyen** middleweight ; (*lte*) ~ **papier** paperweight ; (*bx, hlt, lte*) ~ **plume** featherweight ; (*bx*) ~ **super-léger** light welterweight ; (*hlt, lte*) ~ **super-lourd** super heavyweight ; (*bx*) ~ **super-mi-moyen** light middleweight ; (*hlt*) **progression de** ~ increase of weights ; (*bx*) **faire le** ~ to make the weight

poignée *nf* (*athl*) (*marteau, etc.*) handle, grip ; (*esc*) handle ; (*cycl*) (*vélo*) handlebar grip ; (*arc*) ~ **de l'arc** bow grip ; (*nt*) (*nage sur le dos*) ~ **de départ** starting grip ; (*luge, bobsleigh*) ~ **de lancement** start handle ; (*curling*) ~ **de la pierre** handle of the stone

poignet *n m* (*anatomie*) wrist ; (*hd*) **passe du** ~ snap pass ; (*lte*) **prise de** ~ wrist hold ; (*av*) **travail du** ~ wrist action ; (*av*) **baisser le** ~ to drop the wrist

poing *nm* (*anatomie*) fist ; (*bx*) ~ **avant** leading hand ; (*bx*) ~ **qui frappe** striking hand ; (*tir*) **armes de** ~ hand-held weapons ; (*bx*) **coup de** ~ punch ; (*bx*) **position du** ~ fist position ; (*ft*) (*gardien de but*) **frapper le ballon du** ~ to fist (out) the ball

point *nm* (*gén*) point ; (*ckt*) run ; (*arc*) ~ **d'accrochage** anchor point ; (*sk*) (*saut à ski*) ~ **critique** critical point ; (*sk*) (*ski de fond*) ~ **culminant** highest point ; (*vle*) ~ **d'écoute** clew ; (*av*) ~ **de départ fixe** fixed starting point ; (*arc*) ~ **d'encoche** nocking point ; (*hkg*) ~ **de mise en jeu** face-off spot ; (*lte*) ~ **de pénalisation** bad mark ; (*ft*) ~ **de penalty / de**

réparation penalty spot ; (*arc*) ~ **de visée** point of aim ; (*équipe, etc.*) ~ **fort** strong point ; (*sk*) (*saut à ski*) ~**s totaux d'un saut** total points for a round ; (*tir*) **déplacement du ~ de mir** aiming off ; (*tir, etc.*) **égalité des ~s** tie ; (*jd*) **presque un ~** (*waza-ari*) almost a point ; (*jd*) **deux presque ~s = un ~** (*waza-ari-awa-sete-ippon*) two near points = a full point ; (*tir*) **total des ~s** points total ; (*bx, lte*) **victoire aux ~s** win on points ; (*jd*) **victoire par ~ !** (*ippon-gachi!*) complete win! ; (*rb, etc.*) **marquer des ~s** to score points ; (*bx, lte*) **triompher aux ~s / obtenir la victoire aux ~s** to win on points ; (*ft*) **prendre un maximum de ~s** to take maximum points ; v. prendre

pointage *nm* (*gén*) points scoring, scoring ; (*sp, gén*) (*départ*) clocking out, (*arrivée*) clocking in ; (*bls*) (*pétanque*) = the attempt / attempting / to place one's bowl(s) as close as possible to the jack, «pointage», «pointing» ; (*lte*) **bulletin de ~** scorecard ; (*bx, etc.*) **~ des combats** points-scoring of fights / contests ; (*gym*) **Code de Pointage** Code of Points ; v. panneau

pointe *nf* (*athl*) (*javelot*) tip ; (*sk*) (*ski*) tip ; (*athl*) **(chaussures à) ~s** spiked shoes, spikes ; (*esc*) **~ d'arrêt électronique** electrical pointe d'arrêt ; (*arc*) **~ de l'arc** bow tip ; (*arc*) **~ de la flèche** arrow pile ; (*esc*) **~ de la lame** point of the blade ; (*av*) **aviron en ~** rowing ; (*av*) **avirons de / en / ~** single-banked oars ; (*av*) **deux rameurs en ~ avec barreur** coxed pair-oars with coxswain ; (*av*) **deux rameurs en ~ sans barreur** coxless pair, coxless pair-oars ; (*av*) **embarcation de ~** boat with oars ; (*av*) **huit / quatre / rameurs en ~ avec barreur** coxed eight / four, eight /

four / oars with coxswain ; (*av*) **quatre rameurs en ~ sans barreur** coxless four ; (*av*) **rameur à la ~** bow ; (*cycl, etc.*) **~ de vitesse** sudden acceleration, (sudden) burst of speed, sprint ; (*esc*) **coup de ~** thrust ; (*ft, rb, etc.*) (*jn*) **être à la ~ du combat** to be in the thick of the action ; (*hlt*) **soulever la ~ des pieds** to lift the toes ; v. poste

pointer *v* (*carabine, etc.*) to aim ; (*bls*) (*pétanque*) to attempt to place one's bowl(s) as close as possible to the jack, to «point» ; (*cycl*) **il est pointé en deuxième position** he is second in the points classification

pointeur *nm* (*bls*) (*pétanque*) = player who specializes in «pointing» / «pointage»

poirier *nm* **faire le ~** to do a headstand

poitrine *nf* (*anatomie*) chest ; (*ft, etc.*) **balle / ballon / à hauteur de ~** chest-high ball, ball at chest height ; (*bkt*) **passe à deux mains de la ~** two-handed / two-hand / chest pass ; v. protecteur

pole-position *nf* (*aut*) pole position

polo *nm* (*sp*) polo ; **balle de ~** polo ball

polyester *nm* (*canoë-kayak, etc.*) polyester

polyvalent(e) *adj* (*ft, etc.*) **joueur ~** utility player

pomme *nf* (*vle*) truck (*of mast*)

pommeau *nm* (*éq, hps*) (*de selle*) pommel ; (*esc*) pommel ; (*tir*) palm rest

pompe *nf* (*cycl*) pump

pondéral(e) *adj* (*b x*) **catégorie ~e** weight, category

poney *nm* (*éq*) pony

pongiste *nm(f)* table tennis player

pont *nm* (*lte*) bridge ; (*vle*) deck ; (*lte*) **~ bas** low bridge ; (*lte*) **~ haut** high bridge ; (*lte*) **maintien en ~** holding in the bridge position ; (*lte*) **passage en ~** momentary bridge ; (*lte*) **sortie**

de ~ bridge escape ; (*lte*) **écraser le ~** to break the bridge ; (*ft*) **faire un grand ~** to «nutmeg» an opponent, to put the ball through an opponent's legs and collect it ; (*ft*) **faire un petit ~** = to send the ball one way round an opponent, go round him the other way and collect the ball

pontage *nm* (*vle*) decking

ponter *v* (*lte*) to make a bridge

pontet *nm* (*tir*) trigger guard

ponton *nm* (*av, etc.*) raft, pontoon ; (*av, etc.*) **~ de débarquement** disembarking raft ; (*av, etc.*) **~ d'embarquement** embarking raft

pool *nm* (*bd*) **billard ~** (*billard américain*) pool

port *nm* (*vle, etc.*) harbour, port

portant *n m* (*av*) rigger stay, oar support ; (*av*) **jointure des ~s** rigger joint

porte *nf* (*canoë-kayak, sk*) gate ; (*canoë-kayak*) **~ arrière** reverse gate ; (*sk*) (*ski artistique et acrobatique*) **~ de contrôle** control gate ; (*sk*) (*ski alpin*) **~ de départ** start gate ; **chef des juges de ~** (*sk*) chief gatekeeper, (*canoë-kayak*) chief gate judge ; (*canoë-kayak*) **juge de ~** gate judge ; (*canoë-kayak*) **fiche de ~** gate pole ; (*canoë-kayak*) **~ de slalom** slalom pole ; (*canoë-kayak*) **~ T** team gate ; (*canoë-kayak*) **franchir une ~** to go through a gate ; (*canoë-kayak*) **manquer une ~** to miss a gate ; (*canoë-kayak*) **omettre une ~** to omit a gate ; (*canoë-kayak*) **suspendre une porte** to hang a gate

porté 1. *nm* (*danse sur glace*) carried lift **2.** (*pp porter*) v. ballon

porte-nage *nm, inv* (*av*) **~ en dehors** outrigger

porte-queue *nm, inv* (*bd*) rest

porte-queues *nm, inv* (*bd*) cue rack

porter 1. *v* (*gén*) to carry ; (*rb, etc.*) **~ la balle / le ballon** to carry the ball ; (*jd*) **celui qui porte l'attaque** (*tori*) competitor throwing **2. porter (se)** *vpr* (*éq*) **désir de ~ en avant** desire to move forward

porteur *nm* (*bkt, etc.*) **le ~ de ballon** the ball-carrier, the man in possession of the ball

«portier» *nm* (*ft*) (*jn*) (= *gardien de but*) keeper, goalie, goalkeeper

portuaire *adj* (*vle*) **les autorités ~s** the port authorities

position *nf* (*gén*) position ; (*pentathlon moderne*) **'en ~ !'** 'take position!' ; (*gym*) **~ accroupie** bent leg squat ; (*lte*) **~ à terre** defence position ; (*lte*) **~ au-dessus** top position ; (*lte*) **~ au sol** ground position ; (*gym*) **~ bras latéraux** arms sideways ; (*nt*) **~ carpée / droite / groupée** pike / straight / tuck / position ; (*jd*) **~ défensive** defence position ; (*sk*) (*saut à ski*) **~ d'élan** inrun position ; (*hlt*) **~ de départ** starting position ; (*lte*) **~ en danger** position of danger ; (*lte*) **~ en dessous** underneath position ; (*hlt*) **~ finale** final position ; (*esc*) **~ du fer** blade position ; (*ft, hd, hk, etc.*) **~ de hors-jeu** offside position ; (*sk*) (*ski de vitesse*) **~ de l'œuf** tuck position ; (*esc*) **~ de main** hand position ; (*sk*) (*arc, biathlon, tir*) **~ de tir** shooting position ; (*carabine, etc.*) **~ debout / à genoux / couchée** standing / kneeling / prone / position ; (*tir*) **carabine de petit calibre, ~ couchée** small bore rifle prone position ; (*nt*) **~ de départ** start(ing) position ; (*tir*) **carabine de petit calibre, trois ~s** small bore rifle, three positions ; (*jd*) **~ fondamentale** normal posture ; (*gym*) **~ horizontale** scale ; (*sk*) (*saut à ski*) **~ de vol** flight position ; (*bx*) **~ du poing** fist position ; (*ft*) **être en ~ de tir** to be in a shooting position

positionnement *nm* positioning ; *(ft, etc.)* **des erreurs de** ~ positional errors

posséder *v* *(jeux de ballon)* ~ **le ballon** to be in possession of the ball ; *(ft)* **il possède un bon jeu de tête** he is a good header of the ball

possesseur *nm* *(ft, etc.)* **le** ~ **du ballon** the man in possession (of the ball)

possession *nf* *(gén)* possession

poste *nm* *(ft, rb, etc.)* *(dans une équipe)* position ; *(cycl, etc.)* ~ **de ravitaillement** feeding station ; *(tir)* ~ **de tir** firing position ; *(ft, etc.)* **occuper ce** ~ to play in this position ; *(ft, etc.)* **regagner son** ~ to get back into position ; *(ft, etc.)* ~ **de pointe** attacking position ; *(aut)* ~ **de pilotage** cockpit ; *(ft, etc.)* *(jn)* **c'est l'indéracinable titulaire du** ~ **d'ailier** he is an automatic choice on the wing

posture *nf* posture

poteau *nm* *(ft, rb, etc.)* post ; *(bkt)* support ; *(hps, etc.)* ~ **d'arrivée** finishing post ; *(ft)* **premier / deuxième** ~ near / far / post, first / second / post ; *(ft)* **un corner au premier** ~ a near-post corner

potentiel *nm* *(gén)* potential ; *(rb, etc.)* ~ **joueur** playing potential

pouce *n m* *(anatomie)* thumb ; *(tir)* **appui pour le** ~ thumb-rest ; *(tir)* **cavité pour le** ~ **dans la crosse** thumbhole in the stock

poudre *nf* *(hlt)* ~ **de colophane** colophony powder

poulain *nm* *(éq, hps)* colt, foal ; *(ft, etc.)* protégé

poule *n f* *(groupe)* pool, group ; **les tours de** ~ the qualifying rounds / pools / groups

pouliche *nf* *(hps, etc.)* filly

poulie *nf* *(vle)* block

poulinière *nf* *(hps)* stud mare

poupe *nf* *(vle)* stern, poop, *(av)* stern

pour *prép* *(tir)* **appui** ~ **le pouce** thumb-rest ; *(tir)* **cavité** ~ **le pouce dans la crosse** thumbhole in the stock

pourcentage *nm* percentage ; **le** ~ **de réussite des buteurs** the success rate of the goalkickers *(rb)* / strikers *(ft)*

poursuite *nf* *(cycl)* pursuit ; *(cycl)* ~ **individuelle** individual pursuit ; *(cycl)* ~ **par équipes** team pursuit

poursuivre *(pp poursuivi)* *v* *(b x)* **c e boxeur est incapable de** ~ this boxer is unable to carry on / continue

pourtour *nm* *(vb)* **ligne de** ~ perimeter line

poussée *nf* *(lte)* ~ **au menton** chin push ; *(luge, bobsleigh)* ~ **de l'équipe** push force of the team ; *(bobsleigh)* **temps de** ~ push / start / time ; *(rb)* **essai en force sur** ~ **collective du pack** pushover try

pousseur *nm* *(luge, bobsleigh)* pusher

poussin *n m* *(ft)* under-ten *(8 to 10 years)*

poutre *nf* *(gym)* beam ; *(gym)* ~ **d'équilibre** balance beam

p.p.g. *(abr de préparation physique générale)* *(athl, etc.)* **faire la** ~ to do circuit-training

pratiquant(e) *nm(f)* practitioner, *(sp)* sportsman / sportswoman *(mf)*

pratique *nf* *(sp)* playing ; *(JXIII)* **la** ~ **treiziste** the playing of rugby league, playing rugby league

pratiquer *v* ~ **le football** to play football ; ~ **le pentathlon moderne** to go in for modern pentathlon

précédent(e) *adj* preceding, previous ; *(gén)* *(épreuves éliminatoires)* **les tours précédents** the previous rounds

précéder *v* *(esc)* **attaque précédée d'une feinte / de deux feintes** attack preceded by a feint / by two feints

précinte *nf* (*av*) inwale

prélart *nm* (*vle*) tarpaulin

préliminaire 1. *adj* (*athl, etc.*) **tours** ~s qualifying rounds / heats **2.** *nm* (*ft, etc.*) **les** ~s the qualifying matches, the preliminary rounds

premier(ière) *adj* (*esc*) **première intention** first intention ; (*curling*) ~ **joueur** lead man, lead ; (*ft*) ~ **poteau** near post ; (*ft*) **corner au** ~ **poteau** near-post corner ; (*rb*) **première ligne** front row ; (*rb*) **avant de première ligne** front-row forward ; (*nt*) (*plongeon*) **entrée tête première** head first entry ; (*bx*) **avoir une place au** ~ **rang** to have a ringside seat ; v. espace, premier-but, prolongation

premier-but *nm* (*bsb*) (*joueur*) first baseman

prendre (*pp pris*) *v* to take ; (*ft*) ~ **le ballon à un adversaire** to take / win / the ball from an opponent, to «rob» an opponent ; (*gf*) ~ **la balle en dessous** to chip the ball ; (*ft*) ~ **un but** to let in / concede / a goal ; (*ft*) ~ **(une équipe) en contre** to catch (a team) on the break ; (*athl*) (*sauts, haies*) ~ **appui sur le pied gauche / droit** to take off from the left / right / foot ; (*athl, etc.*) ~ **son élan** to take a run-up ; ~ **le départ** (*aut, mt, etc.*) to start (a race), to be among the starters, (*gf*) to tee off ; ~ **la tête** to go ahead, to go into the lead ; (*ft, etc.*) **nous avons pris six points dans nos quatre derniers matches** we have taken six points from our last four games ; (*athl, aut, mt, etc.*) ~ **un tour d'avance sur qn** to lap s.o. ; v. ascendance, contre-pied, option, point

préolympique *adj* pre-Olympic

préparation *nf* (*athl*) (*javelot, etc.*) **jet de** ~ warm-up / practice / throw ;

(*athl, etc.*) ~ **physique générale** (*abr* **p.p.g.**) circuit training ; ~ **psychologique** psychological preparation ; v. p.p.g.

préparatoire *adj* (*bx*) **coup** ~ lead(ing)-off blow

préposé *nm* (*ft, rb, etc.*) ~ **à l'entretien du terrain** groundsman

près *adv* (*vle*) ~ **ou au** ~ on the wind ; (*vle*) **au** ~ **bon plein** full and by ; (*vle*) **courir / naviguer / au plus** ~ to sail on a wind, to sail close to the wind ; (*vle*) ~ **serré** close hauled ; (*bkt, ft, hd, etc.*) **un tir de** ~ a close-range shot, (*bkt*) a close-in shot ; **marquer de** ~ **(son adversaire)** (*bkt*) to close guard (one's opponent), (*ft*) to close mark one's opponent

prescrire (*pp prescrit*) *v* (*vle*) **côté prescrit** required side

présélectionner *v* to preselect

présence *nf* (*bx*) ~ **d'un médecin** attendance of a doctor

présentation *nf* (*gén & bx*) presentation

président *n m* (*Fédération, etc.*) president, (*club, etc.*) chairman ; (*esc*) ~ **du jury** president ; (*lte*) ~ **du tapis** mat chairman ; (*canoë-kayak*) ~ **du slalom** slalom president

presque *adv* almost, nearly ; (*jd*) ~ **un point** (*waza-ari*) almost a point ; (*jd*) **deux** ~ **points = un point** (*waza-ari-awa-sete-ippon*) two near points = a full point ; (*jd*) ~ **wazaari** (*waza-ari-nichikai-waza*) nearly wazaari

presse *nf* press ; **salle de** ~ press room

presser *v* (*ft*) ~ **l'adversaire** to pressurize one's opponent, to put one's opponent under pressure, to mark tightly an opponent, (*fm*) to stick close to an opponent

presse-raquette *nm, inv* (*tn*) racket press

pressing *n m* (*gén & ft, rb, etc.*) pressure, (*bkt, ft, rb, etc.*) pressing ; (*ft, rb,* *etc.*) **faire le** ~ to apply (the) pressure, to move upfield, to press (up) ; (*ft, etc.*) **exercer un** ~ **constant** to apply constant pressure ; **exercer un** ~ **efficace** to apply pressure to good effect

pression *nf* pressure ; **maintenir la** ~ to keep up the pressure ; **être loin de toute** ~ to be under no pressure ; **garder qn sous** ~ to keep s.o. under pressure ; v. remettre

prestation *nf* performance, (*ft, etc.*) game ; (*ft, rb*) **il réalisa une** ~ **honnête** he had a reasonable game, he played reasonably well

prêt(e) *adj* (*athl*) (*starter*) ~**s** ! get set! ; (*a v*) **'êtes-vous** ~**s?'** 'are you ready?' ; v. marque

prévention *nf* (*maladie, blessure*) prevention

prime *nf* (*cycl*) bonus ; (*esc*) prime

principal(e) *adj* v. arbitre

priorité *nf* (*esc*) priority

prise *nf* (*gym, hlt*) grip, (*lte*) hold, grip, gripping ; (*gym*) **changement de** ~ grip change ; (*lte*) **double** ~ double gripping ; (*lte*) **double** ~ **de bras hanchée** double arm hip throw ; (*hlt*) **largeur de** ~ width of grip ; (*lte*) ~ **de bras** arm grip ; (*ttn*) ~ **classique** shake-hands grip ; (*gym*) ~ **croisée** cross grip ; (*gym*) ~ **cubitale** reverse grip ; (*lte*) ~ **double** double grip / hold ; (*esc*) ~ **de fer** prise de fer ; (*gym*) ~ **dorsale** ordinary grip ; (*lte*) ~ **de jambe** leg grip ; (*gym*) ~ **mixte** mixed grip ; (*lte*) ~ **non-réglementaire** illegal grip ; (*gym*) ~ **palmaire** undergrasp ; (*ttn*) ~ **porte-plume** penholder grip ; (*gym*) ~ **radiale** outside grasp ; (*lte*) ~ **réglementaire** legal grip ; (*lte*) **simple** ~ **de tête à terre** half-nelson ; (*lte*) ~**s au sol** ground holds ; (*lte*) **zone des** ~**s** grip zones ; (*gym*) **élancer en avant avec chan-**

gement de ~ rotated grasp swing ; (*rb*) **nos prises en touche ont été très nettes** we won the ball very cleanly in the line-outs, (*jn*) we won a lot of line-out ball ; (*hlt*) **rectifier la** ~ to correct the grip ; (*lte*) **parer une** ~ to parry a grip ; (*lte*) **rompre une** ~ to loosen a grip

prison *nf* (*hkg*) sin bin

priver *v* to deprive ; (*aut, mt, etc.*) **j'ai été privé de freins** I lost my brakes

prix *nm* (*gén*) prize ; (*éq*) **Prix des Nations** Prix des Nations ; v. Grand Prix

«pro» (*pl* **«pros»**) *n m* (*gf, etc.*) (*jn*) **«pro»** (*pl* **«pros»**) (*abr professional*)

problème *n m* (*gén*) problem ; ~ **de santé** health problem

procurer (*se*) *vpr* (*rb*) ~ **le ballon avec les pieds** to win the ball with the feet

production *nf* (*ft, rb, etc.*) contribution (to a match) ; **je n'étais pas très rassuré après ma** ~ **contre le Racing** I did not feel too happy with my contribution / performance / against Racing ; (*ft, etc.*) **sa** ~ **fut satisfaisante** he had a steady game

professeur *n m* teacher ; ~ **d'EPS** (*d'Education Physique et Sportive*) Physical Education teacher, PE teacher / instructor, (*fm*) gym teacher

professionnalisation *nf* professionalization, turning professional

professionnaliser (*se*) *vpr* (*gén*) to turn / go / professional

professionnalisme *n m* professionalism

professionnel(elle) *adj* professional ; (*bx*) **son premier combat** ~ his first professional fight / contest

profil *n m* ~ **du parcours** course profile ; (*av*) **résistance du** ~ hull resistance

profond(e) *adj* (*ft*) **passe** ~**e** deep pass

profondeur *nf* (*ft*) **passe en** ~ deep / long / pass

programme *nm* programme ; (*danse sur glace*) ~ **imposé** compulsory dance, set pattern ; (*danse sur glace*) ~ **libre** free dance ; (*danse sur glace*) ~ **original** original dance

progresser *v* to make progress, to progress ; (*bkt*) **règle concernant la manière de** ~ **avec le ballon** rule concerning progression with the ball

progression *nf* progress, progression ; (*hlt*) ~ **de poids** increase of weights

projectile *nm* missile ; **des** ~**s avaient été jetés sur la pelouse** some missiles had been thrown onto the pitch

projection *nf* (*jd*) throw ; (*jd*) ~ **en cercle** (*tomoe-nage*) stomach throw

projeter *v* (*jd*) to throw

prologue *nm* (*cycl*) prologue

prolongation *nf* (*bkt*) extra period ; (*hkg*) ~ **avec arrêt au premier but marqué** sudden death ; (*ft, etc.*) **jouer les** ~**s** to play extra time

prolongement *nm* (*ft*) (*frappe*) ~ **à vide** follow-through

prolonger *v* (*ft*) (*gardien de but*) ~ **le ballon par-dessus la transversale** to tip the ball over the bar / crossbar

promoteur(trice) *nm(f)* (*sp*) promoter

promotrice *nf* v. promoteur

promouvoir (*pp promu*) *v* (*ft, etc.*) to promote ; (*ft, etc.*) **être promu** to be promoted ; (*ft, etc.*) **promu en D1** promoted to Division 1

promu *pp* v. promouvoir

pronation *nf* (*esc*) pronation

propre *adj* (*bkt*) ~ **panier** own basket

protecteur(trice) 1. *adj* (*bx, hk*) **coquille protectrice** cup protector 2. *nm* (*bsb*) ~ **de poitrine** chest protector

protection *nf* (*ft*) **drible de** ~ shielding the ball ; (*ft*) **faire un drible de** ~ to shield the ball ; (*football américain, etc.*) **équipement de** ~ protective equipment ; (*canoë-kayak*) **housse de** ~ boat cover

protectrice *adj* v. protecteur

protège-canon *nm, inv* (*tir*) muzzle protector

protège-côtes *nm, inv* (*football américain*) rib pad

protège-dents *nm, inv* (*bx, etc.*) gumshield

protège-gorge *nm, inv* (*bsb, hkg*) throat protector

protège-oreilles *nm, inv* (*gén*) ear protector ; (*rb*) scrum cap

protège-tibia *nm, inv* (*bsb, ft, etc.*) shin pad / guard

proue *nf* (*canoë-kayak, vle*) bow, (*vle*) stem ; (*vle*) **vague de** ~ bow wave

psoas *nm* (*anatomie*) psoas, psoatic muscle

psychologie *nf* psychology ; ~ **du sport** sport psychology

psychologique *adj* psychological ; **préparation** ~ psychological preparation

pubis *nm* (*anatomie*) pubis ; (*jd*) **clé de bras en hyper-extension par le** ~ (*juji-gatame*) straight arm lock

public 1. *nm* crowd 2. **public(ique)** *adj* (*bx*) **avertissement** ~ public warning

«**puck**» *nm* (*hkg*) (= *palet*) puck

pugiliste *nm* (*bx*) boxer, fighter, pugilist

puissance *nf* (*gén*) power, strength, force ; (*éq*) (*jumping*) puissance ; (*bx*) ~ **des coups** punching power

puissant(e) *adj* powerful, strong ; (*ft, hk*) **tir** ~ hard / powerful / strong / shot

«**pull-over**» *nm* (*gym*) (*mouvement*) pull over

pulmonaire *adj* pulmonary ; v. circulation

punch *n m* (*bx*) punch ; (*gén*) (*f m*) punch, energy

«puncheur» *nm* (*bx*) puncher

punching-ball *nm* (*bx*) punchball ; (*bx*) ~ **monté sur sandows** floor-to-ceiling ball ; (*bx*) ~ **sur plate-forme** platform ball

pupille *n m* (*ft*) under-twelve (*10 to 12 years*)

pureté *nf* (*éq*) ~ **des allures** purity of strides

pur-sang *n m* (*éq, hps*) thoroughbred, purebred

«push» passe *cpd, f* (*hk*) push pass

putt *nm* (*gf*) (*coup*) putt

putter 1. *nm* (*golf*) (*club*) putter **2.** *v* (*gf*) to putt

putting *nm* (*gf*) putting

«putting green» *cpd, m* (*gf*) putting green

Q

quadriceps *n m* (*anatomie*) quadriceps (femoris)

quadrillé(e) *adj* v. boule

quadriller *v* (*ft, rb, etc.*) **il quadrilla bien le terrain** he covered the ground well, he covered a lot of ground

qualification *nf* qualification ; **obtenir sa** ~ to qualify ; (*tn*) **les** ~**s** the qualifying matches / rounds

qualifié(e) *nm(f)* qualifier ; **les six** ~**s** the six qualifiers

qualifier (se) *vpr* ~ (*pour qqch.*) t o qualify (*for smth.*), to get through

qualité *nf* quality ; (*rb*) **la** ~ **offensive des trois-quarts** the attacking qualities of the three-quarters

quarante *adj, inv* (*tn*) forty ; ~ **à** (*40A*) deuce, forty all

quart *n m* (*ft*) (*coin*) ~ **de cercle** quadrant ; **quart** *m* **de finale** ou **quarts** (*mpl*) **de finale** quarter final(s)

quart-arrière *n m* (*football américain*) quarterback

quarte *nf* (*esc*) quarte, quart, carte ; (*esc*) **parer en** ~ to parry in carte

quarterback *nm* (*football américain*) quarterback

quart-finaliste *nm(f)* quarter-finalist

quartier *nm* (*cycl*) (*course sur piste*) ~ **des coureurs** competitors'

compound

quarts *mpl* **de finale** v. quart de finale

quart-temps *cpd, m* (*bkt*) quarter ; (*bkt*) **premier** ~ first quarter

quatre *adj & nm, inv* four ; (*av*) ~ **rameurs en pointe avec barreur** coxed four, four oars with coxswain ; (*av*) ~ **rameurs en pointe sans barreur** coxless four, coxswainless four oars ; (*canoë-kayak*) **kayak à** ~ kayak four ; (*nt*) **le 200 mètres** ~ **nages** the 200 metres medley ; (*athl*) **le** ~ **fois cent mètres** the four by one hundred metres relay ; (*athl*) **le** ~ **fois** ~ **cents mètres** the four by four hundred metres relay

quatre-balles *loc adj* (*gf*) **match** ~ fourball match

quatrième *adj* (*bsb*) ~ **base / but** home base

queue *nf* (*bd*) cue ; (*éq, hps*) (*de cheval*) tail ; (*sk*) (*de ski*) tail ; (*bd*) **bille de** ~ cue ball

quickstep *n m* (*danse sur glace*) quickstep

quillard *nm* (*vle*) keel boat

quille *nf* (*jeu de quilles*) skittle, ninepin, (*av, vle*) (*voilier, etc.*) keel ; (*vle*) **bateau à** ~ keel boat ; (*av*) ~ **intérieure** inner keel ; (*av*) **renfort de la** ~ keel support ; **jeu de** ~**s** skittles ;

bowling à dix ~s ten-pin bowling ;

quilleur(euse) *nm(f)* *(bowling)* ten-pin bowler ; *(jeu de quilles)* skittles player

quillier *nm* *(jeu de quilles)* set of skittles

quinconce *n m* *(fanions, etc. ; séance d'entraînement)* **en** ~ in staggered rows

quinte *nf* *(esc)* quinte

quinze *n* *(rb)* **le rugby à** ~ rugby union ; *(rb)* **le** ~ **de France** the French (rugby) team ; *(rb)* **ligne des** ~ **mètres** fifteen yards / metres / line

quitter *v* to leave ; **être obligé de** ~ **la pelouse** to be forced / to have / to leave the pitch ; *(bx)* **quittez le ring !** seconds out!

R

rabattre 1. *v* *(vb, etc.)* ~ **la balle** to smash the ball **2. rabattre** *(se)* *vpr* *(gén)* *(après avoir doublé)* to cut in ; *(ft)* ~ **vers le but** to cut in towards the goal

raccourci(e) *adj* *(éq)* **galop** ~ short canter ; *(éq)* **pas** ~ short walk ; *(éq)* **trot** ~ short trot ; v. **touche**

raccourcir *v* *(rb)* *(touche)* to shorten

race *nf* *(éq)* breed

Racingman *(pl Racingmen)* *n m* a member of the Racing Club team

Racingwoman *(pl Racingwomen)* *nf* a (lady / female) member of the Racing Club team

racler *v* *(athl)* *(saut en longueur, triple saut)* *(fosse de réception)* to rake

raclette *n f* *(bls)* *(pétanque)* (= *raspaillette)* = rolling shot which lands some way from the target bowl, rolls towards it and knocks it out of the way

racquetball *n m* *(sp)* racquetball ; **raquette de** ~ racquetball racquet / racket

radeau *(pl radeaux)* *nm* *(av)* raft

radial(e) *adj* *(gym)* **prise** ~**e** outside grasp

radiographie *nf* X-ray ; **passer une** ~ to have an X-ray

radiographique *adj* **examen** ~ X-ray examination

radiologie *nf* radiology

radiologiste *nm(f)* radiologist

radiologue *nm(f)* radiologist

radiophonique *adj* **reportage** ~ radio commentary / report

radius *nm* *(anatomie)* radius

rafale *nf* *(vle)* gust, strong gust of wind

«**raffut**» *nm* *(rb)* **aller au** ~ to hand off ; v. «**raffûter**»

«**raffûter**» *v* *(rb)* (= *écarter le plaqueur en tendant vers lui le bras qui ne porte pas le ballon)* to hand off (an opponent)

«**rafler**» *v* **elle a** «**raflé**» **le Grand Prix** she ran off with the Grand Prix

raid *nm* *(ft, etc.)* attack

rail *nm* *(av)* slide runner

rainure *nf* *(sk)* *(de ski)* groove ; *(tir)* ~ **du canon** bore

ralenti *nm* *(TV)* slow-motion replay

ralentir *v* *(ft, etc.)* ~ **le jeu** to slow down the play / game

ralinguer *v* *(vle)* *(voile)* to shiver, to flap

rallonge *nf* *(tir)* ~ **de crosse** butt extension

rallye *n m* *(aut)* ~ **(automobile)** *(car)* rally

ramasseur(euse) *nm(f)* *(vb)* retriever ; ~ / **ramasseuse de balle** ballboy / ballgirl

rambarde *nf* *(cycl, etc.)* guardrail ; *(hkg)* board(s)

rame *nf* oar ; *(av)* **canot à** ~s rowing boat

ramer *v* to row ; (*av*) ~ **à bâbord** to row to port side ; (*av*) ~ **à tribord** to row to starboard ; (*av*) ~ **légèrement** to paddle ; (*av*) ~ **en couple** to scull

rameur(euse) *nm(f)* (*av*) oarsman, (*f*) oarswoman, (*mf*) rower ; (*av*) **un** ~ single sculls ; (*av*) ~ **à la pointe** bow ; (*av*) **deux ~s en pointe sans barreur** coxless pair, coxless / coxswainless / pair-oars ; (*av*) **deux ~s en pointe avec barreur** coxed pair, pair-oars with coxswain ; (*av*) **huit / quatre ~s en pointe avec barreur** coxed eight / four, eight / four / oars with coxswain ; (*av*) **quatre ~s en pointe sans barreur** coxless / coxswainless / four (oars)

rameuse *nf* v. rameur

rampe *nf* (*cycl, etc.*) gradient ; (*cycl, etc.*) **la sévère** ~ the steep gradient

randonnée *nf* **ski de** ~ cross-country skiing, langlauf

rang *nm* (*bx*) **place au premier** ~ ringside seat ; (*bx*) **avoir une place au premier** ~ to have a ringside seat

rapide 1. *adj* (*gén*) rapid, (*athlète, etc.*) fast, quick ; (*tir*) **course** ~ fast run ; (*tir au pistolet*) **tir** ~ rapid fire ; (*cycl*) **il a été le plus** ~ **à l'emballage** he was the quickest in the massed sprint at the finish **2.** *nm* (*kayak*) rapid ; **les ~s** the rapids

rappel *nm* (*éq*) ride-off, (*vle*) recall

rappeler *v* (*patinage de vitesse*) ~ **les coureurs** to call the skaters back ; (*ft, rb, etc.*) ~ **un joueur** to recall a player ; ~ **en défense X** to recall X in defence

rapproché(e) *adj* v. ailier

raquette *nf* ~ (**de squash, de tennis**) (squash / tennis) racket / racquet ; (*sk*) (*pour marcher dans la neige*) snowshoe ; ~ **de badminton** badminton racket / racquet ; (*pelota*) racket ; (*ttn*) bat, racket, paddle ;

(*tn*) (*fg*) **une des meilleures ~s de son pays** one of the best tennis players in his / her / country

raser *v* (*ft*) **son tir rasa le poteau droit** his shot scraped the right-hand post

raspaillette *nf* (*bls*) (*pétanque*) (= *raclette*) = rolling shot which lands some way from the target bowl, rolls towards it and knocks it out of the way

rassemblé(e) *adj* (*éq*) **galop** ~ collected canter ; (*éq*) **pas** ~ collected walk ; (*éq*) **trot** ~ collected trot ; (*éq*) **partir au galop** ~ to proceed at collected canter

rassemblement *nm* (*cycl*) **lieu de** ~ assembly point, assembling place

rassembler *v* (*éq*) to collect

râteau *nm* (*athl*) (*saut en longueur, triple saut*) (*pour la fosse de réception*) rake ; (*bd*) (*support pour la queue*) rest

raté *nm* (*tir*) misfire

rater *v* to miss ; ~ **un but** (*ft*) to miss a goal, (*rb*) to miss a kick at goal ; (*bd, etc.*) ~ **un coup** to miss a shot ; (*tir*) **coup raté** miss ; (*ft*) ~ **un penalty** to miss a penalty ; (*ft*) ~ **sa relance** to miss one's clearance

ravitaillement *nm* (*athl, cycl, biathlon, etc.*) **contrôle de** ~ feeding station, drinks station ; (*cycl*) **poste de** ~ feeding station

rayon *nm* (*cycl*) (*roue d'un vélo*) spoke ; (*lésion*) **~s ultraviolets** ultraviolet rays

réaction *nf* (*gén*) reaction

réagir *v* (*gén*) to react

réalisateur *nm* (*jn*) (*bkt, rb, etc.*) **le meilleur** ~ **du match** the game's top points-scorer

réaliser *v* (*ft, rb, etc.*) **ils n'ont pas réalisé un match extraordinaire** they did not play particularly well ; (*gf*) **il a réalisé un parcours exceptionnel** he had an exceptionally good round ; (*athl*) ~ **44"60** to achieve a time of 44.6 seconds ; (*athl*) **il réalisa un jet de 76,68 au marteau** he achieved a throw of 76 metres 68 in the hammer

reblesser (se) *v p r* to injure oneself again, to sustain another injury, to get injured again

rebond *nm* (*gén*) bounce ; (*bkt, ft, etc.*) (*ballon renvoyé*) rebound ; (*ft, etc.*) **un faux ~** a bad bounce ; (*hd*) **tir au ~** bounce shot ; (*rb*) **reprendre au ~ un coup de pied rasant de X** to gather / collect / on the rebound a low kick ahead by X ; (*bkt*) **~ offensif** offensive rebound

rebondir *v* (*arc*) to rebound ; (*hd, etc.*) (*ballon*) **faire ~** to bounce ; (*bkt, etc.*) **faire ~ le ballon au sol** to bounce the ball (on the ground)

rebot *nm* (form of) pelota

réception *nf* (*gym, saut à ski, etc.*) landing, (*hd*) catching ; **une mauvaise ~** a bad landing ; (*athl*) (*saut en hauteur / à la perche*) **aire / surface / de ~ réception** landing area ; (*athl*) (*saut en longueur, triple saut*) **fosse de ~** landing pit ; (*sk*) (*saut à ski*) **~ en télémark** telemark landing ; (*hd*) **technique de ~** catching technique ; (*hd*) **faute de ~** catching violation ; (*ft*) **il manqua sa ~** he failed to control the ball / pass

réceptionner *v* (*ft, etc.*) **~ la balle** to receive the ball

réceptionneur *nm* (*rb, etc.*) receiver

recette *nf* receipts ; **la ~ aux guichets** the gate receipts, the attendance money

receveur *nm* (*bsb*) catcher ; v. rectangle

rechute *nf* setback ; **il a connu des rechutes** he has had a number of setbacks

réclamation *nf* (*av, sk, etc.*) protest ; (*vle*) **pavillon de ~** protest flag

réclamer *v* (*ft, etc.*) **~ un penalty** to appeal for a penalty

reconnaissance *nf* (*sk*) (*ski alpin*) **~ de la piste** course inspection

record *nm* record ; (*athl, etc.*) **détenteur / détentrice / du ~** record-holder ; **~ masculin / féminin** men's / women's / record ; (*athl*) **~ personnel** personal best, «P.B.» ; (*athl, etc.*) (performance) **qui bat tous les ~s** record-breaking (performance) ; (*athl*) **~ du stade** stadium record ; (*athl*) **~ des championnats** championship record ; (*athl*) **~ des jeux** games record ; (*sk*) (*saut à ski*) **~ du tremplin** record for the hill ; **le chiffre ~ de partants** the record number of starters / participants / competitors ; **les records d'affluence** the attendance records ; **une affluence record** an attendance record, a record attendance

recordman (*pl recordmen*) *nm* men's record holder(s)

recordwoman (*pl recordwwomen*) *nf* women's record holder(s)

rectangle *n m* (*bsb*) **~ du frappeur** batter's box ; (*bsb*) **~ du receveur** catcher's box ; (*bsb*) **~ des instructeurs** coach's box

rectifier *v* (*hlt*) **~ la prise** to correct the grip

rectiligne *a d j* **mouvement ~** rectilinear movement

recul *n m* (*esc*) run-back, (*tir*) recoil ; (*tir*) **amortisseur de ~** compensator

reculer *v* (*ft*) (*défense*) to retreat, to back-pedal, (*bx*) to retreat

reculons (à) *adv* **marcher à ~** to walk backwards

récupérateur *n m* (*ft*) (*joueur*) **~ de ballon** ball-winner

récupération *n f* (*gén*) recuperation, recovery

récupérer *v* (*rb*) **nous avons récupéré les ballons** we won a lot of ball

rédacteur *nm* (*journal*) **~ en chef de la**

rubrique sportive sports editor

redoublé(e) *adj* (*ft*) **des passes ~s** a string of passes, passes strung together

redoublement *nm* (*ft*) **jouer en ~ de passes** to string passes together

redoubler *v* (*ft*) **~ la passe** to pass the ball back

redresser *v* (*vle*) (*voilier*) to right

réduire *v* (*gén*) to reduce ; (*ft, rb, etc.*) **~ la marque** to reduce the score ; (*ft*) **être réduits à dix** to be reduced / down / to ten men ; (*vle*) **~ un parcours** to reduce a course

rééducation *nf* (*muscle*) re-education, (*personne*) rehabilitation, physiotherapy ; **faire de la ~** to have / to undergo / physiotherapy ; **exercice de ~** physiotherapy exercise ; **centre de ~** physiotherapy clinic

réflexe *nm* (*gén*) reflex, reaction ; **il a de bons ~s** he has good reflexes, he reacts quickly

réfrigéré(e) *adj* v. piste

refus *nm* (*éq*) refusal

refuser *v* (*ft*) **~ un but pour hors-jeu** to disallow a goal for offside

regagner *v* (*ft, etc.*) **~ son poste** to get back into position

régate *nf* (*av, canoë-kayak, vle*) regatta

régater *v* (*vle*) to take part in a / the / regatta

régime *nm* (*alimentaire*) diet

registre *nm* (*gén*) (*fg, jn*) **son ~ diffère de celui de X** his style of play is different from that of X

réglable *adj* (*athl*) (*bloc de départ*) adjustable

règle *nf* rule ; (*gén*) **les ~s du jeu** the rules of the game ; (*bkt*) **~ des trois / cinq / dix / trente / secondes** three / five / ten / thirty / seconds rule ; (*canoë-kayak*) **~ des cinq mètres** five-metre rule ; (*bkt*) **~ concernant les fautes** rule governing fouls ; (*bkt*) **~ concernant la manière de progresser avec le ballon** rule governing progression with the ball ; (*bkt, etc.*) **infraction aux ~s** infraction / violation / of the rules ; (*bkt*) **violation de la ~ des trois secondes** three-second-rule violation ; v. avantage

règlement *nm* (*gén*) rules (*pl*)

réglementaire *adj* (*lte*) **prise ~** legal grip ; (*ft, rb, etc.*) **temps ~** normal / ordinary / playing-time

régler *v* (*av, vle*) **~ le bateau** to trim the boat

regroupé(e) *adj* (*ft, etc.*) **une défense regroupée** a packed defence

regroupement *n m* (*rb*) maul ; (*ft*) **envoyer le ballon en touche pour permettre un ~ de la défense** to kick / put / the ball into touch to allow the defence to get back into position

régularité *nf* (*éq*) regularity

régulier(ière) *adj* (*gén*) regular ; (*ft, rb, etc.*) (*joueur*) **X doit être plus ~** X must be more consistent ; (*ft*) **une charge régulière** a fair shoulder charge

rein *nm* kidney ; (*bx*) **frapper qn dans les ~s** to hit s.o. in the kidneys

rejoindre (*pp rejoint*) *v* **~ qn** (*gén*) to catch s.o. up ; (*cycl*) **être rejoint par le peloton** to be caught by the pack / the main group (of riders)

rejouer *v* (*ft*) (*match*) to replay ; (*ft*) **matches à ~** replays, matches to be replayed ; (*ft*) (*Coupe*) **les matches sans vainqueur seront rejoués la semaine prochaine** (the) replays will take place next week, (the) drawn games will be replayed next week

relâcher (*se*) *vpr* (*ft*) **~ en défense** to become slack in defence, to be guilty of slack marking in defence

relais *nm* (*athl, nt, etc.*) relay ; (*cycl*) bit and bit ; (*athl*) **course de ~** relay race ; (*nt*) **les ~s quatre nages** the medley relays ; (*patinage de vitesse*) **~ 5000 m hommes** men's 5000m / 5000 metres / relay ; v. zone

relance *nf* (*ft, rb, etc.*) clearance ; (*ft, etc.*) **rater sa ~** to miss one's clearance

relancer *v* (*ft, rb*) **~ le jeu** to start (off) a move ; (*tn*) **~ ou ~ la balle** to return the service / ball

relanceur(euse) *nm(f)* (*tn*) receiver, the person receiving the service

relaxation *nf* **~ musculaire** muscle relaxation

relayer *v* (*ballon*) to take possession (of the ball)

relayeur(euse) *nm(f)* (*athl*) relay runner, (*nt*) relay swimmer

relégation *nf* (*ft, etc.*) relegation

reléguer *v* (*ft*) to relegate

relèvement *nm* (*vle*) bearing

relever *v* (*gén*) **~ le défi** to take up a / the / challenge

remarque *nf* (*jd*) **~ !** (*chui!*) caution!

rembourrage *nm* (*hkg, etc.*) (*épaulière, etc.*) padding ; (*bx*) **~ des piquets** corner padding

remettre (*pp remis*) *v* (*gén*) **~ la pression** to reapply the pressure, to put the pressure on again ; (*aut, etc*) (*fm*) «**il remettait le gaz**» «he stepped on the gas», he accelerated sharply ; (*bd, etc.*) **la rouge est remise sur (la) mouche** the red is placed (back) on the / a / spot, (*fm*) the red is spotted ; (*tn*) **balle à ~** let, let ball ; (*tn*) (*décision de l'arbitre*) **le service est à ~** the service must be taken again, (*arbitre*) play a let (ball)

remise *nf* (*esc*) remise ; **~ en jeu** (*bkt, ft*) throw-in (*pl throw-ins*), (*hkg*) face-off, (*rb*) throw, line-out ; (*hd*) **~ en jeu sur touche** throw-in ; (*ft*) **mauvaise ~ en jeu / ~ en jeu incorrecte** foul throw ; (*ft*) **~ en jeu sur une touche** throw-in after the ball has gone out of play

remodeler *v* **~ une équipe** to rebuild a team

rémois(e) *adj* (*ft*) **un corner à la ~e** a short corner

remonte-pente *cpd, m, inv* (*sk*) ski-lift

remonter *v* (*kayak*) **~ le courant** to go against the current, to paddle upstream

remorque *nf* (*ski nautique*) **corde de ~** towrope

remorquer *v* (*vle, planeur*) to tow

remplaçant *nm* (*ft, etc.*) substitute

remplacement *nm* substitution ; (*rb, etc.*) (*reportage*) **~ à Toulouse** Toulouse substitute

remplir (*se*) *vpr* (*av, canoë-kayak, etc.*) (*embarcation*) **~ d'eau** to become waterlogged

remporter *v* (*victoire, médaille*) to win, (*titre*) to carry off ; **~ les championnats du monde** to win the world championships ; (*bx*) **~ ses deux premiers combats** to win one's first two fights / contests / bouts

rencontre *nf* match, game, encounter ; **calendrier des ~s** (*ft, etc.*) fixtures, fixture list, (*hkg*) schedule of games

rendement *nm* (*athlète, etc.*) efficiency, capacity, performance ; (*athl*) **augmenter le ~ d'un athlète** to improve the performance of an athlete

rendre *v* (*gf*) **~ sa carte** to hand in one's scorecard

rêne *nf* (*éq, hps*) **~s** reins ; (*éq, hps*) **~s de bride** bit reins ; (*éq*) **~s longues** on a long rein ; (*éq, hps*) **~s de mors** curb reins ; (*éq*) **~s séparées** divided reins ; (*éq*) **tenue des ~s** manner of holding the reins ; (*éq, hps*) **lâcher les ~s** to loosen the reins, to give a horse his head ; (*éq, hps*) **serrer les ~s (à un cheval)** to rein in (a horse)

renforcement *nm* (*av*) bracing ; **~ musculaire** strengthening of the muscles

renforcer *v* (*ft, etc.*) ~ **la défense** to strengthen / pack / the defence ; (*ft*) **ils ont besoin d'être renforcés sur l'aile** they need extra width, they need more wide players

renfort *nm* (*av*) ~ **de la quille** keel support

renoncer *v* (*hlt*) ~ **à un essai** to decline a lift

renouveau *nm* (*ft, etc.*) (*d'un club*) revival, reemergence

rentrée *nf* (*ft*) ~ **de touche** throw-in (*pl throw-ins*)

rentrer *v* (*vle*) ~ **dans le vent** to broach ; (*rb, etc.*) **nous sommes rentrés dans le match** we got (back) into the match ; (*gf*) ~ **un putt** to hole a putt

«rentrer dedans» *loc verb* (*rb, etc.*) to get stuck in ; **on s'attendait à ce qu'ils nous rentrent dedans avec virulence** we expected them to get really stuck in against us

renversé(e) *adj* (*gym*) **appui brachial** ~ shoulder stand ; (*gym*) **appui** ~ handstand ; (*gym*) **appui tendu** ~ **suisse** Swiss handstand ; (*gym*) **croix** ~**e** inverted crucifix

renversement *nm* (*éq*) knock-down ; (*gym*) handspring ; (*gym*) walkover ; (*hlt*) turn-over ; (*jd*) ~ **du corps par barrage** (*tai-otoshi*) body drop

renverser *v* (*ckt*) ~ **le guichet** to hit the stumps / wicket ; (*éq*) **obstacle renversé** obstacle knocked over ; (*éq*) **pirouette renversée** pivot on the forehand

renvoi *nm* (*hd*) ~ **de but** throw-out

renvoyer *v* (*tn, etc.*) ~ **la balle** to return the ball

réparation *nf* (*ft*) **un coup de pied de** ~ a penalty kick ; (*ft*) **la surface de** ~ the penalty area

répartition *nf* (*patinage de vitesse*) ~ **des paires** adjustment of pairs

repêchage *n m* (*av, canoë-kayak*) repêchage

repère *n m* (*nt*) ~ **de virage de dos** backstroke turn indicator

répertoire *nm* (*bx*) ~ **des coups** repertoire of blows

replier (*se*) *vpr* (*ft, etc.*) to retreat, to back-pedal, to drop back into defence

répliquer *v* (*gén*) ~ **du tac au tac** to give tit for tat, «to give as good as one gets»

répondre to respond ; (*cycl*) ~ **aux attaques des Belges** to respond to the attacks of the Belgians ; (*gén*) ~ **du tac au tac** to give tit for tat, «to give as good as one gets»

report *n m* (*gén*) (*rencontre, etc.*) postponement

reportage *nm* report ; (*Radio,TV*) ~ **en direct** live broadcast ; ~ **radiophonique** radio commentary / report

reporter *v* (*ft, etc.*) (*match*) to postpone ; (*ft, etc.*) **le match a été reporté** the match has been postponed

repos *nm* (*gén*) rest ; (*ft, rb, etc.*) (= *mi-temps*) half-time break / interval ; (*av*) **phase de** ~ recovery ; (*ft, rb, etc.*) **mettre un joueur au** ~ to rest a player

repose-flèche *nm, inv* (*arc*) arrow rest

repose-genou *nm, inv* (*canoë-kayak*) knee rest

repose-pieds *nm, inv* (*canoë-kayak*) footrest

reposer *v* (*hlt*) ~ **la barre** to replace the weight

repousser *v* to push ; (*ft*) ~ **le ballon en corner** to push the ball for a corner

reprendre (*pp repris*) *v* (*ft, etc.*) ~ **un point d'avance au classement** to go back into a one-point lead in the table ; ~ **la maîtrise du jeu** to get back on top (in the game) ; (*sk, etc.*) **course annulée et reprise** race declared void and rerun ordered

reprise *nf* (*bx*) round, (*esc*) bout, (*éq*) lesson, (*hk*) rebound, (*éq*) (*groupe de cavaliers*) riders ; (*tn*) (*ordre donné par l'arbitre*) ~ ! time! ; (*esc*) ~ **d'attaque** reprise ; (*patinage de vitesse, etc.*) ~ **d'une course** rerun, re-race ; (*bx*) **en dix ~s** in ten rounds ; (*ft, rb, etc.*) ~ **du jeu** restart ; **dès la** ~ (*ft, rb*) from the start of the second half / (*hkg*) second period

réserve *nf* (*ft, etc.*) (*équipe*) reserves (*pl*) ; (*pentathlon moderne*) **arme de** ~ reserve weapon ; (*pentathlon moderne*) **piste en** ~ piste in reserve

réservé(e) *adj* (*bkt*) **zone ~e** restricted area / zone ; (*cycl*) (*courses sur route*) **enceinte ~e aux coureurs** competitors' compound

réserviste *adj* (*ft*) **le gardien** ~ the reserve / second-choice / second-team / goalkeeper

réservoir *nm* (*vle*) ~ **étanche** buoyancy tank

résistance *nf* staying power ; (*b x*) durability, toughness ; **entraînement en** ~ endurance training ; (*av*) ~ **de friction** skin friction ; (*av*) ~ **des vagues** wave resistance ; (*av*) ~ **du profil** hull resistance

résistant(e) *adj* tough, durable ; (*athlète, boxeur, etc.*) **il est très** ~ he has lots of stamina / staying-power

respecter *v* (*gén*) ~ **les règles du jeu** to play by the rules

respiration *nf* (*gén*) breathing ; (*nt*) ~ **unilatérale** breathing on one side ; (*n t*) ~ **alternative** breathing on alternate sides ; (*ft, rb, etc.*) **couper la** ~ **à qn** to wind s.o. ; (*ft*) **le tacle lui a coupé la** ~ he was winded in the tackle / as a result of the tackle

respiratoire *adj* **système** ~ respiratory system ; v. voie

respirer *v* (*gén*) to breathe

responsable *nm(f)* (*patinage de vitesse*) ~ **de la piste** track surveyor ; (*canoë-kayak*) ~ **du sauvetage** rescue officer

ressac *nm* surf

ressort *nm* (*vle*) **mousqueton à** ~ snap shackle

rester *v* (*bx*) ~ **au tapis pour le compte** to be counted out

restrictif(ive) *adj* (*bkt*) **cercle** ~ restricting circle

résultat *nm* result ; (*bkt*) ~ **intermédiaire** running score ; **seul le** ~ **compte** it's the result that counts ; ~ **nul** (= *match nul*) draw ; v. match

retard *nm* (*sk, etc.*) ~ **au départ** delayed start

retardement *nm* (*rb*) **un plaquage à** ~ a late tackle

retenir (*pp retenu*) *v* (*ft, rb, etc.*) **être retenu (dans une équipe)** to keep one's place (in a team)

retenue *nf* (*sk*) (*ski de fond*) **fart de** ~ kicker wax

retirer 1. *v* (*curling*) ~ **une pierre du jeu** to remove a stone from play **2. retirer** (*se*) *vpr* to retire, to withdraw

retour *nm* (*gén*) comeback ; (*ft, etc.*) **le match** ~ the second leg ; **au match** ~ in the return game, in the second leg ; (*gym*) **balancement de** ~ leg beat action ; (*av*) ~ **sur l'avant** recovery ; (*av*) **faire** ~ **sur l'avant** to recover

retourné(e) *adj* (*n t*) **plongeon** ~ inward dive

retourner *v* (*av*) ~ **la pelle** to feather

retrait *nm* (*aut, etc.*) withdrawal ; (*bx*) **esquive par** ~ **d'épaule** turning aside ; (*ft*) **une passe en** ~ **hasardeuse** a risky backpass ; (*ft*) **pratiquer avec un avant-centre en** ~ to play with a deep-lying centre forward ; (*ft*) **centrer en** ~ to pull back one's centre

retransmettre (*pp retransmis*) *v* (*gén*)

to retransmit ; (*bx*) **le combat a été retransmis en direct à la télévision** the contest / fight / was shown live on television

rétro *nm* (*bd, bls*) (*billiards, pool, snooker, pétanque*) backspin, pull-back, screwback

rétrograde *adj* (*bd*) **effet** ~ back screw / spin

retrouver *v* (*gén*) ~ **la confiance** to regain one's confidence

réunion *n f* (*sk, etc.*) ~ **des chefs d'équipe** team captains' meeting ; (*athl, etc.*) ~ **sportive** meeting, «meet»

réunir *v* (*équipe*) to field, select (*team*)

réussir *v* to succeed ; (*rb*) ~ **un but** to kick a penalty goal ; **c'est une équipe qui ne leur réussit guère** they have a bad record / they do not do well / against this team ; v. touché-à-terre, touché-en-but

réussite *nf* success ; (*rb*) **le pourcentage de** ~ **des buteurs** the success rate of the goalkickers

Reuther *nm* (*gym*) **sol** ~ Reuther floor ; (*gym*) **tremplin** ~ Reuther board

révélatrice *n f* (*squash*) (= *bande de matière résonnante courant au bas du mur avant*) telltale

revenir (*pp revenu*) *v* (*ft*) ~ **(pour) aider les arrières** to drop back to help the backs / defence ; (*cycl, etc.*) ~ **sur qn** to catch s.o. up ; (*ft, etc.*) ~ **à la marque / au score** to get back on level terms, to equalize ; (*athl, hps, etc.*) (*course*) ~ **de loin** to come back from / after being / a long way behind

revers *nm* (*tn*) backhand ; (*hk*) **blocage en** ~ backhand stop(ping) ; (*hk*) **coup en** ~ backhand hit ; (*jd*) **étranglement par le** ~ **en tirant** (*okuri-eri-jime*) sliding lapel-neck lock ; (*hd*) **passe de** ~ reverse pass ; (*hd*) **tir de** ~ reverse shot

revêtement *nm* (*ttn*) (*raquette*) covering

revolver *nm* revolver

ricochet *nm* (*curling*) wick

ridoir *nm* (*vle*) turn(-)buckle

ring *n m* (*bx, lte*) ring ; (*bx*) (*sp, fg*) boxing ; (*bx*) **cordes du** ~ ropes ; (*bx*) **monter sur le** ~ to go into the ring, (*carrière*) to take up boxing ; (*bx*) **quittez le** ~ ! seconds out!

rink *nm* (*hkg*) rink

rink hockey *m* rink hockey

riposte *n f* (*bx, lte, etc.*) counter ; (*esc*) riposte

ris *nm* (*vle*) reef ; (*vle*) **prendre un / des / ** ~ (*à une voile*) to reef

risquer *v* (*à propos d'joueur, d'une équipe, etc.*) **plus on tombe de haut, plus on risque de se faire mal** the bigger you are the harder you fall

rivière *nf* (*athl*) (*steeple*) **saut de** ~ **ou** ~ water jump ; (*éq*) (*obstacle*) ~ **ou haie** ~ water jump

robe *nf* (*éq, hps*) (*cheval*) coat ; (*éq, hps*) **cheval à robe noire / fauve / et blanche** piebald

rond *n m* (*bls*) (*pétanque*) throwing circle ; (*ft*) **le** ~ **central** the centre circle

rondade *nf* (*gym*) round-off

rondelle *nf* (*hkg*) (*Canada*) puck ; (*sk*) (*sur la piste*) disc ; (*sk*) ~ **de ski** basket

rondement *adv* (*cycl*) **une étape menée** ~ a stage raced at a brisk pace

rose *n f* (*flé*) (*cible*) **le centre de la** ~ bull, bull's-eye ; (*rb*) (*jn*) **le quinze de la Rose** England, the England rugby team

rotatif(ive) *adj* (*bx*) **esquive rotative** swerve ; (*b x*) **esquives rotatives** swerving

rotation *nf* (*athl*) (*disque, javelot*) rotation ; (*sk*) (*ski artistique et acrobatique*) spin ; (*gym*) ~ **Diamidov** Diamidov turn

rotule *nf* (*anatomie*) kneecap

roue *n f* (*aut, cycl, mt*) wheel ; (*gym*) cartwheel ; (*cycl*) **tenir la ~ de qn** to stay right behind s.o., to keep up with s.o. ; (*cycl*) **se coller à la ~ de qn** to sit in behind s.o. ; (*gym*) **faire la ~** to turn / do / cartwheels ; (*g y m*) **faire une ~** to do a cartwheel ; (*cycl*) **gagner d'une ~** to win by a wheel's length

rouge *adj* red ; (*ft*) **carton ~** red card ; (*jd*) **ceinture ~** (*aka-obi*) red belt ; (*jd*) **ceinture ~-blanche** (*shima-obi*) red-white belt ; (*curling*) **cercle ~ intérieur** red inner circle ; (*bx*) **coin ~** red corner ; (*water polo*) **drapeau ~** red flag ; (*pentathlon moderne*) **fanion ~** red flag ; (*cycl*) **lanterne ~** lanterne rouge, (*cycl, etc.*) back marker ; (*jd*) **ligne ~ de marque** red mark line ; (*arc*) **zone ~** red zone ; v. globule

«rough» *nm* (*gf*) rough

roulade *nf* (*mouvement*) roll ; (*gym*) **~ élevée** piked roll

roulé(e) *adj* (*bkt*) **tir à bras ~** hook shot

rouleau *n m* (*gym*) roll, (*tir*) kneeling pad ; (*athl*) (*saut en hauteur*) **~ costal / ventral** western roll ; **~ dorsal** Fosbury flop, backwards roll

roulement *n m* (*gén & cycl*) **~ à billes** ball bearing

rouler *v* (*lte*) **bras roulé** flying mare ; (*lte*) **~ d'une épaule à l'autre** to roll over the shoulder ; (*mt*) **il roule avec une Honda** he rides a Honda ; (*bx*) **~ les bandes** to put on the bandages

roulette *nf* (*bls*) (*pétanque*) = rolling one's bowl nearly all the way from the throwing circle to the jack, a rolled shot ; **faire du patin à ~s** to roller skate

round *nm* (*bx*) round

rounder *n m* (*rounders*) (= *point*) rounder

rounders *nm* (*sp*) rounders

route *nf* (*gén*) road ; (*athl, cycl*) **course sur ~** road race ; (*athl, cycl*) **courses sur ~** road races / racing ; (*cycl*) **course individuelle sur ~** individual road race ; (*cycl*) **course sur ~ par équipes** team road race ; (*cycl*) **cyclisme sur ~** road cycling ; (*éq*) **parcours sur ~s et sentiers** road and tracks ; (*athl*) **spécialiste des courses sur ~** road runner ; (*aut*) **tenue de ~** roadholding ; (*cycl*) **vélo de ~** road bike / cycle ; (*vle*) **être en ~ libre** to sail clear

routier *nm* (*cycl*) road racer / rider

ruban *n m* (*bsb*) (*sur un bâton de baseball*) **~ adhésif** tape ; (*badminton*) **~ blanc** white tape

rude *adj* (*bx*) **un ~ frappeur** a hard hitter

ruer *v* (*éq, hps*) (*cheval*) to kick, to lash out

rugby *nm* rugby ; **le ~ à quinze** rugby union

rugbyman (*pl rugbymen*) *n m* rugby player

rugbystique *adj* (*jn*) **dans les sphères ~s** in rugby circles

rumba *nf* (*danse sur glace*) rumba

rupture *n f* (*méd*) rupture ; **~ tendineuse** ruptured tendon ; **~ du tendon d'Achille** rupture of the Achilles' tendon, ruptured Achilles' tendon

russe *adj* (*g y m*) **facial ~** Russian wende ; (*gym*) **grand tour ~** Russian giant swing

rythme *nm* (*gén & danse sur glace, éq*) rhythm ; **~ d'un mouvement** timing ; (*ft, etc.*) **changement de ~** change of pace ; **hausser le rythme** to step up / increase / the pace

S

sabot *nm* (*hk*) kicker

sabre *nm* (*esc*) sabre, (*Am*) saber ; (*vle*) dagger plate ; (*esc*) **escrime au ~ sabre** / saber / fencing ; (*esc*) **escrimeur au ~** sabre / saber / fencer

sac *nm* (*gf*) bag ; (*vle*) **~ à voile** sail bag ; (*bx*) **~ de sable** punchbag

«sacre» *nm* (*ft*) (*jn*) **le but du ~** the championship-winning goal, the goal that won the championship

sacrer *v* (*gén*) (*jn*) **être sacré champion** to win the championships, to become the champion, to be crowned champion

sacrifice *n m* (*jd*) **lancements par ~** (*sutemi-waza*) throws by sacrifice falls

saisir *v* (*jd*) **~ l'adversaire** to take hold

saison *nf* (*ft, etc.*) season ; (*tn, etc.*) **la ~ estivale** the summer season ; (*ft, etc.*) **on a mieux joué en début de ~** we played better at the start / beginning / of the season

salé(e) *adj* (*nt, vle*) **eau ~e** salt water

salle *nf* (*sk*) (*biathlon, ski de fond*) **~ de fartage** waxing room ; (*éq*) **~ de manège** riding school ; (*athl, etc.*) **tournoi en ~** indoor tournament / competition ; (*gén*) (*entraînement*) **séance en ~** training session in the gym / indoors ; (*athl*) **le champion du monde en ~ du 60 m haies** the world indoor 60 metres hurdles champion ; (*esc*) **~ d'armes** fencing school ; **~ de presse** press room

salon *nm* (*aut*) **le ~ (de l'automobile) de Paris** the Paris Motor Show

salto *nm* (*gym*) somersault ; (*gym*) **~ avant, jambes écartées** straddle front somersault ; (*g y m*) **~ en arrière** backward somersault ; (*gym*) **~ accroupi** tucked somersault ; (*gym*) **double ~** double salto ; (*gym*)

élan par-dessous la barre et salto underswing and salto

salut *nm* (*éq*) salute ; (*jd*) (= *rei*) bow ; (*esc*) **~ d'escrime** salute

sanctionner *v* to penalize ; (*rb*) **une faute grave est sanctionnée par l'octroi d'un coup de pied de pénalité** a serious foul is penalized by the awarding of a penalty kick

sandow *nm* (*bx*) **punching-ball monté sur ~s** floor-to-ceiling ball

sang *nm* blood

sangle *nf* (*éq, hps*) girth ; (*tn*) (*filet*) centre strap ; (*éq, hps*) **~ de selle** saddle girth

sanglier *nm* (*tir*) boar ; (*tir*) **~ courant** moving target

sanguin(e) *adj* **groupe ~** blood group ; v. glucose, système

sans *prép* (*hkg*) **~ assistance** unassisted ; (*av*) **quatre rameurs en pointe ~ barreur** coxless four, coxswainless four oars ; v. vainqueur

sans(-)faute *nm* (*éq*) clear round ; (*éq*) **faire / accomplir / un ~** to have a clear round

santé *nf* (*gén*) health ; **~ physique** physical fitness ; **problème de ~** health problem ; v. condition, organisation

satisfaisant(e) *adj* (*ft, etc.*) (*jn*) **sa production fut ~e** he had a steady game

sauna *nm ou f* sauna

saut *n m* (*g é n*) jump ; (*gym*) vault, vaulting ; (*danse sur glace*) jump ; (*ski artistique et acrobatique*) aerials (*pl*), (*bosses*) air ; (*g y m*) **~ arabe** Arabian cartwheel ; (*sp*) **~ à l'élastique** bungee jumping ; (*sk*) **~ à ski** ski jumping ; (*danse sur glace*) **~ assisté** assisted jump ; (*gym*) **~s avec appui des mains** vaults with support ; (*gym*) **~s avec appui des mains sur la croupe** vaults with support on near-end of the horse ; (*gym*) ~ **de biche** stag leap ; (*patinage artistique*) ~ **de boucle piqué** cherry flip ; (*gym*) ~ **de brochet** Hecht vault ; (*gym*) ~ **de brochet Voronine** Voronin hop ; (*nt*) ~ **de carpe** jack-knife dive, pike ; (*gym*) ~ **de cheval** horse vaulting ; (*gym*) **~, corps fléchi, jambes tendues** stoop ; (*gym*) **~s de croupe** near-end vaults ; (*danse sur glace*) ~ **de danse** dance jump ; (*nt*) ~ **de l'ange** swallow dive ; (*sk*) (*saut à ski*) ~ **du combiné nordique** nordic combined jump ; (*patinage artistique*) ~ **écarté** split jump ; **~ en chute libre** free-fall parachuting ; (*gym*) ~ **enjambé** gallop leap ; (*sk*) (*saut à ski*) ~ **d'essai** practice jump ; (*gym*) ~ **groupé** squat jump ; (*gym*) ~ **japonais** jump into handstand with backward swing of arms ; (*patinage artistique*) ~ **lancé (couple)** throw jump (pairs) ; (*gym*) ~ **de mains** handspring ; (*gym*) **~, passage des jambes tendues** thief vault ; (*gym, ski artistique et acrobatique*) ~ **périlleux** somersault ; (*sk*) (*ski artistique et acrobatique*) ~ **périlleux arrière avec vrille complète** back full twist ; (*sk*) (*ski artistique et acrobatique*) ~ **périlleux avant** front somersault ; (*sk*) (*saut à ski*) ~ **spécial** special jump ; (*athl, etc.*) **un ~ à cloche-pied, un pas et un bond** a hop, skip and jump ; (*éq*) ~ **d'obstacles** show / horse / jumping ; (*éq*) ~ **d'obstacles individuel** individual show jumping ; ~ **vertical** vertical jump ; **concours de ~ d'obstacles** horse-jumping competition ; (*éq*) **épreuve de ~ d'obstacle** jumping competition ; (*athl*) (*steeple*) ~ **de rivière** water jump ; (*sk*) ~ **à / en / skis** (*sp*) ski jumping, (*piste*) ski jump ; (*athl*) ~ **à la perche** pole

vaulting ; (*athl*) ~ **en hauteur** high jump ; (*athl*) ~ **en longueur** long jump ; (*athl*) (*saut en hauteur*) ~ **en ciseaux** straddle jump ; (*athl*) **meilleur** ~ best / (*saut en longueur*) longest / jump ; (*athl*) **son deuxième meilleur** ~ his second-best jump ; (*hd*) **tir en plongeant sur** ~ diving jump shot ; (*gym, etc.*) **faire le ~ périlleux** to do / turn / a somersault ; v. ange, triple

sautée *nf* (*bls*) (*pétanque*) **tirer à la** ~ to shoot at a bowl / the jack / when it is behind an obstacle

saute-mouton *cpd, m* leapfrog

sauter *v* to jump ; ~ **à la corde** to skip ; **corde à** ~ skipping rope ; (*ft*) (*jn*) ~ **le milieu de terrain** to miss out the midfield / midfielder(s)

sauteur(euse) *nm(f)* (*athl, etc.*) jumper ; (*éq*) (*cheval, cavalier*) show jumper ; (*sk*) ~ **à ski** ski jumper ; (*athl*) ~ **en longueur / hauteur** long / high / jumper ; (*athl*) ~ **à la perche** pole-vaulter

sauteuse *nf* v. sauteur

sauver *v* (*ft*) ~ **la balle** to keep the ball in play

sauvetage *n m* (*vle*) **ceinture de** ~ life belt ; (*vle*) **harnais / ceinture / de** ~ safety harness ; (*canoë-kayak*) **responsable du** ~ safety officer

savate *nf* (*sp*) kick boxing

scaphoïde *n m* (*anatomie*) scaphoid ; **fracture du** ~ fracture of the scaphoid (bone)

schéma *nm* (*pentathlon moderne*) ~ **du profil** horizontal and vertical profiles

sciatique *nf* sciatica

score *n m* (*gén*) score ; (*ft, rb, etc.*) ~ **final** final score ; (*bkt*) ~ **intermédiaire** running score ; (*gén*) **ouvrir le** ~ to open the score ; v. revenir

scratch (*pl scratches*) *n m* (*aut, etc.*) scratch time

scull *n m* (*av*) scull ; (*av*) **double** ~ double scull

séance *nf* (*gén*) ~ **d'entraînement** training session ; (*gén*) ~ **d'entraînement d'initiation** training session for beginners ; v. salle

seau (*pl seaux*) *nm* (*gén & bx*) bucket

sec 1. *adv* (*tir*) **exercices à** ~ dry practice **2. sec, sèche** *adj* (*tn*) **gagner en deux / trois / sets** ~s to win in two / three / straight sets

second 1. *nm* (*bx*) second ; (*bx*) **les** ~s **doivent quitter le ring sur ordre de l'arbitre** the seconds must leave the ring when told to do so by the referee **2. second(e)** *adj* second ; (*ft*) ~ **match** replay ; (*tn*) ~ **service** second service ; ~ **souffle** second wind ; **retrouver son** ~ **souffle** to get one's second wind

seconde *nf* ~ **(de temps)** second ; (*esc*) seconde ; (*canoë-kayak*) ~ **de pénalisation** penalty second ; (*bkt*) **règle des trois / cinq / dix / trente /** ~s three- / five- / ten- / thirty- / second rule ; (*bkt*) **violation de la règle des trois** ~s three-second-rule violation

secondeur *nm* (*football américain*) ~ **extérieur droit / gauche** outside / inside / linebacker ; (*football américain*) ~ **au centre** middle linebacker

secouer *v* (*cycl*) ~ **le peloton** to scatter the bunch

secours *nm* v. parachute

secrétaire *nm(f)* (*hd, hlt*) scorer ; (*water polo, etc.*) secretary ; (*tir*) firing-point recorder ; (*sk*) (*ski alpin*) ~ **au départ** start recorder ; (*canoë-kayak*) ~ **de compétition** competition secretary ; (*sk*) (*ski alpin*) ~ **de course** race secretary

secteur *nm* (*athl*) (*javelot, etc.*) ~ **de chute** throwing / landing / area

section *nf* (*canoë-kayak*) **juge de** ~ sector judge

sécuriser *v* (*ft, etc.*) **nous avons été sécurisés par notre défense** we were very secure at the back, we played it tight at the back

sécurité *nf* (*sk*) **comité de** ~ safety / security / committee ; (*bd*) **coup de** ~ safety shot ; (*sk*) **expert** ~ security expert ; (*sk*) (*ski*) **fixation de** ~ safety binding ; (*sk*) (*ski*) **lanière de** ~ safety strap ; (*arc*) **mesures de** ~ safety precautions, (*tir*) safety measures ; (*ft, etc.*) **jouer la** ~ to play (it) safe ; v. cage

sédatif *nm* (*pharm*) sedative

seize *adj, inv* (*ft*) **les** ~ **mètres** the penalty area (*v. surface*) ; (*ft*) **un tir aux** ~ **mètres** a shot from the edge of the penalty area / (*fm*) «box»

seizièmes de finale *cpd, mpl* last thirty-two, second round (matches) (*in a six-round knock-out competition*)

SEJS abr de Secrétariat d'Etat à la Jeunesse et aux Sports

sélection *nf* (*gén*) selection, (= *équipe*) team, (= *groupe*) squad ; ~ **nationale** national team ; (*ft, etc.*) **match de** ~ trial(s), trial match ; (*ft, etc.*) **les matches en** ~ international / representative / matches ; (*athl*) **épreuve de** ~ trials ; (*ft, rb, etc.*) **il a 53** ~s **pour l'équipe de France** he has 53 French caps, he has been capped 53 times by France

sélectionnable *adj* v. non-sélectionnable

sélectionné(e) *nm(f)* v. groupe

sélectionner *v* (*gén*) to select ; (*équipe*) to field, to select

sélectionneur *nm* selector

selle *nf* (*cycl, éq, hps*) saddle ; (*éq*) ~ **d'obstacle** jumping saddle ; (*éq, hps*) **couverture / tapis / de** ~ saddlecloth ; (*éq, hps*) **sangle de** ~ saddle girth ; (*pentathlon moderne*) **inspection de la** ~ inspection of the saddlery ; (*hps, etc.*) **X en** ~ **sur Y** X riding Y

sellier *nm* (*éq, hps*) saddler

semelle *nf* (*sk*) (*de ski*) running surface ; (*ski nautique*) ~ (**de ski**) bottom (of ski) ; (*vle*) ~ **de dérive** leeboard

semi-circulaire *a d j* (*e s c*) **parade** ~ semi-circular parry

senior *nm* (*gén*) senior

sens *n m* (*gym*) **en** ~ **inverse** in the opposite direction ; (*ft, etc.*) (*jn*) **une seconde mi-temps à** ~ **unique** a second half in which it is / was / one-way traffic

sentier *nm* (*éq*) **parcours sur routes et** ~**s** roads and tracks (*pl*)

séparation *n f* (*bx*) break ; (*danse sur glace*) separation ; (*arc*) **ligne de** ~ **des zones** dividing line

séparé(e) *adj* (*é q*) **rênes** ~**es** divided reins

sept *adj, inv* **le hand-ball à** ~ seven-a-side handball

septime *nf* (*esc*) septime

série *nf* (*g é n*) series ; (*a r c*) series ; (*bowling à dix quilles*) frame ; (*bd*) (= *un certain nombre de points marqués de suite*) break ; (*athl, nt, etc.*) (*épreuve éliminatoire*) ~ **ou** ~ **éliminatoire** qualifying round / heat ; (*pentathlon moderne*) ~ **d'essai** sighting series ; (*patinage artistique*) ~ **de pas** step sequence ; (*tn*) **tête de** ~ **numéro deux** the second seed, the number two seed ; (*gén*) (*matches, rencontres*) **une** ~ **victorieuse** a run of victories / wins ; (*gén*) **une** ~ **de douze matches sans défaite** a run of twelve matches without defeat ; (*bx*) **exécuter une** ~ **de coups** to deliver a flurry of blows

serrage *nm* (*hlt*) **collier de** ~ clamping ring, clamp

serré(e) *adj* (*athl, etc.*) **arrivée** ~**e** close finish ; (*ft, etc.*) **un match très** ~ a very close game ; (*gén*) **le score est très** ~ the score is very close ; (*vle*) **près** ~ close hauled

serre-poignet *nm* (*tn, etc.*) wristband

serrer *v* (*éq, hps*) ~ **la bride / les rênes / à un cheval** to rein in a horse ; (*cycl*) ~ **les courroies de cale-pied** to tighten the toe-clip straps ; (*bls*) (*pétanque*) ~ **une boule** to put spin on a bowl

serre-tête *nm* (*gén*) headband ; (*rb*) ear-protector, scrum cap

serveur(euse) *nm(f)* (*tn, vb, etc.*) server

service *nm* (*tn, etc.*) service, serve ; (*tn*) **premier** ~ first service ; (*squash*) **carré de** ~ service box ; (*badminton*) **demi-court de** ~ **en double / simple** doubles / singles / service court ; (*tn*) **jeu de** ~ service game ; (*squash, tn*) **ligne de** ~ service line ; (*tn*) **le** ~ **est à remettre** the service must be taken again, play a let ; (*ft, rb, etc.*) **déclarer un joueur bon pour le** ~ to pass a player fit ; (*ft, rb, etc.*) **être déclaré bon pour le** ~ to be passed / declared / fit ; (*hd*) ~ **par en dessous** underarm service ; (*hd*) ~ **de tennis** overarm service ; (*vb*) ~ **bas** underarm service ; ~ **haut** overhead service ; v. carré, court, faute, second *adj*, service(-) volée, zone ;

service balle *cpd, m* (*vb*) serve, service ball ;

service(-)volée *cpd, m* (*tn*) serve and volley

servir *v* (*tn, etc.*) to serve ; (*ft, rb, etc.*) **être peu servi(s) en attaque** to get poor service in attack

set *nm* (*hb, tn, ttn*) set ; (*tn*) **battu en quatre** ~**s** beaten in four sets ; (*tn*) **gagner en deux / trois /** ~**s secs** to win in two / three / straight sets

sévère *adj* (*cyc l*) **rampe** ~ steep gradient ; v. plaquage

sexuel(elle) *adj* (*g é n*) sexual ; **h o r-**

mones sexuelles mâles male sexual hormones

«shadow boxing» *cpd, m* (*bx*) shadow boxing

shinai *nm* (*kendo*) shinai

shinty *nm* (*Ir*) (*variété de jeu de hockey*) shinty

«shoot» *nm* (*ft, bkt*) shot

«shooter» *v* (*ft, etc.*) to shoot ; (*hd*) ~ à travers le mur to throw through the wall ; (*hd*) ~ au-dessus du mur to throw over the wall

«short track» *cpd, m* (*patinage de vitesse*) short track

SIAPSPA abr de Service Interuniversitaire des Activités Physiques, Sportives et de Plein Air

side-car *nm* (*mt*) sidecar

siège *nm* (*aut, canoë-kayak*) seat ; (*aut*) ~ baquet bucket seat ; (*av*) ~ à coulisse sliding seat ; (*av*) emplacement du ~ à coulisse slide run ; (*av*) mouvement du ~ à coulisse slide control ; (*av*) ~ du barreur coxswain's seat

siffler *v* (*ft, etc.*) (*arbitre*) to blow (the whistle) ; (*ft, etc.*) (*arbitre*) ~ une faute to blow for a foul ; (*ft, etc.*) (*désapprouver par des sifflements*) ≈ (*GB*) to boo ; (*ft, etc.*) il fut sifflé par son propre public ≈ (*GB*) he was booed by his own crowd

sifflet *n m* (*ft, etc.*) whistle ; (*ft, etc.*) coup de ~ final final whistle

signal (*pl signaux*) *nm* (*vle*) ~ d'avertissement warning signal ; (*vle*) ~ préparatoire preparatory signal ; (*bkt*) signaux des arbitres officials' signals

signaler *v* (*ft, etc.*) X fut signalé à tort hors jeu X was wrongly penalized / «flagged» / for being offside

signalisation *nf* (*esc*) appareil de ~ des touches judging apparatus ; (*esc*) appareil électrique de ~ electrical judging apparatus ; (*canoë-kayak*)

disque de ~ signalling disc

signature *nf* (*ft*) vu sa ~ tardive, il ne pourra jouer la Coupe d'Europe qu'en mars prochain as he is a late signing, he will not be able to play in the European Cup until next March

signer *v* (*ft*) il a signé le mois dernier he signed last month ; (*ft*) il a signé pour Marseille he has signed for Marseilles ; (*jn, fg*) (*ft, etc.*) ~ un doublé to score twice, to score two goals, (*jn*) to notch two goals

silhouette *nf* (*tir*) silhouette target

sillage *nm* (*av, vle*) wake

simple 1. *n m* (*gf, tn, etc.*) singles (match) ; (*badminton*) demi-court de service en ~ singles service court ; (*badminton*) ligne latérale de ~ singles sideline ; (*tn, etc.*) ~ messieurs / dames men's / women's / singles ; (*canoë-kayak*) pagaie ~ single-bladed paddle ; (*tn, etc.*) jouer un ~ to play a singles (match) 2. *adj* (*esc*) attaque ~ simple attack ; (*éq*) changement de pied ~ simple change of leg ; (*éq*) obstacle ~ simple obstacle / fence

single *nm* (*tn*) singles ; v. simple

sixte *nf* (*esc*) sixte

skeet *nm* (*Am*) (*tir au pigeon d'argile*) skeet shooting

ski *nm* (*équipement*) ski ; (*sport*) skiing ; ~ alpin alpine / downhill / skiing ; ~ de fond (*sp*) cross-country skiing, langlauf ; ~s de fond cross-country racing skis ; ~ nordique nordic skiing ; ~ de piste downhill skiing ; ~ nautique water skiing ; ~ de randonnée (*leisure activity*) cross-country skiing ; chaussures de ~ ski boots ; (*sk*) combinaison de ~ ski suit ; coureur de ~ de fond cross-country racer ; moniteur de ~ skiing instructor ; (*ski nautique*) ~s de tourisme twin skis ; (*ski nau-*

tique) ~ **de figure** figure ski ; (*ski nautique*) ~ **de saut** jump ski ; **faire du** ~ to ski, to go skiing ; **ski nautique** *cpd, m* water skiing

ski-bob *cpd, m* skibob

skieur(euse) *nm(f)* skier ; ~ **de fond** cross-country skier

skif *nm* (*av*) skiff

skiff *nm* (*av*) skiff

skip *n m* (*curling*) skip, skipper, captain

«skipper» *n m* (*vle*) skipper, skip, captain

Skoumal *n m* (*gym*) **grand tour** ~ Skoumal giant swing

slalom *nm* (*canoë-kayak, sk*) slalom ; (*sk*) ~ **géant** giant slalom ; (*canoë-kayak*) **fiche de** ~ slalom pole ; (*ski nautique*) **palonnier de** ~ double handle ; (*canoë-kayak*) **porte de** ~ slalom gate ; (*canoë-kayak*) **président du** ~ slalom president

slalomer *v* (*sk*) to slalom ; (*ft*) (*drible ; entraînement*) to zigzag ; (*vle*) to back and fill

slalomeur(euse) *nm(f)* (*sk*) slalom skier / specialist

«slicé» *adj* (*tn*) sliced ; (*tn*) **un revers** ~ a sliced backhand

slip *nm* (*nt*) ~ **ou** ~ **de bain** swimming trunks (*pl*) ; ~ **à coquille** jockstrap

slogan *n m* (*ft, etc.*) (**~s scandés**) chant(s)

smash *nm* (*tn, vb*) smash

smasher *v* (*tn*) to smash ; (*tn*) (*balle*) to smash (*the ball*)

smasheur *nm* (*vb, etc.*) smasher

snooker *nm* (*sp*) snooker ; (*le fait de se trouver dans l'impossibilité de frapper directement la bille qu'on doit jouer*) snooker ; **il y a** ~ **contre X** X is snookered ; **subir le** ~ to be snookered

softball *nm* (*sp*) softball

soigner *v* (*bx*) ~ **un boxeur** to be in a boxer's corner, to be a boxer's

second

soigneur *nm* (*bx*) second, trainer

soin *nm* (*gén*) (*blessure*) **~s** treatment ; **~s médicaux** medical care / aid / treatment

sol *nm* (*gym*) ~ **Reuther** Reuther floor ; (*gym*) ~ **/ exercices au** ~ floor exercises ; (*gym*) **9,60 au** ~ 9.6 in the floor exercises ; (*gym, etc.*) **arrivée au** ~ landing ; (*gym*) **bascule au** ~ floor upstart ; (*lte*) **lutte au** ~ ground wrestling ; (*lte*) **position au** ~ ground position ; (*lte*) **prises au** ~ ground holds ; (*jd*) **travail au** ~ (*newaza*) ground technique ; (*lte*) **amener au** ~ to pull down, to throw down ; v. ballon, rebondir

solaire *adj* v. plexus

Soling *nm* (*vle*) Soling

solitaire *n m(f)* (*vle*) **la course autour du monde en** ~ the round-the-world single-handed (yacht) race

solliciter *v* (*ft, etc.*) ~ **le ballon** to call for the ball

solliciteur *n m* (*ft, etc.*) the player calling for the ball

solvant *nm* solvent ; v. utilisation

sombrer *v* (*av, etc.*) to sink

sommet *nm* v. cône

sono *nf* (*fm*) (= *sonorisation*) public address system, (*fm*) PA

sonorisation *nf* (*gén*) ~ **ou système de** ~ public address system, (*fm*) PA

sort *nm* (*pentathlon moderne*) **tirage au** ~ **des chevaux** draw for the horses

sortant *adj* **le champion** ~ the current / defending / champion

sortie *nf* (*gym*) dismount ; (*gym*) ~ **écartée** straddle vault ; (*jd*) ~ **d'immobilisation !** hold is broken! ; (*lte*) ~ **de pont** bridge escape ; (*lte*) ~ **de tapis** mat escape ; (*curling*) **lancer de** ~ take-out ; (*rb*) **le pack assura ses ~s de mêlée** the pack consistently won the ball in the scrums, the pack consistently got the ball out of the scrums ; (*aut*) à chaque ~ de virage, il accéléra he accelerated coming out of every bend

sortir *v* (*curling*) ~ **une pierre** to take out a stone ; (*cycl*) ~ **de la meute** to break clear of the pack ; (*ft*) (*gardien de but*) ~ **de la surface de réparation** to come out of the / his / penalty area ; (*tn, etc.*) **X a sorti Y en demi-finale** X knocked out Y in the semi-final

soudain(e) *adj* v. peine

souffle *nm* breath ; **manquer de** ~ to be out of breath, (*fg*) to have run out of stamina

soulevé *nm* (*lte*) pick-up

soulèvement *nm* (*jd*) ~ **de l'adversaire du tapis à hauteur d'épaule** lifting one's opponent from the mat to shoulder height

soulever *v* (*h k*) to scoop ; (*jd, etc.*) ~ **son adversaire** to lift one's opponent ; (*hlt*) ~ **la pointe des pieds** to lift the toes ; (*hlt*) ~ **les talons** to lift the heels

soulier *nm* (*bsb*) ~ **à crampons** spiked shoe

soumission *nf* (*éq*) ~ **au mors** acceptance of the bridle

soupape *nf* (*aut*) valve

souple *a d j* (*ft, etc.*) **terrain** ~ soft ground

souplesse *nf* (*personne*) suppleness, elasticity

sous *prép* (*gf*) **six** ~ **le par** six under par ; (*vle*) ~ **le vent** leeward

sous-gorge *nm* (*éq, hps*) throat latch / lash

sous-marin(e) *adj* v. plongée

soutenir *v* (*joueur*) to support ; **c'est dommage qu'il n'ait pas été plus soutenu** it's a pity that he didn't get better support

«spare» *nm* (bowling à dix quilles) (= boule supplémentaire) spare

sparring-partner *n m* (*bx*) sparring partner

spasme *nm* (*méd*) spasm

spatule *nf* (*sk*) ~ **(de ski)** (ski) tip

speaker *nm* (*hlt*) speaker

spécial(e) **(mpl spéciaux)** *adj* (*jd*) **mouvement** ~ (*tokui-waza*) favourite technique

spécialiste *nm(f)* specialist ; ~ **du vol à voile** glider (pilot)

spectateur *nm* spectator ; (*ft, rb, etc.*) **moyenne de** ~**s** average crowd / gate

speedball *nm* (*sp*) speedball

«spi» *nm* (= *spinnaker*) (*vle*) spinnaker

spinnaker *nm* (*vle*) spinnaker

spirale *nf* (*danse sur glace*) spiral ; (*patinage artistique*) ~ **de la mort** death spiral

sponsor *nm* sponsor

sponsoriser *v* to sponsor

spontané(e) *adj* v. mêlée

sport *n m* sport ; ~**s d'hiver** winter sports ; ~**s de balle** ball games ; **Ministre de la Jeunesse, des** ~**s et des Loisirs** (*F*) (*GB*) Minister of Sport ; (*jn*) **le jeu à XIII est le** ~ **roi en Australie** rugby league is the top sport in Australia ; (*gén*) **pavillon de** ~**s** sports pavilion ; v. canot, plein, terrain

sportif(ive) **1.** *adj* (*épreuve, journal, etc.*) sports ; competitive ; **psychologie sportive** sport psychology **2. sportif(ive)** *nm(f)* sportsman, sportswoman ; **être un** ~ / **une sportive** to be very athletic

sportivement *a d v* sportingly ; **accepter** ~ **la défaite** to accept defeat sportingly

sportivité *nf* sportsmanship

sprint *nm* sprint ; (*cycl*) **arrivée au** ~ sprint finish ; (*cycl*) ~ **à quatre** four-man sprint, sprint between four riders ; v. lancer

sprinter **1.** *v* to sprint **2. sprinter(euse)**

nm(f) (*athl, cycl*) sprinter ; (*cycl*) ligne des ~s sprinters' line

squash *n m* (*s p*) squash, squash rackets ; **terrain de** ~ squash court

«**squatts**» *nm* squat

stabilisateur *n m* (*arc*) stabilizer ; (*planeur*) horizontal stabilizer

stade *nm* (= *étape*) (*cycl, etc.*) stage ; (= *enceinte, terrain de sports*) stadium, (*fm*) ground ; (*sk*) (*ski artistique et acrobatique*) ~ **de saut** aerials stadium ; (*compétition avec épreuves éliminatoires*) **atteindre le ~ suprême** to reach the final stage ; v. record

«**staff**» *nm* (*jn*) staff

stage *nm* (*entraînement*) training camp / programme ; **rejoindre le ~** to go back to the training camp

Stalder *nm* (*gym*) **écart** ~ Staldershoot

stalle *nf* (*hps*) ~ **de départ** starting stall

stand *n m* (*aut*) ~ (**de ravitaillement**) pit ; **arrêt au** ~ pit stop ; (*pentathlon moderne*) ~ **d'entraînement** practice range ; ~ **ou** ~ **de tir** (*tir à la carabine, etc.*) rifle / shooting / range, (*sk*) (*biathlon*) shooting range ; (*arc*) ~ **de tir à l'arc** archery range ; ~ **de tir aux plateaux** clay-pigeon range

standard *nm* (*tir à la carabine*) **calibre** ~ standard calibre

«**standing ovation**» *cpd, f* (*gén*) standing ovation ; **faire une** ~ **à qn** to give s.o. a standing ovation

STAPS abr de Sciences et Techniques des Activités Physiques, Sportives et de Plein Air ; ≈ Sports Science

star 1. *nf* (*athlète, joueur, etc.*) star 2. *nm* (*vle*) (*voilier*) Star

starter *nm* (*athl, etc.*) starter ; (*av*) **suppléant du** ~ starter's assistant

«**starting blocks**» *cpd, mpl* starting blocks ; v. bloc de départ

starting-gate (*pl starting-gates*) *nm* (*hps*) starting gate

station *nf* (*gym*) ~ **debout** standing ;

(*gym*) ~ **intérieure** inside stand ; (*gym*) ~ **latérale** sidestand ; (*gym*) ~ **transversale** cross stand ; ~ **de ski** ski resort ; ~ (**de sports) d'hiver** winter / ski / resort ; (*sk*) (*ski de fond*) ~ **météorologique** weather station

steeple *nm* (*athl*) **le trois mille mètres** ~ the three thousand metres steeplechase

steeple-chase *n m* (*athl, hps*) steeple-chase ; v. steeple

Steinemann *nm* (*gym*) Steinemann-stemme

stéroïde *nm* (*pharm*) steroid ; ~ **anabolisant** anabolic steroid

«**stick**» *nm* (*hk, hkg*) (= *crosse*) stick

stimulant *nm* stimulant

stock-car *nm* stock car ; **courses de** ~ stock-car racing

Stoeckli *nm* (*gym*) Stöckli

stopper *v* (*ft, etc.*) (*adversaire*) to stop ; (*ft, rb, etc.*) ~ **le jeu** to stop the game

stoppeur *nm* (*ft*) stopper

strangulation *nf* (*jd*) strangulation, strangle hold

«**strapping**» *nm* (*lésion*) strapping

stratégie *nf* (*gén*) strategy ; (*ft, rb, etc.*) set piece, set play

stratégique *adj* v. animation

«**stretching**» *nm* (*gym*) (*exercices d'étirement et d'assouplissement*) (**programme de**) ~ stretching (exercises)

Streuli *nm* (*gym*) streuli

strié(e) *adj* **muscle** ~ striated muscle

strike *n m* (*bsb, bowling à dix quilles*) strike

stupéfiant 1. *n m* (*pharm*) narcotic 2. **stupéfiant(e)** *adj* (*pharm*) narcotic

style *nm* style ; (*sk*) (*ski de fond*) ~ **classique** classical style / technique ; (*ft*) ~ **indirect** short-ball game / tactics

SUAPSPA abr de Service Universitaire des Activités Physiques, Sportives et de Plein Air

subir *v* (*jd*) **celui qui subit l'attaque** (*uke*) competitor thrown

subluxation *nf* (*méd*) subluxation ; ~ **de la rotule** subluxation of the kneecap

substance *nf* (*pharm*) ~**s dopantes** drugs

sucette *nf* (*arc*) kisser

suiveur(euse) *adj* (*canoë-kayak*) **bateau** ~ escort boat ; (*cycl*) **voiture suiveuse** escort car

suivre *v* (*éq*) ~ **les mouvements du cheval** to go with the horse ; v. **coup**

supérieur(e) *adj* (*arc*) **branche** ~**e de l'arc** upper bow-limb

super-léger (*pl super-légers*) *nm* (*bx*) light-welterweight

super-lourd *nm* (*hlt, lte, etc.*) super-heavyweight

super-mi-moyen *nm* (*bx*) light-middle-weight

superposé(e) *adj* (*tir*) **fusil à deux canons** ~**s** over and under

super-welter (*pl super-welters*) *nm* (*bx*) light-middleweight

suppléant *nm* (*av*) ~ **du starter** starter's assistant

supplémentaire *adj* (*hlt*) **essai** ~ extra lift ; (*curling*) **jeu** ~ extra end

support *nm* (*toboggan*) strut ; (*vle*) ~ **de bôme** boom crutch ; (*tir*) ~ **de dioptre** aperture-sight support ; (*bkt*) ~ **de panneau** backboard support

«supporter» 1. *nm* supporter, fan ; v. **boutique** 2. **«supporter»** *v* (*équipe, etc.*) to support

supporteur(trice) *nm(f)* supporter, fan ; v. **boutique**

sur *prép* on ; (*éq*) ~ **la diagonale** on the diagonal ; (*cycl*) **coureur** ~ **piste** track rider ; (*cycl*) **course** ~ **piste** track race ; (*cycl*) **cyclisme** ~ **piste** track cycling ; (*tn*) **un lob pile** ~ **la ligne** a lob right on the line ; (*ft, etc.*)

X lançait Y ~ **sur la droite** X released Y down the right ; (*athl, cycl, etc.*) **son avance** ~ X his lead over X ; (*athl*) **invaincu** ~ **le mile** unbeaten in the mile ; (*ft*) **marquer** ~ **corner** to score from a corner ; (*ft*) **il marqua** ~ **un corner de X** he scored from a corner (taken) by X ; (*ft*) **marquer** ~ **penalty** to score from a penalty ; (*ft*) **tirer** ~ **la transversale** to shoot against the bar ; (*aut*) **c'est** ~ **une voiture anglaise que X espère gagner** X hopes to win driving a British car ; (*aut*) **être éliminé** ~ **panne de générateur électrique** to be eliminated as a result of a dynamo failure

surcharge *nf* (*hps*) weight handicap

surclasser *v* to outclass

sûreté *nf* v. **demi**

surf *nm* surfing, surfboarding ; **planche de** ~ surfboard ; **faire du** ~ to surf

surface *nf* surface ; (*esc*) target ; (*esc*) ~ **non valable** invalid target ; (*esc*) ~ **valable** valid target ; (*jd*) ~ **de compétition** (= *shiaijo*) contest area ; (*curling*) ~ **de glace** sheet of ice ; (*ft, etc.*) ~ **de jeu** playing area / surface, (*ttn*) playing surface ; (*ft, etc.*) ~ **de but** (*ft, hd*) goal area, (*ft*) (*fm*) six yards box ; (*jd*) ~ **de tapis** mat surface ; (*ft, hd*) **ligne de (la)** ~ **de but** goal area line ; (*ft*) ~ **de réparation** penalty area ; (*athl*) (*sauts*) ~ **de réception** landing area, (*saut en longueur*) landing pit ; (*bsb*) (*bâton de base-ball*) ~ **de frappe** hitting area ; (*tn, etc.*) ~ **rapide** fast surface ; (*vle*) ~ **de la voile** sail area ; v. **synthétique**

surfer *v* to surf, to go surfing

surfeur(euse) *nm(f)* surfer, surfboarder

surfing *nm* surfing

surmultipliée *nf* (*aut and fg*) **passer la**

~ to go into overdrive

surnombre *nm* (*rb*) (*tactique*) ~ **latéral** extra man / men / on the outside / on the wing

surpasser (*se*) *vpr* to excel oneself

sur-place *n m* (*cycl*) **tentative de** ~ standstill attempt

sursaut *nm* (*gym*) final jump

surveillance *nf* (*ft, etc.*) (*fg*) marking

survoler *v* (*aut*) **il a survolé le Grand Prix de Saint-Marin, l'emportant de vingt-sept secondes** he flew his way through the San Marino Grand Prix, winning by twenty-seven seconds

survolté(e) *adj* worked up, «fired up», «keyed up», «psyched up»

suspendre *v* (*ft, etc.*) ~ **le match** to stop the match / game ; (*ft, etc.*) ~ **qn de toute compétition européenne** to suspend s.o. from every European competition ; (*canoë-kayak*) ~ **une porte** to hang a gate

suspense *nm* suspense

suspension *nf* (*aut*) suspension ; (*gym*) hang, stretched hang ; (*gym*) ~ **bras fléchis** bent hang ; (*gym*) ~ **horizontale** hanging scale ; (*gym*) ~ **mi-ren-versée** bent inverted hang ; (*gym*) **bascule depuis la** ~ **mi-renversée** long underswing upstart ; (*gym*) ~ **tendue** stretched hang ; (*canoë-kayak*) **câble de** ~ suspension wire ; (*hd*) **passe en** ~ jump pass ; (*bkt, hd*) **tir en** ~ jump shot ; (*rb, etc.*) **X est toujours sous le coup de** ~ X is still suspended

suspente *nf* (*parachute*) suspension line

swing *nm* (*bx, gf*) (*coup*) swing ; **swing roll** *cpd, m* (*danse sur glace*) swing roll

symptomatologie *nf* symptomatology

synchroniser *v* (*nt*) **natation synchronisée** synchronised swimming

synovie *nf* (*méd*) **épanchement de** ~ water on the knee

synovite *nf* (*méd*) ~ **du coude** tennis elbow

synthétique *adj* (*tn, etc.*) **surface** ~ artificial surface

système *n m* ~ **nerveux** nervous system ; (*vle*) ~ **olympique de décompte des points** Olympic scoring system ; ~ **respiratoire** respiratory system ; ~ **vasculaire sanguin** blood-vascular system

T

T *nm* (*la lettre T*) (*canoë-kayak*) **porte** ~ team gate

table *nf* (*bkt*) ~ **de marque** scorer's table

tableau *nm* (*squash*) (= *révélatrice*) telltale ; (*gén*) ~ **d'affichage** scoreboard, (*tir*) notice board ; ~ **de bord** (*aut, vol à voile*) instrument panel, (*aut*) dashboard ; (*hps*) **le** ~ **des performances** (**des chevaux**) form guide, form ; (*sk*) (*ski de fond*) ~ **des températures** temperature board ; (*ft*) (*jn*) **être bien calé en milieu de** ~ to be well placed in mid table

tabler *v* ~ **sur qqch.** to bank / count / rely / on smth. ; **tabler sur une tactique défensive** to bank / count / rely / on defensive tactics

tablette *nf* (*f m*) **c'est le dernier Français à figurer sur les tablettes** he is the last Frenchman to appear in the record books

tabouret *nm* (*bx*) stool

tac *nm* **répliquer / répondre / du** ~ **au** ~ to give tit for tat, to give as good as one gets

tachycardie *nf* (*méd*) tachycardia

«tackle» *nm* (*ft*) tackle ; v. tacle

«tackler» v (ft) to tackle ; v. tacler

«tackling» nm (ft, hb, etc.) tackling, tackle

tacle nm (ft) tackle, tackling ; (ft) ~ **de côté** side tackle ; (ft) ~ **glissé** sliding tackle

tacler v (ft) to tackle

tacleur nm (ft) tackler ; (ft) **c'est un excellent** ~ he is an excellent tackler

tactique nf (ft, rb, etc.) tactics

«tactiquement» adv (jn) tactically

taille nf (anatomie) waist ; (gén) **c'est un joueur de** ~ **mondiale** he is a world-class player ; (esc) **frapper d'estoc et de** ~ to cut and thrust ; v. manque

talon nm heel ; ~ **d'Achille** Achilles' heel ; **sur les** ~**s de qn** on s.o.'s heels ; (hlt) **soulever les** ~**s** to lift the heels

talonnade nf back-heel

talonnage nm (rb) heeling (out), (gén) backheeling ; (rb) ~ **à la main** knocking the ball back with the hand (in the scrum)

talonner v (rb) to heel ; (athl) ~ **qn** to follow on s.o.'s heels ; (aut, etc.) **X talonné par Y** X hotly pursued by Y

talonneur nm (rb) hooker

talonnière nf (sk) (de ski) heel piece

tandem nm (cycl) tandem bicycle

tangage nm (av, vle) pitching

tangent(e) adj (tir) **coup** ~ touching hit

tango nm (danse sur glace) tango

tangon nm (vle) ~ **de spi** spinnaker boom

tanguer v (canoë-kayak) to pitch ; (cycl) to reel / sway / from side to side

tanquer v (bls) (pétanque) ~ **sa boule** = to throw one's bowl high whilst also making it spin

taper v (bkt) to tap ; v. touche

tapette nf (ft, rb) tap, short kick ; (rb) **une** ~ **en touche** a short kick into touch

tapis nm (bx) canvas, (gym, jd, lte) mat, (jd) judo mat, (gym) gymnastics mat ; (éq) ~ **de selle** saddlecloth ; (éq) ~ **de plomb** lead saddlecloth ; (lte) **bord du** ~ edge of the mat ; (lte) **président du** ~ mat chairman ; (lte) **sortie de** ~ mat escape ; (bx) **aller au** ~ to go down, to be knocked down ; (bx) **rester au** ~ **pour le compte** to be counted out

taquet nm (athl) (saut en hauteur / à la perche) (qui supporte la barre) peg ; (vle) cleat ; (vle) ~ **coinceur** clam cleat

tardif(ive) adj v. signature

tatami nm (jd) mat, judo mat

taud nm (vle) boat cover, tarpaulin

tchèque n m (gym) ~ **dorsal** Czechkehre

team nm team

technicien nm (athl, etc.) **c'est un très bon** ~ he is a very good technician ; (ft) **c'est un bon** ~ **balle au pied** he is a good / skilfull / ballplayer

technique 1. adj (bkt) **faute** ~ technical foul ; (patinage) **valeur** ~ technical merit 2. nf technique ; (jd) ~ **debout** (tachi-waza) standing technique ; (jd) ~**s de clés** (kansetsu-waza) locking techniques ; (hk) ~ **de crosse** stick technique ; (jd) ~**s d'étranglements** (shime-waza) strangulation techniques ; (jd) ~**s d'immobilisations** (osae-komi-waza) holding techniques ; (jd) ~**s de lancements** (nage-waza) throwing techniques ; (hd) ~ **de réception** catching technique ; (hd) ~ **de tir** throwing technique ; (patinage de vitesse) ~ **du virage** curve technique

tee nm (gf) tee ; (gf) **frapper la balle depuis le troisième** ~ to tee off from the third (tee)

télébenne nf (sk) cablecar

télécabine nf (sk) cablecar

téléférique adj & nm (= téléphérique) (sk) nm cableway ; adj **cabine** ~

cablecar

télémark *nm* (*sk*) telemark ; (*sk*) (*saut à ski*) **réception en ~ telemark** landing

téléphérique *adj & nm* (= *téléférique*) (*sk*) **cabine ~** cablecar

«téléphoner» *v* (*ft*) (*passe*) **c'était «téléphoné»** it was a telegraph pass, he telegraphed it

télescope *nm* (*tir*) telescope

télescopique *adj* (*tir*) **mire ~** telescopic sight

télésiège *nm* (*sk*) chairlift

téléski *nm* (*sk*) ski tow, drag lift

téléspectateur(trice) *nm(f)* (*TV*) viewer

témoin *nm* (*athl*) (*relais*) baton ; **passer / transmettre / le ~** to hand on / pass / the baton

température *nf* temperature ; (*sk*) (*ski de fond, etc.*) **~ de l'air et de la neige** air and snow temperature ; (*luge, bobsleigh*) **~ des patins** temperature of runners

Tempest *nm* (*vle*) Tempest

tempo *nm* (*danse sur glace*) tempo

temporaire *adj* (*hk*) **exclusion ~** temporary suspension

temporiser *v* (*ft, etc.*) to play for time

temps *nm* (*durée, chronométrage*) time ; (*danse sur glace*) beat ; (*météo*) weather ; (*éq*) **au ~** every stride ; (*éq, pentathlon moderne*) **~ accordé** time allowed ; (*tir*) **~ imparti** shooting time ; (*arc*) **~ de tir** shooting time ; (*arc,éq, hlt, etc.*) **limite de ~ / ~ limite** time limit ; (*sk, etc.*) (*ski de fond*) **~ à l'arrivée** finish time ; (*sk*) (*ski artistique et acrobatique*) **~ de base** pace-set time ; (*luge, bobsleigh, etc.*) **~ final** final time ; (*bkt*) **~ de jeu effectif** actual playing time ; (*gén*) **~ mort ou ~-mort** stoppage, (*bkt, hkg, etc.*) time(-)out ; (*bkt*) **~ mort du manager** charged time (-)out ; (*bkt, etc.*) **demander un ~ mort** to ask for / to request / time

(-)out ; (*pentathlon moderne, sk, etc.*) **~ officiel** official time ; (*sk, etc.*) (*ski alpin*) **~ officieux** unofficial time ; (*ft, rb, etc.*) **~ réglementaire** normal playing time ; (*athl, aut, etc.*) **le meilleur ~ de la journée** the best time of the day ; (*cycl, etc.*) **~ de passage intermédiaire** intermediate time ; (*sk*) (*bobsleigh, biathlon*) **~ intermédiaire** intermediate time ; (*patinage de vitesse*) **~ par tour** lap time / timing ; **~ scratch(es)** scratch time(s)

temps(-)mort (*pl temps(-)morts*) *cpd, m* (*football américain, bkt, etc.*) time (-)out

tenant(e) *nm(f)* holder ; **le tenant / la tenante / du titre** the present holder of the title, the present / current / (men's / women's) champion, the (men's / women's) title holder

tendineux(euse) *adj* **rupture tendineuse** ruptured tendon

tendinite *nf* tendinitis

tendon *nm* (*anatomie*) tendon ; **~ du jarret** hamstring ; **lésion du ~ du jarret** hamstring injury, pulled hamstring ; **rupture du ~ d'Achille** ruptured Achilles' tendon

tendre (*pp tendu*) *v* **~ ses muscles** to flex / tense / one's muscles

tendu(e) **1.** *adj* (*ft*) (*tir, centre*) hard, fierce ; (*gym*) **appui ~** stretched support ; (*gym*) **appui ~ renversé suisse** Swiss handstand ; (*ckt*) (*lanceur*) **bras ~** straight arm ; (*ft*) **une balle ~e** a straight ball, a hard pass ; (*gym*) **saut, corps fléchi, jambes ~es** stoop ; (*gym*) **saut, passage des jambes ~es** thief vault ; (*gym*) **suspension ~e** stretched hang **2.** *nm* (*ski artistique et acrobatique*) lay

tenir (*pp tenu*) *v* (*ft, etc.*) (*en fin de match*) **~ bon / ferme / le coup** to hold out ; (*bx*) **~ et frapper** to hold and hit, holding and hitting, hitting and holding ; (*cycl*) ~ **la roue de qn** to stay with s.o., to keep up with s.o. ; (*bkt*) **ballon tenu** held ball

tennis *nm* (*sp*) tennis, (*court*) tennis court

«tennis elbow» *cpd, m* tennis elbow

tennisman (*pl tennismen*) *n m* (*jn*) tennis player

tenniswoman (*pl tenniswomen*) *nf* (*jn*) lady tennis player

ténosynovite *nf* tenosynovitis

tenseur *adj & nm* ~ ou **muscle** ~ tensor

tension *nf* ~ **artérielle / du sang** blood pressure ; **faire / avoir / de la** ~ to suffer from high blood pressure

tentative *nf* attempt ; (*jd*) (*kokoromi*) try ; ~ **de but** (*ft*) shot at goal, (*rb*) attempt at goal ; (*cycl*) ~ **d'échappée** breakaway attempt, attempt to break away ; (*cycl*) ~ **de sur-place** standstill attempt

tenu *nm* (*jXIII*) holding, tackle ; **après cinq ~s** after the fifth tackle

tenue *nf* (*éq*) ~ **de cheval** riding kit / costume ; (*canoë-kayak*) ~ **de la pagaie** grip on the paddle ; (*éq*) ~ **des rênes** manner of holding the reins ; (*aut*) **problèmes de** ~ **de route** roadholding problems

terminer *v* (*éq*) ~ **sur le pied gauche / droit** to finish on the left / right / leg ; (*hlt*) ~ **un essai** to finish a lift ; (*jd*) **combat terminé !** (*sore-made*) that is all!

terrain *n m* (*gén*) ground, pitch, (*bsb, ckt*) field, (*hps*) (= **état du ~**) going ; (*sk*) (*ski de fond*) ~ **accidenté** irregular terrain ; (*racquetball*) ~ **à quatre murs** four-wall court ; (*arc*) **arbitre sur le** ~ field officer ; (*ckt*) ~ **central (entre les guichets)** (cricket) pitch ; (*hps*) ~ **de courses** racecourse ; (*éq*) ~ **de dressage** arena for dressage competitions ; ~ **de jeu** recreation

ground, playing field ; (*hps*) ~ **bon** good going ; (*ft, etc.*) ~ **bosselé** bumpy pitch ; (*hps*) ~ **léger** light going ; (*hps*) ~ **lourd / gras** heavy going ; (*hps*) ~ **souple** soft going ; (*éq*) **jury de** ~ ground jury ; (*ft, rb, etc.*) **le** ~ **est souple** the pitch / ground / is soft ; ~ **de sport** sports ground ; ~ **de basket** basketball court / ground ; (*ft, rb, etc.*) **état du** ~ ground conditions ; (*tn, etc.*) (*lieu*) **le choix de** ~ the choice of venue ; (*hk*) **milieu du** ~ midfield ; (*esc*) **perte de** ~ loss of ground ; (*pentathlon moderne*) **plan du** ~ plan of the course

terre *nf* (*gén*) earth, ground ; (*esc*) ~ **!** ground! ; (*bx*) **à** ~ down ; (*hlt*) **à** ~ **!** down! ; (*bkt*) **passe à** ~ bounce pass ; (*ft*) **une courte passe à** ~ a short pass on the ground ; (*tn*) ~ ou ~ **battue** claycourt ; (*vle*) ~ **sous le vent** lee shore ; (*bx*) **frapper un homme à** ~ to hit a man when he is down ; v. envoyer, tête

territorialement *adv* (*ft, etc.*) **mener** ~ to have most of the play, to have territorial advantage

tertre *nm* (*gf*) ~ **de départ** tee

test *nm* (*épreuve*) test ; (*jXIII, etc.*) (*rencontre internationale*) test match, test ; v. test-match

test-match (*pl test-matches*) *nm* (*rb, etc.*) test match (*pl test matches*)

testostérone *nf* testosterone

têtard *nm* (*bls*) (*pétanque*) (= *biberon*) bowl which is touching the jack

tête *nf* (*anatomie*) head ; (*ft*) header ; (*gym*) **bascule de** ~ head spring ; (*bx*) **crochet à la** ~ hook to the head ; (*nt*) **entrée** ~ **première** head-first entry ; (*gf*) ~ **de club** club head ; (*hk*) ~ **de (la) crosse** head of the stick ; (*bx, etc.*) **coup de** ~ head butt, butt ; (*ft*) **le jeu de** ~ heading ; (*ft*) **une** ~ **en arrière** a back header ;

(*ft*) **un amorti de** ~ a head trap ; (*athl, etc.*) (*course*) lead ; (*athl, cycl*) **le groupe de** ~ the leading group ; (*cycl*) **la** ~ **d'un peloton déjà amoindri** the front of the pack which was already reduced in size ; (*tn*) ~ **de série numéro un** number one seed, top seed ; (*bx*) **combat en** ~ **d'affiche** top-of-the-bill fight ; (*lte*) **simple prise de** ~ **à terre** half nelson ; (*bkt*) **tir par-dessus la** ~ overhead shot ; **être en** ~ to be in the lead, to lead ; (*tn*) **il est classé** ~ **de série numéro neuf** he is seeded ninth, he is the ninth seed, he is the number nine seed ; (*bx*) **il est interdit de donner des coups de** ~ head-butting is not allowed / is against the rules ; (*ft*) **jouer le ballon de la** ~ to head the ball ; (*ft*) **il possède un bon jeu de** ~ he is a good header of the ball ; **prendre la** ~ to take the lead, to go into the lead, to go ahead ; v. coup, joueur

tête-à-queue *nm, inv* (*aut*) spin ; (*aut*) **faire un** ~ to spin round ; (*aut*) **il est parti en** ~ he went into a spin

tête-à-tête *nm* (*bls*) (*pétanque*) singles game

téter *v* (*bls*) (*pétanque*) to «point» a bowl next to (and touching) the jack

têtière *nf* (*éq*) headstall

thaïlandais(e) *a d j* **boxe** ~**e** Thai boxing

thalassothérapeute *n m* (*f*) sea-water therapist

thalassothérapie *nf* sea-water therapy

thérapeute *nm(f)* therapist

thérapeutique 1. *adj* therapeutic 2. *nf* (*science*) therapeutics ; (*traitement*) therapy

thérapie *nf* (*méd*) therapy

thoracique *adj* v. cage

thorax *n m* (*anatomie*) thorax (*pl thoraces*)

thrombophlébite *n f* (*méd*) thrombo-phlebitis

tibia *nm* (*anatomie*) tibia, shin, (*os*) shinbone

tie-break *nm* (*tn*) tie-break

tierce *nf* (*esc*) tierce

tiercé *nm* forecast betting (on three horses) ; **réussir le** ~ **dans l'ordre** to win the *tiercé* with the horses in the right order / with the correct placings ; **réussir le** ~ **dans le désordre** to win the *tiercé* with the horses in the wrong order / without the correct placings

tige *nf* (*sk*) (*de bâton de ski*) shaft (*of ski pole*)

«timing» *nm* (*gén*) (*mouvement*) timing

timonier *n m* (*vle*) helmsman (*pl helmsmen*)

tir *n m* (*gén*) shooting ; (*un seul coup / mouvement*) (*bkt, ft, etc.*) shot ; (*armes à feu*) (*action de tirer*) firing ; (*arc*) ~ **à l'arc** archery ; (*arc*) ~ **à l'arbalète** crossbow archery ; ~ **à la carabine** rifle shooting ; (*hd, etc.*) ~ **au but** shot at goal ; (*hd*) **feinte de** ~ **au but** faked shot at goal ; (*bkt*) ~ **au panier** shot ; (*flé*) (*jeu*) ~ **aux fléchettes** (game of) darts ; ~ **au pistolet** pistol shooting ; ~ **au pigeon d'argile** clay pigeon shooting ; (*pistolet, carabine, etc.*) **champ de** ~ range ; (*tir*) **chef du pas de** ~ range warden ; (*sk*) (*biathlon*) ~ **d'entraînement / d'essai** practice shot / shooting ; (*hkg*) ~ **de pénalité** penalty shot ; (*hk*) ~ **direct** volley shot ; (*hkg*) ~ **frappé** slap shot ; **directeur de** ~ (*tir*) range officer, (*pentathlon moderne*) referee ; (*tir*) **directeur des** ~**s** field captain ; (*tir*) **discipline de** ~ firing discipline ; (*tir*) **distance de** ~ shooting distance ; (*pistolet, carabine, etc.*) **exercices de** ~ target practice ; (*ft*) ~ **dangereux** dangerous shot ; (*arc*) **ligne de** ~ shooting line ; (*tir*) **lunettes de** ~ shooting spectacles ;

(*hd*) **mouvement de ~** throwing motion ; (*arc, tir*) **position de ~** shooting position ; (*tir*) **poste de ~** firing position ; (*tir*) **stand de ~** shooting range ; (*arc*) **stand de ~ à l'arc** archery range ; (*tir*) **~ aux plateaux** clay-pigeon shooting ; (*tir*) **stand de ~ aux plateaux** clay-pigeon range ; (*hd*) **technique de ~** throwing technique ; (*arc*) **temps de ~** shooting time ; (*bkt*) **~ à bras roulé** hook shot ; (*bkt*) **~ à une main** one-handed shot ; (*bkt*) **~ à deux mains** two-handed shot ; (*hd*) **~ au rebond** bounce shot ; (*hd*) **~ classique** one-handed shoulder shot ; (*hd*) **~ de la deuxième ligne** shot from the second line ; (*hd*) **~ de revers** reverse shot ; (*hd*) **~ désaxé** shot bending sideways ; (*pentathlon moderne*) **~ d'une fusée** firing of a maroon ; (*hk*) **~ en force** crashing shot ; (*hd*) **~ en pivotant** pivot shot ; (*hd*) **~ en plongeant** dive / diving / shot ; (*hd*) **~ en plongeant sur le côté** diving side shot ; (*hd*) **~ en plongeant sur saut** diving jump shot ; (*bkt, hd*) **~ en suspension** jump shot ; (*tir*) **veste de ~** shooting jacket ; (*ft*) **son ~ est passé à côté** his shot went wide ; (*ft*) **un ~ canon** a cannon shot, a cannonball ; **un ~ de loin** (*ft*) a long-range shot, (*bkt, ft*) a long-distance shot ; **un ~ de près** (*ft*) a close-range shot, (*bkt*) a close-in shot ; **un ~ au but** (*ft*) a shot at goal, (*rb*) a kick at goal ; (*rb*) **~s au but** goalkicking ; (*bkt, ft*) **~ manqué** missed shot, (*ft*) shot off target ; (*bkt*) **~ par-dessus la tête** overhead shot ; (*bkt*) **~ par en bas** underhand shot ; (*bkt*) **tir par en dessous** lay-up shot ; (*hk*) **~ puissant** hard shot ; v. pistolet, position, stand

tirade *nf* (*lte*) **~ de bras** arm drag ; (*av*) **~ du corps en arrière** lie-back

tirage *nm* (*lte*) pull ; (*bls*) (*pétanque*) shooting, trying to knock one bowl out of the way with another ; (*sk, tn, etc.*) draw ; **~ au sort** (*tn*) draw, (*ft rb, etc.*) toss ; (*pentathlon moderne*) **~ au sort des chevaux** draw for the horses ; (*sk*) (*biathlon*) **~ au sort des numéros de départ** draw of start numbers ; (*tn, etc.*) **il a un ~ difficile** he has a difficult draw

tirant *nm* (*vle*) **~ d'eau** draught

tire-bouchon (*pl tire-bouchons*) *n m* (*nt*) (*plongeon*) twist (*dive*)

tirer *v* (*tir, etc.*) to shoot, to fire ; (*tir*) **prêt à ~** ready to fire ; (*pentathlon moderne*) **cheval tiré** horse drawn ; (*tir*) **coup tiré** fired shot ; (*esc*) **~ un barrage** to fence a barrage ; (*ft*) **~ un corner** to take a corner ; (*ft*) (*jn*) **~ dans le décor** to shoot a mile wide ; (*ft*) (*jn*) **~ dans les nuages** to shoot miles over (the top) ; (*bx*) **~ en frappant** to pull and hit ; (*ft*) **~ sur la transversale** to shoot against the bar ; (*curling*) **~ vers le centre** to draw ; v. bord

tireur *nm* (*d'arme*) shooter ; (*bls*) (*pétanque*) player who specializes in trying to knock one bowl out of the way with another one ; (*tir*) **~ au fusil** rifle shooter ; (*tir*) **~ au pistolet** pistol shooter ; (*bkt*) **~ de coup franc** free thrower ; (*pistolet, carabine, etc.*) **~ d'élite** marksman ; (*pistolet, carabine, etc.*) **c'est un bon ~** he's a good shot

tire-veille(s) (*pl tire-veilles*) *n m* (*a v*) rudder line

tissu *n m* (*méd*) tissue ; **~ musculaire** muscle tissue ; **~ osseux** bone tissue

titre *nm* title ; **le ~ mondial** the world title ; **le champion en ~** the reigning champion ; (*ft, etc.*) **ils se disputent le ~ de champion** they are battling it out for the championship / title ; v. courir

titrer *v* (*championnat*) **la Stella Saint-Maur déjà six fois titrée** Stella Saint-Maur, already winners of the title on six occasions / six-time winners of the title already

titulaire *nm* (*ft, etc.*) **être privé(s) de plusieurs ~s** to be without several first-choice players ; (*ft, etc.*) (*jn*) **c'est l'indéracinable ~ du poste d'ailier** he is an automatic choice on the wing

titularisation *nf* (*ft, etc.*) (*jn*) **~ d'un joueur** selection of a player

toile *nf* **~ à voile** sailcloth ; (*vle*) **~ goudronnée** tarpaulin ; (*ft, etc.*) (*fm*) (*défenseur, etc.*) **faire une ~** to «boob», to make a blunder / a bad mistake

tôle *nf* (*squash*) **plaque de ~** telltale

tombé 1. *nm* (*lte*) (*jn*) fall ; v. tomber *n* **2. tombé(e)** *adj* (*rb*) **coup de pied ~** drop kick

tomber 1. *nm* (*lte*) fall ; (*lte*) **~ par soi-même** accidental fall ; (*lte*) **défaite par ~** loss on fall ; (*lte*) **victoire par ~** win by fall ; (*lte*) **la victoire est obtenue soit par 'tomber' soit 'aux points'** a win is achieved either by a fall or on points **2.** *v* (*gén*) to fall, (*lte, etc.*) to fall down ; (*vle*) (*vent*) to die ; (*éq*) **~ de cheval** to fall from the horse ; (*ft*) **faire ~ un adversaire** to bring down an opponent ; (*gén*) **plus on tombe de haut, plus on risque de se faire mal** the bigger you / they / are the harder you / they / fall ; v. bon

tombeur *nm* (*rb, etc.*) **les ~s des All Blacks** the conquerors of the All Blacks

tonicardiaque *nm* (*méd*) cardiotonic, heart stimulant

tonicité *nf* (*muscle*) tonicity, elasticity

tonifier *v* (*muscle*) to tone up

tonique *adj* (*entraînement, etc.*) invigorating, stimulating

tonus *nm* (*muscle*) tonicity, tonus, tone

«top» *adj* v. niveau

toque *nf* (*hps, polo*) cap

tordre (se) *vpr* to sprain, to twist ; **~ la cheville** to sprain / twist / one's ankle

Tornado *nm* (*vle*) Tornado

torsion *nf* twisting

torticolis *nm* stiff neck, crick / (w)rick / in the neck

tortue *nf* (*rb*) (= *regroupement d'avants progressant avec le ballon*) drive, wedge

«toss» *nm* (*ft, etc.*) toss ; **gagner le ~** to win the toss

total 1. *nm* (*gf, etc.*) total ; (*pentathlon moderne*) **~ de dénivellations** total climb ; (*tir*) **~ des points** total points ; (*hlt*) **~ des trois épreuves** total result, overall score ; (*hlt*) **~ olympique** Olympic total ; (*gén*) (*sp*) **battre le record du ~** to score a record total **2. total(e)** *adj* (*ft*) **football / jeu / ~** total football

«toubib» *nm* «doc», doctor

touche *nf* (*ft, rb*) touch ; (*hk*) roll-in ; (*rb*) line-out ; (*rb*) (*coup de pied*) kick into touch ; (*esc*) **~ ou ~ épéiste** hit ; (*esc*) **appareil de signalisation des ~s** judging apparatus ; (*pentathlon moderne*) **assaut en une ~** bout for one hit ; (*rb*) **~ directe** kick straight / directly / into touch ; (*rb*) **~ courte / raccourcie** short / shortened / line-out ; (*esc*) **~ de pénalisation** penalty hit ; (*esc*) **~ donnée** hit scored ; (*esc*) **~ valable / non valable** hit valid / not valid ; (*esc*) **pas de ~ !** no hit! ; (*esc*) **~ reçue** hit received ; (*hd*) **double ~** double touch ; **ligne de ~** (*bkt*) sideline, (*hd*) touchline ; (*rb*) **ligne de ~ de but** touch in-goal line ; (*hd*) **remise en jeu sur ~** throw-in ; (*ft*) **le football à une ~ de balle** one-touch football ; **la balle est sortie en ~** (*rb, ft*) the ball has gone into touch, (*ft*) the ball has gone out of play / out for a throw-in ; (*rb*) **taper directement en ~** to kick directly into touch ; (*rb*) **alignement de la ~** straightening the line-out ; **juge de ~** (*rb*) touch judge, (*ft*) linesman ; (*ft*) **ligne de ~** touchline ; (*ft*) (*fm*) (*abr. de ligne de touche*) **descendre le long de la touche** to go down the touchline ; (*ft*) **rentrée de ~** / (*jn*) **une ~** throw-in (*pl throw-ins*) ; (*rb*) **les prises à deux mains de X en ~** the two-handed catches by X in the line-outs ; (*ft, rb*) **le banc de ~** the touch-bench, (*fm*) the bench

touché *nm* (*rb*) **~ en but** touch down ; (*rb*) **faire un ~ en but / touché-en-but** to touch down

touché(-)à(-)terre *cpd, m* (*rb, Am ft*) touchdown ; **réussir / faire / un ~** to touch down

touché(-)en(-)but *cpd, m* (*rb, Am ft*) touchdown ; **réussir / faire / un ~** to touch down

toucher *v* (*ft*) **~ le ballon** to handle the ball ; (*rb*) **~ dans les buts** to touch down ; (*esc*) **~ son adversaire** to hit one's opponent ; (*esc*) **touché !** hit!

touffe *nf* (*gf, etc.*) **~ de gazon** tuft of grass ; (*gf*) **les ~s de gazon qu'on a arrachées doivent être remises en place** tufts of grass that have been dislodged / pulled up / must be replaced

tour 1. *nm* (*cycl, etc.*) tour, (*ft*) (*Cup*) round, (*gf*) round ; (*gym*) twist ; (*athl, aut, cycl, mt, etc.*) **~ (de piste)** lap ; (*gym*) **~ d'appui** circle, hip circle ; (*gym*) **~ d'appui libre** free hip circle ; **~ de batte** (*bsb*) inning, (*ckt*) innings ; (*cycl*) **le Tour de France** the Tour de France ; (*lte*) **~ de hanche** hip roll ; (*lte*) **~ de hanche en tête** cross buttock ; (*cycl, etc.*) **compteur de ~s** lap scorer ; (*gym*) **grand ~** giant swing ; (*gym*)

grand ~ cubital reverse grip giant circle ; (*gym*) **grand ~ en arrière** giant swing backwards ; (*gym*) **grand ~ russe** Russian giant swing ; (*gym*) **grand ~ Skoumal** Skoumal giant swing ; (*athl, mt, etc.*) **~ d'honneur** lap of honour ; (*athl, mt, etc.*) **faire le ~ d'honneur** to do a lap of honour ; (*aut, athl, mt, etc.*) **prendre un ~ d'avance sur qn** to lap s.o. ; (*patinage de vitesse, etc.*) **temps par ~** lap time / timing ; (*athl, etc.*) **~s préliminaires** qualifying rounds / heats ; **dernier ~** (*athl*) last / final / lap, (*patinage de vitesse*) bell lap ; (*aut, mt, etc.*) **meilleur ~** fastest lap ; (*gf*) **ses exploits des ~s précédents** his exploits / feats / achievements / in the previous rounds ; v. troisième **2.** *nf* (*sk*) **~ de chronométrage** timing tower ; (*sk*) (*saut à ski*) **~ de juges** judges' tower

tourbillon *nm* (*kayak*) whirlpool

tourbillonnant(e) *adj* (*gén*) **vent ~** swirling wind

tourisme *n m* (*aut*) **voiture de ~** touring car ; v. ski

tourmentin *nm* (*vle*) storm jib

tournant *n m* **le ~ du match** the turning point of the game

tourné(e) *adj* (*gym*) **costal ~** double flank vault

tourne-cible *n m, inv* (*tir*) target-turning mechanism

tournée *nf* (*ft, rb, etc.*) tour ; (*ft, etc.*) **~ d'après-saison** summer tour

tourner *v* (*bls*) (*pétanque*) **~ la boule** to make the bowl spin (*to the left or to the right*) on landing

tournoi *nm* tournament ; **~ sur invitations** invitation tournament ; (*curling*) **~ de curling** spiel, bonspiel

tout(e) *adj* (*jd, krt, etc.*) **~es catégories** open / open-weight / category

tout-terrain *adj* (*cycl*) **vélo ~** (= **VTT**) mountain bike

toxicomane *nm(f)* drug addict, dope addict

toxique *adj* toxic

traçante *nf* (*tir*) tracer

tracé *n m* (*sk, etc.*) course, course layout ; (*pentathlon moderne*) **~ du parcours** marking of the course

traceur *n m* (*sk*) course designer / setter / plotter

traction *nf* (*gym*) (*au sol*) push-up, press-up ; (*gym*) **faire des ~s** to do press-ups / pull-ups ; (*aut, etc.*) **~ arrière** rear-wheel drive ; (*aut, etc.*) **~ avant** front-wheel drive ; (*ski nautique*) **corde de ~** towrope ; (*av*) **phase de ~** pulling phase ; (*av*) **phase finale de la ~** finish of the stroke ; (*av*) **phase intermédiaire de la ~** middle phase of the stroke

train *nm* (*gén*) (= *vitesse*) pace ; (*éq, hps*) **~ de derrière / de devant** hindquarters / forequarters ; v. atterrissage

traîneau *nm* sledge, sled ; v. attelage, chien

«training» *nm* training

trait *nm* (*football américain / canadien*) **~ de mise en jeu** inbound line

traitement *nm* (*méd*) treatment

trajectoire *n f* (*tir*) trajectory ; (*ft, rb, etc.*) (*ballon, etc.*) trajectory

tramelot *nm* (*gym*) tramelot

trampoline *nm* trampoline ; (*sp*) trampolining ; **faire du ~** to do / go / trampolining

tranchant(e) *adj* (*gén*) **devenir plus ~** to become more assertive, to sharpen up one's play / game

tranchée *n f* (*tir*) **~ de marquage** marking pit ; (*tir*) **directeur de ~** marking-pit officer

tranquillisant 1. *nm* (*pharm*) tranquillizer **2. tranquillisant(e)** *adj* tranquillizing

transat *nf* (*jn*) (*vle*) transatlantic race

transférer *v* (*ft*) (*joueur*) to transfer (*a player*)

transfert *nm* (*ft, etc.*) (*joueur*) transfer ; (*ft, etc.*) **obtenir son ~** to get a transfer ; (*ft, etc.*) **être placé sur la liste des ~s** to be placed / put / on the transfer list ; (*ft, etc.*) **le montant du ~ est de 500,000 livres** the transfer fee is £500,000

transformation *nf* (*rb*) conversion

transformer *v* (*ft*) **~ un penalty** to score (from) a penalty ; (*rb*) **~ un essai** to convert a try ; (*ft*) (*jn*) **X transforma en but un ballon offert par Y** X scored a goal from a pass by Y ; **~ des occasions en buts** to convert chances into goals

transfusion *nf* transfusion ; **~ sanguine** blood transfusion

transition *nf* (*éq, etc.*) transition

transmettre *v* (*ft, etc.*) **~ le ballon à X** to pass / give / the ball to X ; (*athl*) (*relais*) **~ le témoin** to hand on / pass / the baton

transmission *n f* (*cycl, etc.*) transmission ; (*ft, rb, etc.*) **~ du ballon** passing the ball ; (*athl*) (*relais*) **~ du témoin** handing over / passing / the baton

transpercer *v* (*ft*) **~ la défense** to pierce the defence, to thread one's way through the defence

transversal(e) (*mpl* **transversaux**) *adj* (*gym*) **appui ~** cross support ; (*gym*) **station ~e** cross stand

transversale *nf* (*ft, etc.*) crossbar, bar ; v. barre ; (*ft*) (*passe*) crossfield pass

trapèze *nm* (*gym, vle*) trapeze ; (*ski nautique*) handle ; (*deltaplane*) airframe ; (*ski nautique*) **~ de figure** figure skiing handle

trapéziste *nm* (*vle*) trapeze man

trappe *nf* (*tir*) **~ haute / basse** high / low / house

traumatologie *nf* (*méd*) traumatology

travail *nm* work ; (*jd*) **~ au sol** (*ne-*

waza) ground technique ; (*av*) ~ **dans l'eau** work in the water ; (*av*) ~ **du poignet** wrist action ; (*bx*) **très bon ~ au corps** very good work to the body ; (*av*) ~ **du corps** body action

travaillé(e) *adj* (*ft*) **tir par balle ~e** swerving shot

travailler *v* (*gén*) to work ; (*ft, rb, etc.*) ~ **la cohésion** to practise teamwork ; (*ft*) ~ **la balle** to put spin on the ball, to make the ball spin ; (*athl, etc.*) **il travaille en détente** he uses his spring

travers *nm* (*vle*) **par le ~** abeam ; (*vle*) **vent de ~** wind abeam ; (*hd*) **shooter à ~ le mur** to throw through the wall

trébucher *v* (*éq*) (*cheval*) to stumble ; (*gén*) **faire ~ qn** to trip s.o. up

treiziste *adj* (*jXIII*) (*jn*) **la pratique ~** the playing of rugby league, playing rugby league

tremplin *nm* (*nt*) springboard ; (*sk*) (*saut à ski*) ski jump ; (*gym*) ~ **élastique** springboard ; (*sk*) (*ski artistique et acrobatique*) ~ **de saut** kicker ; (*gym*) ~ **Reuther** Reuther board ; (*sk*) (*saut à ski*) **chef du ~** chief of hill ; (*sk*) ~ **de saut à ski (K120)** K120m jumping hill ; (*sk*) ~ **de saut à ski (K90)** K90m jumping hill

trente *adj, inv* thirty ; v. **règle**

tréteau (pl -eaux) *nm* (*av*) boat rack

treuil *nm* (*vle*) winch

trêve *nf* (*ft, etc.*) winter break

trial *nm* (*mt*) motorcycle trials ; ~ **de colline** hill trial

triangle *nm* (*bd*) (*snooker, billard pool*) (*triangle en bois dont on se sert pour placer les billes avant le coup de départ*) triangle

triathlète *nm(f)* triathlete

triathlon *nm* triathlon

tribord *nm* (*vle*) starboard (side) ; (*av*)

aviron de ~ starboard-side oar ; (*vle*) ~ **amures** starboard tack

tribune *nf* (*stade*) ~ **(d'honneur)** grandstand ; **les ~s** the stands ; (*sk*) (*ski artistique et acrobatique*) ~ **des juges** judges' stand

triceps *nm* (*anatomie*) (*muscle*) ~ **ou muscle ~** triceps (*muscle*)

tricolore **1.** *adj* (*gén*) (*jn*) French ; (*nt*) **le nageur ~** the French swimmer **2.** *nm(f)* (*personne*) (*j n*) French competitor / rider / runner / player, etc. ; **les Tricolores** the French team, the French competitors

trimaran *nm* (*vle*) trimaran

triomphateur(trice) *nm(f)* (*gén*) victor

triompher *v* to win ; (*bx*) ~ **aux points** to win on points

triple **1.** *adj* (*athl*) ~ **saut** triple jump **2.** *nm* (*flé*) treble

triplé *nm* (*paris*) (*hps, etc.*) triple success, successful bet on three winning horses in different races ; (*athl, etc.*) triple success (*where the same team fills the first three places in a race*), (*jn*) a one, two, three

trois **1.** *adj, inv* three ; (*bkt*) **règle des ~ secondes** three-seconds rule ; (*hlt*) **total des ~ épreuves** total result, overall score ; (*jn*) **la ~ F** the French Football Federation (*FFF*) **2.** *nm* (*danse sur glace*) three run

troisième *adj, inv* third ; (*rb*) **avant de ~ ligne** third / back / row forward ; (*bsb*) ~ **but / base** third base ; (*curling*) ~ **joueur** number three ; (*ft*) (*Coupe*) **le ~ tour de la Coupe** the third round of the Cup ; v. **troisième-but**

troisième-but *nm* (*bsb*) (*joueur*) third baseman

trois-quarts *nm* (*rb*) (*joueur*) three-quarter ; ~ **aile / centre** wing / centre / three-quarter

tronc *nm* (*corps*) trunk

trop *a d v* (*arc*) **allonger** ~ **fort** to overdraw

trot *n m* (*éq, etc.*) trot ; (*éq*) ~ **allongé** extended trot ; (*éq*) ~ **assis** sitting trot ; (*éq*) ~ **enlevé** rising trot ; (*éq*) ~ **moyen** / **ordinaire** ordinary trot ; (*éq*) ~ **raccourci** short trot ; (*éq*) ~ **rassemblé** collected trot ; (*éq*) **aller au** ~ to trot

trotter *v* to trot

trottiner *v* to trot / jog / along

trou (*pl trous*) *n m* (*gf*) hole ; (*hk*)

passer dans le ~ to pass into space

truster *v* (*bx, etc.*) (*fm*) **les Américains trustaient les titres** the Americans monopolized / dominated / the titles

tube *nm* (*arc*) ~ **de la flèche** arrow shaft

tuméfaction *nf* (*méd*) swelling, puffing up, tumefaction

tunnel *nm* (*rb*) (*mêlée*) ~ **d'introduction** tunnel

type *nm* (*tir*) model

U

UCI (**abr de Union Cycliste Internationale**) International Cycling Union

UCPA abr de Union Nationale des Centres Sportifs de Plein Air

UEREPS abr de Unité d'Enseignement et de Recherche en Education Physique et Sportive

UFOLEP abr de Union Française des Œuvres Laïques d'Education Physique

UGSEL abr de Union Générale Sportive de l'Enseignement Libre

UIPMB (**abr de Union Internationale de Pentathlon Moderne et Biathlon**) International Union of Modern Pentathlon and Biathlon

UIT (**abr de Union Internationale de Tir**) International Shooting Union

U.L.M. *m* (**abr de Ultra-Léger Motorisé**) microlight

ultime *adj* (*ft, etc.*) (*en fin de match*) **à l'**~ **seconde** in the dying seconds

ultra-léger *cpd m* Ultra-Léger Motorisé (= *U.L.M.*) microlight

ultra(-)son *nm* ultrasound ; ~s ultrasonic waves

ultraviolet(ette) *adj & nm* ultraviolet, *n* ultraviolet ray ; v. rayon

un(e) *adj* (*ft*) **le football à** ~**e touche de balle** one-touch football

une-deux *cpd, m* (*bx*) one-two ; (*ft*) wall pass, one-two, (*hk*) wall pass

uniforme *nm* (*football américain, etc.*) uniform

unilatéral(e) *n t* **respiration** ~**e** breathing on one side

union *nf* (*jn*) **la Rugby Union** (the) Rugby Union

unique *adj* v. sens

UNSS abr de Union Nationale du Sport Scolaire

uppercut *nm* (*bx*) upper-cut

USEP abr de Union Sportive de l'Enseignement du Premier Degré

user *v* **être usé physiquement** to be physically drained / tired

USFSA abr de Union des Sociétés Françaises des Sports Athlétiques

usine *nf* works, factory ; **une Lotus d'**~ a works' Lotus

usure *nf* wear ; ~ **des pneus** tyre wear ; ~ **psychologique** mental tiredness

utilisation *nf* ~ **de solvants hallucinogènes** solvent abuse

utiliser *v* (*hps*) ~ **un cheval comme étalon** to put a horse to stud

V

vaciller *v* (*athl*) (*saut en hauteur / à la perche*) **la barre a vacillé sur les taquets** the bar wobbled

vague *nf* (*vle, etc.*) wave ; (*av*) ~s **de côté** cross wash ; ~s **déferlantes** surf ; (*vle*) ~ **de proue** bow wave ; (*vle*) **fendre les** ~s to cut into the waves

vainqueur *nm* winner, victor ; (*tournoi, etc.*) **le** ~ **absolu** the outright / overall / winner ; (*cycl*) **le** ~ **de l'étape** the stage winner ; (*ft*) (*Coupe*) **les matches sans** ~ **seront rejoués la semaine prochaine** drawn games / matches / will be replayed next week

valable *adj* (*athl*) (*jet, saut, etc.*) valid ; (*hlt*) **essai** ~ good lift ; (*esc*) **partie du corps** ~ target area ; (*esc*) **touche** ~ valid hit ; (*esc*) **touche non** ~ hit not valid

valeur *nf* (*gén*) ~ **de divertissement** entertainment value ; (*arc*) ~ **des impacts** scoring value ; (*patinage*) ~ **technique** technical merit

validation *nf* (*athl, etc.*) validation

valse *nf* (*danse sur glace*) ~ **viennoise** Viennese waltz ; (*danse sur glace*) ~ **de Westminster** Westminster waltz

valve *nf* (*cycl*) ~ (**de chambre à air**) valve, tyre valve, (*Am*) tire valve

varangue *nm* (*av*) floor timber / frame

variomètre *nm* (*planeur*) variometer

vasculaire *adj* vascular ; **système** ~ **sanguin** blood-vascular system

vaso(-)dilateur *nm* vasodilator ; **l'histamine est un** ~ histamine is a vasodilator

véliplanchiste *nm*(*f*) windsurfer, sailboarder, boardsailor, board-sailor

vélivole *nm* glider pilot

vélo *nm* bicycle, cycle, bike ; (*cycl*) ~ **de piste** track cycle ; ~ **tout-terrain** (= VTT) mountain bike

vélodrome *nm* velodrome, cycling track

vent *nm* (*vle*) wind ; (*vle*) ~ **constant** steady wind ; (*vle*) ~ **debout / contraire** headwind ; (*vle*) ~ **de travers** wind abeam ; (*vle*) ~ **dominant** prevailing wind ; (*vle*) ~ **portant** beam wind ; ~ **tourbillonnant** swirling wind ; (*vle*) **au** ~ windward ; (*vle*) **bord au** ~ weather side ; (*vle*) **côté sous le** ~ / **côté abrité du** ~ lee ; (*vle*) **sous le** ~ leeward ; (*vle*) **dépasser sous le** ~ to sail through the lee ; (*vle*) **rentrer dans le** ~ to broach ; (*vle*) **virer de bord sous le** ~ to tack under lee

ventilateur *nm* (*aut*) fan ; **courroie de** ~ fan belt

ventre *nm* (*arc*) ~ **de l'arc** face of the bow

verdict *nm* (*esc, etc.*) decision

verge *nf* v. ligne

vérificateur *nm* (*canoë-kayak*) ~ **aux embarcations** measurer

vérification *nf* (*canoë-kayak*) ~ **des embarcations** boat inspection

verrière *nf* (*planeur*) cockpit canopy

verrouilleur *nm* (*ft*) sweeper, (*rb*) the player at the back of the lineout

vert 1. *nm* (*gf*) green **2. vert(e)** *adj* (*jd*) **fanion** ~ green flag

vertébral(e) *adj* v. colonne

vertèbre *n f* (*anatomie*) vertebra (*pl vertebrae*)

vertical(e) *adj* (*gén*) vertical ; (*gym, etc.*) **saut** ~ vertical jump ; (*vb*) **bande** ~e **de côté** vertical side band

vessie *nf* (*ballon*) bladder

veste *nf* (*jd*) ~ **de judo** judo jacket, kimono ; (*tir*) ~ **de tir** shooting jacket

vestiaire *nm* (*gén*) changing room ; (*ft, etc.*) dressing room ; (*pavillon de sports, etc.*) locker room

vétéran *nm* veteran

vétérinaire 1. *nm* veterinary surgeon, *(fm)* vet **2.** *adj* examen ~ veterinary examination

vice-champion(onne) *nm(f)* runner-up (in the championships), championship runner-up, second in the championships

victoire *nf* victory, win ; *(bx, lte)* ~ **aux points** win on points ; *(bx)* ~ **par abandon** win by retirement ; *(jd)* ~ **par abandon** ! *(kiken-gachi!)* victory by submission! ; *(jd)* ~ **par combinaison** ! *(sogo-gachi!)* compound win! ; *(jd)* ~ **par décision** *(yusei-gachi)* victory on superiority ; *(jd)* ~ **par forfait** ! *(fusen-gachi!)* victory by forfeit! ; *(bx)* ~ **par knock-out** win by knockout ; *(jd)* ~ **par point** ! *(ippon-gachi!)* complete win! ; *(lte)* ~ **par tomber** win by fall ; *(bx)* **dix ~s et un nul** ten wins and a draw ; *(gén)* **le goût de la** ~ the taste of victory ; *(ft, etc.)* *(joueur)* **le principal artisan de la** ~ the matchwinner ; *(ft)* **le but de la** ~ the matchwinner / matchwinning goal

vide *adj* *(ft, etc.)* *(équipe)* **connaître un passage à** ~ to go through a bad patch / spell

viennois(e) *adj* *(danse sur glace)* **valse** ~**e** Viennese waltz

vif(ive) *adj* *(éq)* **haie vive** hedge

vigoureux(euse) *adj* *(person)* vigorous, robust, *(blow)* powerful

vigueur *nf* power

vingt-deux *adj* *(rb)* **ligne des** ~ **mètres** twenty-five yards line, twenty-two metres line ; *(rb)* **dans les** ~ **mètres** inside the twenty-two metres (line)

violation *nf* *(bkt, etc.)* violation ; *(bkt)* ~ **de la règle des trois secondes** three-second rule violation

violence *nf* violence ; **le football est un jeu de** ~ **disciplinée** football is a game of controlled violence

virage *nm* *(aut, cycl, mt, etc.)* *(route,* *circuit)* bend, *(cycl)* curve ; *(athl)* *(piste)* bend ; *(nt)* turn ; *(ski artistique et acrobatique)* *(bosses)* turn ; *(aut, cycl, mt, etc.)* ~ **en épingle à cheveux** hairpin bend ; *(cycl)* *(courses sur piste)* ~ **penché** banking ; *(cycl)* **commissaire de** ~ corner judge ; *(cycl)* **juge de** ~ marshal ; *(nt)* **juge de** ~**s** turn / turning / judge ; *(nt)* **repère de** ~ **de dos** backstroke turn indicator ; *(aut, etc.)* **prendre un** ~ to corner, to take a bend / corner ; v. cône, virage-culbute,

virage-culbute *cpd, m* *(nt)* flip turn

virement *nm* *(vle)* ~ **double** double tacking

virer *v* *(aut)* to take a bend / corner ; *(kayak)* *(slalom)* to swing round ; *(vle)* ~ **de bord** to tack, to go about ; *(vle)* ~ **une bouée** to round a buoy ; v. vent

vis *nf* *(cycl, etc.)* screw ; *(tir)* ~ **du dioptre** aperture sight screw

vis-à-vis *nm* *(jeux d'équipes)* opposite number

visée *nf* taking aim, aiming, sighting ; ~ **ou appareil de** ~ sight ; ~ **optique** optical sight ; *(arc)* **point de** ~ point of aim

viser *v* to take aim ; *(arc, tir)* to aim ; *(ft)* *(jn)* **ils visent le maintien en première division** they are trying to stay up in the first division, their aim / target / is to stay up in the first division

viseur *nm* *(arc)* *(arc, arbalète)* sight

visiteur(euse) 1. *nm(f)* visitor ; *(ft, etc.)* **les** ~**s** the away / visiting / team, the visitors ; **2.** *adj* visiting ; *(ft, etc.)* **l'équipe visiteuse** the away / visiting / team ; **la défense visiteuse** the visiting defence, the away team's defence

visser *v* *(bls)* *(pétanque)* ~ **une boule** to «point» a bowl very low and with spin

vitamine *nf* vitamin

vitesse *nf* (*gén*) speed, quickness ; (*aut*) gear ; (*canoë-kayak, etc.*) **course de ~** sprint ; (*aut, cycl*) **changer de ~** to change gear ; **patinage de ~** speed skating ; v. combinaison, compétition

vivant(e) *adj* **ballon ~** live ball

voie *nf* (*vle*) **~ d'eau** leak ; (*anatomie*) **~s respiratoires** respiratory tract(s) ; (*vle, etc.*) **avoir une ~ d'eau** to spring a leak

voile *nf* sail, (*sport*) sailing ; (*vle*) **bateau à ~** sailboat ; (*vle*) **numéro de la ~** sail number ; (*vle*) **surface de la ~** sail area ; **faire de la ~** to sail, to go sailing ; (*vle*) **amener une ~** to lower a sail ; (*vle*) **étarquer une ~** to stretch a sail ; (*vle*) **faire ~ / mettre à la ~** to set sail ; (*vle*) **faire force de ~s** to cram / crowd / on all sail ; (*vle*) **ferler une ~** to furl a sail ; (*vle*) **orienter une ~** to trim a sail ; (*vle*) **'la ~ se gonfle'** 'sail filled' ; v. planche, vol

voilier *nm* sailboat, sailing boat, yacht, (**grand ~**) sailing yacht ; (*personne*) sailmaker

voilure *nf* (*parachute*) canopy

voiture *nf* car, motor car ; (*cycl*) **~ de matériel** service van ; **~ de tourisme** touring car ; (*cycl*) **~ suiveuse** escort car ; v. voiture-balai

voiture-balai *cpd, f* (*cycl*) (*Tour de France, etc.*) brush wagon

vol *nm* (*sp*) **~ à voile, ~ plané** gliding ;

spécialiste du ~ à voile glider ; (*sp*) **~ libre** hang-gliding ; (*tir*) **zone de ~** flight area

volant 1. *n m* (*a u t*) steering wheel ; (*badminton*) shuttlecock **2. volant(e)** *adj* flying ; (*cycl*) **un sprint ~** a flying sprint

volée *nf* (*ft, tn*) volley ; (*ft*) **frapper le ballon de ~** to volley the ball ; (*ft*) **dégager le ballon de ~** to volley the ball clear ; (*lte*) **bras à la ~** shoulder throw ; (*ft*) **une frappe de ~** a shot on the volley ; (*rb*) **arrêt de ~** mark ; (*rb*) **faire un arrêt de ~** to make a mark ; (*t n*) **une ~ gagnante** a winning volley

volley *nm* (*sp*) (*fm*) volleyball

volley-ball *nm* (*sp*) volleyball

volleyeur(euse) *nm(f)* (*vb*) volleyball player ; (*tn*) volleyer

volontaire *adj* (*rb*) **écroulement ~ de la mêlée** deliberate collapsing of the scrum

volte *nf* (*esc,éq*) volte ; (*éq*) **~ à gauche / droite** volte to the left / right

voltigeur *nm* (*bsb*) **~ centre / droit / gauche** centre / right / left / fielder

Voronine *nm* (*gym*) **saut de brochet ~** Voronin hop

vote *nm* (*bx*) **bulletin de ~** scorecard, scoring paper

vrille *n f* (*ski artistique et acrobatique*) full ; (*ski artistique et acrobatique*) **~ et demie** randy full

VTT *m* (*abr de* **vélo tout-terrain**) mountain bike

W

walk-over *nm* (*hps*) (*course où il ne reste qu'un seul cheval par suite du forfait des autres*) walkover

«warm-up» *n m* (*aut*) (*circuit de formation*) warm-up

water-polo *nm* water polo

wazaari *cpd, m* (*jd*) (*waza-ari*) wazaari ; (*j d*) **presque ~** (*waza-ari-nichikai-waza*) nearly wazaari

wedge *nm* (*gf*) (*club*) wedge

welter *nm* (*bx*) welterweight
winch *nm* (*vle*) winch

wishbone *nm* (*vle*) wishbone

Y

yacht *nm* (*vle*) yacht ; (*vle*) **course de ~s** yacht race ; (*vle*) **courses de ~s** yacht-racing ; (*vle*) **jauge des ~s** measurements of yachts
yachting *nm* yachting

yachtman (*pl* yachtmen) *n m* (*vle*) yachtsman (*pl yachtsmen*)
yachtsman (*pl* yachtsmen) *n m* (*vle*) yachtsman (*pl yachtsmen*)
youyou (*pl* youyous) *nm* (*vle*) dinghy

Z

zéro *nm* (*ft*) nil, (*tn, badminton*) love ; (*tir*) **~ !** lost! ; (*badminton*) **~ partout** love all ; (*ft*) **mon équipe a gagné trois à ~** my team won three nil ; (*tn*) **~ 30** love thirty ; (*tn*) **trente (à) ~** thirty love ; **concéder son service à~** to lose one's service / service game / to love
zone *nf* (*gén*) zone, area ; (*arc*) scoring zone ; (*gym*) **~s** zones ; (*bkt*) **~ arrière** back court ; **~ de but** (*rb*) in-goal area, (*football américain / canadien*) end zone ; (*hkg*) **~ centrale** centre zone ; (*sk*) (*ski de vitesse*) **~ de chronométrage** timing area ; **défense de ~** (*ft*) zonal marking / defending, (*bkt*) zone / zonal / defence ; (*sk*) (*ski de vitesse*) **~ de freinage** down area ; (*vb*) **~ libre** clear space ; (*arc*) **ligne de séparation des ~s** dividing line ; (*football américain / canadien, hkg*) **~ neutre** neutral zone ; (*arc*) **~ noire / bleue / centrale / rouge / blanche** black / blue / gold / red / white / zone ; (*ft*) **~ de manœuvre / d'attaque / de défense** midfield / attacking / defensive / area / position ; **~ d'attaque** (*hkg*) offensive / attacking / zone, (*vb*) attack zone ; **~ de défense** (*hkg*) defensive zone, (*vb*) back zone ; (*ft*) **~s extérieures / d'ailes** wide positions ; (*sk*) (*ski alpin*) **~ jaune** yellow zone ; (*sk*) (*ski de fond*) **~ de passage des relais** hand-over zone ; (*éq*) **~ de pénalité** penalty area ; (*athl*) **~ de relais** hand-over / take-over / area / box ; (*bkt*) **~ réservée** restricted area ; (*vb, etc.*) **~ de service** service court / area / zone ; (*jn*) (*ft, etc.*) **la ~ de vérité** the danger zone, (*ft, jn*) the penalty area ; (*tir*) **~ de vol** flight area ; (*ft*) (*relégation*) **la ~ dangereuse** the relegation zone ; (*ft*) **être dans la ~ de tir** to be within shooting distance / range ; v. but, neutre

Reproduit et achevé d'imprimer en février 1995
dans les ateliers de Normandie Roto Impression s.a.
à Lonrai (Orne)
N° d'imprimeur : I5-0219
Dépôt légal : février 1995